Mein Doppelleben.

Die Memoiren von Sarah Bernhardt.

Sarah Bernhardt

Writat

Diese Ausgabe erschien im Jahr 2024

ISBN: 9789359944999

Herausgegeben von
Writat
E-Mail: info@writat.com

Inhalt

ICH
KINDHEIT

Meine Mutter reiste gern: Sie reiste von Spanien nach England, von London nach Paris, von Paris nach Berlin und von dort nach Christiania. Dann kam sie zurück, umarmte mich und machte sich wieder auf den Weg nach Holland, ihrem Heimatland. Sie schickte meiner Amme Kleidung für sich selbst und Kuchen für mich. An eine meiner Tanten schrieb sie: „Kümmere dich um die kleine Sarah. Ich bin in einem Monat zurück." Einen Monat später schrieb sie an eine andere ihrer Schwestern: „Besuche das Kind bei seiner Amme. Ich bin in ein paar Wochen zurück."

Meine Mutter war neunzehn Jahre alt, ich war drei Jahre alt und meine beiden Tanten waren siebzehn und zwanzig Jahre alt; eine andere Tante war fünfzehn und die älteste war achtundzwanzig; die letzte lebte jedoch auf Martinique und war Mutter von sechs Kindern. Meine Großmutter war blind, mein Großvater tot und mein Vater war die letzten zwei Jahre in China gewesen. Ich habe keine Ahnung, warum er dorthin gegangen war.

Meine jungen Tanten versprachen mir immer, mich zu besuchen, hielten ihr Wort aber selten. Meine Amme stammte aus der Bretagne und lebte in der Nähe von Quimperlé in einem kleinen weißen Haus mit niedrigem Strohdach, auf dem wilde Levkojen wuchsen. Das war die erste Blume, die meine Augen als Kind entzückte, und ich habe sie seither geliebt. Ihre Blätter sind schwer und sehen traurig aus, und ihre Blütenblätter sind aus der untergehenden Sonne gemacht.

Die Bretagne ist weit weg, selbst in unserer Epoche der Geschwindigkeit! Damals war es das Ende der Welt. Glücklicherweise war meine Amme, wie es scheint, eine gute, freundliche Frau, und da ihr eigenes Kind gestorben war, hatte sie nur mich zu lieben. Aber sie liebte auf die Art armer Leute, wenn sie Zeit dazu hatte.

Eines Tages, als ihr Mann krank war, ging sie aufs Feld, um beim Kartoffelernten zu helfen. Der zu feuchte Boden ließ die Kartoffeln verfaulen, und es war keine Zeit zu verlieren. Sie überließ mir die Aufsicht über ihren Mann, der auf seinem bretonischen Bettgestell lag und an einem schlimmen Hexenschuss litt. Die gute Frau hatte mich in meinen Hochstuhl gesetzt und darauf geachtet, den Holzpflock, der den schmalen Tisch stützte, für meine Spielsachen hineinzustecken. Sie warf ein Reisigbündel in den Kamin und sagte auf Bretonisch zu mir (bis zu meinem vierten Lebensjahr verstand ich nur Bretonisch): „Sei ein braves Mädchen, Milchblüte." Das war damals mein einziger Name. Als sie gegangen war, versuchte ich, den Holzpflock herauszuziehen, den sie mit so viel Mühe an Ort und Stelle gebracht hatte. Schließlich gelang es mir, den kleinen Wall beiseite zu schieben. Ich wollte den Boden erreichen, aber – ich Arme! – fiel in das Feuer, das fröhlich brannte.

Die Schreie meines Pflegevaters, der sich nicht rühren konnte, riefen einige Nachbarn herbei. Ich wurde rauchend in einen großen Eimer mit frischer Milch geworfen. Meine Tanten wurden über das Geschehen informiert: Sie teilten die Neuigkeiten meiner Mutter mit, und in den nächsten vier Tagen wurde dieser ruhige Teil des Landes von Postkutschen durchpflügt, die in rascher Folge eintrafen. Meine Tanten kamen aus allen Teilen der Welt, und meine Mutter eilte in größter Angst aus Brüssel herbei, mit Baron Larrey, einem ihrer Freunde, einem jungen Arzt, der gerade anfing, Berühmtheit zu erlangen, und einem Assistenzarzt, den Baron Larrey mitgebracht hatte. Man hat mir später erzählt, dass nichts so schmerzhaft und doch so bezaubernd war wie die Verzweiflung meiner Mutter. Der Arzt billigte die „Buttermaske", die alle zwei Stunden gewechselt wurde.

Lieber Baron Larrey! Ich habe ihn danach oft gesehen, und ab und zu werden wir ihm auf den Seiten meiner Memoiren begegnen. Er erzählte mir immer auf so charmante Weise, wie diese netten Leute Milk Blossom liebten. Und er konnte sich das Lachen beim Gedanken an diese Butter nie verkneifen. Überall war Butter, sagte er immer: auf den Bettgestellen, auf den Schränken, auf den Stühlen, auf den Tischen, an Nägeln in Blasen hängend. Alle Nachbarn brachten Butter mit, um Masken für Milk Blossom zu machen.

Mutter war hinreißend schön und sah mit ihrem goldenen Haar und den von so langen Wimpern gesäumten Augen wie eine Madonna aus, dass diese einen Schatten auf ihre Wangen warfen, wenn sie nach unten blickte.

Sie verteilte Geld nach allen Seiten. Sie hätte ihr goldenes Haar, ihre schlanken weißen Finger, ihre winzigen Füße, ihr Leben selbst gegeben, um ihr Kind zu retten. Und sie war in ihrer Verzweiflung und ihrer Liebe ebenso aufrichtig wie in ihrer unbewussten Vergesslichkeit. Baron Larrey kehrte nach Paris zurück und ließ meine Mutter, Tante Rosine und den Chirurgen bei mir zurück. Zweiundvierzig Tage später brachte meine Mutter die Krankenschwester, den Pflegevater und mich triumphierend nach Paris zurück und brachte uns in einem kleinen Haus in Neuilly am Ufer der Seine unter. Ich hatte anscheinend nicht einmal eine Narbe. Meine Haut war etwas zu hellrosa, aber das war alles. Meine Mutter, wieder glücklich und vertrauensvoll, begann wieder zu reisen und überließ mich der Obhut meiner Tanten.

Zwei Jahre verbrachte ich in dem kleinen Garten in Neuilly, der voller schrecklicher Dahlien war, die dicht an dicht wuchsen und bunt wie Holzkugeln waren. Meine Tanten kamen nie dorthin. Meine Mutter schickte mir Geld, Bonbons und Spielsachen. Der Pflegevater starb, und meine

Amme heiratete einen Concierge, der mir in der Rue de Provence 65 die Tür aufhielt.

Da ich nicht wusste, wo ich meine Mutter finden konnte, und nicht in der Lage war, ihr zu schreiben, nahm mich meine Krankenschwester – ohne es einem meiner Freunde zu sagen – mit zu ihrem neuen Wohnsitz.

Die Veränderung entzückte mich. Ich war damals fünf Jahre alt und erinnere mich an den Tag, als wäre es gestern gewesen. Die Wohnung meiner Amme lag direkt über der Haustür und das Fenster war in die schwere und monumentale Tür eingerahmt. Von außen fand ich es wunderschön und begann in die Hände zu klatschen, als ich das Haus erreichte. Es war gegen fünf Uhr abends, im Monat November, wenn alles grau aussieht. Ich wurde ins Bett gebracht und bin zweifellos sofort eingeschlafen, denn hier enden meine Erinnerungen an diesen Tag.

Am nächsten Morgen erwartete mich schrecklicher Kummer. Das kleine Zimmer, in dem ich schlief, hatte kein Fenster, und ich begann zu weinen und entkam den Armen meiner Amme, die mich ankleidete, damit ich in das Nebenzimmer gehen konnte. Ich rannte zum runden Fenster, das ein riesiges „Bullauge" über der Tür war. Ich presste meine störrische Stirn gegen das Glas und begann vor Wut zu schreien, als ich keine Bäume, keine Buchsbäume, keine fallenden Blätter sah, nichts, nichts als Stein – kalten, grauen, hässlichen Stein – und Glasscheiben mir gegenüber. „Ich will weg! Ich will nicht hier bleiben! Es ist alles schwarz, schwarz! Es ist hässlich! Ich will die Straßendecke sehen!" und ich brach in Tränen aus. Meine arme Amme nahm mich in ihre Arme, wickelte mich in eine Decke und trug mich hinunter in den Hof. „Hebe deinen Kopf, Milk Blossom, und schau! Sieh – da ist die Straßendecke!"

Es tröstete mich ein wenig, zu sehen, dass es an diesem hässlichen Ort etwas Himmel gab, aber meine kleine Seele war sehr traurig. Ich konnte nicht essen, wurde blass und anämisch und wäre sicherlich an Schwindsucht gestorben, wenn nicht ein Zufall, ein höchst unerwarteter Vorfall passiert wäre. Eines Tages spielte ich im Hof mit einem kleinen Mädchen namens Titine, das im zweiten Stock wohnte und an dessen Gesicht oder richtigen Namen ich mich nicht erinnern kann, als ich den Mann meiner Amme mit zwei Damen über den Hof gehen sah, von denen eine sehr modisch gekleidet war. Ich konnte nur ihre Rücken sehen, aber die Stimme der modisch gekleideten Dame ließ mein Herz aufhören zu schlagen. Mein armer kleiner Körper zitterte vor nervöser Aufregung.

„Geht eines der Fenster auf den Innenhof?", fragte sie.

„Ja, Madame, diese vier", antwortete er und zeigte auf vier offene im ersten Stock.

Die Dame drehte sich um, um sie anzusehen, und ich stieß einen Freudenschrei aus.

„Tante Rosine! Tante Rosine!" rief ich und klammerte mich an die Röcke der hübschen Besucherin. Ich vergrub mein Gesicht in ihren Pelzen, stampfte, schluchzte, lachte und zerriss in meinem Wahn der Freude ihre weiten Spitzenärmel. Sie nahm mich in die Arme und versuchte mich zu beruhigen, und als sie den Concierge befragte, stammelte sie ihrer Freundin zu: „Ich kann nicht verstehen, was das alles bedeutet! Das ist die kleine Sarah! Das Kind meiner Schwester Youle!"

SARAH BERNHARDT UND IHRE MUTTER

Der Lärm, den ich machte, hatte die Aufmerksamkeit auf sich gezogen, und die Leute öffneten ihre Fenster. Meine Tante beschloss, in der Pförtnerloge Zuflucht zu suchen, um eine Erklärung zu finden. Meine arme Amme erzählte ihr von allem, was geschehen war, vom Tod ihres Mannes und ihrer zweiten Heirat. Ich erinnere mich nicht, was sie zu ihrer Entschuldigung sagte. Ich klammerte mich an meine Tante, die herrlich parfümiert war, und ließ sie nicht los. Sie versprach, mich am nächsten Tag abzuholen, aber ich wollte nicht länger an diesem dunklen Ort bleiben. Ich bat darum, sofort mit meiner Amme aufzubrechen. Meine Tante strich mir sanft übers Haar und sprach mit ihrer Freundin in einer Sprache, die ich nicht verstand. Sie versuchte vergeblich, mir etwas zu erklären; ich weiß nicht, was es war, aber ich bestand darauf, dass ich sofort mit ihr weggehen wollte. Mit sanfter, zärtlicher, schmeichelnder Stimme, aber ohne echte Zuneigung, sagte sie allerlei hübsche Dinge, streichelte mich mit ihren behandschuhten Händen, tätschelte mein hochgekrempeltes Kleid und machte jede Menge charmanter, frivoler kleiner Gesten, aber alles ohne echtes Gefühl. Dann ging sie auf Bitten ihrer Freundin weg, nachdem sie ihre Börse in die Hände meiner Amme geleert hatte. Ich eilte zur Tür, aber der Mann meiner Amme, der ihr die Tür geöffnet hatte, schloss sie jetzt wieder. Meine Amme weinte, und sie nahm mich in die Arme, öffnete das Fenster und sagte zu mir: „Weine nicht, Milk Blossom. Sieh dir deine hübsche Tante an; sie wird wiederkommen, und dann kannst du mit ihr weggehen.“ Dicke Tränen rollten über ihr ruhiges, rundes, hübsches Gesicht. Ich konnte nichts sehen als das dunkle, schwarze Loch, das unveränderlich hinter mir blieb, und in einem Anfall von Verzweiflung eilte ich zu meiner Tante hinaus, die gerade in eine Kutsche stieg. Danach wusste ich nichts mehr; alles schien dunkel, in der Ferne war ein Geräusch. Ich konnte Stimmen in weiter, weiter Ferne hören. Ich war meiner armen Amme entkommen und vor meiner Tante auf den Bürgersteig gefallen. Ich hatte mir den Arm an zwei Stellen gebrochen und meine linke Kniescheibe verletzt. Erst nach ein paar Stunden kam ich wieder zu mir und fand mich in einem schönen, breiten Bett wieder, das sehr gut roch. Es stand in der Mitte eines großen Zimmers mit zwei schönen Fenstern, die mich sehr freuten, denn durch sie konnte ich die Decke der Straße sehen.

Meine Mutter, die sofort gerufen worden war, kam, um sich um mich zu kümmern, und ich sah den Rest meiner Familie, meine Tanten und meine Cousinen. Mein armes kleines Gehirn konnte nicht verstehen, warum all diese Leute mich plötzlich so gern hatten, wo ich doch so viele Tage und Nächte in der Obhut einer einzigen Person verbracht hatte.

Da ich schwach war und meine Knochen klein und brüchig waren, brauchte ich zwei Jahre, um mich von diesem schrecklichen Sturz zu erholen, und während dieser Zeit wurde ich fast immer herumgetragen. Ich werde diese zwei Jahre meines Lebens übergehen, die mir nur eine vage Erinnerung an Streicheleinheiten und einen chronischen Zustand der Erstarrung hinterlassen haben.

II
IM INTERNAT

Eines Tages nahm mich meine Mutter auf den Schoß und sagte zu mir: „Du bist jetzt ein großes Mädchen und musst lesen und schreiben lernen." Ich war damals sieben Jahre alt und konnte weder lesen, schreiben noch rechnen, da ich fünf Jahre bei der alten Amme und zwei Jahre krank gewesen war. „Du musst zur Schule gehen", fuhr meine Mutter fort und spielte mit meinen lockigen Haaren, „wie ein großes Mädchen." Ich wusste nicht, was das alles bedeutete, und fragte, was eine Schule sei.

„Es ist ein Ort, an dem es viele kleine Mädchen gibt", antwortete meine Mutter.

„Sind sie krank?", fragte ich.

„Oh nein! Ihnen geht es ganz gut, so wie Ihnen jetzt, und sie spielen zusammen und sind sehr lustig und glücklich."

Ich hüpfte vor Entzücken herum und ließ meiner Freude freien Lauf, doch als ich die Tränen in den Augen meiner Mutter sah, warf ich mich in ihre Arme.

„Aber was ist mit dir, Mama?", fragte ich. „Du wirst ganz allein sein und kein kleines Mädchen haben."

Sie beugte sich zu mir herunter und sagte: „Gott hat mir gesagt, dass er mir Blumen und ein kleines Baby schicken wird."

Meine Freude wurde immer ausgelassener. „Dann werde ich einen kleinen Bruder haben!", rief ich, „oder eine kleine Schwester. Oh nein, das will ich nicht; ich mag keine kleinen Schwestern."

Mama küsste mich sehr liebevoll, und dann wurde mir, wie ich mich erinnere, ein blaues Kleid aus kordeltem Samt angezogen, auf das ich sehr stolz war. So in all meiner Pracht gekleidet wartete ich ungeduldig auf Tante Rosines Kutsche, die uns nach Auteuil bringen sollte.

Es war etwa drei, als sie ankam. Das Hausmädchen war etwa eine Stunde zuvor gegangen, und ich hatte mit Vergnügen zugesehen, wie mein kleiner Koffer und meine Spielsachen in den Wagen gepackt wurden. Das Hausmädchen kletterte hinauf und nahm neben dem Kutscher Platz, obwohl meine Mutter zunächst dagegen protestierte. Als die prächtige Kutsche meiner Tante ankam, stieg Mama als Erste ein, langsam und ruhig. Ich stieg ein, als ich an die Reihe kam, und tat so, als ob ich mich aufspielen würde, weil der Concierge und einige der Ladenbesitzer zusahen. Meine Tante sprang dann leichtfüßig, aber keineswegs ruhig hinein, nachdem sie dem steifen, lächerlich aussehenden Kutscher auf Englisch ihre Anweisungen gegeben und ihm ein Papier mit der Adresse gegeben hatte. Auf unseren folgte ein anderer Wagen, in dem drei Männer saßen: Régis L.—, ein Freund meines Vaters, General de P.—, und ein Künstler namens Fleury, glaube ich, dessen Bilder von Pferden und Sportmotiven damals sehr in Mode waren.

Unterwegs hörte ich, dass diese Herren ein kleines Abendessen in der Nähe von Auteuil arrangieren wollten, um Mama zu trösten, die so große Mühe hatte, von mir getrennt zu sein. Einige andere Gäste sollten sie dort abholen. Ich schenkte dem, was meine Mutter und meine Tante miteinander sagten, nicht viel Aufmerksamkeit. Manchmal, wenn sie von mir sprachen, sprachen sie entweder Englisch oder Deutsch und lächelten mich liebevoll an. Ich war sehr froh über die lange Fahrt, denn mit dem Gesicht ans Fenster gepresst und mit weit geöffneten Augen blickte ich begierig auf die graue, schlammige Straße mit ihren hässlichen Häusern auf beiden Seiten und ihren kahlen Bäumen. Ich fand alles sehr schön, weil es sich ständig veränderte.

Die Kutsche hielt in der Rue Boileau 18 in Auteuil. Am Eisentor hing ein langes, dunkles Schild mit goldenen Buchstaben. Ich blickte hinauf und Mama sagte: „Das wirst du hoffentlich bald lesen können.“ Meine Tante flüsterte mir zu: „Internat, Madame Fressard“, und ich sagte sofort zu Mama: „Da steht ‚Internat, Madame Fressard‘.“

Mama, meine Tante und die drei Herren lachten herzlich über meine Zusicherung, und wir betraten das Haus. Madame Fressard kam uns entgegen, und sie gefiel mir sofort. Sie war mittelgroß, ziemlich kräftig, und ihr Haar wurde grau, wie *bei Sévigné* . Sie hatte schöne große Augen, ein bisschen wie die von George Sand, und sehr weiße Zähne, die umso mehr hervorstachen, da ihr Teint ziemlich gelbbraun war. Sie sah gesund aus, sprach freundlich; ihre Hände waren rundlich und ihre Finger lang. Sie nahm meine Hand sanft in die ihre, und halb kniend, so dass ihr Gesicht auf gleicher Höhe mit meinem war, sagte sie mit wohlklingender Stimme: „Du wirst doch keine Angst vor mir haben, kleines Mädchen, oder?“ Ich antwortete nicht, aber mein Gesicht wurde rot wie ein Hahnenkamm. Sie stellte mir mehrere Fragen, aber ich weigerte mich zu antworten. Alle versammelten sich um mich. „Sprich, Kind – Komm, Sarah, sei ein braves Mädchen – Oh, das unartige kleine Kind!“

Es war alles vergebens. Ich blieb vollkommen stumm. Dann wurde der übliche Rundgang durch die Schlafzimmer, den Speisesaal, die Klassenzimmer gemacht und die üblichen übertriebenen Komplimente gemacht. „Wie schön es hier alles ist! Wie blitzsauber alles ist!“ und hundert Dummheiten dieser Art über den Komfort dieser Gefängnisse für Kinder. Meine Mutter ging mit Madame Fressard beiseite, und ich klammerte mich an ihre Knie, damit sie nicht laufen konnte. „Das ist das Rezept des Arztes“, sagte sie und folgte dann einer langen Liste von Dingen, die für mich getan werden sollten.

Madame Fressard lächelte etwas ironisch. „Wissen Sie, Madame", sagte sie zu meiner Mutter, „so werden wir ihr die Haare nicht locken können."

„Und du wirst es bestimmt nicht entwirren können", antwortete meine Mutter und streichelte mir mit ihren behandschuhten Händen über den Kopf. „Es ist eine normale Perücke, und sie dürfen nie versuchen, sie zu kämmen, bevor sie gut gebürstet ist. Sie könnten die Knoten sonst unmöglich lösen, und es würde ihr zu weh tun. Was gibst du den Kindern um vier Uhr?", fragte sie und wechselte das Thema.

„Oh, eine Scheibe Brot und nur das, was die Eltern ihnen übrig lassen."

„Es gibt zwölf Gläser mit verschiedenen Marmeladensorten", sagte meine Mutter, „aber an einem Tag muss sie Marmelade essen und an einem anderen Tag Schokolade, denn sie hat keinen guten Appetit und braucht Abwechslung. Ich habe sechs Pfund Schokolade mitgebracht." Madame Fressard lächelte gutmütig, aber etwas ironisch. Sie nahm eine Packung Schokolade und sah auf den Namen des Herstellers.

„Ah! Von Marquis! Was für ein verwöhntes kleines Mädchen!" Sie tätschelte meine Wange mit ihren weißen Fingern und sah dann überrascht aus, als ihr Blick auf ein großes Glas fiel. „Das ist Cold Cream", sagte meine Mutter. „Ich mache sie selbst und möchte, dass das Gesicht und die Hände meiner kleinen Tochter jeden Abend damit eingerieben werden, wenn sie ins Bett geht."

„Aber———", begann Madame Fressard.

„Oh, ich werde für die Bettwäsche die doppelte Wäsche bezahlen", unterbrach mich meine Mutter ungeduldig. (Ach, meine arme Mutter! Ich erinnere mich noch genau, dass meine Bettwäsche einmal im Monat gewechselt wurde, wie die der anderen Schüler.)

Endlich war der Moment des Abschieds gekommen, und alle versammelten sich um Mama und trugen sie schließlich nach vielen Küssen und mit allerlei tröstenden Worten davon. „Es wird ihr so gut tun — es ist gerade das, was sie braucht — Sie werden sie ganz verändert vorfinden, wenn Sie sie wiedersehen" – usw. usw.

Der General, der mich sehr mochte, nahm mich in seine Arme und warf mich durch die Luft.

„Du kleiner Fratz", sagte er, „man steckt dich in die Kaserne und du musst auf dein Benehmen achten!"

Ich zog an seinem langen Schnurrbart und er sagte zwinkernd und in Richtung Madame Fressard blickend, die einen leichten Schnurrbart hatte: „Das dürfen Sie der Dame nicht antun, wissen Sie!"

Meine Tante lachte herzlich, und meine Mutter lachte ein wenig unterdrückt, und die ganze Truppe zog in einem regelrechten Wirbelsturm aus raschelnden Röcken und Abschieden davon, während ich zu dem Käfig gebracht wurde, in dem man mich einsperren sollte.

Ich verbrachte zwei Jahre in dieser Pension. Man lehrte mich Lesen, Schreiben und Rechnen. Ich lernte auch hundert neue Spiele. Ich lernte *Rondeaus singen* und Taschentücher für meine Mutter besticken. Ich war dort relativ glücklich, da wir donnerstags und sonntags immer irgendwohin gingen, was mir das Gefühl von Freiheit gab. Schon der Boden auf der Straße schien mir ganz anders als der Boden des großen Gartens, der zur Pension gehörte. Außerdem gab es bei Madame Fressard kleine Festlichkeiten, die mich in Verzückung versetzten. Mlle. Stella Colas, die gerade ihr *Debüt* am Théâtre Français gegeben hatte, kam manchmal donnerstags und rezitierte uns Gedichte. Ich konnte in der Nacht davor kein Auge zutun, und am Morgen pflegte ich mir sorgfältig die Haare zu kämmen und mich mit vor Aufregung klopfendem Herzen fertigzumachen, um etwas zu hören, das ich überhaupt nicht verstand, das mich aber dennoch verzauberte. Außerdem war mit diesem hübschen Mädchen eine ziemliche Legende verbunden. Sie hatte sich während der Fahrt des Kaisers beinahe vor die Hufe der Pferde geworfen, um seine Aufmerksamkeit zu erregen und die Verzeihung ihres Bruders zu erreichen, der gegen seinen Herrscher konspiriert hatte.

Mlle. Stella Colas hatte eine Schwester bei Madame Fressard, und diese Schwester, Clothilde, ist jetzt die Frau von M. Pierre Merlou, Staatssekretär im Finanzministerium. Stella war schlank und blond, mit blauen Augen, die ziemlich hart, aber ausdrucksvoll waren. Sie hatte eine tiefe Stimme, und als dieses blasse, zerbrechliche Mädchen begann, Athalies Traum zu rezitieren, war ich durch und durch begeistert. Wie oft habe ich auf dem Bett meines Kindes geübt, mit leiser Stimme zu sagen: „Zittere , *Mädchen, würdige mich* " – ich drehte meinen Kopf auf meine Schultern, schwoll meine Wangen an und begann:

„ Zittern – zit-teln – zit-teln –"

Aber es endete immer schlecht, und ich fing dann ganz leise und mit gedämpfter Stimme wieder an und sprach dann unbewusst lauter; und meine Gefährten, die durch den Lärm aufgeschreckt wurden, amüsierten sich über meine Versuche und lachten lauthals. Dann rannte ich nach rechts und links herum und versetzte ihnen Tritte und Schläge, die sie mit Zinsen erwiderten.

Dann erschien Madame Fressards Adoptivtochter, Mlle. Caroline (die ich lange Zeit später zufällig kennenlernte, verheiratet mit dem berühmten Künstler Yvon), auf der Bildfläche. Wütend und unerbittlich verhängte sie für den nächsten Tag allerlei Strafen über uns. Ich selbst wurde für drei Tage eingesperrt, am ersten Tag, an dem wir wieder raus durften, wurde ich nachsitzen müssen. Außerdem bekam ich fünf Linealschläge auf die Finger. Ach! diese Linealschläge von Mlle. Caroline! Ich machte ihr Vorwürfe, als ich sie 25 Jahre später wiedersah. Sie ließ uns alle Finger um den Daumen legen und unsere Hände gerade nach ihr ausstrecken, und dann kam plötzlich ihr breites Lineal aus Ebenholz. Sie versetzte uns einen grausam harten, scharfen Schlag, der uns die Tränen in die Augen trieb. Ich konnte Mlle. Caroline nicht leiden. Sie war schön, aber von einer Art Schönheit, die mir nicht gefiel. Sie hatte eine sehr helle Haut und sehr schwarzes Haar, das sie in gewellten *Bandeaux trug* . Als ich sie lange danach wiedersah, brachte einer meiner Verwandten sie zu mir nach Hause und sagte: „Ich bin sicher, Sie werden diese Dame nicht wiedererkennen, und doch kennen Sie sie sehr gut." Ich lehnte an dem großen Kaminsims im Flur und sah diese große Frau, immer noch schön, aber etwas provinziell aussehend, durch das erste Wohnzimmer kommen. Als sie die drei Stufen in den Flur hinabstieg, fiel das Licht auf ihre vorspringende Stirn, die auf beiden Seiten von den harten, gewellten *Bandeaux umrahmt wurde* .

„Mademoiselle Caroline!", rief ich aus und verbarg mit einer verstohlenen, kindlichen Bewegung meine beiden Hände hinter meinem Rücken. Ich sah sie nie wieder, denn der Groll, den ich ihr seit meiner Kindheit schuldete, musste unter meiner Höflichkeit als Gastgeberin zu erkennen gewesen sein.

Wie ich schon sagte, war ich bei Madame Fressard nicht unglücklich, und es schien mir ganz natürlich, dass ich dort bleiben würde, bis ich ein erwachsenes Mädchen wäre. Mein Onkel, Félix Faure, der ins Kartäuserkloster eingetreten ist, hatte seine Frau, die Schwester meiner Mutter, angewiesen, dass sie mich oft mitnehmen sollte. Er besaß ein sehr schönes Landgut in Neuilly, durch das ein Bach floss, und ich pflegte dort stundenlang zusammen mit meinen beiden Cousins, einem Jungen und einem Mädchen, zu angeln.

Diese zwei Jahre meines Lebens verliefen friedlich, ohne andere Ereignisse als meine schrecklichen Wutanfälle, die die ganze Pension durcheinander brachten und mich jedes Mal für zwei oder drei Tage in die Krankenstation brachten. Diese Wutausbrüche waren wie Wahnsinnsanfälle.

Eines Tages kam Tante Rosine plötzlich, um mich ganz mitzunehmen. Mein Vater hatte mir schriftlich Anweisungen gegeben, wo ich untergebracht werden sollte, und diese Anweisungen waren zwingend. Meine Mutter war auf Reisen und hatte meiner Tante Bescheid gegeben, die sofort zwischen zwei Tänzen losgeeilt war, um die Anweisungen auszuführen, die sie erhalten hatte.

Der Gedanke, dass man mir Befehle erteilen würde, ohne Rücksicht auf meine eigenen Wünsche oder Neigungen, versetzte mich in eine unbeschreibliche Wut. Ich wälzte mich auf dem Boden und stieß die herzzerreißendsten Schreie aus. Ich schrie alle möglichen Vorwürfe und machte Mama, meinen Tanten und Madame Fressard Vorwürfe, weil sie nichts gefunden hatten, um mich bei sich zu behalten. Der Kampf dauerte zwei Stunden, und während ich angezogen wurde, flüchtete ich zweimal in den Garten und versuchte, auf die Bäume zu klettern und mich in den Teich zu werfen, in dem es mehr Schlamm als Wasser gab.

Schließlich, als ich völlig erschöpft und niedergeschlagen war, wurde ich schluchzend in der Kutsche meiner Tante weggebracht.

Ich blieb drei Tage bei ihr, weil ich so hohes Fieber hatte, dass mein Leben angeblich in Gefahr war.

Mein Vater besuchte meine Tante Rosine, die damals in der Rue de la Chaussée d'Antin 6 lebte. Er war mit Rossini befreundet, der in derselben Straße in der Nummer 4 wohnte. Er brachte ihn oft mit zu mir, und Rossini brachte mich mit seinen klugen Geschichten und komischen Grimassen zum Lachen.

Mein Vater war „schön wie ein Gott" und ich schaute ihn immer mit Stolz an. Ich kannte ihn nicht gut, da ich ihn nur selten sah, aber ich liebte ihn wegen seiner verführerischen Stimme und seiner langsamen, sanften Gesten. Er übte einen gewissen Respekt aus und ich bemerkte, dass sogar meine überschwängliche Tante sich in seiner Gegenwart beruhigte.

Ich hatte mich erholt und Dr. Monod, der mich behandelte, sagte, dass ich jetzt ohne Angst vor negativen Folgen bewegt werden könne.

Wir hatten auf meine Mutter gewartet, aber sie war in Haarlem krank. Meine Tante bot an, uns zu begleiten, wenn mein Vater mich ins Kloster bringen würde, aber er lehnte ab, und ich kann ihn jetzt mit seiner sanften Stimme sagen hören:

„Nein, ihre Mutter wird sie ins Kloster bringen. Ich habe den Faures geschrieben, und das Kind soll vierzehn Tage dort bleiben."

Meine Tante wollte protestieren, aber mein Vater antwortete:

„Dort ist es ruhiger, meine liebe Rosine, und das Kind braucht vor allem Ruhe."

Ich ging noch am selben Abend zu meiner Tante Faure. Ich mochte sie nicht besonders, da sie kalt und gekünstelt war, aber meinen Onkel verehrte ich.

Er war so sanft und so ruhig, und sein Lächeln hatte einen unendlichen Charme. Sein Sohn war so turbulent wie ich selbst, abenteuerlustig und etwas hirnrissig, so dass wir immer gern zusammen waren. Seine Schwester, ein bezauberndes Mädchen im Greuze-Stil, war zurückhaltend und hatte immer Angst, ihre Kleider und sogar ihre Schürzen zu beschmutzen. Das arme Kind heiratete Baron Cerise und starb während ihrer Entbindung in der Blüte ihrer Jugend und Schönheit, weil ihre Schüchternheit, ihre Zurückhaltung und ihre beschränkte Erziehung sie dazu gebracht hatten, sich zu weigern, einen Arzt aufzusuchen, als die Intervention eines Mediziners absolut notwendig war. Ich mochte sie sehr, und ihr Tod war ein großer Kummer für mich. Gegenwärtig sehe ich keinen schwächsten Strahl Mondlicht, ohne dass er eine blasse Vision von ihr hervorruft.

Ich blieb drei Wochen bei meinem Onkel, streifte mit meinem Cousin umher und verbrachte Stunden damit, flach auf dem Boden zu liegen und in dem kleinen Bach, der durch den Park floss, nach Flusskrebsen zu angeln. Dieser Park war riesig und von einem breiten Graben umgeben. Wie oft habe ich mit meinen Cousins gewettet, dass ich über diesen Graben springen würde! Manchmal ging es bei der Wette um drei Blätter Papier oder fünf Kegel oder vielleicht meine zwei Pfannkuchen, denn wir hatten jeden Dienstag Pfannkuchen. Und nach der Wette sprang ich, fiel meistens in den Graben und planschte im grünen Wasser herum, schrie, weil ich Angst vor den Fröschen hatte, und schrie vor Angst, wenn meine Cousins so taten, als würden sie davonlaufen.

Wenn ich nach Hause kam, wartete meine Tante immer besorgt auf der Steintreppe auf unsere Ankunft. Was für eine Standpauke ich bekommen hatte und was für ein kalter Blick.

„Gehen Sie nach oben und ziehen Sie sich um, Mademoiselle", sagte sie dann, „und bleiben Sie dann in Ihrem Zimmer. Ihr Abendessen wird Ihnen ohne Nachtisch dorthin gebracht."

Als ich im Flur an der großen Glasscheibe vorbeiging, erblickte ich mich selbst, wie ich aussah wie ein verfaulter Baumstumpf, und ich sah, wie mein Cousin mit der Hand vor den Mund Zeichen gab, dass er mir etwas Nachtisch bringen würde.

Seine Schwester ging zu seiner Mutter, die sie streichelte und zu sagen schien: „Gott sei Dank, du bist nicht wie dieser kleine Bohemien!" Das war das beißende Schimpfwort meiner Tante für mich in Momenten der Wut. Ich ging schweren Herzens, zutiefst beschämt und verärgert in mein Zimmer und schwor mir, nie wieder über den Graben zu springen, aber als ich mein Zimmer erreichte, fand ich dort die Tochter des Gärtners, ein großes, unbeholfenes, fröhliches Mädchen, das mich bediente.

„Oh, wie komisch Mademoiselle so aussieht!“, sagte sie und lachte dabei so herzlich, dass ich stolz darauf war, komisch auszusehen, und ich beschloss, dass ich, wenn ich wieder über den Graben sprang, ganz mit Unkraut und Schlamm bedeckt sein würde. Nachdem ich mich ausgezogen und gewaschen hatte, zog ich mir immer ein Flanellkleid an und wartete in meinem Zimmer, bis mein Abendessen kam. Es wurde Suppe heraufgeschickt und dann Fleisch, Brot und Wasser. Ich verabscheute Fleisch damals genauso wie heute und warf es aus dem Fenster, nachdem ich das Fett abgeschnitten und es auf den Rand meines Tellers gelegt hatte, da meine Tante immer unerwartet vorbeikam.

„Haben Sie zu Abend gegessen, Mademoiselle?“, fragte sie dann.

„Ja, Tante“, antwortete ich.

"Bist du noch hungrig?"

„Nein, Tante.“

„Schreib das Vaterunser und das Glaubensbekenntnis dreimal durch, du kleiner Heide.“ Das lag daran, dass ich nicht getauft war. Eine Viertelstunde später kam mein Onkel nach oben.

„Hast du genug zu Abend gegessen?“, fragte er.

„Ja, Onkel“, antwortete ich.

„Hast du dein Fleisch gegessen?“

„Nein, ich habe es aus dem Fenster geworfen. Ich mag kein Fleisch.“

„Dann hast du deiner Tante die Unwahrheit erzählt.“

„Nein. Sie fragte mich, ob ich zu Abend gegessen hätte, und ich antwortete, dass ich das getan hätte, sagte aber nicht, dass ich mein Fleisch gegessen hätte.“

„Welche Strafe hat sie dir auferlegt?“

„Ich soll vor dem Schlafengehen dreimal das Vaterunser und das Glaubensbekenntnis aufschreiben.“

„Kennen Sie sie auswendig?“

„Nein, nicht sehr gut. Ich mache ständig Fehler.“

Und der anbetungswürdige Mann diktierte mir dann das „Vater unser“ und das „Glaubensbekenntnis“, und ich schrieb es mit größter Hingabe ab, so wie er es mit tiefem Gefühl und tiefer Ergriffenheit zu diktieren pflegte. Er war religiös, sehr religiös sogar, dieser Onkel von mir, und nach dem Tod meiner Tante wurde er Kartäusermönch. Während ich diese Zeilen schreibe, krank und alt wie er ist und vor Schmerzen gebeugt, weiß ich, dass er sein eigenes Grab gräbt, schwach unter der Last des Spatens, Gott anfleht, ihn zu sich zu nehmen, und manchmal an mich denkt, an seinen kleinen Zigeuner. Ach, der liebe, gute Mann, ihm verdanke ich alles, was in mir ist. Ich liebe ihn innig und habe den größten Respekt vor ihm. Wie oft habe ich in den schwierigen Phasen meines Lebens an ihn gedacht und seine Ideen konsultiert, denn ich sah ihn nie wieder, da meine Tante absichtlich mit meiner Mutter und mir stritt. Er mochte mich jedoch immer und hat seinen Freunden gesagt, sie sollten mir das versichern. Gelegentlich hat er mir auch Ratschläge gegeben, die immer sehr direkt und voller Nachsicht und gesundem Menschenverstand waren.

Vor kurzem besuchte ich das Land, in dem die Kartäuser Zuflucht gefunden haben. Ein Freund von mir besuchte meinen Onkel und ich weinte, als ich die Worte hörte, die er mir diktiert hatte.

Um zu meiner Geschichte zurückzukommen. Nach dem Besuch meines Onkels kam Marie, die Tochter des Gärtners, in mein Zimmer. Sie sah ziemlich gleichgültig aus, aber ihre Taschen waren vollgestopft mit Äpfeln, Keksen, Rosinen und Nüssen. Meine Cousine hatte mir ein Dessert geschickt, aber sie, das gutherzige Mädchen, hatte alle Dessertteller abgeräumt. Ich sagte ihr, sie solle sich hinsetzen und die Nüsse knacken, und ich würde sie essen, wenn ich mein „Vaterunser" und mein „Glaubensbekenntnis" beendet hätte. Sie setzte sich auf den Boden, damit sie alles schnell unter dem Tisch verstecken konnte, falls meine Tante zurückkäme. Aber meine Tante kam nicht wieder, da sie und ihre Tochter ihre Abende am Klavier verbrachten, während mein Onkel seinem Sohn Mathematik beibrachte.

Schließlich schrieb mir meine Mutter, dass sie kommen würde. Im Hause meines Onkels herrschte große Aufregung, und mein kleiner Koffer war schon gepackt.

Das Kloster von Grand-Champs, in das ich eintreten sollte, hatte eine vorgeschriebene Uniform, und meine Cousine, die gern nähte, kennzeichnete alle meine Sachen mit den Initialen SB aus roter Baumwolle. Mein Onkel gab mir einen silbernen Löffel, eine silberne Gabel und einen silbernen Kelch, und diese waren alle mit 32 gekennzeichnet, was die Nummer war, unter der ich dort registriert war. Marie schenkte mir einen dicken Wollschal in Violetttönen, den sie seit mehreren Tagen heimlich für mich gestrickt hatte. Meine Tante legte mir ein kleines, gesegnetes Skapulier um den Hals, und als meine Mutter und mein Vater ankamen, war alles fertig.

Es wurde ein Abschiedsessen gegeben, zu dem zwei Freundinnen meiner Mutter, Tante Rosine und vier weitere Familienmitglieder eingeladen waren.

Ich fühlte mich sehr wichtig. Ich war weder traurig noch heiter, sondern hatte genau dieses Gefühl der Wichtigkeit, das mir völlig genügte. Alle am Tisch sprachen über mich; mein Onkel streichelte mir ständig übers Haar, und meine Cousine warf mir von ihrem Ende des Tisches aus Küsse zu. Plötzlich ließ mich die wohlklingende Stimme meines Vaters sich zu ihm umdrehen.

„Hör mir zu, Sarah", sagte er. „Wenn du im Kloster sehr brav bist, werde ich in vier Jahren kommen und dich abholen, und du wirst mit mir reisen und einige wunderschöne Länder sehen."

„Oh, ich werde brav sein!", rief ich aus. „Ich werde so brav sein wie Tante Henriette!"

Das war meine Tante Faure. Alle lächelten.

Nach dem Abendessen gingen wir alle, da das Wetter sehr schön war, im Park spazieren. Mein Vater nahm mich mit und sprach sehr ernsthaft mit mir. Er erzählte mir traurige Dinge, die ich noch nie zuvor gehört hatte. Ich verstand, obwohl ich so jung war, und meine Augen füllten sich mit Tränen. Er saß auf einer alten Bank und ich saß auf seinem Schoß, mein Kopf ruhte auf seiner Schulter. Ich hörte ihm zu und weinte still, mein kindlicher Geist war durch seine Worte verstört. Armer Vater! Ich sollte ihn nie, nie wieder sehen.

III

KLOSTERLEBEN

Ich schlief in dieser Nacht nicht gut, und am nächsten Morgen um acht Uhr fuhren wir mit der Postkutsche nach Versailles. Ich sehe Marie noch, das große Mädchen, das sie damals war, in Tränen aufgelöst. Alle Mitglieder der Familie waren oben auf der Steintreppe versammelt. Da war mein kleiner Koffer, dann ein Holzkasten mit Spielen, den meine Mutter mitgebracht hatte, und ein Drachen, den mein Cousin gebastelt hatte und den er mir im letzten Moment gab, gerade als die Kutsche losfuhr. Ich sehe noch immer das große weiße Haus, das immer kleiner zu werden schien, je weiter wir davon wegfuhren. Ich stand auf, mein Vater hielt mich fest und schwenkte seinen blauen Seidenschal, den ich ihm vom Hals genommen hatte. Danach setzte ich mich in die Kutsche und schlief ein. Ich wachte erst wieder auf, als wir vor der schwer aussehenden Tür des Klosters von Grand-Champs standen. Ich rieb mir die Augen und versuchte, meine Gedanken zu sammeln. Dann sprang ich aus der Postkutsche und sah mich neugierig um. Die Pflastersteine der Straße waren rund und klein, und überall wuchs Gras. Da war eine Mauer, dann ein großes Tor, über dem ein Kreuz stand, und dahinter war nichts, rein gar nichts zu sehen. Links war ein Haus, rechts die Satory-Kaserne. Kein Laut war zu hören, kein Schritt, nicht einmal ein Echo.

„Oh, Mama", rief ich aus, „ist es dort drinnen, wo ich hingehen soll? Oh nein! Ich möchte lieber zu Madame Fressard zurückkehren!"

Meine Mutter zuckte mit den Schultern und zeigte auf meinen Vater, womit sie klarstellte, dass sie für diesen Schritt nicht verantwortlich war. Ich eilte zu ihm, und er nahm mich bei der Hand, während er klingelte. Die Tür öffnete sich und er führte mich sanft hinein, gefolgt von meiner Mutter und Tante Rosine.

Der Hof war groß und sah trostlos aus, aber man konnte Gebäude sehen und Fenster, aus denen uns Kindergesichter neugierig anstarrten. Mein Vater sagte etwas zu der Nonne, die nach vorne kam, und sie führte uns in den Salon. Dieser war groß, hatte einen polierten Boden und war durch ein riesiges schwarzes Gitter geteilt, das sich über die gesamte Länge des Raumes erstreckte. An der Wand standen mit rotem Samt bezogene Bänke und neben dem Gitter ein paar Stühle und Sessel. An den Wänden hingen ein Porträt von Pius IX., ein Ganzkörperporträt des heiligen Augustinus und eines von Heinrich V. Meine Zähne klapperten, denn ich glaubte mich daran zu erinnern, in einem Buch die Beschreibung eines Gefängnisses gelesen zu haben, und dass es genau so aussah. Ich sah meinen Vater und meine Mutter an und begann, ihnen zu misstrauen. Ich hatte so oft gehört, dass ich unregierbar sei, dass ich eine eiserne Hand brauche, um mich zu beherrschen, und dass ich der Teufel in einem Kind sei. Meine Tante Faure hatte so oft wiederholt: „Dieses Kind wird ein schlimmes Ende nehmen, sie hat solche verrückten Ideen" usw. usf. „Papa, Papa!", rief ich plötzlich, von Angst ergriffen. „Ich gehe nicht ins Gefängnis. Das hier ist ein Gefängnis, da bin ich sicher. Ich habe Angst – oh, ich habe solche Angst!"

Auf der anderen Seite des Gitters hatte sich gerade eine Tür geöffnet, und ich blieb stehen, um zu sehen, wer käme. Eine kleine, rundliche, kleine Frau erschien und trat an das Gitter heran. Ihr schwarzer Schleier war bis zum Mund herabgesunken, so dass ich kaum etwas von ihrem Gesicht sehen konnte. Sie erkannte meinen Vater, den sie wahrscheinlich schon einmal gesehen hatte, als die Dinge arrangiert wurden. Sie öffnete eine Tür im Gitter, und wir gingen alle auf die andere Seite des Zimmers. Als sie mich blass und meine erschrockenen Augen voller Tränen sah, nahm sie sanft meine Hand in ihre, drehte meinem Vater den Rücken zu und hob ihren Schleier. Da sah ich das süßeste und fröhlichste Gesicht, das man sich vorstellen konnte, mit großen, kindlich blauen Augen, einer Stupsnase, einem lachenden Mund mit vollen Lippen und schönen, starken, weißen Zähnen. Sie sah so freundlich, so energisch und so glücklich aus, dass ich mich sofort in ihre Arme warf. Es war Mutter St. Sophie, die Oberin des Klosters Grand-Champs.

„Ah, wir sind jetzt Freunde, siehst du", sagte sie zu meinem Vater und ließ ihren Schleier wieder sinken. Welcher geheime Instinkt hätte dieser Frau, die nicht kokett war, die keinen Spiegel hatte und sich nie um Schönheit kümmerte, sagen können, dass ihr Gesicht faszinierend war und dass ihr strahlendes Lächeln die Düsterkeit des Klosters aufhellen konnte?

„Wir werden jetzt hingehen und uns das Haus ansehen", sagte sie.

Wir machten uns sofort auf den Weg, sie und mein Vater hielten jeweils eine meiner Hände. Zwei weitere Nonnen begleiteten uns, eine von ihnen war die Mutter Präfektin, eine große, kalte Frau mit dünnen Lippen, und die andere Schwester Séraphine, die so weiß und geschmeidig war wie ein Maiglöckchenzweig. Wir betraten das Gebäude und kamen zuerst in den großen Klassenraum, in dem sich alle Schülerinnen donnerstags zu den Vorlesungen trafen, die fast immer von Mutter St. Sophie gehalten wurden. Die meisten von ihnen arbeiteten den ganzen Tag lang mit Handarbeiten; einige arbeiteten an Wandteppichen, andere an Stickereien und wieder andere an Dekalkografien.

Der Raum war sehr groß, und am Katharinentag und an anderen Feiertagen tanzten wir dort. In diesem Raum gab die Oberin auch einmal im Jahr jeder Schwester den *Sou*, der ihrem Jahreseinkommen entsprach. Die Wände waren mit religiösen Gravuren und einigen Ölgemälden geschmückt, die von den Schülern gemalt worden waren. Der Ehrenplatz gehörte jedoch dem heiligen Augustinus. Ein prächtiger großer Kupferstich stellte die Bekehrung dieses Heiligen dar, und oh, wie oft habe ich diesen Kupferstich betrachtet. Der heilige Augustinus hat mich sicherlich sehr bewegt und mein kindliches Herz sehr beunruhigt. Mama bewunderte die Sauberkeit des Refektoriums. Sie fragte, wo ich bei Tisch sitzen würde, und als man ihr diesen zeigte, erhob sie heftige Einwände gegen meinen Platz.

„Nein", sagte sie. „Das Kind hat keine starke Brust, und es würde immer ziehen. Ich werde sie nicht dort sitzen lassen."

Mein Vater war mit meiner Mutter einer Meinung und bestand auf einer Änderung. Es wurde daher beschlossen, dass ich am Ende des Raumes sitzen sollte, und das gegebene Versprechen wurde gewissenhaft eingehalten.

Als Mama die breite Treppe sah, die zu den Schlafsälen führte, war sie entsetzt. Sie war sehr, sehr breit und die Stufen waren niedrig und leicht zu erklimmen, aber es waren so viele, bevor man den ersten Stock erreichte. Ein paar Sekunden lang zögerte Mama und starrte sie an, die Arme verzweifelt herabhängend.

„Bleib hier unten, Youle", sagte meine Tante, „ich gehe rauf."

„Nein, nein", antwortete meine Mutter mit trauriger Stimme. „Ich muss sehen, wo das Kind schlafen kann – es ist so zart."

Mein Vater half ihr und trug sie beinahe hinauf, und dann gingen wir in einen der riesigen Schlafsäle. Er war dem Schlafsaal von Madame Fressard sehr ähnlich, aber viel größer, und der Boden war gefliest, ohne Teppich.

DAS KLOSTER GRAND CHAMP, VOM GARTEN AUS

„Oh, das ist ganz unmöglich!", rief Mama. „Das Kind kann hier nicht schlafen. Es ist zu kalt. Es würde sterben."

Die Mutter Oberin, die heilige Sophie, gab meiner Mutter einen Stuhl und versuchte sie zu beruhigen. Sie war blass, denn ihr Herz war bereits schwer angeschlagen.

„Wir werden Ihr kleines Mädchen in diesem Schlafsaal unterbringen, Madame", sagte sie und öffnete eine Tür, die in ein Zimmer mit acht Betten führte. Der Boden war aus poliertem Holz, und dieses Zimmer, das an die Krankenstation angrenzte, war das Zimmer, in dem schwächliche oder genesende Kinder schliefen. Mama war beruhigt, als sie das sah, und dann gingen wir hinunter und inspizierten das Gelände. Es gab drei Wälder, den „Kleinen Wald", den „Mittleren Wald" und den „Großen Wald", und dann gab es einen Obstgarten, der sich so weit erstreckte, wie das Auge reichte. In diesem Obstgarten befand sich das Gebäude, in dem die armen Kinder lebten. Sie wurden kostenlos unterrichtet und halfen jede Woche bei der Wäsche für das Kloster.

Der Anblick dieser riesigen Wälder mit Schaukeln, Hängematten und einer Turnhalle entzückte mich, denn ich dachte, ich könnte dort nach Lust und Laune umherstreifen. Mutter St. Sophie erklärte uns, dass der Kleine Wald den älteren Schülern vorbehalten sei und der Mittlere Wald den Kleinen, während der Große Wald an Feiertagen dem ganzen Kloster vorbehalten sei. Nachdem sie uns dann vom Sammeln der Kastanien und dem Sammeln der Akazien erzählt hatte, teilte uns Mutter St. Sophie mit, dass jedes Kind einen kleinen Garten haben könne und dass manchmal zwei oder drei von ihnen einen größeren hätten.

„Oh, kann ich einen eigenen Garten haben?", rief ich aus – „einen Garten ganz für mich allein?"

„Ja, einer von euch."

Die Mutter Oberin rief den Gärtner, Pater Larcher, zu sich, der neben dem Kaplan der einzige Mann war, der zum Klosterpersonal gehörte.

„Pater Larcher", sagte die freundliche Frau, „hier ist ein kleines Mädchen, das sich einen schönen Garten wünscht. Finden Sie einen schönen Platz dafür."

„Sehr gut, Ehrwürdige Mutter", antwortete der ehrliche Kerl, und ich sah, wie mein Vater ihm eine Münze in die Hand drückte, wofür der Mann ihm verlegen dankte.

Es wurde spät und wir mussten uns trennen. Ich erinnere mich noch gut, dass ich keinen Kummer empfand, da ich nur an meinen Garten dachte. Das Kloster kam mir nicht mehr wie ein Gefängnis vor, sondern wie ein Paradies. Ich küsste meine Mutter und meine Tante. Papa zog mich an sich und hielt mich einen Moment in einer engen Umarmung. Als ich ihn ansah, sah ich, dass seine Augen voller Tränen waren. Ich fühlte mich überhaupt nicht zum Weinen geneigt und gab ihm einen herzlichen Kuss und flüsterte: „Ich werde sehr, sehr brav sein und gut arbeiten, damit ich nach vier Jahren mit dir gehen kann." Dann ging ich zu meiner Mutter, die Mutter St. Sophie dieselben Anweisungen gab, die sie Madame Fressard über kalte Sahne, Schokolade, Marmelade usw. usw. gegeben hatte. Mutter St. Sophie schrieb alle diese Anweisungen auf, und es ist nur fair zu sagen, dass sie sie später äußerst gewissenhaft befolgte.

Als meine Eltern gegangen waren, war mir zum Weinen zumute, aber die Mutter Oberin nahm mich bei der Hand, führte mich in den Mittelwald und zeigte mir, wo mein Garten sein würde. Das genügte, um mich abzulenken, denn dort fanden wir Pater Larcher, der in einer Ecke des Waldes mein Stück Land absteckte. An der Mauer stand eine junge Birke. Die Ecke wurde durch die Verbindung zweier Mauern gebildet, von denen eine die Eisenbahnlinie am linken Ufer des Flusses begrenzt, der den Satory-Wald in zwei Teile teilt. Die andere Mauer war die des Friedhofs. Alle Wälder des Klosters waren Teil des schönen Satory-Waldes.

Sie alle hatten mir Geld gegeben, mein Vater, meine Mutter und meine Tante. Ich hatte insgesamt etwa vierzig oder fünfzig Francs und wollte alles dem Vater Larcher geben, um Saatgut zu kaufen. Die Mutter Oberin lächelte und ließ die Mutter Schatzmeisterin und Mutter St. Appoline rufen. Ich musste der Ersteren mein ganzes Geld übergeben, mit Ausnahme von zwanzig Sous, die sie mir hinterließ, und sagte: „Wenn das alles aufgebraucht ist, kleines Mädchen, komm und hol dir noch etwas von mir.“

Mutter St. Appoline, die Botanik unterrichtete, fragte mich dann, welche Blumen ich wollte. Welche Blumen? Ich wollte jede Art, die wächst. Sie begann sofort, mir eine Botanikstunde zu geben, indem sie erklärte, dass nicht alle Blumen zur gleichen Jahreszeit wachsen. Dann bat sie die Mutter Schatzmeisterin um etwas von meinem Geld, das sie Père Larcher gab und ihm sagte, er solle mir einen Spaten, eine Harke, eine Hacke und eine Gießkanne, einige Samen und ein paar Pflanzen kaufen, deren Namen sie für ihn aufschrieb. Ich war entzückt und ging dann mit Mutter St. Sophie ins Refektorium, um zu Abend zu essen. Als ich den riesigen Raum betrat, blieb ich eine Sekunde lang erstaunt und verwirrt stehen. Mehr als hundert Mädchen waren dort versammelt und standen auf, damit der Segen ausgesprochen werden konnte. Als die Mutter Oberin erschien, verneigten sich alle respektvoll, und dann richteten sich alle Augen auf mich. Mutter St. Sophie führte mich zu dem Platz, der am Ende des Raumes für mich ausgewählt worden war, und kehrte dann in die Mitte des Refektoriums zurück. Sie blieb stehen, bekreuzigte sich und sprach mit hörbarer Stimme den Segen. Als sie den Raum verließ, verneigten sich alle wieder, und dann war ich allein, ganz allein, in diesem Käfig voller kleiner wilder Tiere. Ich saß zwischen zwei kleinen Mädchen im Alter von zehn bis zwölf Jahren, beide dunkel wie zwei junge Maulwürfe. Es waren Zwillinge aus Jamaika, und sie hießen Dolores und Pepa Cardaños. Sie waren erst seit zwei Monaten im Kloster und schienen ebenso schüchtern zu sein wie ich. Das Abendessen bestand aus einer Suppe aus allem möglichen und aus Kalbfleisch mit weißen Bohnen. Ich verabscheute Suppe, und Kalbfleisch hatte ich schon immer verabscheut. Ich drehte meinen Teller um, als die Suppe herumgereicht wurde, aber die Nonne, die uns bediente, drehte ihn noch einmal um und goss die heiße Suppe hinein, ohne Rücksicht darauf, dass ich mich dabei verbrühte.

„Du musst deine Suppe essen“, flüsterte meine rechte Nachbarin, die Pepa hieß.

„Die mag ich nicht und will ich auch nicht“, sagte ich laut. Die Inspektorin kam gerade vorbei.

„Sie müssen Ihre Suppe essen, Mademoiselle“, sagte sie.

„Nein, ich mag diese Art Suppe nicht“, antwortete ich.

Sie lächelte und sagte mit sanfter Stimme: „Es muss uns alles gefallen. Ich komme gleich wieder vorbei. Sei ein braves Mädchen und nimm deine Suppe."

Ich geriet in Rage, aber Dolores reichte mir ihren leeren Teller und aß die Suppe für mich auf. Als die Kontrolleurin wieder vorbeikam, drückte sie ihre Genugtuung aus. Ich war wütend und streckte die Zunge heraus, und der ganze Tisch lachte. Sie drehte sich um, und die Schülerin, die am Ende des Tisches saß und auf uns aufpassen sollte, weil sie die Älteste war, sagte leise zu ihr: „Das ist das neue Mädchen, das Grimassen schneidet." Die Kontrolleurin ging wieder weg, und als das Kalbfleisch serviert wurde, fand meine Portion den Weg auf Dolores' Teller. Ich wollte jedoch die weißen Bohnen behalten, und wir gerieten beinahe in Streit darüber. Sie gab schließlich nach, aber mit dem Kalbfleisch schleppte sie ein paar Bohnen weg, die ich auf meinem Teller behalten wollte.

Eine Stunde später hielten wir Abendgebete ab und gingen danach alle zu Bett. Mein Bett stand an der Wand, in der sich eine Nische für die Statue der Jungfrau Maria befand. In der Nische brannte immer eine Lampe, und das Öl dafür wurde von den Kindern besorgt, die krank gewesen waren und dankbar für ihre Genesung waren. Zwei winzige Blumentöpfe standen am Fuße der kleinen Statue. Die Töpfe waren aus Terrakotta und die Blumen aus Papier. Ich konnte sehr gut Papierblumen basteln und beschloss sofort, alle Blumen für die Jungfrau Maria zu basteln. Ich schlief ein und träumte von Blumengirlanden, von weißen Bohnen und von fernen Ländern, denn die Zwillinge aus Jamaika hatten einen Eindruck auf mich gemacht.

Das Erwachen war grausam. Ich war es nicht gewohnt, so früh aufzustehen. Durch die undurchsichtigen Fensterscheiben war kaum Tageslicht zu sehen. Ich murrte, während ich mich anzog, denn wir hatten eine Viertelstunde Zeit, und ich brauchte immer eine gute halbe Stunde, um meine Haare zu kämmen. Als Schwester Marie sah, dass ich noch nicht fertig war, kam sie auf mich zu, und bevor ich wusste, was sie tun würde, riss sie mir den Kamm gewaltsam aus der Hand.

„Komm, komm", sagte sie, „du darfst nicht so trödeln." Dann steckte sie den Kamm in meinen Haarschopf und riss mir eine Handvoll davon aus. Schmerz und Wut darüber, dass ich so behandelt wurde, versetzten mich sofort in einen meiner Wutanfälle, die die Zeugen immer in Angst und Schrecken versetzten. Ich warf mich auf die unglückliche Schwester und schlug und rammte sie mit Füßen, Zähnen, Händen, Ellbogen, Kopf und eigentlich mit meinem ganzen armen kleinen Körper und schrie gleichzeitig. Alle Schülerinnen, alle Schwestern und eigentlich jeder einzelne rannte herbei, um zu sehen, was los war. Die Schwestern bekreuzigten sich, wagten aber nicht, sich mir zu nähern. Die Oberin übergoss mich mit Weihwasser, um den bösen Geist auszutreiben. Schließlich erschien die Oberin. Mein Vater hatte ihr von meinen wilden Wutanfällen erzählt, die mein einziger schwerwiegender Fehler waren und für die mein Gesundheitszustand ebenso verantwortlich war wie meine gewalttätige Gemütsart. Sie näherte sich mir, während ich Schwester Marie noch immer umklammerte, obwohl ich von diesem Kampf mit der armen Frau erschöpft war. Obwohl sie groß und stark war, versuchte sie nur, meine Schläge abzuwehren, ohne zurückzuschlagen, indem sie sich bemühte, erst meine Füße und dann meine Hände festzuhalten.

Ich blickte auf, als ich Mutter St. Sophies Stimme hörte. Meine Augen waren in Tränen gebadet, aber dennoch sah ich einen solchen Ausdruck des Mitleids auf ihrem süßen Gesicht, dass ich, ohne ganz loszulassen, für eine Sekunde aufhörte zu kämpfen und ganz zitternd und beschämt sehr schnell sagte: „Sie hat damit angefangen. Sie riss mir den Kamm aus der Hand wie eine böse Frau und riss mir die Haare aus. Sie war grob und verletzte mich. Sie ist eine böse, böse Frau." Dann brach ich in Schluchzen aus und meine Hände ließen ihren Griff los. Das nächste, woran ich mich erinnere, war, dass ich mich auf meinem kleinen Bett liegend wiederfand, mit Mutter St. Sophies Hand auf meiner Stirn und ihrer freundlichen, tiefen Stimme, die mich sanft belehrte. Alle anderen waren gegangen und ich war ganz allein mit ihr und der Heiligen Jungfrau in der Nische. Von diesem Tag an hatte Mutter St. Sophie einen enormen Einfluss auf mich. Jeden Morgen ging ich zu ihr und Schwester Marie, die ich vor dem ganzen Kloster um Vergebung bitten musste, kämmte mir in ihrer Gegenwart die Haare. Auf einem kleinen Hocker sitzend hörte ich mir das Buch an, das mir die Mutter Oberin vorlas, oder die lehrreiche Geschichte, die sie mir erzählte. Ach, was für eine entzückende Frau sie war, und wie gern rufe ich sie mir in Erinnerung!

Ich betete sie an, wie ein Kind das Wesen anbetet, das sein Herz vollkommen erobert hat, ohne es zu wissen, ohne es zu begründen, ohne mir dessen auch nur bewusst zu sein, aber ich war einfach von einer unendlichen Faszination fasziniert. Seitdem jedoch habe ich sie verstanden und bewundert und erkannt, welch einzigartige und strahlende Seele unter der gedrungenen Schale und dem glücklichen Gesicht dieser heiligen Frau gefangen war. Seitdem liebe ich sie für all das, was sie an Edelmut in mir erweckte. Ich liebe sie für die Briefe, die sie mir schrieb, Briefe, die ich oft immer wieder lese. Ich liebe sie auch, weil ich, so unvollkommen ich auch bin, hundertmal unvollkommener wäre, wenn ich dieses reine Geschöpf nicht gekannt und geliebt hätte.

Nur einmal sah ich sie streng und spürte, dass sie plötzlich wütend war. In dem kleinen Zimmer, das als Salon diente und in ihre Zelle führte, hing das Porträt eines jungen Mannes, dessen hübsches Gesicht von einer gewissen Vornehmheit geprägt war.

„Ist das der Kaiser?“, fragte ich sie.

„Nein“, antwortete sie und wandte sich rasch zu mir um. „Es ist der König. Es ist Heinrich V.“

Erst später verstand ich, was ihre Gefühle bedeuteten. Das ganze Kloster war royalistisch, und Heinrich V. war ihr anerkannter Herrscher. Sie alle hegten die allergrößte Verachtung für Napoleon III., und am Tag der Taufe des kaiserlichen Prinzen gab es keine Bonbons für uns, und wir durften nicht an den Feiertagen teilnehmen, die allen Colleges, Internaten und Klöstern zugestanden wurden. Politik war für mich ein toter Buchstabe, und ich war im Kloster glücklich, dank Mutter St. Sophie.

Außerdem war ich bei meinen Mitschülern beliebt, die mir oft meine Aufsätze vortrugen. Ich interessierte mich für kein Fach außer Geographie und Zeichnen. Arithmetik machte mich verrückt, Buchstabieren plagte mich mein Leben lang und Klavierspielen verabscheute ich zutiefst. Ich war sehr schüchtern und verlor völlig den Kopf, wenn ich unerwartet befragt wurde.

Ich hatte eine Leidenschaft für Tiere aller Art. Ich trug in kleinen Kartons oder Käfigen, die ich selbst herstellte, Kreuzottern mit mir herum, von denen es in unserem Wald viele gab, Grillen, die ich auf den Blättern der Tigerlilien fand, und Eidechsen. Letztere hatten fast immer einen gebrochenen Schwanz, denn um zu sehen, ob sie fraßen, hob ich den Deckel der Schachtel ein wenig an, und als ich das sah, stürzten die Eidechsen zur Öffnung. Ich schloss die Schachtel sehr schnell, rot vor Überraschung über diese Zuversicht, und ruckzuck war fast immer rechts oder links ein *Schwanz* eingeklemmt. Das quälte mich stundenlang, und während eine der Schwestern uns anhand von Zahlen an der Tafel das metrische System erklärte, überlegte ich mit dem Schwanz meiner Eidechse in der Hand, wie ich ihn wieder befestigen könnte. Ich hatte einige *Toc-Marteau* (Totenuhren) in einer kleinen Schachtel und fünf Spinnen in einem Käfig, den Père Larcher aus Drahtgeflecht für mich gemacht hatte. Ich pflegte meinen Spinnen sehr grausam Fliegen zu geben, und sie, fett und wohlgenährt, spannen ihre Netze. Sehr oft standen während der Freizeit eine ganze Gruppe von uns, zehn oder zwölf kleine Mädchen, mit einem Käfig auf einer Bank oder einem Baumstumpf herum und schauten der wunderbaren Arbeit dieser kleinen Geschöpfe zu. Wenn sich eine meiner Schulkameradinnen schnitt, ging ich sofort zu ihr und fühlte mich sehr stolz und wichtig: „Komm sofort“, sagte ich, „ich habe ein frisches Spinnennetz und ich werde deinen Finger darin einwickeln.“ Mit einem kleinen dünnen Stock ausgestattet, nahm ich das Netz und wickelte es um den verletzten Finger. „Und jetzt, meine Damen Spinnen, müssen Sie Ihre Arbeit wieder aufnehmen“, und eifrig und genau, *meine Damen,* begannen die Spinnen erneut zu spinnen.

Ich wurde als kleine Autorität angesehen und zum Schiedsrichter bei Fragen gemacht, die entschieden werden mussten. Ich bekam Aufträge für modische Aussteuern aus Papier für Puppen. Es war damals für mich eine ganz leichte Sache, lange Hermelinmäntel mit Pelzkragen und Muff zu nähen, und das erfüllte meine kleinen Spielkameraden mit Bewunderung. Ich verlangte für meine *Aussteuern* , je nach ihrer Wichtigkeit, zwei Bleistifte, fünf *Totenkopffedern* oder ein paar Blätter weißes Papier. Kurz gesagt, ich wurde eine Persönlichkeit, und das genügte meinem kindlichen Stolz. Ich lernte nichts und erhielt keine Auszeichnungen. Mein Name stand nur einmal auf der Ehrenliste, und das war nicht als fleißiger Schüler, sondern für eine mutige Tat. Ich hatte ein kleines Mädchen aus dem großen Teich gefischt. Sie war hineingefallen, als sie versuchte, Frösche zu fangen. Der Teich befand sich im großen Obstgarten, auf der Seite des Geländes, die den armen Kindern vorbehalten war. Als Strafe für eine Missetat, an die ich mich nicht erinnere, wurde ich für zwei Tage zu den armen Kindern geschickt. Das sollte eine Strafe sein, aber ich freute mich darüber. Zunächst wurde ich von ihnen als „junge Dame" angesehen. Dann gab ich den Tagesschülern ein paar Sous, damit sie mir heimlich etwas feuchten Zucker brachten. Während der Pause hörte ich herzzerreißende Schreie, eilte zum Teich, aus dem sie kamen, und sprang ohne nachzudenken ins Wasser. Es war so viel Schlamm, dass wir beide darin versanken. Das kleine Mädchen war erst vier Jahre alt und so klein, dass sie ständig verschwand. Ich war damals über zehn. Ich weiß nicht, wie ich es schaffte, sie zu retten, aber ich zog sie aus dem Wasser, wobei Mund, Nase, Ohren und Augen mit Schlamm gefüllt waren. Später erzählte man mir, dass es lange dauerte, bis sie wieder zu Bewusstsein kam. Ich selbst wurde mit klappernden Zähnen, nervös und halb ohnmächtig davongetragen. Ich hatte danach großes Fieber und Mutter St. Sophie selbst blieb bei mir. Ich hörte, wie sie zum Arzt sagte:

„Dieses Kind", sagte sie, „ist eines der besten, die wir hier haben. Sie wird vollkommen sein, wenn sie erst einmal das heilige Chrisam empfangen hat."

Diese Rede machte einen solchen Eindruck auf mich, dass mich von diesem Tag an die Mystik sehr gefangen nahm. Ich hatte eine sehr lebhafte Vorstellungskraft und war äußerst empfindsam, und die christliche Legende nahm von ganzem Herzen und ganzer Seele Besitz von mir. Der Sohn Gottes wurde zum Gegenstand meiner Anbetung und die Mutter der sieben Schmerzen zu meinem Ideal.

IV
MEIN DEBUT

Ein an sich ganz einfaches Ereignis sollte die Stille unseres zurückgezogenen Lebens stören und mich noch mehr an mein Kloster binden, in dem ich für immer bleiben wollte.

Der Erzbischof von Paris, Monseigneur Sibour, besuchte einige der Gemeinschaften, und unsere war unter den Auserwählten. Die Neuigkeiten wurden uns von Mutter St. Alexis, der *Doyenne* , dem ältesten Mitglied der Gemeinschaft, überbracht, die so groß, so dünn und so alt war, dass ich sie nie als Menschen oder als Lebewesen betrachtete. Es kam mir immer so vor, als wäre sie ausgestopft und als würde sie sich wie von Maschinen bewegen. Sie machte mir Angst, und ich willigte nie ein, in ihre Nähe zu kommen, bis sie gestorben war.

Wir waren alle in dem großen Raum versammelt, den wir donnerstags benutzten. Mutter St. Alexis stand, gestützt von zwei Laienschwestern, auf dem kleinen Podium und verkündete uns mit einer Stimme, die weit, weit weg klang, den bevorstehenden Besuch von Monseigneur. Er sollte am Katharinentag kommen, genau vierzehn Tage nach der Rede der Ehrwürdigen Mutter.

Unser friedliches Kloster glich von da an einem Bienenstock, in den eine Hornisse eingedrungen war. Unsere Unterrichtsstunden wurden verkürzt, damit wir Zeit hatten, Girlanden aus Rosen und Lilien zu basteln. Der breite, hohe Sessel aus geschnitztem Holz hatte keine Polsterung, damit er lackiert und poliert werden konnte. Wir fertigten Lampenschirme mit Kristallüberzug an. Das Gras im Hof wurde ausgerissen – und ich kann nicht sagen, was nicht alles zu Ehren dieses Besuchers getan wurde.

Zwei Tage nach der Ankündigung durch Mutter St. Alexis wurde uns das Programm des *Festes* von Mutter St. Sophie mitgeteilt. Die jüngste der Nonnen sollte Monseigneur einige Willkommensworte vorlesen. Es war die entzückende Schwester Séraphine. Danach sollte Marie Buguet ein Klaviersolo von Henri Herz spielen. Marie de Lacour sollte ein Lied von Louise Puget singen, und anschließend sollte ein kleines Theaterstück in drei Szenen mit dem Titel „ *Tobit erlangt sein Augenlicht zurück* " aufgeführt werden. Es war von Mutter St. Thérèse geschrieben worden. Nun habe ich das kleine Manuskript vor mir, ganz vergilbt und zerrissen vom Alter, und ich kann nur gerade so den Sinn und einige Sätze erkennen. Szene I. Tobias verabschiedet sich von seinem blinden Vater. Er schwört, ihm die zehn Talente zurückzubringen, die er seinem Verwandten Gabael geliehen hatte. Szene II. Tobias schläft am Ufer des Tigris und wird vom Engel Raphael bewacht. Kampf mit einem Monsterfisch, der Tobias im Schlaf angegriffen hatte. Als der Fisch getötet ist, rät der Engel Tobias, sein Herz, seine Leber und seine Galle zu nehmen und diese sorgfältig aufzubewahren. Szene III. Tobias kehrt zu seinem blinden Vater zurück. Der Engel sagt ihm, er solle dem alten Mann die Augen mit den Eingeweiden des Fisches reiben. Das Augenlicht des Vaters wird wiederhergestellt, und als Tobit den Engel Raphael bittet, eine Belohnung anzunehmen, gibt sich dieser zu erkennen und verschwindet in einem Lied zur Ehre Gottes in den Himmel.

Das kleine Stück wurde uns an einem Donnerstag im großen Versammlungsraum von Mutter St. Thérèse vorgelesen. Am Ende waren wir alle in Tränen aufgelöst, und Mutter St. Thérèse musste große Anstrengungen unternehmen, um nicht auch nur für eine Sekunde die Sünde des Stolzes zu begehen.

Ich fragte mich ängstlich, welche Rolle ich in dieser religiösen Komödie spielen sollte, denn da ich jetzt wie eine kleine Persönlichkeit behandelt wurde, zweifelte ich nicht daran, dass mir eine *Rolle* zugewiesen werden würde. Allein der Gedanke daran ließ mich im Voraus zittern. Ich begann ganz nervös zu werden; meine Hände wurden ganz kalt, mein Herz schlug wild und meine Schläfen pochten. Ich ging nicht näher, sondern blieb mürrisch auf meinem Stuhl sitzen, als Mutter St. Thérèse mit ihrer ruhigen Stimme sagte:

„Junge Damen, bitte passen Sie auf und hören Sie auf Ihre Namen und die verschiedenen Teile:

Tobit	EUGÉNIE CHARMEL
Tobias	AMÉLIE PLUCHE
Gabael	RENÉE D'ARVILLE
Der Engel Raphael	LOUISE BUGUET

| *Tobias' Mutter* | Eulalie Lacroix |

| *Tobias' Schwester* | Virginie DePaul ."

Ich hatte zugehört, obwohl ich so tat, als täte ich es nicht, und war verblüfft, erstaunt und wütend. Dann fügte Mutter St. Thérèse hinzu: „Hier sind Ihre Manuskripte, junge Damen", und jeder Schülerin, die ausgewählt wurde, daran teilzunehmen, wurde ein Manuskript des kleinen Stücks ausgehändigt.

Louise Buguet war meine liebste Spielkameradin. Ich ging zu ihr und bat sie, mir ihr Manuskript zu zeigen, das ich begeistert durchlas.

„Sie lassen mich doch proben, wenn ich meine Rolle kenne, oder?", fragte sie, und ich antwortete: „Ja, sicher."

„Oh, was werde ich für eine Angst haben!", sagte sie.

Ich nehme an, sie war für den Engel ausgewählt worden, weil sie so blass und süß war wie ein Mondstrahl. Sie hatte eine sanfte, schüchterne Stimme, und manchmal brachten wir sie zum Weinen, weil sie damals so hübsch war. Die Tränen flossen klar und perlenartig aus ihren grauen, fragenden Augen.

Sie begann sofort, ihre Rolle zu lernen, und ich war wie ein Schäferhund, der von einem zum anderen unter den Auserwählten geht. Eigentlich hatte es nichts mit mir zu tun, aber ich wollte „dabei" sein. Die Oberin ging vorbei, und als wir alle vor ihr einen Knicks machten, tätschelte sie meine Wange.

„Wir haben an dich gedacht, kleines Mädchen", sagte sie, „aber du bist so schüchtern, wenn man dich etwas fragt."

„Oh, das ist, wenn es um Geschichte oder Arithmetik geht", sagte ich. „Das ist nicht dasselbe, und ich hätte keine Angst haben sollen."

Sie lächelte misstrauisch und ging weiter. In der nächsten Woche fanden Proben statt. Ich bat darum, die Rolle des Monsters übernehmen zu dürfen, da ich unbedingt eine *Rolle* im Stück haben wollte. Es wurde jedoch entschieden, dass César, der Klosterhund, das Fischmonster sein sollte.

Es wurde ein Wettbewerb für das Fischkostüm ausgeschrieben. Ich machte mir unendlich viel Mühe, aus bemaltem Karton Schuppen auszuschneiden und sie anschließend zusammenzunähen. Ich machte riesige Kiemen, die auf César geklebt werden sollten. Mein Kostüm wurde nicht ausgewählt; es wurde zugunsten des Kostüms eines dummen, großen Mädchens übergangen, dessen Namen ich nicht mehr weiß. Sie hatte einen riesigen

Ziegenschwanz und eine Maske mit großen Augen und Kiemen gemacht, aber Schuppen gab es nicht, und wir sollten Césars zottiges Fell sehen. Ich widmete mich dennoch dem Kostüm von Louise Buguet und arbeitete daran mit zwei der Laienschwestern, Schwester St. Cécile und Schwester St. Jeanne, die für die Wäschekammer zuständig waren.

Bei den Proben war dem Engel Raphael kein Wort zu entlocken. Sie stand wie betäubt auf der kleinen Bühne, und Tränen trübten ihre schönen Augen. Sie brachte das ganze Stück zum Stillstand und flehte mich mit weinerlicher Stimme an. Ich gab ihr ein paar Worte, stand auf, eilte zu ihr, küsste sie und flüsterte ihr ihre ganze Rede zu. Endlich war ich selbst „mittendrin".

Schließlich gab es zwei Tage vor der großen Feier eine Generalprobe. Der Engel sah lieblich aus, aber gleich nach seinem Eintreten sank er auf eine Bank und schluchzte flehend:

„Oh nein, das werde ich nie schaffen, nie!"

„Ganz richtig, das wird sie nie können", seufzte Mutter St. Sophie.

Ich vergaß für einen Moment den Kummer meines kleinen Freundes und rannte, außer mir vor Freude, Stolz und Zuversicht, zur Plattform und sprang auf die Gestalt, auf die der Engel Raphael weinend gesunken war.

„Oh, Mutter, ich kenne ihre Rolle. Soll ich ihren Platz bei der Probe einnehmen?"

„Ja, ja!", riefen Stimmen von allen Seiten.

„Oh ja, das weißt du so gut", sagte Louise Buguet und wollte mir ihr Band auf den Kopf setzen.

„Nein, lass mich erst einmal so proben, wie ich bin", antwortete ich.

Sie begannen erneut mit der zweiten Szene und ich kam mit einem langen Weidenzweig herein.

„Fürchte dich nicht, Tobias", begann ich. „Ich werde dein Führer sein. Ich werde alle Dornen und Steine aus deinem Weg entfernen. Du bist überwältigt von Müdigkeit. Leg dich hin und ruhe dich aus, denn ich werde über dich wachen."

Daraufhin legte sich der erschöpfte Tobias neben einen Streifen blauen Musselins, von dem etwa fünf Meter ausgestreckt und herumgewunden den Tigris darstellten.

Dann betete ich weiter zu Gott, während Tobias einschlief. Als nächstes erschien César als Monsterfisch, und das Publikum zitterte vor Angst. César war vom Gärtner, Père Larcher, gut unterrichtet worden und trat langsam unter dem blauen Musselin hervor. Er trug seine Maske, die den Kopf eines

Fisches darstellte. Zwei riesige Nussschalen als Augen waren weiß bemalt und mit einem Loch versehen, damit der Hund sehen konnte. Die Maske war mit Draht an seinem Halsband befestigt, das auch zwei Kiemen trug, die so groß wie Palmblätter waren. César schnüffelte am Boden, schnaubte und knurrte und sprang dann wild auf Tobias zu, der das Monster mit seiner Keule mit einem Schlag erschlug. Der Hund fiel mit allen vier Pfoten in der Luft auf den Rücken und rollte sich dann auf die Seite und stellte sich tot.

Im ganzen Haus herrschte wilde Freude, und das Publikum klatschte und stampfte. Die jüngeren Schülerinnen standen von ihren Stühlen auf und riefen: „Guter César! Kluger César! Oh, guter Hund, guter Hund!" Die Schwestern, gerührt von den Bemühungen des Klosterwächters, schüttelten gerührt den Kopf. Ich selbst vergaß völlig, dass ich der Engel Raphael war, und bückte mich und streichelte César liebevoll. „Ach, wie gut er seine Rolle gespielt hat!", sagte ich, küsste ihn und nahm erst die eine Pfote und dann die andere in meine Hand, während der Hund reglos tot blieb.

Die kleine Glocke läutete, um uns zur Ordnung zu rufen. Ich stand wieder auf, und wir stimmten, vom Klavier begleitet, ein Loblied an, ein Duett zur Ehre Gottes, der Tobias gerade vor dem furchtbaren Ungeheuer gerettet hatte.

Danach wurde der kleine grüne Sergevorhang zugezogen und ich wurde umringt, gestreichelt und gelobt. Mutter St. Sophie kam auf die Bühne und küsste mich liebevoll. Louise Buguet war jetzt wieder fröhlich und ihr Engelsgesicht strahlte.

„Oh, wie gut du die Rolle kanntest!", sagte sie. „Und außerdem kann jeder hören, was du sagst. Oh, vielen Dank!" Sie küsste mich und ich umarmte sie aus tiefstem Herzen. Endlich war ich drin!

Die dritte Szene begann. Die Handlung spielte sich im Haus von Vater Tobit ab. Gabael, der Engel und der junge Tobias hielten die Eingeweide des Fisches in ihren Händen und betrachteten sie. Der Engel erklärte, wie man sie verwenden müsse, um die Augen des blinden Vaters zu reiben. Mir war ziemlich übel, denn ich hielt eine Rochenleber und das Herz und den Magen eines Huhns in der Hand. Ich hatte solche Dinge noch nie zuvor berührt, und hin und wieder überkam mich die Übelkeit und die Tränen stiegen mir in die Augen.

Schließlich kam der blinde Vater herein, geführt von Tobias' Schwester. Gabael kniete vor dem alten Mann nieder und gab ihm die zehn Silbertalente, während er ihm in einer langen Erzählung von Tobias' Heldentaten in Medea erzählte. Danach trat Tobias vor, umarmte seinen Vater und rieb sich dann die Augen mit der Rochenleber.

Eugénie Charmel verzog das Gesicht, wischte sich dann aber die Augen und rief:

„Ich kann sehen, ich kann sehen. Oh! Gott der Güte, Gott der Barmherzigkeit! Ich kann sehen, ich kann sehen!"

Sie trat mit ausgestreckten Armen und offenen Augen in einer ekstatischen Haltung vor, und die ganze kleine Versammlung, so einfältig und liebevoll, weinte.

Alle Schauspieler, außer dem alten Tobit und dem Engel, sanken auf die Knie und lobten Gott, und am Ende dieser Danksagung wiederholte das Publikum, bewegt von religiösem Gefühl und Disziplin, „Amen!"

Da trat Tobias' Mutter an den Engel heran und sagte: „Oh, edler Fremder, nimm von nun an deinen Wohnsitz bei uns. Du sollst unser Gast sein, unser Sohn, unser Bruder!"

Ich trat vor und erklärte in einer langen Rede von mindestens dreißig Zeilen, dass ich der Bote Gottes sei, dass ich der Engel Raphael sei. Dann nahm ich rasch den blassblauen Tarlatan, der für einen letzten Effekt verhüllt war, und hüllte mich in ein wolkiges Gewebe, das meinen Flug gen Himmel vortäuschen sollte. Über dieser Apotheose schloss sich dann der kleine grüne Sergevorhang.

Endlich war der feierliche Tag gekommen.

Ich war so fiebrig vor Erwartung, dass ich die letzten drei Nächte nicht schlafen konnte.

Die Ankleideglocke läutete früher als gewöhnlich, aber ich war schon wach und versuchte, meine widerspenstigen Haare zu glätten, die ich zur besseren Beherrschung mit einer Nassbürste bürstete.

Monseigneur sollte um elf Uhr morgens eintreffen. Wir aßen also um zehn zu Mittag und wurden dann im Haupthof aufgestellt. Nur Mutter St. Alexis, die älteste der Nonnen, stand vorne und Mutter St. Sophie direkt hinter ihr. Der Kaplan stand ein Stück von den beiden Oberinnen entfernt. Dann kamen die anderen Nonnen und hinter ihnen die Mädchen und dann alle kleinen Kinder. Die Laienschwestern und die Bediensteten waren auch da. Wir waren alle in Weiß gekleidet, mit den jeweiligen Farben unserer verschiedenen Klassen.

Die Glocke läutete. Die große Kutsche fuhr in den ersten Hof. Dann öffnete sich das Tor des Haupthofs und Monseigneur erschien auf den Stufen der Kutsche, die der Diener für ihn herunterließ. Mutter St. Alexis trat vor, beugte sich hinunter und küsste den bischöflichen Ring. Mutter St. Sophie, die Oberin, die jünger war, kniete nieder, um den Ring zu küssen. Dann wurde uns das Signal gegeben und wir knieten alle nieder, um den Segen von Monseigneur zu empfangen. Als wir wieder aufblickten, war das große Tor geschlossen und Monseigneur war verschwunden, geführt von der Mutter Oberin. Mutter St. Alexis war erschöpft und ging zurück in ihre Zelle.

Dem gegebenen Signal gehorchend erhoben wir uns alle von unseren Knien. Dann gingen wir in die Kapelle, wo eine kurze Messe gelesen wurde, nach der wir eine Stunde Erholung hatten. Das Konzert sollte um halb zwei beginnen. Die Stunde der Erholung diente der Vorbereitung des großen Raumes und der Vorbereitung auf unseren Auftritt vor Monseigneur. Ich trug das lange Gewand eines Engels, mit einer blauen Schärpe um die Taille und zwei Papierflügeln, die mit schmalen, sich vorn kreuzenden blauen Riemen daran befestigt waren. Um meinen Kopf war hinten ein Band aus goldener Borte befestigt. Ich murmelte ständig meine „Rolle", denn damals kannten wir das Wort *Rolle nicht* . Heutzutage sind die Leute mit der Bühne vertrauter, aber im Kloster sagten wir immer „Rolle", und Jahre später war ich überrascht, als ich bei meinem ersten Auftritt in England ein junges englisches Mädchen sagen hörte: „Oh, was für eine schöne Rolle Sie in *Hernani hatten* !"

Der Raum sah wunderschön aus, oh, so wunderschön! Überall hingen Girlanden aus grünen Blättern, dazwischen Papierblumen. Dann hingen kleine Kronleuchter mit Goldkordeln herum. Von der Tür bis zu Monseigneurs Sessel war ein breites Stück roter Samtteppich ausgelegt, auf dem zwei Kissen aus rotem Samt mit Goldfransen lagen.

Ich fand all diese Schrecken sehr schön, sehr fein!

Das Konzert begann, und es schien mir, als ob alles sehr gut lief. Monseigneur konnte sich jedoch ein Lächeln beim Anblick von César nicht verkneifen, und er war es, der den Applaus anstimmte, als der Hund starb. Tatsächlich war es César, der den größten Erfolg hatte, aber wir wurden trotzdem zu Monseigneur Sibour geschickt. Er war sicherlich der freundlichste und charmanteste aller Prälaten, und bei dieser Gelegenheit überreichte er jedem von uns eine geweihte Medaille.

Als ich an der Reihe war, nahm er meine Hand in seine und sagte: „Du bist es, mein Kind, das nicht getauft ist, nicht wahr?"

„Ja, Reverend, ja, Monseigneur", antwortete ich verwirrt.

„Sie soll im Frühjahr getauft werden", sagte die Oberin. „Ihr Vater kommt extra aus einem sehr weit entfernten Land zurück."

Sie und Monseigneur tauschten dann mit leiser Stimme ein paar Worte miteinander aus.

„Sehr gut. Wenn ich kann, werde ich zur Zeremonie wiederkommen", sagte der Erzbischof laut. Ich zitterte vor Rührung und Stolz, als ich den Ring des alten Mannes küsste. Dann rannte ich ins Wohnheim und weinte lange. Dort fand man mich später, tief und fest schlafend vor Erschöpfung.

Von diesem Tag an war ich ein besseres Kind, fleißiger und weniger gewalttätig. In meinen Wutanfällen beruhigte mich die Erwähnung von Monseigneur Sibours Namen und erinnerte mich an sein Versprechen, zu meiner Taufe zu kommen.

Ach! Mir war diese große Freude nicht vergönnt. Eines Morgens im Januar, als wir uns alle in der Kapelle zur Messe versammelt hatten, war ich überrascht und hatte eine böse Vorahnung, als ich sah, wie Abbé Lethurgi vor Beginn der Messe auf die Kanzel stieg. Er war sehr blass, und ich drehte mich instinktiv um, um die Mutter Oberin anzusehen. Sie saß auf ihrem gewohnten Platz. Dann begann der Almosenier mit vor Erregung gebrochener Stimme, uns vom Mord an Monseigneur Sibour zu erzählen.

Ermordet! Ein Schauder des Entsetzens durchfuhr uns, und hundert unterdrückte Schreie, die sich zu einem großen Schluchzen formten, übertönten für einen Augenblick die Stimme des Priesters. Ermordet! Dieses Wort schien mich persönlich noch mehr zu treffen als die anderen. War ich nicht für einen Augenblick der Liebling des freundlichen alten Mannes gewesen? Es war, als hätte der Mörder, Verger, auch mich getroffen, in meiner dankbaren Liebe zum Prälaten, in meinem kleinen Ruhm, den er mir jetzt geraubt hatte. Ich brach in Schluchzen aus, und die Orgel, die das Gebet für die Toten begleitete, steigerte meinen Kummer, der so intensiv wurde, dass ich ohnmächtig wurde. Von diesem Moment an packte mich eine glühende Liebe zur Mystik. Sie wurde durch die religiösen Übungen, die dramatische Wirkung unserer Anbetung und die sanfte Ermutigung, sowohl inbrünstig als auch aufrichtig, derer, die mich erzogen, verstärkt. Sie mochten mich sehr, und ich betete sie an, so dass selbst jetzt noch die bloße Erinnerung an sie, so faszinierend und beruhigend sie auch ist, mich mit Zuneigung erfüllt.

Der für meine Taufe vorgesehene Zeitpunkt rückte näher und ich wurde immer aufgeregter. Meine Nervenanfälle wurden immer häufiger – Tränenanfälle ohne jeden Grund und Angstanfälle ohne jeden Grund. Alles schien für mich seltsame Ausmaße anzunehmen. Eines Tages ließ eine meiner kleinen Freundinnen eine Puppe fallen, die ich ihr geliehen hatte (denn ich spielte mit Puppen, bis ich über dreizehn war). Ich begann am ganzen Leib zu zittern, weil ich diese Puppe anbetete, die mir mein Vater geschenkt hatte.

„Du hast den Kopf meiner Puppe zerbrochen, du böses Mädchen!", rief ich. „Du hast meinem Vater wehgetan!"

Ich wollte danach nichts mehr essen und wachte nachts schweißgebadet und mit eingefallenen Augen auf und schluchzte: „Papa ist tot! Papa ist tot!"

Drei Tage später kam meine Mutter. Sie bat mich, ins Wohnzimmer zu kommen, und während sie mich vor sich stehen ließ, sagte sie: „Mein armes kleines Mädchen, ich muss dir etwas sagen, das dir großen Kummer bereiten wird. Papa ist gestorben."

„Ich weiß", sagte ich, „ich weiß"; und der Ausdruck in meinen Augen, das sagte mir meine Mutter später oft, war so, dass sie lange Zeit wegen meiner Vernunft zitterte.

Ich war sehr traurig und es ging mir überhaupt nicht gut. Ich weigerte mich, irgendetwas zu lernen, außer Katechismus und Bibelkunde, und ich wollte Nonne werden.

Meine Mutter hatte es geschafft, dass meine beiden Schwestern gemeinsam mit mir getauft wurden – Jeanne, die damals sechs Jahre alt war, und Régina, die noch keine drei Jahre alt war, aber als Internatsschülerin ins Kloster aufgenommen worden war, weil man hoffte, ihre Anwesenheit würde mich ein wenig aufmuntern.

Ich wurde eine Woche vor meiner Taufe und eine Woche danach isoliert, da ich eine Woche nach der Taufe konfirmiert werden sollte.

Meine Mutter, Tante Rosine Berendt und Tante Henriette Faure, mein Pate Régis, Monsieur Meydieu, Jeannes Pate, und General Polhes, Réginas Pate, die Patinnen meiner beiden Schwestern und meiner verschiedenen Cousinen, sie alle kamen und revolutionierten das Kloster. Meine Mutter und meine Tanten trugen modische Trauerkleidung. Tante Rosine hatte einen Fliederzweig in ihre Haube gesteckt, „um ihre Trauer zu beleben", wie sie sagte. Es war ein seltsamer Ausdruck, aber ich habe ihn seitdem sicherlich auch von anderen Leuten außer ihr gehört.

Noch nie hatte ich mich so weit weg von all den Menschen gefühlt, die meinetwegen hierhergekommen waren. Ich betete meine Mutter an, aber mit dem rührenden und innigen Wunsch, sie zu verlassen, sie nie wiederzusehen, sie Gott zu opfern. Die anderen sah ich nicht. Ich war sehr ernst und etwas launisch. Kurz zuvor hatte eine Nonne im Kloster den Schleier abgelegt, und ich konnte an nichts anderes mehr denken.

Diese Taufzeremonie war der Auftakt zu meinem Traum. Ich konnte mich selbst als Novizin sehen, die gerade als Nonne aufgenommen worden war. Ich stellte mir vor, wie ich auf dem Boden lag, bedeckt mit dem schweren schwarzen Tuch mit dem weißen Kreuz und vier massiven Kerzenständern an den vier Ecken des Tuchs, und ich hatte vor, unter diesem Tuch zu sterben. Wie ich das anstellen sollte, weiß ich nicht. Ich dachte nicht daran, mich umzubringen, da ich wusste, dass das ein Verbrechen wäre. Aber ich beschloss, so zu sterben, und meine Gedanken rasten dahin, so dass ich in meiner Vorstellung das Entsetzen der Schwestern sah und die Schreie der Schülerinnen hörte und mich über die Erregung freute, die ich hervorgerufen hatte.

Nach der Taufzeremonie wollte meine Mutter mich mitnehmen. Sie hatte für meine Ferien ein kleines Haus mit Garten am Boulevard de la Reine in Versailles gemietet und es für diesen *Festtag mit Blumen geschmückt* , da sie die Taufe ihrer drei Kinder feiern wollte. Man sagte ihr sehr freundlich, dass ich, da ich in einer Woche konfirmiert werden sollte, bis dahin isoliert bleiben müsse. Meine Mutter weinte, und ich erinnere mich heute zu meinem großen Leidwesen, dass es mich nicht traurig machte, ihre Tränen zu sehen, sondern ganz im Gegenteil.

Als alle gegangen waren und ich in die kleine Zelle ging, in der ich die letzte Woche verbracht hatte und in der ich noch eine weitere Woche verbringen sollte, fiel ich in einem Zustand der Begeisterung auf die Knie und bot Gott den Kummer meiner Mutter an. „Du hast gesehen, oh Herrgott, dass Mama geweint hat und dass es mich nicht berührt hat!“ Armes Kind, das ich war, bildete ich mir in meiner wilden Übertreibung ein, dass von mir der Verzicht auf alle Zuneigung, Hingabe und Mitleid erwartet wurde.

Am nächsten Tag ermahnte mich Mutter St. Sophie sanft über mein falsches Verständnis religiöser Pflichten und sagte mir, dass sie mir nach meiner Firmung vierzehn Tage Urlaub geben würde, damit ich meine Mutter ihren Kummer und ihre Enttäuschung vergessen lassen könne.

Meine Konfirmation fand mit der gleichen pompösen Zeremonie statt. Alle Schülerinnen, in Weiß gekleidet, trugen Wachskerzen. Die ganze Woche über hatte ich das Essen verweigert. Ich war blass und dünner geworden, und meine Augen sahen durch meine ständigen Verzückungen größer aus, denn ich ging in allem bis zum Äußersten.

Baron Larrey, der meine Mutter zu meiner Konfirmation begleitete, bat um einen Monat Urlaub für mich, damit ich Werbung machen konnte, und dieser wurde mir gewährt.

Also machten wir uns – meine Mutter, Madame Guérard, ihr Sohn Ernest, meine Schwester Jeanne und ich – auf den Weg nach Cauterets in den Pyrenäen.

Die Bewegung, das Packen der Koffer, Pakete und Päckchen, die Eisenbahn, die Postkutsche, die Landschaft, die Menschenmassen und die allgemeine Unruhe heilten meine Nervosität und meinen Mystizismus. Ich klatschte in die Hände, lachte laut, warf mich auf Mama und erstickte sie fast mit Küssen.

Ich sang aus voller Kehle Hymnen; ich war hungrig und durstig, also aß und trank ich und lebte, mit einem Wort.

V
DER SOLDATENSCHAKO

Cauterets war damals nicht das, was es heute ist. Es war ein abscheuliches, aber bezauberndes kleines Örtchen mit viel Grün, sehr wenigen Häusern und einer großen Anzahl von Hütten der Bergbewohner. Es gab viele Esel zu mieten, die uns auf ungewöhnlichen Pfaden in die Berge brachten.

Ich liebe das Meer und die Ebene, aber Berge und Wälder sind mir egal. Berge scheinen mich zu erdrücken und Wälder mich zu ersticken. Ich muss um jeden Preis einen Horizont haben, der sich so weit erstreckt, wie das Auge reicht, und einen Himmel, von dem ich träumen kann.

Ich wollte auf die Berge, damit sie ihre erdrückende Wirkung verloren. Und so stiegen wir immer höher und höher.

Mama blieb immer zu Hause bei ihrer lieben Freundin, Madame Guérard. Sie las Romane, während Madame Guérard stickte. Sie saßen schweigend zusammen, träumten ihren eigenen Traum, sahen ihn verblassen und begannen ihn von neuem. Die alte Dienerin Marguerite war die einzige Hausangestellte, die Mama mitgebracht hatte, und sie begleitete uns. Fröhlich und kühn wusste sie immer, wie sie die Männer mit ihrem Geplapper zum Lachen bringen konnte, dessen Sinn und Grobheit ich erst viel später verstand. Sie war immer der Mittelpunkt der Party. Da sie seit unserer Geburt bei uns war, war sie sehr vertraulich, und manchmal sogar unangenehm; aber ich ließ sie nicht ihren Willen mit mir machen und antwortete ihr immer auf die bissigste Art und Weise. Sie rächte sich am Abend, indem sie uns eine Schale Süßigkeiten zum Abendessen gab, die ich nicht mochte.

Ich sah durch die Veränderung besser aus, und obwohl ich immer noch sehr religiös war, wurde mein Mystizismus ruhiger. Da ich jedoch ohne irgendeine Leidenschaft nicht existieren konnte, begann ich, Ziegen sehr zu mögen, und ich fragte Mama ganz ernsthaft, ob ich Ziegenhirte werden könne.

„Das wäre mir lieber als eine Nonne", antwortete sie und fügte hinzu: „Wir werden später darüber reden."

Jeden Tag brachte ich ein weiteres Kind vom Berg mit. Wir hatten sieben davon, bis meine Mutter eingriff und meinen Eifer bremste.

Schließlich war es Zeit, ins Kloster zurückzukehren. Mein Urlaub war vorbei und ich fühlte mich wieder ganz wohl.

Ich sollte wieder arbeiten gehen. Ich nahm die Situation bereitwillig an, zur großen Überraschung meiner Mama, die das Reisen liebte, aber den tatsächlichen Umzug von einem Ort zum anderen verabscheute.

Ich war entzückt von der Vorstellung, die Pakete und Koffer neu zu packen, in sich bewegenden Dingen zu sitzen und all die Dörfer, Städte, Menschen und Bäume wiederzusehen, die sich ständig veränderten. Ich wollte meine Ziegen mitnehmen, aber meine Mutter bekam fast einen Anfall.

„Du bist verrückt!", rief sie. „Sieben Ziegen in einem Zug und in einem Waggon! Wo soll man die unterbringen? Nein, hundertmal nein!"

Schließlich willigte sie ein, dass ich zwei davon und eine Amsel, die mir einer der Bergbewohner gegeben hatte, mitnahm. Und so kehrten wir zum Kloster zurück.

Dort wurde ich mit so aufrichtiger Freude empfangen, dass ich mich sofort wieder sehr glücklich fühlte. Ich durfte meine beiden Ziegen dort behalten und sie in der Spielzeit rauslassen. Wir hatten großen Spaß mit ihnen: Sie stießen uns und wir stießen sie, und wir lachten, tollten herum und waren sehr albern. Dabei war ich damals fast vierzehn; aber ich war sehr schwächlich und kindisch.

Ich blieb weitere zehn Monate im Kloster, ohne etwas Neues zu lernen. Der Gedanke, Nonne zu werden, verfolgte mich immer noch, aber ich war keine Mystikerin mehr.

Mein Pate hielt mich für das größte Dummchen von einem Kind. Ich arbeitete jedoch während der Ferien und hatte Unterricht bei Sophie Croizette, die in der Nähe unseres Landhauses wohnte. Das gab mir einen kleinen Anstoß für meine Studien, aber nur einen geringen. Sophie war sehr fröhlich, und am liebsten gingen wir ins Museum, wo ihre Schwester Pauline, die spätere Madame Carolus Duran, Bilder der großen Meister kopierte.

Pauline war so kalt und ruhig wie Sophie charmant, gesprächig und laut. Pauline Croizette war schön, aber ich mochte Sophie lieber – sie war anmutiger und hübscher. Madame Croizette, ihre Mutter, wirkte immer traurig und resigniert. Sie hatte ihre Karriere sehr früh aufgegeben. Sie war Tänzerin an der Oper in St. Petersburg gewesen und sehr angebetet, geschmeichelt und verwöhnt worden. Ich glaube, es war Sophies Geburt, die sie gezwungen hatte, die Bühne zu verlassen. Ihr Geld war damals unüberlegt angelegt worden und sie war ruiniert. Sie sah sehr vornehm aus; ihr Gesicht hatte einen freundlichen Ausdruck; sie hatte eine unendliche Melancholie an sich und die Leute fühlten sich instinktiv zu ihr hingezogen. Mama und sie hatten sich kennengelernt, als sie im Park von Versailles der Musik lauschten, und eine Zeit lang sahen wir uns sehr oft.

Sophie und ich spielten einige schöne Spiele in diesem herrlichen Park. Unsere größte Freude war jedoch, zu Madame Masson in der Rue de la Gare zu gehen. Madame Masson hatte einen Kuriositätenladen. Ihre Tochter Cécile war eine wahre kleine Schönheit. Wir drei hatten immer Freude daran, die Etiketten auf den Vasen, Schnupftabakdosen, Fächern und Juwelen zu wechseln, und wenn der arme M. Masson dann mit einem reichen Kunden zurückkam – denn Masson, der Antiquar, genoss einen weltweiten Ruf –, versteckten Sophie und ich uns, um seine Wut zu sehen. Cécile half ihrer Mutter mit unschuldiger Miene und warf uns von Zeit zu Zeit einen verschmitzten Blick zu.

Der Trubel des Lebens trennte mich abrupt von all den Menschen, die ich liebte, und ein an sich unbedeutender Vorfall veranlasste mich, das Kloster früher zu verlassen, als meine Mutter es wünschte.

Es war ein *Festtag* und wir hatten zwei Stunden Zeit zur Erholung. Wir marschierten in einer Prozession entlang der Mauer, die die Eisenbahnlinie am linken Seineufer umsäumt, und während wir meine Eidechse begruben, sangen wir „De Profundis“. Ungefähr zwanzig meiner kleinen Spielkameraden folgten mir, als mir plötzlich der Tschako eines Soldaten vor die Füße fiel.

„Was ist das?“, rief eines der Mädchen.

„Der Tschako eines Soldaten.“

„Kommt es von jenseits der Mauer?“

„Ja, ja. Hören Sie. Da ist ein Streit im Gange!“

Wir waren plötzlich still und hörten mit allen Ohren zu.

„Seien Sie nicht dumm! Das ist Schwachsinn! Das ist das Kloster von Grand-Champs!“

„Wie bekomme ich meinen Tschako zurück?“

Das waren die Worte, die wir hörten, und dann, als plötzlich ein Soldat rittlings auf unserer Mauer erschien, erklangen die Schreie der verängstigten Kinder und die wütenden Ausrufe der Nonnen. In einer Sekunde waren wir alle etwa zwanzig Meter von der Mauer entfernt, wie ein Schwarm verängstigter Spatzen, die losflogen, um etwas weiter weg zu landen, neugierig und sehr wachsam.

„Haben Sie meinen Tschako gesehen, junge Damen?“, rief der unglückliche Soldat in flehendem Ton.

„Nein, nein!“, rief ich und versteckte es hinter meinem Rücken.

„Oh nein!“, wiederholten die anderen Mädchen unter schallendem Gelächter, und wir riefen auf die quälendste, unverschämteste und höhnischste Art und Weise weiter „Nein, nein!“, während wir die ganze Zeit rückwärts rannten, um den Schwestern zu gehorchen, die, verschleiert und hinter den Bäumen versteckt, in ihrer Verzweiflung waren.

Wir waren nur noch wenige Meter von der riesigen Turnhalle entfernt. Atemlos kletterte ich in vollem Tempo hinauf und erreichte das breite Brett oben; dort löste ich die Strickleiter, aber da ich die Holzleiter, an der ich hinaufgestiegen war, nicht zu mir hochziehen konnte, löste ich die Ringe. Die Holzleiter fiel und zerbrach mit großem Lärm. Dann stand ich boshaft triumphierend auf dem Brett und rief: „Hier ist dein Tschako, aber du bekommst ihn jetzt nicht!" Ich setzte ihn auf den Kopf und ging auf und ab, da mich dort niemand erreichen konnte, denn ich hatte die Strickleiter hochgezogen. Ich nehme an, meine erste Idee war nur, ein bisschen Spaß zu haben, aber die Mädchen hatten gelacht und geklatscht, und meine Kraft hatte besser durchgehalten, als ich gehofft hatte, so dass mein Kopf gedreht war und mich nichts mehr aufhalten konnte.

Der junge Soldat war außer sich. Er sprang von der Mauer herunter und stürzte auf mich zu, wobei er die Mädchen aus dem Weg schubste. Die Schwestern rannten außer sich zum Haus und riefen um Hilfe. Der Kaplan, die Mutter Oberin, Pater Larcher und alle anderen kamen angerannt. Ich glaube, der Soldat fluchte wie ein Soldat, und das war wirklich völlig entschuldbar. Mutter St. Sophie von unten flehte mich an, herunterzukommen und den Tschako abzulegen.

Der Soldat versuchte mit Hilfe des Trapezes und des Turnseils zu mir hinaufzukommen.

Seine vergeblichen Bemühungen erfreuten alle Schüler, die die Schwestern vergeblich versucht hatten wegzuschicken. Schließlich schlug die Schwester, die Türhüterin war, Alarm, und fünf Minuten später trafen die Soldaten aus der Satory-Kaserne ein, weil sie dachten, es sei ein Feuer ausgebrochen. Als der kommandierende Offizier informiert wurde, was los war, schickte er seine Männer zurück und verlangte, die Mutter Oberin zu sprechen. Er wurde zu Mutter St. Sophie gebracht, die er unter der Turnhalle fand, weinend vor Scham und Ohnmacht. Er befahl dem Soldaten, sofort in die Kaserne zurückzukehren. Er gehorchte, nachdem er seine Faust vor mir geballt hatte, aber als er aufsah, konnte er sich ein Lachen nicht verkneifen. Sein Tschako reichte mir bis zu den Augen und wurde nur durch meine nach unten gebogenen Ohren daran gehindert, mein Gesicht zu verdecken.

Ich war wütend und total aufgeregt über die Wendung, die mein Witz genommen hatte.

„Da ist er, dein Tschako!", rief ich und warf ihn mit voller Wucht über die Mauer, die die Turnhalle umgab und den Friedhof begrenzte.

„Ach, die junge Pest!", murmelte der Offizier, entschuldigte sich bei den Nonnen, grüßte sie und ging in Begleitung von Pater Larcher davon.

Ich für meinen Teil kam mir vor wie ein Fuchs, dem der Schwanz abgeschnitten wurde.

Ich weigerte mich, sofort herunterzukommen.

„Ich werde herunterkommen, wenn alle weg sind", rief ich aus.

Alle Klassen erhielten Strafen.

Ich blieb allein zurück. Die Sonne war untergegangen. Die Stille auf dem Friedhof erschreckte mich. Die dunklen Bäume nahmen traurige oder bedrohliche Formen an. Die Feuchtigkeit des Waldes fiel wie ein Mantel über meine Schultern und schien mit jedem Moment schwerer zu werden. Ich fühlte mich von allen im Stich gelassen und begann zu weinen.

Ich war wütend auf mich selbst, auf den Soldaten, auf Mutter St. Sophie, auf die Schüler, die mich mit ihrem Lachen aufgehetzt hatten, auf den Offizier, der mich gedemütigt hatte, und auf die Schwester, die Alarm geschlagen hatte.

Dann begann ich darüber nachzudenken, wie ich die Strickleiter, die ich auf das Brett gezogen hatte, heruntersteigen könnte. Sehr unbeholfen, vor Angst beim kleinsten Geräusch zitternd, die ganze Zeit gespannt lauschend und mit nach rechts und links schauenden Augen, brauchte ich eine enorme Zeit und hatte große Angst, die Ringe auszuhaken. Schließlich gelang es mir, sie auszurollen, und ich wollte gerade meinen Fuß auf die erste Stufe setzen, als mich das Bellen von César erschreckte. Er raste aus dem Wald heran. Der Anblick des dunklen Schattens auf der Turnhalle schien dem treuen Hund nichts Gutes zu verheißen. Er wurde wütend und begann, die dicken Holzpfosten zu zerkratzen.

„Wieso, César, kennst du deinen Freund nicht?", fragte ich ganz sanft. Er knurrte als Antwort und ich sagte lauter: „Pfui, César, böser César, du solltest dich schämen! Stell dir vor, du blaffst deinen Freund an!"

Jetzt begann er zu heulen, und ich war von Angst ergriffen. Ich zog die Leiter wieder hoch und setzte mich oben hin. César legte sich unter die Turnhalle, den Schwanz gerade ausgestreckt, die Ohren gespitzt, sein Fell gesträubt, und er knurrte mürrisch. Ich flehte die Heilige Jungfrau an, mir zu helfen. Ich betete inbrünstig und gelobte, jeden Tag drei zusätzliche *Aves* , drei *Credos* und drei *Patres zu sprechen* .

Als ich mich etwas beruhigt hatte, rief ich mit gedämpfter Stimme: „César! Mein lieber César, mein schöner César! Du weißt, ich bin der Engel Raphael!" Ach, César mochte ihn sehr. Er fand meine Anwesenheit, allein, zu so später Stunde im Garten und auf der Turnhalle, völlig unverständlich. Warum war ich nicht im Refektorium? Armer César, knurrte er weiter, und ich bekam großen Hunger und begann zu denken, dass die Dinge höchst ungerecht waren. Es stimmte, dass ich schuld daran war, dem Soldaten den Tschako weggenommen zu haben, aber schließlich hatte er angefangen. Warum hatte er seinen Tschako über die Mauer geworfen? Meine Vorstellungskraft kam mir jetzt zu Hilfe, und am Ende begann ich, mich als Märtyrer zu betrachten. Ich war dem Hund überlassen worden, und er würde mich fressen. Ich hatte schreckliche Angst vor den Toten hinter mir, und jeder wusste, dass ich sehr nervös war. Auch meine Brust war empfindlich, und da war ich, der beißenden Kälte ohne jeglichen Schutz ausgesetzt. Ich begann an Mutter St. Sophie zu denken, die sich offensichtlich nicht mehr um mich kümmerte, da sie mich so grausam im Stich ließ. Ich lag mit dem Gesicht nach unten auf dem Brett und gab mich der wildesten Verzweiflung hin, rief meine Mutter, meinen Vater und Mutter St. Sophie, schluchzte und wünschte, ich könnte auf der Stelle sterben – – Zwischen meinem Schluchzen hörte ich plötzlich eine Stimme meinen Namen aussprechen. Ich stand auf und erhaschte, als ich durch die Dunkelheit spähte, einen Blick auf meine geliebte Mutter St. Sophie. Sie war da, die liebe Heilige, und hatte ihr rebellisches Kind nie verlassen. Versteckt hinter der Statue des heiligen Augustinus hatte sie gebetet, während sie auf das Ende dieser Krise wartete, von der sie in ihrer Einfalt geglaubt hatte, sie könnte sich als verhängnisvoll für meinen Verstand und vielleicht für meine Erlösung erweisen. Sie hatte alle fortgeschickt und war allein dort geblieben, und auch sie hatte nicht zu Abend gegessen. Ich stieg herunter und warf mich reumütig und elend in ihre mütterlichen Arme. Sie sagte kein Wort zu mir über den schrecklichen Vorfall, sondern brachte mich schnell zurück ins Kloster. Ich war ganz feucht vom eisigen Abendtau, meine Wangen fieberten und meine Hände und Füße waren gefroren.

Danach erlitt ich eine Rippenfellentzündung und schwebte 23 Tage zwischen Leben und Tod. Mutter St. Sophie ließ mich keinen Augenblick allein. Die liebe Mutter gab sich selbst die Schuld an meiner Krankheit und erklärte, während sie sich an die Brust schlug, dass sie mich zu lange draußen gelassen habe.

„Es ist meine Schuld! Es ist meine Schuld!", rief sie immer wieder.

Meine Tante Faure besuchte mich fast jeden Tag. Meine Mutter war in Schottland und kam in kurzen Etappen zurück. Meine Tante Rosine war in Baden-Baden und ruinierte die ganze Familie mit einem neuen „System". „Ich komme. Ich komme", sagte sie immer wieder, wenn sie schrieb, um zu fragen, wie es mir ging. Dr. Despagne und Dr. Monod, die zu einer Konsultation gerufen worden waren, glaubten nicht, dass es Hoffnung gab. Baron Larrey, der mich sehr mochte, kam oft. Er hatte einen gewissen Einfluss auf mich und ich gehorchte ihm bereitwillig. Meine Mutter kam kurz vor meiner Genesung an und verließ mich nicht mehr. Sobald ich bewegt werden konnte, brachte sie mich nach Paris und versprach, mich ins Kloster zurückzuschicken, wenn es mir wieder ganz gut ging.

Ich hatte mein geliebtes Kloster zwar für immer verlassen, aber Mutter St. Sophie verließ ich nicht für immer. Es war, als hätte ich etwas von ihr mitgenommen. Lange Zeit war sie ein Teil meines Lebens, und selbst heute, wo sie schon seit Jahren tot ist, geistert sie durch meine Gedanken, bringt mir die einfachen Gedanken vergangener Tage zurück und lässt die einfachen Blumen von einst wieder erblühen.

Damit begann für mich der Ernst des Lebens.

Das Klosterleben ist ein Leben für alle. Es mag hundert oder tausend Menschen dort geben, aber jeder führt ein Leben, das für alle gleich und das einzige Leben ist. Das Gerücht der Außenwelt verstummt am schweren Klostertor. Der einzige Ehrgeiz besteht darin, bei der Vesper lauter zu singen als die anderen, ein bisschen mehr Form anzunehmen, am Ende des Tisches zu stehen, auf der Ehrenliste zu stehen. Als man mir sagte, dass ich nicht ins Kloster zurückkehren könne, war es für mich, als würde ich ins Meer geworfen, obwohl ich nicht schwimmen konnte.

Ich bat meinen Paten, mich ins Kloster zurückkehren zu lassen. Die Mitgift, die mir mein Vater hinterlassen hatte, reichte für die Mitgift einer Nonne. Ich wollte den Schleier nehmen. „Also gut“, antwortete mein Pate, „du kannst den Schleier in zwei Jahren nehmen, aber nicht früher. In der Zwischenzeit lerne alles, was du noch nicht weißt (und das heißt alles), von der Gouvernante, die deine Mutter für dich ausgesucht hat.“

An diesem Tag kam eine ältere, unverheiratete Dame mit sanften, grauen, gütigen Augen und nahm täglich acht Stunden lang mein Leben, meinen Verstand und mein Gewissen in Besitz. Ihr Name war Mlle. de Brabender und sie hatte in Russland eine Großfürstin erzogen. Sie hatte eine süße Stimme, einen riesigen sandfarbenen Schnurrbart, eine groteske Nase, aber eine Art zu gehen, sich auszudrücken und sich zu verbeugen, die einfach Ehrerbietung verlangte. Sie lebte im Kloster in der Rue Notre Dame des Champs, und das war der Grund, warum sie sich trotz der Bitten meiner Mutter weigerte, zu uns zu kommen und bei uns zu bleiben.

Sie gewann bald meine Zuneigung und ich lernte mit ihr ganz leicht alles, was sie mir beibringen wollte. Ich arbeitete eifrig, denn mein Traum war es, ins Kloster zurückzukehren, nicht als Schülerin, sondern als lehrende Schwester.

VI

DER FAMILIENRAT UND MEIN ERSTER THEATERBESUCH

Ich erwachte eines Septembermorgens, und mein Herz klopfte vor träumerischer Freude. Es war acht Uhr. Ich drückte meine Stirn gegen die Fensterscheiben und blickte hinaus, ich weiß nicht wohin. Ich war mitten in einem schönen Traum aufgeschreckt und dem Licht entgegengeeilt in der Hoffnung, in der unendlichen Weite des grauen Himmels den leuchtenden Punkt zu finden, der meine ängstliche und selige Erwartung erklären würde. Erwartung worauf? Diese Frage hätte ich damals nicht beantworten können, ebenso wenig wie ich es heute nach langem Nachdenken kann. Ich stand am Vorabend meines fünfzehnten Geburtstags und war in einem Zustand der Erwartung hinsichtlich der Zukunft meines Lebens. Dieser besondere Morgen schien mir der Vorbote einer neuen Ära zu sein. Ich täuschte mich nicht, denn an diesem Septembertag besiegelte sich mein Schicksal.

Hypnotisiert von dem, was in meinem Kopf vorging, blieb ich mit der Stirn gegen die Fensterscheibe gedrückt und blickte durch den Dunstkreis, den mein Atem bildete, auf Häuser, Paläste, Kutschen, Juwelen und Perlen, die vor mir vorbeizogen – oh, wie viele Perlen es gab! Es gab auch Prinzen und Könige; ja, ich konnte sogar Könige sehen! Oh! Wie schnell sich die Vorstellungskraft bewegt, und ihr Feind, die Vernunft, lässt sie immer allein weiterwandern. In meiner Phantasie lehnte ich stolz die Prinzen ab, ich lehnte die Könige ab, lehnte die Perlen und die Paläste ab und erklärte, dass ich Nonne werden würde, denn im unendlichen grauen Himmel hatte ich einen Blick auf das Kloster von Grand-Champs erhascht, auf mein weißes Schlafzimmer und auf die kleine Lampe, die über der kleinen Jungfrau hin und her schwang, die wir alle mit Blumen geschmückt hatten. Der König bot mir einen Thron an, aber ich zog den Thron unserer Mutter Oberin vor und hegte den vagen Ehrgeiz, ihn eines weit entfernten Tages in der fernen Zukunft zu besetzen; der König war untröstlich und starb vor Verzweiflung. Ja, *mon Dieu!* Ich zog den Perlen, die mir von Prinzen angeboten wurden, die Perlen des Rosenkranzes vor, den ich mit meinen Fingern betete; und kein Kostüm konnte in meiner Vorstellung mit dem schwarzen Barège-Schleier konkurrieren, der wie ein weicher Schatten über den schneeweißen Batist fiel, der die geliebten Gesichter der Nonnen von Grand-Champs umgab. Ich weiß nicht, wie lange ich so geträumt hatte, als ich die Stimme meiner Mutter hörte, die unsere alte Dienerin Marguerite fragte, ob ich wach sei. Mit einem Satz war ich wieder im Bett und vergrub mein Gesicht unter dem Laken. Mama öffnete ganz leise die Tür einen Spalt breit, und ich tat so, als sei ich wach.

„Wie faul du heute bist!", sagte sie. Ich küsste sie und antwortete in schmeichelndem Ton: „Es ist Donnerstag, und ich habe keine Musikstunde."

„Und bist du froh?", fragte sie.

„Oh ja", antwortete ich prompt.

Meine Mutter runzelte die Stirn; sie liebte Musik, und ich hasste das Klavier. Sie war so musikbegeistert, dass sie, obwohl sie damals fast dreißig war, selbst Unterricht nahm, um mich zum Üben zu animieren. Was für eine schreckliche Folter das war! Ich tat mein Möglichstes, um meine Mutter und meine Musiklehrerin gegeneinander aufzubringen. Sie waren beide so kurzsichtig wie nur möglich. Wenn meine Mutter drei oder vier Tage lang ein neues Stück geübt hatte, konnte sie es auswendig und spielte es ziemlich gut, zum Erstaunen von Mlle. Clarisse, meiner unerträglichen alten Lehrerin, die die Noten in der Hand hielt und jede Note las, während ihre Nase fast die Seite berührte. Eines Tages hörte ich mit Freude, wie zwischen Mama und dieser unangenehmen Mlle. Clarisse ein Streit begann.

„Da, das ist ein Beben!"

„Nein, da ist kein Zittern!"

„Das ist eine Wohnung!"

„Nein, Sie vergessen das Kreuz! Wie absurd Sie sind, Mademoiselle!", fügte meine Mutter völlig wütend hinzu.

Ein paar Minuten später ging meine Mutter in ihr Zimmer und Mlle. Clarisse verließ das Zimmer murmelnd.

Ich selbst lachte mich fast tot in meinem Zimmer, denn eine meiner Kusinen, die eine gute Musikerin war, hatte mir geholfen, Kreuze, Bs und Achtelnoten hinzuzufügen, und wir hatten es mit solcher Sorgfalt gemacht, dass selbst ein geschultes Auge den Betrug kaum sofort hätte erkennen können. Da Mlle. Clarisse fortgeschickt worden war, hatte ich an diesem Tag keine Unterrichtsstunde. Mama sah mich lange mit ihren geheimnisvollen Augen an, den schönsten Augen, die ich je in meinem Leben gesehen hatte, und dann sagte sie sehr langsam:

„Nach dem Mittagessen findet eine Familienberatung statt."

Ich spürte, wie ich blass wurde.

„Na gut", antwortete ich. „Was für ein Kleid soll ich anziehen, Mama?" Ich sagte das nur, um etwas zu sagen und nicht zu weinen.

„Zieh deine blaue Seide an, darin siehst du gesetzter aus."

Genau in diesem Moment öffnete meine Schwester Jeanne lauthals die Tür, sprang schallend auf mein Bett, schlüpfte unter die Decke und rief: „Ich bin da!"

Marguerite war ihr keuchend und schimpfend ins Zimmer gefolgt. Das Kind war ihr entwischt, als sie es gerade baden wollte, und hatte verkündet: „Ich gehe ins Bett meiner Schwester."

Jeannes Heiterkeit in diesem Augenblick, die ich als sehr ernst empfand, ließ mich in Weinen und Schluchzen ausbrechen. Meine Mutter, die den Grund dieser Trauer nicht verstand, zuckte mit den Schultern, sagte Margarete, sie solle Jeannes Pantoffeln holen, nahm die kleinen nackten Füße in die Hände und küsste sie zärtlich.

Ich schluchzte noch bitterer als je zuvor. Es war ganz offensichtlich, dass Mama meine Schwester mehr liebte als mich, und diese Vorliebe, die mich sonst nicht störte, schmerzte mich jetzt sehr.

Mama hatte keine Geduld mehr mit mir. Ich schlief ein, um es zu vergessen, und wurde von Marguerite geweckt, die mir beim Anziehen half, da ich sonst zu spät zum Mittagessen gekommen wäre. Die Gäste an diesem Tag waren Tante Rosine, Mlle. de Brabender, meine Gouvernante (ein bezauberndes Geschöpf, das ich immer bedauert habe), mein Pate und der Herzog von Morny, ein guter Freund meines Paten und meiner Mutter. Das Mittagessen war für mich ein trauriges Mahl, da ich die ganze Zeit an den Familienrat dachte. Mlle. de Brabender bestand auf ihre sanfte Art und mit ihren liebevollen Worten darauf, dass ich aß. Meine Schwester brach in Gelächter aus, als sie mich ansah.

„So klein sind deine Augen", sagte sie und legte ihren kleinen Daumen auf die Spitze ihres Zeigefingers. „Und das geschieht dir recht, denn du hast geweint, und Mama mag es nicht, wenn jemand weint. Oder, Mama?"

„Warum hast du geweint?", fragte der Herzog von Morny. Ich antwortete nicht, obwohl mir Mlle. de Brabender mit ihrem spitzen Ellenbogen einen freundlichen Schubs gab. Der Herzog von Morny flößte mir immer ein wenig Ehrfurcht ein. Er war sanft und freundlich, aber er war ein großer Scherz. Ich wusste auch, dass er einen hohen Rang bei Hofe innehatte und dass meine Familie seine Freundschaft als große Ehre betrachtete.

„Weil ich ihr gesagt habe, dass nach dem Mittagessen ein Familienrat für sie stattfinden würde", sagte meine Mutter langsam. „Manchmal kommt sie mir ziemlich idiotisch vor. Sie entmutigt mich ziemlich."

„Komm, komm", rief mein Pate, und Tante Rosine sagte etwas auf Englisch zum Herzog von Morny, was ihn unter seinem dünnen Schnurrbart verschmitzt lächeln ließ. Mlle. de Brabender schalt mich leise, und ihre Schelte klang wie Worte des Himmels. Als das Mittagessen endlich vorbei war, sagte mir Mama im Vorbeigehen, ich solle den Kaffee einschenken. Marguerite half mir, die Tassen zu ordnen, und ich ging ins Wohnzimmer. Maître C——, der Notar aus Hâvre, den ich verabscheute, war schon da. Er vertrat die Familie meines Vaters, der in Pisa auf eine Weise gestorben war, die nie erklärt wurde, die aber mysteriös schien. Mein kindlicher Hass war instinktiv, und ich erfuhr später, dass dieser Mann der erbitterte Feind meines Vaters gewesen war. Er war sehr, sehr hässlich, dieser Notar; sein ganzes Gesicht schien sich nach oben bewegt zu haben. Es war, als ob er schon lange an den Haaren hing, und seine Augen, sein Mund, seine Wangen und seine Nase hatten sich angewöhnt, immer nach hinten zu streben. Er hätte einen freudigen Ausdruck haben sollen, da so viele seiner Züge nach außen hin strahlten, aber stattdessen war sein Gesicht glatt und sah unheimlich aus . Er hatte rotes Haar, das wie Quecke in seinen Kopf wuchs, und auf seiner Nase trug er eine goldumrandete Brille. Oh, der schreckliche Mann! Was für ein qualvoller Albtraum ist die bloße Erinnerung an ihn, denn er war der böse Geist meines Vaters, und sein Hass verfolgte mich jetzt. Meine arme Großmutter ging seit dem Tod meines Vaters nie aus, sondern verbrachte ihre Zeit damit, den Verlust ihres geliebten Sohnes zu betrauern, der so jung gestorben war. Sie hatte absolutes Vertrauen in diesen Mann, der außerdem der Testamentsvollstrecker meines Vaters war. Er hatte die Kontrolle über das Geld, das mein lieber Vater mir hinterlassen hatte. Ich sollte es erst an meinem Hochzeitstag erhalten, aber meine Mutter sollte die Zinsen für meine Ausbildung verwenden. Mein Onkel, Félix Faure, war auch da. Monsieur Meydieu saß in einem Lehnsessel neben dem Kamin und zog nörgelnd seine Uhr hervor. Er war ein alter Freund der Familie und nannte mich stets *ma fil*, was mich ebenso sehr ärgerte wie seine Vertraulichkeit. Er hielt mich für dumm, und als ich ihm seinen Kaffee reichte, sagte er in höhnischem Ton: „Und Ihretwegen, *ma fil*, sind so viele ehrliche Leute an ihrer Arbeit gehindert worden. Wir haben genug andere Dinge zu erledigen, das kann ich Ihnen versichern, als über das Schicksal einer kleinen Göre wie Ihnen zu diskutieren. Ach, wenn es ihre Schwester gewesen wäre, hätte es keine Schwierigkeiten gegeben", und mit seinen tauben Fingern tätschelte er Jeannes Kopf, die auf dem Boden sitzen blieb und die Fransen des Sofas flocht, auf dem er saß.

Als der Kaffee getrunken, die Tassen abgetragen und auch meine Schwester weggebracht war, herrschte eine kurze Stille.

Der Duc de Morny stand auf, um sich zu verabschieden, aber meine Mutter bat ihn, zu bleiben. „Sie können uns beraten", drängte sie, und der Duc setzte sich wieder neben meine Tante, mit der er, wie mir schien, ein wenig flirtete.

Mama war näher ans Fenster gerückt, ihr Stickrahmen stand vor ihr, und ihr schönes, scharf geschnittenes Profil hob sich im Licht gut ab. Sie sah aus, als hätte sie mit dem, was besprochen werden sollte, nichts zu tun.

Der abscheuliche Notar war aufgestanden.

Mein Onkel hatte mich an sich gezogen. Mein Pate Régis schien das genaue Gegenstück von M. Meydieu zu sein. Sie hatten beide dieselbe *bürgerliche* Einstellung und waren gleichermaßen stur und eigensinnig. Sie liebten beide Whist und guten Wein und waren sich beide einig, dass ich dünn genug für eine Vogelscheuche war. Die Tür öffnete sich und eine blasse, dunkelhaarige Frau trat ein, ein höchst poetisch aussehendes und bezauberndes Geschöpf. Es war Madame Guérard, „die Dame der oberen Wohnung", wie Marguerite sie immer nannte. Meine Mutter hatte sich zwar auf eine etwas herablassende Art mit ihr angefreundet, aber Madame Guérard war mir ergeben und ertrug die kleinen Kränkungen, die man ihr meinetwegen zuteil werden ließ, sehr geduldig. Sie war groß und schlank wie eine Latte, sehr gefügig und sittsam. Sie wohnte in der oberen Wohnung und war ohne Hut heruntergekommen; sie trug ein Hauskleid aus Indienne mit einem Muster aus kleinen braunen Blättern.

M. Meydieu murmelte etwas, ich verstand nicht, was. Der abscheuliche Notar verbeugte sich sehr kurz vor Madame Guérard. Der Herzog von Morny war sehr gnädig, denn die Neue war so hübsch. Mein Pate neigte nur den Kopf, denn Madame Guérard bedeutete ihm nichts. Tante Rosine musterte sie von Kopf bis Fuß. Mlle. de Brabender schüttelte ihr herzlich die Hand, denn Madame Guérard mochte mich.

Mein Onkel, Félix Faure, gab ihr einen Stuhl und bat sie, sich zu setzen. Dann erkundigte er sich freundlich nach ihrem Mann, einem *Gelehrten* , mit dem mein Onkel manchmal bei seinem Buch „Das Leben des Heiligen Ludwig" zusammenarbeitete.

Mama hatte bloß durch das Zimmer geblickt, ohne den Kopf zu heben, denn Madame Guérard zog meine Schwester mir nicht vor.

„Nun, da wir wegen dieses Kindes hierhergekommen sind", sagte mein Pate und sah auf seine Uhr, „müssen wir zunächst besprechen, was mit ihr geschehen soll."

Ich begann zu zittern und näherte mich *meiner kleinen Dame* (wie ich Madame Guérard seit meiner Kindheit immer genannt hatte) und Mlle. de Brabender. Beide nahmen meine Hand, um mich zu ermutigen.

„Ja", fuhr Monsieur Meydieu lachend fort, „es scheint, Sie wollen Nonne werden."

„Ah, tatsächlich", sagte der Herzog von Morny zu Tante Rosine.

„Pssst!", erwiderte sie lachend. Mama seufzte und hielt ihre Wollsachen dicht vor die Augen, damit sie dazu passten.

„Aber man muss reich sein, um in ein Kloster einzutreten", grunzte der Notar aus Hâvre, „und Sie besitzen keinen einzigen Sou." Ich beugte mich zu Mademoiselle de Brabender und flüsterte: „Ich habe das Geld, das Papa mir hinterlassen hat.“

Der schreckliche Mann hat mitgehört.

„Dein Vater hat dir etwas Geld hinterlassen, damit du verheiraten kannst“, sagte er.

„Gut, dann werde ich den *Bon Dieu heiraten* “, antwortete ich, und meine Stimme klang jetzt ganz entschlossen. Ich wurde sehr rot, und zum zweiten Mal in meinem Leben verspürte ich den Wunsch und die starke Neigung, für mich selbst zu kämpfen. Ich hatte keine Angst mehr, denn jeder war zu weit gegangen und hatte mich zu sehr provoziert. Ich schlich mich von meinen beiden freundlichen Freunden weg und ging auf die andere Gruppe zu.

„Ich werde Nonne, das werde ich!“, rief ich aus. „Ich weiß, dass Papa mir Geld hinterlassen hat, damit ich heiraten kann, und ich weiß, dass die Nonnen den Erlöser heiraten. Mama sagt, es ist ihr egal, es ist ihr egal, also wird es sie überhaupt nicht ärgern, und sie lieben mich im Kloster mehr als ihr hier!“

„Mein liebes Kind“, sagte mein Onkel und zog mich an sich, „deine religiöse Berufung scheint mir eher ein Wunsch zu sein, zu lieben ...“

„Und geliebt zu werden“, murmelte Madame Guérard mit sehr leiser Stimme.

Alle blickten Mama an, die leicht mit den Schultern zuckte. Mir kam es vor, als sei der Blick, den sie alle ihr zuwarfen, vorwurfsvoll, und ich fühlte sofort einen Stich der Reue. Ich ging zu ihr hinüber, fiel ihr um den Hals und sagte:

„Es macht dir doch nichts aus, dass ich Nonne bin, oder? Es wird dich doch nicht unglücklich machen, oder?“

Mama streichelte mein Haar, worauf sie sehr stolz war.

„Ja, es würde mich unglücklich machen. Du weißt ganz genau, dass ich dich nach deiner Schwester mehr liebe als irgendjemand sonst auf der Welt.“

Sie sagte dies sehr langsam und mit sanfter Stimme. Es war wie das Geräusch eines kleinen Wasserfalls, der plätschernd und klar vom Berg herabfließt, den Kies mit sich reißt und mit dem geschmolzenen Schnee allmählich an Lautstärke zunimmt, bis er auf seinem Weg Felsen und Bäume mitreißt. Das war die Wirkung, die die klare, gedehnte Stimme meiner Mutter in diesem Moment auf mich hatte. Impulsiv eilte ich zu den anderen zurück, die alle sprachlos waren angesichts dieses unerwarteten und spontanen Redeschwalls. Ich ging von einem zum anderen, erklärte meinen Entschluss und nannte Gründe, die ganz sicher keine Gründe waren. Ich tat mein

Möglichstes, um jemanden zu finden, der mich in der Sache unterstützte. Schließlich langweilte sich der Duc de Morny und stand auf, um zu gehen.

„Weißt du, was du mit diesem Kind machen solltest?", sagte er. „Du solltest sie aufs Konservatorium schicken." Dann tätschelte er meine Wange, küsste die Hand meiner Tante und verbeugte sich vor allen anderen. Als er sich über die Hand meiner Mutter beugte, hörte ich ihn zu ihr sagen: „Du wärst eine schlechte Diplomatin geworden; aber folge meinem Rat und schick sie aufs Konservatorium."

Dann verabschiedete er sich und ich starrte jeden von ihnen voller Angst an.

Das Konservatorium! Was war das? Was bedeutete das?

Ich ging zu meiner Gouvernante, Mlle. de Brabender. Sie presste die Lippen fest aufeinander und sah erschrocken aus, so wie sie es manchmal tat, wenn mein Pate bei Tisch eine Geschichte erzählte, die ihr nicht gefiel. Mein Onkel, Félix Faure, starrte geistesabwesend auf den Boden; der Notar hatte einen boshaften Blick in den Augen, meine Tante sprach sehr aufgeregt und M. Meydieu schüttelte ständig den Kopf und murmelte: „Vielleicht – ja – wer weiß? – hm – hm!" Madame Guérard war sehr blass und traurig und sah mich mit unendlicher Zärtlichkeit an.

Was war das für ein Konservatorium? Das so unbedacht ausgesprochene Wort schien die Gelassenheit aller Anwesenden völlig gestört zu haben. Jeder schien mir einen anderen Eindruck davon zu haben, aber keiner wirkte erfreut. Plötzlich, mitten in der allgemeinen Verlegenheit, rief mein Pate brutal aus:

„Sie ist zu dünn, um Schauspielerin zu werden."

„Ich werde keine Schauspielerin!", rief ich aus.

„Du weißt nicht, was eine Schauspielerin ist", sagte meine Tante.

„Oh ja, das tue ich. Rachel ist Schauspielerin."

„Kennst du Rachel?", fragte Mama und stand auf.

„Oh ja, sie kam einmal ins Kloster, um die kleine Adèle Sarony zu besuchen. Sie lief überall im Kloster herum und in den Garten, und sie musste sich hinsetzen, weil sie keine Luft bekam. Sie holten ihr etwas, um sie wieder zu sich zu bringen, und sie war so blass, oh, so blass. Sie tat mir sehr leid, und Schwester St. Appoline sagte mir, dass das, was sie getan hatte, sie umbringen würde, denn sie war Schauspielerin; und deshalb werde ich keine Schauspielerin – ich werde keine!"

Ich hatte das alles in einem Atemzug gesagt, mit brennenden Wangen und harter Stimme.

Ich erinnerte mich an alles, was Schwester St. Appoline mir erzählt hatte, und auch Mutter St. Sophie. Ich erinnerte mich auch daran, dass ein kleines Mädchen Rachel die Zunge herausgestreckt hatte, als sie sehr blass aus dem Garten kam und sich am Arm einer Dame festhielt. Ich wollte nicht, dass die Leute mir die Zunge herausstreckten, wenn ich erwachsen war.

Konservatorium! Dieses Wort erschreckte mich. Er wollte, dass ich Schauspielerin werde, und er war inzwischen weggegangen, so dass ich nicht mit ihm über die Dinge reden konnte. Er ging lächelnd und ruhig weg, nachdem er mich auf die übliche freundliche Art gestreichelt hatte. Er war gegangen, ohne sich groß um das dürre Kind zu kümmern, über dessen Zukunft gesprochen worden war.

„Schicken Sie sie ans Konservatorium!"

Und dieser Satz, unbedacht ausgesprochen, war wie eine Bombe in mein Leben eingeschlagen.

Ich, das verträumte Kind, das an jenem Morgen bereit war, Prinzen und Könige zurückzuweisen; ich, dessen zitternde Finger an jenem Morgen Rosenkränze von Träumen erzählt hatten, der noch vor wenigen Stunden gespürt hatte, wie sein Herz vor mir bis dahin unbekannten Gefühlen schlug; ich, der in der Erwartung aufgestanden war, irgendein großes Ereignis eintreten zu lassen – ich sollte sehen, wie alles verschwand, dank jenes Satzes, der so schwer war wie Blei und so tödlich wie eine Kugel.

„Schicken Sie sie ans Konservatorium!"

Und ich ahnte, dass dieser Satz der Wegweiser meines Lebens sein würde. Alle diese Leute hatten sich an der Kreuzung versammelt. „Schick sie ins Konservatorium!" Ich wollte Nonne werden, und das galt als absurd, idiotisch, unvernünftig. „Schick sie ins Konservatorium!" hatte ein Diskussionsfeld eröffnet, den Horizont einer Zukunft. Mein Onkel Félix Faure und Mlle. Brabender waren die einzigen, die gegen diese Idee waren. Sie versuchten vergeblich, meiner Mutter klarzumachen, dass ich mit den 100.000 Francs, die mir mein Vater hinterlassen hatte, heiraten könnte. Aber meine Mutter antwortete, ich hätte erklärt, ich hätte eine Abneigung vor der Ehe und sollte warten, bis ich alt genug sei, um in ein Kloster zu gehen.

„Unter diesen Bedingungen", sagte sie, „wird Sarah nie das Geld ihres Vaters bekommen."

„Nein, sicher nicht", erwiderte der Notar.

„Dann", fuhr meine Mutter fort, „würde sie als Dienstmädchen ins Kloster gehen, und das will ich nicht! Mein Geld ist eine Rente, sodass ich meinen Kindern nichts hinterlassen kann. Deshalb möchte ich, dass sie eine eigene Karriere machen."

Meine Mutter war vom vielen Reden erschöpft und lehnte sich in einem Sessel zurück. Ich wurde ganz aufgeregt und meine Mutter bat mich, wegzugehen.

Mlle. de Brabender und Madame Guérard stritten sich leise, und ich musste an den aristokratischen Mann denken, der uns gerade verlassen hatte. Ich war sehr wütend auf ihn, denn diese Idee des Konservatoriums war seine.

Mlle. de Brabender versuchte mich zu trösten. Madame Guérard sagte, dass dieser Beruf seine Vorteile habe. Mlle. de Brabender meinte, dass das Kloster eine große Faszination für eine so verträumte Natur wie die meine ausüben würde. Letztere war sehr religiös und ging sehr gern in die Kirche, *mon petit Dame* war eine Heidin im reinsten Sinne des Wortes, und dennoch kamen die beiden Frauen dank ihrer liebevollen Hingabe mir gegenüber sehr gut miteinander aus.

Madame Guérard bewunderte die stolze Aufsässigkeit meines Wesens, mein hübsches Gesicht und meine schlanke Figur; Mlle de Brabender war gerührt von meiner schwachen Gesundheit. Sie versuchte mich zu trösten, wenn ich eifersüchtig war, weil ich nicht so sehr geliebt wurde wie meine Schwester, aber was sie am meisten an mir mochte, war meine Stimme. Sie erklärte immer, meine Stimme sei für das Gebet moduliert, und meine Freude am Kloster erschien ihr ganz natürlich. Sie liebte mich mit sanfter, frommer Zuneigung, und Madame Guérard liebte mich mit Anflügen von Heidentum. Diese beiden Frauen, deren Andenken mir noch immer lieb ist, teilten mich untereinander auf und machten das Beste aus meinen guten Eigenschaften und meinen Fehlern. Ich verdanke ihnen beiden sicherlich dieses Studium meiner selbst und die Sicht, die ich von mir selbst habe.

Der Tag sollte auf die seltsamste Art und Weise enden. Madame Guérard war in ihr Appartement im oberen Stockwerk zurückgekehrt, und ich lehnte mich in einem kleinen Korbsessel zurück, der das dekorativste Möbelstück in meinem Zimmer war. Ich war sehr schläfrig und hielt Mlle. de Brabenders Hand in meiner, als die Tür aufging und meine Tante hereinkam, gefolgt von meiner Mutter. Ich kann sie jetzt noch sehen, meine Tante in ihrem Kleid aus rotbrauner Seide mit Pelzbesatz, ihren braunen Samthut, der unter ihrem Kinn mit langen, breiten Bändern zusammengebunden war, und Mama, die ihr Kleid ausgezogen und einen weißen Wollmorgenmantel angezogen hatte. Sie hasste es immer, ihr Kleid im Haus anzubehalten, und an ihrem Kostümwechsel verstand ich, dass alle gegangen waren und dass meine Tante bereit war zu gehen. Ich stand von meinem Sessel auf, aber Mama ließ mich wieder hinsetzen.

„Ruhen Sie sich gut aus", sagte sie, „denn wir werden Sie heute Abend ins Theater mitnehmen, ins Français." Ich war überzeugt, dass dies nur ein Köder war, und ich würde mir keine Freude anmerken lassen, obwohl ich in meinem Herzen entzückt war von der Vorstellung, ins Français zu gehen. Das einzige Theater, das ich kannte, war das Robert Houdin, in das ich manchmal mit meiner Schwester ging, und ich glaube, wir gingen ihr zuliebe, denn ich war eigentlich zu alt, um mich für derartige Aufführungen zu interessieren.

„Kommen Sie mit uns?", sagte Mama und wandte sich an Mademoiselle de Brabender.

„Gerne, Madame", antwortete dieses liebe Geschöpf. „Ich werde nach Hause gehen und mich umziehen."

Meine Tante lachte über meinen mürrischen Blick.

„Kleiner Betrüger", sagte sie, als sie wegging. „Du verbirgst deine Freude. Na ja, du wirst heute Abend ein paar Schauspielerinnen sehen."

„Wird Rachel mitspielen?", fragte ich.

„Oh nein, sie ist krank."

Meine Tante küsste mich und ging mit der Bemerkung, sie würde mich später wiedersehen, und meine Mutter folgte ihr aus dem Zimmer. Dann bereitete sich Mlle. de Brabender eilig darauf vor, mich zu verlassen. Sie musste nach Hause gehen, um sich anzuziehen und zu sagen, dass sie erst ganz spät nach Hause kommen würde, denn in ihrem Kloster musste man eine Sondergenehmigung einholen, wenn man nach zehn Uhr abends noch ausgehen wollte. Als ich allein war, schaukelte ich mich in meinem Sessel hin und her, der übrigens alles andere als ein Schaukelstuhl war. Ich begann nachzudenken, und zum ersten Mal in meinem Leben kam mir mein kritischer Verstand zu Hilfe. Und so wurden all diese ernsten Leute belästigt, der Notar aus Hâvre geholt, mein Onkel von der Arbeit an seinem Buch weggezerrt, der alte Junggeselle Monsieur Meydieu in seinen Gewohnheiten und Gebräuchen gestört, mein Pate von der Börse ferngehalten und dieser aristokratische und skeptische Herzog von Morny zwei Stunden lang inmitten unserer *bürgerlichen* Umgebung eingeengt, und das alles endete mit dem Entschluss: *Sie soll ins Theater geführt werden.* Ich weiß nicht, welche Rolle mein Onkel bei diesem burlesken Plan gespielt hatte, aber ich bezweifle, dass es ihm gefiel. Trotzdem ging ich gern ins Theater; es gab mir das Gefühl, wichtiger zu sein. Als ich an diesem Morgen aufwachte, war ich noch ein Kind, und nun hatten sich Ereignisse ereignet, die mich in ein junges Mädchen verwandelt hatten. Jeder hatte über mich gesprochen, und ich hatte meine Wünsche geäußert, freilich ohne Ergebnis, aber immerhin hatte ich sie geäußert, und nun hielt man es für notwendig, mir nachzugeben und mich zu verwöhnen, um mich für sich zu gewinnen. Sie konnten mich nicht zwingen, dem zuzustimmen, was sie von mir verlangten. Meine Zustimmung war notwendig und ich war so glücklich und stolz darüber, dass ich ganz gerührt war und fast nachgeben wollte. Ich sagte mir, es wäre besser, wenn ich standhaft bliebe und sie mich noch einmal fragen ließen.

Nach dem Abendessen quetschten wir uns alle in ein Taxi, Mama, mein Pate, Mlle. de Brabender und ich. Mein Pate hatte mir ein paar weiße Handschuhe geschenkt.

Als ich die Stufen des Théâtre Français hinaufstieg, trat ich auf das Kleid einer Dame. Sie drehte sich um und nannte mich ein „dummes Kind". Ich wich hastig zurück und stieß mit einem sehr stämmigen alten Herrn zusammen, der mir einen groben Stoß nach vorne gab.

Als wir alle einmal in einer Loge gegenüber der Bühne saßen, Mama und ich in der ersten Reihe, mit Mlle de Brabender hinter mir, fühlte ich mich sicherer. Ich saß dicht an der Trennwand der Loge und konnte Mlle de Brabenders spitze Knie durch den Samt meines Stuhls spüren. Das gab mir Zuversicht, und ich lehnte mich absichtlich gegen die Stuhllehne, um die Stütze dieser beiden Knie zu spüren.

Als sich der Vorhang langsam hob, dachte ich, ich würde ohnmächtig werden. Es war, als ob sich der Vorhang meines zukünftigen Lebens hob. Diese Säulen (es wurde *Britannicus* gespielt) sollten meine Paläste sein, die Ränder darüber sollten mein Himmel sein und diese Bretter sollten sich unter meinem schwachen Gewicht biegen. Von *Britannicus hörte ich nichts* , denn ich war weit, weit weg, in Grand-Champs, in meinem dortigen Schlafsaal.

„Nun, was denkst du darüber?", fragte mein Pate, als der Vorhang fiel. Ich antwortete nicht, und er legte seine Hand auf meinen Kopf und drehte mein Gesicht zu sich. Ich weinte, und dicke Tränen rollten langsam über meine Wangen, jene Tränen, die ohne Schluchzen kommen und ohne Hoffnung, jemals aufzuhören.

Mein Pate zuckte mit den Schultern, stand auf, verließ die Loge und schlug die Tür hinter sich zu. Mama verlor die Geduld mit mir und begann, das Haus durch ihr Opernglas zu betrachten.

Mlle. de Brabender reichte mir ihr Taschentuch, denn ich hatte meines fallen gelassen und wagte nicht, es aufzuheben.

Amphytrion , gelüftet , und ich bemühte mich, zuzuhören, um meiner Gouvernante zu gefallen, die so sanft und versöhnlich war. Ich kann mich nur an eines erinnern: Alkmene schien so unglücklich zu sein, dass ich laut in Schluchzen ausbrach, und das ganze Haus schaute sehr belustigt auf unsere Loge. Meine Mutter war sehr verärgert und führte mich hinaus, und Mlle. de Brabender ging mit uns. Mein Pate war wütend und murmelte: „Man

sollte sie in ein Kloster sperren und dort lassen. Herrgott, was ist das Kind
für ein kleiner Idiot!“ Dies war der *Beginn* meiner künstlerischen Karriere.

VII
MEINE KARRIERE – ERSTE LEKTIONEN

Ich begann jedoch, über meine neue Karriere nachzudenken. Von allen Seiten wurden mir Bücher geschickt: Racine, Corneille, Molière, Casimir Delavigne usw. Ich öffnete sie, aber da ich sie überhaupt nicht verstand, klappte ich sie schnell wieder zu und las meinen kleinen Lafontaine, den ich leidenschaftlich liebte. Ich kannte alle seine Fabeln, und eine meiner Freuden bestand darin, mit meinem Paten oder mit Monsieur Meydieu, unserem gelehrten und langweiligen Freund, zu wetten. Ich wettete, dass sie nicht alle Fabeln erkennen würden, wenn ich mit dem letzten Vers begann und dann zum ersten zurückginge, und oft gewann ich die Wette.

Eines Tages erhielt meine Mutter eine Nachricht von meiner Tante, in der sie sagte, dass M. Auber, der damalige Direktor des Konservatoriums, uns am nächsten Tag um neun Uhr morgens erwarte. Ich war gerade dabei, meinen Fuß in den Steigbügel zu setzen. Meine Mutter schickte mich mit Madame Guérard. M. Auber empfing uns sehr freundlich, da der Duc de Morny ihm von mir erzählt hatte. Er machte einen großen Eindruck auf mich, mit seinem feinen Gesicht und dem weißen Haar, seiner elfenbeinfarbenen Hautfarbe und den prächtigen schwarzen Augen, seinem zarten und vornehmen Aussehen, seiner melodischen Stimme und dem Ruhm seines Namens. Ich wagte kaum, seine Fragen zu beantworten. Er sprach sehr sanft mit mir und sagte mir, ich solle mich setzen.

„Sie mögen die Bühne sehr?", begann er.

„Oh nein, Monsieur", antwortete ich.

Diese unerwartete Antwort überraschte ihn. Er sah Madame Guérard unter seinen schweren Augenlidern an, und sie sagte sofort: „Nein, sie interessiert sich nicht für die Bühne; aber sie will nicht heiraten, und deshalb wird sie kein Geld haben, da ihr Vater ihr hunderttausend Francs hinterlassen hat, die sie nur an ihrem Hochzeitstag bekommen kann. Ihre Mutter möchte daher, dass sie einen Beruf ergreift, denn Madame Bernhardt hat nur eine Rente, eine ziemlich gute, aber es ist nur eine Rente, und deshalb wird sie ihren Töchtern nichts hinterlassen können. Aus diesem Grund möchte sie, dass Sarah unabhängig wird. Sie möchte in ein Kloster eintreten."

„Aber das ist keine unabhängige Karriere, mein Kind", sagte Auber langsam. „Wie alt ist sie?", fragte er.

„Vierzehneinhalb", antwortete Madame Guérard.

„Nein", rief ich aus, „ich bin fast fünfzehn."

Der freundliche alte Mann lächelte.

„In zwanzig Jahren", sagte er, „werden Sie nicht mehr so viel Wert auf die genauen Zahlen legen", und er stand auf, offenbar in der Ansicht, der Besuch habe lange genug gedauert.

„Es scheint", sagte er zu Madame Guérard, „dass die Mutter dieses kleinen Mädchens sehr schön ist?"

„Oh, sehr schön", antwortete sie.

„Bitte, sagen Sie ihr mein Bedauern, dass ich sie nicht gesehen habe, und meinen Dank für die so reizende Ersetzung." Daraufhin küsste er Madame Guérard die Hand, und sie errötete leicht. Dieses Gespräch blieb mir im Gedächtnis. Ich erinnere mich an jedes Wort, jede Bewegung und jede Geste von Monsieur Auber, denn dieser kleine Mann, so reizend und sanft, hielt meine Zukunft in seiner durchsichtigen Hand. Er öffnete uns die Tür, berührte mich an der Schulter und sagte: „Komm, Mut, kleines Mädchen. Glaub mir, eines Tages wirst du deiner Mutter dafür danken, dass sie dich dorthin gefahren hat. Schau nicht so traurig. Das Leben ist es wert, ernsthaft, aber fröhlich zu beginnen."

Ich stammelte ein paar Worte des Dankes, und gerade als ich hinausgehen wollte, stieß mich eine hübsche Frau an. Sie war jedoch schwerfällig und äußerst geschäftig, und Monsieur Auber neigte seinen Kopf zu mir und sagte ruhig:

„Vor allem aber: Lassen Sie sich nicht so dick werden wie diese Sängerin. Dicksein ist der Feind einer Frau und eines Künstlers."

Der Diener hielt uns nun die Tür auf, und als Monsieur Auber zu seinem Besucher zurückkam, hörte ich ihn sagen:

„Also, die idealste aller Frauen?"

Ich ging ziemlich verblüfft weg und sagte im Wagen kein Wort. Madame Guérard erzählte meiner Mutter von unserem Gespräch, aber sie ließ sie nicht einmal ausreden und sagte nur: „Gut, gut; danke."

Da die Prüfung einen Monat nach diesem Besuch stattfinden sollte, war es notwendig, sich darauf vorzubereiten. Meine Mutter kannte keine Theaterleute. Mein Pate riet mir, *Phèdre zu lernen* , aber Mlle de Brabender war dagegen, da sie es ein wenig anstößig fand, und weigerte sich, mir zu helfen, wenn ich mich dafür entschied. M. Meydieu, unser alter Freund, wollte, dass ich bei Chimène in *Le Cid arbeite* , aber zuerst erklärte er, dass ich dafür zu sehr die Zähne zusammenbiss. Es stimmte ganz richtig, dass ich das *o nicht weit genug öffnete und auch das r* nicht weit genug rollte . Er schrieb ein kleines Notizbuch für mich, das ich wörtlich abschreibe, da meine arme liebe Guérard alles, was mich betraf, gewissenhaft aufbewahrte, und sie gab mir später eine Menge Papiere, die mir jetzt nützlich sind.

Das Folgende ist die Arbeit unseres abscheulichen Freundes:

„Übe jeden Morgen statt *do … re … mi … te … de … de …,* um zu lernen, zu vibrieren…"

„Wiederholen Sie vor dem Frühstück vierzig Mal , *Un—très—gros—rat—dans—un—très—gros—trou'* , um das *r vibrieren zu lassen* .

„Vor dem Abendessen vierzig Mal wiederholen: *Combien ces six saucisses-ci? Das sind sechs Sous, das sind sechs Sous-Sauces. Sechs Sous-ces, sechs Saucisses-ci? Sechs Sous Ceux-ci! Sechs Sous Ceux-là; sechs Sous-ces, sechs Saucissons-ci!* um zu lernen, das *S nicht zu vermasseln* .

„Wiederholen Sie abends vor dem Schlafengehen zwanzig Mal: *Didon dina, dit-on, du dos d'un dodu dindon.* "

„Und zwanzigmal: *Le plus petit papa, petit pipi, petit popo, petit pupu. Für das d* den Mund weit aufmachen und für das *p den Schmollmund machen* ."

Er gab diese Arbeit ganz ernsthaft Mlle. de Brabender, die ganz ernsthaft wollte, dass ich sie übe. Meine Gouvernante war bezaubernd, und ich mochte sie sehr, aber ich konnte mir ein brüllendes Lachen nicht verkneifen, als sie, nachdem sie mich die Übung „ *Te de de"* machen *ließ* , was ziemlich gut lief, und dann „ *Très gros rat"* usw., mit den *Saucisson* (Würsten) anfing! Ach nein. Aus ihrem zahnlosen Mund erklang eine Kakophonie von Zischen, genug, um alle Hunde von Paris zum Heulen zu bringen. Und als sie mit der „ *Didon"* *anfing* , begleitet von „ *plus petit papa"* , dachte ich, meine liebe Gouvernante verliere den Verstand. Sie schloss die Augen halb, ihr Gesicht war rot, ihr Schnurrbart sträubte sich, sie legte ein sentenziöses, hastiges Gehabe an den Tag; Ihr Mund weitete sich und sah aus wie der Schlitz in einer Sparbüchse, oder er war zu einem kleinen Ring zusammengefaltet, und sie schnurrte und zischte und zwitscherte und alberte ohne Unterlass. Ich warf mich erschöpft in meinen Korbstuhl, würgte vor Lachen, und große Tränen strömten mir aus den Augen. Ich stampfte auf den Boden, schleuderte meine Arme nach rechts und links, bis sie müde waren, und wiegte mich vor und zurück, wobei ich laut lachend lachte.

Meine Mutter, die von dem Lärm, den ich machte, angezogen wurde, öffnete die Tür einen Spalt. Mlle. de Brabender erklärte ihr sehr ernst, dass sie mir die Methode von M. Meydieu zeige. Meine Mutter machte mir Vorwürfe, aber ich wollte nichts hören, da ich fast außer mir vor Lachen war. Dann nahm sie Mlle. de Brabender mit und ließ mich allein, denn sie fürchtete, ich würde in hysterischen Anfällen enden. Als ich wieder allein war, begann ich mich zu beruhigen. Ich schloss die Augen und dachte wieder an mein Kloster. Das *Te de de* vermischte sich in meinem entnervten Gehirn mit dem „Vater unser", das ich an manchen Tagen zur Strafe fünfzehn oder zwanzig Mal wiederholen musste. Schließlich kam ich wieder zu mir, stand auf und ging, nachdem ich mein Gesicht in kaltem Wasser gebadet hatte, zu meiner Mutter, die ich beim Whist-Spiel mit meiner Gouvernante und meinem Paten vorfand. Ich küsste Mlle. de Brabender und sie erwiderte meinen Kuss mit so nachsichtiger Güte, dass es mir ziemlich peinlich war.

Zehn Tage vergingen, und ich machte keine von M. Meydieus Übungen, außer dem *Te de de* am Klavier. Meine Mutter kam und weckte mich jeden Morgen dafür, und es machte mich wahnsinnig. Mein Pate ließ mich *Aricie lernen*, aber ich verstand nichts von dem, was er mir über die Verse erzählte. Er meinte und erklärte mir, dass Gedichte mit einer bestimmten Betonung vorgetragen werden müssen und dass der ganze Wert davon im Reim liege. Seine Theorien waren langweilig anzuhören und unmöglich umzusetzen. Dann konnte ich Aricies Charakter nicht verstehen, denn es schien mir nicht, dass sie Hippolyte überhaupt liebte, und sie kam mir als intrigante Flirterin vor. Mein Pate erklärte mir, dass die Menschen in alten Zeiten einander auf diese Weise liebten, und als ich bemerkte, dass Phèdre auf eine bessere Weise zu lieben schien, fasste er mich am Kinn und sagte: „Sehen Sie sich nur dieses unartige Kind an. Sie tut so, als würde sie es nicht verstehen, und möchte, dass wir es ihr erklären ...“

Das war einfach nur idiotisch. Ich verstand es nicht und hatte auch nichts gefragt, aber dieser Mann hatte eine *bürgerliche* Einstellung, war hinterlistig und lüstern. Er mochte mich nicht, weil ich dünn war, aber er interessierte sich für mich, weil ich Schauspielerin werden wollte. Dieses Wort rief in ihm die schwache Seite unserer Kunst hervor. Er sah weder die Schönheit noch die Vornehmheit darin, noch ihre wohltuende Kraft.

Das alles konnte ich damals nicht begreifen, aber ich fühlte mich nicht wohl mit diesem Mann, den ich seit meiner Kindheit kannte und der für mich fast wie ein Vater war. Ich wollte *Aricie nicht weiter lernen*. Erstens konnte ich nicht mit meiner Gouvernante darüber sprechen, da sie das Stück überhaupt nicht diskutieren wollte.

Dann lernte ich *L'Ecole des Femmes kennen*, und Mlle de Brabender erklärte mir Agnès. Die liebe, gute Dame konnte nicht viel davon halten, denn die ganze Geschichte erschien ihr von kindlicher Einfachheit, und als ich die Zeilen sagte: „Er hat mir das Band genommen, das du mir gegeben hast“, lächelte sie voller Zuversicht, während Meydieu und mein Pate herzlich lachten.

VIII
DAS KONSERVATORIUM

Endlich war der Prüfungstag da. Jeder hatte mir Ratschläge gegeben, aber niemand hatte wirklich hilfreiche Ratschläge. Niemand war auf die Idee gekommen, dass ich mich von einem Fachmann auf die Prüfung hätte vorbereiten lassen sollen. Ich stand am Morgen mit schwerem Herzen und besorgtem Gemüt auf. Meine Mutter hatte mir ein schwarzes Seidenkleid nähen lassen. Es hatte einen leicht tiefen Ausschnitt und war mit einer gerafften Bluse versehen. Das Kleid war ziemlich kurz und ließ meine Unterhose sehen. Diese war mit Stickereien besetzt und reichte bis zu meinen braunen Ziegenstiefeln. Aus meinem schwarzen Mieder ragte eine weiße Guimpe hervor, die um meinen Hals geschlungen war, der zu schmal war. Mein Haar war auf der Stirn gescheitelt und fiel dann nach Belieben, denn es wurde nicht von Nadeln oder Bändern gehalten. Ich trug einen großen Strohhut, obwohl die Jahreszeit schon ziemlich vorgerückt war. Jeder kam, um mein Kleid zu inspizieren, und ich wurde mindestens zwanzig Mal im Kreis gedreht. Ich musste meinen Knicks machen, damit es jeder sehen konnte. Schließlich schien ich allgemeine Zufriedenheit zu vermitteln. *Mon petit Dame* kam mit ihrem ernsten Mann die Treppe herunter und küsste mich. Sie war zutiefst gerührt. Unsere alte Marguerite ließ mich Platz nehmen und stellte mir eine Tasse kalten Rindfleischtee vor, den sie so lange und sorgfältig hatte köcheln lassen, dass er zu einem köstlichen Gelee wurde; ich schluckte ihn in einer Sekunde hinunter. Ich hatte es sehr eilig, loszufahren. Als ich von meinem Stuhl aufstand, bewegte ich mich so abrupt, dass mein Kleid an einem unsichtbaren Holzsplitter hängen blieb und zerriss. Meine Mutter wandte sich einem Besucher zu, der etwa fünf Minuten zuvor angekommen war und seitdem in nachdenklicher Bewunderung verharrt hatte.

„Da", sagte sie verärgert zu ihm, „das ist ein Beweis für das, was ich dir gesagt habe. Alle deine Seiden reißen bei der kleinsten Bewegung."

„O nein", antwortete unser Besucher schnell. „Ich habe Ihnen gesagt, dass dieser nicht gut gekleidet ist, und habe ihn Ihnen deshalb zu einem günstigen Preis überlassen."

Derjenige, der sprach, war ein junger Jude, nicht hässlich. Er war ein Holländer – schüchtern, hartnäckig, aber nie gewalttätig. Ich kannte ihn seit meiner Kindheit. Sein Vater, der mütterlicherseits mit meinem Großvater befreundet war, war ein reicher Kaufmann und Vater einer Schar Kinder. Er gab jedem seiner Söhne eine kleine Summe Geld und schickte sie hinaus, um ihr Glück zu machen, wo immer sie wollten. Jacques, von dem ich spreche, kam nach Paris. Er hatte mit dem Verkauf von Pessachkuchen begonnen und mir als Junge oft einige davon ins Kloster gebracht, zusammen mit den

Leckereien, die mir meine Mutter schickte. Später war ich sehr überrascht, als ich sah, wie er meiner Mutter Rollen Wachstuch anbot, wie sie für Tischtücher zum frühen Frühstück verwendet werden. Ich erinnere mich an eines dieser Tücher, dessen Rand aus Medaillons bestand, die die französischen Könige darstellten. Anhand dieses Wachstuchs lernte ich meine Geschichte am besten. Seit einem Monat besaß er ein recht elegantes Fahrzeug und verkaufte „Seiden, die nicht gut gekleidet waren". Derzeit ist er einer der führenden Juweliere von Paris.

Der Schlitz in meinem Kleid war bald geflickt, und da ich nun wusste, dass die Seide nicht gut verarbeitet war, behandelte ich sie mit Respekt. Schließlich fuhren wir los, Mlle. de Brabender, Madame Guérard und ich, in einem Wagen, der nur für zwei Personen gedacht war; und ich war froh, dass er so klein war, denn ich saß in der Nähe von zwei Menschen, die mich gern hatten, und mein Seidenkleid war sorgfältig über ihre Knie ausgebreitet.

Als ich den Warteraum betrat, der in den Konzertsaal des Konservatoriums führt, waren dort etwa fünfzehn junge Männer und zwanzig Mädchen. Alle diese Mädchen wurden von ihrer Mutter, ihrem Vater, ihrer Tante, ihrem Bruder oder ihrer Schwester begleitet. Es roch nach Pomade und Vanille, was mir Übelkeit verursachte.

Als wir in dieses Zimmer geführt wurden, hatte ich das Gefühl, dass mich alle ansahen, und ich errötete bis zum Hinterkopf. Madame Guérard zog mich sanft weiter, und ich drehte mich um, um Mlle. de Brabenders Hand zu nehmen. Sie kam schüchtern auf mich zu, errötete noch mehr und war noch verwirrter als ich. Alle sahen sie an, und ich sah, wie die Mädchen sich gegenseitig anstießen und in ihre Richtung nickten.

Eine von ihnen stand plötzlich auf und ging zu ihrer Mutter. „Oh, meine Güte, sehen Sie sich diesen alten Anblick an!", sagte sie. Meine arme Gouvernante fühlte sich höchst unwohl, und ich war wütend, denn ich fand sie tausendmal netter als all diese fetten, zurechtgemachten, gewöhnlich aussehenden Mütter. Natürlich unterschied sie sich in ihrem Aussehen von anderen Leuten, denn Mlle. de Brabender trug ein lachsfarbenes Kleid und einen indischen Schal, der eng über ihre Schultern gezogen und mit einer sehr großen Kameebrosche befestigt war. Ihre Haube war mit Rüschen besetzt, die so eng beieinander lagen, dass sie wie die Kopfbedeckung einer Nonne aussahen. Sie war ganz bestimmt nicht wie diese schrecklichen Leute, in deren Gesellschaft wir uns befanden und unter denen es nicht mehr als zehn Ausnahmen gab. Die jungen Männer standen in dichten Gruppen in der Nähe der Fenster. Sie lachten und machten, wie ich vermute, Bemerkungen von zweifelhaftem Geschmack.

Die Tür öffnete sich und ein Mädchen mit rotem Gesicht und ein junger Mann mit knallrotem Teint kamen zurück, nachdem sie ihre Szene gespielt hatten. Sie gingen zu ihren jeweiligen Freunden und plauderten dann weiter und tadelten einander. Ein Name wurde aufgerufen: Mlle. Dica Petit, und ich sah ein großes, blondes, vornehm aussehendes Mädchen ohne jede Verlegenheit auf mich zukommen. Auf ihrem Weg blieb sie stehen, um eine hübsche Frau zu küssen, kräftig, mit rosa-weißer Hautfarbe und sehr schick gekleidet.

„Hab keine Angst, liebe Mutter", sagte sie und fügte noch ein paar Worte auf Niederländisch hinzu, bevor sie verschwand, gefolgt von einem jungen Mann und einem sehr dünnen Mädchen, die mit ihr auftreten sollten.

Dies wurde mir von Léautaud erklärt, der die Namen der Schüler aufrief und die Namen derjenigen aufschrieb, die ihre Prüfung ablegen mussten, sowie derjenigen, die mit ihnen spielen und ihnen die Stichworte geben sollten. Ich wusste von alledem nichts und fragte mich, wer mir die Stichworte für Agnès geben sollte. Er erwähnte mehrere junge Männer, aber ich unterbrach ihn.

„Oh nein", sagte ich. „Ich werde niemanden fragen. Ich kenne keinen von ihnen und werde auch niemanden fragen."

„Also, was werden Sie vortragen, Mademoiselle?", fragte Léautaud mit dem größtmöglichen *Fouchtre* -Akzent.

„Ich werde eine Fabel rezitieren", antwortete ich.

Deux Pigeons "aufschrieb , den ich ihm gab. Ich hörte ihn unter seinem dichten Schnurrbart noch immer lachen, während er seinen Rundgang fortsetzte. Dann ging er zurück ins Konservatorium, und ich begann vor Aufregung zu fiebern, so sehr, dass Madame Guérard sich um mich sorgte, da mein Gesundheitszustand leider sehr angeschlagen war. Sie ließ mich Platz nehmen und träufelte mir dann ein paar Tropfen Eau de Cologne hinter die Ohren.

DAS NATIONALKONSERVATORIUM FÜR MUSIK
UND DEKLAMATION, PARIS

„So, das wird dir eine Lehre sein, so zu zwinkern!", hörte ich plötzlich, und ein Mädchen mit dem hübschesten Gesicht, das man sich nur vorstellen kann, bekam eine ordentliche Ohrfeige. Nathalie Mauvoys Mutter tadelte ihre Tochter. Ich sprang auf, zitternd vor Angst und Empörung; ich war wütend wie ein junger Truthahn. Ich wollte hingehen und der schrecklichen Frau eine Ohrfeige geben und dann das hübsche Mädchen küssen, das auf diese Weise beleidigt worden war, aber meine beiden Vormünder hielten mich fest zurück.

Dica Petit kam nun zurück, und das sorgte für Abwechslung im Wartezimmer. Sie strahlte und war ganz zufrieden mit sich. Oh, wirklich sehr zufrieden! Ihr Vater hielt ihr eine kleine Flasche hin, in der sich eine Art Stärkungsmittel befand, und ich hätte auch gern etwas davon gehabt, denn mein Mund war trocken und brannte. Ihre Mutter legte ihr dann ein kleines Wolltuch auf die Brust, bevor sie ihr den Mantel zumachte, und dann gingen alle drei weg. Mehrere andere Mädchen und junge Männer wurden aufgerufen, bevor ich an die Reihe kam.

Schließlich ließ mich der Ruf meines Namens zusammenzucken wie eine Sardine, die von einem großen Fisch verfolgt wird. Ich warf meinen Kopf zurück, um mein Haar zurückzuschütteln, und *mon petit Dame* strich über meine schlecht gekleidete Seide. Mlle. de Brabender erinnerte mich an das *o* und das *a*, das *r*, das *p* und das *t*, und dann ging ich allein in die Halle. Ich war in meinem ganzen Leben nie auch nur eine Stunde allein gewesen. Als kleines Kind klammerte ich mich immer an den Rockzipfel meiner Amme; im Kloster war ich immer mit einer meiner Freundinnen oder einer der Schwestern zusammen; zu Hause entweder mit Mlle. de Brabender oder Madame Guérard, oder wenn sie nicht da waren, in der Küche mit Marguerite. Und nun war ich da allein in diesem merkwürdig aussehenden Raum, mit einem Podium am Ende, einem großen Tisch in der Mitte, und um diesen Tisch herum saßen Männer, die entweder murrten, knurrten oder höhnten. Nur eine Frau war anwesend, und sie hatte eine laute Stimme. Sie hielt ein Fernglas in der Hand, und als ich eintrat, ließ sie es fallen und sah mich durch ihr Opernglas an. Ich spürte die Blicke aller auf meinem Rücken, als ich die paar Stufen zur Bühne hinaufstieg. Léautaud beugte sich vor und flüsterte: „Machen Sie eine Verbeugung und beginnen Sie, und hören Sie dann auf, wenn der Vorsitzende läutet." Ich sah den Vorsitzenden an und sah, dass es M. Auber war. Ich hatte vergessen, dass er Direktor des Konservatoriums war, so wie ich alles andere vergessen hatte. Ich verbeugte mich sofort und begann:

Zwei Tauben wünschen zarte Liebe,

Einer von ihnen langweilt mich …

Ein leises, murmelndes Geräusch war zu hören, und dann murmelte ein „Bauchredner": „Das ist hier kein Rhetorikunterricht. Was für eine Idee, hierherzukommen und Fabeln aufzusagen!"

Es war Beauvallet, der ohrenbetäubende Tragödiendichter der Comédie Française. Ich hielt inne, mein Herz klopfte wie wild.

„Weiter, mein Kind", sagte ein Mann mit silbernem Haar. Das war Provost.

„Ja, es wird nicht so lang sein wie eine Szene aus einem Theaterstück", rief Augustine Brohan, die einzige anwesende Frau.

Ich begann noch einmal:

Zwei Tauben wünschen zarte Liebe,

Einer von ihnen wird sich in der Unterkunft wohlfühlen

Schade...

„Lauter, mein Kind, lauter", sagte ein kleiner Mann mit lockigem weißem Haar in freundlichem Ton. Das war Samson.

Ich blieb wieder stehen, verwirrt und verängstigt, plötzlich von einem so albernen Anfall von Nervosität gepackt, dass ich hätte schreien oder heulen können. Samson sah das und sagte zu mir: „Komm, komm; wir sind keine Oger!" Er hatte gerade leise mit Auber gesprochen.

„Komm jetzt, fang noch einmal an", sagte er, „und sprich."

„Oh nein", warf Augustine Brohan ein, „wenn sie wieder anfängt, wird das länger dauern als eine Szene!" Diese Rede brachte den ganzen Tisch zum Lachen, und das gab mir Zeit, mich zu erholen. Ich fand es unfreundlich, dass all diese Leute so über ein armes, zitterndes kleines Geschöpf lachten, das ihnen an Händen und Füßen gefesselt ausgeliefert worden war.

Ich empfand, ohne es genau zu definieren, eine leichte Verachtung für diese unbarmherzigen Richter. Seitdem habe ich sehr oft an meinen Prozess gedacht und bin zu dem Schluss gekommen, dass freundliche, intelligente und mitfühlende Menschen weniger geschätzt werden, wenn sie zusammen sind. Das Gefühl persönlicher Verantwortungslosigkeit weckt ihre bösen Instinkte, und die Angst vor Spott vertreibt ihre guten.

Als ich meine Willenskraft wiedererlangt hatte, begann ich meine Fabel erneut, entschlossen, mich nicht darum zu kümmern, was geschah. Meine Stimme war durch die Erregung flüssiger, und der Wunsch, mich Gehör zu verschaffen, ließ sie klangvoller klingen.

Es herrschte Stille, und bevor ich meine Fabel beendet hatte, läutete die kleine Glocke. Ich verbeugte mich und stieg völlig erschöpft die paar Stufen von der Tribüne herunter. M. Auber hielt mich an, als ich am Tisch vorbeikam.

„Nun, kleines Mädchen", sagte er, „das war wirklich sehr gut. M. Provost und M. Beauvallet möchten dich beide in ihrer Klasse haben."

Ich zuckte leicht zusammen, als er mir sagte, wer M. Beauvallet sei, denn er war der „Bauchredner", der mir einen solchen Schrecken eingejagt hatte.

„Nun, welchen dieser beiden Herren würden Sie bevorzugen?", fragte er.

Ich sagte kein Wort, sondern zeigte auf M. Provost.

„Das ist schon in Ordnung. Holen Sie Ihr Taschentuch heraus, mein armer Beauvallet, und ich werde Ihnen dieses Kind anvertrauen, mein lieber Bürgermeister."

Ich verstand und rief außer mir vor Freude: „Dann habe ich bestanden?"

„Ja, Sie haben bestanden. Und ich bedauere nur eines: Eine so schöne Stimme ist nicht für die Musik geeignet."

Ich hörte nichts weiter, denn ich war außer mir vor Freude. Ich blieb nicht stehen, um mich bei irgendjemandem zu bedanken, sondern stürmte zur Tür.

„*Mon petit Dame!* Mademoiselle, ich habe bestanden!", rief ich aus, und als sie mir die Hände schüttelten und mir endlos viele Fragen stellten, konnte ich nur antworten: „Oh, das stimmt. Ich habe bestanden, ich habe bestanden!"

Ich wurde umzingelt und befragt.

„Woher weiß man, dass man bestanden hat? Das weiß man vorher nicht."

„Ja, ja, ich weiß es aber. Monsieur Auber hat es mir gesagt. Ich soll in die Klasse von Monsieur Provost gehen. Monsieur Beauvallet wollte mich, aber seine Stimme ist zu laut für mich!"

Ein unangenehmes Mädchen rief: „Kannst du damit nicht aufhören? Und deshalb wollen sie dich alle!" Ein hübsches Mädchen, das allerdings für meinen Geschmack zu dunkel war, kam näher und fragte mich sanft, was ich rezitiert hatte.

„Die Fabel von den ‚Zwei Tauben'", antwortete ich.

Sie war überrascht, und alle anderen auch. Ich hingegen freute mich riesig, sie alle zu überraschen. Ich warf meinen Hut auf den Kopf, schüttelte mein Kleid aus und rannte tanzend davon, meine beiden Freundinnen mitschleppend. Sie wollten mich zum Konditor mitnehmen, um etwas zu essen, aber ich lehnte ab. Wir stiegen in eine Droschke, und ich hätte sie am liebsten selbst geschoben. Ich bildete mir ein, über allen Läden die Worte „Ich bin vorbei" geschrieben zu sehen.

Als die Droschke wegen der überfüllten Straßen anhalten musste, kam es mir so vor, als ob die Leute mich anstarrten, und ich ertappte mich dabei, wie ich den Kopf hin und her warf, als wollte ich ihnen allen sagen, dass ich tatsächlich meine Prüfung bestanden hatte. Ich dachte nie mehr an das Kloster und empfand nur noch ein Gefühl des Stolzes, weil mein erstes waghalsiges Unterfangen erfolgreich gewesen war. Wagemutig, aber der Erfolg hing nur von mir ab. Es kam mir so vor, als ob der Kutscher nie in der Rue St. Honoré 265 ankommen würde. Ich steckte immer wieder den Kopf aus dem Fenster und sagte: „Schneller, Kutscher, schneller, bitte!"

Endlich erreichten wir das Haus, und ich sprang aus der Droschke und eilte los, um meiner Mutter die gute Nachricht zu überbringen. Unterwegs hielt mich die Tochter des Portiers an. Sie war Korsettmacherin und arbeitete in einem kleinen Zimmer im obersten Stockwerk des Hauses, das unserem Esszimmer gegenüber lag, wo ich mit meiner Gouvernante Unterricht hatte, so dass ich ihr rotes, hellwaches Gesicht ständig vor mir sehen musste. Ich hatte nie mit ihr gesprochen, aber ich wusste, wer sie war.

„Na, Mademoiselle Sarah, sind Sie zufrieden?", rief sie.

„Oh ja, ich bin durch", antwortete ich und konnte es mir nicht verkneifen, einen Moment stehen zu bleiben, um das Erstaunen der Portierfamilie zu genießen. Dann eilte ich weiter, aber als ich den Hof erreichte, blieb ich stehen, Wut und Kummer überkamen mich, denn da erblickte ich meine *kleine Dame*, die mit beiden Händen eine Trompete formte und den Kopf in den Nacken legte, und sie rief meiner Mutter zu, die aus dem Fenster lehnte: „Ja, ja, sie ist durch!"

Ich gab ihr mit meiner geballten Hand einen Schlag und begann vor Wut zu weinen, denn ich hatte für meine Mutter eine kleine Geschichte vorbereitet, die mit der freudigen Überraschung endete. Ich hatte vorgehabt, bei meiner Ankunft an der Tür ein sehr trauriges Gesicht aufzusetzen und so zu tun, als sei ich untröstlich und beschämt. Ich war sicher, sie würde sagen: „Oh, das überrascht mich nicht, mein armes Kind, du bist so dumm!" und dann hätte ich ihr die Arme um den Hals geworfen und gesagt: „Das ist nicht wahr, das ist nicht wahr; ich bin durch!" Ich hatte mir vorgestellt, wie ihr Gesicht aufhellte, und dann die alte Marguerite und mein Pate herzlich lachten und meine Schwestern vor Freude tanzten, und hier war Madame Guérard, die ihre Trompete blies und alle Effekte zunichtemachte, die ich so gut vorbereitet hatte.

Ich muss sagen, dass die freundliche Frau ihr ganzes Leben lang, das heißt den größten Teil meines Lebens, damit fortfuhr, alle meine Wirkungen zu verderben. Es war völlig vergeblich, dass ich Szenen machte; sie konnte nicht anders. Immer wenn ich ein Abenteuer erzählte und wollte, dass es sehr wirkungsvoll war, brach sie vor dem Ende unweigerlich in Gelächter aus. Wenn ich eine Geschichte mit einem sehr bedauerlichen Ende erzählte, das eine Überraschung sein sollte, seufzte sie, verdrehte die Augen und murmelte: „Oh je, oh je!", sodass ich immer die Wirkung verfehlte, auf die ich gehofft hatte. All dies brachte mich früher so sehr zur Verzweiflung, dass ich sie vor Beginn einer Geschichte oder eines Spiels bat, aus dem Zimmer zu gehen, und sie dann aufstand und ging und lachte bei dem Gedanken an den Fehler, den sie dort begehen würde.

Ich beschimpfte Guérard und ging nach oben zu meiner Mutter, die ich an der offenen Tür vorfand. Sie küsste mich liebevoll und fragte mich, als sie mein schmollendes Gesicht sah, ob ich nicht zufrieden sei.

„Ja", antwortete ich, „aber ich bin wütend auf Guérard. Sei nett, Mama, und tu so, als wüsstest du nichts. Mach die Tür zu, dann klingele ich."

Sie tat dies, und ich klingelte. Marguerite öffnete die Tür, und meine Mutter kam und tat so, als sei sie erstaunt. Auch meine Schwestern kamen, und mein Pate und meine Tante. Als ich meine Mutter küsste und ausrief: „Ich habe bestanden!", jubelten alle vor Freude, und ich war wieder fröhlich. Ich hatte jedenfalls meine Wirkung erzielt. Es war die „Karriere", die mich unversehens in Besitz nahm. Meine Schwester Regina, die die Schwestern nicht im Kloster haben wollten und deshalb nach Hause geschickt hatten, begann einen Jig zu tanzen. Sie hatte das auf dem Land gelernt, als sie zur Krankenschwester geschickt worden war, und bei jeder Gelegenheit tanzte sie es und beendete es immer mit diesem Vers:

Mein kleiner Bauch hat dich erfreut

Alles, was ich tue, liegt bei dir ...

Nichts konnte komischer sein als dieses pummelige Kind mit seinem ernsten Auftreten. Regina lachte nie, und nur ein Hauch eines Lächelns spielte manchmal über ihre dünnen Lippen und ihren zu kleinen Mund. Nichts konnte komischer sein, als sie mit ihrem ernsten und rauhen Gesicht den Jig tanzen zu sehen.

An diesem Tag war sie lustiger als je zuvor, denn sie war von der allgemeinen Freude begeistert. Sie war vier Jahre alt und nichts brachte sie jemals in Verlegenheit. Sie war schüchtern und frech zugleich. Sie verabscheute die Gesellschaft und die Menschen im Allgemeinen, und wenn man sie ins Esszimmer führte, brachte sie die Leute durch ihre groben Bemerkungen, die höchst merkwürdig waren, durch ihre groben Antworten und ihre Tritte und Schläge in Verlegenheit. Sie war ein schreckliches Kind, mit silbernem Haar, dunkler Hautfarbe, blauen Augen, die zu groß für ihr Gesicht waren, und dichten Wimpern, die einen Schatten auf ihre Wangen warfen, wenn sie die Lider senkte, und ihre Augenbrauen zusammenzogen, wenn sie die Augen offen hatte. Manchmal sagte sie vier oder fünf Stunden lang kein Wort, ohne eine Frage zu beantworten, die man ihr stellte, und dann sprang sie von ihrem kleinen Stuhl auf, begann so laut sie konnte zu singen und den Jig zu tanzen. An diesem Tag war sie gut gelaunt, denn sie küsste mich liebevoll und öffnete ihre dünnen Lippen zu einem Lächeln. Meine Schwester Jeanne küsste mich und ließ mich ihr von meiner Prüfung erzählen. Mein Pate gab mir hundert Francs, und Meydieu, der gerade angekommen war, um das Ergebnis zu erfahren, versprach, mit mir am nächsten Tag zu Barbédienne zu gehen, um eine Uhr für mein Zimmer auszusuchen, denn das war einer meiner Träume.

IX
Ein Heiratsantrag und Prüfungen – das Konservatorium

Von diesem Tag an fand in mir eine Entwicklung statt. Meine Seele blieb ziemlich lange kindlich, aber mein Verstand nahm das Leben deutlicher wahr. Ich verspürte das Bedürfnis, mir eine Persönlichkeit zu schaffen. Das war das erste Erwachen meines Willens. Ich wollte jemand sein. Mlle de Brabender erklärte mir, das sei Stolz. Mir schien, dass es das nicht ganz war, aber ich konnte damals nicht definieren, welches Gefühl mir diesen Wunsch auferlegte. Erst einige Monate später verstand ich, warum ich jemand sein wollte.

Ein Freund meines Paten machte mir einen Heiratsantrag. Dieser Mann war ein reicher Gerber und sehr nett, aber so dunkel und hatte so langes Haar und einen solchen Bart, dass er mich anwiderte. Ich lehnte ab, und mein Pate bat dann darum, mit mir allein zu sprechen. Er ließ mich im Boudoir meiner Mutter Platz nehmen und sagte zu mir: „Mein armes Kind, es ist reine Torheit, Monsieur Bed—— abzuweisen. Er hat sechzigtausend Francs im Jahr und Erwartungen." Es war das erste Mal, dass ich diese Verwendung des Wortes hörte, und als man mir die Bedeutung erklärte, fragte ich mich, ob das bei einer solchen Gelegenheit das Richtige war.

„Ja, natürlich", antwortete mein Pate. „Du bist ein Idiot mit deinen romantischen Vorstellungen. Die Ehe ist eine geschäftliche Angelegenheit und muss als solche betrachtet werden. Deine zukünftigen Schwiegereltern werden sterben müssen, genau wie wir, und es ist durchaus nicht unangenehm zu wissen, dass sie ihrem Sohn und damit dir zwei Millionen Francs hinterlassen werden, wenn du ihn heiratest."

„Aber ich werde ihn nicht heiraten."

"Warum?"

„Weil ich ihn nicht liebe."

„Aber Sie haben Ihren Mann nie geliebt, bevor …", antwortete mein praktischer Berater. „Danach können Sie ihn lieben."

"Nach was?"

„Frag deine Mutter. Aber hör mir jetzt zu, denn darum geht es nicht. Du musst heiraten. Deine Mutter hat ein kleines Einkommen, das dein Vater ihr hinterlassen hat, aber dieses Einkommen stammt aus den Gewinnen der Fabrik, die deiner Großmutter gehört, und sie kann deine Mutter nicht ertragen, die also dieses Einkommen verlieren wird, und dann wird sie nichts haben und drei Kinder. Es ist dieser verfluchte Anwalt, der das alles arrangiert. Das Warum und Weshalb zu erklären würde zu lange dauern.

Dein Vater hat seine Geschäfte sehr schlecht geführt. Du musst also heiraten, wenn nicht für dich selbst, dann für deine Mutter und deine Schwestern. Dann kannst du deiner Mutter die hunderttausend Francs geben, die dir dein Vater hinterlassen hat und die niemand sonst anrühren kann. Monsieur Bed——— wird dir dreihunderttausend Francs überlassen. Ich habe alles arrangiert, so dass du das deiner Mutter geben kannst, wenn du willst, und mit vierhunderttausend Francs wird sie sehr gut leben können."

Ich weinte und schluchzte und bat um Zeit, darüber nachzudenken. Ich fand meine Mutter im Esszimmer.

„Hat dein Pate es dir erzählt?", fragte sie sanft und eher schüchtern.

„Ja, Mutter, ja, er hat es mir gesagt. Lass mich darüber nachdenken, ja?", sagte ich schluchzend und küsste sie zögerlich auf den Hals. Dann schloss ich mich in meinem Schlafzimmer ein und zum ersten Mal seit vielen Tagen bedauerte ich mein Kloster. Meine ganze Kindheit kam mir in den Sinn, und ich weinte immer mehr und fühlte mich so unglücklich, dass ich mir wünschte, ich könnte sterben. Allmählich jedoch wurde ich wieder ruhig und begriff, was geschehen war und was die Worte meines Paten bedeuteten. Ich wollte diesen Mann ganz entschieden nicht heiraten. Seit ich am Konservatorium war, hatte ich ein paar Dinge vage, sehr vage gelernt, denn ich war nie allein, aber ich verstand genug, um nicht heiraten zu wollen, ohne verliebt zu sein. Ich sollte jedoch von einer Seite angegriffen werden, von der ich es nicht erwartet hätte. Madame Guérard bat mich, in ihr Zimmer zu gehen, um mir die Stickerei anzusehen, die sie zum Geburtstag meiner Mutter auf einem Rahmen anfertigte.

Ich war sehr erstaunt, als ich M. Bed——— dort vorfand. Er bat mich, meine Meinung zu ändern. Er machte mich sehr unglücklich, denn er flehte mich mit Tränen in den Augen an.

„Wollen Sie eine höhere Ehegattenabfindung?", fragte er. „Ich würde sie auf fünfhunderttausend Francs beziffern."

Aber das war es überhaupt nicht, und ich sagte mit sehr leiser Stimme: „Ich liebe Sie nicht, Monsieur."

„Wenn Sie mich nicht heiraten, Mademoiselle", sagte er, „werde ich vor Kummer sterben."

Ich sah ihn an und wiederholte im Stillen die Worte „sterbe vor Kummer". Ich war verlegen und verzweifelt, aber zugleich erfreut, denn er liebte mich, wie ein Mann es in einem Theaterstück tut. Mir kamen vage Sätze in den Sinn, die ich gelesen oder gehört hatte, und ich wiederholte sie ohne wirkliche Überzeugung und verließ ihn dann ohne die geringste Koketterie.

M. Bed—— ist nicht gestorben. Er lebt noch und hat eine sehr wichtige finanzielle Stellung. Er ist jetzt viel netter als damals, als er so schwarz war, denn jetzt ist er ganz weiß.

Nun, ich hatte gerade meine erste Prüfung mit bemerkenswertem Erfolg bestanden, insbesondere im Fach Tragödie.

M. Provost, mein Professor, hatte nicht gewollt, dass ich in *Zaïre antrat*, aber ich hatte darauf bestanden. Ich fand diese Szene mit Zaïre und ihrem Bruder Néréstan sehr schön, und sie gefiel mir. Aber als Zaïre, überwältigt von den Vorwürfen ihres Bruders, vor ihm auf die Knie fällt, wollte Provost, dass ich die Worte „Schlag, sage ich dir! Ich liebe ihn!" heftig ausspreche, und ich wollte sie sanft aussprechen, vollkommen resigniert in einen fast sicheren Tod. Ich stritt lange mit meinem Professor darüber, und schließlich schien ich ihm während der Stunde nachzugeben. Aber am Tag des Wettbewerbs fiel ich mit einem so echten Schluchzen vor Néréstan auf die Knie, meine Arme waren ausgestreckt, mein Herz, so voller Liebe, bot dem tödlichen Schlag an, den ich erwartete, und ich murmelte mit solcher Zärtlichkeit „Schlag, sage ich dir! Ich liebe ihn!", dass das ganze Haus in Beifall ausbrach und den Ausbruch zweimal wiederholte.

Der zweite Preis für Tragödie wurde mir verliehen, zum großen Missfallen des Publikums, da man der Meinung war, dass ich den ersten Preis hätte bekommen sollen. Und doch war es angesichts meines Alters und der kurzen Zeit, die ich studiert hatte, nur gerecht, dass ich den zweiten Preis bekam. Ich hatte einen ersten Zugang für Komödie in *La fausse Agnès*.

Ich fühlte mich daher berechtigt, abzulehnen. Meine Zukunft lag offen vor mir, und meine Mutter würde folglich nicht in Not geraten, wenn sie ihr derzeitiges Einkommen verlieren sollte. Einige Tage später kam M. Régnier, Professor am Konservatorium und Sekretär der Comédie Française, zu meiner Mutter und fragte sie, ob sie mir erlauben würde, in einem seiner Stücke im Vaudeville mitzuspielen. Das Stück hieß *Germaine*, und die Direktoren würden mir für jede Vorstellung 25 Francs geben. Ich war über die Summe erstaunt. 750 Francs im Monat für meinen ersten Auftritt! Ich war außer mir vor Freude. Ich flehte meine Mutter an, das Angebot des Vaudeville anzunehmen, und sie sagte mir, ich könne tun, was ich wolle.

Ich bat M. Camille Doucet, den Direktor der Abteilung für Schöne Künste, mich freundlicherweise zu empfangen, und da meine Mutter sich immer weigerte, mich zu begleiten, begleitete mich Madame Guérard. Meine kleine Schwester Régina bat mich, sie mitzunehmen, und ich willigte sehr unklugerweise ein. Wir waren noch keine fünf Minuten im Büro des Direktors, als meine erst sechsjährige Schwester begann, auf die Möbel zu klettern. Sie sprang auf einen Hocker und setzte sich schließlich auf den Boden, zog den Papierkorb, der unter dem Schreibtisch stand, zu sich heran und begann, alle zerrissenen Papiere, die darin waren, auszubreiten. Als Camille Doucet dies sah, bemerkte sie sanft, dass sie kein sehr braves kleines Mädchen sei. Meine Schwester, den Kopf in den Korb gelegt, antwortete mit ihrer heiseren Stimme: „Wenn Sie mich belästigen, Monsieur, werde ich allen erzählen, dass Sie hier sind, um Weihwasser zu verteilen, das vergiftet ist. Das sagt meine Tante." Mein Gesicht wurde rot vor Scham und ich stammelte: „Bitte glauben Sie das nicht, Monsieur Doucet. Meine kleine Schwester erzählt die Unwahrheit."

Regina sprang auf, ballte ihre Fäuste und stürzte sich wie eine kleine Furie auf mich. „Das hat Tante Rosine nie gesagt?", rief sie aus. „Sie sagen die Unwahrheit. Sie hat es doch zu Monsieur de Morny gesagt, und er antwortete –"

Ich hatte das vergessen und habe auch vergessen, was der Herzog von Morny antwortete, aber außer mir vor Wut legte ich meiner Schwester die Hand auf den Mund und zog sie schnell fort. Sie heulte wie ein Iltis, und wir rasten wie ein Orkan durch das Wartezimmer, das voller Menschen war.

Dann verfiel ich einem jener heftigen Wutanfälle, die ich in meiner Kindheit kannte. Ich sprang in die erste Droschke, die an der Tür vorbeikam, und schlug, als ich erst einmal im Wagen saß, meine Schwester mit solcher Wut, dass Madame Guérard erschrak und sie mit ihrem eigenen Körper schützte, wobei sie alle Schläge abfing, die ich ihr mit Kopf, Armen und Füßen versetzte, denn in meiner Wut, Trauer und Scham warf ich mich nach rechts und links. Meine Trauer war umso tiefer, da ich Camille Doucet sehr gern hatte. Er war sanft und charmant, umgänglich und gutherzig. Er hatte meiner Tante etwas verweigert, worum sie gebeten hatte, und da sie es nicht gewohnt war, etwas verweigert zu bekommen, war sie ihm gegenüber nachtragend. Das hatte allerdings nichts mit mir zu tun, und ich fragte mich, was Camille Doucet denken würde. Und außerdem hatte ich ihn nicht nach dem Vaudeville gefragt.

Alle meine schönen Träume waren zunichte geworden. Und es war dieses kleine Monster, das so hell und weiß aussah wie ein Seraph, das gerade meine ersten Hoffnungen zerstört hatte. Zusammengekauert im Taxi, mit einem Ausdruck der Angst auf ihrem eigensinnig wirkenden Gesicht und zusammengepressten dünnen Lippen, starrte sie mich mit halb geschlossenen Augen unter ihren langen Wimpern an.

Als ich nach Hause kam, erzählte ich meiner Mutter alles, was passiert war, und sie erklärte, dass meine kleine Schwester zwei Tage lang keinen Nachtisch bekommen sollte. Regina war gierig, aber ihr Stolz war größer als ihre Gier. Sie drehte sich auf ihren kleinen Absätzen um und begann, während sie ihren Jig tanzte, zu singen: „Mein kleiner Magen ist überhaupt nicht erfreut", bis ich auf sie losgehen und sie schütteln wollte.

Einige Tage später wurde mir während des Unterrichts mitgeteilt, dass mir das Ministerium die Erlaubnis verweigert habe, im Vaudeville aufzutreten.

M. Régnier sagte mir, wie leid es ihm tue, fügte aber in freundlichem Ton hinzu:

„Oh, aber, mein liebes Kind, das Konservatorium legt viel Wert auf dich. Deshalb brauchst du dir nicht allzu viele Sorgen zu machen."

„Ich bin sicher, dass Camille Doucet dahinter steckt", sagte ich.

„Nein, das ist er ganz bestimmt nicht", antwortete Mérard Régnier. „Camille Doucet war Ihr leidenschaftlichster Fürsprecher; aber der Minister will auf keinen Fall etwas hören, was Ihrem *Debüt* im nächsten Jahr schaden könnte."

Ich war Camille Doucet sofort sehr dankbar für seine Freundlichkeit, das dumme Verhalten meiner kleinen Schwester nicht zu übelnehmen. Ich begann wieder mit größtem Eifer zu arbeiten und versäumte keine einzige Unterrichtsstunde. Jeden Morgen ging ich mit meiner Gouvernante zum Konservatorium. Wir brachen früh auf, da ich lieber zu Fuß ging als mit dem Omnibus zu fahren, und ich behielt den Franc, den mir meine Mutter jeden Morgen gab, von dem sechzig Centimes für den Omnibus und vierzig für Kuchen waren. Wir sollten immer zu Fuß nach Hause gehen, aber jeden zweiten Tag nahmen wir mit den zwei Francs, die ich für diesen Zweck gespart hatte, ein Taxi. Meine Mutter erfuhr nie von diesem kleinen Plan, aber mein freundlicher Brabender willigte nicht ohne Reue ein, mein Komplize zu sein.

Wie ich schon sagte, versäumte ich keine Stunde und ging sogar zum Benehmensunterricht, bei dem der arme alte M. Elie, ordentlich gelockt, gepudert und mit Spitzenrüschen geschmückt, den Vorsitz führte. Das war die unterhaltsamste Stunde, die man sich vorstellen kann. Nur sehr wenige von uns besuchten diesen Unterricht, und M. Elie rächte sich an uns für das Fernbleiben der anderen. Bei jeder Stunde wurde jeder von uns nach vorne gerufen. Er redete uns mit dem vertraulichen Ausdruck „ *du*" *an* und betrachtete uns als sein Eigentum. Wir waren nur fünf oder sechs, aber wir mussten alle auf die Bühne. Er stand immer mit seinem kleinen schwarzen Stock in der Hand auf. Niemand wusste, warum er diesen Stock hatte.

„Nun, junge Damen", sagte er dann, „den Körper zurückwerfen, den Kopf hoch, auf die Zehenspitzen stellen. So ist es. Perfekt! Eins, zwei, drei, marsch!"

Und wir marschierten auf Zehenspitzen mit erhobenem Kopf und geschlossenen Augenlidern und versuchten, nach unten zu schauen, um zu sehen, wohin wir gingen. So marschierten wir mit der ganzen Würde und Feierlichkeit von Kamelen! Dann lehrte er uns, mit Gleichgültigkeit, Würde oder Wut hinauszugehen, und es war amüsant zu sehen, wie wir je nach der Stimmung, in der wir sein sollten, entweder mit verzögerten Schritten, lebhaft oder eilig auf die Türen zugingen. Dann hörten wir: „Genug! Geh! Kein Wort!" Denn M. Elie erlaubte uns nicht, auch nur ein einziges Wort zu murmeln. „Alles", pflegte er zu sagen, „liegt im Blick, in der Geste, in der Haltung!" Dann gab es das, was er „ *l'assiette* " nannte, was die Art und Weise bedeutete, sich würdevoll hinzusetzen, sich müde auf einen Sitz fallen zu lassen, oder „ *assiette* ", was bedeutete: „Ich höre zu, Monsieur; sagen Sie, was Sie wollen." Ach, diese Art des Hinsetzens war unglaublich kompliziert. Wir mussten alles hineinlegen: den Wunsch zu erfahren, was man uns sagen würde, die Angst, es zu hören, den Entschluss wegzugehen, den Willen zu bleiben. Oh, die Tränen, die mich diese „ *Assiette* " kostete. Armer alter M. Elie! Ich hege keinen Groll gegen ihn, aber ich tat mein Möglichstes, um später alles zu vergessen, was er mich gelehrt hatte, denn nichts hätte nutzloser sein können als diese Lektionen in Benehmen. Jeder Mensch bewegt sich entsprechend seinen Proportionen. Frauen, die zu groß sind, machen große Schritte, diejenigen, die gebückt gehen, gehen wie die Frauen des Ostens; dicke Frauen gehen wie Enten, kurzbeinige traben; sehr kleine Frauen hüpfen herum und die linkischen gehen wie Kraniche. Nichts kann geändert werden, und die Benehmensklasse wurde sehr weise abgeschafft. Die Geste muss den Gedanken darstellen, und sie ist harmonisch oder dumm, je nachdem, ob der Künstler intelligent oder dumm ist. Auf der Bühne braucht man lange Arme; es ist besser, sie zu lang als zu kurz zu haben. Ein Künstler mit kurzen Armen kann nie, nie eine schöne Geste machen. Es war alles vergebens, dass der arme Elie uns dies oder jenes erzählte. Wir waren immer dumm und ungeschickt, während er immer komisch war, oh, so komisch, der arme alte Mann!

Ich nahm auch Fechtunterricht. Tante Rosine hatte meiner Mutter diese Idee in den Kopf gesetzt. Ich hatte einmal pro Woche Unterricht bei dem berühmten Pons. Oh, was für ein schrecklicher Mensch er war! Brutal, unhöflich und immer neckend; er war ein unvergleichlicher Fechtmeister, aber er mochte es nicht, „Bengeln" wie uns, wie er uns nannte, Unterricht zu geben. Er war allerdings nicht reich, und ich glaube, bin mir aber nicht sicher, dass dieser Unterricht von einem seiner angesehenen Gönner für ihn organisiert worden war. Er behielt immer seinen Hut auf, und das entsetzte Mlle. de Brabender. Er rauchte auch die ganze Zeit seine Zigarre, und das brachte seine Schüler zum Husten, da sie von der Fechtübung bereits außer Atem waren. Was für eine Qual dieser Unterricht war! Manchmal brachte er Freunde mit, die sich über unsere Ungeschicklichkeit amüsierten. Dies führte zu einem Skandal, denn eines Tages machte einer dieser fröhlichen Zuschauer eine äußerst heftige Bemerkung über einen der männlichen Schüler namens Châtelain, woraufhin sich dieser schnell umdrehte und ihm einen Schlag ins Gesicht verpasste. Es kam sofort zu einem Handgemenge, und als Pons versuchte, einzugreifen, erhielt er selbst ein oder zwei Schläge. Dies verursachte große Aufregung, und von diesem Tag an durften keine Besucher mehr am Unterricht teilnehmen. Ich erhielt die Erlaubnis meiner Mutter, den Unterricht nicht mehr zu besuchen, und das war eine große Erleichterung für mich.

Ich habe Régniers Unterricht allen anderen vorgezogen. Er war sanft, hatte gute Manieren und lehrte uns, beim Rezitieren natürlich zu sein, aber alles, was ich weiß, verdanke ich sicherlich der Vielfalt des Unterrichts, den ich hatte und dem ich mit größter Hingabe folgte.

Provost lehrte einen breit angelegten Stil mit einer etwas pompösen, aber ausdrucksstarken Diktion. Er legte besonderen Wert auf die Freiheit der Gesten und der Betonung. Beauvallet lehrte meiner Meinung nach nichts Gutes. Er hatte eine tiefe, wirkungsvolle Stimme, die er aber niemandem geben konnte. Es war ein bewundernswertes Instrument, aber es verlieh ihm kein Talent. Seine Gesten waren ungeschickt; seine Arme waren zu kurz und sein Gesicht gewöhnlich. Ich verabscheute ihn als Professor.

Samson war das genaue Gegenteil. Seine Stimme war nicht stark, sondern durchdringend. Er hatte eine gewisse anerzogene Vornehmheit, war aber sehr korrekt. Seine Methode war Einfachheit. Provost betonte die Breite, Samson die Genauigkeit, und er war sehr genau, was die Schlusssätze betraf. Er erlaubte uns nicht, die Stimme am Ende der Phrase zu senken. Coquelin, der, wie ich glaube, einer von Régniers Schülern ist, hat viel von Samsons Stil, obwohl er die wesentlichen Elemente der Lehren seines ersten Meisters beibehalten hat. Ich selbst erinnere mich an meine drei Professoren, Régnier, Provost und Samson, als hätte ich sie erst gestern gehört.

Das Jahr verging, ohne dass sich in meinem Leben große Veränderungen ergaben, doch zwei Monate vor meiner zweiten Prüfung hatte ich das Unglück, den Professor wechseln zu müssen. Provost wurde krank, und ich kam in Samsons Klasse. Er verließ sich sehr auf mich, war aber autoritär und beharrlich. Er gab mir zwei sehr schlechte Rollen in zwei sehr schlechten Stücken: Hortense in *L'Ecole des Viellards* von Casimir Delavigne in der Kategorie Komödie und *La Fille du Cid* in der Kategorie Tragödie. Auch dieses Stück war von Casimir Delavigne. Ich fühlte mich in diesen beiden *Rollen* , die beide in harter, nachdrücklicher Sprache geschrieben waren, überhaupt nicht in meinem Element. Der Prüfungstag kam, und ich sah überhaupt nicht hübsch aus. Meine Mutter hatte darauf bestanden, dass ich mir die Haare von ihrem Friseur machen ließ, und ich hatte geweint und geschluchzt, als ich sah, wie dieser „Figaro" mir überall auf dem Kopf Scheitel zog, um meine rebellische Mähne zu teilen. Er war ein Idiot und hatte meiner Mutter diese Frisur vorgeschlagen, und mein Kopf lag über anderthalb Stunden in seinen dummen Händen, denn er hatte noch nie zuvor eine Mähne wie meine zu tragen gehabt. Alle fünf Minuten wischte er sich über die Stirn und murmelte: „Was für Haare! Herrgott, die sind furchtbar; wie Werg! Es könnten die Haare einer weißen Negerin sein!" Er wandte sich meiner Mutter zu und schlug vor, mir den Kopf ganz zu rasieren und das Haar dann nachwachsen zu lassen. „Ich werde darüber nachdenken", antwortete meine Mutter geistesabwesend. Als sie das sagte, drehte ich so abrupt meinen Kopf zu ihr, dass mir der Lockenstab die Stirn verbrannte. Der Mann benutzte den Lockenstab, um mein Haar zu *glätten* . Er war der Meinung, dass es von Natur aus so unordentlich gelockt war, dass er die natürliche Locke herausnehmen und es dann wellen müsse, das würde dem Gesicht besser stehen.

„Mademoiselles Haar wird durch diese extreme Lockenheit in seinem Wachstum gehemmt. Alle Mädchen und Negerinnen in Tanger haben solche Haare. Da Mademoiselle auf die Bühne geht, würde sie besser aussehen, wenn sie Haare wie Madame hätte", sagte er und verneigte sich mit respektvoller Bewunderung vor meiner Mutter, die zweifellos das schönste Haar hatte, das man sich vorstellen konnte. Es war blond und so lang, dass sie im Stehen darauf treten und ihren Kopf nach vorne beugen konnte. Es ist jedoch nur fair zu sagen, dass meine Mutter sehr klein war.

Schließlich war ich diesem elenden Mann entkommen und nach anderthalb Stunden Bürsten, Kämmen, Locken und Haarstecken, wobei ich meinen Kopf von links nach rechts und von rechts nach links usw. usw. gedreht hatte, fast tot vor Erschöpfung. Am Ende war ich völlig entstellt und erkannte mich selbst nicht wieder. Mein Haar war straff von den Schläfen zurückgekämmt, meine Ohren waren deutlich sichtbar und standen hervor, sie sahen in ihrer Kahlheit geradezu kühn aus, während auf meinem Kopf ein Bündel kleiner Würste dicht beieinander arrangiert war, um das antike Diadem nachzuahmen.

Ich sah absolut abscheulich aus. Meine Stirn, die ich immer mehr oder weniger mit einem goldenen Haarflaum bedeckt sah, erschien mir riesig und unerbittlich.

Ich erkannte meine Augen nicht wieder, da ich daran gewöhnt war, sie im Schatten meiner Haare zu sehen. Mein Kopf wog zwei oder drei Pfund. Ich war es gewohnt, meine Haare, wie ich es noch immer tue, mit zwei Haarnadeln festzustecken, und dieser Mann hatte fünf oder sechs Päckchen hineingesteckt, und das alles war schwer für meinen armen Kopf.

Ich war spät dran und musste mich deshalb sehr schnell anziehen. Ich weinte vor Wut, meine Augen sahen kleiner aus, meine Nase größer und meine Adern schwollen an. Der Höhepunkt war, als ich meinen Hut aufsetzen musste. Er passte nicht auf die Wurstpackung, und meine Mutter wickelte mir einen Spitzenschal um den Kopf und eilte mit mir zur Tür.

Als ich im Konservatorium ankam, eilte ich mit *meiner kleinen Dame* ins Wartezimmer, während meine Mutter direkt ins Theater ging. Ich riss mir die Spitze ab, die mein Haar bedeckte, und nachdem ich auf einer Bank saß und die Odyssee meiner Frisur erzählt hatte, überreichte ich meinen Gefährtinnen meinen Kopf. Alle bewunderten und beneideten mein Haar, weil es so weich und leicht und golden war. Sie alle hatten Mitleid mit mir und waren gerührt von meiner Hässlichkeit. Ihre Mütter jedoch schäumten vor Freude über ihr eigenes Fett.

Die Mädchen begannen, meine Haarnadeln herauszuziehen, und eine von ihnen, Marie Lloyd, die ich am liebsten mochte, nahm meinen Kopf in ihre Hände und küsste ihn liebevoll.

„Oh, dein schönes Haar, was haben sie damit gemacht?", rief sie und zog die letzte Haarnadel heraus. Dieses Mitgefühl ließ mich erneut in Tränen ausbrechen.

Schließlich stand ich triumphierend auf, ohne Haarnadeln und ohne Würste. Aber mein armes Haar war sehr schwer von der Pomade, die der elende Mann darauf aufgetragen hatte, und es war voller Scheitel, die er für die Herstellung der Würste gemacht hatte. Es fiel mir jetzt in traurig aussehenden, fettigen Flocken ins Gesicht.

Ich schüttelte fünf Minuten lang vor Wut meinen Kopf. Dann gelang es mir, die Haare etwas zu lockern und ich steckte sie mit ein paar Haarnadeln so gut es ging hoch.

Der Wettbewerb hatte begonnen, und ich war der Zehnte auf der Liste. Ich konnte mich nicht erinnern, was ich zu sagen hatte. Madame Guérard befeuchtete meine Schläfen mit kaltem Wasser, und Mlle de Brabender, die gerade erst angekommen war, erkannte mich nicht und suchte überall nach mir. Sie hatte sich vor fast drei Monaten das Bein gebrochen und musste an einer Krücke herumhumpeln, aber sie hatte sich entschlossen zu kommen.

Madame Guérard wollte ihr gerade von der Dramatik der Frisur erzählen, als mein Name durch den Raum hallte: „Mademoiselle Chara Bernhardt!" Es war Léautaud, die später Souffleurin an der Comédie Française war und einen starken Akzent hatte, der den Einheimischen der Auvergne eigen war. „Mademoiselle Chara Bernhardt!", hörte ich noch einmal, und dann sprang ich auf, ohne eine Idee im Kopf und ohne ein Wort zu sagen. Ich sah mich nach meiner Partnerin um, die mir meine Stichworte geben sollte, und gemeinsam traten wir auf.

SARAH BERNHARDT IN DEN HÄNDEN
IHRES FRISEURS, BEVOR SIE ZUR
KONSERVATORIUMSPRÜFUNG GEHT. IHRE MUTTER IST
LINKS

Ich war überrascht über den Klang meiner Stimme, den ich nicht wiedererkannte. Ich hatte so viel geweint, dass meine Stimme darunter litt, und ich sprach durch die Nase.

Ich hörte eine Frauenstimme sagen: „Armes Kind, man hätte sie nicht am Wettbewerb teilnehmen lassen dürfen. Sie hat eine schreckliche Erkältung, ihre Nase läuft und ihr Gesicht ist geschwollen."

Ich beendete meine Szene, verbeugte mich und ging unter sehr schwachem und geistlosem Applaus davon. Ich ging wie ein Schlafwandler und als ich Madame Guérard und Mlle. de Brabender erreichte, fiel ich in ihren Armen in Ohnmacht. Jemand ging in die Halle, um einen Arzt zu holen, und das Gerücht, dass „der kleine Bernhardt ohnmächtig geworden" sei, erreichte meine Mutter. Sie saß weit hinten in einer Loge und langweilte sich zu Tode. Als ich wieder zu mir kam, öffnete ich die Augen und sah das hübsche

Gesicht meiner Mutter, an deren langen Wimpern Tränen hingen. Ich legte meinen Kopf an ihren und weinte leise, aber diesmal waren die Tränen erfrischend, keine salzigen, die meine Augenlider brannten.

Ich stand auf, schüttelte mein Kleid aus und betrachtete mich im grünlichen Spiegel. Ich war jetzt sicherlich weniger hässlich, denn mein Gesicht war erholt, mein Haar war wieder weich und flauschig und insgesamt sah ich besser aus.

Der Tragödienwettbewerb war vorüber, die Preise waren vergeben. Ich hatte überhaupt nichts, aber man sprach von meinem zweiten Preis vom letzten Jahr. Ich war verwirrt, aber es war keine Enttäuschung, denn ich hatte so etwas erwartet. Mehrere Leute hatten zu meinen Gunsten protestiert. Camille Doucet, Mitglied der Jury, hatte lange gefleht. Er wollte, dass ich trotz meiner schlechten Rezitation den ersten Preis bekam. Er sagte, meine Prüfungsergebnisse müssten berücksichtigt werden, und sie seien ausgezeichnet; außerdem hatte ich die besten Zeugnisse. Nichts konnte jedoch die schlechte Wirkung wettmachen, die meine nasale Stimme, mein geschwollenes Gesicht und meine schweren Haarschuppen an diesem Tag verursacht hatten. Nach einer halben Stunde Pause, in der ich ein Glas Portwein trank und Kuchen aß, wurde das Signal zum Komödienwettbewerb gegeben. Ich war auf Platz 14 der Liste, sodass ich reichlich Zeit hatte, mich zu erholen. Mein Kampfinstinkt begann nun, von mir Besitz zu ergreifen, und ein Gefühl der Ungerechtigkeit ließ mich rebellisch werden. Ich hatte meinen Preis an diesem Tag nicht verdient, aber ich hatte das Gefühl, dass ich ihn trotzdem hätte erhalten sollen.

Ich beschloss, den ersten Preis für Komödie zu gewinnen, und mit der Übertreibung, die ich immer in alles gelegt habe, begann ich mich zu begeistern, und ich sagte mir, wenn ich den ersten Preis nicht bekäme, müsste ich die Idee einer Bühnenkarriere aufgeben. Meine mystische Liebe und Schwäche für das Kloster kam stärker denn je in mir zurück. Ich beschloss, ins Kloster einzutreten, wenn ich den ersten Preis nicht bekäme. Und in meinem schwachen Mädchenhirn tobte der dümmste, unlogischeste Kampf, den man sich vorstellen kann. Ich fühlte eine echte Berufung für das Kloster, wenn ich bekümmert war, den Preis zu verlieren, und eine echte Berufung für das Theater, wenn ich hoffte, den Preis zu gewinnen.

Mit einer sehr natürlichen Vorliebe entdeckte ich in mir die Gabe der absoluten Selbstaufopferung, des Verzichts und der Hingabe aller Art — Eigenschaften, die mir leicht die Stelle der Oberin im Kloster von Grand-Champs einbringen würden. Dann schrieb ich mir mit der nachsichtigsten Großzügigkeit alle notwendigen Gaben zu, um meinen anderen Traum zu erfüllen, nämlich die erste, berühmteste und beneidetste Schauspielerin zu werden. Ich zählte an meinen Fingern alle meine Eigenschaften auf: Anmut, Charme, Vornehmheit, Schönheit, Geheimnis, Pikanterie.

Oh ja, ich stellte fest, dass ich all dies besaß, und als mein Verstand und meine Ehrlichkeit Zweifel aufkommen ließen oder ein „Aber" zu dieser fabelhaften Aufzählung meiner Qualitäten nahelegten, fand mein kämpferisches und paradoxes Ego sofort eine klare, entschiedene Antwort, die keinen weiteren Widerspruch zuließ.

Unter diesen besonderen Bedingungen und in dieser Gemütsverfassung betrat ich die Bühne, als ich an die Reihe kam. Die Wahl meiner *Rolle* für diesen Wettbewerb war sehr dumm. Ich musste eine verheiratete Frau darstellen, die „vernünftig" und sehr streitlustig war, und ich war noch ein Kind und sah viel jünger aus, als ich war. Trotzdem war ich sehr brillant; ich konnte gut argumentieren, war sehr heiter und hatte einen enormen Erfolg. Ich war überglücklich und wild aufgeregt und fühlte mich so sicher, dass ich den ersten Preis gewonnen hatte.

Ich habe keinen Augenblick daran gezweifelt, dass mir der Preis einstimmig verliehen werden würde. Als der Wettbewerb vorüber war, traf sich das Komitee, um die Auszeichnungen zu besprechen, und in der Zwischenzeit bat ich um etwas zu essen. Ein Kotelett wurde von einem Konditor gebracht, der vom Konservatorium betreut wurde, und ich verschlang es zur großen Freude von Madame Guérard und Mlle. de Brabender, denn ich verabscheute Fleisch und weigerte mich immer, es zu essen.

Die Mitglieder des Komitees gingen schließlich auf ihre Plätze in der großen Loge, und im Theater herrschte Stille. Die jungen Männer wurden zuerst auf die Bühne gerufen. Ihnen wurde kein erster Preis verliehen. Parfourus Name wurde für den zweiten Preis für Komödie aufgerufen. Parfouru ist heute als M. Paul Porel bekannt, Direktor des Vaudeville-Theaters und Réjanes Ehemann. Danach kamen die Mädchen an die Reihe.

Ich stand in der Tür und wollte auf die Bühne stürmen. Die Worte „Erster Preis für Komödie" fielen, und ich trat einen Schritt vor und schob ein Mädchen beiseite, das einen Kopf größer war als ich. „Der erste Preis für Komödie geht einstimmig an Mademoiselle Marie Lloyd." Das große Mädchen, das ich beiseite geschoben hatte, ging nun schlank und strahlend auf die Bühne zu.

Es gab ein paar Proteste, aber ihre Schönheit, ihre Vornehmheit und ihr bescheidener Charme siegten bei allen, und Marie Lloyd wurde bejubelt. Auf ihrem Rückweg kam sie an mir vorbei und küsste mich liebevoll. Wir waren gute Freunde, und ich mochte sie sehr, aber als Schülerin hielt ich sie für eine Nichtigkeit. Ich weiß nicht mehr, ob sie im Vorjahr einen Preis gewonnen hatte, aber sicherlich erwartete niemand, dass sie jetzt einen bekommen würde. Ich war einfach wie versteinert vor Erstaunen.

„Zweiter Preis für Komödie: Mademoiselle Bernhardt." Ich hatte es nicht gehört und wurde von meinen Begleitern nach vorne geschoben. Als ich die Bühne erreichte, verbeugte ich mich und die ganze Zeit konnte ich Hunderte von Marie Lloyds vor mir tanzen sehen. Einige von ihnen schnitten mir Grimassen, andere warfen mir Küsse zu, einige fächelten sich Luft zu und andere verbeugten sich. Sie waren alle sehr groß, diese Marie Lloyds, zu groß für die Decke, und sie gingen über die Köpfe aller Leute hinweg und kamen auf mich zu, erstickten und zerquetschten mich, so dass ich nicht atmen konnte. Mein Gesicht, so schien es, war weißer als mein Kleid.

Als ich die Bühne verließ, setzte ich mich wortlos auf die Bank und sah Marie Lloyd an, die hochgelobt und von allen sehr gelobt wurde. Sie trug ein hellblaues Tarlatankleid mit einem Strauß Vergissmeinnicht im Mieder und einem weiteren in ihrem schwarzen Haar. Sie war sehr groß und ihre zarten weißen Schultern ragten bescheiden aus ihrem Kleid hervor, das sehr tief ausgeschnitten war ... aber in ihrem Fall war das ungefährlich. Ihr feines Gesicht mit seinem etwas stolzen Ausdruck war bezaubernd und sehr schön. Obwohl sie noch sehr jung war, übte sie mehr weibliche Faszination aus als jeder von uns. Ihre großen braunen Augen glänzten mit erweiterten Pupillen; ihr kleiner runder Mund lächelte an den Ecken verschmitzt und ihre wunderbar geformte Nase hatte zitternde Nasenlöcher. Das Oval ihres schönen Gesichts wurde von zwei kleinen perlmuttartigen, durchsichtigen Ohren von der exquisitesten Form unterbrochen. Sie hatte einen langen, flexiblen weißen Hals und die Haltung ihres Kopfes war bezaubernd. Es handelte sich um einen Schönheitspreis, den die Jury ganz bewusst an Marie Lloyd verliehen hatte.

Rolle als Célimène war sie heiter und faszinierend auf die Bühne gekommen , und trotz der Monotonie ihres Vortrags, der Nachlässigkeit ihrer Redekunst und der Unpersönlichkeit ihres Schauspiels hatte sie alle Stimmen abgeräumt, weil sie die wahre Verkörperung von Célimène war, dieser zwanzigjährigen Kokette, die so unbewusst grausam war.

Sie hatte für jeden das Ideal verwirklicht, von dem Molière geträumt hatte. All diese Gedanken prägten sich später in meinem Gehirn ein, und diese erste Lektion, die damals so schmerzhaft war, war mir in meiner Karriere von großem Nutzen. Ich habe Marie Lloyds Preis nie vergessen, und jedes Mal, wenn ich eine *Rolle* zu kreieren hatte, erschien die Person immer von Kopf bis Fuß angezogen vor mir, gehend, sich verbeugend, sich hinsetzend, aufstehend.

Aber das ist nur die Vision einer Sekunde; mein Geist hat an die Seele gedacht, die diese Person regieren soll. Wenn ich einem Autor zuhöre, der sein Werk vorliest, versuche ich, die Absicht seiner Idee zu definieren, in meinem Wunsch, mich mit dieser Absicht zu identifizieren. Ich habe nie einen Autor in Bezug auf seine Idee falsch dargestellt. Und ich habe immer versucht, die Person gemäß der Geschichte darzustellen, wenn es sich um eine historische Person handelt, und wie der Romanautor sie beschreibt, wenn es sich um eine erfundene Person handelt.

Ich habe manchmal versucht, das Publikum zu zwingen, zur Wahrheit zurückzukehren und die legendäre Seite gewisser Persönlichkeiten zu zerstören, die uns die Geschichte mit all ihren Dokumenten nun so präsentiert, wie sie in Wirklichkeit waren, aber das Publikum ist mir nie gefolgt. Ich habe bald erkannt, dass die Legende trotz der Geschichte siegreich bleibt. Und das ist vielleicht ein Vorteil für das Denken der Menschen. Jesus, Jeanne d'Arc, Shakespeare, die Jungfrau Maria, Mohammed und Napoleon I. sind alle in die Legende eingegangen.

Es ist unserem Gehirn heute unmöglich, sich Jesus und die Jungfrau Maria in demütigenden menschlichen Handlungen vorzustellen. Sie lebten das Leben, das wir leben. Der Tod hat ihre heiligen Glieder gefroren, und wir akzeptieren diese Tatsache nicht ohne Auflehnung und Trauer. Wir machen uns auf die Suche nach ihnen in einem ätherischen Himmel, in der Unendlichkeit unserer Träume. Wir schieben alle menschlichen Schwächen beiseite, um sie, in das Ideal gekleidet, auf einem Thron der Liebe sitzend zurückzulassen. Wir mögen Jeanne d'Arc nicht als rustikales, kühnes Bauernmädchen, das den kühnen Soldaten, der mit ihr scherzen will, heftig zurückweist, als Mädchen, das wie ein Mann auf ihrem großen Percheron-Pferd sitzt, bereitwillig über die derben Scherze der Soldaten lacht, sich der obszönen Promiskuität der barbarischen Epoche, in der sie lebte, unterwirft und aus diesem Grund umso mehr Verdienst hat, die heroische Jungfrau zu bleiben.

Solche nutzlosen Wahrheiten interessieren uns nicht. In der Legende ist sie eine zerbrechliche Frau, die von einer göttlichen Seele geleitet wird. Ihr mädchenhafter Arm, der das schwere Banner hält, wird von einem unsichtbaren Engel gestützt. In ihren kindlichen Augen liegt etwas aus einer anderen Welt, und daraus schöpften alle Krieger Kraft und Mut. So wünschen wir es uns, und so bleibt die Legende triumphierend.

X
MEIN ERSTES ENGAGEMENT AN DER COMÉDIE FRANÇAISE

Doch zurück zum Konservatorium. Fast alle Schüler waren gegangen, und ich blieb ruhig und verlegen auf meiner Bank sitzen. Marie Lloyd kam und setzte sich neben mich.

„Bist du unglücklich?", fragte sie.

„Ja", antwortete ich. „Ich wollte den ersten Preis, und den hast du. Das ist nicht fair."

„Ich weiß nicht, ob es fair ist oder nicht", antwortete Marie Lloyd, „aber ich versichere Ihnen, dass es nicht meine Schuld ist."

Ich musste darüber lachen.

„Soll ich mit dir zum Mittagessen nach Hause kommen?", fragte sie, und ihre schönen Augen wurden feucht und flehend. Sie war eine Waise und unglücklich, und an diesem Tag des Triumphs verspürte sie das Bedürfnis nach einer Familie. Mein Herz begann vor Mitleid und Zuneigung zu schmelzen. Ich schlang meine Arme um ihren Hals, und wir gingen alle vier zusammen fort – Marie Lloyd, Madame Guérard, Mlle. de Brabender und ich. Meine Mutter hatte mir ausrichten lassen, dass sie nach Hause gegangen war.

Im Taxi siegte wieder mein „Ist mir egal"-Charakter und wir plapperten über jeden. „Oh, wie lächerlich diese und jene Person war!" „Hast du die Haube ihrer Mutter gesehen?" „Und den alten Estebenet; hast du seine weißen Handschuhe gesehen? Er muss sie irgendeinem Polizisten gestohlen haben!" Und hierauf lachten wir wie Idioten und fingen dann wieder an. „Und dieser arme Châtelain hatte sich die Haare gelockt!", sagte Marie Lloyd. „Hast du seinen Kopf gesehen?"

Ich lachte jedoch nicht mehr, denn das erinnerte mich daran, wie meine eigenen Haare entwirrt worden waren, und dass ich deshalb nicht den ersten Preis für die beste Tragödie gewonnen hatte.

Als wir nach Hause kamen, fanden wir meine Mutter, meine Tante, meinen Paten, unseren alten Freund Meydieu, den Mann von Madame Guérard und meine Schwester Jeanne mit ganz gelocktem Haar vor. Das schmerzte mich, denn sie hatte glattes Haar und es war gelockt worden, um sie hübscher zu machen, obwohl sie auch ohne das Haar bezaubernd war, und die Locken waren aus meinem Haar entfernt worden, so dass ich hässlicher aussah.

Meine Mutter sprach mit Marie Lloyd mit jener bezaubernden und vornehmen Gleichgültigkeit, die ihr eigen war. Mein Pate machte viel

Aufhebens um sie, denn Erfolg war für diesen *Bourgeois alles* . Er hatte meine junge Freundin schon hundertmal gesehen und war weder von ihrer Schönheit beeindruckt noch von ihrer Armut berührt gewesen, aber an diesem besonderen Tag versicherte er uns, dass er Marie Lloyds Triumph schon lange vorhergesagt hatte. Dann kam er zu mir, legte seine beiden Hände auf meine Schultern und hielt mich vor sich. „Nun, Sie waren ein Versager", sagte er. „Warum bestehen Sie jetzt darauf, auf die Bühne zu gehen? Sie sind dünn und klein, Ihr Gesicht ist aus der Nähe recht hübsch, aber aus der Ferne hässlich, und Ihre Stimme trägt nicht!"

„Ja, mein liebes Mädchen", warf Monsieur Meydieu ein, „dein Pate hat recht. Du solltest lieber den Müller heiraten, der dir einen Antrag gemacht hat, oder diesen schwachsinnigen spanischen Gerber, der seinen hirnlosen Kopf wegen deiner hübschen Augen verloren hat. Du wirst nie etwas auf der Bühne erreichen! Du solltest lieber heiraten."

M. Guérard kam und schüttelte mir die Hand. Er war ein Mann von fast sechzig Jahren, und Madame Guérard war unter dreißig. Er war melancholisch, sanft und schüchtern: Er war Träger des roten Bandes der Ehrenlegion, trug einen langen, schäbigen Gehrock, zeigte aristokratische Gesten und war Privatsekretär von M. de la Tour Desmoulins, einem damals prominenten Abgeordneten. M. Guérard war ein Quell der Wissenschaft, und ich verdanke seiner Freundlichkeit viel. Meine Schwester Jeanne flüsterte mir zu: „Schwesters Pate sagte, als er hereinkam, dass Sie so hässlich wie möglich aussehen." Jeanne sprach immer so von meinem Paten. Ich schob sie weg, und wir setzten uns zu Tisch. Während des ganzen Essens war mein einziger Wunsch, ins Kloster zurückzukehren. Ich aß nicht viel, und gleich nach dem Mittagessen war ich so müde, dass ich ins Bett gehen musste.

Als ich einmal allein in meinem Zimmer zwischen den Laken lag, mit müden Gliedern, schwerem Kopf und einem Herzen, das meine Seufzer zurückhalten musste, versuchte ich, über meine elende Lage nachzudenken; aber der Schlaf, der große Erfrischer, kam mir zu Hilfe, und ich schlummerte sehr bald friedlich. Als ich aufwachte, konnte ich meine Gedanken zunächst nicht sammeln. Ich fragte mich, wie spät es war, und sah auf meine Uhr. Es war gerade zehn, und ich schlief seit drei Uhr nachmittags. Ich lauschte ein paar Minuten, aber im Haus war alles still. Auf einem Tisch neben meinem Bett stand ein kleines Tablett, auf dem eine Tasse Schokolade und ein Kuchen standen. Ein Blatt Schreibpapier stand aufrecht neben der Tasse. Ich zitterte, als ich es hochhob, denn ich erhielt nie Briefe. Mit großer Mühe gelang es mir, im Licht meines Nachtlichts die folgenden Worte zu lesen, die Madame Guérard geschrieben hatte: „Als du schlafen gegangen warst, ließ der Duc de Morny deiner Mutter ausrichten, dass Camille Doucet ihm gerade versichert hatte, dass du an der Comédie Française angestellt werden würdest. Mach dir also keine Sorgen mehr, mein liebes Kind, sondern vertraue auf die Zukunft. – Deine *petit Dame* .“

Ich kniff mich, um sicherzugehen, dass ich wirklich wach war. Ich stand auf und eilte zum Fenster. Ich schaute hinaus und der Himmel war schwarz. Ja, für alle anderen war er schwarz, aber für mich war er sternenklar. Die Sterne leuchteten und ich suchte nach meinem ganz besonderen und wählte den größten und hellsten.

Ich ging zurück zu meinem Bett und amüsierte mich damit, mit zusammengehaltenen Füßen darauf zu springen. Jedes Mal, wenn ich danebenschoss, lachte ich wie ein Verrückter. Dann trank ich meine Schokolade und erstickte fast daran, den Kuchen zu verschlingen.

Ich richtete mich auf meinem Nackenkissen auf und hielt dann eine lange Rede an die Jungfrau Maria am Kopfende meines Bettes. Ich betete die Jungfrau Maria an und erklärte ihr meine Gründe, warum ich trotz meiner Berufung den Schleier nicht tragen konnte. Ich versuchte, sie zu bezaubern und zu überreden, und küsste sie ganz sanft auf den Fuß, der die Schlange zerquetschte. Dann versuchte ich in der Dunkelheit, das Porträt meiner Mutter zu finden. Ich konnte es kaum sehen, aber ich warf ihm Küsse zu. Dann nahm ich den Brief von *mon petit Dame wieder auf* und schlief mit ihm in der Hand ein. Ich erinnere mich nicht, was ich geträumt habe.

Am nächsten Tag waren alle sehr nett zu mir. Mein Pate, der früh kam, nickte zufrieden mit dem Kopf.

„Sie braucht etwas frische Luft“, sagte er. „Ich lade Sie auf einen Landauer ein.“

SARAH BERNHARDT ÜBER IHREN VERLASS
VOM KONSERVATORIUM

Die Fahrt war für mich ein Genuss, denn ich konnte nach Herzenslust träumen, da meine Mutter es nicht mochte, in der Kutsche zu reden.

Zwei Tage später brachte mir unsere alte Dienerin Marguerite, atemlos vor Aufregung, einen Brief. Auf der Ecke des Umschlags klebte eine große Briefmarke, um die herum die magischen Worte „Comédie Française" standen. Ich warf meiner Mutter einen Blick zu, und sie nickte als Zeichen, dass ich den Brief öffnen dürfe, nachdem sie Marguerite Vorwürfe gemacht hatte, dass sie ihn mir gegeben hatte, ohne ihre Erlaubnis dazu eingeholt zu haben.

„Das ist für morgen, morgen!" rief ich. „Ich muss morgen hin! Schau – lies es!"

Meine Schwestern rannten auf mich zu und ergriffen meine Hände. Ich tanzte mit ihnen herum und sang: „Es ist für morgen! Es ist für morgen!" Meine jüngere Schwester war acht Jahre alt, aber ich war an diesem Tag erst sechs. Ich ging nach oben in die Wohnung, um es Madame Guérard zu sagen. Sie seifte gerade die weißen Kleider und Schürzen ihrer Kinder ein. Sie nahm mein Gesicht in ihre Hände und küsste mich liebevoll. Ihre beiden Hände waren mit Seifenschaum bedeckt und hinterließen auf beiden Seiten meines Kopfes einen schneeweißen Fleck. So rannte ich wieder die Treppe hinunter und ging geräuschvoll ins Wohnzimmer. Mein Pate, M. Meydieu, meine

Tante und meine Mutter begannen gerade eine Partie Whist. Ich küsste jede von ihnen und hinterließ einen Seifenschaumfleck auf ihren Gesichtern, worüber ich herzlich lachte. Aber an diesem Tag durfte ich alles tun, denn ich war eine Persönlichkeit geworden.

Am nächsten Tag, Dienstag, sollte ich um ein Uhr ins Théâtre Français gehen, um M. Thierry zu treffen, der damals Direktor war.

Was sollte ich anziehen? Das war die große Frage. Meine Mutter hatte nach der Hutmacherin geschickt, die mit verschiedenen Hüten kam. Ich wählte einen weißen mit blassblauem Besatz, einem weißen *Bavolet* und blauen Schnüren. Tante Rosine hatte mir eines ihrer Kleider geschickt, denn meine Mutter fand alle meine Kleider zu kindisch. Oh, dieses Kleid! Ich werde es mein Leben lang sehen. Es war scheußlich, kohlgrün, mit schwarzem Samt in griechischem Muster. Ich sah in diesem Kleid aus wie ein Affe. Aber ich musste es tragen. Glücklicherweise war es von einem Mantel aus schwarzem *Ripsband bedeckt*, der rundherum weiß bestickt war. Man hielt es für besser, wenn ich mich wie eine Erwachsene kleidete, und alle meine Kleider waren nur für ein Schulmädchen geeignet. Mlle. de Brabender schenkte mir ein Taschentuch, das sie bestickt hatte, und Madame Guérard einen Sonnenschirm. Meine Mutter schenkte mir einen sehr hübschen türkisfarbenen Ring.

So gekleidet, hübsch in meinem weißen Hut, unbequem in meinem grünen Kleid, aber getröstet durch meinen Mantel, ging ich am nächsten Tag mit Madame Guérard zu M. Thierry. Meine Tante lieh mir für diesen Anlass ihren Wagen, da sie dachte, es würde besser aussehen, in einem Privatwagen anzukommen. Später hörte ich, dass diese Ankunft in meinem eigenen Wagen mit einem Lakaien einen sehr schlechten Eindruck machte. Was alle Theaterleute dachten, interessierte mich nicht, und es scheint mir, dass meine extreme Jugend mich wirklich vor jedem Verdacht geschützt haben muss.

M. Thierry empfing mich sehr freundlich und hielt eine kleine, unsinnige Rede. Dann entfaltete er ein Papier, das er Madame Guérard überreichte und sie bat, es zu lesen und dann zu unterschreiben. Dieses Papier war mein Vertrag, und *mon petit Dame* erklärte mir, dass sie nicht meine Mutter sei.

„Ah", sagte Monsieur Thierry und stand auf, „nehmen Sie es dann mit und lassen Sie es von Mademoiselles Mutter unterschreiben?"

Dann nahm er meine Hand. Ich empfand instinktives Grauen vor seiner, denn sie war schlaff und es lag kein Leben oder Aufrichtigkeit in ihrem Griff. Ich nahm meine Hand schnell weg und sah ihn an. Er war unscheinbar, mit rotem Gesicht und Augen, die dem Blick auswichen. Als ich ging, traf ich Coquelin, der, als er hörte, dass ich da war, auf mich gewartet hatte. Er hatte ein Jahr zuvor mit großem Erfolg *debütiert*.

„Na, dann ist es ja geklärt!", sagte er fröhlich.

Ich zeigte ihm den Vertrag und schüttelte ihm die Hand. Ich ging rasch die Treppe hinunter und als ich das Theater verließ, fand ich mich inmitten einer Gruppe im Eingang wieder.

„Sind Sie zufrieden?", fragte eine sanfte Stimme, die ich als die von M. Doucet erkannte.

„Oh ja, Monsieur, vielen Dank", antwortete ich.

„Aber mein liebes Kind, ich habe damit nichts zu tun", sagte er.

„Ihre Konkurrenz war zwar nicht gerade gut, aber dennoch vertrauen wir Ihnen", warf Monsieur Régnier ein und fragte, sich dann an Camille Doucet wendend: „Was sagen Sie dazu, Exzellenz?"

„Ich glaube, dass dieses Kind ein ganz großer Künstler wird", antwortete er.

Einen Moment lang herrschte Stille.

„Na, Sie haben aber eine schöne Kutsche!", rief Beauvallet unhöflich. Er war der erste Tragödiendichter der Comédie und der ungehobeltste Mensch in ganz Frankreich und anderswo.

„Diese Kutsche gehört Mademoiselles Tante", bemerkte Camille Doucet und schüttelte mir sanft die Hand.

„Oh, nun, das freut mich zu hören", antwortete der Tragödiendichter.

Dann stieg ich in die Kutsche, die im Theater für so viel Aufsehen gesorgt hatte, und fuhr davon. Zu Hause angekommen brachte ich meiner Mutter den Vertrag. Sie unterschrieb ihn, ohne ihn zu lesen.

Ich habe mir fest vorgenommen, jemand zu sein, der dasselbe will *wie ich* .

Einige Tage nach meinem Engagement an der Comédie Française gab meine Tante ein Abendessen. Unter ihren Gästen waren der Herzog von Morny, Camille Doucet und der Minister der Schönen Künste, Monsieur de Walewski, Rossini, meine Mutter, Mlle. de Brabender und ich. Im Laufe des Abends kamen sehr viele andere Leute. Meine Mutter hatte mich sehr elegant eingekleidet, und es war das erste Mal, dass ich ein wirklich tief ausgeschnittenes Kleid trug. Oh, wie unbequem ich mich fühlte! Alle schenkten mir große Aufmerksamkeit. Rossini bat mich, ein Gedicht aufzusagen, und ich willigte bereitwillig ein, froh und stolz, ein wenig wichtig zu sein. Ich wählte Casimir Delavignes Gedicht „ *L'Ame du Purgatoire* ". „Das sollte mit Musik als Begleitung gesprochen werden", rief Rossini aus, als ich fertig war. Alle waren mit dieser Idee einverstanden, und Walewski sagte: „Mademoiselle wird von vorne beginnen, und Sie könnten improvisieren, *cher maître* ."

Es herrschte große Aufregung, und ich begann sofort wieder. Rossini improvisierte die herrlichste Harmonie, die mich mit Rührung erfüllte. Meine Tränen flossen ungehindert, ohne dass ich es bemerkte, und am Ende küsste mich meine Mutter und sagte: „Das ist das erste Mal, dass du mich wirklich gerührt hast.“

Tatsächlich liebte sie die Musik, und es waren Rossinis Improvisationen, die sie bewegt hatten.

Auch der Graf von Kératry, ein eleganter junger Husar, war anwesend. Er machte mir große Komplimente und lud mich ein, im Haus seiner Mutter ein paar Gedichte vorzutragen.

Meine Tante sang dann ein Lied, das sehr in Mode war und großen Erfolg hatte. Sie war kokett und charmant und ein wenig eifersüchtig auf diese unbedeutende Nichte, die für ein paar Minuten die Aufmerksamkeit ihrer Verehrer auf sich gezogen hatte.

Als ich nach Hause kam, war ich ein ganz anderer Mensch. Ich setzte mich, so angezogen wie ich war, auf mein Bett und blieb lange in Gedanken versunken. Bis jetzt hatte ich das Leben nur durch meine Familie und meine Arbeit kennengelernt. Jetzt hatte ich nur einen flüchtigen Blick darauf durch die Gesellschaft erhascht, und die Heuchelei mancher Leute und die Eitelkeit anderer schockierten mich. Ich begann mich unbehaglich zu fragen, was ich tun sollte, so schüchtern und offen ich auch war. Ich dachte an meine Mutter. Sie tat nichts, obwohl ihr alles gleichgültig war. Ich dachte an meine Tante Rosine, die im Gegenteil gern in alles hineinfiel.

Ich blieb dort, schaute auf den Boden, mir schwirrte der Kopf, und ich war sehr beunruhigt. Ich ging erst zu Bett, als ich völlig durchgefroren war.

Die nächsten Tage vergingen ohne besondere Ereignisse. Ich arbeitete hart an Iphigénie, da M. Thierry mir gesagt hatte, dass ich in dieser *Rolle mein Debüt geben würde* .

Ende August erhielt ich eine Einladung, an der Probe von *Iphigénie teilzunehmen* . Oh, diese erste Einladung ließ mein Herz klopfen. Ich konnte nachts nicht schlafen, und das Tageslicht kam mir nicht schnell genug. Immer wieder stand ich auf, um auf die Uhr zu schauen. Es kam mir vor, als sei die Uhr stehen geblieben. Ich war eingenickt und bildete mir ein, es sei dieselbe Zeit wie vorher. Schließlich schien ein Lichtstrahl durch meine Fensterscheiben, dachte ich, die triumphierende Sonne, die mein Zimmer erhellte. Ich stand sofort auf, zog die Vorhänge zurück und murmelte meine *Rolle* , während ich mich anzog.

Ich dachte an meine Proben mit Madame Devoyod, der Haupttragédienne *der* Comédie Française, mit Maubant, mit – ich zitterte, als ich an all das dachte, denn Madame Devoyod galt als alles andere als nachsichtig. Ich kam eine Stunde vor Beginn der Probe an. Der Bühnenmanager Davenne lächelte und fragte mich, ob ich meine *Rolle kenne* . „Oh ja", rief ich voller Überzeugung. „Kommen Sie und proben Sie. Möchten Sie?", und er führte mich auf die Bühne.

Ich ging mit ihm durch den langen Korridor mit den Büsten, der vom Künstlersalon zur Bühne führt. Er nannte mir die Namen der Berühmtheiten, die diese Büsten darstellten. Ich blieb einen Moment vor der Büste von Adrienne Lecouvreur stehen.

„Ich liebe diesen Künstler", sagte ich.

„Kennen Sie ihre Geschichte?", fragte er.

„Ja, ich habe alles gelesen, was über sie geschrieben wurde."

„Das ist richtig, mein Kind", sagte der ehrenwerte Mann. „Du solltest alles lesen, was mit deiner Kunst zu tun hat. Ich werde dir einige interessante Bücher leihen."

Er führte mich zur Bühne. Die geheimnisvolle Düsternis, die wie Festungen aufragende Kulisse, die Kahlheit des Fußbodens, die endlose Zahl von Gewichten, Seilen, Bäumen, Rändern, Latten über mir, das gähnende Haus in völliger Dunkelheit, die Stille, die vom Knarren des Fußbodens unterbrochen wurde, und die gewölbeartige Kälte, die man fühlte – all das zusammen erfüllte mich mit Ehrfurcht. Es kam mir nicht so vor, als betrete ich die brillanten Reihen lebender Künstler, die jeden Abend durch ihre Fröhlichkeit oder ihr Schluchzen den Beifall des Hauses gewannen. Nein, ich fühlte mich wie im Grab toter Ruhmestaten, und die Bühne schien sich mit den erlauchten Schatten jener zu füllen, die der Bühnenleiter gerade erwähnt hatte. Mit meinen überreizten Nerven sah meine Phantasie, die immer etwas heraufbeschwörte, sie jetzt mit ausgestreckten Händen auf mich zukommen. Diese Gespenster wollten mich mitnehmen. Ich legte die Hände vor die Augen und blieb stehen.

„Geht es Ihnen nicht gut?", fragte M. Davenne.

„Oh ja, danke. Es war nur ein bisschen Schwindel."

Seine Stimme hatte die Gespenster vertrieben, und ich öffnete meine Augen und hörte dem Rat des ehrenwerten Mannes zu. Mit dem Buch in der Hand erklärte er mir, wo ich stehen sollte, wie ich meinen Platz wechseln sollte usw. Er war ziemlich angetan von meiner Art zu rezitieren und brachte mir einige der Traditionen bei. Bei der Zeile:

Eurybate an die Autel, führe das Opfer ,

Er sagte: „Mademoiselle Favart war dort sehr effektiv.“

Nach und nach trafen die Artisten ein, mehr oder weniger murrend. Sie warfen mir einen Blick zu und probten dann ihre Szenen, ohne mich auch nur im Geringsten zu beachten.

Ich war den Tränen nahe, aber ich war mehr verärgert als alles andere. Ich hörte, wie der eine oder andere Künstler drei grobe Worte benutzte. Ich war diese etwas brutale Sprache nicht gewohnt. Zu Hause waren alle ziemlich schüchtern. Bei meiner Tante waren die Leute ein wenig gekünstelt, während ich im Kloster, das muss man wohl nicht extra erwähnen, nie ein Wort gehört hatte, das unangebracht gewesen wäre. Ich hatte zwar das Konservatorium besucht, aber mit Ausnahme von Marie Lloyd und Rose Baretta, der älteren Schwester von Blanche Baretta, die jetzt Sociétaire der Comédie Française ist, hatte ich keine der Schülerinnen gefördert.

Nach Abschluss der Probe wurde entschieden, dass am nächsten Tag zur gleichen Stunde eine weitere Probe im öffentlichen *Foyer stattfinden sollte* .

Die Kostümbildnerin kam, um mich zu suchen, da sie mein Kostüm anprobieren wollte. Mlle. de Brabender, die während der Probe angekommen war, ging mit mir in den Kostümraum. Sie wollte, dass meine Arme bedeckt waren, aber die Kostümbildnerin sagte ihr sanft, dass dies in einer Tragödie unmöglich sei.

Mir wurde ein Kleid aus weißem Wollstoff anprobiert. Es war sehr hässlich, und der Schleier war so steif, dass ich ihn ablehnte. Ein Rosenkranz wurde anprobiert, aber auch dieser war so unansehnlich, dass ich ihn nicht tragen wollte.

„Gut, Mademoiselle“, sagte die Kostümbildnerin trocken, „diese Dinge müssen Sie besorgen und selbst bezahlen, denn dies ist das Kostüm, das von der Comédie bereitgestellt wurde.“

„Also gut“, antwortete ich errötend. „Ich werde sie selbst holen.“

Als ich nach Hause kam, erzählte ich meiner Mutter von meinem Kummer, und da sie immer sehr großzügig war, kaufte sie mir sofort einen Schleier aus weißem Barège, der in schönen, großen, weichen Falten fiel, und einen Kranz aus Heckenrosen, der nachts sehr weich und weiß aussah. Außerdem bestellte sie Halbstiefel für mich bei dem Schuhmacher, der bei der Comédie angestellt war.

Als nächstes musste ich an die Schminkschachtel denken. Dafür wandte sich meine Mutter an die Mutter von Dica Petit, meiner Kommilitonin am Konservatorium. Ich ging mit Madame Dica Petit zu M. Massin, einem Hersteller dieser Schminkschachteln. Er war der Vater von Léontine Massin, einer weiteren Schülerin am Konservatorium.

Wir gingen in den sechsten Stock eines Hauses in der Rue Réaumur, und auf einer schlichten Tür standen die Worte „ *Massin, Hersteller von Schminkkästen* " . Ich klopfte, und ein kleines buckliges Mädchen öffnete die Tür. Ich erkannte Léontines Schwester, denn sie war schon mehrmals im Konservatorium gewesen.

„Oh", rief sie aus, „was für eine Überraschung für uns! Titine", rief sie dann, „hier ist Mademoiselle Sarah!"

Aus dem Nebenzimmer kam Léontine Massin gerannt. Sie war ein hübsches Mädchen mit einem sehr sanften und ruhigen Wesen. Sie umarmte mich und rief: „Wie froh ich bin, Sie zu sehen! Und Sie werden also Ihr Debüt in der Comédie geben. Ich habe es in der Zeitung gelesen."

Ich wurde bis über beide Ohren rot bei dem Gedanken, in den Zeitungen erwähnt zu werden.

„Ich bin im Variétés engagiert", sagte sie und redete dann so schnell, dass ich sprachlos war. Madame Petit ging auf all das nicht ein und versuchte vergeblich, uns zu trennen. Auf Léontines Fragen nach dem Befinden ihrer Tochter hatte sie mit einem Nicken und einem gleichgültigen „Danke" geantwortet. Schließlich, als das junge Mädchen alles gesagt hatte, was sie zu sagen hatte, bemerkte Madame Petit:

„Sie müssen Ihre Kiste bestellen. Dafür sind wir ja hier, wissen Sie."

„Oh, Sie finden meinen Vater in seiner Werkstatt am Ende des Ganges, und wenn Sie nicht lange brauchen, bin ich noch hier. Ich gehe später zur Probe im Variétés."

Madame Petit war wütend, denn sie mochte Léontine Massin nicht.

„Warten Sie nicht, Mademoiselle", sagte sie. „Dann können wir nicht mehr bleiben."

Léontine war verärgert, zuckte mit den Schultern und drehte meiner Begleiterin den Rücken zu. Dann setzte sie ihren Hut auf, küsste mich, verbeugte sich ernst vor Madame Petit und sagte: „Ich hoffe, Madame ‚Grostas', ich werde Sie nie wiedersehen." Dann rannte sie davon und lachte fröhlich. Ich hörte Madame Petit ein paar unangenehme Worte auf Niederländisch murmeln, aber deren Bedeutung wurde mir erst später erklärt. Wir gingen dann in die Werkstatt und fanden den alten Massin an seiner Werkbank, wo er einige kleine Bretter aus weißem Holz hobelte. Seine bucklige Tochter kam immer wieder herein und hinaus und summte die ganze Zeit fröhlich. Der Vater war düster und streng und hatte einen besorgten Blick. Sobald wir die Kiste bestellt hatten, verabschiedeten wir uns. Madame Petit ging zuerst hinaus; Léontines Schwester hielt mich an der Hand zurück und sagte ruhig: „Vater ist nicht sehr höflich, aber das liegt daran, dass er eifersüchtig ist. Er wollte, dass meine Schwester im Théâtre Français ist."

Dieses Vertrauen beunruhigte mich ziemlich und ich hatte eine vage Vorstellung von dem schmerzlichen Drama, das auf die verschiedenen Mitglieder dieses bescheidenen Heims so unterschiedlich einwirkte.

XI.
Mein Debüt im Hause Moliere und mein erster Abschied von dort.

Am 1. September 1862, dem Tag meines Debüts , stand ich in der Rue Duphot und betrachtete die Theaterplakate. Sie hingen damals an der Ecke Rue Duphot/Rue St. Honoré. Auf dem Plakat der Comédie Française las ich die Worte „ *Debüt von Mlle. Sarah Bernhardt* ". Ich weiß nicht, wie lange ich dort stand und von den Buchstaben meines Namens fasziniert war, aber ich erinnere mich, dass es mir so vorkam, als ob mich danach jeder ansah, der stehen blieb, um das Plakat zu lesen, und ich errötete bis in die Haarwurzeln.

Um fünf Uhr ging ich ins Theater. Ich hatte ein Ankleidezimmer im obersten Stockwerk, das ich mit Mlle. Coblentz teilte. Dieses Zimmer lag auf der anderen Seite der Rue de Richelieu, in einem Haus, das von der Comédie Française gemietet wurde. Eine kleine überdachte Brücke über der Straße diente uns als Durchgang und Kommunikationsmittel, um die Comédie zu erreichen.

Ich brauchte unglaublich lange zum Anziehen und wusste nicht, ob ich gut aussah oder nicht. *Mon petit Dame* fand, ich sei zu blass, und Mlle. de Brabender fand, ich hätte zu viel Farbe. Meine Mutter musste direkt zu ihrem Platz im Theater gehen, und Tante Rosine war auf dem Land.

Als der Callboy ankündigte, dass das Stück beginnen würde, brach ich von Kopf bis Fuß in kalten Schweiß aus und fühlte mich, als würde ich ohnmächtig werden. Zitternd, schwankend und mit klappernden Zähnen ging ich die Treppe hinunter. Als ich auf die Bühne kam, hob sich der Vorhang. Dieser Vorhang, der sich so langsam und feierlich hob, war für mich wie der Schleier, der zerrissen wurde und mir einen Blick auf meine Zukunft gewähren sollte. Eine tiefe, sanfte Stimme ließ mich mich umdrehen. Es war Provost, mein erster Professor, der gekommen war, um mir Mut zu machen. Ich begrüßte ihn herzlich, so froh war ich, ihn wiederzusehen. Samson war auch da; ich glaube, er spielte an diesem Abend in einer von Molières Komödien. Die beiden Männer waren sehr unterschiedlich. Provost war groß, sein silbernes Haar wehte im Wind, und er hatte ein drolliges Gesicht. Samson war klein, akkurat, zierlich; sein glänzendes weißes Haar war fest und eng um seinen Kopf gelockt. Beide Männer waren von demselben Gefühl des Schutzes für das arme, zerbrechliche, nervöse Mädchen bewegt worden, das dennoch so voller Hoffnung war. Beide kannten meinen Arbeitseifer, meinen hartnäckigen Willen, der immer darum kämpfte, meine körperliche Schwäche zu besiegen. Sie wussten, dass mein Motto „ *Quand-même* " nicht nur zufällig gewählt worden war, sondern das Ergebnis einer bewussten Willensübung meinerseits war. Meine Mutter hatte ihnen erzählt, wie ich dieses Motto im

Alter von neun Jahren gewählt hatte, nach einem furchtbaren Sprung über einen Graben, über den niemand springen konnte und zu dem mich mein junger Cousin herausgefordert hatte. Ich hatte mir das Gesicht verletzt, mir das Handgelenk gebrochen und hatte am ganzen Körper Schmerzen. Während ich nach Hause getragen wurde, rief ich wütend aus: „Ja, ich würde es wieder tun, *quand-même* , wenn mich jemand noch einmal herausforderte. Und ich werde mein ganzes Leben lang immer tun, was ich tun möchte." Am Abend dieses Tages fragte mich meine Tante, die betrübt war, mich so leiden zu sehen, was mir Freude bereiten würde. Mein armer kleiner Körper war ganz bandagiert, aber ich hüpfte vor Freude darüber und flüsterte ihm, ganz getröstet, schmeichelnd zu: „Ich hätte gern etwas Schreibpapier mit einem eigenen Motto."

Meine Mutter fragte mich ziemlich hinterlistig, was mein Motto sei. Ich antwortete eine Minute lang nicht, und dann, als alle ruhig warteten, stieß ich ein so wütendes „ *Quand-même* " aus, dass meine Tante Faure zurückschrie: „Was für ein schreckliches Kind!"

Samson und Provost erinnerten mich an diese Geschichte, um mir Mut zu machen, aber meine Ohren dröhnten, sodass ich ihnen nicht zuhören konnte. Provost hörte mein „Stichwort" auf der Bühne und schob mich sanft nach vorne. Ich trat auf und eilte zu Agamemnon, meinem Vater. Ich wollte ihn nicht wieder verlassen, denn ich hatte das Gefühl, ich müsse jemanden haben, an dem ich mich festhalten konnte. Dann eilte ich zu meiner Mutter, Klytaimnestra ... stammelte ich ... und als ich die Bühne verließ, eilte ich in mein Zimmer und begann mich auszuziehen.

Madame Guérard war entsetzt und fragte mich, ob ich verrückt sei. Ich hatte erst einen Akt gespielt, und es waren noch vier weitere zu spielen. Da wurde mir klar, dass es wirklich gefährlich wäre, meinen Nerven nachzugeben. Ich griff auf mein eigenes Motto zurück, und als ich vor dem Glas stand und mir in die Augen blickte, befahl ich mir, ruhig zu sein und mich zu beherrschen, und meine Nerven, die in einem Zustand der Verwirrung waren, gaben meinem Gehirn nach. Ich kam durch das Stück, war aber in meiner Rolle sehr unbedeutend.

Am nächsten Morgen ließ mich meine Mutter früh kommen. Sie hatte Sarceys Artikel in *L'Opinion Nationale gelesen* und las mir nun folgende Zeilen vor: „Mlle. Bernhardt, die gestern in der *Rolle der Iphigénie debütierte* , ist ein großes, hübsches Mädchen mit schlanker Figur und einem sehr angenehmen Ausdruck; die obere Hälfte ihres Gesichts ist bemerkenswert schön. Ihre Haltung ist ausgezeichnet und ihre Aussprache vollkommen klar. Das ist alles, was man im Moment über sie sagen kann."

„Der Mann ist ein Idiot", sagte meine Mutter und zog mich an sich. „Du warst bezaubernd."

Sie bereitete mir dann eine kleine Tasse Kaffee zu, mit Sahne. Ich war zufrieden, aber nicht ganz.

Als mein Pate am Nachmittag ankam, rief er aus: „Du meine Güte! Mein armes Kind, was hast du für dünne Arme!"

Tatsächlich hatten die Leute gelacht, und ich hatte es gehört, als ich meine Arme nach Eurybate ausstreckte. Ich hatte den berühmten Satz gesagt, mit dem Favart ihre „Wirkung" hervorrief, die inzwischen zur Tradition geworden war. Ich hatte ganz sicher keine „Wirkung" hervorgerufen, es sei denn, man kann das Lächeln, das meine langen, dünnen Arme hervorriefen, als solches bezeichnen.

Mein zweiter Auftritt war in *„Valérie"*, wo ich auch einige kleine Erfolge erzielte.

Mein dritter Auftritt in der Comédie resultierte in folgender *Boutade* aus der Feder desselben Sarcey:

L'Opinion Nationale , 12. September: „Am selben Abend wurden *Les Femmes Savantes* aufgeführt. Dies war Mlle. Bernhardts drittes *Debüt* , und sie übernahm die *Rolle* der Henriette. Sie war darin ebenso hübsch und unbedeutend wie in der der Junie [er hatte einen Fehler gemacht, da ich Iphigénie gespielt hatte] und der Valérie, die ihr beide zuvor anvertraut worden waren. Diese Vorstellung war sehr dürftig und gibt Anlass zu keineswegs heiteren Betrachtungen. Dass Mlle. Bernhardt unbedeutend ist, spielt keine große Rolle. Sie ist eine *Debütantin* , und unter den uns vorgestellten Schauspielern ist es nur natürlich, dass einige Versager sind. Das Bedauerliche ist jedoch, dass die Komiker, die mit ihr spielten, nicht viel besser waren als sie, und sie sind Sociétaires des Théâtre Français. Alles, was sie mehr als ihre junge Kameradin hatten, war eine größere Vertrautheit mit der Bühne. Sie sind genau das, was Mlle. Bernhardt in zwanzig Jahren sein könnte, wenn sie an der Comédie Française bleibt."

EIN FRÜHES PORTRÄT VON
SARAH BERNHARDT

SARAH BERNHARDT IN
LES FEMMES SAVANTES

SARAH BERNHARDT ALS
DUC DE RICHELIEU

Ich blieb jedoch nicht dort, denn eine dieser Kleinigkeiten, die ein ganzes Leben verändern, veränderte auch meins. Ich war in der Comédie mit der Erwartung eingetreten, für immer dort zu bleiben. Ich hatte gehört, wie mein Pate meiner Mutter alles über die verschiedenen Stationen meiner Karriere erklärte.

„Das Kind wird in den ersten fünf Jahren so und so viel haben", sagte er, „und danach so und so viel, und dann, nach dreißig Jahren, wird sie die Pension bekommen, die den Sociétaires zusteht – das heißt, wenn sie jemals eine Sociétaire wird." Er schien daran seine Zweifel zu haben.

Meine Schwester Regina war (obwohl diesmal ganz unfreiwillig) der Grund für das Drama, das mich die Comédie verlassen ließ. Es war Molières Geburtstag, und alle Künstler des Français grüßten die Büste des großen Schriftstellers, wie es die Theatertradition vorsieht. Es war mein erster Auftritt bei einer „Zeremonie", und als meine kleine Schwester mich zu Hause davon erzählen hörte, bat sie mich, sie dorthin mitzunehmen.

Meine Mutter gab mir die Erlaubnis dazu, und unsere alte Marguerite sollte uns begleiten. Alle Mitglieder der Comédie waren im *Foyer versammelt* . Die Männer und Frauen, in verschiedene Kostüme gekleidet, trugen alle den berühmten Arztumhang. Das Signal zum Beginn der Zeremonie wurde gegeben, und alle eilten den Korridor der Büsten entlang. Ich hielt die Hand meiner kleinen Schwester, und direkt vor uns stand die sehr dicke und sehr ernste Madame Nathalie. Sie war eine Sociétaire der Comédie, alt, boshaft und mürrisch.

Regina versuchte, der Schleppe von Marie Rogers Mantel auszuweichen, und trat dabei auf Nathalies Mantel. Diese drehte sich um und versetzte dem Kind einen so heftigen Stoß, dass es gegen eine Säule prallte, auf der eine Büste stand. Regina schrie auf, und als sie sich wieder zu mir umdrehte, sah ich, dass ihr hübsches Gesicht blutete.

„Du erbärmliches Geschöpf!", rief ich der dicken Frau zu, und als sie sich umdrehte, um zu antworten, schlug ich ihr ins Gesicht. Sie fiel in Ohnmacht; es gab einen großen Tumult und einen Aufschrei der Empörung, Zustimmung, unterdrückten Gelächters, befriedigter Rache, Mitleid mit dem armen Kind von jenen Künstlerinnen, die Mütter waren, usw. usf. Es bildeten sich zwei Gruppen, eine um die elende Nathalie, die immer noch in Ohnmacht lag, und die andere um die kleine Régina. Und der unterschiedliche Anblick dieser beiden Gruppen war ziemlich seltsam. Um Nathalie herum standen kalte, ernst aussehende Männer und Frauen, die dem fetten, hilflosen Klumpen mit ihren Taschentüchern oder Fächern Luft zufächelten. Ein junger, aber streng aussehender Sociétaire besprenkelte sie mit Wassertropfen. Als Nathalie dies spürte, erhob sie sich plötzlich, legte die Hände vors Gesicht und murmelte mit weit entfernter Stimme: „Wie dumm! Du wirst mein Make-up ruinieren!"

Die jüngeren Männer beugten sich über Regina und wuschen ihr hübsches Gesicht, und das Kind sagte mit gebrochener Stimme: „Ich habe es nicht mit Absicht getan, Schwester, ich bin sicher, dass ich es nicht getan habe. Sie ist eine alte Kuh und hat einfach umsonst getreten!" Regina war ein blonder Seraph, der die Engel neidisch gemacht haben könnte, denn sie hatte die idealste und poetischste Schönheit – aber ihre Sprache war keineswegs erlesen, und nichts auf der Welt konnte sie ändern. Ihre grobe Sprache brachte die befreundete Gruppe zum Lachen, während alle Mitglieder des feindlichen Lagers die Achseln zuckten. Bressant, der charmanteste der Komiker und allgemein beliebt, kam auf mich zu und sagte:

„Wir müssen diese kleine Angelegenheit regeln, liebes Mademoiselle, denn Nathalies kurze Arme sind in Wirklichkeit sehr lang. Unter uns, Sie waren ein wenig voreilig, aber das gefällt mir, und außerdem ist das Kind so drollig und so hübsch", fügte er hinzu und zeigte auf meine kleine Schwester.

Das Haus stampfte vor Ungeduld, denn diese kleine Szene hatte zwanzig Minuten Verspätung verursacht, und wir mussten sofort auf die Bühne gehen. Marie Roger küsste mich und sagte: „Du bist eine tapfere kleine

Kameradin!" Rose Baretta zog mich an sich und murmelte: „Wie konntest du es wagen? Sie ist eine Sociétaire!"

Mir war nicht wirklich bewusst, was ich getan hatte, aber mein Instinkt warnte mich, dass ich teuer dafür bezahlen würde.

Am nächsten Tag erhielt ich einen Brief vom Direktor, in dem er mich bat, um ein Uhr in der Comédie vorbeizukommen, wegen einer Angelegenheit, die mich persönlich betraf. Ich hatte die ganze Nacht geweint, mehr aus nervöser Erregung als aus Reue, und besonders verärgert war ich über die Vorstellung, dass ich von meiner eigenen Familie angegriffen werden würde. Ich ließ meine Mutter den Brief nicht sehen, denn seit dem Tag, an dem ich in die Comédie eingetreten war, war ich emanzipiert. Ich erhielt meine Briefe nun direkt, ohne ihre Aufsicht, und ging allein umher.

Punkt ein Uhr wurde ich in das Büro des Direktors geführt. Monsieur Thierry, dessen Nase noch verstopfter war als je zuvor und dessen Augen noch listiger, hielt mir eine tödliche Predigt, tadelte meinen Mangel an Disziplin, meinen Mangel an Respekt und mein skandalöses Verhalten und beendete seine erbärmliche Ansprache mit dem Rat, ich solle Madame Nathalie um Verzeihung bitten.

„Ich habe sie gebeten, zu kommen", fügte er hinzu, „und Sie müssen sich vor drei Sociétaires, Mitgliedern des Komitees, bei ihr entschuldigen. Wenn sie Ihnen verzeiht, wird das Komitee erwägen, ob Sie mit einer Geldstrafe belegt oder Ihre Verlobung aufgelöst wird."

Ich antwortete einige Minuten lang nicht. Ich dachte an meine verzweifelte Mutter, an meinen Paten, der auf seine *bürgerliche* Art lachte, und an meine triumphierende Tante Faure, die immer sagte: „Dieses Kind ist furchtbar!" Ich dachte auch an meine geliebte Brabender, mit gefalteten Händen, traurig herabhängendem Schnurrbart, ihren kleinen Augen voller Tränen, so rührend in ihrem stummen Flehen. Ich konnte meine sanfte, schüchterne Madame Guérard mit jedem streiten hören, so mutig war sie immer in ihrem Vertrauen in meine Zukunft.

„Nun, Mademoiselle?", sagte M. Thierry knapp.

Ich sah ihn schweigend an und er begann ungeduldig zu werden.

„Ich werde Madame Nathalie bitten, hierher zu kommen", sagte er, „und ich bitte Sie, Ihren Teil so schnell wie möglich zu erledigen, denn ich habe andere Dinge zu erledigen, als Ihre Fehler wieder gut zu machen."

„Oh nein, holen Sie Madame Nathalie nicht ab", sagte ich schließlich. „Ich werde mich bei ihr nicht entschuldigen. Ich werde gehen; ich werde meine Verlobung sofort auflösen."

Er war sprachlos, und seine Arroganz schmolz dahin im Mitleid mit dem widerspenstigen, eigensinnigen Kind, das im Begriff war, seine ganze Zukunft wegen einer Frage des Selbstwertgefühls zu ruinieren. Er war sofort sanfter und höflicher. Er bat mich, mich zu setzen, was er bisher nicht getan hatte, und er selbst setzte sich mir gegenüber und sprach sanft mit mir über die Vorteile der Comédie und über die Gefahr, die für mich bestehen würde, wenn ich dieses berühmte Theater verließe, das mir die Ehre erwiesen hatte, mich einzulassen. Er nannte mir hundert andere sehr gute, weise Gründe, die mich erweichten. Als er die Wirkung sah, die er erzielt hatte, wollte er nach Madame Nathalie schicken, aber ich erwachte wie ein kleines wildes Tier.

„Oh, lass sie nicht hierherkommen, sonst gebe ich ihr noch eine Ohrfeige!", rief ich.

„Gut, dann muss ich deine Mutter bitten zu kommen", sagte er.

„Meine Mutter würde nie kommen", sagte ich.

„Dann werde ich sie besuchen gehen", bemerkte er.

„Es wird völlig nutzlos sein", beharrte ich. „Meine Mutter hat mich emanzipiert, und ich bin völlig frei, mein eigenes Leben zu führen. Ich allein bin für alles verantwortlich, was ich tue."

„Gut, Mademoiselle, ich werde darüber nachdenken", sagte er und stand auf, um mir zu zeigen, dass das Gespräch zu Ende war. Ich ging nach Hause, entschlossen, meiner Mutter nichts zu sagen; aber meine kleine Schwester hatte, als sie nach ihrer Wunde gefragt wurde, alles auf ihre Weise erzählt und die Brutalität von Madame Nathalie und die Dreistigkeit meiner Tat, wenn möglich, übertrieben. Auch Rose Baretta war bei mir gewesen und hatte in Tränen ausgebrochen, als sie meiner Mutter versicherte, dass meine Verlobung abgesagt würde. Die ganze Familie war sehr aufgeregt und beunruhigt, als ich ankam, und als sie anfingen, mit mir zu streiten, machte mich das noch nervöser. Ich nahm die Vorwürfe, die der eine oder andere an mich richtete, nicht gelassen hin und war überhaupt nicht bereit, ihren Ratschlägen zu folgen. Ich ging in mein Zimmer und schloss mich ein.

Am nächsten Tag sprach niemand mit mir und ich ging zu Madame Guérard, um mich trösten und beruhigen zu lassen.

Mehrere Tage vergingen, und ich hatte im Theater nichts zu tun. Schließlich erhielt ich eines Morgens eine Nachricht, in der ich gebeten wurde, bei einer Lesung eines Stücks dabei zu sein: *Dolorès* von M. Bouilhet. Dies war das erste Mal, dass ich gebeten wurde, bei einer Lesung eines neuen Stücks dabei zu sein. Ich sollte offensichtlich eine *Rolle* „erfinden". All mein Kummer löste sich sofort auf wie eine Wolke aus Schmetterlingen. Ich erzählte meiner Mutter von meiner Freude, und sie schloss natürlich daraus, dass meine

Verabredung, nur weil ich zu einer Lesung eingeladen worden war, nicht abgesagt werden sollte und ich nicht erneut gebeten werden sollte, mich bei Madame Nathalie zu entschuldigen.

Ich ging ins Theater und bekam zu meiner großen Überraschung von M. Davennes die *Rolle* der Dolorès, die Hauptrolle in Bouilhets Stück. Ich wusste, dass Favart, der diese *Rolle hätte spielen sollen* , nicht gesund war; aber es gab andere Künstler, und ich konnte meine Freude und Überraschung nicht überwinden. Trotzdem fühlte ich mich etwas unwohl. Eine schreckliche Vorahnung warnte mich immer vor möglichen Problemen, die über mich kommen würden.

Ich hatte fünf Tage lang geprobt, als ich eines Morgens beim Aufstieg plötzlich Nathalie gegenüberstand, die unter Gérômes Porträt von Rachel, bekannt als „der rote Piment", saß. Ich wusste nicht, ob ich wieder nach unten gehen oder vorbeigehen sollte. Mein Zögern fiel der boshaften Frau auf.

„Oh, Sie können passen, Mademoiselle", sagte sie. „Ich habe Ihnen vergeben, so wie ich mich gerächt habe. Die *Rolle* , die Ihnen so sehr gefällt, ist doch nichts für Sie."

Ich ging wortlos vorbei. Ich war wie vom Donner gerührt von ihrer Rede, die sich, wie ich vermutete, als wahr erweisen würde.

Ich erzählte niemandem von diesem Vorfall, sondern machte mit den Proben weiter. Am Dienstag hatte Nathalie mit mir gesprochen, und am Freitag war ich enttäuscht, als ich hörte, dass Davennes nicht da war und dass es keine Probe geben würde. Gerade als ich in meine Droschke stieg, lief der Portier heraus, um mir einen Brief von Davennes zu überreichen. Der arme Mann hatte es nicht gewagt, selbst zu kommen und mir die Nachricht zu überbringen, die für mich sicher sehr schmerzlich sein würde.

Er erklärte mir in seinem Brief, dass es angesichts meines jungen Alters, der Bedeutung der *Rolle* , der Verantwortung auf meinen jungen Schultern und schließlich, da Madame Favart sich von ihrer Krankheit erholt habe, klüger sei, usw. usf. Ich las den Brief unter Tränen zu Ende, aber sehr bald wurde der Kummer durch Zorn ersetzt. Ich eilte zurück und schickte meinen Namen an das Büro des Direktors. Er konnte mich im Moment nicht sehen, aber ich sagte, ich würde warten. Nach einer Stunde, äußerst ungeduldig, ohne auf den Bürojungen und die Sekretärin zu achten, die mir den Zutritt verwehren wollten, öffnete ich die Tür von Monsieur Thierrys Büro und ging hinein. All die Verzweiflung, Wut über Ungerechtigkeit und Wut über Falschheit, die ich in mir wecken konnte, ließ ich ihn in einem Strom von Beredsamkeit ausdrücken, der nur durch mein Schluchzen unterbrochen wurde. Der Direktor starrte mich verwirrt an. Er konnte sich eine solche Kühnheit und Gewalttätigkeit bei einem so jungen Mädchen nicht vorstellen.

Als ich schließlich völlig erschöpft in einen Sessel sank, versuchte er mich zu beruhigen, aber alles vergeblich.

„Ich werde sofort gehen", sagte ich. „Geben Sie mir meinen Vertrag zurück und ich schicke Ihnen meinen zurück."

Schließlich hatte er keine Lust mehr auf Argumente und Überredungskunst, rief seinen Sekretär und erteilte ihm die nötigen Anweisungen. Dieser brachte mir bald darauf meinen Vertrag.

„Hier ist die Unterschrift Ihrer Mutter, Mademoiselle. Sie können sie mir innerhalb von 48 Stunden zurückbringen. Wenn ich sie nach Ablauf dieser Frist nicht erhalte, betrachte ich Sie als kein Mitglied des Theaters mehr. Aber glauben Sie mir, Sie handeln unklug. Denken Sie in den nächsten 48 Stunden darüber nach."

Ich antwortete nicht, sondern verließ sein Büro. Noch am selben Abend schickte ich Herrn Thierry den Vertrag mit seiner Unterschrift zurück und zerriss den mit der Unterschrift meiner Mutter.

Ich hatte Molières Theater verlassen und sollte es erst zwölf Jahre später wieder betreten.

XII

IM GYMNASENTHEATER – EINE REISE NACH SPANIEN

Dieses Vorgehen war sicherlich von gewalttätiger Tragweite und brachte mein Leben zu Hause völlig durcheinander. Von da an war ich unter meinen eigenen Leuten nicht glücklich, da ich ständig für meine Gewalttätigkeit verantwortlich gemacht wurde. Meine Tante und meine kleine Schwester machten ständig ärgerliche Bemerkungen mit doppelter Bedeutung. Mein Pate, den ich ein für alle Mal gebeten hatte, sich um seine eigenen Angelegenheiten zu kümmern, wagte es nicht mehr, mich offen anzugreifen; aber er brachte meine Mutter gegen mich auf. Ich hatte keine Ruhe mehr, außer bei Madame Guérard, und so war ich ständig bei ihr. Es machte mir Freude, ihr bei ihren häuslichen Angelegenheiten zu helfen. Sie brachte mir bei, Kuchen, Schokolade und Rührei zu machen. All dies gab mir etwas anderes zum Nachdenken, und ich gewann bald meine Fröhlichkeit zurück.

Eines Morgens war etwas sehr Geheimnisvolles mit meiner Mutter. Sie sah ständig auf die Uhr und schien sich unwohl zu fühlen, weil mein Pate, der jeden Tag mit uns zu Mittag und zu Abend aß, nicht da war.

„Es ist sehr seltsam", sagte meine Mutter, „denn gestern Abend nach dem Whist sagte er, er würde heute Morgen vor dem Mittagessen bei uns sein. Es ist wirklich sehr seltsam!"

Normalerweise war sie ruhig, aber sie kam ständig ins Zimmer und ging wieder, und als Marguerite den Kopf zur Tür hereinsteckte und fragte, ob sie das Mittagessen servieren solle, sagte meine Mutter ihr, sie solle warten.

Schließlich klingelte es und meine Mutter und Jeanne erschreckten sich. Meine kleine Schwester war offensichtlich in das Geheimnis eingeweiht.

„Na, dann ist es ja geklärt!", rief mein Pate und schüttelte den Schnee von seinem Hut. „Hier, lies das, du eigensinniges Mädchen."

Er überreichte mir einen Brief mit der Abschrift „Théâtre du Gymnase". Er war von Montigny, dem Direktor des Theaters, an Monsieur de Gerbois gerichtet, einen Freund meines Patenonkels, den ich sehr gut kannte. Der Brief war sehr freundlich, soweit es Monsieur de Gerbois betraf, endete jedoch mit den folgenden Worten: „Ich werde Ihre *Protegée einstellen* , um Ihnen angenehm zu sein … aber sie scheint mir ein übles Temperament zu haben."

Ich errötete, als ich diese Zeilen las, und ich dachte, dass es meinem Paten an Taktgefühl mangelte, denn er hätte mir wahre Freude bereiten und vermeiden können, meine Gefühle auf diese Weise zu verletzen, aber er war der tollpatschigste Mensch, der je gelebt hat. Meine Mutter schien sehr erfreut zu sein, also küsste ich ihr hübsches Gesicht und dankte meinem

Paten. Oh, wie ich es liebte, dieses perlenartige Gesicht zu küssen, das immer so kühl und immer leicht feucht war. Als ich ein kleines Kind war, bat ich sie immer, mit ihren langen Wimpern Schmetterling auf meinen Wangen zu spielen, und sie legte ihr Gesicht dicht an meines und öffnete und schloss ihre Augen, kitzelte meine Wangen, während ich mich atemlos vor Vergnügen zurücklehnte.

Am nächsten Tag ging ich ins Gymnase. Ich musste eine Weile warten, zusammen mit etwa fünfzig anderen Mädchen. Dann interviewte uns M. Monval, ein zynischer alter Mann, der Bühnenmanager und beinahe Generaldirektor war. Ich mochte ihn zunächst, weil er M. Guérard ähnelte, aber sehr bald mochte ich ihn nicht mehr. Seine Art, mich anzusehen, mit mir zu sprechen und mich zu mustern, erregte im Allgemeinen sofort meinen Zorn. Ich beantwortete seine Fragen knapp und unser Gespräch, das eine aggressive Wendung zu nehmen drohte, wurde durch die Ankunft von M. Montigny, dem Manager, unterbrochen.

„Wer von Ihnen ist Mademoiselle Sarah Bernhardt?", fragte er.

Ich stand sofort auf und er fuhr fort: „Wollen Sie mit in mein Büro kommen, Mademoiselle?"

Montigny war Schauspieler gewesen, war rundlich und gut gelaunt. Er schien ein wenig von seiner eigenen Persönlichkeit und seinem Ego fasziniert zu sein, aber das war mir egal.

Nach einer freundlichen Unterhaltung belehrte er mich ein wenig über meinen Ausbruch in der Comédie und machte mir viele Versprechungen über die *Rollen, die* ich spielen sollte. Er bereitete meinen Vertrag vor und gab ihn mir mit nach Hause, damit meine Mutter und mein Familienrat ihn unterschreiben konnten.

„Ich bin emanzipiert", sagte ich zu ihm, „so dass meine eigene Unterschrift alles ist, was erforderlich ist."

„Oh, sehr gut", sagte er, „aber was für ein Unsinn, ein eigenwilliges Mädchen zu emanzipieren. Deine Eltern haben dir damit keinen Gefallen getan."

Ich wollte gerade antworten, dass es ihn nichts angehe, was meine Eltern vorhätten, aber ich schwieg, unterschrieb den Vertrag und eilte voller Freude nach Hause.

Montigny hielt zunächst Wort. Er ließ mich Victoria Lafontaine als Zweitbesetzung spielen, eine junge Künstlerin, die damals sehr in Mode war und über ein wunderbares Talent verfügte. Ich spielte in *La maison sans enfants* und übernahm spontan ihre *Rolle in Le démon du jeu*, einem Stück, das großen Erfolg hatte. Ich war in beiden Stücken ziemlich gut, aber Montigny kam trotz meiner Bitten nie, um mich darin zu sehen, und der boshafte

Bühnenmanager spielte mir endlose Streiche. Ich spürte immer eine mürrische Wut in mir aufsteigen und kämpfte so gut es ging mit mir, um meine Nerven zu beruhigen.

Eines Abends, als ich das Theater verließ, wurde mir ein Zettel überreicht, in dem ich gebeten wurde, am nächsten Tag bei einer Theaterlesung dabei zu sein. Montigny hatte mir eine gute Rolle versprochen, und ich schlief in dieser Nacht von Feen eingelullt ein, die mich in das Land des Ruhms und des Erfolgs entführten. Als ich das Theater betrat, traf ich dort bereits Blanche Pierson und Céline Montalant an – zwei der hübschesten Geschöpfe, die Gott je erschaffen hat. Die eine war so schön wie die aufgehende Sonne, die andere so dunkel wie eine sternenklare Nacht, denn sie sah trotz ihres schwarzen Haares brillant aus. Es waren auch andere Frauen dort – sehr, sehr hübsche.

Das Stück, das gelesen werden sollte, trug den Titel *Un mari qui lance sa femme* und war von Raymond Deslandes. Ich hörte es mir ohne großes Vergnügen an und fand es dumm. Ich wartete gespannt darauf, welche *Rolle* ich spielen würde, und fand es nur zu bald heraus. Es war eine gewisse Prinzessin Dimchinka, ein frivoles, albernes, lachendes Wesen, das immer aß oder tanzte. Die Rolle gefiel mir überhaupt nicht. Ich war sehr unerfahren auf der Bühne und meine Schüchternheit machte mich ziemlich unbeholfen. Außerdem hatte ich noch nie drei Jahre lang mit solcher Beharrlichkeit und Überzeugung daran gearbeitet, die *Rolle* einer idiotischen Frau in einem schwachsinnigen Stück zu erschaffen. Ich war verzweifelt und die wildesten Ideen kamen mir in den Kopf. Ich wollte die Bühne aufgeben und ins Geschäft einsteigen. Ich sprach darüber mit unserem alten Freund der Familie, Meydieu, der so unerträglich war. Er war mit meiner Idee einverstanden und wollte, dass ich ein Geschäft – eine Konditorei – am Boulevard des Italiens aufbaute. Das wurde zu einer fixen Idee für den ehrenwerten Mann. Er liebte selbst Süßigkeiten und kannte viele Rezepte für verschiedene Süßigkeitensorten, die nicht allgemein bekannt waren und die er einführen wollte. Ich erinnere mich an eine Sorte, die er „ *Bonbon nègre* " nennen wollte. Es war eine Mischung aus Schokolade und Kaffeeessenz, eingerollt in geröstete Lakritzwurzel. Es war wie schwarze *Pralinen* und war außerordentlich gut. Ich blieb zunächst sehr hartnäckig bei dieser Idee und ging mit Meydieu, um mir ein Geschäft anzusehen, aber als er mir die kleine Wohnung darüber zeigte, in der ich wohnen sollte, war ich so verärgert, dass ich die Idee eines Geschäfts für immer aufgab.

Ich ging jeden Tag zur Probe des dummen Stücks und war die ganze Zeit schlecht gelaunt. Schließlich fand die Uraufführung statt und meine Rolle war weder ein Erfolg noch ein Misserfolg. Ich wurde einfach nicht bemerkt und abends bemerkte meine Mutter: „Mein armes Kind, du warst lächerlich in deiner *Rolle als russische Prinzessin* und das hat mich sehr betrübt!"

Ich antwortete gar nicht, aber ich hätte mich ehrlich gesagt am liebsten umgebracht. Ich schlief in dieser Nacht sehr schlecht und eilte gegen sechs Uhr morgens zu Madame Guérard. Ich bat sie, mir Laudanum zu geben, aber sie lehnte ab. Als sie sah, dass ich es wirklich wollte, verstand die arme, liebe Frau meine Absicht. „Also gut", sagte ich, „schwören Sie bei Ihren Kindern, dass Sie niemandem erzählen, was ich vorhabe, und dann werde ich mich nicht umbringen." Mir war gerade eine plötzliche Idee in den Sinn gekommen, und ohne näher darauf einzugehen, wollte ich sie sofort ausführen. Sie versprach es mir, und ich sagte ihr dann, dass ich sofort nach Spanien gehen würde, da ich dieses Land schon lange sehen wollte.

„Nach Spanien fahren!", rief sie. „Mit wem und wann?"

„Mit dem Geld, das ich gespart habe", antwortete ich. „Und noch heute Morgen. Zu Hause schläft jeder. Ich werde meinen Koffer packen und sofort mit Ihnen aufbrechen!"

„Nein, nein, ich kann nicht gehen", rief Madame Guérard fast außer sich. „Ich muss an meinen Mann und meine Kinder denken."

Ihre kleine Tochter war damals gerade einmal zwei Jahre alt.

„Also gut, *mon petit Dame* , suchen Sie mir jemanden, der mit mir geht."

„Ich kenne niemanden", antwortete sie und weinte vor Aufregung. „Meine liebe kleine Sarah, ich bitte dich, gib diesen Gedanken auf."

Aber inzwischen war es eine feste Idee für mich, und ich war sehr entschlossen. Ich ging die Treppe hinunter, packte meinen Koffer und kehrte dann zu Madame Guérard zurück. Ich hatte eine Zinngabel in Papier eingewickelt und warf sie gegen eine der Glasscheiben eines gegenüberliegenden Oberlichtfensters. Das Fenster wurde plötzlich geöffnet und das schläfrige, wütende Gesicht einer jungen Frau erschien. Ich formte aus meinen beiden Händen eine Trompete und rief:

„Caroline, fahren Sie sofort mit mir nach Spanien?" Der verwirrte Gesichtsausdruck der Frau zeigte, dass sie nicht verstanden hatte, aber sie antwortete sofort: „Ich komme, Mademoiselle." Dann schloss sie ihr Fenster und zehn Minuten später klopfte Caroline an die Tür. Madame Guérard war entsetzt in einen Sessel gesunken.

M. Guérard hatte von seinem Schlafzimmer aus mehrmals gefragt, was los sei.

„Sarah ist hier", hatte seine Frau geantwortet. „Ich erzähle es dir später."

Caroline arbeitete tagsüber als Schneiderin bei Madame Guérard und hatte mir ihre Dienste als Zofe angeboten. Sie war freundlich und ziemlich mutig und nahm mein Angebot sofort an. Da es aber nicht gut war, den Verdacht des Concierge zu erregen, wurde beschlossen, dass ich ihre Kleider in meinem Koffer mitnehmen sollte und dass sie ihre Wäsche in eine Tasche packen sollte, die sie von *mon petit Dame leihen konnte* .

Die arme, liebe Madame Guérard hatte nachgegeben. Sie war völlig überwältigt und begann bald, mir bei meinen Vorbereitungen zu helfen, was allerdings nicht lange dauerte.

Aber ich wusste nicht, wie ich nach Spanien kommen sollte.

„Sie fahren durch Bordeaux", sagte Madame Guérard.

„O nein", rief Caroline, „mein Schwager ist Schiffer und fährt oft über Marseille nach Spanien."

Ich hatte neunhundert Francs gespart, und Madame Guérard lieh mir sechshundert. Es war völliger Wahnsinn, aber ich fühlte mich bereit, das Universum zu erobern, und nichts hätte mich dazu bewegen können, meinen Plan aufzugeben. Außerdem kam es mir so vor, als hätte ich mir schon lange gewünscht, Spanien zu sehen. Ich hatte mir in den Kopf gesetzt, dass mein Schicksal es so wollte, dass ich meinem Stern gehorchen musste, und hundert andere Ideen, eine dümmer als die andere, bestärkten mich in meinem Plan. Ich war dazu bestimmt, so zu handeln, dachte ich.

Ich ging wieder die Treppe hinunter. Die Tür stand noch halb offen. Mit Carolines Hilfe trug ich den leeren Koffer zu Madame Guérard, und Caroline leerte meinen Kleiderschrank und meine Schubladen und packte dann den Koffer. Ich werde diesen herrlichen Moment nie vergessen. Es kam mir vor, als würde mir die Welt gehören. Ich würde mit einer Frau aufbrechen, die mich bediente. Ich würde allein reisen, ohne dass jemand meine Entscheidung kritisieren würde. Ich würde ein unbekanntes Land sehen, von dem ich geträumt hatte, und ich würde das Meer überqueren. Oh, wie glücklich ich war! Zwanzig Mal musste ich die Treppe hinauf- und hinuntergegangen sein, die unsere beiden Wohnungen trennte. In der Wohnung meiner Mutter schliefen alle, und die Zimmer waren so angeordnet, dass kein Geräusch unseres Ein- und Ausgehens zu ihr durchdrang.

Endlich war mein Koffer geschlossen, Carolines Reisekoffer verschlossen und meine kleine Tasche vollgestopft. Ich war bereit aufzubrechen, aber die Zeiger der Uhr hatten sich inzwischen weitergedreht, und zu meinem Entsetzen stellte ich fest, dass es acht Uhr war. Marguerite würde aus ihrem Schlafzimmer im oberen Stockwerk herunterkommen, um meiner Mutter Kaffee, meiner Schokolade und Brot und Milch für meine Schwestern zuzubereiten. In einem Anfall von Verzweiflung und wilder Entschlossenheit küsste ich Madame Guérard so heftig, dass ich sie fast ersticken musste, und eilte noch einmal in mein Zimmer, um meine kleine

Jungfrau Maria zu holen, die mich überallhin begleitete. Ich warf dem Zimmer meiner Mutter hundert Küsse zu und ging dann mit feuchten Augen und freudigem Herzen die Treppe hinunter. *Mon petit Dame* hatte den Mann, der die Böden putzte, gebeten, den Koffer und den Reisekoffer herunterzubringen, und Caroline hatte ein Taxi geholt. Ich raste wie ein Wirbelwind an der Tür der Concierge vorbei. Sie hatte mir den Rücken zugewandt und fegte den Boden. Ich sprang in die Droschke, und der Kutscher gab seinem Pferd die Peitsche. Ich war auf dem Weg nach Spanien. Ich hatte meiner Mutter einen liebevollen Brief geschrieben, in dem ich sie bat, mir zu verzeihen und nicht betrübt zu sein. Ich hatte Montigny, dem Direktor des Gymnase-Theaters, einen dummen Erklärungsbrief geschrieben. Der Brief erklärte allerdings nichts. Er war von einem Kind geschrieben worden, dessen Gehirn sicherlich ein wenig beeinträchtigt war, und ich schloss mit diesen Worten: „Hab Mitleid mit einem armen, verrückten Mädchen!"

Sardou erzählte mir später, dass er zufällig in Montignys Büro war, als er meinen Brief erhielt.

„Die Unterhaltung war sehr lebhaft, und als die Tür aufging, rief Montigny wütend: ‚Ich habe befohlen, nicht gestört zu werden!' Er beruhigte sich jedoch ein wenig, als er Monvals besorgten Gesichtsausdruck sah, und er wusste, dass etwas Dringendes vorlag. ‚Oh, was ist jetzt passiert?', fragte er und nahm den Brief entgegen, den ihm der alte Bühnenmanager hinhielt. Als er meinen Zettel mit dem grauen Rand erkannte, sagte er: ‚Oh, der ist von diesem verrückten Kind! Ist sie krank?'

„Nein", sagte Monval, „sie ist nach Spanien gegangen."

„‚Sie kann zum Teufel gehen!', rief Montigny. ‚Schicken Sie Madame Dieudonnée, damit sie ihre Rolle übernimmt. Sie hat ein gutes Gedächtnis, und die Hälfte der *Rolle* muss gestrichen werden. Damit ist die Sache erledigt.'

„‚Gibt es heute Abend Probleme?', fragte ich Montigny.

„‚Oh, nichts', antwortete er. ‚Es ist die kleine Sarah Bernhardt, die nach Spanien abgehauen ist!'

„‚Das Mädchen aus dem Français, das Nathalie eine Ohrfeige verpasst hat?'

"'Ja.'

„Sie ist ziemlich amüsant."

„‚Ja, aber nicht für ihre Manager', bemerkte Montigny und setzte das unterbrochene Gespräch unmittelbar danach fort."

Dies ist genau die Art und Weise, wie Victorien Sardou den Vorfall geschildert hat.

Als Caroline in Marseille ankam, erkundigte sie sich nach der Reise. Das Ergebnis war, dass wir an Bord eines scheußlichen Handelsschiffs gingen, eines schmutzigen Küstenmotorschiffs, das nach Öl und abgestandenem Fisch roch – ein wahrer Horror.

Ich war noch nie auf See gewesen und dachte, alle Boote seien so wie dieses und es hätte keinen Sinn, sich zu beschweren. Nach sechs Tagen rauer See landeten wir in Alicante. Oh, diese Landung, wie gut erinnere ich mich daran! Ich musste von Boot zu Boot springen, von Planke zu Planke, mit der Gefahr, hundertmal ins Wasser zu fallen, denn ich bin von Natur aus schwindelig, und die kleinen Laufstege, die ohne Geländer, Seile oder sonst etwas von einem Boot zum anderen geworfen wurden und sich unter meinem leichten Gewicht bogen, kamen mir wie bloße Seile vor, die über den Raum gespannt waren.

Erschöpft von Müdigkeit und Hunger ging ich in das erste Hotel, das uns empfohlen wurde. Oh, was für ein Hotel das war! Das Haus selbst war aus Stein gebaut und hatte niedrige Arkaden. Man gab mir Zimmer im ersten Stock. Die Besitzer dieser Hotelleute hatten bestimmt noch nie zwei Damen in ihrem Haus beherbergt. Das Schlafzimmer war groß, hatte aber eine niedrige Decke. Als Dekoration dienten riesige Fischgräten, die in Girlanden angeordnet waren, in denen Fischköpfe gefangen waren. Wenn man die Augen halb schließt, könnte man diese Dekoration für eine feine Skulptur aus alten Zeiten halten. In Wirklichkeit bestand sie jedoch nur aus Fischgräten.

Ich ließ in diesem unheimlich aussehenden Zimmer ein Bett für Caroline aufstellen. Wir rückten die Möbel vor die Türen, und ich zog mich nicht aus, denn ich konnte mich nicht auf diese Laken wagen. Ich war an feine, mit Iris parfümierte Laken gewöhnt, denn meine hübsche kleine Mutter hatte wie alle Holländerinnen eine Manie für Wäsche und Sauberkeit, und sie hatte mir diese harmlose Manie eingeimpft.

Es war etwa fünf Uhr morgens, als ich die Augen öffnete, zweifellos instinktiv, denn es gab kein Geräusch, das mich hätte wecken können. Eine Tür, die, ich wusste nicht wohin, öffnete sich, und ein Mann schaute hinein. Ich stieß einen schrillen Schrei aus, packte meine kleine Jungfrau Maria und schwenkte sie wild vor Angst herum.

Caroline schreckte hoch und rannte mutig zum Fenster. Sie riss es hoch und schrie: „Feuer! Diebe! Hilfe!"

Der Mann verschwand, und bald darauf wurde das Haus von der Polizei gestürmt. Ich überlasse es der Vorstellung, wie die Polizei von Alicante vor vierzig Jahren aussah. Ich beantwortete alle Fragen eines Vizekonsuls, der

Ungar war und Französisch sprach. Ich hatte den Mann gesehen, und er trug ein seidenes Taschentuch auf dem Kopf. Er hatte einen Bart und einen Poncho auf der Schulter , aber das war alles, was ich wusste. Der ungarische Vizekonsul, der, glaube ich, Frankreich, Österreich und Ungarn vertrat, fragte mich nach der Farbe des Bartes, des seidenen Taschentuchs und des *Ponchos des Räubers* . Es war zu dunkel gewesen, als dass ich die Farben genau hätte unterscheiden können. Der ehrenwerte Mann war über meine Antwort sehr verärgert. Nachdem er sich ein paar Notizen gemacht hatte, blieb er einen Moment nachdenklich und gab dann den Befehl, eine Nachricht nach Hause zu bringen. Sie sollte seine Frau bitten, eine Kutsche zu schicken und ein Zimmer vorzubereiten, um einen jungen Ausländer in Not aufzunehmen. Ich machte mich bereit, ihn zu begleiten, und nachdem ich meine Rechnung im Hotel bezahlt hatte, fuhren wir in der Kutsche des ehrenwerten Ungarn los, und ich wurde von seiner Frau mit der rührendsten Herzlichkeit empfangen. Ich trank den Kaffee mit dicker Sahne, die sie mir einschenkte, und erzählte ihr beim Frühstück, wer ich sei und wohin ich wolle. Sie erzählte mir dann im Gegenzug, dass ihr Vater ein bedeutender Tuchfabrikant sei, aus Böhmen stamme und ein guter Freund meines Vaters sei. Sie führte mich in das für mich vorbereitete Zimmer, ließ mich zu Bett gehen und sagte mir, dass sie mir, während ich schlafe, einige Empfehlungsschreiben für Madrid schreiben werde.

Ich schlief zehn Stunden, ohne aufzuwachen, und als ich aufwachte, war ich geistig und körperlich völlig ausgeruht. Ich wollte meiner Mutter ein Telegramm schicken, aber das war unmöglich, da es in Alicante kein Telegrafenamt gab. Deshalb schrieb ich meiner armen, lieben Mutter einen Brief, in dem ich ihr mitteilte, dass ich im Haus von Freunden meines Vaters war usw. usw.

Am nächsten Tag reiste ich mit einem Brief für den Wirt des Hôtel de la Puerta del Sol nach Madrid. Man gab uns schöne Zimmer und ich schickte Boten mit den Briefen von Madame Rudcowitz. Ich verbrachte vierzehn Tage in Madrid, wurde sehr geschätzt und allgemein gefeiert. Ich ging zu allen Stierkämpfen und war ganz vernarrt in sie. Ich hatte die Ehre, zu einer großen *Corrida eingeladen zu werden* , die zu Ehren von Viktor Emanuel stattfand, der gerade Gast der Königin von Spanien war. Ich vergaß Paris, meine Sorgen, Enttäuschungen, Ambitionen und alles andere und wollte in Spanien leben. Ein Telegramm von Madame Guérard ließ mich alle meine Pläne ändern. Meine Mutter war sehr krank, teilte mir das Telegramm mit. Ich packte meinen Koffer und wollte sofort aufbrechen, aber als meine Hotelrechnung bezahlt war, hatte ich keinen Sou mehr, *um* die Bahnfahrt zu bezahlen. Der Wirt des Hotels nahm mir zwei Fahrkarten ab, stellte einen Korb mit Lebensmitteln bereit und gab mir am Bahnhof zweihundert Francs.

Er sagte mir, er habe von Madame Rudcowitz den Befehl erhalten, es mir an nichts fehlen zu lassen. Sie und ihr Mann waren wirklich sehr nette Leute.

Mein Herz schlug wie wild, als ich das Haus meiner Mutter in Paris erreichte. *Mon petit Dame* erwartete mich unten im Zimmer der Concierge. Sie war sehr aufgeregt, mich so gut aussehen zu sehen, und küsste mich mit Freudentränen in den Augen. Die Concierge und ihre Familie überschütteten mich mit Komplimenten. Madame Guérard ging vor mir nach oben, um meiner Mutter meine Ankunft mitzuteilen, und ich wartete einen Moment in der Küche und wurde von unserer alten Dienerin Marguerite umarmt.

Meine beiden Schwestern kamen angerannt. Jeanne küsste mich, drehte mich dann um und musterte mich. Regina lehnte mit den Händen auf dem Rücken am Ofen und starrte mich wütend an.

„Na, willst du mich nicht küssen, Régina?", fragte ich und beugte mich zu ihr hinunter.

„Nein, ich mag dich nicht", antwortete sie. „Du bist ohne mich weggegangen. Ich mag dich jetzt nicht." Sie drehte sich brüsk weg, um meinem Kuss auszuweichen, und stieß ihren Kopf gegen den Ofen.

Endlich erschien Madame Guérard wieder, und ich ging mit ihr. Oh, wie reumütig ich war und wie tief bewegt. Ich klopfte leise an die Tür des Zimmers, das mit blassblauem Rips behangen war. Meine Mutter sah sehr weiß aus, wie sie in ihrem Bett lag. Ihr Gesicht war schmaler, aber wundervoll schön. Sie streckte ihre Arme wie zwei Flügel aus, und ich eilte auf dieses weiße, liebevolle Nest zu. Meine Mutter weinte still, wie sie es immer tat. Dann spielten ihre Hände mit meinem Haar, das sie herunterließ und mit ihren langen, spitzen Fingern kämmte. Dann stellten wir uns gegenseitig hundert Fragen. Ich wollte alles wissen, und sie wollte es auch, so dass wir das amüsanteste Duett von Worten, Sätzen und Küssen hatten. Ich erfuhr, dass meine Mutter einen ziemlich schweren Anfall von Rippenfellentzündung gehabt hatte, dass es ihr jetzt besser ging, sie aber noch nicht gesund war. Ich nahm daher wieder meinen Wohnsitz bei ihr und ging vorerst zurück in mein altes Schlafzimmer. Madame Guérard hatte mir in einem Brief erzählt, dass meine Großmutter väterlicherseits dem Antrag meiner Mutter schließlich zugestimmt hatte. Mein Vater hatte mir eine bestimmte Summe Geld hinterlassen, die ich an meinem Hochzeitstag erhalten sollte. Auf meine Bitte hin hatte meine Mutter meine Großmutter gebeten, mir die Hälfte dieser Summe zu überlassen, und sie hatte schließlich eingewilligt. Sie sagte, dass sie die Zinsen der anderen Hälfte verwenden würde, diese zweite Hälfte aber jederzeit zu meiner Verfügung stehen würde, falls ich meine Meinung änderte und der Heirat zustimmte.

Ich war daher entschlossen, mein Leben so zu leben, wie ich es wollte, von zu Hause wegzugehen und völlig unabhängig zu sein. Ich verehrte meine Mutter, aber unsere Vorstellungen waren völlig verschieden. Außerdem war mein Pate mir absolut zuwider, und seit vielen Jahren hatte er die Angewohnheit, jeden Tag mit uns zu Mittag und zu Abend zu essen und jeden Abend Whist zu spielen. Er verletzte meine Gefühle immer auf die eine oder andere Weise. Er war ein sehr reicher alter Junggeselle ohne nahe Verwandte. Er verehrte meine Mutter, aber sie hatte sich immer geweigert, ihn zu heiraten. Sie hatte ihn zunächst ertragen, weil er ein Freund meines Vaters war. Nach dem Tod meines Vaters hatte sie ihn weiterhin ertragen, weil sie sich dann an ihn gewöhnt hatte, bis sie ihn schließlich ganz vermisste, wenn er krank war oder auf Reisen war. Aber so ruhig meine Mutter auch war, sie war autoritär und konnte keinerlei Zwang ertragen. Sie lehnte sich daher gegen die Vorstellung eines weiteren Herrn auf. Sie war sehr sanft, aber entschlossen, und diese Entschlossenheit endete manchmal in heftigster Wut. Sie wurde dann sehr blass, ihre Augen bekamen violette Ringe, ihre Lippen zitterten, ihre Zähne klapperten, ihre schönen Augen starrten in die Ferne, die Worte kamen in Abständen aus ihrer Kehle, ganz abgehackt — zischend und heiser. Danach wurde sie ohnmächtig, die Adern in ihrem Hals schwollen an und ihre Hände und Füße wurden eiskalt. Manchmal war sie stundenlang bewusstlos, und die Ärzte sagten uns, dass sie bei einem dieser Anfälle sterben könnte, sodass wir alles taten, was in unserer Macht stand, um diese schrecklichen Unfälle zu vermeiden. Meine Mutter wusste das und nutzte es eher aus, und da ich diese Neigung zu Wutanfällen von ihr geerbt hatte, konnte und wollte ich nicht mit ihr leben. Ich bin nicht friedfertig. Ich bin aktiv und immer kampfbereit, und was ich will, will ich immer sofort. Ich habe nicht die sanfte Sturheit, die meiner Mutter eigen ist. Das Blut beginnt unter meinen Schläfen zu kochen, bevor ich Zeit habe, es zu beherrschen. Mit der Zeit bin ich diesbezüglich weiser geworden, aber nicht ausreichend. Ich bin mir dessen bewusst und leide darunter.

Ich erzählte unserem lieben Kranken nichts von meinen Plänen, bat aber unseren alten Freund Meydieu, mir eine Wohnung zu suchen. Der alte Mann, der mich in meiner Kindheit so sehr gequält hatte, war seit meinem *Debüt* am Théâtre Français sehr freundlich zu mir gewesen, und trotz meines Streits mit Nathalie und meiner Eskapade im Gymnase war er nun bereit, das Beste in mir zu sehen. Als er uns am Tag nach meiner Rückkehr besuchte, blieb ich eine Zeit lang im Salon, unterhielt mich mit ihm und vertraute ihm meine Absichten an. Er war völlig einverstanden und sagte, dass mein Umgang mit meiner Mutter durch diese Trennung noch angenehmer werden würde.

XIII
VOM PORTE ST. MARTIN THEATER ZUM ODÉON

Ich nahm eine Wohnung in der Rue Duphot, ganz in der Nähe meiner Mutter, und Madame Guérard übernahm es, sie für mich einzurichten. Sobald es meiner Mutter wieder gut ging, sprach ich mit ihr darüber, und es dauerte nicht lange, bis ich ihr zustimmte, dass es wirklich besser sei, wenn ich allein und auf meine Weise lebte. Als sie sich mit der Situation abgefunden hatte, lief alles zufriedenstellend. Meine Schwestern waren dabei, als wir darüber sprachen. Jeanne stand dicht bei meiner Mutter, und Régina, die sich seit meiner Rückkehr vor drei Wochen geweigert hatte, mit mir zu sprechen oder mich anzusehen, sprang plötzlich auf meinen Schoß.

„Nimm mich diesmal mit!", rief sie plötzlich. „Ich werde dich küssen, wenn du willst."

Ich blickte meine Mutter ziemlich verlegen an.

„Oh, nimm sie", sagte sie, „denn sie ist unerträglich."

Regina sprang wieder herunter und begann einen Jig zu tanzen, während sie gleichzeitig die unflätigsten und albernsten Dinge murmelte. Dann erstickte sie mich fast mit Küssen, sprang auf den Sessel meiner Mutter und küsste ihr Haar, ihre Augen, ihre Wangen und sagte:

„Du bist doch froh, dass ich gehe, oder? Du kannst deiner Jenny alles geben!"

Meine Mutter errötete leicht, doch als ihr Blick auf Jeanne fiel, änderte sich ihr Ausdruck und ein Ausdruck unsagbarer Zuneigung erschien auf ihrem Gesicht. Sie schob Regina sanft beiseite und das Kind machte mit seinem Tanz weiter.

„Wir zwei bleiben zusammen", sagte meine Mutter und lehnte ihren Kopf an Jeannes Schulter zurück, und sie sagte das ganz unbewusst, genau so, wie sie meine Schwester angeschaut hatte. Ich war völlig betäubt und schloss die Augen, um nichts zu sehen. Ich hörte nur, wie meine kleine Schwester ihren Jig tanzte und jeden Tritt auf den Boden mit den Worten betonte: „Und wir zwei auch; wir zwei, wir zwei!"

bürgerlichen Haus erschütterte , und das Ergebnis davon war, dass ich mich schließlich mit meiner kleinen Schwester in der Wohnung in der Rue Duphot niederließ. Ich behielt Caroline bei mir und stellte eine Köchin ein. *Mon petit Dame* war fast den ganzen Tag bei mir, und ich aß jeden Abend mit meiner Mutter zu Abend.

Ich stand immer noch in gutem Kontakt mit einem Schauspieler des Theaters Porte Saint Martin, der dort zum Bühnenmanager ernannt worden war; Marc Fournier war zu dieser Zeit Direktor des Theaters. Damals wurde ein Stück mit dem Titel *La biche au bois* aufgeführt. Es war ein spektakuläres Stück und hatte großen Erfolg. Eine entzückende Schauspielerin vom Theater Odéon, Mlle. Debay, war für die Hauptrolle engagiert worden . Sie spielte Tragödienprinzessinnen auf bezaubernde Weise. Ich hatte oft Karten für das Theater Porte Saint Martin und *La biche au bois hat mir sehr gut gefallen* . Madame Ulgade sang bewundernswert in ihrer *Rolle* des jungen Prinzen und versetzte mich in Erstaunen. Mariquita bezauberte mich mit ihrem Tanz. Sie war entzückend und so lebhaft in ihren Tänzen, so charakteristisch und immer so voller Vornehmheit. Dank dem alten Josse kannte ich jeden von ihnen.

Doch zu meiner Überraschung und meinem Entsetzen rief er eines Abends gegen fünf, als ich im Theater ankam, um Karten für unsere Plätze zu kaufen, bei meinem Anblick aus:

„Hier ist unsere Prinzessin, unser kleines *biche au bois* . Hier ist sie! Die Vorsehung, die über die Theater wacht, hat sie geschickt."

Ich wehrte mich wie ein Aal im Netz, aber vergebens. Herr Marc Fournier, der sehr charmant sein konnte, gab mir zu verstehen, dass ich ihm einen großen Dienst erweisen würde und die Quittungen „aufheben" würde. Josse, der meine Skrupel erriet, rief:

„Aber, mein liebes Kind, es wird dennoch deine hohe Kunst sein, denn Mademoiselle Debay vom Odéon-Theater spielt diese *Rolle* der Prinzessin, und Mademoiselle Debay ist die erste Künstlerin im Odéon und das Odéon ist ein kaiserliches Theater, so dass es nach deinen Studien keine Schande sein kann."

Auch Mariquita, die gerade angekommen war, überredete mich, und Madame Ulgade wurde gerufen, um die Duos einzustudieren, denn ich sollte singen. Ja, und ich sollte mit einem wahren Künstler singen, der als der erste Künstler der Opéra Comique galt.

Es blieb nur wenig Zeit. Josse ließ mich meine *Rolle einstudieren* , die ich fast schon kannte, da ich das Stück schon oft gesehen hatte und ein außergewöhnliches Gedächtnis hatte. Die Minuten vergingen wie im Flug, wurden bald zu Viertelstunden, und diese Viertelstunden wurden zu halben Stunden und dann zu ganzen Stunden. Ich schaute ständig auf die Uhr, die große Uhr im Zimmer der Direktorin, wo Madame Ulgade mich einstudieren ließ. Sie fand meine Stimme schön, aber ich sang immer falsch, und sie half mir und ermutigte mich die ganze Zeit.

Ich wurde in Mlle. Debays Kleider gekleidet und der Vorhang hob sich. Ich Arme! Ich war mehr tot als lebendig, aber mein Mut kehrte zurück, nachdem ich dreimaligen Applaus für das Reimpaar sang, das ich beim Aufwachen sang, ganz ähnlich, wie ich eine Reihe von Racines Versen gemurmelt hätte.

Als die Vorstellung vorbei war, bot mir Marc Fournier durch Josse ein Engagement für drei Jahre an, aber ich bat um Bedenkzeit. Josse hatte mich einem Dramatiker vorgestellt, Lambert Thiboust, einem charmanten Mann, dem es sicher nicht an Talent mangelte. Er dachte, ich sei genau die ideale Schauspielerin für seine Heldin in *La bergère d'Ivry* , aber M. Faille, ein alter Schauspieler, der gerade Direktor des Ambigu-Theaters geworden war, war nicht der einzige, den man konsultieren konnte, denn ein gewisser M. de Chilly interessierte sich für das Theater. De Chilly hatte sich mit der *Rolle* des Rodin in *Der fahrende Juif* einen Namen gemacht und, nachdem er eine ziemlich reiche Frau geheiratet hatte, die Bühne verlassen und interessierte sich nun für die geschäftliche Seite des Theaterwesens. Ich glaube, er hatte das Ambigu gerade an Faille abgegeben.

De Chilly half damals einem bezaubernden Mädchen namens Laurence Gérard. Sie war sanft und sehr *bürgerlich* , ziemlich hübsch, aber ohne echte Schönheit oder Anmut.

Faille sagte Lambert Thiboust, er verhandle mit Laurence Gérard, sei aber bereit, in dieser Angelegenheit den Wünschen des Autors nachzukommen. Er stellte lediglich eine Bedingung, dass er mich anhörte, bevor er eine Entscheidung traf. Ich war bereit, dem armen Kerl nachzugeben, der als Manager ebenso schlecht gewesen sein musste wie als Künstler. Ich gab ihm im Ambigu-Theater eine kurze Vorstellung. Die Bühne wurde nur von der elenden „ *servière* “ beleuchtet , einer kleinen tragbaren Lampe. Ungefähr einen Meter vor mir konnte ich Monsieur Faille auf seinem Stuhl balancieren sehen, eine Hand auf seiner Weste und die Finger der anderen Hand in seinen riesigen Nasenlöchern. Das widerte mich schrecklich an. Lambert Thiboust saß neben ihm und lächelte mit seinem hübschen Gesicht, während er mich aufmunternd ansah.

Ich hatte „ *On ne badine pas avec l'amour*“ ausgewählt ; ich wollte keine Verse rezitieren, weil ich in einem Prosastück auftreten sollte. Ich glaube, ich war absolut bezaubernd, und Lambert Thiboust fand das auch, aber als ich fertig war, stand der arme Faille unbeholfen und anmaßend auf, sagte leise etwas zum Autor und führte mich in sein Büro.

„Mein Kind“, bemerkte der würdige, aber dumme Manager, „du taugen nichts auf der Bühne!“

Das nahm ich ihm übel, aber er fuhr fort:

„Oh nein, das ist nicht gut“, und als sich dann die Tür öffnete, fügte er hinzu und zeigte auf den Neuankömmling, „hier ist Monsieur de Chilly, der Ihnen auch zugehört hat, und er wird genau dasselbe sagen wie ich.“

M. de Chilly nickte und zuckte mit den Schultern.

„Lambert Thiboust ist verrückt", bemerkte er. „Niemand hat jemals eine so dünne Schäferin gesehen!"

Dann klingelte er und sagte dem Jungen, er solle Mlle Laurence Gérard hereinführen. Ich verstand und verließ, ohne mich von den beiden Burschen zu verabschieden, das Zimmer.

Foyer zurückging , wo ich meinen Hut gelassen hatte. Dort fand ich Laurence Gérard, die aber im nächsten Moment weggebracht wurde. Ich stand neben ihr, und als ich in den Spiegel sah, war ich von dem Kontrast zwischen uns beeindruckt. Sie war rundlich, hatte ein breites Gesicht und prächtige schwarze Augen; ihre Nase war eher wie *eine Canaille* , ihr Mund schwer, und insgesamt hatte sie ein sehr gewöhnliches Aussehen. Ich war hellhäutig, zierlich und sah zerbrechlich aus wie ein Schilfrohr, mit einem langen, blassen Gesicht, blauen Augen, einem ziemlich traurigen Mund und einem insgesamt vornehmen Aussehen. Dieser flüchtige Anblick tröstete mich über mein Versagen hinweg, und dann fühlte ich auch, dass diese Faille eine Null war und dass de Chilly gewöhnlich war.

Es war mir bestimmt, ihnen beiden im weiteren Verlauf meines Lebens noch einmal zu begegnen: Chilly bald darauf als Manager im Odéon und Faille zwanzig Jahre später, in einem so erbärmlichen Zustand, dass mir die Tränen in die Augen traten, als er vor mir erschien und mich anflehte, für ihn zu spielen.

„Oh, ich flehe Sie an", sagte der arme Mann. „Sie werden die einzige Attraktion dieser Vorstellung sein, und ich kann nur auf Sie zählen, wenn es um die Einnahmen geht."

Ich schüttelte ihm die Hand. Ich weiß nicht, ob er sich an unser erstes Vorstellungsgespräch und mein „ *Vorsprechen* " erinnerte, aber ich, der ich mich gut daran erinnere, hoffe nur, dass es nicht so war.

Fünf Tage später ging es Mlle. Debay wieder gut und sie nahm ihre *Rolle* wie gewohnt ein.

Bevor ich eine Anstellung an der Porte Saint Martin annahm, schrieb ich an Camille Doucet. Am nächsten Tag erhielt ich einen Brief mit der Bitte, im Ministerium vorbeizuschauen. Nicht ohne Ergriffenheit besuchte ich diesen netten Mann erneut. Er stand schon da und wartete auf mich, als ich ins Zimmer geführt wurde. Er streckte mir die Hände entgegen und zog mich sanft an sich.

„Oh, was für ein schreckliches Kind!", sagte er und reichte mir einen Stuhl. „Komm schon, sei ruhiger. Es ist nicht gut, all diese bewundernswerten Gaben für Reisen, Eskapaden und Ohrfeigen zu verschwenden."

Seine Freundlichkeit hat mich zutiefst bewegt und als ich ihn ansah, waren meine Augen voller Bedauern.

„Jetzt weine nicht, mein liebes Kind, weine nicht. Lass uns versuchen, herauszufinden, wie wir all diese Torheit wiedergutmachen können."

Er schwieg einen Moment, dann öffnete er eine Schublade und holte einen Brief heraus. „Hier ist etwas, das uns vielleicht retten wird", sagte er.

Es war ein Brief von Duquesnel, der gerade zusammen mit Chilly zum Manager des Odéon-Theaters ernannt worden war.

„Sie haben mich gebeten, ein paar junge Künstler für die Odéon-Truppe zu finden. Nun, wir müssen uns darum kümmern." Er stand auf, begleitete mich zur Tür und sagte, als ich ging: „Das wird uns gelingen."

Ich ging nach Hause und begann sofort, alle meine *Rollen* in Racines Stücken zu proben. Ich wartete mehrere Tage voller Angst und wurde von Madame Guérard getröstet, der es gelang, mein Vertrauen wiederherzustellen. Schließlich erhielt ich einen Brief und ging sofort zum Ministerium. Camille Doucet empfing mich mit strahlendem Gesichtsausdruck.

„Es ist geregelt", sagte er. „Oh, aber es war nicht einfach", fügte er hinzu. „Du bist sehr jung, aber schon jetzt sehr berühmt für deinen eigensinnigen Charakter. Aber ich habe dir mein Wort gegeben, dass du so sanft sein wirst wie ein junges Lamm."

„Ja, ich werde sanft sein, das verspreche ich", antwortete ich, „und sei es nur aus Dankbarkeit. Aber was soll ich tun?"

„Hier ist ein Brief für Félix Duquesnel", antwortete er. „Er erwartet Sie."

Ich dankte Camille Doucet herzlich, und dann sagte er: „Wir sehen uns am Donnerstag wieder, weniger offiziell, bei Ihrer Tante. Ich habe heute Morgen eine Einladung zum Abendessen erhalten, also können Sie mir sagen, was Duquesnel sagt."

Es war dann halb elf Uhr morgens. Ich ging nach Hause, um mir ein paar hübsche Kleider anzuziehen. Ich wählte ein Kleid, dessen Unterrock kanariengelb war, das Kleid selbst war aus schwarzer Seide mit einem runden Rock mit Wellenkanten, dazu einen kegelförmigen Strohhut mit Maisbesatz und schwarzem Samtband unter dem Kinn. Es muss entzückend verrückt ausgesehen haben. In diesem Stil gekleidet, sehr fröhlich und voller Zuversicht, ging ich zu Félix Duquesnel. Ich wartete einige Augenblicke in einem kleinen, sehr kunstvoll eingerichteten Raum. Ein junger Mann erschien, der sehr elegant aussah. Er lächelte und war durch und durch charmant. Ich konnte nicht begreifen, dass dieser blonde, fröhliche junge Mann mein Manager sein würde.

Nach einem kurzen Gespräch waren wir uns in allen angesprochenen Punkten einig.

„Kommen Sie um zwei Uhr ins Odéon“, sagte Duquesnel zum Abschied, „und ich werde Sie meinem Partner vorstellen. Der gesellschaftlichen Etikette zufolge müsste ich es andersherum sagen“, fügte er lachend hinzu, „aber wir sprechen hier vom *Théâtre* “ (Geschäft).

Er begleitete mich einige Schritte die Treppe hinunter und blieb dort, über die Balustrade gebeugt, stehen, um mir auf Wiedersehen zu sagen.

Punkt zwei Uhr war ich im Odéon und musste eine Stunde warten. Ich begann mit den Zähnen zu knirschen, und nur die Erinnerung an mein Versprechen an Camille Doucet hielt mich davon ab, wegzugehen.

Schließlich erschien Duquesnel und führte mich in das Büro des Managers.

„Jetzt wirst du den anderen Oger sehen“, sagte er, und ich stellte mir den anderen Oger genauso charmant vor wie seinen Partner. Ich war daher sehr enttäuscht, als ich einen sehr hässlichen kleinen Mann sah, den ich als Chilly erkannte.

Er musterte mich höchst unhöflich von oben bis unten und tat so, als ob er mich nicht erkannte. Er gab mir ein Zeichen, mich zu setzen, reichte mir wortlos einen Stift und zeigte mir, wo ich meinen Namen auf das vor mir liegende Papier schreiben sollte. Madame Guérard griff ein und legte ihre Hand auf meine.

„Unterschreiben Sie nicht, ohne es gelesen zu haben“, sagte sie.

„Sind Sie Mademoiselles Mutter?“, fragte er und blickte auf.

„Nein“, sagte sie, „aber es ist, als ob ich es wäre.“

„Ja, Sie haben recht. Lesen Sie es schnell durch“, fuhr er fort, „und unterschreiben Sie dann oder lassen Sie es so, aber seien Sie schnell.“

Ich spürte, wie mir die Farbe ins Gesicht stieg, denn dieser Mann war abscheulich. Duquesnel flüsterte mir zu: „Er ist kein besonders eleganter Mensch, aber er ist ein guter Kerl. Seien Sie nicht beleidigt.“

Ich unterschrieb meinen Vertrag und übergab ihn seinem hässlichen Partner.

„Wissen Sie“, bemerkte er, „er ist für Sie verantwortlich. Ich hätte Sie auf keinen Fall engagieren sollen.“

„Und wenn Sie allein gewesen wären, Monsieur“, antwortete ich, „hätte ich nicht unterschrieben, also sind wir quitt.“

Ich ging sofort fort und eilte zu meiner Mutter, um ihr davon zu erzählen, denn ich wusste, dass es eine große Freude für sie sein würde. Noch am selben Tag machte ich mich dann mit *meiner kleinen Dame auf den Weg* , um alles Nötige für die Einrichtung meines Ankleidezimmers zu kaufen.

Am nächsten Tag ging ich in das Kloster in der Rue Notre Dame des Champs, um meine liebe Gouvernante, Mlle. de Brabender, zu besuchen. Sie litt seit dreizehn Monaten an akutem Rheumatismus in allen Gliedern. Sie hatte so sehr gelitten, dass sie wie ein anderer Mensch aussah. Sie lag in ihrem kleinen weißen Bett, eine kleine weiße Haube bedeckte ihr Haar; ihre große Nase war vor Schmerz eingefallen, ihre verwaschenen Augen schienen farblos zu sein. Nur ihr furchterregender Schnurrbart sträubte sich vor ständigen Schmerzkrämpfen. Außerdem war sie so seltsam verändert, dass ich mich fragte, was die Veränderung verursacht hatte. Ich ging näher, beugte mich hinunter und küsste sie sanft. Dann blickte ich sie so neugierig an, dass sie instinktiv verstand. Mit ihren Augen bedeutete sie mir, auf den Tisch neben ihr zu schauen, und dort in einem Spiegel sah ich alle Zähne meiner lieben alten Freundin. Ich stellte die drei Rosen, die ich ihr mitgebracht hatte, in das Glas, küsste sie noch einmal und bat sie um Verzeihung für meine unverschämte Neugier. Ich verließ das Kloster schweren Herzens, denn die Mutter Oberin sagte mir im Garten, dass meine geliebte Mademoiselle de Brabender nicht mehr lange leben würde. Ich besuchte daher eine Zeit lang jeden Tag meine sanfte alte Gouvernante, aber sobald die Proben im Odéon begannen, mussten meine Besuche seltener werden.

Eines Morgens gegen sieben Uhr kam eine Nachricht aus dem Kloster, man solle mich in aller Eile abholen, und ich war beim Todeskampf der lieben Frau dabei. Ihr Gesicht erhellte sich im entscheidenden Moment mit einem so heiligen Ausdruck, dass ich plötzlich den Tod wünschte. Ich küsste ihre Hände, die das Kruzifix hielten, und sie waren bereits kalt geworden. Ich bat darum, dabei sein zu dürfen, wenn sie in den Sarg gelegt würde. Als ich am nächsten Tag zur vereinbarten Stunde im Kloster ankam, fand ich die Schwestern in einem solchen Zustand der Bestürzung, dass ich erschrak. Was konnte geschehen sein, fragte ich mich? Sie zeigten auf die Tür der Zelle, ohne ein Wort zu sagen. Die Nonnen standen um das Bett herum, auf dem das außergewöhnlichste Wesen lag, das man sich vorstellen konnte. Meine arme Gouvernante, die starr auf ihrem Sterbebett lag, hatte ein Männergesicht. Ihr Schnurrbart war länger geworden, und sie hatte einen Bart von fast einem halben Zoll Länge. Ihr Schnurrbart und ihr Bart waren sandfarben, während das lange Haar, das ihr Gesicht umrahmte, weiß war. Ihr Mund war, ohne die Stütze der Zähne, so eingefallen, dass ihre Nase auf den sandfarbenen Schnurrbart fiel. Es war wie eine schreckliche und lächerlich aussehende Maske anstelle des süßen Gesichts meiner Freundin. Es war die Maske eines Mannes, während die kleinen, zarten Hände die einer Frau waren.

In den Augen der Nonnen lag ein ehrfurchtsvoller Ausdruck, trotz der Zusicherung der Krankenschwester, die den armen Leichnam eingekleidet und ihnen erklärt hatte, dass es sich um den Körper einer Frau handele. Aber die armen kleinen Schwestern zitterten und bekreuzigten sich die ganze Zeit.

Am Tag nach dieser trostlosen Zeremonie gab ich mein *Debüt* im Odéon in *Le jeu de l'amour et du hasard* . Ich war nicht für Marivauxs Stücke geeignet, da sie eine gewisse Koketterie und eine gewisse Affektiertheit erfordern, die damals nicht zu meinen Qualitäten gehörten und noch immer nicht gehören. Außerdem war ich etwas zu schmächtig, so dass ich überhaupt keinen Erfolg hatte. Chilly ging zufällig den Korridor entlang, gerade als Duquesnel mit mir sprach und mir Mut zusprach. Chilly zeigte auf mich und bemerkte:

„ *Eine Flöte für die Leute der Welt, sie ist mir nie fremd.* " "

Ich war wütend über die Unverschämtheit des Mannes, und das Blut schoss mir ins Gesicht, doch ich sah durch meine halbgeschlossenen Augen Camille Doucets Gesicht, dieses immer so glattrasierte und jugendlich wirkende Gesicht unter seiner weißen Haarkrone. Ich dachte, es sei eine Vision meines Geistes, der wegen des Versprechens, das ich ihm gegeben hatte, immer in Alarmbereitschaft war. Aber nein, er war es selbst, und er kam auf mich zu.

„Was für eine schöne Stimme du hast!", sagte er. „Dein zweiter Auftritt wird uns eine große Freude sein!"

Dieser Mann war immer höflich, aber ehrlich. Mein *Debüt* hatte ihm keine Freude bereitet, aber er rechnete mit meinem nächsten Auftritt und hatte die Wahrheit gesagt. Ich hatte eine schöne Stimme und das war alles, was man von meinem ersten Versuch sagen konnte.

Ich blieb im Odéon und arbeitete sehr hart. Ich war bereit, sofort den Platz von jedem einzunehmen, denn ich kannte alle *Rollen* . Ich hatte einige Erfolge und die Studenten hatten eine Vorliebe für mich. Wenn ich auf die Bühne kam, wurde ich von diesen jungen Leuten immer mit Applaus begrüßt. Ein paar alte Pedanten wandten sich dem Parkett zu und versuchten, Ruhe zu gebieten, aber niemand kümmerte sich einen Dreck um sie.

Endlich brach mein Triumphtag an. Duquesnel hatte die glückliche Idee, *Athalie* noch einmal aufzuführen, mit Mendelssohns Chören.

Beauvallet, der als Professor verhasst gewesen war, war als Kamerad charmant. Mit Sondergenehmigung des Ministeriums sollte er Joad spielen. Die *Rolle* des Zacharie wurde mir zugeteilt. Einige Schüler des Konservatoriums sollten die Sprechchöre übernehmen, und die Schülerinnen, die Gesang studierten, übernahmen den musikalischen Part. Die Proben waren so schlecht, dass Duquesnel und Chilly verzweifelten.

Beauvallet, der jetzt freundlicher war, aber nicht mehr so ausdrucksstark, murmelte ein paar schreckliche Worte. Wir fingen wieder und wieder an, aber es war alles vergebens. Die gesprochenen Refrains waren einfach abscheulich. Da rief Chilly plötzlich aus:

„Gut, dann lass die Junge alle gesprochenen Refrains aufsagen. Mit ihrer hübschen Stimme werden sie schon ganz gut klingen!"

Duquesnel sagte kein Wort, aber er zupfte an seinem Schnurrbart, um ein Lächeln zu verbergen. Chilly war schließlich doch auf der Suche nach seinem *Schützling* . Er nickte gleichgültig mit dem Kopf, als Antwort auf den fragenden Blick seines Partners, und wir begannen von vorne, wobei ich alle gesprochenen Refrains vorlas. Alle applaudierten, und der Dirigent des Orchesters war entzückt, denn der arme Mann hatte genug gelitten. Die erste Aufführung war ein wahrer kleiner Triumph für mich! Oh, ein ziemlich kleiner, aber dennoch voller Verheißungen für meine Zukunft. Das Publikum, entzückt von der Süße meiner Stimme und ihrer kristallklaren Reinheit, wiederholte den Teil der gesprochenen Refrains, und ich wurde mit drei Runden Applaus belohnt.

Am Ende des Aktes kam Chilly zu mir und sagte: „ *Du* bist bezaubernd!" Sein „ *Du* " ärgerte mich ein wenig, aber ich antwortete schelmisch und benutzte dabei dieselbe Redewendung:

„ Findest *du* mich dicker?"

Er brach in schallendes Gelächter aus und von diesem Tag an sprachen wir uns beide mit „ *Du*" *an* und wurden die besten Freunde, die man sich vorstellen kann.

Oh, dieses Odéon-Theater! Es ist das Theater, das ich am meisten liebte. Es tat mir sehr leid, es zu verlassen, denn dort mochten sich alle und alle waren fröhlich. Das Theater ist ein bisschen wie die Fortsetzung der Schule. Die jungen Künstler kamen dorthin und Duquesnel war ein intelligenter Direktor und selbst sehr höflich und jung. Während der Proben gingen wir oft zu mehreren zusammen los, um während der Aufführungen, in denen wir nicht auftraten, im Luxembourg Ball zu spielen. Ich dachte oft an meine paar Monate an der Comédie Française. Die kleine Welt, die ich dort kennengelernt hatte, war steif, skandalträchtig und eifersüchtig gewesen. Ich erinnerte mich an meine paar Monate an der Gymnase. Dort wurde immer über Hüte und Kleider gesprochen und jeder plapperte über hundert Dinge, die nichts mit Kunst zu tun hatten.

Im Odéon war ich glücklich. Wir dachten an nichts anderes als an die Aufführung von Stücken und probten morgens, nachmittags und zu jeder Tages- und Nachtzeit, und das gefiel mir sehr.

Für den Sommer hatte ich mir ein kleines Haus in der Villa Montmorency in Auteuil gemietet. Ich fuhr ins Theater in einem *Petit Duc* , den ich selbst lenkte. Ich hatte zwei wunderbare Ponys, die mir Tante Rosine geschenkt hatte, weil sie sich in St. Cloud vor einem Karussell aus Holzpferden fast das Genick gebrochen hatten. Ich fuhr mit Vollgas die Kais entlang, und trotz der strahlenden Julisonne und der Fröhlichkeit draußen rannte ich immer mit wahrer Freude die kalten, rissigen Stufen des Theaters hinauf und eilte in meine Garderobe, wobei ich jedem, an dem ich vorbeikam, auf meinem Weg einen guten Morgen wünschte. Nachdem ich Mantel und Handschuhe ausgezogen hatte, ging ich auf die Bühne, entzückt, wieder in dieser unendlichen Dunkelheit zu sein, wo nur ein schwaches Licht (ein *Servant* , der hier und da an einem Baum, einem Türmchen, einer Wand hing oder auf einer Bank stand) für ein paar Sekunden auf die Gesichter der Künstler fiel.

Es gab für mich nichts Belebenderes als diese Atmosphäre voller Mikroben, nichts Fröhlicheres als diese Dunkelheit und nichts Strahlenderes als diese Finsternis.

Eines Tages hatte meine Mutter die Neugier, hinter die Kulissen zu schauen. Ich dachte, sie wäre vor Entsetzen und Ekel gestorben. „Oh, du armes Kind", murmelte sie, „wie kannst du darin leben!" Als sie wieder draußen war, begann sie frei zu atmen und schnappte mehrmals tief nach Luft. O ja, ich konnte darin leben, und ich lebte wirklich nur gut darin. Seitdem habe ich mich ein wenig verändert, aber ich habe immer noch eine große Vorliebe für diese düstere Werkstatt, in der wir fröhlichen Kunststeinschleifer die Edelsteine schleifen, die uns die Dichter lieferten.

Die Tage vergingen und nahmen all unsere kleinen enttäuschten Hoffnungen mit sich, und neue Tage brachen an und brachten neue Träume, so dass mir das Leben wie ewiges Glück erschien. Ich spielte abwechselnd in *Le Marquis de Villemer* und *François le Champi* . In ersterem spielte ich die Rolle der törichten Baronin, einer erfahrenen Frau von fünfunddreißig Jahren. Ich selbst war kaum einundzwanzig und sah aus wie siebzehn. In dem zweiten Stück spielte ich Mariette und hatte großen Erfolg.

Diese Proben des *Marquis de Villemer* und *François le Champi* sind mir als viele wunderbare Stunden in Erinnerung geblieben. Madame George Sand war ein süßes, charmantes Wesen, äußerst schüchtern. Sie sprach nicht viel, rauchte aber ständig. Ihre großen Augen waren immer verträumt und ihr Mund, der etwas schwer und gewöhnlich war, hatte den freundlichsten Ausdruck. Sie hatte vielleicht eine mittelgroße Figur, aber sie war nicht mehr aufrecht. Ich beobachtete sie mit der romantischsten Zuneigung, denn war sie nicht die Heldin einer schönen Liebesromanze!

SARAH BERNHARDT IN
FRANÇOIS LE CHAMPI

Ich setzte mich oft neben sie und hielt ihre Hand so lange wie möglich fest, wenn ich sie in die meine nahm. Auch ihre Stimme war sanft und faszinierend.

Prinz Napoleon, allgemein bekannt als „Plon-Plon", kam oft zu George Sands Proben. Er war sehr angetan von ihr. Als ich diesen Mann zum ersten Mal sah, wurde ich blass und hatte das Gefühl, als hätte mein Herz aufgehört zu schlagen. Er sah Napoleon I. so ähnlich, dass ich ihn deswegen nicht mochte. Durch seine Ähnlichkeit schien er mir weniger fern zu sein und brachte ihn jedem näher.

Madame Sand stellte mich ihm entgegen meinem Wunsch vor. Er sah mich unverschämt an: er missfiel mir. Ich antwortete kaum auf seine Komplimente und ging näher an George Sand heran.

„Sie ist ja in dich verliebt!", rief er lachend.

George Sand streichelte sanft meine Wange.

„Sie ist meine kleine Madonna", antwortete sie. „Quäle sie nicht."

Ich blieb bei ihr und warf dem Prinzen verstohlene und missmutige Blicke zu. Allmählich begann ich jedoch, ihm gern zuzuhören, denn seine Unterhaltung war brillant, ernst und zugleich witzig. Er würzte seine Reden und Antworten mit ein wenig groben Worten, aber alles, was er sagte, war interessant und lehrreich. Er war jedoch nicht sehr nachsichtig, und ich habe ihn gemeine, schreckliche Dinge über den kleinen Thiers sagen hören, die meiner Meinung nach wenig Wahrheit enthielten. Eines Tages zeichnete er ein so amüsantes Porträt dieses sympathischen Louis Bouilhet, dass George Sand, die ihn mochte, nicht anders konnte als zu lachen, obwohl sie den Prinzen einen schlechten Menschen nannte. Er war auch sehr ungezwungen, aber gleichzeitig mochte er es nicht, wenn die Leute ihm gegenüber keinen Respekt zeigten. Eines Tages kam ein Künstler namens Paul Deshayes, der in *François le Champi spielte* , ins Künstlerzimmer. Prinz Napoleon, Madame George Sand, der Kustos der Bibliothek, dessen Namen ich vergessen habe, und ich selbst waren dort. Dieser Künstler war ein gewöhnlicher Mensch und hatte etwas von Anarchie. Er verneigte sich vor Madame Sand und sagte zum Prinzen:

„Sie sitzen auf meinen Handschuhen, Sir."

Der Prinz bewegte sich kaum, zog die Handschuhe heraus, warf sie auf den Boden und bemerkte: „Ich dachte, dieser Sitz wäre sauber."

Der Schauspieler errötete, nahm die Handschuhe und ging weg, wobei er eine revolutionäre Drohung murmelte.

Ich spielte die Rolle der Hortense in „ *Das Testament von Cäsar" von Girodot und die der Anna Danby in „ Kean"* von Alexandre Dumas .

Am Abend der Uraufführung des letztgenannten Stückes [1] war das Publikum äußerst gereizt. Dumas *père* war wegen einer Privatangelegenheit, die nichts mit Kunst zu tun hatte, völlig in Ungnade gefallen. Die Politik hatte seit einiger Zeit alle in Aufregung versetzt, und die Rückkehr Victor Hugos aus dem Exil wurde sehnlichst erwünscht. Als Dumas seine Loge betrat, wurde er mit Geschrei begrüßt. Die Studenten waren in voller Stärke da und begannen, nach *Ruy Blas zu rufen* . Dumas stand auf und bat darum, sprechen zu dürfen. „Meine jungen Freunde", begann er, sobald Stille eingetreten war. „Wir sind durchaus bereit zuzuhören", rief jemand, „aber Sie müssen allein in Ihrer Loge sein."

1. 18. Februar 1868.

Dumas protestierte heftig. Mehrere Leute im Orchester stellten sich auf seine Seite, denn er hatte eine Dame in seine Loge eingeladen, und wer immer diese Dame auch sein mochte, niemand hatte das Recht, sie auf so unverschämte Weise zu beleidigen. Ich hatte noch nie eine Szene dieser Art miterlebt. Ich sah durch das Loch im Vorhang und war sehr interessiert und aufgeregt. Ich sah unseren großen Dumas, bleich vor Zorn, die Fäuste ballend, schreiend, fluchend und tobend. Dann brach plötzlich Beifall aus. Die Frau war aus der Loge verschwunden. Sie hatte den Moment ausgenutzt, als Dumas, weit über die Vorderseite der Loge gebeugt, antwortete: „Nein, nein, diese Dame darf die Loge nicht verlassen!"

Gerade in diesem Moment schlich sie davon, und das ganze Haus rief entzückt „Bravo!". Dann durfte Dumas weiterspielen, aber nur für ein paar Sekunden. Dann hörte man inmitten eines höllischen Aufruhrs erneut Rufe wie „ *Ruy Blas! Ruy Blas!* Victor Hugo! Hugo!". Wir waren schon seit einer Stunde bereit, mit dem Stück zu beginnen, und ich war sehr aufgeregt. Dann kamen Chilly und Duquesnel zu uns auf die Bühne.

„ *Nur Mut, meine Kinder* , denn das Haus ist verrückt geworden", sagten sie. „Wir werden trotzdem anfangen, was auch immer passieren mag."

„Ich habe Angst, ohnmächtig zu werden", sagte ich zu Duquesnel. Meine Hände waren eiskalt und mein Herz schlug wie wild. „Was soll ich tun", fragte ich ihn, „wenn ich zu große Angst bekomme?"

„Da ist nichts zu machen", antwortete er. „Hab Angst, aber spiel weiter und fall auf keinen Fall in Ohnmacht!"

Der Vorhang hob sich inmitten eines regelrechten Sturms, Vogelgeschrei, Katzengeschrei und dem schwer rhythmischen Refrain „ *Ruy Blas! Ruy Blas!* Victor Hugo! Victor Hugo!"

Ich kam an die Reihe. Berton *père* , der Kean spielte, war schlecht aufgenommen worden. Ich trug das exzentrische Kostüm einer Engländerin im Jahre 1820. Sobald ich erschien, hörte ich ein Gelächter, und ich blieb wie angewurzelt in der Tür stehen. Im selben Augenblick übertönte der Jubel meiner lieben Freunde, der Studenten, das Gelächter der Widersacher. Das gab mir Mut, und ich verspürte sogar die Lust zu kämpfen. Aber es war nicht nötig, denn nach der zweiten endlos langen Ansprache, in der ich eine Vorstellung von meiner Liebe zu Kean gab, war das Haus entzückt und spendete mir Beifall.

Figaro folgenden Absatz :

„Mlle. Sarah Bernhardt erschien in einem exzentrischen Kostüm, was den Tumult noch steigerte, aber ihre reiche Stimme, diese erstaunliche Stimme, gefiel dem Publikum und sie bezauberte es wie ein kleiner Orpheus."

Nach *Kean* spielte ich in *La loterie du mariage* . Als wir das Stück probten, kam Agar eines Tages zu mir in die Ecke, in der ich normalerweise saß. Ich hatte dort einen kleinen Sessel aus meiner Garderobe und legte meine Füße auf einen Strohstuhl. Ich mochte diesen Platz, weil es dort einen kleinen Gasbrenner gab und ich arbeiten konnte, während ich darauf wartete, auf die Bühne zu gehen. Ich liebte Stick- und Wandteppicharbeiten. Ich hatte eine Menge verschiedener Arten von Handarbeiten begonnen und konnte je nach Lust und Laune mit der einen oder anderen beginnen.

Madame Agar war ein bewundernswertes Geschöpf. Sie war offensichtlich zur Freude der Augen geschaffen worden. Sie war brünett, groß, blass, mit großen, dunklen, sanften Augen, einem sehr kleinen Mund mit vollen, runden Lippen, die sich an den Ecken zu einem unmerklichen Lächeln nach oben zogen. Sie hatte exquisite Zähne und ihr Kopf war mit dichtem, glänzendem Haar bedeckt. Sie war die lebende Verkörperung eines der schönsten Typen des antiken Griechenlands. Ihre hübschen Hände waren lang und ziemlich weich, während ihr langsamer und ziemlich schwerer Gang die Illusion vervollständigte. Sie war die große *Tragödin* des Odéon-Theaters. Sie näherte sich mir mit gemessenem Schritt, gefolgt von einem jungen Mann im Alter von 24 bis 26 Jahren.

„Nun, meine Liebe“, sagte sie und küsste mich, „das ist eine Chance für Sie, einen Dichter glücklich zu machen!“ Dann stellte sie mir François Coppée vor. Ich bat den jungen Mann, Platz zu nehmen, und sah ihn mir dann genauer an. Sein hübsches Gesicht, ausgezehrt und blass, war das des unsterblichen Bonaparte. Ein Schauer der Erregung durchfuhr mich, denn ich verehre Napoleon I.

„Sind Sie ein Dichter, Monsieur?“, fragte ich.

„Ja, Mademoiselle.“

Auch seine Stimme zitterte, denn er war noch schüchterner als ich.

„Ich habe ein kleines Stück geschrieben“, fuhr er fort, „und Mlle. Agar ist sicher, dass Sie es mit ihr spielen werden.“

„Ja, mein Lieber“, warf Agar ein, „du wirst es ihm vorspielen. Es ist ein kleines Meisterwerk, und ich bin sicher, du wirst einen Riesenerfolg haben.“

„Oh, und du auch. Du wirst darin so schön aussehen!“, sagte der Dichter und blickte Agar verzückt an.

Ich wurde in diesem Moment auf die Bühne gerufen, und als ich ein paar Minuten später zurückkam, fand ich den jungen Dichter, der leise mit der schönen *Tragödin sprach* . Ich hustete, und Agar, die meinen Sessel genommen hatte, wollte ihn mir zurückgeben. Als ich ablehnte, zog sie mich auf ihren Schoß. Der junge Mann zog seinen Stuhl heran, und wir plauderten miteinander, wobei sich unsere drei Köpfe fast berührten. Es wurde beschlossen, dass ich das Stück nach der Lektüre Duquesnel zeigen sollte, der allein in der Lage war, Poesie zu beurteilen, und dass wir dann von beiden Managern die Erlaubnis einholen sollten, es bei einer Benefizveranstaltung aufzuführen, die nach unserer nächsten Vorstellung stattfinden sollte.

Der junge Mann war entzückt, und sein blasses Gesicht erhellte sich in einem dankbaren Lächeln, als er aufgeregt die Hand schüttelte. Agar ging mit ihm bis zu dem kleinen Treppenabsatz, der über die Bühne hinausragte. Ich sah ihnen nach, als sie gingen, der prächtigen, statuenhaften Frau und der schlanken Gestalt des jungen Schriftstellers. Agar war damals vielleicht fünfunddreißig. Sie war zweifellos sehr schön, aber für mich hatte sie keinen Charme, und ich konnte nicht verstehen, warum dieser poetische Bonaparte in diese matronenhafte Frau verliebt war. Es war sonnenklar, dass er es war, und auch sie schien verliebt zu sein. Das interessierte mich unendlich. Ich sah, wie sie sich an den Händen hielten, und dann beugte sich der junge Dichter mit einer abrupten und fast ungeschickten Bewegung über die schöne Hand, die er hielt, und küsste sie leidenschaftlich.

Agar kam mit leicht geröteten Wangen zu mir zurück. Das war bei ihr selten, denn sie hatte einen marmorartigen Teint. „Hier ist das Manuskript!", sagte sie und gab mir eine kleine Papierrolle.

Die Probe war vorbei, ich verabschiedete mich von Agar und las auf dem Heimweg das Stück. Es hat mich so sehr gefreut, dass ich sofort zum Theater zurückfuhr, um es Duquesnel zu geben. Ich traf ihn, als er die Treppe herunterkam.

„Kommen Sie bitte wieder!", rief ich.

„Du meine Güte, mein liebes Mädchen, was ist denn los?", fragte er. „Du siehst aus, als hättest du einen großen Lottogewinn."

„Nun, so ähnlich ist es", sagte ich, und als ich sein Büro betrat, holte ich das Manuskript hervor.

„Lesen Sie das bitte", fuhr ich fort.

„Ich nehme es mit", sagte er.

„Oh nein, lies es gleich hier!", beharrte ich. „Soll ich es dir vorlesen?"

„Nein, nein", antwortete er. „Ihre Stimme ist tückisch. Sie macht aus den schlimmsten Zeilen bezaubernde Gedichte. Also, lassen Sie es mich haben", fuhr er fort und setzte sich in seinen Sessel. Er begann zu lesen, während ich die Zeitungen durchsah.

„Es ist köstlich!", rief er bald aus. „Es ist ein perfektes Meisterwerk."

Ich sprang vor Freude auf.

„Und Sie werden Chilly dazu bringen, es anzunehmen?"

„Oh ja, du kannst beruhigt sein. Aber wann willst du es spielen?"

„Nun, der Autor scheint es sehr eilig zu haben", sagte ich, „und Agar auch."

„Und Ihnen auch", warf er lachend ein, „denn diese *Rolle* entspricht ganz Ihrem Geschmack."

„Ja, mein lieber , *Duq* '", gab ich zu. „Ich möchte es auch sofort auf die Beine stellen. Wollen Sie ganz nett sein?", fügte ich hinzu. „Wenn ja, dann lassen Sie es uns in vierzehn Tagen zugunsten von Madame —— auf die Beine stellen. Das würde keinen Unterschied zu den anderen Arrangements machen und unser Dichter wäre so glücklich."

„Gut!", sagte Duquesnel, „so werde ich es regeln. Aber was ist mit der Landschaft?", murmelte er nachdenklich und kaute an seinen Nägeln, die damals sein Lieblingsessen waren, wenn er in Gedanken versunken war.

Das hatte ich mir bereits überlegt und bot ihm an, ihn nach Hause zu fahren. Unterwegs stellte ich ihm meinen Plan vor.

Wir könnten die Kulisse von *Jeanne de Ligneris haben* , ein Stück, das nach dem Buhrufen des Publikums sofort wieder aufgeführt und wieder abgelegt wurde. Die Kulisse bestand aus einem herrlichen italienischen Park mit Blumen, Statuen und sogar einer Treppe. Was die Kostüme anging, so würde Chilly, wenn wir mit ihm darüber sprachen, ganz gleich, wie wenig sie kosteten, kreischen, wie er es in seiner *Rolle* als Rodin getan hatte. Agar und ich würden unsere eigenen Kostüme mitbringen.

Als ich bei Duquesnel ankam, bat er mich, mit seiner Frau über die Kostüme zu sprechen. Ich nahm seine Einladung an, und nachdem ich das hübscheste Gesicht geküsst hatte, das man sich nur erträumen konnte, erzählte ich der Besitzerin von unserem Plan. Sie war mit allem einverstanden und versprach, sofort nach hübschen Entwürfen für unsere Kostüme Ausschau zu halten. Während sie sprach, verglich ich sie mit Agar. Oh, wie sehr gefiel mir dieser bezaubernde Kopf mit seinem blonden Haar, den großen, klaren Augen und dem Gesicht mit den zwei kleinen rosa Grübchen. Ihr Haar war weich und hell und bildete einen Heiligenschein um ihre Stirn. Ich bewunderte auch ihre zarten Handgelenke, die mit den schönsten Händen endeten, die man sich vorstellen konnte, Hände, die später ziemlich berühmt wurden.

Nachdem ich meine beiden Freunde verlassen hatte, fuhr ich direkt zu Agar, um ihr zu erzählen, was passiert war. Sie küsste mich immer wieder, und ein Cousin von ihr, ein Priester, der zufällig dort war, schien von meiner Geschichte sehr entzückt zu sein. Er schien über alles Bescheid zu wissen. Bald darauf läutete es schüchtern, und François Coppée wurde angekündigt.

„Ich gehe gerade weg", sagte ich zu ihm, als ich ihn an der Tür traf und ihm die Hand schüttelte. „Agar wird dir alles erzählen."

XIV
LE PASSANT – IN DEN TUILERIEN – FEUER IN MEINER WOHNUNG

Die Proben zu „*Le Passant*" begannen kurz danach und waren ein Vergnügen, denn der schüchterne junge Dichter war ein äußerst interessanter und intelligenter Redner.

Die erste Aufführung fand wie geplant statt und *Le Passant* war ein wahrer Triumph. Das ganze Haus jubelte immer wieder, und Agar und ich erlebten achtmal den Vorhang. Vergeblich versuchten wir, den Autor nach vorne zu holen, denn das Publikum wollte ihn sehen. François Coppée war nicht zu finden. Der junge Dichter, bis dahin unbekannt, war innerhalb weniger Stunden berühmt geworden. Sein Name war in aller Munde. Agar und ich wurden einfach mit Lob überschüttet, und Chilly wollte unsere Kostüme bezahlen. Wir spielten diesen Einakter mehr als hundert Mal hintereinander vor ausverkauftem Haus.

Wir wurden gebeten, es in den Tuilerien und im Haus von Prinzessin Mathilde zu geben.

Oh, diese erste Aufführung in den Tuilerien! Sie hat sich für immer in mein Gedächtnis eingeprägt, und selbst jetzt, mit geschlossenen Augen, kann ich jedes Detail noch einmal sehen. Zwischen Duquesnel und dem vom Hof gesandten Beamten war vereinbart worden, dass Agar und ich in die Tuilerien gehen sollten, um den Saal zu besichtigen, in dem wir spielen sollten, damit er den Anforderungen des Stücks entsprechend hergerichtet werden konnte. Graf de Laferrière sollte mich dem Kaiser vorstellen, der mich dann der Kaiserin Eugénie vorstellen würde. Agar sollte von Prinzessin Mathilde vorgestellt werden, der sie damals als Minerva vorstand.

M. de Laferrière holte mich um neun Uhr in einer Staatskarosse ab, und Madame Guérard begleitete mich.

Monsieur de Laferrière war ein sehr angenehmer Mann mit etwas steifen Manieren. Als wir in die Rue Royale einbogen, musste die Kutsche einen Augenblick anhalten, und General Fleury kam auf uns zu. Ich kannte ihn, da er mir von Morny vorgestellt worden war. Er sprach mit uns, und der Graf de Laferrière erklärte uns, wohin wir fuhren. Als er uns verließ, sagte er zu mir: „Viel Glück!" Genau in diesem Moment griff ein vorbeigehender Mann die Worte auf und rief: „Viel Glück vielleicht, aber nicht für lange, ihr Haufen Taugenichtse!"

Als wir am Palast ankamen, stiegen wir alle drei aus der Kutsche und wurden in einen kleinen gelben Salon im Erdgeschoss geführt.

„Ich werde hingehen und Seiner Majestät mitteilen, dass Sie hier sind", sagte Monsieur de Laferrière und verließ uns.

Als ich mit Madame Guérard allein war, wollte ich meine drei Knickse einüben.

„ *Mon petit Dame* ", sagte ich, „sag mir, ob sie Recht haben."

Ich machte den Knicks und murmelte: „Sire ... Sire ...". Ich begann mehrere Male von vorne und blickte auf mein Kleid, während ich „Sire ..." sagte, als ich plötzlich ein unterdrücktes Lachen hörte.

Ich stand rasch auf, wütend auf Madame Guérard, sah aber, dass auch sie sich zu einem Halbkreis gebeugt hatte. Ich drehte mich rasch um, und hinter mir stand der Kaiser. Er klatschte stumm in die Hände und lachte leise, aber er lachte immer noch . Ich errötete und war verlegen, denn ich fragte mich, wie lange er schon dort gestanden hatte. Ich hatte unzählige Male einen Knicks gemacht, um meine Ehrfurcht richtig auszudrücken, und sagte: „So ... das ist zu tief ... So; ist das richtig, Guérard?"

„Du meine Güte!", sagte ich mir jetzt. „Hat er alles gehört?"

Trotz meiner Verwirrung machte ich nun erneut meinen Knicks, doch der Kaiser sagte lächelnd:

„Oh nein, besser als jetzt könnte es nicht sein. Heben Sie sie für die Kaiserin auf, die Sie erwartet."

Oh, dieses „gerade eben". Ich fragte mich, wann das gewesen war?

Ich konnte Madame Guérard keine Fragen stellen, da sie in einiger Entfernung mit Monsieur de Laferrière folgte. Der Kaiser war an meiner Seite und sprach mit mir über hundert Dinge, aber ich konnte nur geistesabwesend antworten, weil ich „gerade jetzt" sagte.

SARAH BERNHARDT IM FANTASTISCHEN KOSTÜM

VON WALTER SPINDLER

So, aus der Nähe, gefiel er mir viel besser als auf seinen Porträts. Er hatte so schöne Augen, die er halb schloss, während er durch seine langen Wimpern blickte. Sein Lächeln war traurig und etwas spöttisch. Sein Gesicht war blass und seine Stimme schwach, aber verführerisch.

Wir fanden die Kaiserin in einem großen Sessel sitzend. Ihr Körper war in ein graues Kleid gehüllt und schien in den Stoff eingegossen zu sein. Ich fand sie sehr schön. Auch sie war schöner als ihre Porträts. Ich machte meine drei Knickse unter den lachenden Augen des Kaisers. Die Kaiserin sprach und damit war der Zauber gebrochen. Diese raue, harte Stimme dieser brillanten Frau erschreckte mich.

Von diesem Augenblick an fühlte ich mich trotz ihrer Freundlichkeit und Güte unwohl in ihrer Gegenwart. Sobald Agar angekommen und vorgestellt worden war, ließ uns die Kaiserin in den großen Salon führen, wo die Vorstellung stattfinden sollte. Die Bühne wurde vermessen, und dort sollte die Treppe sein, auf der Agar die unglückliche Kurtisane darstellen musste, die die geldgierige Liebe verfluchte und sich nach idealer Liebe sehnte.

Diese Treppe war ein ziemliches Problem. Sie sollte die ersten drei Stufen einer riesigen Treppe darstellen, die zu einem Florentiner Palast hinaufführt, und musste irgendwie halb verborgen sein. Ich bat um einige Sträucher, Blumen und Pflanzen, die ich entlang der drei Stufen arrangierte.

Der kaiserliche Prinz, der hereingekommen war, war damals etwa dreizehn Jahre alt. Er half mir, die Pflanzen zu arrangieren, und lachte wild, als Agar die Stufen hinaufstieg, um die Wirkung zu testen. Er war entzückend, mit seinen prächtigen Augen mit den schweren Lidern wie die seiner Mutter und mit den langen Wimpern seines Vaters. Er war witzig wie der Kaiser, den die Leute „Ludwig der Schwachkopf" nannten und der sicherlich den raffiniertesten, subtilsten und zugleich großzügigsten Witz hatte.

Wir arrangierten alles so gut, wie wir konnten, und es wurde beschlossen, dass wir zwei Tage später zu einer Probe vor Ihren Majestäten zurückkehren sollten.

Wie anmutig bat der Kaiserliche Prinz um die Erlaubnis, bei der Probe anwesend sein zu dürfen! Seine Bitte wurde gewährt, und die Kaiserin verabschiedete sich dann auf die charmanteste Art und Weise von uns, aber ihre Stimme war sehr hässlich. Sie sagte den beiden Damen, die bei ihr waren, sie sollten uns Wein und Kekse geben und uns den Palast zeigen, wenn wir ihn sehen wollten. Mir war das nicht sehr wichtig, aber *mon petit Dame* und Agar schienen von dem Angebot so begeistert zu sein, dass ich ihnen nachgab.

Ich habe es seitdem bereut, denn nichts hätte hässlicher sein können als die Privatgemächer, mit Ausnahme des Arbeitszimmers des Kaisers und der Treppenhäuser. Diese Besichtigung des Schlosses langweilte mich schrecklich. Einige der Bilder trösteten mich, und ich blieb eine Weile stehen und betrachtete Winterhalters Porträt der Kaiserin Eugénie. Sie sah wunderschön aus, und ich dankte dem Himmel, dass das Porträt nicht sprechen konnte, denn es diente dazu, das wunderbare Glück Ihrer Majestät zu erklären und zu rechtfertigen.

Die Probe verlief ohne besondere Vorkommnisse. Der junge Prinz tat sein Möglichstes, um uns seine Dankbarkeit und Freude zu beweisen, denn wir hatten es seinetwegen zu einer Generalprobe gemacht, da er bei der *Soirée nicht anwesend sein sollte. Er skizzierte mein Kostüm und beabsichtigte, es für einen Bal déguisé* kopieren zu lassen , der für das kaiserliche Kind gegeben werden sollte. Unsere Vorstellung war zu Ehren der Königin von Holland, begleitet vom Prinzen von Oranien, der in Paris allgemein als „Prinz Citron" bekannt war.

Im Laufe des Abends ereignete sich ein recht amüsanter Vorfall. Die Kaiserin hatte auffallend kleine Füße, und um sie noch kleiner erscheinen zu lassen, steckte sie zu enge Schuhe in sie. An diesem Abend sah sie wunderschön aus, mit ihren hübschen, abfallenden Schultern, die aus einem Kleid aus hellblauem, mit Silber besticktem Satin hervortraten. Auf ihrem schönen Haar trug sie ein kleines Diadem aus Türkisen und Diamanten, und ihre kleinen Füße standen auf einem Kissen aus Silberbrokat. Während Coppées Stück wanderten meine Augen immer wieder zu diesem Kissen, und ich sah die beiden kleinen Füße ruhelos hin und her wackeln. Schließlich sah ich, wie einer der Schuhe seinen kleinen Bruder ganz, ganz sanft schob, und dann sah ich, wie der Absatz der Kaiserin aus seinem Gefängnis kam. Der Fuß war dann nur noch an der Spitze bedeckt, und ich war sehr gespannt, wie er wieder zurückkommen würde, denn unter solchen Umständen schwillt der Fuß an und kann nicht in einen zu engen Schuh passen. Als das Stück zu Ende war, wurden wir zweimal wieder aufgerufen, und da es die Kaiserin war, die den Applaus anstimmte, dachte ich, sie würde den Moment des Aufstehens hinauszögern, und ich sah, wie ihr hübscher kleiner, wund gewordener Fuß vergeblich versuchte, wieder in den Schuh zu kommen. Die Vorhänge wurden zugezogen, und da ich Agar von dem Kissendrama erzählt hatte, sahen wir durch sie hindurch die verschiedenen Phasen.

Der Kaiser erhob sich, und alle folgten seinem Beispiel. Er bot der Königin von Holland seinen Arm, doch sie sah die Kaiserin an, die noch nicht aufgestanden war. Das Gesicht des Kaisers erhellte sich mit jenem Lächeln, das ich bereits gesehen hatte. Er sagte ein Wort zu General Fleury, und sofort bildeten die Generäle und anderen diensthabenden Offiziere, die hinter den Herrschern saßen, einen Wall zwischen der Menge und der Kaiserin. Der Kaiser und die Königin von Holland gingen dann weiter, ohne die Not Ihrer Majestät zu bemerken, und der Prinz von Oranien, der mit einem Knie auf dem Boden kniete, half der schönen Herrscherin, ihren Aschenputtel-ähnlichen Schuh anzuziehen. Ich sah, dass sich die Kaiserin stärker auf den Arm des Prinzen stützte, als ihr lieb gewesen wäre, denn ihr hübscher Fuß schmerzte offensichtlich ziemlich.

Dann schickte man uns herbei, um uns Komplimente zu machen, und wir wurden so umringt und gefeiert, dass wir mit unserem Abend sehr zufrieden waren.

Nach *Le Passant* und dem ungeheuren Erfolg dieses bezaubernden Stücks, an dem Agar und ich unseren Anteil hatten, hielt Chilly mehr von mir und begann, mich zu mögen. Er bestand darauf, unsere Kostüme zu bezahlen, was für ihn eine große Extravaganz war. Ich war die angebetete Königin der Studenten geworden und bekam kleine Sträuße aus Veilchen, Sonetten und langen, langen Gedichten – zu lang zum Lesen. Manchmal, wenn ich im Theater ankam und aus meiner Kutsche stieg, wurde ich von einem Blumenregen überschüttet, der mich einfach bedeckte, und ich war entzückt und pflegte meinen Verehrern zu danken. Das einzige Problem war, dass ihre Bewunderung sie blind machte, so dass, wenn ich in einigen Stücken nicht so gut war und das Haus mit Applaus eher sparsam war, meine kleine Armee von Studenten empört war und wild und ohne Sinn und Verstand jubelte. Ich kann gut verstehen, dass dies die Stammabonnenten des Odéon zur Verzweiflung brachte, die mir gegenüber dennoch sehr freundlich gesinnt waren, da sie mich ebenfalls verwöhnten, aber sie hätten mich gern bescheidener und sanfter und weniger eigensinnig gesehen. Wie oft kam der eine oder andere dieser alten Abonnenten zu mir und gab mir einen Rat. „Mademoiselle, Sie waren bezaubernd in *Junie* ", bemerkte einer von ihnen, „aber Sie beißen sich auf die Lippen, und das tun die Römerinnen nie!"

„Mein liebes Mädchen", sagte ein anderer, „du warst köstlich in *François le Champi* , aber in der ganzen Bretagne gibt es keine einzige Bretonin mit gelocktem Haar."

Ein Professor der Sorbonne sagte mir eines Tages ziemlich barsch: „Es zeugt von Respektlosigkeit, Mademoiselle, der Öffentlichkeit den Rücken zu kehren!"

„Aber, Monsieur", antwortete ich, „ich begleitete eine alte Dame zu einer Tür im hinteren Teil der Bühne. Ich konnte nicht rückwärts mit ihr mitgehen."

„Die Künstler, die wir vor Ihnen hatten, Mademoiselle, waren genauso talentiert wie Sie, wenn nicht sogar noch talentierter und hatten eine Art, über die Bühne zu gehen, ohne dem Publikum den Rücken zuzukehren."

Und er drehte sich schnell auf dem Absatz um und wollte weggehen, als ich ihn aufhielt.

„Monsieur, würden Sie bitte zu der Tür gehen, durch die Sie gehen wollten, ohne mir den Rücken zuzukehren?"

Er machte einen Versuch, drehte mir dann wütend den Rücken zu, verschwand und schlug die Tür hinter sich zu.

Ich wohnte einige Zeit in der Rue Auber 16, in einer recht hübschen Wohnung im ersten Stock. Ich hatte sie mit alten holländischen Möbeln eingerichtet, die mir meine Großmutter geschickt hatte. Mein Pate riet mir, eine Feuerversicherung abzuschließen, da diese Möbel, wie er mir sagte, ein kleines Vermögen ausmachten. Ich beschloss, seinem Rat zu folgen und bat *mon petit Dame* , die notwendigen Schritte für mich zu unternehmen. Ein paar Tage später sagte sie mir, dass am 12. jemand deswegen vorbeikommen würde.

Am besagten Tag kam gegen zwei Uhr ein Herr zu mir, der mich jedoch in einem äußerst nervösen Zustande befand und sagte: „Nein, ich muss heute allein bleiben. Ich möchte niemanden sehen."

Ich wollte nicht gestört werden und hatte mich in einem furchtbar deprimierten Zustand in meinem Schlafzimmer eingeschlossen.

Am selben Abend erhielt ich einen Brief von der Feuerversicherungsgesellschaft La Foncière mit der Frage, an welchem Tag ihr Vertreter vorbeikommen könne, um den Vertrag unterzeichnen zu lassen. Ich antwortete, er könne am Samstag kommen.

Am Freitag war ich so elend, dass ich meine Mutter bat, mit mir zu Mittag zu essen. An diesem Tag spielte ich nicht, da ich an Dienstagen und Freitagen, an denen nur Repertoirestücke aufgeführt wurden, nie auftrat. Da ich jeden zweiten Tag neue Stücke spielte, befürchtete man, dass ich übermüdet sein könnte.

Als meine Mutter ankam, fand sie, dass ich sehr blass aussah.

„Ja", antwortete ich. „Ich weiß nicht, was mit mir los ist, aber ich bin sehr nervös und sehr deprimiert."

Die Gouvernante kam, um meinen kleinen Jungen abzuholen und mit ihm spazieren zu gehen, aber ich ließ ihn nicht gehen.

„Oh nein!" rief ich. „Das Kind darf mich heute nicht verlassen. Ich habe Angst, dass etwas passiert."

Was passiert ist, war zum Glück weniger schwerwiegend, als ich aus Liebe zu meiner Familie befürchtet hatte.

Meine Großmutter lebte damals bei mir, und sie war blind. Die Großmutter hatte mir die meisten meiner Möbel geschenkt. Sie war eine geisterhaft aussehende Frau und ihre Schönheit war von kalter, harter Art. Sie war tatsächlich sehr groß, sechs Fuß, aber sie sah aus wie eine Riesin. Sie war dünn und sehr aufrecht, und ihre langen Arme waren immer vor ihr ausgestreckt, um nach allen Gegenständen auf ihrem Weg zu tasten, damit sie sich nicht anstieß, obwohl sie immer von der Krankenschwester begleitet wurde, die ich für sie engagiert hatte. Über diesem langen Körper befand sich ihr kleines Gesicht mit zwei riesigen blassblauen Augen, die immer offen waren, selbst wenn sie nachts schlief. Sie war normalerweise von Kopf bis Fuß in Grau gekleidet, und diese neutrale Farbe verlieh ihrem allgemeinen Aussehen etwas Unwirkliches.

Meine Mutter versuchte mich zu trösten und ging gegen zwei Uhr weg. Meine Großmutter, die mir in ihrem großen Voltaire-Sessel gegenüber saß, fragte mich:

„Wovor hast du Angst?", fragte sie. „Warum bist du so traurig? Ich habe dich den ganzen Tag nicht lachen gehört."

Ich antwortete nicht, sondern sah meine Großmutter an. Es kam mir vor, als ob der Ärger, den ich befürchtete, von ihr kommen würde.

„Bist du nicht da?", beharrte sie.

„Ja, ich bin hier", antwortete ich, „aber bitte sprechen Sie nicht mit mir."

Sie sagte kein weiteres Wort, sondern saß stundenlang da, die Hände auf dem Schoß. Ich skizzierte ihr seltsames, schicksalshaftes Gesicht.

Es begann zu dämmern, und ich dachte, ich würde mich anziehen gehen, nachdem ich beim Essen meiner Großmutter und des Kindes dabei gewesen war. Meine Freundin Rose Baretta speiste an diesem Abend mit mir, und ich hatte auch einen äußerst charmanten und geistreichen Mann eingeladen, Charles Haas. Auch Arthur Meyer kam. Er war ein junger Journalist, der bereits sehr in Mode war. Ich erzählte ihnen von meinen Vorahnungen in Bezug auf diesen Tag und bat sie, mich nicht vor Mitternacht zu verlassen.

„Danach", sagte ich, „wird es nicht mehr heute sein, und die bösen Geister, die mich beobachten, werden ihre Chance verpasst haben."

Sie stimmten zu, meiner Fantasie nachzugeben, und Arthur Meyer, der zu einer Premiere in einem der Theater gehen sollte, blieb bei uns. Das Abendessen war lebhafter als das Mittagessen, und es war neun Uhr, als wir den Tisch verließen. Rose Baretta sang uns einige entzückende alte Lieder. Ich ging für eine Minute weg, um nachzusehen, ob im Zimmer meiner Großmutter alles in Ordnung war. Ich fand mein Dienstmädchen mit dem Kopf in Tücher gewickelt, die in beruhigendes Wasser getaucht waren. Ich fragte, was los sei, und sie sagte, sie habe schreckliche Kopfschmerzen. Ich sagte ihr, sie solle mein Bad und alles für die Nacht vorbereiten und dann ins Bett gehen. Sie dankte mir und gehorchte.

Ich ging zurück ins Wohnzimmer, setzte mich ans Klavier und spielte „Il Bacio", Mendelssohns „Glocken" und Webers „Letzter Gedanke". Ich war noch nicht am Ende dieser letzten Melodie angelangt, als ich plötzlich innehielt, weil ich auf der Straße Rufe hörte: „Feuer! Feuer!"

„Sie schreien ‚Feuer!'", rief Arthur Meyer.

„Das ist mir gleich", sagte ich achselzuckend. „Es ist noch nicht Mitternacht, und ich erwarte mein eigenes Unglück."

Charles Haas hatte das Wohnzimmerfenster geöffnet, um zu sehen, woher die Rufe kamen. Er trat auf den Balkon hinaus und kam dann rasch wieder herein.

„Das Feuer ist hier!", rief er. „Seht!"

Ich rannte zum Fenster und sah, wie die Flammen aus den beiden Fenstern meines Schlafzimmers schlugen. Ich rannte durch das Wohnzimmer zurück in den Flur und dann in das Zimmer, in dem mein Kind mit seiner Gouvernante und seinem Kindermädchen schlief. Sie schliefen alle tief und fest. Arthur Meyer öffnete die Flurtür, deren Klingel heftig geläutet wurde. Ich weckte die beiden Frauen schnell, wickelte das schlafende Kind in seine Decken und rannte mit meiner kostbaren Last zur Tür. Dann rannte ich die Treppe hinunter, überquerte die Straße und brachte ihn zu Guadacellis Schokoladenladen gegenüber, gleich an der Ecke der Rue Caumartin.

Der freundliche Mann nahm meinen kleinen Schläfer auf und ließ ihn auf einem Sofa liegen, wo das Kind ohne Unterbrechung weiterschlief. Ich überließ ihn seiner Gouvernante und seiner Amme und ging schnell zurück zum brennenden Haus. Die Feuerwehrleute, die herbeigeschickt worden waren, waren noch nicht da, und ich war entschlossen, meine arme Großmutter um jeden Preis zu retten. Es war unmöglich, die Haupttreppe wieder hinaufzugehen, da sie voller Rauch war.

Charles Haas, barhäuptig und im Abendkleid, eine Blume im Knopfloch, ging mit mir die schmale Hintertreppe hinauf. Bald waren wir im ersten Stock, aber als ich dort war, zitterten mir die Knie; es war, als hätte mein Herz aufgehört zu schlagen, und ich war von Verzweiflung ergriffen. Die Küchentür am oberen Ende der ersten Treppe ließ sich mit einer dreimaligen Schlüsseldrehung verschließen. Mein liebenswürdiger Begleiter war groß, schlank und elegant, aber nicht stark. Ich bat ihn, hinunterzugehen und einen Hammer, eine Axt oder etwas anderes zu holen, aber gerade in diesem Moment riss ein Neuankömmling die Tür mit einem heftigen Stoß auf, wobei er seine Schulter dagegen drückte. Dieser Neuankömmling war niemand anderes als M. Sohège, ein Freund von mir. Er war ein äußerst charmanter und ausgezeichneter Mann, ein breitschultriger Elsässer, in Paris wohlbekannt, sehr lebhaft und freundlich und immer bereit, jedem einen Dienst zu erweisen. Ich brachte meine Freunde in das Zimmer meiner Großmutter. Sie saß aufrecht im Bett und war außer Atem, weil sie Catherine rief, die Dienerin, die sie bediente. Dieses Dienstmädchen war etwa fünfundzwanzig Jahre alt, ein großes, kräftiges Mädchen aus Burgund, und sie schlief jetzt friedlich, trotz des Tumults auf der Straße, des Lärms der Feuerwehrwagen, die endlich eingetroffen waren, und des wilden Geschrei der Hausbewohner. Sohège schüttelte das Dienstmädchen, während ich meiner Großmutter den Grund des Tumults erklärte und warum wir in ihrem Zimmer waren.

„Sehr gut", sagte sie und fügte dann ruhig hinzu: „Gibst du mir die Schachtel, Sarah, die du ganz unten im Kleiderschrank findest? Der Schlüssel dazu ist hier."

„Aber, Großmutter", rief ich, „der Rauch zieht hier langsam herauf. Wir haben keine Zeit zu verlieren."

„Na gut, dann mach, was du willst. Ich werde nicht ohne meine Kiste gehen!"

Mit Hilfe von Charles Haas und Arthur Meyer konnten wir meine Großmutter wider Willen auf Sohèges Rücken legen. Er war mittelgroß und sie war extrem groß, so dass ihre langen Beine den Boden berührten und ich befürchtete, sie könnte sich verletzen. Sohège nahm sie daher in die Arme und Charles Haas trug ihre Beine. Dann machten wir uns auf den Weg, aber der Rauch erstickte uns, und nachdem ich etwa zehn Stufen hinabgestiegen war, fiel ich ohnmächtig um.

Als ich wieder zu mir kam, lag ich im Bett meiner Mutter. Mein kleiner Junge schlief im Zimmer meiner Schwester, und meine Großmutter hatte es sich in einem großen Sessel bequem gemacht. Sie saß kerzengerade da, mit einem finsteren Blick und einem wütenden Ausdruck auf den Lippen. Sie kümmerte sich um nichts anderes als um ihre Kiste, bis meine Mutter schließlich wütend wurde und ihr auf Niederländisch vorwarf, sie kümmere sich nur um sich selbst. Sie antwortete aufgeregt und reckte den Hals nach vorne, als wolle sie ihrem Kopf helfen, durch die ewige Dunkelheit zu blicken, die sie umgab. Ihr dünner Körper, eingehüllt in einen bunten indischen Schal, das Zischen ihrer schrillen Worte, die frei flossen, alles trug dazu bei, dass sie einer Schlange in einem schrecklichen Albtraum glich. Meine Mutter mochte diese Frau nicht, die meinen Großvater geheiratet hatte, als er sechs große Kinder hatte, von denen das älteste sechzehn und das jüngste, mein Onkel, fünf Jahre alt war. Diese zweite Frau hatte nie eigene Kinder gehabt und war denen ihres Mannes gegenüber gleichgültig, ja sogar hart gewesen; deshalb war sie in der Familie unbeliebt. Ich hatte sie in meine Obhut genommen, weil bei der Familie, bei der sie untergebracht war, die Pocken ausgebrochen waren. Sie hatte damals den Wunsch gehabt, bei mir zu bleiben, und ich hatte nicht den Mut gehabt, mich ihr zu widersetzen.

Bei dem Brand jedoch fand ich, dass sie sich so schlecht benahm, dass ich eine starke Abneigung gegen sie entwickelte, und ich beschloss, sie nicht bei mir zu behalten. Man brachte uns die Nachricht vom Brand. Er wütete weiter und verbrannte alles in meiner Wohnung, absolut alles, sogar das allerletzte Buch in meiner Bibliothek. Mein größter Kummer war, dass ich ein

großartiges Porträt meiner Mutter von Bassompierre Severin verloren hatte,
einem Pastellmaler, der unter dem Kaiser sehr *in Mode war* ; ein Ölporträt
meines Vaters und ein sehr hübsches Pastell meiner Schwester Jeanne. Ich
hatte nicht viel Schmuck, und von dem Armband, das mir der Kaiser
geschenkt hatte, fand man nur eine riesige, formlose Masse, die ich noch
immer habe. Ich hatte ein sehr hübsches Diadem, besetzt mit Diamanten
und Perlen, das mir Kalil Bey nach einer Vorstellung in seinem Haus
geschenkt hatte. Die Asche davon musste gesiebt werden, um die Steine zu
finden. Die Diamanten waren da, aber die Perlen waren geschmolzen.

Ich war völlig ruiniert, denn das Geld, das mir mein Vater und seine Mutter
hinterlassen hatten, hatte ich für Möbel, Kuriositäten und hundert andere
nutzlose Dinge ausgegeben, die die Freude meines Lebens waren. Ich hatte
auch – und ich gebe zu, es war absurd – eine Schildkröte namens Chrysagère.
Ihr Rücken war mit einem goldenen Panzer bedeckt, der mit sehr kleinen
blauen, rosa und gelben Topasen besetzt war. Oh, wie schön sie war und wie
drollig! Sie lief in meiner Wohnung umher, begleitet von einer kleineren
Schildkröte namens Zerbinette, die ihre Dienerin war, und ich amüsierte
mich stundenlang damit, Chrysagère zu beobachten, wie sie im Licht der
Sonne oder des Mondes mit hundert Lichtern blitzte. Beide meiner
Schildkröten starben bei diesem Feuer.

Duquesnel, der damals sehr freundlich zu mir war, besuchte mich einige
Wochen später, denn er hatte gerade eine Vorladung von La Foncière
erhalten, der Feuerversicherungsgesellschaft, deren Papiere ich am Tag vor
der Katastrophe nicht unterschreiben wollte. Die Gesellschaft forderte von
mir eine hohe Summe Geld für Schäden am Haus selbst. Das zweite
Stockwerk war fast vollständig zerstört, und viele Monate lang musste das
ganze Gebäude gestützt werden. Die geforderten 40.000 Francs besaß ich
nicht. Duquesnel bot mir an, eine Benefizvorstellung für mich zu geben, die
mich, wie er sagte, von allen Schwierigkeiten befreien würde. De Chilly war
sehr bereit, alles zu akzeptieren, was mir von Nutzen sein könnte. Die
Benefizvorstellung war ein wunderbarer Erfolg, dank der Anwesenheit der
bezaubernden Adelina Patti. Die junge Sängerin, die damals die Marquise de
Caux war, hatte noch nie zuvor bei einer Benefizvorstellung gesungen, und
es war Arthur Meyer, der mir die Nachricht überbrachte, dass „La Patti" für
mich singen würde. Ihr Mann kam am Nachmittag, um mir zu sagen, wie
froh sie über diese Gelegenheit war, mir ihre Sympathie zu beweisen. Sobald
der „Feenvogel" angekündigt wurde, war sofort jeder Platz im Haus besetzt,
und zwar zu Preisen, die höher waren als die ursprünglich festgelegten. Sie
hatte keinen Grund, ihre freundliche Tat zu bereuen, denn nie war ein
Triumph vollkommener gewesen. Die Studenten begrüßten sie mit
dreifachem Hurra, als sie die Bühne betrat. Sie war ein wenig überrascht über
diesen Lärm von rhythmischen Bravorufen. Ich kann sie jetzt vor mir sehen,

wie sie nach vorne kommt, ihre beiden kleinen Füße in rosa Satin gehüllt. Sie war wie ein Vogel, der zögert, ob er fliegen oder auf dem Boden bleiben soll. Sie sah so hübsch aus, so lächelnd, und als sie die edelsteinartigen Töne ihrer wundervollen Stimme trillerte, war das ganze Haus außer sich vor Aufregung.

Alle sprangen auf, und die Studenten erhoben sich von ihren Plätzen, schwenkten ihre Hüte und Taschentücher, nickten in ihrer fieberhaften Begeisterung für die Kunst mit ihren jungen Köpfen und wiederholten die Zugabe mit dem Tonfall rührendster Bitten.

„Il Barbière de Seville ", *„ Una voce poco fa "*, dreimal singen .

Ich dankte ihr hinterher herzlich und sie verließ das Theater in Begleitung der Studenten, die ihrem Wagen ein langes Stück folgten und immer wieder „Lang lebe Adelina Patti!" riefen. Dank der Vorstellung an diesem Abend war ich in der Lage, die Versicherungsgesellschaft zu bezahlen. Trotzdem war ich ruiniert, oder zumindest fast.

Ich blieb ein paar Tage bei meiner Mutter, aber wir hatten dort so wenig Platz, dass ich eine möblierte Wohnung in der Rue de l'Arcade nahm. Es war ein düsteres Haus und die Wohnung war dunkel. Ich überlegte, wie ich aus meinen Schwierigkeiten herauskommen sollte, als eines Morgens M. C., der Notar meines Vaters, angekündigt wurde. Dies war der Mann, den ich so sehr hasste, aber ich gab den Befehl, ihn hereinzuführen. Ich war überrascht, dass ich ihn so lange nicht gesehen hatte. Er erzählte mir, dass er gerade aus Hamburg zurückgekehrt sei, in der Zeitung einen Bericht über mein Unglück gelesen habe und nun gekommen sei, um sich mir zu Diensten zu stellen. Trotz meines Misstrauens war ich davon gerührt und erzählte ihm das ganze Drama meines Brandes. Ich wusste nicht, wie es ausgebrochen war, aber ich hatte den vagen Verdacht, dass meine Zofe Josephine meine brennende Kerze auf den kleinen Tisch links vom Kopfende meines Bettes gestellt hatte. Ich hatte sie oft davor gewarnt, aber auf dieses kleine Möbelstück stellte sie immer meine Wasserflasche und mein Glas und eine Dessertschale mit ein paar rohen Äpfeln, denn ich esse gern Äpfel, wenn ich nachts aufwache. Beim Öffnen der Tür zog es immer schrecklich, da die Fenster offen blieben, bis ich zu Bett ging. Als ich die Tür hinter ihr schloss, hatten die Spitzenvorhänge des Bettes wahrscheinlich Feuer gefangen. Anders konnte ich mir die Katastrophe nicht erklären. Ich hatte die junge Dienerin mehrmals diese Dummheit machen sehen und nahm an, dass sie es in der betreffenden Nacht wegen ihrer schlimmen Kopfschmerzen eilig gehabt hatte, ins Bett zu gehen. Normalerweise bereitete sie alles vor, wenn ich mich ausziehen wollte, und kam dann herein und sagte es mir, aber diesmal hatte sie es nicht getan. Normalerweise ging ich auch nur selbst ins Zimmer, um nachzusehen, ob alles in Ordnung war, und mehrmals musste ich die Kerze verschieben. Dieser Tag sollte mir jedoch irgendein Unglück bringen, wenn auch kein sehr großes.

„Aber", sagte der Notar, „Sie waren also nicht versichert?"

„Nein, ich sollte meine Police am Tag nach dem Ereignis unterschreiben."

„Ach!", rief der Anwalt, „und mir wurde erzählt, Sie hätten die Wohnung eigenhändig angezündet, um an eine große Summe Geld zu kommen!"

Ich zuckte mit den Schultern, denn ich hatte entsprechende Andeutungen in einer Zeitung gelesen. Ich war damals noch sehr jung, aber ich hatte schon eine gewisse Verachtung für Klatsch und Tratsch.

„Na gut, wenn die Dinge so liegen, muss ich die Dinge für Sie regeln", sagte Maître C. „Was das Geld väterlicherseits betrifft, sind Sie wirklich besser dran, als Sie denken", fuhr er fort. „Da Ihre Großmutter Ihnen eine Rente hinterlässt, können Sie dafür einen guten Betrag bekommen, indem Sie sich bereit erklären, Ihr Leben für 250.000 Francs für vierzig Jahre zu Gunsten des Käufers zu versichern."

Ich stimmte allem zu und freute mich sehr über diesen unerwarteten Geldsegen. Dieser Mann versprach mir, mir zwei Tage nach seiner Rückkehr 120.000 Francs zu schicken, und er hielt sein Wort. Ich erzähle die Einzelheiten dieser kleinen Episode, die schließlich zu meinem Leben gehört, um zu zeigen, wie anders die Dinge ausgehen, als es der Logik oder unseren eigenen Erwartungen nach wahrscheinlich erscheint. Es ist ganz sicher, dass der Unfall, der mir gerade passiert war, die Hoffnungen und Pläne meines Lebens in alle Winde zerstreute. Ich hatte mir mit dem Geld, das mir mein Vater und meine Mutter hinterlassen hatten, ein luxuriöses Heim eingerichtet. Ich hatte genügend Geld bei mir behalten und investiert, um sicherzugehen, dass ich mein Monatsgehalt für die nächsten zwei Jahre aufstocken konnte: Ich rechnete damit, dass ich am Ende der zwei Jahre in der Lage sein würde, ein sehr hohes Gehalt zu verlangen. Und all diese Vereinbarungen waren durch die Nachlässigkeit eines Hausangestellten durcheinandergebracht worden. Ich hatte reiche Verwandte und sehr reiche Freunde, aber keiner von ihnen streckte die Hand aus, um mir aus dem Graben zu helfen, in den ich gefallen war. Meine reichen Verwandten hatten mir nicht verziehen, dass ich auf die Bühne gegangen war. Und doch weiß der Himmel, wie viele Tränen es mich gekostet hatte, diese mir aufgezwungene Laufbahn einzuschlagen. Mein Onkel Faure besuchte mich im Haus meiner Mutter, aber meine Tante wollte kein Wort über mich hören. Ich traf mich heimlich mit meinem Cousin und manchmal auch mit seiner hübschen Schwester. Meine reichen Freunde hielten mich für einen maßlosen Verschwender und konnten nicht verstehen, warum ich das Geld, das ich geerbt hatte, nicht in gute, solide Anlagen steckte.

Ich habe viele Gedichte zum Thema meines Brandes erhalten. Die meisten davon waren anonym. Ich habe sie jedoch alle aufbewahrt und zitiere das folgende Gedicht, das ziemlich nett ist:

Passant, du voilà, ohne Abri:

Die Flamme hat Ihr Ferienhaus verwüstet.

Hier ist leichter als ein Kolibri;

Dein Geist ist heute aufgeregt,

Ausatmen durch Keimen

Überall, was das Feuer hergibt.

Hast du diese schönen Diamanten? …

Nein, diese großen Augen kommen noch einmal!

Ich bereue nicht, diese Halsketten verpasst zu haben

Was haben ihre paar reichen Damen zu bieten?

Du findest sie in den Hallen,

Aus grünem Stoff, aus feinstem Leinen!

Deine Perle? … Aber das ist der schwarze Teufel

Wer ist auf der Hut vor der Steinkohle?

Und der Rahmen Ihres Spiegels

Es ist eine Mousse-Bordüre!

Diese Armbänder? … Aber diese Armbänder sind jetzt da,

Du liebst es, Cent zu zahlen, aber das ist noch schöner!

Auf den johligen Zweigen der Venus,

Kein Goldkreis, nicht zu übersehen!

Bewahren Sie Ihren Charme, wenn er stark ist!

Ton in Ton das Parfüm der Wildpflanze!

Lass den Schmuck weg, O Passant,

Zellen, die die Zeit verwüstet!

Mit deiner Gitarre auf deinem Rücken,

Ja, von Frankreich und von Spanien!

Folgen Sie Ihrem Weg. ich habe nicht gesagt, wo ...

Durch die Ebene und durch den Berg!

Passe, wie die Feder am Himmel!

Als ob es dein Ding wäre!

Als eine Flotte, die im Sturm erobert wird,

Die Flanken eines klingenden Barken!

Der Besitzer eines der derzeit sehr angesagten Hotels schickte mir den folgenden Brief, den ich Wort für Wort zitiere:

„ MADAM , – Wenn Sie zustimmen würden, einen Monat lang jeden Abend in unserem großen Speisesaal zu speisen, würde ich Ihnen eine Zimmerflucht im ersten Stock zur Verfügung stellen, bestehend aus zwei Schlafzimmern, einem großen Salon, einem kleinen Boudoir und einem Badezimmer. Es versteht sich natürlich, dass Ihnen diese Zimmerflucht kostenlos zur Verfügung steht, wenn Sie zustimmen würden, meiner Bitte nachzukommen. – Ihr usw.

„(PS) Sie müssten lediglich für den Nachschub an Pflanzen für Ihr Wohnzimmer bezahlen.“

Das war alles, was die Grobheit dieses Mannes betraf. Ich bat einen meiner Freunde, hinzugehen und dem gemeinen Kerl seine Antwort mitzuteilen.

Ich war jedoch verzweifelt, denn ich spürte, dass ich ohne Komfort und Luxus nicht leben könnte.

Ich war mir bald im Klaren, was ich tun musste, aber nicht ohne Kummer. Man hatte mir eine großartige Anstellung in Russland angeboten, die ich annehmen musste. Madame Guérard war meine einzige Vertraute, und ich erzählte niemandem von meinem Plan. Der Gedanke an Russland erschreckte sie, denn ich hatte damals eine sehr empfindliche Brust und die Kälte war mein grausamster Feind. Gerade als ich mich dazu entschlossen hatte, kam der Anwalt. Sein habgieriger und listiger Verstand hatte die kluge und für ihn gewinnbringende Kombination ausgeheckt, die mein ganzes Leben noch einmal verändern sollte.

Ich nahm eine hübsche Wohnung im ersten Stock eines Hauses in der Rue de Rome. Sie war sehr sonnig, und das gefiel mir mehr als alles andere. Es gab zwei Salons und ein großes Esszimmer. Ich arrangierte, dass meine Großmutter in einem Haus von Laienschwestern und Nonnen lebte. Sie war Jüdin und hielt sich sehr streng an alle Gesetze ihrer Religion. Das Haus war sehr komfortabel, und meine Großmutter nahm ihr eigenes Dienstmädchen mit, das junge Mädchen aus Burgund, an das sie gewöhnt war.

Als ich sie besuchte, sagte sie mir, dass es ihr dort viel besser ginge als bei mir. „Als ich bei dir war", sagte sie, „war mir dein Junge zu laut." Ich besuchte sie dort nur sehr selten, denn nachdem ich gesehen hatte, wie meine Mutter bei ihren unfreundlichen Worten blass wurde, mochte ich sie nie mehr. Sie war glücklich, und das war das Wichtigste.

Ich spielte jetzt erfolgreich in *Le Bâtard* , in dem ich großen Erfolg hatte, in *L'Affranchi* , in *L'Autre* von George Sand und in *Jean-Marie* , einem kleinen Meisterwerk von André Theuriet, das den größten Erfolg hatte. Porel spielte die Rolle von Jean-Marie. Er war damals schlank und voller Hoffnung. Seitdem hat sich seine Schlankheit in Fülle und seine Hoffnung in Gewissheit entwickelt.

XV.
DER DREUSSISCH-FRANZÖSISCHE KRIEG

Dann kamen schlimme Tage über uns. Paris begann fieberhaft und aufgeregt zu werden. Die Straßen waren schwarz von Gruppen von Menschen, die diskutierten und gestikulierten. Und all dieser Lärm war nur das Echo von weit entfernten Gruppen, die sich in deutschen Straßen versammelt hatten. Diese anderen Gruppen schrien, gestikulierten und diskutierten, aber – sie wussten es, während wir es nicht wussten!

Ich konnte nicht ruhig bleiben, sondern war äußerst aufgeregt, bis mir schließlich schlecht wurde. Der Krieg wurde erklärt, und ich hasse den Krieg! Er macht mich wütend und lässt mich von Kopf bis Fuß schaudern. Manchmal sprang ich erschrocken auf, aufgeschreckt durch die fernen Schreie menschlicher Stimmen.

O Krieg! Welche Niedertracht, Schande und Trauer! Krieg! Welch ein Diebstahl und Verbrechen, begünstigt, vergeben und verherrlicht!

Kürzlich besuchte ich ein riesiges Stahlwerk. Ich werde nicht sagen, in welchem Land, denn alle Länder waren mir gegenüber gastfreundlich, und ich bin weder eine Spionin noch eine Verräterin. Ich schildere die Dinge nur so, wie ich sie sehe. Nun, ich besuchte eine dieser furchtbaren Fabriken, in denen die tödlichsten Waffen hergestellt werden. Der Besitzer des Ganzen, ein Multimillionär, wurde mir vorgestellt. Er war nett, aber nicht gut im Gespräch, und er hatte einen verträumten, unzufriedenen Blick. Mein Cicerone teilte mir mit, dass dieser Mann gerade eine riesige Summe Geld verloren hatte, fast sechzig Millionen Francs.

„Du meine Güte!", rief ich aus. „Wie hat er es verloren?"

„Na ja, er hat das Geld nicht direkt verloren, aber knapp nicht die Summe zusammenbekommen, also läuft es aufs Gleiche hinaus."

Ich sah ihn verblüfft an, und er fügte hinzu: „Ja, erinnern Sie sich, dass im Zusammenhang mit der Marokko-Affäre viel über einen Krieg zwischen Frankreich und Deutschland gesprochen wurde?"

"Ja."

„Nun, dieser Prinz des Stahlhandels hatte erwartet, dafür Kanonen zu verkaufen, und einen Monat lang waren seine Leute in der Fabrik sehr beschäftigt und arbeiteten Tag und Nacht. Er zahlte enorme Bestechungsgelder an einflussreiche Regierungsmitglieder und bezahlte einige Zeitungen in Frankreich und Deutschland, um die Leute aufzuwiegeln. Alles ist gescheitert, dank der Intervention kluger und humanitärer Männer.

Die Folge ist, dass dieser Millionär verzweifelt ist. Er hat sechzig oder vielleicht hundert Millionen Francs verloren."

Ich betrachtete den elenden Mann mit Verachtung und wünschte von Herzen, er könnte mit seinen Millionen ersticken, denn Reue war für ihn zweifellos völlig unbekannt.

Und wie viele andere verdienen ebenso unsere Verachtung wie dieser Mann! Fast alle, die in jedem Land der Welt als „Armeelieferanten" bekannt sind, sind die verzweifeltsten Kriegstreiber.

Möge jeder Mann in Zeiten der Gefahr ein Soldat sein. Ja, tausendfach, ja! Möge jeder Mann zur Verteidigung seines Landes bewaffnet sein und möge er töten, um seine Familie und sich selbst zu verteidigen. Das ist nur vernünftig. Aber dass es in unserer Zeit junge Männer geben soll, deren einziger Traum darin besteht, zu töten, um sich eine Position zu sichern, das ist unvorstellbar!

Es ist unbestreitbar, dass wir unsere Grenzen und Kolonien bewachen müssen, aber da alle Menschen Soldaten sind, warum sollten wir diese Wächter und Verteidiger nicht aus „allen Menschen" nehmen? Dann hätten wir nur noch Offiziersschulen und keine dieser schrecklichen Kasernen mehr, die das Auge beleidigen. Und wenn Herrscher einander besuchen und zu einer Parade eingeladen werden, wären sie dann nicht viel mehr über den Wert einer Nation erbaulich, wenn sie einen Tausendstel ihrer effektiven Stärke zeigen könnte, der zufällig aus ihren Soldaten ausgewählt wurde, statt der eleganten Evolutionen einer zur Parade bereitstehenden Armee? Was für großartige Paraden habe ich in all den verschiedenen Ländern gesehen, die ich besucht habe! Aber ich weiß aus der Geschichte, dass eine solche Armee, die dort so prächtig vor uns herumtänzelte, ohne großen Grund vor dem Feind die Flucht ergriffen hatte.

Am 19. Juli wurde der Krieg erklärt und Paris wurde zum Schauplatz der ergreifendsten und burlesksten Szenen. So aufgeregt und empfindlich ich auch war, konnte ich den Anblick all dieser wilden jungen Männer nicht ertragen, die die „Marseillaise" schrien und in dicht gedrängter Reihe durch die Straßen rannten und immer wieder „Nach Berlin! Nach Berlin!" riefen.

Mein Herz klopfte wie wild, denn auch ich dachte, sie würden nach Berlin fahren. Ich verstand ihre Wut, denn diese Leute hatten uns ohne plausible Gründe provoziert, aber gleichzeitig schien es mir, als bereiteten sie sich ohne genügend Respekt und Würde auf diese große Tat vor. Meine eigene Ohnmacht ließ mich rebellisch werden, und als ich all die Mütter sah, mit blassen Gesichtern und vom Weinen geschwollenen Augen, die ihre Jungen in den Armen hielten und sie verzweifelt küssten, schien mich die furchtbarste Angst zu ersticken. Auch ich weinte fast unaufhörlich und war von Angst überwältigt, aber ich sah die schreckliche Katastrophe nicht voraus, die eintreten würde.

Die Ärzte entschieden, dass ich nach Eaux-Bonnes musste. Ich wollte Paris nicht verlassen, denn ich war vom allgemeinen Fieber der Aufregung angesteckt worden. Meine Schwäche nahm jedoch von Tag zu Tag zu, und am 27. Juli wurde ich wider Willen weggebracht. Madame Guérard, mein Diener, und meine Zofe begleiteten mich, und ich nahm auch mein Kind mit.

In sämtlichen Bahnhöfen hingen Plakate mit der Ankündigung, dass Kaiser Napoleon nach Metz gereist sei, um dort den Befehl über die Armee zu übernehmen.

In Eaux-Bonnes musste ich das Bett hüten. Mein Zustand wurde von Dr. Leudet als sehr ernst eingeschätzt. Später sagte er mir, er glaube, ich würde sterben. Ich erbrach Blut und musste ständig ein Stück Eis im Mund haben. Nach etwa zwölf Tagen konnte ich jedoch wieder aufstehen, und bald darauf erlangte ich meine Kraft und Ruhe zurück und unternahm lange Ausritte.

Die Kriegsnachrichten ließen uns auf einen Sieg hoffen. Die Freude und Erregung war groß, als man hörte, dass der junge Kaiserprinz in der Schlacht unter dem Kommando von General Frossard in Saarbrücken seine Feuertaufe bestanden hatte.

Das Leben erschien mir wieder schön, denn ich hatte großes Vertrauen in den Ausgang des Krieges. Ich bedauerte die Deutschen, die sich auf ein solches Abenteuer eingelassen hatten. Aber ach! Der schöne, glorreiche Fortschritt, den sich mein Gehirn so eifrig vorgestellt hatte, wurde durch die grauenhaften Nachrichten aus Saint-Privat zunichte gemacht. Die politischen Nachrichten hingen jeden Tag im kleinen Garten des Casinos von Eaux-Bonnes. Die Öffentlichkeit ging dorthin, um sich zu informieren. Da ich die Ruhe verabscheute, schickte ich meinen Diener, um die Telegramme abzuschreiben. Oh, wie schmerzlich war dieses schreckliche Telegramm aus Saint-Privat, das uns lakonisch über das furchtbare Gemetzel, die heldenhafte Verteidigung von Marschall Canrobert und Bazaines ersten Verrat informierte, als er seinem Kameraden nicht zu Hilfe eilte.

Ich kannte Canrobert und mochte ihn sehr. Später wurde er einer meiner treuen Freunde, und ich werde mich immer an die wunderbaren Stunden erinnern, die ich damit verbrachte, seinen Berichten über die Tapferkeit anderer zuzuhören – nie über seine eigene. Und was für eine Fülle von Anekdoten, was für ein Witz, was für ein Charme!

Diese Nachricht von der Schlacht bei Saint-Privat ließ mein Fieber wieder aufflammen. Ich schlief voller Albträume und hatte einen Rückfall. Die Nachrichten wurden von Tag zu Tag schlimmer. Nach Saint-Privat kam

Gravelotte, wo 36.000 Mann, Franzosen und Deutsche, in wenigen Stunden niedergemetzelt wurden. Dann kamen die großartigen, aber machtlosen Anstrengungen Mac-Mahons, der bis nach Sedan zurückgedrängt wurde; und schließlich Sedan.

Sedan! Ach, das schreckliche Erwachen! Der Monat August war in der Nacht zuvor unter Waffenlärm und Sterbenseufzen zu Ende gegangen. Doch das Stöhnen der Sterbenden vermischte sich noch immer mit hoffnungsvollen Schreien. Der Monat September hingegen war von Geburt an verflucht. Sein erster Schlachtruf wurde von der brutalen und feigen Hand des Schicksals erstickt.

Hunderttausend Mann! Hunderttausend Franzosen zur Kapitulation gezwungen, und der Kaiser von Frankreich gezwungen, sein Schwert dem König von Preußen auszuhändigen!

Ach, dieser Schrei der Trauer, dieser Schrei der Wut, ausgestoßen von der ganzen Nation. Er kann nie vergessen werden!

Am 1. September gegen zehn Uhr klopfte Claude, mein Diener, an meine Tür. Ich schlief noch, und er gab mir eine Kopie der ersten Telegramme:

„Die Schlacht von Sedan hat begonnen. MacMahon wurde verwundet“, usw. usw.

„Ach, geh wieder zurück“, sagte ich, „und bring mir die Nachricht, sobald ein neues Telegramm kommt. Ich fühle, dass etwas Unerhörtes, etwas Großes und ganz Anderes passieren wird. Wir haben im letzten Monat so schrecklich gelitten, dass es jetzt nur etwas Gutes geben kann, etwas Schönes, denn Gottes Waage teilt Freude und Leid gleichermaßen auf. Geh sofort, Claude“, fügte ich hinzu und schlief voller Zuversicht bald wieder ein und war so müde, dass ich bis ein Uhr schlief. Als ich aufwachte, saß meine Zofe Félicie, das entzückendste Mädchen, das man sich vorstellen kann, neben meinem Bett. Ihr hübsches Gesicht und ihre großen dunklen Augen waren so traurig, dass mir das Herz aufhörte zu schlagen. Ich sah sie besorgt an und sie legte mir die Kopie des letzten Telegramms in die Hand:

„Kaiser Napoleon hat gerade sein Schwert übergeben...“

Das Blut schoss mir in den Kopf, und meine Lungen waren zu schwach, um den Blutfluss zu kontrollieren. Ich legte mich auf mein Kissen zurück, und das Blut strömte durch meine Lippen, während ich am ganzen Körper stöhnte.

Drei Tage lang schwebte ich zwischen Leben und Tod. Dr. Leudet ließ einen Freund meines Vaters kommen, einen Schiffseigner namens M. Maunoir. Er kam sofort und brachte seine junge Frau mit. Auch sie war schwer krank, in Wirklichkeit schlimmer als ich, obwohl sie noch frisch aussah, denn sie starb sechs Monate später. Dank ihrer Fürsorge und der energischen Behandlung durch Dr. Leudet überstand ich diesen Anfall lebend.

Ich beschloss, sofort nach Paris zurückzukehren, da die Belagerung ausgerufen werden sollte und ich nicht wollte, dass meine Mutter und meine Schwestern in der Hauptstadt blieben. Unabhängig davon war jeder in Eaux-Bonnes von dem Wunsch gepackt, wegzukommen, Kranke wie Touristen gleichermaßen. Es wurde eine Postkutsche gefunden, deren Besitzer sich bereit erklärte, mich für einen exorbitanten Preis unverzüglich zum nächsten Bahnhof zu bringen. Einmal darin saßen wir mehr oder weniger bequem bis Bordeaux, aber von dort aus war es unmöglich, fünf Plätze im Express zu finden. Mein Diener durfte mit dem Lokomotivführer reisen. Ich weiß nicht, wo Madame Guérard und mein Dienstmädchen Platz fanden, aber in dem Abteil, das ich mit meinem kleinen Jungen betrat, saßen bereits neun Personen. Ein hässlicher alter Mann versuchte, mein Kind herauszustoßen, als ich es hineingesetzt hatte, aber ich stieß es energisch wieder zurück.

„Keine menschliche Kraft wird uns dazu bringen, aus diesem Wagen auszusteigen", sagte ich. „Hörst du das, du hässlicher alter Mann? Wir sind hier und wir werden bleiben."

Eine stämmige Dame, die mehr Platz einnahm als drei gewöhnliche Menschen, rief:

„Na, das ist ja witzig, denn wir sind schon fast erstickt. Es ist eine Schande, elf Personen in ein Abteil zu lassen, in dem es nur Sitzplätze für acht Personen gibt!"

„Wirst du dann aussteigen?", erwiderte ich und drehte mich rasch zu ihr um, „denn ohne dich wären wir nur zu siebt."

Das unterdrückte Gelächter der anderen Reisenden zeigte mir, dass ich mein Publikum gewonnen hatte. Drei junge Männer boten mir ihre Plätze an, aber ich lehnte ab und erklärte, dass ich aufstehen würde. Die drei jungen Männer waren aufgestanden und erklärten, dass sie ebenfalls aufstehen würden. Die stämmige Dame rief einen Bahnbeamten. „Kommen Sie bitte her!", begann sie.

Der Beamte blieb einen Augenblick an der Tür stehen.

„Das ist einfach eine Schande", fuhr sie fort. „In diesem Abteil sitzen elf Personen, und es ist unmöglich, sich zu bewegen."

„Das glauben Sie nicht", rief einer der jungen Männer. „Sehen Sie selbst. Wir stehen, und drei Plätze sind leer. Schicken Sie noch ein paar Leute hier rein."

Der Beamte ging lachend weg und murmelte etwas über die Frau, die sich beschwert hatte. Sie wandte sich dem jungen Mann zu und begann, ihn zu beschimpfen. Er verbeugte sich sehr respektvoll und sagte:

„Madam, wenn Sie sich beruhigen, werden Sie zufrieden sein. Wir werden sieben auf der anderen Seite unterbringen, einschließlich des Kindes, und dann sind Sie auf Ihrer Seite nur noch zu viert."

Der hässliche alte Mann war klein und schmächtig. Er sah die stämmige Dame von der Seite an und murmelte: „Vier! Vier!" Sein Blick und Tonfall zeigten, dass er der Meinung war, die stämmige Dame würde mehr als einen Sitz einnehmen. Dieser Blick und Tonfall entgingen dem jungen Mann nicht, und bevor der hässliche alte Mann es begriffen hatte, sagte er zu ihm: „Wollen Sie herkommen und diese Ecke einnehmen? Dann sind alle dünnen Leute zusammen", fügte er hinzu und lud einen ruhigen, gelassen wirkenden jungen Engländer im Alter von achtzehn bis zwanzig Jahren ein, den Platz des alten Mannes einzunehmen. Der Engländer hatte den Oberkörper eines Preisboxers und ein Gesicht wie das eines blonden Babys. Eine sehr junge Frau gegenüber der stämmigen lachte, bis ihr die Tränen kamen. Dann fanden wir alle sechs Platz auf der Seite des Waggons, wo die dünnen Leute Platz nahmen. Wir waren ein wenig niedergeschlagen, aber diese kleine Unterhaltung hatte uns beträchtlich aufgeheitert, und wir brauchten sicherlich etwas, um uns aufzuheitern. Der junge Mann, der die Sache auf so geistreiche Weise in die Hand genommen hatte, war groß und gutaussehend. Er hatte blaue Augen und sein Haar war fast weiß, was seinem Gesicht eine äußerst attraktive Frische und Jugendlichkeit verlieh. Mein Junge lag die ganze Nacht auf seinem Schoß. Mit Ausnahme des Kindes, der stämmigen Dame und des jungen Engländers schlief niemand ein. Die Hitze war überwältigend und natürlich wurde über den Krieg gesprochen. Nach einigem Zögern sagte mir einer der jungen Männer, dass ich Mlle. Sarah Bernhardt ähnlich sah. Ich antwortete, dass es allen Grund dafür gäbe, dass ich ihr ähnlich sein sollte. Dann stellten sich die jungen Männer vor. Derjenige, der mich erkannt hatte, war Albert Delpit, der zweite war ein Holländer, Baron van Zelern oder von Zerlen, ich erinnere mich nicht genau, wer von beiden, und der junge Mann mit dem weißen Haar war Félix Faure. Er sagte mir, dass er aus Hâvre sei und meine Großmutter sehr gut kenne. Ich pflegte später eine gewisse Freundschaft mit diesen drei Männern, aber später wurde Albert Delpit mein Feind. Alle drei sind inzwischen tot – Albert Delpit starb als enttäuschter Mann, denn er hatte alles versucht und nichts erreicht, der niederländische Baron kam bei einem Eisenbahnunglück ums Leben und Félix Faure war Präsident der Französischen Republik.

Als die junge Frau meinen Namen hörte, stellte sie sich nun vor.

„Ich glaube, wir sind ein wenig verwandt“, sagte sie. „Ich bin Madame Laroque.“

„Aus Bordeaux?“, fragte ich.

"Ja."

Der Bruder meiner Mutter hatte eine Mademoiselle Laroque aus Bordeaux geheiratet, so dass wir uns über unsere Familie unterhalten konnten. Insgesamt kam uns die Reise trotz der Hitze, der Überfüllung und unseres Durstes nicht sehr lang vor.

Die Ankunft in Paris war düsterer. Wir schüttelten uns herzlich die Hände. Der Mann der dicken Dame erwartete sie bereits; er überreichte ihr schweigend ein Telegramm. Die Unglückliche las es, stieß dann einen Schrei aus, brach in Schluchzen aus und fiel ihm in die Arme. Ich sah sie an und fragte mich, was für ein Kummer sie wohl ereilt hatte. Die arme Frau, ich konnte nichts mehr Lächerliches mehr an ihr finden! Ich empfand einen Stich der Reue bei dem Gedanken, dass wir sie so ausgelacht hatten, obwohl das Unglück sie bereits ereilt hatte.

Als ich nach Hause kam, ließ ich meiner Mutter ausrichten, dass ich im Laufe des Tages bei ihr sein würde. Sie kam sofort, da sie wissen wollte, wie es um meine Gesundheit stand. Dann arrangierten wir die Abreise der ganzen Familie, mit Ausnahme meiner, da ich während der Belagerung in Paris bleiben wollte. Meine Mutter, mein kleiner Junge und sein Kindermädchen, meine Schwestern, meine Tante Annette, die für mich den Haushalt führte, und das Dienstmädchen meiner Mutter waren alle bereit, zwei Tage später abzureisen. Ich hatte für die ganze Familie Zimmer bei Frascati in Hâvre genommen. Aber der Wunsch, Paris zu verlassen, war eine Sache, und die Möglichkeit, dies zu tun, eine andere. Die Bahnhöfe wurden von Familien wie der meinen überfallen, die es für klüger hielten, auszuwandern. Ich schickte meinen Diener los, um ein Abteil zu bestellen, und er kam drei Stunden später mit zerrissenen Kleidern zurück, nachdem er endlos viele Tritte und Schläge einstecken musste.

„Madame kann sich nicht in diese Menschenmenge begeben“, versicherte er mir. „Das ist völlig unmöglich. Ich könnte sie nicht beschützen. Außerdem wird Madame nicht allein sein. Da sind Madames Mutter, die anderen Damen und die Kinder. Das ist wirklich völlig unmöglich.“

Ich ließ sofort drei meiner Freunde kommen, erklärte ihnen mein Problem und bat sie, mich zu begleiten. Ich sagte meinem Verwalter, er solle sich bereithalten, ebenso wie meinem anderen Diener und dem Lakaien meiner Mutter. Er wiederum lud seinen jüngeren Bruder ein, der Priester war und sehr gern mit uns ging. Wir fuhren alle in einem Eisenbahnomnibus los. Wir waren insgesamt siebzehn, aber nur neun reisten wirklich. Unsere acht

Beschützer waren nicht zu viele, denn diejenigen, die Fahrkarten nahmen, waren keine Menschen, sondern wilde Tiere, die von Angst geplagt und von dem Wunsch zu entkommen angetrieben wurden. Diese Bestien sahen nichts als den kleinen Fahrkartenschalter, die Tür zum Zug und dann den Zug, der ihnen die Flucht ermöglichen würde. Die Anwesenheit des jungen Priesters war uns eine große Hilfe, denn sein religiöser Charakter ließ die Leute manchmal von Schlägen absehen.

Als alle meine Leute in dem für sie reservierten Abteil Platz genommen hatten, winkten sie zum Abschied, warfen sich Küsse zu, und der Zug fuhr ab. Ein Schauder des Schreckens durchlief mich, denn ich fühlte mich plötzlich so vollkommen allein. Es war das erste Mal, dass ich von dem kleinen Kind getrennt war, das mir lieber war als die ganze Welt.

Dann legten sich zwei Arme liebevoll um mich und eine Stimme murmelte: „Meine liebe Sarah, warum bist du nicht auch gegangen? Du bist so zart. Wirst du die Einsamkeit ohne das liebe Kind ertragen können?"

Es war Madame Guérard, die zu spät gekommen war, um den Jungen zu küssen, aber jetzt da war, um die Mutter zu trösten. Ich gab meiner Verzweiflung nach und bedauerte, ihn gehen gelassen zu haben. Und doch, sagte ich mir, könnte es in Paris Kämpfe geben! Nicht einen Augenblick lang kam mir der Gedanke, dass ich mit ihm weggegangen sein könnte. Ich dachte, ich könnte in Paris von Nutzen sein. Von Nutzen, aber in welcher Weise? Das wusste ich nicht. Der Gedanke schien dumm, aber trotzdem war es mein Gedanke. Es schien mir, dass jeder, der dazu in der Lage war, in Paris bleiben sollte. Trotz meiner Schwäche fühlte ich, dass ich dazu in der Lage war, und das aus gutem Grund, wie ich später bewies. Also blieb ich, ohne überhaupt zu wissen, was ich tun sollte.

Einige Tage lang war ich völlig benommen, vermisste das Leben um mich herum und die Zuneigung.

XVI
SARAH BERNHARDTS KRANKENWAGEN IM ODÉON THEATER

Die Verteidigung wurde jedoch organisiert und ich beschloss, meine Kraft und Intelligenz für die Versorgung der Verwundeten einzusetzen. Die Frage war, wo wir einen Krankenwagen unterbringen konnten.

Das Odéon-Theater hatte seine Türen geschlossen, aber ich setzte Himmel und Hölle in Bewegung, um die Erlaubnis zu bekommen, in diesem Theater einen Krankenwagen zu organisieren, und dank Emile de Girardin und Duquesnel wurde mein Wunsch erfüllt. Ich ging zum Kriegsministerium und reichte meine Erklärung und meine Bitte ein, und meine Angebote für einen Militärkrankenwagen wurden angenommen. Die nächste Schwierigkeit war, dass ich Lebensmittel brauchte. Ich schrieb eine Zeile an den Polizeipräfekten. Sehr bald traf ein Militärkurier mit einer Notiz des Präfekten ein, die die folgenden Zeilen enthielt:

„ MADAM , wenn Sie sofort kommen könnten, würde ich bis sechs Uhr auf Sie warten. Andernfalls empfange ich Sie morgen früh um acht. Entschuldigen Sie die frühe Stunde, aber ich muss um neun Uhr morgens im Saal sein, und da Ihr Brief dringend zu sein scheint, möchte ich Ihnen gern behilflich sein.

„ GRAF VON KÉRATRY. "

Ich erinnerte mich an einen Grafen von Kératry, der mir im Haus meiner Tante vorgestellt worden war, an dem Abend, als ich in Begleitung von Rossini Gedichte rezitiert hatte. Er war jedoch ein junger Leutnant, gutaussehend, geistreich und lebhaft. Er hatte mich seiner Mutter vorgestellt. Ich hatte bei ihren *Soireen Gedichte rezitiert* . Der junge Leutnant war nach Mexiko gegangen, und eine Zeit lang hatten wir Briefwechsel aufrechterhalten, aber dieser hatte allmählich aufgehört, und wir hatten uns nie wieder getroffen. Ich fragte Madame Guérard, ob sie glaube, dass der Präfekt ein naher Verwandter meines jungen Freundes sei. „Das kann sein", antwortete sie, und wir besprachen dies in der Kutsche, die uns sofort zum Tuilerienpalast brachte, wo der Präfekt seine Büros hatte. Als wir die Steintreppe erreichten, war mir das Herz sehr schwer. Nur wenige Monate zuvor, an einem Aprilmorgen, war ich mit Madame Guérard dort gewesen. Damals wie heute war ein Lakai vorgetreten, um die Tür meines Wagens zu öffnen, aber die Aprilsonne hatte damals die Stufen erhellt, die leuchtenden Lampen der Staatskutschen aufgefangen und ihre Strahlen in alle Richtungen gesandt. Es hatte damals ein geschäftiges, freudiges Kommen und Gehen der Offiziere gegeben, und es wurden elegante Grüße ausgetauscht. Bei dieser

Gelegenheit fiel die neblig-listig wirkende Novembersonne schwer auf alles, was sie berührte. Schwarze, schmutzig aussehende Droschken fuhren eine nach der anderen vor, klopften gegen das Eisentor, streiften die Stufen, kamen näher oder gingen zurück, je nach den groben Rufen ihrer Kutscher. Statt der eleganten Grüße hörte ich jetzt Sätze wie: „Na, wie geht es Ihnen, alter Junge?" „Oh, *la gueule de bois* !" „Na, was gibt es Neues?" „Ja, es steht ganz schön übel mit uns!" usw. usw.

Der Palast war nicht mehr derselbe.

Die Atmosphäre selbst hatte sich verändert. Der schwache Duft, den elegante Frauen beim Vorbeigehen in der Luft hinterlassen, war verschwunden. Ein vager Geruch von Tabak, fettiger Kleidung und schmutzigem Haar ließ die Atmosphäre schwer erscheinen. Ah, die schöne französische Kaiserin! Ich konnte sie wieder in ihrem blauen, mit Silber bestickten Kleid sehen, wie sie Aschenputtels gute Fee zu Hilfe rief, damit sie ihr wieder mit ihrem kleinen Schuh half. Und auch den entzückenden jungen Kaiserprinzen! Ich konnte ihn sehen, wie er mir half, die Töpfe mit Eisenkraut und Margeriten zu arrangieren, und wie er in seinen Armen, die dafür nicht stark genug waren, einen riesigen Topf mit Rhododendren hielt, hinter dem sein hübsches Gesicht vollständig verschwand. Dann konnte ich auch Kaiser Napoleon III. mit halb geschlossenen Augen sehen, wie er bei der Probe der für ihn vorgesehenen Knickse in die Hände klatschte.

Und die schöne Kaiserin war in seltsamen Kleidern im Wagen ihres amerikanischen Zahnarztes davongeeilt, denn es war nicht einmal ein Franzose, sondern ein Ausländer, der den Mut gehabt hatte, die unglückliche Frau zu beschützen. Und der sanfte utopische Kaiser hatte vergeblich versucht, auf dem Schlachtfeld getötet zu werden. Zwei Pferde waren unter seiner Führung getötet worden, und er hatte nicht einmal einen Kratzer abbekommen. Und danach hatte er sein Schwert abgegeben. Und wir zu Hause hatten alle vor Wut, Scham und Kummer geweint, als er das Schwert abgegeben hatte. Und doch, wie viel Mut musste ein so tapferer Mann gehabt haben, um eine solche Tat zu vollbringen. Er hatte hunderttausend Männer retten, hunderttausend Leben verschonen und hunderttausend Mütter beruhigen wollen. Unser armer, geliebter Kaiser! Die Geschichte wird ihm eines Tages Gerechtigkeit widerfahren lassen, denn er war gut, menschlich und vertrauensselig. Ach, ach! Er war zu vertrauensselig!

Ich blieb einen Moment stehen, bevor ich die Gemächer des Präfekten betrat. Ich musste mir die Augen wischen und um meinen Gedankenfluss zu ändern, sagte ich zu *mon petit Dame* ...

„Sag mir, würdest du mich hübsch finden, wenn du mich jetzt zum ersten Mal sehen würdest?"

„Oh ja!", antwortete sie herzlich.

„Umso besser", sagte ich, „denn ich möchte, dass dieser alte Präfekt mich hübsch findet. Es gibt so viele Dinge, um die ich ihn bitten muss!"

Als ich sein Zimmer betrat, war ich überrascht, in ihm den Leutnant zu erkennen, den ich kannte. Er war Hauptmann und dann Polizeipräfekt geworden. Als der Platzanweiser meinen Namen ausrief, sprang er von seinem Stuhl auf und kam mit strahlendem Gesicht und ausgestreckten Händen auf mich zu.

„Ah, Sie hatten mich vergessen!", sagte er und wandte sich dann um, um Madame Guérard freundlich zu begrüßen.

„Aber ich hätte nie gedacht, dass ich Sie besuchen würde!", erwiderte ich. „Und ich freue mich", fuhr ich fort, „denn Sie werden mir alles geben, worum ich bitte."

„Nur das!", bemerkte er und brach in Gelächter aus. „Nun, geben Sie Ihre Befehle, Madame?", fuhr er fort.

„Ja. Ich möchte Brot, Milch, Fleisch, Gemüse, Zucker, Wein, Schnaps, Kartoffeln, Eier, Kaffee", sagte ich sofort.

„Oh, lass mich erst mal Luft holen!", rief der Grafpräfekt. „Du sprichst so schnell, dass mir die Luft wegbleibt."

Ich war einen Moment still und fuhr dann fort:

„Ich habe einen Krankenwagen im Odéon ins Leben gerufen, aber da es sich um einen Militärkrankenwagen handelt, verweigert mir die Stadtverwaltung die Verpflegung. Ich habe bereits fünf Verwundete und kann mich um sie kümmern, aber mir werden noch weitere Verwundete geschickt, denen ich Essen geben muss."

„Sie werden über alle Ihre Wünsche hinaus versorgt werden", sagte der Präfekt. „Im Palast gibt es Lebensmittel, die die unglückliche Kaiserin gelagert hat. Sie hat genug für viele Monate vorbereitet. Ich werde alles, was Sie brauchen, nachschicken lassen, außer Fleisch, Brot und Milch, und was diese betrifft, werde ich anordnen, dass Ihre Ambulanz in den städtischen Dienst aufgenommen wird, obwohl es sich um eine militärische handelt. Dann werde ich Ihnen Salz und andere Dinge bestellen, die Sie in der Oper bekommen können."

„Von der Oper?", wiederholte ich und sah ihn ungläubig an. „Aber sie wird doch erst gebaut, und es steht dort noch nichts als ein Gerüst."

„Ja, aber Sie müssen durch die kleine Tür unter dem Gerüst gegenüber der Rue Scribe gehen. Dann steigen Sie die kleine Wendeltreppe hinauf, die zum Proviantbüro führt. Dort werden Sie mit allem versorgt, was Sie brauchen."

„Ich möchte noch etwas anderes fragen", sagte ich.

„Fahren Sie fort. Ich habe mich damit abgefunden und bin bereit für Ihre Befehle", antwortete er.

„Nun, ich bin sehr beunruhigt", sagte ich, „denn sie haben in den Kellern unter dem Odéon einen Vorrat an Pulver gelagert. Wenn Paris bombardiert würde und eine Granate auf das Gebäude fallen würde, würden wir alle in die Luft gesprengt werden, und das ist nicht das Ziel und der Zweck eines Krankenwagens."

„Sie haben ganz recht", sagte der freundliche Mann, „und nichts könnte dümmer sein, als dort Pulver zu lagern. Das wird mir allerdings schwerer fallen", fuhr er fort, „denn ich werde es mit einer Menge sturer *Bürger zu tun bekommen* , die die Verteidigung auf ihre eigene Weise organisieren wollen. Sie müssen versuchen, eine Petition für mich zu bekommen, die von den einflussreichsten Hausbesitzern und Gewerbetreibenden der Nachbarschaft unterzeichnet wird. Sind Sie nun zufrieden?", fragte er.

„Ja", antwortete ich und schüttelte ihm herzlich beide Hände. „Sie waren äußerst freundlich und charmant. Vielen Dank."

Dann ging ich zur Tür, blieb aber plötzlich wieder stehen, als wäre ich von einem über einem Stuhl hängenden Mantel hypnotisiert. Madame Guérard sah, was meine Aufmerksamkeit erregt hatte, und zog mich sanft am Ärmel.

„Meine liebe Sarah", flüsterte sie, „tu das nicht."

Ich sah den jungen Präfekten flehend an, aber er verstand nicht.

„Mit welcher Gefälligkeit kann ich Ihnen jetzt dienen, schöne Madonna?", fragte er.

Ich zeigte auf den Mantel und versuchte, möglichst charmant auszusehen.

„Es tut mir sehr leid", sagte er verwirrt, „aber ich verstehe das überhaupt nicht."

Ich zeigte immer noch auf den Mantel.

„Gib es mir, ja?", sagte ich.

„Mein Mantel?"

"Ja."

„Wofür willst du es?"

„Für meine verwundeten Männer, während sie genesen."

Er sank lachte und ließ sich auf einen Stuhl fallen. Ich war ziemlich verärgert über diesen unkontrollierbaren Ausbruch und fuhr mit meiner Erklärung fort.

„Das ist gar nicht so lustig", sagte ich. „Ich habe zum Beispiel einen armen Kerl, dem zwei Finger abgerissen wurden. Dafür braucht er natürlich nicht im Bett zu bleiben, und sein Soldatenumhang ist nicht warm genug. Es ist sehr schwierig, das große *Foyer* des Odéon ausreichend zu heizen, und diejenigen, denen es gut genug geht, müssen dort sein. Dem Mann, von dem ich Ihnen erzähle, ist es im Moment warm genug, weil ich Henri Foulds Mantel mitgenommen habe, als er mich neulich besuchte. Mein armer Soldat ist riesig, und da Henri Fould ein Riese ist, hätte ich vielleicht nie wieder eine solche Gelegenheit gehabt. Ich werde jedoch sehr viele Mäntel brauchen, und dieser sieht aus wie ein sehr warmer."

Ich streichelte das pelzige Futter des begehrten Kleidungsstücks, und der junge Präfekt, der noch immer vor Lachen erstickte, begann, die Taschen seines Mantels zu leeren. Aus der größten Tasche zog er einen prächtigen weißen Seidenschal.

„Darf ich meinen Schalldämpfer behalten?", fragte er.

Ich setzte ein resigniertes Gesicht auf und nickte zustimmend.

Dann klingelte unser Gastgeber, und als der Platzanweiser erschien, reichte er ihm den Mantel und sagte mit ernster Stimme, trotz des Lachens in seinen Augen:

„Würden Sie das für die Damen zur Kutsche tragen?"

Ich bedankte mich noch einmal bei ihm und ging mit einem sehr glücklichen Gefühl weg.

Zwölf Tage später kehrte ich zurück und nahm einen Brief mit, der mit den Unterschriften der in der Nähe des Odéon wohnenden Haus- und Geschäftsinhaber versehen war.

Als ich das Zimmer des Präfekten betrat, war ich zu Tode erschrocken, als ich sah, wie er, statt mir entgegenzukommen, auf einen Schrank zulief, die Tür öffnete und hastig etwas hineinwarf. Danach lehnte er sich gegen die Tür, als wolle er verhindern, dass ich sie öffnete.

„Entschuldigen Sie", sagte er in witzig-spöttischem Ton, „aber ich habe mir nach Ihrem ersten Besuch eine heftige Erkältung eingefangen. Ich habe gerade meinen Mantel – oh, nur einen hässlichen alten Mantel, keinen warmen", fügte er schnell hinzu, „aber immerhin einen Mantel – dort hineingelegt, und da liegt er jetzt, und ich werde den Schlüssel aus dem Schloss ziehen."

Er steckte den Schlüssel vorsichtig in die Tasche, kam dann auf mich zu und bot mir einen Stuhl an. Doch unser Gespräch nahm bald eine ernstere Wendung, denn die Nachrichten waren sehr schlecht. In den letzten zwölf Tagen waren die Krankenwagen mit Verwundeten vollgestopft. Alles war in einer schlimmen Lage, innenpolitisch wie außenpolitisch. Die Deutschen rückten auf Paris vor. Die Loire-Armee wurde aufgestellt. Gambetta, Chanzy, Bourbaki und Trochu organisierten eine verzweifelte Verteidigung. Wir sprachen eine Zeitlang über all diese traurigen Dinge, und ich erzählte ihm von dem schmerzlichen Eindruck, den ich bei meinem letzten Besuch in den Tuilerien gewonnen hatte, von meiner Erinnerung an jeden einzelnen, der früher so brillant, so rücksichtsvoll und so glücklich war und jetzt so sehr zu bedauern ist. Wir schwiegen einen Moment, dann schüttelte ich ihm die Hand, sagte ihm, ich hätte alles erhalten, was er geschickt hatte, und kehrte zu meinem Krankenwagen zurück.

Der Präfekt hatte mir zehn Fässer Wein und zwei Fässer Brandy geschickt; 30.000 Eier, alle in Kisten mit Kalk und Kleie verpackt; hundert Beutel Kaffee und Kisten Tee, vierzig Kisten Albert-Kekse, tausend Dosen Konserven und jede Menge anderer Dinge.

M. Menier, der große Schokoladenfabrikant, hatte mir fünfhundert Pfund Schokolade geschickt. Einer meiner Freunde, ein Mehlhändler, hatte mir zwanzig Säcke Mehl geschenkt, davon zehn Maismehl. Dieser Mehlhändler war derjenige, der mich gefragt hatte, ob ich seine Frau werden wolle, als ich am Konservatorium war. Félix Potin, mein Nachbar, als ich am Boulevard Malesherbes 11 wohnte, hatte auf meine Bitte reagiert, indem er mir zwei Fässer Rosinen, hundert Schachteln Sardinen, drei Säcke Reis, zwei Säcke Linsen und zwanzig Zuckerhüte schickte. Von M. de Rothschild hatte ich zwei Fässer Brandy und hundert Flaschen seines eigenen Weins für die Genesenden erhalten. Ich bekam auch ein sehr unerwartetes Geschenk. Léonie Dubourg, eine alte Schulkameradin von mir im Kloster von Grand-Champs, schickte mir fünfzig Blechdosen mit jeweils vier Pfund gesalzener Butter. Sie hatte einen sehr wohlhabenden Landwirt geheiratet , der seine eigenen Bauernhöfe bewirtschaftete, von denen es anscheinend sehr viele gab. Ich war sehr gerührt, dass sie sich an mich erinnerte, denn ich hatte sie seit den alten Tagen im Kloster nie mehr gesehen. Ich hatte auch nach allen Mänteln und Pantoffeln meiner verschiedenen Freunde gefragt und eine Menge von zweihundert Flanellwesten aufgekauft. Meine Tante Betsy, die Schwester meiner blinden Großmutter, die noch immer in Holland lebt und jetzt dreiundneunzig Jahre alt ist, schaffte es, mir durch den charmanten Botschafter der Niederlande dreihundert Nachthemden aus herrlichem holländischem Leinen und hundert Paar Laken zu besorgen. Ich erhielt aus jeder Ecke von Paris Fussel und Bandagen, aber vor allem aus dem Palais de l'Industrie holte ich mir meinen Vorrat an Fussel und Leinen zum Verbinden von Wunden. Dort lebte eine bezaubernde Frau namens Mlle. Hocquigny, die alle Krankenwagen leitete. Alles, was sie tat, tat sie mit fröhlicher Anmut, und alles, was sie ablehnen musste, lehnte sie traurig, aber dennoch auf liebenswürdige Weise ab. Sie war damals über dreißig Jahre alt, und obwohl unverheiratet, sah sie eher wie eine sehr junge verheiratete Frau aus. Sie hatte große, blaue, verträumte Augen und einen lachenden Mund, ein herrlich ovales Gesicht, kleine Grübchen und, als Krönung all dieser Anmut, dieses verträumten Ausdrucks und dieses koketten, einladenden Mundes, eine breite Stirn wie die der Jungfrauen, die von den frühen Malern gemalt wurden, ziemlich hervorstehend, umgeben von Haaren, die in glatten, breiten, flachen Bandeaux getragen wurden, die durch einen makellosen Scheitel getrennt waren. Die Stirn schien wie der schützende Wall dieses herrlichen Gesichts. Mlle. Hocquigny wurde von allen angebetet und hochgeschätzt, aber sie blieb unverwundbar gegenüber allen Huldigungen. Sie war glücklich, geliebt zu werden, aber sie ließ nicht zu, dass jemand ihre Zuneigung für sie ausdrückte.

Im Palais de l'Industrie waren eine bemerkenswerte Anzahl berühmter Ärzte und Chirurgen im Dienst, und sie waren, ebenso wie die Rekonvaleszenten, alle mehr oder weniger in Mlle. Hocquigny verliebt. Da sie und ich gute Freunde waren, vertraute sie mir ihre Beobachtungen und ihre traurige Verachtung an. Dank ihr mangelte es mir nie an Wäsche oder Flusen. Ich hatte meine Ambulanz mit sehr wenig Personal organisiert. Meine Köchin wurde im öffentlichen *Foyer untergebracht* . Ich hatte ihr einen riesigen Herd gekauft, damit sie Suppen und Kräutertee für fünfzig Männer kochen konnte. Ihr Mann war Oberwärter. Ich hatte ihm zwei Assistenten gegeben, und Madame Guérard, Madame Lambquin und ich waren die Krankenschwestern. Zwei von uns blieben nachts wach, so dass wir jede dritte Nacht zu Bett gingen. Das war mir lieber, als eine Frau anzunehmen, die ich nicht kannte. Madame Lambquin gehörte zum Odéon, wo sie die Rolle der Duennas übernahm. Sie war schlicht und hatte ein gewöhnliches Gesicht, war aber sehr begabt. Sie sprach laut und war sehr direkt. Sie nannte die Dinge beim Namen und mochte Offenheit und keine Unterbedeutungen. Manchmal war sie mit der Derbheit ihrer Worte und Bemerkungen ein wenig peinlich, aber sie war freundlich, aktiv, aufmerksam und ergeben. Meine verschiedenen Freunde, die in den Festungen Dienst leisteten, kamen in ihrer Freizeit zu mir, um meine Sekretärsarbeit zu erledigen. Ich musste ein Buch führen, das jeden Tag einem Sergeant gezeigt wurde, der aus dem Militärkrankenhaus Val-de-Grâce kam, und in dem alle Einzelheiten darüber standen, wie viele Männer in unseren Krankenwagen kamen, wie viele starben und wie viele genesen und gingen. Paris befand sich im Belagerungszustand; niemand konnte weit außerhalb der Mauern gehen, und es konnten keine Nachrichten von draußen empfangen werden. Die Deutschen waren jedoch noch nicht vor den Toren der Stadt. Baron Larrey besuchte mich ab und zu, und mein Chefchirurg war Dr. Duchesne, der während der fünf Monate, die dieser wahrhaft furchtbare Albtraum dauerte, Tag und Nacht seine ganze Zeit der Pflege meiner armen Männer widmete.

Ich kann mich nicht ohne tiefste Ergriffenheit an diese schrecklichen Tage erinnern. Es war nicht mehr das Land in Gefahr, das meine Nerven angespannt hielt, sondern das Leiden all seiner Kinder. Da waren all jene, die im Krieg waren, jene, die verwundet oder sterbend zu uns gebracht wurden; die edlen Frauen des Volkes, die stundenlang Schlange standen, *um* die notwendige Gabe an Brot, Fleisch und Milch für ihre armen Kleinen zu Hause zu bekommen. Ach, diese armen Frauen! Ich konnte sie von den Fenstern des Theaters aus sehen, wie sie sich dicht aneinander drängten, blau vor Kälte, und mit den Füßen auf den Boden stampften, um nicht zu frieren – denn dieser Winter war der grausamste, den wir seit zwanzig Jahren hatten. Oft wurde eine dieser armen, stummen Heldinnen zu mir gebracht, entweder ohnmächtig vor Erschöpfung oder plötzlich von einer durch die Kälte verursachten Verstopfung befallen. Am 20. Dezember wurden drei dieser unglücklichen Frauen in den Krankenwagen gebracht. Eine von ihnen hatte Erfrierungen an den Füßen und verlor den großen Zeh ihres rechten Fußes. Die zweite war eine enorm stämmige Frau, die ihr Kind stillte, und ihre armen Brüste waren härter als Holz. Sie schrie förmlich vor Schmerzen. Die jüngste der drei war ein Mädchen von sechzehn bis achtzehn Jahren. Sie erfror auf dem Bock, auf den ich sie hatte stellen lassen, um sie nach Hause zu schicken. Am 24. Dezember waren es fünfzehn Grad kalt. Ich schickte Guillaume, unseren Diener, oft mit ein wenig Brandy hinaus, um die armen Frauen zu wärmen. Oh! Was für ein Leid müssen sie ertragen haben – diese untröstlichen Mütter, diese Schwestern und *Verlobten* – in ihrer schrecklichen Angst. Wie entschuldbar erscheint ihre Rebellion während der Kommune und sogar ihr blutrünstiger Wahnsinn!

Mein Krankenwagen war voll. Ich hatte sechzig Betten und musste zehn weitere improvisieren. Die Soldaten wurden im Aufenthaltsraum und im Foyer untergebracht , die Offiziere in einem Raum, der früher der Erfrischungsraum des Theaters gewesen war.

Eines Tages wurde ein junger Bretone namens Marie Le Gallec eingeliefert. Er war von einer Kugel in die Brust und einer weiteren ins Handgelenk getroffen worden. Dr. Duchesne bandagierte seine Brust fest und kümmerte sich um sein Handgelenk. Dann sagte er ganz einfach zu mir:

„Gib ihm, was er will – er liegt im Sterben."

Ich beugte mich über sein Bett und sagte zu ihm:

„Sag mir, was dir Freude bereiten würde, Marie Le Gallec.“

„Suppe“, antwortete er prompt und auf höchst komische Weise.

Madame Guérard eilte in die Küche und kam bald mit einer Schüssel Brühe und Toaststücken zurück. Ich stellte die Schüssel auf das kleine vierbeinige Holzregal, das so praktisch für die Mahlzeiten unserer armen Leidenden war. Der Verwundete sah zu mir auf und sagte: „Barra.“ Ich verstand nicht, und er wiederholte: „Barra.“ Seine arme Brust ließ ihn das Wort zischen, und er gab sich die größte Mühe, seine nachdrückliche Bitte zu wiederholen.

Da ich dachte, dass dort sicherlich bretonische Seeleute seien, schickte ich sofort eine Nachricht an das Marinebüro und erklärte ihnen mein Problem und meine Unkenntnis des bretonischen Dialekts.

Man sagte mir, dass das Wort „barra“ Brot bedeutet. Ich eilte sofort mit einem großen Stück Brot zu Le Gallec. Sein Gesicht strahlte, und er nahm es mir mit seiner gesunden Hand ab, zerbrach es mit den Zähnen und ließ die Stücke in die Schüssel fallen. Dann stieß er seinen Löffel in die Mitte der Brühe und füllte sie mit Brot, bis der Löffel aufrecht darin stehen konnte. Als er ohne zu wackeln stehen blieb, lächelte der junge Soldat. Er wollte gerade dieses schreckliche Gebräu essen, als der junge Priester aus St. Sulpice eintraf, der meinen Krankenwagen betreute. Ich hatte nach ihm geschickt, als ich das traurige Urteil des Arztes hörte. Er legte seine Hand sanft auf die Schulter des jungen Mannes und stoppte so die Bewegung seines Arms. Der arme Kerl sah zu dem Priester auf, der ihm den heiligen Kelch zeigte.

„Oh“, sagte er einfach, und dann legte er sein grobes Taschentuch über die dampfende Suppe und faltete die Hände.

Wir hatten die beiden Trennwände, die wir zur Isolierung der Toten oder Sterbenden verwendeten, um sein Bett herum aufgestellt. Er blieb mit dem Priester allein, während ich meine Runde machte, um die zu beruhigen, die nörgelten, oder den Gläubigen zu helfen, sich zum Gebet aufzurichten. Der junge Priester schob die Trennwand bald beiseite, und dann sah ich Marie Le Gallec mit strahlendem Gesicht, wie er seinen abscheulichen Brotbrei aß. Er schlief bald ein, wachte aber bald auf, bat um etwas zu trinken und starb dann an einem leichten Erstickungsanfall. Glücklicherweise verlor ich nicht viele Männer von den dreihundert, die in meinen Krankenwagen kamen, denn der Tod der Unglücklichen erschütterte mich völlig.

Ich war damals noch sehr jung, erst 24 Jahre alt, aber ich konnte dennoch die Feigheit einiger Männer und den Heldenmut vieler anderer erkennen. Einem jungen Savoyer, 18 Jahre alt, war der Zeigefinger abgeschossen worden. Baron Larrey war ganz sicher, dass er es selbst mit seinem eigenen Gewehr getan hatte, aber das konnte ich nicht glauben. Ich bemerkte jedoch, dass die Wunde trotz unserer Pflege und Fürsorge nicht heilte. Ich verband sie anders und sah am nächsten Tag, dass der Verband verändert worden war. Ich erzählte dies Madame Lambquin, die in dieser Nacht mit Madame Guérard wach blieb.

„Gut, ich werde ein Auge auf ihn haben. Geh schlafen, mein Kind, und verlass dich auf mich."

Als ich am nächsten Tag ankam, erzählte sie mir, dass sie den jungen Mann dabei erwischt hatte, wie er mit seinem Messer an der Wunde an seinem Finger herumkratzte. Ich rief ihn an und sagte ihm, dass ich dies dem Krankenhaus von Val-de-Grâce melden müsse.

Er begann zu weinen und schwor mir, dass er es nie wieder tun würde, und fünf Tage später ging es ihm wieder gut. Ich unterschrieb das Papier, das ihn berechtigte, den Krankenwagen zu verlassen, und er wurde zur Verteidigungsarmee geschickt. Ich fragte mich oft, was aus ihm geworden war. Ein anderer unserer Patienten machte uns ebenfalls ratlos. Immer wenn seine Wunde kurz vor der Heilung zu stehen schien, bekam er einen heftigen Ruhranfall, der seine Genesung verhinderte. Das kam Dr. Duchesne verdächtig vor, und er bat mich, den Mann zu beobachten. Nach geraumer Zeit waren wir davon überzeugt, dass unser Verwundeter sich den komischsten Plan ausgedacht hatte.

Er schlief direkt an der Wand und hatte daher auf der einen Seite keinen Nachbarn. In der Nacht gelang es ihm, das Messing seines Bettgestells zu feilen. Er legte die Feilen in einen kleinen Topf, der für eine Art Salbe verwendet worden war. Ein paar Tropfen Wasser und etwas Salz vermischt mit diesem Messingpulver ergaben ein Gift, das seinen Erfinder das Leben hätte kosten können. Ich war wütend über diese List. Ich schrieb an das Val-de-Grâce, und ein Krankenwagen wurde geschickt, um diesen unpatriotischen Franzosen wegzubringen.

Doch Seite an Seite mit diesen verachtenswerten Männern sahen wir welch heldenhaften Mut! Eines Tages wurde ein junger Hauptmann hereingebracht. Er war ein großer Kerl, ein richtiger Herkules, mit einem prächtigen Kopf und einem offenen Gesichtsausdruck. In meinem Buch war er als Hauptmann Menesson eingetragen. Er war von einer Kugel am oberen Arm getroffen worden, genau an der Schulter. Mit Hilfe einer Krankenschwester versuchte ich, ihm so sanft wie möglich den Mantel auszuziehen, als drei Kugeln aus der Kapuze fielen, die er über den Kopf gezogen hatte, und ich zählte sechzehn Einschusslöcher im Mantel. Der junge Offizier hatte drei Stunden lang aufrecht gestanden und selbst als Zielscheibe gedient, während er den Rückzug seiner Männer deckte, die die ganze Zeit auf den Feind schossen. Dies hatte sich zwischen den Reben von Champigny abgespielt. Er war bewusstlos in einem Krankenwagen hereingebracht worden. Er hatte viel Blut verloren und war vor Erschöpfung und Schwäche halb tot. Er war sehr sanft und charmant und fühlte sich zwei Tage später wieder so gesund, dass er in den Kampf zurückkehren konnte. Der Arzt erlaubte dies jedoch nicht und seine Schwester, eine Nonne, bat ihn dringend, zu warten, bis es ihm wieder halbwegs gut ginge.

„Oh, nicht ganz gesund", sagte sie lächelnd, „aber gerade gesund genug, um die Kraft zum Kämpfen zu haben."

Bald nachdem er in den Krankenwagen gestiegen war, wurde ihm das Kreuz der Ehrenlegion überreicht, und das war für alle ein Moment intensiver Ergriffenheit. Die unglücklichen Verwundeten, die sich nicht bewegen konnten, wandten ihm ihre leidenden Gesichter zu und warfen ihm mit durch einen Tränenschleier glänzenden Augen einen brüderlichen Blick zu. Die Stärkeren unter ihnen streckten dem jungen Riesen ihre Hände entgegen.

Es war Heiligabend, und ich hatte den Krankenwagen mit Girlanden aus grünen Blättern geschmückt. Ich hatte hübsche kleine Kapellen vor der Jungfrau Maria errichtet, und der junge Priester aus St. Sulpice kam, um an unserem bescheidenen, aber poetischen Weihnachtsgottesdienst teilzunehmen. Er sagte einige schöne Gebete auf, und die Verwundeten, von denen viele aus der Bretagne stammten, sangen einige traurige, feierliche und zauberhafte Lieder.

Porel, der derzeitige Leiter des Vaudeville-Theaters, war auf dem Avron-Plateau verwundet worden. Er war damals auf dem Weg der Besserung und einer meiner Patienten, zusammen mit zwei Offizieren, die nun bereit waren, den Krankenwagen zu verlassen. Dieses Weihnachtsessen ist eine meiner bezauberndsten und zugleich melancholischsten Erinnerungen. Es wurde in dem kleinen Raum serviert, den wir zu einem Schlafzimmer umgebaut hatten. Unsere drei Betten waren mit Vorhängen und Fellen bedeckt, die ich von zu Hause mitgebracht hatte, und wir benutzten sie als Sitzgelegenheiten. Mlle. Hocquigny hatte mir fünf Meter *Boudin blanc* („Weißwurst") geschickt, das berühmte Weihnachtsgericht, und alle meine armen Soldaten, denen es einigermaßen gut ging, waren von dieser Köstlichkeit entzückt. Einer meiner Freunde hatte zwanzig große *Brioche*- Kuchen für mich backen lassen, und ich hatte einige große Schüsseln Punsch bestellt, dessen bunte Flammen die erwachsenen kranken Kinder ungemein amüsierten. Der junge Priester aus St. Sulpice nahm ein Stück *Brioche* und verließ uns, nachdem er ein wenig Weißwein getrunken hatte. Ach, wie nett und gut war er, dieser arme junge Priester! Und wie gut er es schaffte, Fortin, den unerträglichen Verletzten, zum Schweigen zu bringen. Allmählich begann dieser, menschlicher zu werden, bis er schließlich anfing, den Priester für einen guten Kerl zu halten. Armer junger Priester! Er wurde von den Kommunisten erschossen. Ich weinte tagelang über den Mord an diesem jungen Priester von St. Sulpice.

XVII

PARIS BOMBARDIERT

Der Monat Januar kam. Die feindliche Armee hielt Paris von Tag zu Tag fester im Griff. Die Nahrungsmittel wurden knapp. Bittere Kälte hüllte die Stadt ein, und arme Soldaten, die fielen, manchmal nur leicht verwundet, starben sanft in einem ewigen Schlaf, ihr Gehirn war betäubt und ihr Körper halb erfroren.

Von außen kamen keine weiteren Nachrichten, aber dank des US-Gesandten, der in Paris bleiben wollte, trafen von Zeit zu Zeit Briefe ein. So erhielt ich einen dünnen Zettel, weich wie ein Primelblatt, der mir folgende Botschaft überbrachte: „Allen gut. Mut. Tausend Küsse. – Deine Mutter." Dieses ungreifbare Schreiben war siebzehn Tage alt.

Und so waren meine Mutter, meine Schwestern und mein kleiner Junge die ganze Zeit in Den Haag, und meine Gedanken, die ständig in ihre Richtung gewandert waren, waren in die falsche Richtung gewandert, nach Havre, wo sie sich, wie ich dachte, friedlich im Haus eines Cousins der Mutter meines Vaters niedergelassen hatten.

Wo waren sie und mit wem?

Ich hatte zwei Tanten in Den Haag, aber die Frage war, ob sie dort waren. Ich wusste nicht mehr, was ich denken sollte, und von diesem Moment an litt ich unaufhörlich unter den schrecklichsten und quälendsten seelischen Qualen.

Ich tat gerade alles, was in meiner Macht stand, um Holz für Feuer zu beschaffen. Der Graf von Kératry hatte mir vor seiner Abreise in die Provinz am 9. Oktober in einem Ballon einen großen Vorrat geschickt. Meine Vorräte gingen zur Neige, und ich wollte nicht zulassen, dass die Vorräte in unseren Kellern angerührt wurden, damit wir im Notfall nicht völlig ohne sie dastehen würden. Ich ließ alle kleinen Schemel des Theaters als Brennholz verwenden, alle Holzkisten, in denen die Besitztümer aufbewahrt wurden, eine ganze Menge alter römischer Bänke, Sessel und kurulischer Stühle, die unter dem Theater verstaut waren, und eigentlich alles, was mir in die Hände fiel. Schließlich hatte die hübsche Mlle Hocquigny Mitleid mit meiner Verzweiflung und schickte mir zehntausend Kilogramm Holz, und da fasste ich wieder Mut.

Man hatte mir von einem neuen System der Fleischaufbewahrung erzählt, bei dem das Fleisch weder Saft noch Nährwert verlor. Ich schickte Madame Guérard zum *Rathaus* in der Nähe des Odéon, wo derartige Lebensmittel verteilt wurden, aber irgendein Rohling antwortete ihr, dass ich die nötige Nahrung erhalten würde, wenn ich alle religiösen Bilder aus meinem

Krankenwagen entfernt hätte. M. Herisson, der Bürgermeister, war mit einem einflussreichen Beamten gekommen, um meinen Krankenwagen zu inspizieren. Die wichtige Persönlichkeit hatte mich gebeten, die schönen weißen Jungfrauen von den Kaminsimsen und Tischen sowie das gekreuzigte Göttliche zu entfernen – eines hing an der Wand jedes Zimmers, in dem sich Verwundete befanden. Ich weigerte mich auf eine etwas unverschämte und sehr entschiedene Weise, dem Wunsch meiner Besucherin nachzukommen, woraufhin mir der berühmte Republikaner den Rücken kehrte und befahl, mir alles im Rathaus zu *verweigern* . Ich war jedoch sehr entschlossen und setzte Himmel und Hölle in Bewegung, bis es mir gelang, trotz der Anordnungen des Chefs auf die Listen für die Lebensmittelverteilung gesetzt zu werden. Man muss wohl sagen, dass der Bürgermeister ein charmanter Mann war. Madame Guérard kam nach ihrem dritten Besuch mit einem Kind zurück, das eine Schubkarre mit zehn riesigen Flaschen des wundersamen Fleisches vor sich herschob. Ich nahm die kostbare Lieferung mit unendlicher Freude entgegen, denn meine Männer hatten in den letzten drei Tagen fast kein Fleisch gehabt, und das geliebte *Pot-au-feu* war für die armen Verwundeten eine fast notwendige Nahrungsquelle. Auf allen Flaschen standen Anweisungen zum Öffnen: „Lassen Sie das Fleisch so und so viele Stunden einweichen" usw. usw.

Madame Lambquin, Madame Guérard und ich versammelten uns bald zusammen mit dem gesamten Personal der Krankenstation voller Angst und Neugier um diese Glasbehälter.

Ich sagte dem Oberwärter, er solle die größte der Flaschen öffnen, in der wir durch das dicke Glas ein riesiges Stück Rindfleisch sehen konnten, umgeben von dickem, trübem Wasser. Die Schnur, die um das grobe Papier befestigt war, das den Korken verbarg, wurde durchgeschnitten, und gerade als der Mann den Korkenzieher hineinstecken wollte, war eine ohrenbetäubende Explosion zu hören und ein widerlicher Geruch erfüllte den Raum. Alle rannten erschrocken davon. Ich rief sie alle zurück, so verängstigt und angewidert sie auch waren, und zeigte ihnen die folgenden Worte auf der Gebrauchsanweisung: „Erschrecken Sie nicht über den üblen Geruch beim Öffnen der Flasche." Mutig und resigniert nahmen wir unsere Arbeit wieder auf, obwohl uns die ganze Zeit von dem abscheulichen Ausatmen übel war. Ich nahm das Rindfleisch heraus und legte es auf eine Platte, die zu diesem Zweck gebracht worden war. Fünf Minuten später wurde dieses Fleisch blau und dann schwarz, und der Gestank war so unerträglich, dass ich beschloss, es wegzuwerfen. Madame Lambquin war jedoch klüger und vernünftiger.

Mairie zurückschicken ."

Ich befolgte ihren weisen Rat, und das war eine sehr gute Entscheidung, denn ein anderer Krankenwagen, der am Boulevard Medicis stationiert war, war beim Öffnen dieser Fleischflaschen ebenso entsetzt wie wir und hatte den Inhalt auf die Straße geworfen. Wenige Minuten später hatte sich die Menge zu einem Pöbel zusammengefunden und, ohne auf irgendetwas zu hören, Beleidigungen gegen „die Aristokraten", „die Geistlichen" und „die Verräter" geschrien, die gutes Fleisch, das eigentlich für Kranke gedacht war, auf die Straße warfen, so dass die Hunde es genossen, während die Menschen vor Hunger verhungerten usw. usw.

Nur mit größter Mühe konnten die elenden, verrückten Menschen davon abgehalten werden, in den Krankenwagen einzudringen, und als eine der unglücklichen Krankenschwestern später hinausging, wurde sie bedrängt und geschlagen, bis sie vor Schreck und Schlägen halb tot war. Sie wollte nicht in ihren eigenen Krankenwagen zurückgebracht werden, und der Apotheker bat mich, sie aufzunehmen. Ich behielt sie ein paar Tage in einer der oberen Logen des Theaters, und als es ihr besser ging, fragte sie, ob sie als Krankenschwester bei mir bleiben könne. Ich erfüllte ihren Wunsch und behielt sie danach als Dienstmädchen bei mir.

Sie war ein blondes Mädchen, sanft und schüchtern, und ihr war das Unglück vorherbestimmt. Sie wurde nach dem Gefecht zwischen den Kommunisten und den Versailler Truppen tot auf dem Friedhof Père Lachaise aufgefunden. Eine verirrte Kugel traf sie im Nacken, als sie am Grab ihrer kleinen Schwester betete, die zwei Tage zuvor an Pocken gestorben war. Ich hatte sie mit nach St. Germain genommen, wo ich während der Schrecken der Kommune geblieben war. Armes Mädchen! Ich hatte ihr sehr gegen meinen Willen erlaubt, nach Paris zu gehen.

Da wir nicht mit diesem konservierten Fleisch für unsere Ernährung rechnen konnten, schloss ich einen Vertrag mit einem Abdecker, der sich verpflichtete, mich gegen einen ziemlich hohen Preis mit Pferdefleisch zu versorgen, und bis zum Schluss war dies das einzige Fleisch, das wir zu essen hatten. Gut zubereitet und gut gewürzt war es sehr gut.

Die Hoffnung war nun aus allen Herzen gewichen, und wir lebten in der Erwartung von etwas, von dem wir nicht wussten, was. Eine Atmosphäre des Unglücks schien wie Blei über uns zu hängen, und es war eine Art Erleichterung, als am 27. Dezember das Bombardement begann. Endlich spürten wir, dass etwas Neues geschah! Es war eine Ära neuen Leidens. Es gab jedenfalls eine gewisse Aufregung. In den letzten zwei Wochen hatte uns die Tatsache, nichts zu wissen, umgebracht.

Am 1. Januar 1871 erhoben wir unsere Gläser auf das Wohl der Abwesenden und auf die Ruhe der Toten, und der Toast schnürte uns einen Kloß im Hals zu.

Jede Nacht hörten wir unter den Fenstern des Odéon den düsteren Ruf „Krankenwagen! Krankenwagen!". Wir gingen hinunter, um den traurigen Zug zu treffen, und dort standen ein, zwei oder manchmal drei Wagen voller unserer armen, verwundeten Soldaten. Sie standen in zehn oder zwölf Reihen auf dem Stroh. Ich sagte, ich hätte Platz für einen oder zwei, hob die Laterne und schaute in den Wagen, und die Gesichter drehten sich langsam zur Lampe. Einige der Männer schlossen die Augen, da sie zu schwach waren, um selbst dieses schwache Licht zu ertragen. Mit Hilfe des Sergeanten, der den Wagen begleitete, und unseres Wärters wurde einer der Unglücklichen mit Mühe in die schmale Bahre gehoben, auf der er zum Krankenwagen gebracht werden sollte.

Oh, was für eine Qual war es für mich, als ich beim Anheben des Kopfes des Patienten feststellte, dass er schwer wurde, oh, so schwer! Und als ich mich über dieses reglose Gesicht beugte, fühlte ich, als wäre kein Atem mehr da! Der Sergeant gab dann den Befehl, ihn zurückzubringen, und der arme Tote wurde an seinen Platz gelegt und ein anderer Verwundeter herausgehoben.

Die anderen Sterbenden würden dann etwas zurücktreten, um die Toten nicht zu entweihen.

Ach, wie traurig war es, als der Sergeant sagte: „Versuchen Sie doch, noch ein oder zwei mitzunehmen! Es ist schade, diese armen Kerle von einem Krankenwagen zum anderen zu schleppen. Das Val-de-Grâce ist voll."

„Also gut, ich nehme noch zwei", sagte ich und überlegte dann, wo wir sie unterbringen sollten. Wir mussten unsere eigenen Betten aufgeben und so waren die armen Kerle gerettet. Seit dem 1. Januar schliefen wir alle drei jede Nacht im Krankenwagen. Wir hatten ein paar lose Morgenmäntel aus dickem, grauem Flanell, nicht unähnlich den Soldatenmänteln. Der Erste von uns, der einen Schrei oder ein Stöhnen hörte, sprang aus dem Bett und rief, wenn nötig, die anderen beiden.

Am 10. Januar saßen Madame Guérard und ich nachts auf einem der Sessel im Greenroom und warteten auf den düsteren Ruf „Ambulanz!" In Clamart hatte es eine heftige Schlägerei gegeben, und wir wussten, dass es viele Verletzte geben würde. Ich erzählte ihr von meiner Befürchtung, dass die Bomben, die bereits das Museum, die Sorbonne, die Salpétrière, das Val-de-Grâce usw. erreicht hatten, auf das Odéon fallen würden.

„Aber, meine liebe Sarah", sagte die nette Frau, „die Ambulanzflagge weht so hoch darüber, dass es keinen Fehler geben kann. Wenn sie getroffen würde, wäre das absichtlich, und das wäre abscheulich."

„Aber, Guérard", antwortete ich, „warum sollten Sie von unseren abscheulichen Feinden erwarten, dass sie besser sind als wir selbst? Haben wir uns in Berlin im Jahre 1806 nicht wie Wilde aufgeführt?"

„Aber in Paris gibt es so bewundernswerte öffentliche Denkmäler", betonte
sie.

„Und war Moskau nicht voller Meisterwerke? Der Kreml ist eines der
schönsten Gebäude der Welt. Das hat uns nicht davon abgehalten, diese
bewundernswerte Stadt der Plünderung preiszugeben. Oh nein, meine arme
kleine Dame , täuschen Sie sich nicht. Armeen mögen russische, deutsche,
französische oder spanische sein, aber sie *sind* Armeen – das heißt, sie sind
Wesen, die ein unpersönliches ‚Ganzes' bilden, ein ‚Ganzes', das grausam
und verantwortungslos ist. Die Deutschen werden ganz Paris bombardieren,
wenn ihnen die Möglichkeit dazu geboten wird. Damit müssen Sie sich
abfinden, mein lieber Guérard –"

SARAH BERNHARDT
Aus dem Portrait im Théâtre Français

Ich hatte meinen Satz noch nicht beendet, als eine schreckliche Detonation
die ganze Nachbarschaft aus ihrem Schlaf riss. Madame Guérard und ich
hatten einander gegenübergesessen. Wir standen dicht beieinander in der
Mitte des Zimmers, voller Angst. Meine arme Köchin, deren Gesicht ganz

weiß war, kam zu mir, um sich in Sicherheit zu bringen. Die Detonationen gingen ziemlich häufig weiter. Der Beschuss hatte in dieser Nacht von unserer Seite aus begonnen. Ich ging zu den Verwundeten, aber sie schienen nicht sehr beunruhigt zu sein. Nur einer, ein fünfzehnjähriger Junge, den wir „rosa Baby" nannten, saß aufrecht im Bett. Als ich zu ihm ging, um ihn zu beruhigen, zeigte er mir seine kleine Medaille der Heiligen Jungfrau.

„Ihr ist es zu verdanken, dass ich nicht getötet wurde", sagte er. „Wenn sie die Heilige Jungfrau auf die Stadtmauern von Paris gestellt hätten, wären die Bomben nicht gekommen."

Dann legte er sich wieder hin, hielt seine kleine Medaille in der Hand, und das Bombardement dauerte bis sechs Uhr morgens. „Krankenwagen! Krankenwagen!", hörten wir dann, und Madame Guérard und ich gingen hinunter. „Hier", sagte der Sergeant, „nehmen Sie diesen Mann. Er verliert sein ganzes Blut, und wenn ich ihn noch weiter bringe, wird er nicht lebend ankommen." Der Verwundete wurde auf die Bahre gelegt, aber da er Deutscher war, bat ich den Unteroffizier, alle seine Papiere aufzunehmen und sie im Ministerium abzugeben. Wir gaben dem Mann den Platz eines der Rekonvaleszenten, den ich anderswo unterbrachte. Ich fragte ihn nach seinem Namen, und er sagte mir, es sei Frantz Mayer und er sei ein Soldat der Schlesischen Landwehr. Dann fiel er vor Schwäche in Ohnmacht, die durch den Blutverlust verursacht wurde. Aber er kam unter unserer Fürsorge bald wieder zu sich, und ich fragte ihn dann, ob er etwas wolle, aber er antwortete kein Wort. Ich nahm an, dass er kein Französisch sprach, und da im Krankenwagen niemand war, der Deutsch sprach, wartete ich bis zum nächsten Tag, um jemanden zu holen, der seine Sprache verstand. Ich muss gestehen, dass der arme Mann von seinen Schlafgenossen nicht willkommen geheißen wurde. Ein Soldat namens Fortin, der 23 Jahre alt war und ein wahres Kind von Paris, ein komischer Kerl, schelmisch, drollig und gutmütig, hörte nie auf, auf den jungen Deutschen zu schimpfen, der seinerseits nie zurückschreckte. Ich ging mehrmals zu Fortin und bat ihn, ruhig zu sein, aber es war alles vergebens. Jeder neue Ausbruch von ihm wurde mit wildem Gelächter begrüßt, und sein Erfolg versetzte ihn in die lustigste Stimmung, so dass er immer aufgeregter weitermachte. Die anderen konnten nicht schlafen, und er bewegte sich wild in seinem Bett hin und her und brach in Schimpfwörter aus, wenn eine zu abrupte Bewegung seine Leiden verschlimmerte. Der Unglückliche hatte einen Ischiasnervriss durch eine Kugel erlitten und musste schreckliche Schmerzen ertragen.

Nach meinem dritten erfolglosen Appell, ruhig zu bleiben, befahl ich den beiden Dienern, ihn in ein Zimmer zu bringen, wo er allein sein würde. Er ließ mich rufen, und als ich zu ihm ging, versprach er, sich die ganze Nacht über gut zu benehmen. Ich widerrief daher den Befehl, den ich gegeben hatte, und er hielt sein Wort. Am nächsten Tag ließ ich Frantz Mayer in ein Zimmer bringen, in dem ein junger Bretone lag, der durch eine Granate einen Schädelbruch erlitten hatte und deshalb äußerste Ruhe brauchte.

Einer meiner Freunde, der sehr gut Deutsch sprach, kam, um zu sehen, ob der Schlesier etwas wollte. Das Gesicht des Verwundeten strahlte, als er seine eigene Sprache hörte, und dann wandte er sich an mich und sagte:

„Ich verstehe sehr gut Französisch, Madame, und wenn ich den Schreckensmeldungen Ihres französischen Soldaten ruhig zugehört habe, dann deshalb, weil ich weiß, dass Sie es nicht noch zwei Tage länger aushalten können, und ich kann seine Verzweiflung verstehen."

„Und warum glauben Sie, dass wir nicht durchhalten können?"

„Weil ich weiß, dass Sie dazu verdammt sind, Ratten zu essen."

Dr. Duchesne war gerade eingetroffen und versorgte die schreckliche Wunde, die der Patient am Oberschenkel hatte.

„Gut", sagte er, „mein Freund, sobald Ihr Fieber gesunken ist, werden Sie einen ausgezeichneten Hühnerflügel essen." Der Deutsche zuckte mit den Schultern und der Arzt fuhr fort: „Trinken Sie inzwischen das hier und sagen Sie mir, was Sie davon halten."

Doktor Duchesne gab ihm ein Glas Wasser und ein wenig von dem ausgezeichneten Cognac, den mir der Präfekt geschickt hatte. Das war der einzige *Kräutertee* , den meine Soldaten zu sich nahmen. Der Schlesier sagte nichts mehr, aber er legte die reservierte, besonnene Haltung von Leuten an den Tag, die Bescheid wissen und nicht sprechen wollen.

Der Beschuss ging weiter, und die Flagge der Ambulanz diente unseren Feinden zweifellos als Ziel, denn sie feuerten mit überraschender Zielgenauigkeit und änderten ihr Feuer, sobald eine Bombe in der Nähe des Luxembourg einschlug. Dank dieser Tatsache hatten wir in einer Nacht mehr als zwölf Bomben. Wenn diese düsteren Granaten in der Luft explodierten, waren sie wie das Feuerwerk bei einem *Fest* . Die glänzenden Splitter fielen dann herunter, schwarz und tödlich. Georges Boyer, damals ein junger Journalist, besuchte mich in der Ambulanz, und ich erzählte ihm von den furchtbaren Prachtstücken der Nacht.

„Oh, wie gerne würde ich das alles sehen!", sagte er.

„Kommen Sie heute Abend gegen neun oder zehn Uhr, und Sie werden es sehen", antwortete ich.

Wir verbrachten mehrere Stunden am kleinen runden Fenster meines Ankleidezimmers, das Richtung Châtillon hinausging. Von dort schossen die Deutschen am meisten.

Wir lauschten in der Stille der Nacht den gedämpften Geräuschen, die von dort drüben herüberkamen; in der Ferne war ein Licht zu hören, ein furchterregender Lärm, und die Bombe traf ein, fiel vor oder hinter uns nieder, explodierte entweder in der Luft oder beim Erreichen ihres Ziels. Einmal hatten wir gerade noch Zeit, schnell zurückzuweichen, und selbst dann wirkte die Erschütterung der Atmosphäre so heftig auf uns ein, dass wir für eine Sekunde den Eindruck hatten, getroffen worden zu sein.

Die Granate war direkt unter meinem Ankleidezimmer heruntergefallen und hatte das Gesims gestreift, das sie im Fallen mit sich riss, bis sie auf den Boden fiel und schwach zerplatzte. Doch wie erstaunt waren wir, als wir sahen, wie sich eine kleine Kinderschar auf die brennenden Stücke stürzte, gerade wie eine Schar Spatzen auf frischen Mist, wenn die Kutsche vorbeigefahren ist! Die kleinen Vagabunden stritten sich um die *Trümmer* dieser Kriegsmaschinen. Ich fragte mich, was sie wohl damit anstellen könnten.

„Oh, da ist nicht viel Geheimnisvolles dabei", sagte Boyer. „Diese kleinen, verhungernden Bengel werden sie verkaufen."

Dies erwies sich als wahr. Einer der männlichen Diener, den ich losgeschickt hatte, um dies herauszufinden, brachte ein etwa zehnjähriges Kind mit.

„Was willst du damit machen, mein kleiner Mann?", fragte ich ihn und hob das noch warme und gefährliche Stück der Schale an der Kante auf, wo es geplatzt war.

„Ich werde es verkaufen", antwortete er.

"Wozu?"

„Um mir einen Platz in der *Schlange zu erkaufen* , wenn das Fleisch verteilt wird."

„Aber du riskierst dein Leben, mein armes Kind. Manchmal kommen die Granaten schnell hintereinander. Wo warst du, als diese hier einschlug?"

„Legen Sie sich auf die Steine der Mauer, die das Eisengeländer tragen." Er deutete hinüber zum Jardin du Luxembourg, gegenüber dem Bühneneingang des Odéon.

Wir kauften alle *Trümmer* des Kindes auf, ohne ihm einen Rat zu geben, der klug hätte klingen können. Was nützte es, diesem armen kleinen Geschöpf Weisheit zu predigen, das nur von Massakern, Feuer, Rache, Vergeltung und all dem anderen hörte, im Namen der Ehre, im Namen der Religion, im Namen des Rechts? Außerdem, wie sollte man sich aus dem Weg gehen? Alle Menschen, die im Faubourg St. Germain lebten, waren gefährdet, in Stücke gerissen zu werden, da der Feind Paris glücklicherweise nur von dieser Seite und nicht von allen Seiten bombardieren konnte. Nein, wir befanden uns ganz gewiss in der gefährlichsten Gegend.

Eines Tages kam Baron Larrey zu Frantz Mayer, der sehr krank war. Er schrieb ein Rezept, auf das ein junger Laufbursche warten und es sehr, sehr schnell zurückbringen sollte. Da der Junge ziemlich zum Herumtrödeln neigte, ging ich zum Fenster. Sein Name war Victor, aber wir nannten ihn „Toto". Der Apotheker wohnte an der Ecke des Place Medicis. Es war damals sechs Uhr abends. Toto sah auf, und als er mich sah, begann er zu lachen und zu springen, während er zum Apotheker eilte. Er hatte nur noch fünf oder sechs Meter vor sich, und als er sich umdrehte, um zu meinem Fenster hochzuschauen, klatschte ich in die Hände und rief: „Gut! Komm schnell zurück!" Ach! Bevor der arme Junge den Mund öffnen konnte, um zu antworten, wurde er von einer Granate, die gerade gefallen war, in zwei Teile zerteilt. Sie platzte nicht, sondern prallte einen Meter hoch ab und traf den armen Toto dann mitten in der Brust. Ich stieß einen solchen Schrei aus, dass alle auf mich zustürmten. Ich konnte nicht sprechen, aber ich schob alle beiseite und eilte die Treppe hinunter, wobei ich jemandem zuwinkte, mitzukommen. „Eine Sänfte" – „der Junge" – „der Apotheker" – brachte ich heraus. Ach, was für ein Grauen, was für ein furchtbares Grauen! Als wir das arme Kind erreichten, lagen seine Eingeweide überall auf dem Boden verstreut, seine Brust und sein armes kleines, rotes, pausbäckiges Gesicht waren völlig vom Fleisch befreit. Er hatte weder Augen, noch Nase, noch Mund; nichts, nichts außer ein paar Haaren am Ende einer formlosen, blutenden Masse, einen Meter von seinem Kopf entfernt. Es war, als hätte ein Tiger den Körper mit seinen Klauen aufgerissen und ihn mit Wut und einer raffinierten Grausamkeit ausgeleert, so dass nichts übrig blieb außer dem armen kleinen Skelett.

Baron Larrey, der beste aller Männer, wurde bei diesem Anblick leicht blass. Er sah zwar viele solcher, aber dieser arme kleine Kerl war ein völlig nutzloser Holocaust. Ach, die Ungerechtigkeit, die Schande des Krieges! Wird die so lange erträumte Zeit nie kommen, in der Kriege nicht mehr möglich sind; in der der Monarch, der Krieg will, entthront und als Übeltäter eingesperrt wird? Wird die Zeit nie kommen, in der es einen kosmopolitischen Rat geben wird, in dem ein weiser Mann aus jedem Land seine Nation vertritt und in dem die Rechte der Menschheit diskutiert und respektiert werden? So viele Männer denken wie ich, so viele Frauen reden wie ich, und doch wird nichts getan. Die Kleinmütigkeit eines Orientalen, die schlechte Laune eines Herrschers können noch immer Tausende von Männern von Angesicht zu Angesicht zusammenbringen. Und es wird immer noch so gelehrte Männer geben, Chemiker, die ihre Zeit damit verbringen, von einem Pulver zu träumen und es zu erfinden, mit dem man alles in die Luft jagen kann, Bomben, die zwanzig oder dreißig Männer verwunden, Gewehre, die ihre tödliche Aufgabe wiederholen, bis die Kugeln fallen und sich erschöpft haben, nachdem sie zehn oder zwölf menschliche Brüste aufgerissen haben.

Ein Mann, den ich sehr mochte, war damit beschäftigt, zu experimentieren, wie man Ballons steuert. Das zu erreichen, bedeutete die Verwirklichung meines Traumes, nämlich in die Luft zu fliegen, dem Himmel zu nahe zu kommen und die feuchten, daunenartigen Wolken unter den Füßen zu haben. Ach, wie interessierte ich mich für die Forschungen meines Freundes! Eines Tages jedoch kam er ganz aufgeregt mit einer neuen Entdeckung zu mir.

„Ich habe etwas entdeckt, worüber ich mich wahnsinnig freue!", sagte er. Dann begann er mir zu erklären, dass sein Ballon dank diesem und jenem brennbare Stoffe ohne die geringste Gefahr transportieren könne.

„Aber wozu?", fragte ich, verwirrt von seinen Erklärungen und halb verrückt angesichts der vielen Fachbegriffe.

„Wozu?", wiederholte er. „Na, für den Krieg!", antwortete er. „Wir werden in der Lage sein, furchtbare Bomben auf eine Entfernung von tausend, zwölfhundert und sogar fünfzehnhundert Metern abzufeuern und es wäre unmöglich, dass uns auf eine solche Entfernung Schaden zugefügt wird. Meine Ballons hätten dank einer Substanz, die ich erfunden habe und mit der die Hülle beschichtet wäre, weder vor Feuer noch vor Gas etwas zu befürchten."

„Ich will nichts weiter über Sie oder Ihre Erfindung wissen", unterbrach ich ihn brüsk. „Ich dachte, Sie wären ein menschlicher Gelehrter, und Sie sind ein wildes Tier. Ihre Forschungen standen im Zusammenhang mit der schönsten Manifestation menschlichen Genies, mit jenen Entwicklungen am Himmel, die ich so sehr liebte. Sie wollen diese nun in feige Angriffe gegen die Erde verwandeln. Sie machen mir Angst! Gehen Sie doch!"

Damit überließ ich meinen Freund sich selbst und seiner grausamen Erfindung, einen Moment lang beschämt. Seine Bemühungen waren jedoch nicht so erfolgreich, wie er es sich gewünscht hatte.

Die sterblichen Überreste des armen Jungen wurden in einen kleinen Sarg gelegt, und Madame Guérard und ich folgten dem Leichenwagen des Armen zum Grab. Der Morgen war so kalt, dass der Kutscher anhalten und ein Glas Glühwein trinken musste, da er sonst an einer verstopften Nase gestorben wäre. Wir waren allein im Wagen, denn der Junge war bei seiner Großmutter aufgewachsen, die überhaupt nicht laufen konnte und Westen und Strümpfe strickte. Als ich Westen und Socken für meine Männer bestellen wollte, hatte ich die Bekanntschaft von Mère Tricottin, wie sie genannt wurde, gemacht. Auf ihre Bitte hin hatte ich ihren Enkel Victor Durieux als Laufburschen eingestellt, und die arme alte Frau war so dankbar, dass ich es jetzt nicht wagte, zu ihr zu gehen, um ihr von seinem Tod zu erzählen.

Madame Guérard holte mich in die Rue de Vaugirard ab, wo die alte Frau wohnte. Als sie dort ankam, konnte die arme Großmutter an ihrem traurigen Gesicht erkennen, dass etwas passiert war.

„ *Bon Dieu* , meine liebe Madame, ist die arme, dünne kleine Dame tot?" Damit war ich gemeint. Madame Guérard teilte ihr dann so sanft wie möglich die traurige Nachricht mit. Die alte Frau nahm ihre Brille ab, sah ihre Besucherin an, putzte sie und setzte sie wieder auf ihre Nase. Dann begann sie heftig über ihren Sohn zu murren, den Vater des toten Jungen. Er hatte sich mit einem niederträchtigen Mädchen eingelassen, mit dem er dieses Kind bekommen hatte, und sie hatte immer vorausgesehen, dass dadurch Unglück über sie kommen würde.

Sie führte diesen Stress weiter, nicht weil sie um den armen Jungen trauerte, sondern weil sie ihren Sohn beschimpfte, der Soldat in der Loire-Armee war.

Obwohl die Großmutter scheinbar wenig Trauer verspürte, besuchte ich sie nach der Beerdigung.

„Es ist alles vorbei, Madame Durieux", sagte ich. „Aber ich habe das Grab für den armen Jungen für fünf Jahre gesichert."

Sie drehte sich zu mir um, und ihr Ärger klang geradezu komisch.

„Was für ein Wahnsinn!", rief sie. „Jetzt, wo er bei dem *bon Dieu ist* , wird es ihm an nichts fehlen. Es wäre besser gewesen, ein Stück Land zu nehmen, das etwas eingebracht hätte. Tote Menschen lassen kein Gemüse wachsen."

Dieser Ausbruch war so schrecklich logisch, dass ich trotz der abscheulichen Brutalität dem Wunsch von Mutter Tricottin nachgab und ihr dasselbe Geschenk machte, das ich dem Jungen gemacht hatte. Sie sollten beide ihr Stück Land haben. Das Kind, das ein Recht auf ein längeres Leben gehabt hatte, sollte seinen ewigen Schlaf in seinem finden, während die alte Frau ihr den Rest ihres Lebens abringen konnte, auf den der Tod wartete.

Traurig und entnervt kehrte ich zum Krankenwagen zurück. Eine freudige Überraschung erwartete mich. Ein Freund von mir war da und hielt ein kleines Stück Seidenpapier in der Hand, auf dem in der Handschrift meiner Mutter folgende zwei Zeilen standen: „Uns geht es allen sehr gut, und wir sind in Homburg." Ich wurde wütend, als ich das las. In Homburg? Meine ganze Familie war in Homburg und ließ sich in aller Ruhe im Feindesland nieder. Ich zerbrach mir den Kopf darüber, durch welche außergewöhnliche Kombination meine Mutter nach Homburg gekommen war. Ich wusste, dass meine hübsche Tante Rosine dort eine Freundin hatte, bei der sie jedes Jahr wohnte, denn sie verbrachte immer zwei Monate in Homburg, zwei in

Baden-Baden und einen Monat in Spa, da sie die größte Spielerin war, die der *Heilige Vater* je hervorgebracht hatte. Jedenfalls ging es allen, die mir so lieb waren, gut, und das war das Wichtigste. Aber ich war trotzdem verärgert über meine Mutter, weil sie nach Homburg ging.

Ich dankte dem Freund, der mir den kleinen Zettel gebracht hatte, herzlich. Er war der Gesandte Amerikas, der sich alle Mühe gegeben hatte, den Parisern zu helfen und Trost zu spenden. Dann gab ich ihm noch ein paar Zeilen für meine Mutter mit, für den Fall, dass er sie ihr schicken könnte.

Der Beschuss von Paris ging weiter. Eines Nachts kamen die Brüder der Ecole Chrétienne und baten uns um Gefährte und Hilfe, um die Toten auf dem Châtillon-Plateau einzusammeln. Ich überließ ihnen meine beiden Gefährte und fuhr mit ihnen zum Schlachtfeld. Ach, was für eine schreckliche Erinnerung! Es war wie eine Szene aus Dante! Es war eine eiskalte Nacht und wir konnten uns kaum bewegen. Schließlich sahen wir im Licht der Fackeln und Laternen, dass wir angekommen waren. Ich stieg mit dem Krankenwärter und seinem Assistenten aus dem Fahrzeug. Wir mussten uns langsam bewegen, da wir bei jedem Schritt auf Sterbende oder Tote traten. Wir gingen vorbei und murmelten: „Krankenwagen! Krankenwagen!" Als wir ein Stöhnen hörten, wandten wir uns in die Richtung, aus der es kam. Ach, der erste Mann, den ich auf diese Weise fand! Er lag halb da, sein Körper wurde von einem Haufen Toter gestützt. Ich hob meine Laterne, um in sein Gesicht zu schauen, und sah, dass sein Ohr und ein Teil seines Kiefers weggesprengt worden waren. Große Blutklumpen, die durch die Kälte geronnen waren, hingen an seinem Unterkiefer. Seine Augen hatten einen wilden Ausdruck. Ich nahm ein Stück Stroh, tauchte es in meine Flasche, zog ein paar Tropfen Brandy heraus und blies sie dem armen Kerl zwischen den Zähnen in den Mund. Das wiederholte ich drei- oder viermal. Dann kam ein wenig Leben in ihn zurück und wir brachten ihn in einem der Fahrzeuge weg. Dasselbe wurde mit den anderen gemacht. Einige von ihnen konnten aus der Flasche trinken, was uns die Arbeit verkürzte. Einer dieser unglücklichen Männer war furchterregend anzusehen. Eine Granate hatte ihm alle Kleider vom Oberkörper gerissen, mit Ausnahme von zwei zerfetzten Ärmeln, die an den Schultern von den Armen herabhingen. Es gab keine Spur einer Wunde, aber sein armer Körper war überall mit großen schwarzen Flecken übersät und das Blut sickerte langsam aus den Mundwinkeln. Ich ging näher an ihn heran, denn es schien mir, als würde er atmen. Ich ließ ihm ein paar Tropfen des belebenden Likörs geben, und dann öffnete er halb die Augen und sagte: „Danke." Er wurde in das Transportmittel gehoben, aber der arme Kerl starb an einem Blutungsanfall, und alle anderen Verwundeten wurden mit einem Strom dunklen Blutes bedeckt.

Allmählich dämmerte es, eine neblige, trübe Morgendämmerung. Die Laternen waren erloschen, aber wir konnten uns jetzt unterscheiden. Es waren etwa hundert Personen da: Schwestern der Barmherzigkeit, männliche Lazarettmitarbeiter aus Militär und Zivil, die Brüder der Ecole Chrétienne, andere Priester und einige Damen, die sich wie ich mit Leib und Seele dem Dienst an den Verwundeten verschrieben hatten.

Bei Tageslicht war der Anblick noch trostloser, denn im späten, fahlen Licht jenes Januarmorgens kam alles zum Vorschein, was die Nacht in den Schatten verborgen hatte.

Es gab so viele Verwundete, dass es unmöglich war, sie alle zu transportieren, und ich schluchzte beim Gedanken an meine Hilflosigkeit. Es kamen immer wieder andere Fahrzeuge an, aber es gab so viele Verwundete, so viele. Einige von denen, die nur leichte Verletzungen erlitten hatten, waren an der Kälte gestorben.

Als ich zum Krankenwagen zurückkam, traf ich einen meiner Freunde an der Tür. Er war Marineoffizier und hatte mir einen Matrosen gebracht, der im Fort von Ivry verwundet worden war. Er war unterhalb des rechten Auges angeschossen worden. Er war als Désiré Bloas, Bootsmannsmaat, 27 Jahre alt, eingetragen. Er war ein großartiger Kerl, sehr offenherzig und ein Mann weniger Worte. Sobald er im Bett war, ließ Dr. Duchesne einen Barbier rufen, um ihn zu rasieren, da sein buschiger Bart von einer Kugel zerfetzt worden war, die sich in der Speicheldrüse festgesetzt hatte und Haare und Fleisch in die Wunde mitgerissen hatte. Der Chirurg nahm seine Zange, um die Fleischstücke herauszuziehen, die die Wundöffnung verstopft hatten. Dann musste er eine sehr feine Zange nehmen, um die Haare herauszuziehen, die hineingedrückt worden waren. Als der Barbier sein Rasiermesser sehr sanft in die Nähe der Wunde legte, wurde der unglückliche Mann blass und ein Fluch entrang sich seinen Lippen. Er sah mich sofort an und murmelte: „Entschuldigen Sie, Mademoiselle." Ich war sehr jung, aber ich sah viel jünger aus als ich war; ich sah tatsächlich aus wie ein sehr junges Mädchen. Ich hielt die Hand des armen Kerls in meiner und versuchte, ihn mit den Hunderten von tröstenden Worten zu trösten, die aus dem Herzen einer Frau auf ihre Lippen kommen, wenn sie moralisches oder körperliches Leid lindern muss.

„Ah, Mademoiselle", sagte der arme Bloas, als die Wunde endlich verbunden war, „Sie haben mir Mut gemacht."

Als er sich wohler fühlte, fragte ich ihn, ob er etwas essen möchte.

„Ja", antwortete er.

„Also, mein Junge, möchtest du Käse, Suppe oder Süßigkeiten?", fragte Madame Lambquin.

„Süßigkeiten", antwortete der kräftig aussehende Kerl lächelnd.

Désiré Bloas erzählte mir oft von seiner Mutter, die in der Nähe von Brest lebte. Er vergötterte diese Mutter regelrecht, aber gegen seinen Vater schien er einen schrecklichen Groll zu hegen, denn als ich ihn eines Tages fragte, ob sein Vater noch lebe, blickte er mit seinen furchtlosen Augen auf und schien sie mit einem Ausdruck der erbärmlichsten Verachtung auf ein nur für ihn sichtbares Wesen zu richten, als ob er es herausfordern würde. Ach! Dem tapferen Kerl war ein grausames Ende bestimmt, aber darauf werde ich später zurückkommen.

Moral der Pariser auszuwirken . Die Brotrationierung war gerade erfolgt: Es sollte 300 Gramm für Erwachsene und 150 Gramm für Kinder geben. Eine stille Wut ergriff die Menschen bei dieser Nachricht. Die Frauen waren die Mutigsten, die Männer waren aufgeregt. Die Streitigkeiten wurden heftiger, denn einige wollten Krieg auf Leben und Tod, andere wollten Frieden.

Eines Tages, als ich Frantz Mayers Zimmer betrat, um ihm sein Essen zu bringen, geriet er in die lächerlichste Wut. Er warf sein Stück Hühnchen auf den Boden und erklärte, er würde nichts essen, nichts mehr, denn sie hätten ihn getäuscht, indem sie ihm sagten, die Pariser hätten nicht genug Nahrung für zwei Tage bis zur Kapitulation, und er sei jetzt seit siebzehn Tagen im Krankenwagen und esse Hühnchen. Was der arme Kerl nicht wusste, war, dass ich zu Beginn der Belagerung etwa vierzig Hühner und sechs Gänse gekauft hatte und sie in meinem Ankleidezimmer in der Rue de Rome fütterte. Oh, mein Ankleidezimmer war damals sehr hübsch; aber ich ließ Frantz glauben, dass ganz Paris voller Hühner, Enten, Gänse und anderer Zweibeiner sei.

Der Beschuss ging weiter, und eines Nachts musste ich alle meine Patienten in die Keller des Odéon bringen lassen, denn als Madame Guérard einem der Kranken half, wieder ins Bett zu kommen, fiel eine Granate auf das Bett, zwischen sie und den Offizier. Noch heute schaudert es mich, wenn ich daran denke, dass der Unglückliche drei Minuten früher im Bett getötet worden wäre, obwohl die Granate nicht explodiert wäre.

Wir konnten nicht lange in den Kellern bleiben. Das Wasser wurde immer tiefer und die Ratten quälten uns. Ich beschloss daher, den Krankenwagen zu verlegen und ließ die am schwersten erkrankten Patienten ins Val-de-Grâce-Krankenhaus bringen. Ich behielt etwa zwanzig Männer, die auf dem Weg der Genesung waren. Ich mietete für sie eine riesige leere Wohnung in der Rue Taitbout 58, und dort warteten wir auf den Waffenstillstand.

Ich war fast tot vor Angst, da ich seit langer Zeit nichts mehr von meiner Familie gehört hatte. Ich konnte nicht schlafen und war nur noch ein Schatten meines früheren Selbst.

Jules Favre wurde mit den Verhandlungen mit Bismarck betraut. Oh, diese zwei Tage der Vorverhandlungen! Es waren die nervenaufreibendsten Tage für die Belagerten. Falsche Berichte wurden verbreitet. Man erzählte uns von den verrücktesten und übertriebensten Forderungen der Deutschen, die den Besiegten gegenüber ganz sicher nicht rücksichtsvoll waren.

Wir waren einen Moment lang sprachlos, als wir hörten, dass wir sofort zweihundert Millionen Francs in bar bezahlen müssten, denn unsere Finanzen waren in einer so erbärmlichen Lage, dass uns der Gedanke, dass wir vielleicht nicht in der Lage sein würden, die zweihundert Millionen aufzubringen, erschauderte.

Baron Alphonse de Rothschild, der mit seiner Frau und seinen Brüdern in Paris eingesperrt war, unterschrieb die zweihundert Millionen. Diese schöne Tat geriet bald in Vergessenheit, und es gibt sogar Leute, die ihr widersprechen.

Ach, die Undankbarkeit der Massen ist eine Schande für die zivilisierte Menschheit! „Undankbarkeit ist das Übel, das den weißen Rassen eigen ist", sagte ein Rothäutiger, und er hatte recht.

Als wir in Paris hörten, dass der Waffenstillstand für zwanzig Tage unterzeichnet worden war, überkam uns alle eine furchtbare Traurigkeit, selbst diejenigen, die sich den Frieden am sehnlichsten wünschten.

Jeder Pariser spürte die Hand des Siegers auf seiner Wange. Es war das Brandmal der Schande, der Schlag des abscheulichen Friedensvertrages.

Ach, dieser 31. Januar 1871! Ich erinnere mich noch genau, wie ich anämisch vor Entbehrungen war, von Kummer gequält, von Sorge um meine Familie gequält, und ich ging mit Madame Guérard und zwei Freunden in Richtung Parc Monceau. Plötzlich wurde einer meiner Freunde, M. de Plancy, totenbleich. Ich schaute nach, was los war, und bemerkte einen Soldaten, der vorbeiging. Er hatte keine Waffen. Zwei andere gingen vorbei, und sie hatten auch keine Waffen. Und sie waren auch so blass, diese armen entwaffneten Soldaten, diese demütigen Helden; es war so offensichtlich, dass Kummer und Hoffnungslosigkeit in ihrem Gang lag; und ihre Augen, als sie uns Frauen ansahen, schienen zu sagen: „Es ist nicht unsere Schuld!" Es war alles so erbärmlich, so rührend. Ich brach in Schluchzen aus und ging sofort nach Hause, denn ich wollte keinen weiteren entwaffneten französischen Soldaten begegnen.

Ich beschloss, mich so schnell wie möglich auf die Suche nach meiner Familie zu machen. Ich bat Paul de Rémusat, mir eine Audienz bei Monsieur Thiers zu verschaffen, um von ihm einen Pass für die Ausreise aus Paris zu erhalten. Aber ich konnte nicht allein gehen. Ich fühlte, dass die Reise, die ich antreten wollte, sehr gefährlich war. Monsieur Thiers und Paul de

Rémusat hatten mich davor gewarnt. Ich sah also ein, dass ich ständig in der Gesellschaft meines Reisegefährten sein würde, und aus diesem Grund beschloss ich, keinen Diener, sondern einen Freund mitzunehmen. Ich ging ganz natürlich sofort zu Madame Guérard. Ihr Mann, so sanft er auch war, weigerte sich absolut, sie mit mir gehen zu lassen, da er diese Expedition für verrückt und gefährlich hielt. Verrückt war sie sicherlich, und gefährlich noch dazu.

Ich bestand nicht darauf, sondern ließ die Gouvernante meines Sohnes, Mlle. Soubise, rufen. Ich fragte sie, ob sie mit mir gehen wolle, und versuchte nicht, ihr die Gefahren der Reise zu verheimlichen. Sie sprang vor Freude und sagte, sie sei in zwölf Stunden bereit. Dieses Mädchen ist derzeit die Frau von Kommandant Monfils Chesneau. Und wie seltsam das Leben ist, denn sie unterrichtet jetzt die beiden Töchter meines Sohnes, ihres ehemaligen Schülers.

Mlle. Soubise war damals sehr jung und sah aus wie eine Kreolin. Sie hatte sehr schöne dunkle Augen mit einem sanften, schüchternen Ausdruck und die Stimme eines Kindes. Ihr Kopf war jedoch voller Abenteuer, Romantik und Tagträume. Vom Aussehen her hätte man uns beide für ganz junge Mädchen halten können, denn obwohl ich älter war als sie, ließen mich meine Schlankheit und mein Gesicht jünger aussehen. Es wäre absurd gewesen, zu versuchen, einen Koffer mitzunehmen, also nahm ich eine Tasche für uns beide mit. Wir hatten nur Wechselwäsche und ein paar Strümpfe. Ich hatte meinen Revolver und bot Mlle. Soubise einen an, aber sie lehnte ihn entsetzt ab und zeigte mir eine riesige Schere in einem riesigen Etui.

„Aber was wirst du mit ihnen machen?", fragte ich.

„Ich werde mich umbringen, wenn wir angegriffen werden", antwortete sie.

Ich war überrascht über den Unterschied zwischen unseren Charakteren. Ich nahm einen Revolver und war entschlossen, mich selbst zu schützen, indem ich andere tötete. Sie war entschlossen, sich selbst zu schützen, indem sie sich selbst tötete.

XVIII
Eine mutige Reise durch die deutschen Linien

Am 4. Februar begannen wir unsere Reise, die drei Tage dauern sollte und elf Tage dauerte. Am ersten Tor, an dem ich mich zur Ausreise aus Paris meldete, wurde ich auf brutalste Weise zurückgeschickt. Erlaubnisse, die Stadt zu verlassen, mussten bei den deutschen Außenposten zur Unterschrift vorgelegt werden. Ich ging zu einem anderen Tor, aber erst am Seitentor von Poissonniers konnte ich meinen Pass unterschreiben lassen.

Wir wurden in einen kleinen Schuppen geführt, der zu einem Büro umgebaut worden war. Dort saß ein preußischer General. Er musterte mich von Kopf bis Fuß und sagte dann:

„Sind Sie Sarah Bernhardt?“

„Ja“, antwortete ich.

„Und diese junge Dame ist bei Ihnen?“

"Ja."

„Und Sie glauben, Sie werden problemlos rüberkommen?“

"Ich hoffe es."

„Nun, dann irren Sie sich, und es wäre besser für Sie, in Paris zu bleiben.“

„Nein, ich will weg. Ich werde selbst sehen, was passiert, aber ich will weg.“

Er zuckte mit den Schultern, rief einen Beamten, sagte etwas auf Deutsch, das ich nicht verstand, und ging dann hinaus und ließ uns ohne unsere Pässe allein.

Wir waren etwa eine Viertelstunde dort, als ich plötzlich eine Stimme hörte, die ich kannte. Es war die eines meiner Freunde, René Griffon, der von meiner Abreise gehört hatte und mir nachgekommen war, um mich davon abzubringen. Seine Mühe war jedoch vergebens, da ich entschlossen war, zu gehen. Der General kam bald darauf zurück, und Griffon wollte unbedingt wissen, was mit uns geschehen könnte.

„Alles!“, erwiderte der Offizier. „Und schlimmer als alles!“

Griffon sprach Deutsch und unterhielt sich kurz mit dem Offizier über uns. Das ärgerte mich ziemlich, denn da ich es nicht verstand, nahm ich an, er dränge den General, uns am Aufbruch zu hindern. Dennoch widerstand ich allen Überredungsversuchen, Bitten und sogar Drohungen. Ein paar Minuten später hielt ein gut ausgestattetes Fahrzeug vor der Tür des Schuppens.

„Da sind Sie ja!", sagte der deutsche Offizier barsch. „Ich schicke Sie nach Gonesse, wo Sie den Proviantzug finden, der in einer Stunde abfährt. Ich empfehle Sie der Obhut des Bahnhofsvorstehers, des Kommandanten X. Danach möge Gott auf Sie aufpassen!"

Ich stieg in den Wagen des Generals und verabschiedete mich von meinem verzweifelten Freund. Wir kamen in Gonesse an und stiegen am Bahnhof aus, wo wir eine kleine Gruppe von Leuten sahen, die sich leise unterhielten. Der Kutscher salutierte militärisch, lehnte ab, was ich ihm geben wollte, und fuhr mit voller Geschwindigkeit davon. Ich ging auf die Gruppe zu und überlegte, mit wem ich sprechen sollte, als eine freundliche Stimme ausrief: „Was, Sie hier? Wo kommen Sie her? Wohin gehen Sie?" Es war Villaret, der angesagte Tenor der Oper. Ich glaube, er ging zu seiner jungen Frau, von der er seit fünf Monaten nichts gehört hatte. Er stellte einen seiner Freunde vor, der mit ihm reiste und dessen Namen ich nicht mehr weiß; General Pelissiers Sohn und ein sehr alter Mann, so blass und so traurig und kläglich aussehend, dass er mir wirklich leid tat. Er war ein M. Gerson und fuhr nach Belgien, um seinen Enkel zu seiner Patin zu bringen. Seine beiden Söhne waren in diesem erbärmlichen Krieg gefallen. Einer der Söhne war verheiratet, und seine Frau war vor Kummer und Verzweiflung gestorben. Er brachte den Waisenjungen zu seiner Patin und hoffte, danach selbst so bald wie möglich zu sterben.

Ach, der arme Kerl, er war damals erst neunundfünfzig, und seine Trauer zermürbte ihn so sehr, dass ich ihn für siebzig hielt.

Außer diesen fünf Personen gab es noch einen unerträglichen Schwätzer namens Théodore Joussian, einen Weinhändler. Oh, er brauchte keiner Vorstellung.

„Wie geht es Ihnen, Madame?", begann er. „Was für ein Glück, dass Sie mit uns reisen. Ach, die Reise wird schwierig. Wohin gehen Sie? Zwei Frauen allein! Das ist überhaupt nicht ratsam, besonders da alle Wege voller deutscher und französischer Scharfschützen, Plünderer und Diebe sind. Oh, habe ich nicht einige dieser deutschen Scharfschützen vernichtet! Sch——— Wir müssen jedoch leise sprechen; diese schlauen Kerle haben ein sehr gutes Gehör!" Dann zeigte er auf die deutschen Offiziere, die auf und ab gingen. „Ach, die Schurken!", fuhr er fort. „Wenn ich meine Uniform und mein Gewehr hätte, würden sie nicht so dreist vor Théodore Joussian herumlaufen. Ich habe nicht weniger als sechs Helme zu Hause..."

Der Mann ging mir auf die Nerven und ich drehte ihm den Rücken zu und schaute, welcher der Männer vor mir der Bahnhofsvorsteher sein könnte.

Ein großer junger Deutscher mit dem Arm in der Schlinge kam mit einem offenen Brief auf mich zu. Es war der Brief, den der Kutscher des Generals ihm gegeben hatte, und in dem er mich seiner Obhut empfahl. Er streckte mir seinen gesunden Arm entgegen, aber ich lehnte ab . Er verbeugte sich und ging voran, und ich folgte ihm, begleitet von Mlle. Soubise.

Als wir in seinem Büro ankamen, wies er uns an einem kleinen Tisch Platz, auf dem Messer und Gabeln für zwei Personen lagen. Es war inzwischen drei Uhr nachmittags und wir hatten seit dem Vorabend nichts mehr zu uns genommen, nicht einmal einen Tropfen Wasser. Ich war von dieser Aufmerksamkeit sehr gerührt und wir nahmen die sehr einfache, aber erfrischende Mahlzeit, die uns der junge Offizier anbot, in vollen Zügen zu uns.

Während wir zu Mittag aßen, schaute ich ihn an, wenn er mich nicht bemerkte. Er war sehr jung und sein Gesicht trug die Spuren des jüngsten Leidens. Ich empfand mitfühlende Zärtlichkeit für diesen unglücklichen Mann, der für sein ganzes Leben verkrüppelt war, und mein Hass auf den Krieg wuchs noch mehr.

Plötzlich sagte er in ziemlich schlechtem Französisch zu mir: „Ich glaube, ich kann Ihnen Neuigkeiten über einen Ihrer Freunde erzählen."

„Wie heißt er?", fragte ich.

„Emmanuel Bocher."

„Oh ja, er ist sicherlich ein guter Freund von mir. Wie geht es ihm?"

„Er ist immer noch ein Gefangener, aber es geht ihm sehr gut."

„Aber ich dachte, er sei freigelassen worden", sagte ich.

„Einige derer, die mit ihm gefangen genommen wurden, wurden freigelassen, nachdem sie ihr Wort gegeben hatten, nie wieder gegen uns zu den Waffen zu greifen, aber er weigerte sich, sein Wort zu geben."

„Oh, der tapfere Soldat!", rief ich unwillkürlich.

Der junge Deutsche sah mich mit seinen klaren, traurigen Augen an.

„Ja", sagte er einfach, „der tapfere Soldat!"

Als wir unser Mittagessen beendet hatten, stand ich auf, um zu den anderen Reisenden zurückzukehren.

„Das für Sie reservierte Abteil wird erst in zwei Stunden verfügbar sein", sagte der junge Offizier. „Wenn Sie sich ausruhen möchten, meine Damen, werde ich Sie rechtzeitig abholen." Er ging weg und bald darauf schlief ich tief und fest. Ich war fast tot vor Müdigkeit.

Mlle. Soubise berührte mich an der Schulter, um mich aufzuwecken. Der Zug war abfahrbereit, und der junge Offizier begleitete mich dorthin. Ich war ein wenig erstaunt, als ich den Waggon sah, in dem ich reisen sollte. Er hatte kein Dach und war mit Kohle gefüllt. Der Offizier ließ mehrere leere Säcke übereinander legen, um unsere Sitze weicher zu machen. Er ließ seinen Offiziersmantel holen und bat mich, ihn mitzunehmen und ihm zurückzuschicken, aber ich lehnte diese abscheuliche Verkleidung energisch ab. Es war ein tödlich kalter Tag, aber ich zog es vor, vor Kälte zu sterben, als mich in einen Mantel des Feindes einzuhüllen.

Es ertönte eine Pfeife, der verwundete Offizier salutierte und der Zug setzte sich in Bewegung. In den Waggons befanden sich preußische Soldaten. Die Untergebenen, die Angestellten und die Soldaten waren ebenso brutal und unhöflich wie die deutschen Offiziere höflich und zuvorkommend waren.

Der Zug hielt ohne plausiblen Grund an, fuhr wieder an, um dann wieder anzuhalten, und stand dann eine Stunde lang in dieser eiskalten Nacht still. Als wir in Creil ankamen, stiegen der Heizer, der Lokführer, die Soldaten und alle anderen aus. Ich beobachtete all diese Männer, wie sie pfiffen, einander anbrüllten, spuckten und in Gelächter ausbrachen, während sie auf uns zeigten. Waren sie nicht die Sieger und wir die Besiegten?

In Creil blieben wir mehr als zwei Stunden. In der Ferne hörten wir ausländische Musik und das Hurra der Deutschen, die sich amüsierten. All dieser Lärm kam aus einem weißen Haus, das etwa fünfhundert Meter entfernt war. Wir konnten die Umrisse menschlicher Wesen erkennen, die sich in den Armen hielten, Walzer tanzten und sich in ausgelassener Stimmung im Kreis drehten.

Es begann mir auf die Nerven zu gehen, denn es schien, als würde es bis zum Tagesanbruch so weitergehen.

Ich stieg mit Villaret aus, um mir wenigstens ein wenig zu strecken. Wir gingen zum Weißen Haus, und da ich ihm meinen Plan nicht verraten wollte, bat ich ihn, dort auf mich zu warten.

Zum Glück hatte ich keine Zeit, die Schwelle dieser armseligen Unterkunft zu überschreiten, denn gerade kam ein Offizier aus einer kleinen Tür und rauchte eine Zigarette. Er sprach deutsch mit mir.

„Ich bin Franzose", antwortete ich, und dann kam er auf mich zu und sprach meine Sprache, denn sie konnten alle Französisch.

Er fragte mich, was ich hier mache. Meine Nerven waren völlig überreizt. Ich erzählte ihm fieberhaft von unserer beklagenswerten Odyssee seit unserer Abfahrt aus Gonesse und schließlich von unserem zweistündigen Warten in einem eiskalten Waggon, während die Heizer, Lokomotivführer und Schaffner in diesem Haus tanzten.

„Aber ich hatte keine Ahnung, dass sich in diesen Waggons Passagiere befanden, und ich war es, der diesen Männern die Erlaubnis gab, zu tanzen und zu trinken. Der Schaffner des Zuges sagte mir, dass er Vieh und Waren mitnehme und nicht vor acht Uhr morgens ankommen müsse, und ich glaubte ihm –"

„Nun, Monsieur", sagte ich, „das einzige Vieh im Zug sind die acht französischen Passagiere, und ich wäre Ihnen sehr verbunden, wenn Sie die Fortsetzung der Reise anordnen würden."

„Seien Sie beruhigt, Madame", antwortete er. „Wollen Sie hereinkommen und sich ausruhen? Ich bin gerade auf einer Inspektionsrunde hier und bleibe ein paar Tage in diesem Gasthof. Sie sollen eine Tasse Tee bekommen, das wird Sie erfrischen."

Ich sagte ihm, dass ein Freund auf der Straße und eine Dame im Eisenbahnwaggon auf mich warteten.

„Aber das macht keinen Unterschied", sagte er. „Lass uns gehen und sie holen."

Ein paar Minuten später fanden wir den armen Villaret auf einem Meilenstein sitzend. Sein Kopf lag auf seinen Knien und er schlief. Ich bat ihn, Fräulein Soubise zu holen.

„Und wenn Ihre anderen Reisegefährten vorbeikommen und eine Tasse Tee trinken wollen, sind sie herzlich willkommen", sagte der Offizier. Ich ging mit ihm zurück und wir betraten das Zimmer durch die kleine Tür, durch die ich ihn hatte herauskommen sehen. Wir betraten ein ziemlich großes Zimmer auf gleicher Höhe mit der Wiese. Auf dem Boden lagen einige Matten, ein sehr niedriges Bett und ein riesiger Tisch, auf dem zwei große Landkarten von Frankreich lagen. Eine davon war mit Stecknadeln und kleinen Flaggen übersät. Außerdem hing dort ein Porträt von Kaiser Wilhelm, das mit vier Stecknadeln befestigt war. All dies gehörte dem Offizier.

Auf dem Kaminsims lagen unter einem riesigen Glasschirm ein Brautkranz, eine Militärmedaille und ein Zopf aus weißem Haar. Auf jeder Seite des Glasschirms stand eine Porzellanvase mit einem Buchsbaumzweig. All dies gehörte zusammen mit dem Tisch und dem Bett der Wirtin, die ihr Zimmer dem Offizier überlassen hatte.

Um den Tisch herum standen fünf Korbstühle, ein Samtsessel und an der Wand eine mit Büchern bedeckte Holzbank. Auf dem Tisch lagen ein Schwert und ein Gürtel sowie zwei Reiterpistolen.

Ich philosophierte gerade über all diese heterogenen Dinge, als die anderen ankamen: Mlle. Soubise, Villaret, der junge Gerson und dieser unerträgliche

Théodore Joussian. (Ich hoffe, er wird mir vergeben, wenn er noch lebt, der arme Mann, aber der Gedanke an ihn ärgert mich immer noch.)

Der Offizier ließ kochend heißen Tee für uns kochen, und das war eine wahre Wohltat, da wir vor Hunger und Kälte erschöpft waren.

Als die Tür geöffnet wurde, um den Tee hereinzubringen, erhaschte Théodore Joussian einen Blick auf die Menge aus Mädchen, Soldaten und anderen Menschen.

„Ah, meine Freunde", rief er mit lautem Gelächter, „wir sind bei Seiner Majestät William; es findet ein Empfang statt, und der ist *schick* – das kann ich Ihnen sagen!" Dabei schnalzte er zweimal mit der Zunge. Villaret erinnerte ihn daran, dass wir die Gäste eines Deutschen seien und dass es besser sei, ruhig zu sein.

„Das reicht, das reicht!", antwortete er und zündete sich eine Zigarette an.

Ein furchtbarer Aufruhr aus Flüchen und Rufen löste nun den ohrenbetäubenden Lärm des Orchesters ab, und der unverbesserliche Südstaatler öffnete halb die Tür.

Ich konnte sehen, wie der Offizier zwei Unteroffizieren Befehle erteilte, die ihrerseits die Gruppen trennten und den Heizer, den Lokführer und die anderen zum Zug gehörenden Männer so grob festnahmen, dass sie mir leid taten. Sie wurden in den Rücken getreten, sie erhielten Schläge mit der flachen Seite des Schwertes auf die Schulter; ein Schlag mit dem Kolben eines Gewehrs warf den Schaffner des Zuges nieder. Er war jedoch das hässlichste Tier, das ich je gesehen habe. Alle diese Leute waren in wenigen Sekunden nüchtern und gingen mit zerknirschtem Blick und drohender Miene zu unserem Waggon zurück.

Wir folgten ihnen, aber ich war nicht sehr zufrieden mit dem, was uns unterwegs mit dieser merkwürdigen Truppe passieren könnte. Der Offizier hatte offenbar eine ähnliche Idee, denn er befahl einem der Unteroffiziere, uns bis Amiens zu begleiten. Dieser Unteroffizier stieg in unseren Wagen, und wir machten uns wieder auf den Weg. Wir kamen um sechs Uhr morgens in Amiens an. Das Tageslicht hatte es noch nicht geschafft, die Nachtwolken zu durchdringen. Es fiel leichter Regen, der durch die Kälte noch härter wurde. Es war kein Wagen zu bekommen, nicht einmal ein Gepäckträger. Ich wollte zum Hôtel du Cheval-Blanc, aber ein Mann, der zufällig dort war, sagte zu mir: „Das hat keinen Zweck, meine kleine Dame; dort ist kein Platz, nicht einmal für einen Latten wie Sie. Gehen Sie in das Haus dort mit dem Balkon; dort können einige Leute untergebracht werden."

Mit diesen Worten drehte er mir den Rücken zu. Villaret war wortlos davongegangen. Monsieur Gerson und sein Enkel waren lautlos in einem hermetisch verschlossenen Planwagen verschwunden. Eine kräftige, rötliche, untersetzte, matronenhafte Frau erwartete sie, aber der Kutscher sah aus, als stünde er im Dienste wohlhabender Leute. Der Sohn des Generals Pelissier, der seit unserer Abreise aus Gonesse kein Wort gesprochen hatte, war wie ein Ball aus den Händen eines Zauberers verschwunden.

Théodore Joussian bot uns höflich an, uns zu begleiten, und ich war so müde, dass ich sein Angebot annahm. Er nahm unsere Tasche und begann mit voller Geschwindigkeit loszulaufen, so dass wir Mühe hatten, mit ihm Schritt zu halten. Er war so außer Atem, dass er nicht sprechen konnte, was für mich eine große Erleichterung war.

Endlich erreichten wir das Haus und betraten es. Doch mein Entsetzen war groß, als ich sah, dass die Hotelhalle in einen Schlafsaal umgewandelt worden war. Zwischen den auf dem Boden liegenden Matratzen konnten wir kaum gehen, und das Murren der Leute versprach nichts Gutes.

Als wir einmal im Büro waren, sagte uns ein junges Mädchen in Trauer, dass kein Zimmer frei sei. Ich ließ mich auf einen Stuhl sinken, und Mlle. Soubise lehnte sich mit herabhängenden Armen an die Wand und sah äußerst niedergeschlagen aus.

Der widerwärtige Joussian schrie dann, sie könnten zwei so junge Frauen wie uns nicht die ganze Nacht auf der Straße herumlaufen lassen. Er ging zur Besitzerin des Hotels und sagte leise etwas über mich. Ich weiß nicht, was es war, aber ich hörte meinen Namen deutlich. Die junge Frau in Trauer sah dann mit feuchten Augen auf.

„Mein Bruder war Dichter", sagte sie. „Er hat ein sehr schönes Sonett über Sie geschrieben, nachdem er Sie mehr als zehnmal in *Le Passant spielen sah*. Er hat mich auch mitgenommen, um Sie zu sehen, und ich habe mich an diesem Abend sehr amüsiert. Aber es ist alles vorbei." Sie hob die Hände zum Kopf und schluchzte, um ihre Schreie zu unterdrücken. „Es ist alles vorbei!", wiederholte sie. „Er ist tot! Sie haben ihn getötet! Es ist alles vorbei! Alles vorbei!"

Ich stand auf, zutiefst bewegt von diesem schrecklichen Kummer. Ich legte meine Arme um sie und küsste sie, weinte selbst und flüsterte ihr Worte des Trostes und der Hoffnung zu.

Beruhigt durch meine Worte und gerührt durch meine Schwesternschaft wischte sie sich die Augen, nahm meine Hand und führte mich sanft weg. Soubise folgte ihr. Ich gab Joussian ein Zeichen, er solle bleiben, wo er sei, und wir gingen schweigend die beiden Treppen des Hotels hinauf. Am Ende eines schmalen Korridors öffnete sie eine Tür. Wir befanden uns in einem ziemlich großen Zimmer, das nach Tabak roch. Eine kleine Nachtlampe, die auf einem kleinen Tisch neben dem Bett stand, war das einzige Licht in diesem großen Zimmer. Das keuchende Atmen einer menschlichen Brust störte die Stille. Ich blickte zum Bett und im schwachen Licht der kleinen Lampe sah ich einen Mann, der halb saß und von einem Haufen Kissen gestützt wurde. Der Mann sah eher gealtert als wirklich alt aus. Sein Bart und sein Haar waren weiß und sein Gesicht trug Spuren des Leidens. Zwei große Furchen zogen sich von den Augen bis zu den Mundwinkeln. Wie viele Tränen müssen über dieses arme, ausgemergelte Gesicht gerollt sein!

Das Mädchen ging leise auf das Bett zu, gab uns ein Zeichen, ins Zimmer zu kommen, und schloss dann die Tür. Wir gingen auf Zehenspitzen zum anderen Ende des Zimmers, die Arme ausgestreckt, um das Gleichgewicht zu halten. Ich setzte mich vorsichtig auf ein großes Empire-Sofa, und Soubise nahm neben mir Platz. Der Mann im Bett öffnete halb die Augen.

„Was ist los, mein Kind?", fragte er.

„Nichts, Vater, nichts Ernstes", antwortete sie. „Ich wollte es dir sagen, damit du nicht überrascht bist, wenn du aufwachst. Ich habe gerade zwei Damen, die hier sind, in unserem Zimmer beherbergt."

Er drehte genervt den Kopf und versuchte, uns am Ende des Raumes anzusehen.

„Die Dame mit dem blonden Haar", fuhr das Mädchen fort, „ist Sarah Bernhardt, die Lucien so sehr mochte, erinnerst du dich?"

Der Mann setzte sich auf, beschattete seine Augen mit der Hand und spähte uns an. Ich trat näher an ihn heran. Er sah mich schweigend an und machte dann eine Geste mit der Hand. Seine Tochter verstand die Geste und brachte ihm einen Umschlag aus einer kleinen Kommode. Die Hände des unglücklichen Vaters zitterten, als er ihn entgegennahm. Langsam zog er drei Blätter Papier und ein Foto heraus. Er heftete seinen Blick auf mich und dann auf das Porträt.

„Ja, ja, das sind Sie ganz bestimmt, das sind Sie ganz bestimmt", murmelte er.

Ich erkannte mein Foto wieder, das in *Le Passant aufgenommen wurde* und auf dem ich eine Rose roch.

„Sehen Sie", sagte der arme Mann mit Tränen in den Augen, „Sie waren das Idol dieses Kindes. Dies sind die Zeilen, die er über Sie geschrieben hat."

Dann las er mir mit seiner zitternden Stimme und einem leichten picardischen Akzent ein sehr hübsches Sonett vor, das er mir jedoch nicht geben wollte. Dann faltete er ein zweites Blatt auseinander, auf dem einige Verse an Sarah Bernhardt gekritzelt waren. Das dritte Blatt war eine Art Triumphgesang, der all unsere Siege über den Feind feierte.

„Der arme Kerl hoffte noch, bis er getötet wurde", sagte der Vater. „Er ist erst seit fünf Wochen tot. Er hatte drei Schüsse in den Kopf. Der erste zertrümmerte seinen Kiefer, aber er fiel nicht. Wie ein Besessener schoss er weiter auf die Schurken. Der zweite riss ihm ein Ohr ab und der dritte traf ihn ins rechte Auge. Dann fiel er und stand nie wieder auf. Sein Kamerad hat uns das alles erzählt. Er war zweiundzwanzig Jahre alt. Und jetzt – ist alles vorbei!"

Der Kopf des Unglücklichen fiel auf den Kissenhaufen zurück. Seine beiden trägen Hände hatten die Papiere fallen lassen, und dicke Tränen rollten in den Furchen seiner Trauer über seine bleichen Wangen. Ein unterdrücktes Stöhnen entrang sich seinen Lippen. Das Mädchen war auf die Knie gesunken und hatte den Kopf in die Bettdecke vergraben, um das Geräusch ihres Schluchzens zu dämpfen. Soubise und ich waren völlig außer uns. Ach! Dieses unterdrückte Schluchzen, dieses gedämpfte Stöhnen schienen in meinen Ohren zu summen, und ich fühlte, wie alles unter mir nachgab. Ich streckte die Hände ins Leere und schloss die Augen.

Bald war ein fernes Grollen zu hören, das immer lauter wurde und näher kam; dann Schmerzensschreie, Knochen, die gegeneinander schlugen, das dumpfe Geräusch von Pferdehufen, die Menschenhirne herausschmetterten; bewaffnete Männer zogen wie ein zerstörerischer Wirbelsturm vorbei und riefen: „Es *lebe der Krieg!*" Und Frauen knieten mit ausgestreckten Armen und schrien: „Der Krieg ist schändlich! Im Namen unserer Gebärmütter, die euch getragen haben, unserer Brüste, die euch gesäugt haben, im Namen unserer Schmerzen bei der Geburt, im Namen unserer Qualen an euren Wiegen, lasst dies aufhören!"

Doch der wilde Wirbelsturm zog vorüber und fegte über die Frauen hinweg. Ich streckte in einer äußersten Anstrengung meine Arme aus und weckte mich plötzlich. Ich lag im Bett des Mädchens. Mlle. Soubise, die neben mir lag, hielt meine Hand. Ein Mann, den ich nicht kannte, den aber jemand Doktor nannte, legte mich sanft wieder auf das Bett. Ich hatte einige Schwierigkeiten, meine Gedanken zu sammeln.

„Wie lange bin ich schon hier?", fragte ich.

„Seit gestern Abend", antwortete Soubises sanfte Stimme. „Du bist ohnmächtig geworden, und der Arzt hat uns gesagt, dass du einen Fieberanfall hattest. Oh, ich hatte große Angst!"

Ich drehte mein Gesicht zum Arzt.

„Ja, meine liebe Dame", sagte er. „Sie müssen jetzt die nächsten 48 Stunden sehr vorsichtig sein, und dann können Sie wieder aufbrechen. Aber für jemanden mit so schwacher Gesundheit haben Sie schon viele Schocks erlitten. Sie müssen vorsichtig sein."

Ich nahm den Trank, den er mir hinhielt, entschuldigte mich bei dem Hausbesitzer, der gerade hereingekommen war, und drehte mich dann mit dem Gesicht zur Wand um. Ich brauchte so sehr, so sehr Ruhe.

Zwei Tage später verließ ich unsere traurigen, aber freundlichen Gastgeber. Meine Reisegefährten waren alle verschwunden. Als ich die Treppe hinunterging, begegnete ich immer wieder Preußen, denn der unglückliche Besitzer war von der deutschen Armee zwangseinmarschiert. Er sah jeden Soldaten und jeden Offizier an und versuchte herauszufinden, ob er nicht in der Gegenwart desjenigen war, der seinen armen Jungen getötet hatte. Er sagte es mir nicht, aber es war meine Idee. Es schien mir, dass dies sein Gedanke war und dies die Bedeutung seines Blicks.

In das Auto, mit dem ich zum Bahnhof fuhr, hatte der freundliche Mann einen Korb mit Lebensmitteln gestellt. Er gab mir auch eine Kopie des Sonetts und eine Nachzeichnung eines Fotos seines Sohnes.

Ich verließ das verzweifelte Paar mit tiefster Ergriffenheit und küsste das Mädchen zum Abschied. Soubise und ich wechselten auf dem Weg zum Bahnhof kein Wort, aber uns beschäftigten dieselben quälenden Gedanken.

Am Bahnhof stellten wir fest, dass die Deutschen auch dort das Sagen hatten. Ich bat um ein Erste-Klasse-Abteil für uns allein oder um ein *Coupé* , ganz wie sie wollten, vorausgesetzt, wir waren allein.

Ich konnte mich nicht verständlich machen.

Ich sah einen Mann, der die Räder der Waggons ölte und der mir wie ein Franzose vorkam. Ich täuschte mich nicht. Er war ein alter Mann, der behalten worden war, teils aus Barmherzigkeit, teils, weil er jeden Winkel kannte und als Elsässer Deutsch sprach. Dieser gute Mann brachte mich zum Fahrkartenschalter und erklärte mir meinen Wunsch nach einem Erste-Klasse-Abteil. Der Mann, der den Fahrkartenschalter leitete, brach in Gelächter aus. Es gebe weder Erste noch Zweite Klasse, sagte er. Es sei ein deutscher Zug, und ich müsse wie jeder andere reisen. Der Radöler wurde rot vor Wut, die er schnell unterdrückte. (Er musste seinen Platz behalten. Seine schwindsüchtige Frau pflegte ihren Sohn, der gerade mit einem amputierten Bein und noch nicht verheilter Wunde aus dem Krankenhaus nach Hause geschickt worden war. Es waren so viele im Krankenhaus.) All das erzählte er mir, als er mich zum Bahnhofsvorsteher brachte. Dieser sprach sehr gut Französisch, aber er war überhaupt nicht wie die anderen deutschen Offiziere, die ich getroffen hatte.

Er grüßte mich kaum, und als ich ihm meinen Wunsch äußerte, antwortete er knapp:

„Das ist unmöglich. Im Offiziersabteil werden zwei Plätze für Sie reserviert.“

„Aber das möchte ich vermeiden", rief ich. „Ich möchte nicht mit deutschen Offizieren reisen."

„Also gut, dann wirst du zu den deutschen Soldaten gesteckt", knurrte er wütend, setzte seinen Hut auf und ging hinaus, wobei er die Tür zuschlug. Ich blieb dort, erstaunt und verwirrt über die Unverschämtheit dieses unwürdigen Tieres. Ich wurde anscheinend so blass und das Blau meiner Augen wurde so klar, dass Soubise, der von meinen Wutanfällen wusste, sehr beunruhigt war.

„Ich flehe Sie an, bleiben Sie ruhig, Madame!", sagte sie. „Wir sind zwei Frauen allein inmitten feindlicher Menschen. Wenn sie uns etwas antun wollten, könnten sie es tun, und wir müssen das Ziel unserer Reise erreichen: Wir müssen den kleinen Maurice wiedersehen."

Sie war sehr klug, diese bezaubernde Mlle. Soubise, und ihre kleine Rede hatte die gewünschte Wirkung. Das Kind wiederzusehen war mein Ziel und mein Zweck. Ich beruhigte mich und schwor, dass ich mir während dieser Reise, die an Ereignissen reiche, nicht erlauben würde, wütend zu werden, und ich hielt beinahe mein Wort. Ich verließ das Büro des Bahnhofsvorstehers und fand den armen Schäferhund an der Tür wartend vor. Ich gab ihm ein paar Louisdor, die er schnell versteckte, und schüttelte mir dann die Hand, als wolle er sie abschütteln. „Das sollten Sie nicht so sichtbar haben, Madame", sagte er und zeigte auf die kleine Tasche, die an meiner Seite hing, „es ist sehr gefährlich."

Ich dankte ihm, schenkte seinem Rat jedoch keine Beachtung. Als der Zug gerade abfahren wollte, betraten wir das einzige Erste-Klasse-Abteil, das es gab. Darin saßen zwei junge deutsche Offiziere. Sie salutierten, und ich hielt das für ein gutes Omen. Der Zug pfiff, und ich dachte, was für ein Glück wir hatten, denn sonst würde niemand hineinkommen! Nun, die Räder hatten sich noch nicht zehnmal gedreht, als die Tür gewaltsam aufging und fünf deutsche Offiziere in unseren Waggon sprangen.

Wir waren damals neun, und was für eine Qual! Der Bahnhofsvorsteher winkte einem der Beamten zum Abschied zu, und beide brachen in Gelächter aus, als sie uns ansahen. Ich warf einen Blick auf den Freund des Bahnhofsvorstehers. Er war Stabsarzt und trug das Sanitätsabzeichen am Ärmel. Sein breites Gesicht war gedrungen, und ein Kranz aus sandigem, buschigem Bart umgab den unteren Teil davon. Zwei kleine, helle, in ständiger Bewegung befindliche Augen erhellten dieses rote Gesicht und verliehen ihm einen schlauen Blick. Er war breitschultrig und stämmig und vermittelte den Eindruck, stark zu sein, ohne Nerven zu haben. Der schreckliche Mann lachte noch immer, als der Bahnhof und sein Vorsteher weit von uns entfernt waren, aber was der andere gesagt hatte, war offensichtlich sehr drollig.

Ich saß in einer Ecke, Soubise mir gegenüber. Ein junger deutscher Offizier saß neben mir und der andere junge Offizier neben meinem Freund. Sie waren beide sehr freundlich und höflich, und einer von ihnen war mit seinem jugendlichen Charme ganz bezaubernd.

Der Stabsfeldwebel nahm seinen Helm ab. Er war sehr kahl und hatte eine sehr kleine, stur wirkende Stirn. Er begann laut mit den anderen Offizieren zu reden.

Unsere beiden jungen Leibwächter beteiligten sich kaum an der Unterhaltung. Unter den anderen war ein großer, affektierter junger Mann, den sie mit Baron ansprachen. Er war schlank, sehr elegant und sehr stark. Als er sah, dass wir kein Deutsch verstanden, sprach er Englisch mit uns. Aber Soubise war zu schüchtern, um zu antworten, und ich spreche sehr schlecht Englisch. Er gab sich daher bedauernd damit zufrieden, Französisch zu sprechen.

Er war umgänglich, zu umgänglich; er hatte sicher keine schlechten Manieren, aber es fehlte ihm an Taktgefühl. Ich machte ihm das klar, indem ich mein Gesicht der Landschaft zuwandte, an der wir vorbeifuhren.

Wir waren sehr in unsere Gedanken vertieft und schon lange unterwegs, als ich plötzlich das Gefühl hatte, der Rauch, der den Wagen erfüllte, würde mich ersticken. Ich sah mich um und sah, dass der Stabsarzt seine Pfeife angezündet hatte und mit halb geschlossenen Augen Rauchwolken zur Decke aufsteigen ließ.

Meine Augen brannten, und ich würgte vor Empörung, so sehr, dass ich einen Hustenanfall bekam, den ich übertrieb, um die Aufmerksamkeit des unhöflichen Mannes zu erregen. Der Baron schlug ihm jedoch aufs Knie und versuchte ihm klarzumachen, dass mir der Rauch unangenehm sei. Er antwortete mit einer Beleidigung, die ich nicht verstand, zuckte mit den Schultern und rauchte weiter. Darüber verärgert ließ ich das Fenster auf meiner Seite herunter. Die beißende Kälte machte sich im Wagen bemerkbar, aber das war mir lieber als der ekelerregende Rauch der Pfeife. Plötzlich stand der Stabsarzt auf und legte die Hand an sein Ohr, das, wie ich sah, mit Watte gefüllt war. Er fluchte wie ein Ochsentreiber, drängte sich an allen vorbei, trat mir und Soubise auf die Füße und schloss das Fenster heftig, während er die ganze Zeit fluchte und schimpfte, völlig nutzlos, denn ich verstand ihn nicht. Er ging zu seinem Platz zurück, rauchte weiter seine Pfeife und stieß auf die unverschämteste Weise enorme Rauchwolken aus. Der Baron und die beiden jungen Deutschen, die als erste in den Wagen gestiegen waren, schienen ihn etwas zu fragen und ihm dann Vorwürfe zu machen, aber er sagte ihnen offensichtlich, sie sollten sich um ihre eigenen Angelegenheiten kümmern, und begann, sie zu beschimpfen. Ich war selbst viel ruhiger, als ich die zunehmende Wut des unangenehmen Mannes sah, und seine

Ohrenschmerzen amüsierten mich sehr, also öffnete ich wieder das Fenster. Er stand wieder wütend auf, zeigte mir sein Ohr und seine geschwollene Wange, und ich verstand das Wort „Periostitis" in der Erklärung, die er mir gab, als er das Fenster wieder schloss und mir drohte. Dann machte ich ihm klar, dass ich eine schwache Brust habe und dass der Rauch mich zum Husten bringt.

Der Baron fungierte als mein Dolmetscher und erklärte ihm dies; aber es war leicht zu erkennen, dass ihm das nicht das Geringste ausmachte, und er nahm wieder seine Lieblingshaltung und seine Pfeife ein. Ich ließ ihn fünf Minuten in Ruhe, während dieser Zeit konnte er sich seinen Triumph einbilden, und dann zerbrach ich mit einem plötzlichen Ruck meines Ellbogens die Glasscheibe. Der Major stand vor Verblüffung und wurde fuchsteufelswild. Er stand sofort auf, aber die beiden jungen Männer erhoben sich gleichzeitig, während der Baron in brutalstes Gelächter ausbrach.

Der Chirurg ging einen Schritt auf uns zu, aber vor ihm stand ein Wall; ein anderer Offizier hatte sich zu den beiden jungen Männern gesellt, ein kräftiger, kräftig aussehender Kerl, wie geschaffen für ein Hindernis. Ich weiß nicht, was er dem Stabsarzt sagte, aber es war etwas Klares und Entscheidendes. Dieser wusste nicht, wie er seinen Ärger auslassen sollte, wandte sich dem Baron zu, der immer noch lachte, und beschimpfte ihn so heftig, dass dieser sich plötzlich beruhigte und so antwortete, dass ich ganz genau verstand, dass die beiden Männer sich gegenseitig herausforderten. Das berührte mich jedenfalls kaum. Diese beiden Männer hätten sich durchaus gegenseitig umbringen können, denn sie waren gleichermaßen unhöflich.

Im Wagen war es jetzt still und eiskalt, denn der Wind blies wild durch die zerbrochene Scheibe. Die Sonne war untergegangen. Der Himmel bewölkte sich. Es war etwa halb sechs, und wir näherten uns Tergnier. Der Major hatte mit seinem Freund den Platz getauscht, um sein Ohr so gut wie möglich zu schützen. Er stöhnte unentwegt wie eine halbtote Kuh.

Plötzlich ließ uns das wiederholte Pfeifen einer entfernten Lokomotive aufmerksam lauschen. Dann hörten wir zwei, drei und vier Knallkörper unter unseren Rädern explodieren. Wir konnten die Bemühungen des Lokomotivführers, die Geschwindigkeit zu drosseln, deutlich spüren, aber bevor es ihm gelang, wurden wir durch einen furchtbaren Stoß gegeneinander geschleudert. Es gab Knacken und Knarren, das Stottern der Lokomotive, die in unregelmäßigen Abständen ihren Rauch ausspuckte, verzweifelte Schreie, Rufe, Flüche, plötzliche Stürze, eine Flaute, dann dichter Rauch, durchbrochen von den Flammen eines Feuers. Unser Waggon stand aufrecht, wie ein Pferd, das seine Hinterbeine hochwirft. Es war unmöglich, das Gleichgewicht wiederzufinden.

Wer war verwundet und wer nicht? Wir waren neun im Abteil. Ich für meinen Teil glaubte, alle Knochen seien gebrochen. Ich bewegte ein Bein und probierte dann das andere. Dann, erfreut, dass sie intakt waren, probierte ich auf die gleiche Weise meine Arme. Ich hatte nichts gebrochen und Soubise auch nicht. Sie hatte sich auf die Zunge gebissen, und sie blutete, und das hatte mir Angst gemacht. Sie schien nichts zu verstehen. Das schreckliche Schütteln hatte sie schwindlig gemacht und sie verlor für einige Tage ihr Gedächtnis. Ich hatte einen ziemlich tiefen Kratzer zwischen den Augen. Ich hatte keine Zeit gehabt, meine Arme auszustrecken, und meine Stirn war gegen den Griff des Schwertes gestoßen, das der Offizier, der neben Soubise saß, aufrecht hielt.

Hilfe kam von allen Seiten.

Die Tür unseres Abteils ließ sich einige Zeit nicht öffnen.

Es war bereits dunkel, als es schließlich nachgab, und eine Laterne beleuchtete schwach unseren armen, kaputten Wagen.

Ich sah mich nach unserer einen Tasche um, aber als ich sie fand, ließ ich sie sofort los, denn meine Hand war rot vom Blut. Wessen Blut war das?

Drei Männer rührten sich nicht, einer von ihnen war der Major. Sein Gesicht erschien mir bleich. Ich schloss die Augen, um es nicht zu wissen, und ließ mich von dem Mann, der uns zu Hilfe gekommen war, aus dem Abteil ziehen. Einer der jungen Offiziere stieg hinter mir aus. Er nahm Soubise, der fast ohnmächtig war, von seinem Freund. Dann stieg der schwachsinnige Baron aus; seine Schulter war ausgerenkt. Ein Arzt trat unter den Rettern vor. Der Baron streckte ihm seinen Arm entgegen und forderte ihn gleichzeitig auf, ihn zu ziehen, was er sofort tat. Der französische Arzt nahm dem Offizier den Mantel ab, befahl zwei Eisenbahnern, ihn festzuhalten, und zog dann, sich selbst gegen ihn stemmend, an dem armen Arm. Der Baron war sehr blass und stieß einen leisen Pfiff aus. Als der Arm wieder an seinem Platz war, schüttelte der Arzt dem Baron die andere Hand. „Cristi!“, sagte er, „ich muss dich sehr verletzt haben. Du bist sehr mutig.“ Der Deutsche salutierte, und ich half ihm wieder mit seinem Mantel hinein.

Der Arzt wurde dann abgeholt und ich sah, dass er in unser Abteil zurückgebracht wurde. Ich schauderte unwillkürlich. Jetzt konnten wir herausfinden, was die Ursache unseres Unfalls gewesen war. Eine Lokomotive, die an zwei Kohlewagen angehängt war, war auf ein Nebengleis rangiert, um uns passieren zu lassen, als einer der Wagen entgleist war und die Lokomotive ihre Lungen mit dem Pfeifen des Alarms ermüdete, während Männer uns entgegenliefen und Knallkörper verstreuten. Alles war vergeblich gewesen, und wir waren gegen den umgestürzten Wagen gefahren.

Was sollten wir tun? Die Straßen, die durch das nasse Wetter aufgeweicht waren, waren alle durch die Kanonen aufgebrochen. Wir waren etwa vier Meilen von Tergnier entfernt, und ein dünner, durchdringender Regen ließ unsere Kleidung an unseren Körpern kleben.

Es waren vier Waggons, aber die waren für die Verwundeten. Es würden noch weitere Waggons kommen, aber es mussten Tote weggebracht werden. Eine improvisierte Bahre wurde gerade von zwei Arbeitern hergebracht. Der Major lag darauf, so bleich, dass ich die Hände ballte, bis meine Nägel ins Fleisch bohrten. Einer der Offiziere wollte den nachfolgenden Arzt befragen.

„Oh nein!", rief ich. „Bitte, bitte nicht. Ich will es nicht wissen. Der arme Kerl!"

Ich hielt mir die Ohren zu, als ob mir jemand etwas Schreckliches zurufen würde, und ich erfuhr nie, was mit ihm geschah.

Wir mussten uns damit abfinden, zu Fuß weiterzugehen. Wir gingen so tapfer wie möglich etwa zwei Kilometer, dann blieb ich völlig erschöpft stehen. Der Schlamm, der an unseren Schuhen klebte, machte sie sehr schwer. Die Anstrengung, die wir bei jedem Schritt aufbringen mussten, um unsere Füße aus dem Schlamm zu ziehen, ermüdete uns. Ich setzte mich auf einen Meilenstein und erklärte, dass ich nicht weitergehen würde.

Meine liebe Begleiterin weinte: Die beiden jungen deutschen Offiziere, die als Leibwächter gedient hatten, machten mir mit gekreuzten Händen einen Sitzplatz frei, und so gingen wir noch fast eine Meile weiter. Meine Begleiterin konnte nicht weitergehen. Ich bot ihr meinen Platz an, aber sie lehnte ab.

„Na gut, dann lasst uns hier warten!", sagte ich, und als wir völlig am Ende unserer Kräfte waren, lehnten wir uns an einen kleinen, abgebrochenen Baum.

Es war jetzt Nacht, und eine so kalte Nacht!

Soubise und ich drängten uns eng aneinander und versuchten, uns gegenseitig warm zu halten. Ich begann einzuschlafen, als ich vor meinen Augen die verwundeten Männer von Châtillon sah, die an den kleinen Büschen sitzend gestorben waren. Ich wollte mich nicht mehr bewegen, und die Erstarrung erschien mir geradezu köstlich.

Ein Karren fuhr jedoch auf dem Weg nach Tergnier vorbei. Einer der jungen Männer hielt ihn an, und als man sich auf einen Preis einigte, fühlte ich mich vom Boden aufgehoben, in das Fahrzeug gehoben und von der ruckartigen, rollenden Bewegung zweier loser Räder mitgerissen, die die Hügel hinaufkletterten, in den Schlamm versanken und über Steinhaufen sprangen, während der Fahrer seine Tiere peitschte und sie mit seiner Stimme antrieb.

Er hatte eine „Ist mir egal, was passiert"-Fahrweise, die für jene Tage charakteristisch war.

All dies war mir im Halbschlaf bewusst, denn ich schlief nicht wirklich, aber ich wollte keine Fragen beantworten. Ich gab mich dieser Erniedrigung meines ganzen Wesens mit einem gewissen Vergnügen hin.

Ein heftiger Ruck jedoch zeigte an, dass wir in Tergnier angekommen waren. Der Wagen hatte vor dem Hotel angehalten und wir mussten aussteigen. Ich tat so, als schliefe ich noch tief und fest. Aber es half nichts, denn ich musste aufwachen. Die beiden jungen Männer halfen mir in mein Zimmer.

Ich bat Soubise, die Bezahlung des Wagens vor der Abreise unserer ausgezeichneten jungen Gefährten zu arrangieren, die uns nur ungern verließen. Ich unterschrieb für jeden von ihnen auf einem Blatt der Hotelzeitung einen Gutschein für ein Foto. Nur einer von ihnen hat ihn jemals eingelöst. Das war sechs Jahre später, und ich schickte ihn ihm.

Das Hotel Tergnier konnte uns nur ein Zimmer geben. Ich ließ Soubise zu Bett gehen und schlief in einem Sessel, so wie ich angezogen war.

Am nächsten Morgen fragte ich nach einem Zug nach Cateau, aber mir wurde gesagt, dass es keinen Zug gäbe.

Wir mussten Wunder vollbringen, um ein Fahrzeug zu beschaffen, aber schließlich willigte Dr. Meunier oder Mesnier ein, uns ein zweirädriges Gefährt zu leihen. Das war schon mal was, aber es gab kein Pferd. Das Pferd des armen Doktors war vom Feind requiriert worden. Ein Stellmacher überließ mir für einen horrenden Preis ein Fohlen, das noch nie in den Deichseln gewesen war und wild wurde, als man ihm das Geschirr anlegte. Das arme kleine Tier beruhigte sich, nachdem man es gut ausgepeitscht hatte, aber dann verwandelte sich seine Wildheit in Sturheit. Es stand still auf seinen vier Beinen, die heftig zitterten, und weigerte sich, sich zu bewegen. Mit dem Hals zur Erde gestreckt, den Augen starr und den geweiteten Nüstern wollte es sich nicht mehr bewegen als ein Pflock in der Erde. Zwei Männer hielten dann den leichten Wagen zurück; das Halfter wurde vom Hals des Fohlens genommen; es schüttelte einen Augenblick lang den Kopf und begann, da es sich frei und ohne Hindernisse fühlte, vorwärts zu gehen. Die Männer konnten das Gefährt kaum halten. Er trat zweimal leicht und begann dann zu traben. Oh, es war nur ein sehr kurzer Trab. Ein Junge hielt ihn dann an, man gab ihm ein paar Karotten, streichelte seine Mähne und legte ihm das Halfter wieder an. Er blieb plötzlich stehen, aber der Junge sprang in das Gefährt und hielt die Zügel locker, sprach mit ihm und ermutigte ihn, weiterzugehen. Das Fohlen, das keinen Widerstand spürte, begann etwa eine Viertelstunde lang zu traben und kam dann zu uns an die Tür des Hotels zurück.

Ich musste beim örtlichen Notar eine Kaution von vierhundert Francs hinterlegen, für den Fall, dass das Fohlen sterben sollte.

Ach, was war das für eine Reise mit dem Jungen, Soubise und mir, die eng beieinander in diesem kleinen Gig saßen, dessen Räder bei jeder Erschütterung knarrten! Das unglückliche Fohlen dampfte wie ein *Pot-au-feu*, wenn man den Deckel anhebt. Wir fuhren um elf Uhr morgens los, und als wir anhalten mussten, weil das arme Tier nicht weiter konnte, war es fünf Uhr nachmittags, und wir hatten noch keine fünf Meilen zurückgelegt. Oh, das arme Fohlen, es war wirklich zu bemitleiden! Wir waren nicht sehr schwer, alle drei zusammen, aber wir waren zu viel für ihn. Wir waren nur wenige Meter von einem schäbig aussehenden Haus entfernt. Ich klopfte, und eine alte Frau von enormer Statur öffnete die Tür.

„Was willst du?“, fragte sie.

„Gastfreundschaft für eine Stunde und Unterschlupf für unser Pferd.“

Sie blickte auf die Straße und sah, wo wir ausgestiegen waren.

„Hey, Vater!“, rief sie mit heiserer Stimme, „komm und schau her!“

Ein kräftiger Mann, ganz so kräftiger wie sie, aber älter, kam schwerfällig herangehumpelt. Sie zeigte auf das seltsam ausgestattete Gig, und er brach in Gelächter aus und sagte unverschämt zu mir:

„Also, was willst du?“

Ich wiederholte meinen Satz: „Gastfreundschaft für eine Stunde“ usw. usw.

„Vielleicht können wir es machen, aber es wird bezahlt werden müssen.“

Ich zeigte ihm zwanzig Francs. Die alte Frau gab ihm einen Schubs.

„Oh, aber wissen Sie, in diesen Zeiten ist es durchaus vierzig Francs wert.“

„Sehr gut“, sagte ich, „Einverstanden, vierzig Francs.“

Dann ließ er mich mit Mlle Soubise ins Haus gehen und schickte seinen Sohn zu dem Jungen, der mit dem Füllen an der Mähne kam. Er hatte das Halfter sehr rücksichtsvoll abgenommen und meine Decke über die dampfenden Seiten geworfen. Als wir das Haus erreichten, wurde das arme Tier schnell ausgeschirrt und in eine kleine Umzäunung gebracht, an deren anderem Ende ein paar schlecht zusammengefügte Bretter als Stall für ein altes Maultier dienten, das von der dicken Frau mit Tritten aufgescheucht und in die Umzäunung getrieben wurde. Das Füllen nahm seinen Platz ein, und als ich um etwas Hafer dafür bat, antwortete sie:

„Vielleicht könnten wir etwas davon bekommen, aber das ist in den vierzig Francs nicht enthalten.“

„Also gut“, sagte ich und gab unserem Jungen fünf Francs, damit er den Hafer holte, aber die alte Spitzmaus nahm ihm das Geld ab und gab es ihrem Jungen mit den Worten:

„Geh du, du weißt, wo du sie findest, und komm schnell zurück.“

Unser Junge blieb bei dem Fohlen, trocknete es und rieb es so gut ab, wie er konnte. Ich ging zurück ins Haus, wo ich meine bezaubernde Soubise mit hochgekrempelten Ärmeln und zarten Händen vorfand, die gerade zwei Gläser und zwei Teller für uns wusch. Ich fragte, ob es möglich wäre, ein paar Eier zu haben.

"Ja aber--"

Ich unterbrach unsere monströse Gastgeberin.

„Ich bitte Sie, überanstrengen Sie sich nicht, Madame“, sagte ich. „Es versteht sich, dass die vierzig Francs Ihr Trinkgeld sind und dass ich alles andere bezahle.“

Sie war einen Moment verwirrt, schüttelte den Kopf und versuchte, Worte zu finden, aber ich bat sie, mir die Eier zu geben. Sie brachte mir fünf Eier und ich begann, ein Omelett zuzubereiten, denn ein Omelett ist meine kulinarische Meisterleistung.

Das Wasser war ekelerregend, deshalb tranken wir Apfelwein. Ich ließ den Jungen rufen und ließ ihm in unserer Gegenwart etwas zu essen servieren, denn ich fürchtete, die Menschenfresserin würde ihm zu sparsam etwas zu essen geben.

Als ich die sagenhafte Rechnung von fünfundsiebzig Francs bezahlte, die vierzig Francs natürlich inbegriffen, setzte die Oberin ihre Brille auf, nahm eines der Goldstücke, betrachtete es von der einen Seite, dann von der anderen, ließ es auf einem Teller klingeln und dann auf dem Boden. Das tat sie mit jedem der drei Goldstücke. Ich musste lachen.

„Oh, da gibt es nichts zu lachen“, grunzte sie. „In den letzten sechs Monaten hatten wir hier nur Diebe.“

„Und Sie verstehen etwas von Diebstahl!“, sagte ich.

Sie sah mich an und versuchte zu verstehen, was ich meinte, aber der lachende Ausdruck in meinen Augen vertrieb ihr Misstrauen. Das war ein großes Glück, denn es waren Leute, die uns Schaden zufügen konnten. Ich hatte vorsichtshalber meinen Revolver neben mich gelegt, als ich mich an den Tisch setzte.

„Wissen Sie, wie man das abfeuert?“, fragte der Lahme.

„Oh ja, ich schieße sehr gut“, antwortete ich, obwohl das nicht stimmte.

Unser Ross wurde dann innerhalb weniger Sekunden wieder hineingespannt und wir setzten unseren Weg fort. Das Fohlen schien ganz fröhlich zu sein. Es stampfte, trat ein wenig und begann, in einem ziemlich gleichmäßigen Tempo zu laufen.

Unsere unangenehmen Gastgeber hatten uns den Weg nach St. Quentin gezeigt, und wir machten uns auf den Weg, nachdem unser armes Fohlen mehrere Versuche unternommen hatte, stehen zu bleiben. Ich war todmüde und schlief ein, aber nach etwa einer Stunde hielt das Fahrzeug abrupt an und das elende Tier begann zu schnauben und den Rücken aufzurichten, wobei es sich auf seine vier steifen, zitternden Beine stützte.

Es war ein düsterer Tag gewesen, und ein düsterer Himmel voller Tränen schien sich langsam über die Erde zu legen. Wir hatten mitten auf einem Feld angehalten, das von den schweren Kanonenrädern rundum umgepflügt worden war. Der Rest des Bodens war von Pferdehufen zertrampelt worden, und die Kälte hatte die kleinen Erdwälle verhärtet, so dass hier und da Eiszapfen übrig blieben, die düster in der dichten Atmosphäre glitzerten.

Wir stiegen aus dem Wagen, um herauszufinden, was unser kleines Tier so erzittern ließ. Ich stieß einen Schrei des Entsetzens aus, denn nur etwa fünf Meter entfernt zerrten einige Hunde wild an einem toten Körper, von dem die Hälfte noch unter der Erde lag. Es war ein Soldat und glücklicherweise einer der Feinde. Ich nahm unserem jungen Fahrer die Peitsche ab und peitschte die schrecklichen Tiere so fest ich konnte. Sie wichen für eine Sekunde zurück und fletschten die Zähne, dann nahmen sie ihre gefräßige und abscheuliche Arbeit wieder auf und knurrten uns mürrisch an.

Unser Junge stieg ab und führte das schnaubende Pony am Zügel. Mit einiger Mühe gingen wir weiter und versuchten, den Weg in diesen verwüsteten Ebenen zu finden.

Die Dunkelheit überkam uns und es war eiskalt.

Der Mond schob schwach seine Schleier beiseite und schien mit einem blassen, traurigen Licht über die Landschaft. Ich war halb tot vor Angst. Es war mir, als würde die Stille durch Schreie aus der Unterwelt unterbrochen, und jeder kleine Erdhügel erschien mir wie ein Kopf.

Mlle. Soubise weinte und hatte ihr Gesicht in den Händen verborgen. Nachdem wir eine halbe Stunde unterwegs waren, sahen wir in der Ferne eine kleine Gruppe von Leuten mit Laternen kommen. Ich ging auf sie zu, da ich wissen wollte, in welche Richtung sie gehen sollten. Ich war verlegen, näher zu kommen, denn ich hörte Schluchzen. Ich sah eine arme Frau, die sehr korpulent war, die von einem jungen Priester getragen wurde. Ihr ganzer Körper war von ihren Traueranfällen geschüttelt. Ihr folgten zwei Unteroffiziere und drei weitere Personen. Ich ließ sie vorbeigehen und befragte dann diejenigen, die ihr folgten. Man sagte mir, dass sie nach den Leichen ihres Mannes und ihres Sohnes suchte, die beide einige Tage zuvor auf der Ebene von St. Quentin getötet worden waren. Sie kam jeden Tag in der Dämmerung, um der allgemeinen Neugier zu entgehen, aber sie hatte bisher keinen Erfolg gehabt. Man hoffte, dass sie sie dieses Mal finden würde, denn einer dieser Unteroffiziere, der gerade das Krankenhaus verlassen hatte, brachte sie zu der Stelle, wo er den tödlich verwundeten Ehemann der armen Frau hatte fallen sehen. Er war selbst dort gestürzt und von den Sanitätern geborgen worden.

Ich dankte diesen Menschen, die mir den traurigen Weg zeigten, den wir nehmen mussten, den besten, den es gab, durch den Friedhof, der noch warm unter dem Eis war.

Wir konnten jetzt Gruppen herumsuchender Menschen erkennen und es war alles so schrecklich, dass ich am liebsten aufschreien wollte.

Plötzlich zog mich der Junge, der uns fuhr, am Ärmel meines Mantels.

„Oh, Madame", sagte er, „sehen Sie sich diesen Schurken an, der stiehlt."

Ich schaute und sah einen Mann, der der Länge nach dalag, neben ihm lag ein großer Sack. Er hatte eine dunkle Laterne, die er auf den Boden richtete. Dann stand er auf, sah sich um, denn man konnte seine Umrisse deutlich am Horizont erkennen, und begann seine Arbeit wieder.

Als er uns erblickte, löschte er seine Lampe und kauerte sich auf den Boden. Wir gingen schweigend direkt auf ihn zu. Ich nahm das Fohlen am Zügel auf der anderen Seite, und der Junge verstand zweifellos, was ich vorhatte, denn er ließ mich vorangehen. Ich ging direkt auf den Mann zu und tat so, als wüsste ich nicht, dass er da war. Das Fohlen wich zurück, aber wir zogen es fest und ließen es vorrücken. Wir waren dem Mann so nahe, dass ich bei dem Gedanken schauderte, der Schurke würde sich vielleicht lieber von dem Tier und dem leichten Fahrzeug niedertrampeln lassen, als seine Anwesenheit zu verraten. Glücklicherweise irrte ich mich. Eine gedämpfte Stimme murmelte: „Pass auf dich auf! Ich bin verwundet. Du wirst mich überfahren." Ich nahm die Gig-Laterne herunter. Wir hatten sie mit einer Jacke bedeckt, da der Mond uns besser beleuchtete, und ich richtete sie nun auf das Gesicht dieses Schurken. Ich war verblüfft, als ich einen Mann im Alter von 65 bis 70 Jahren sah, dessen Gesicht hohl wirkte und von einem langen, schmutzig-weißen Backenbart umrahmt war. Er trug einen Schal um den Hals und einen dunkelfarbigen Bauernmantel. Um ihn herum, im Mondlicht, lagen Schwertgürtel, Messingknöpfe, Schwertgriffe und andere Gegenstände, die der berüchtigte alte Kerl den armen Toten abgerissen hatte.

„Du bist nicht verletzt. Du bist ein Dieb und ein Grabschänder! Ich werde schreien und du wirst getötet. Hörst du das, du elender Kerl?", rief ich und ging so nah an ihn heran, dass ich spürte, wie sein Atem meinen besudelte. Er kniete nieder, faltete seine kriminellen Hände und flehte mich mit zitternder, tränenerfüllter Stimme an.

„Dann lass deine Tasche da", sagte ich, „und all diese Sachen. Leere deine Taschen, lass alles da und geh. Lauf, denn sobald du außer Sicht bist, werde ich einen der Soldaten rufen, die gerade nach dir suchen, und ihnen deine Beute geben. Ich weiß jedoch, dass es falsch ist, dich freizulassen."

Er leerte seine Taschen, stöhnte dabei die ganze Zeit und wollte gerade weggehen, als der Junge flüsterte: „Er versteckt ein paar Stiefel unter seinem Umhang." Ich war rasend vor Wut auf diesen gemeinen Dieb und riss ihm seinen dicken Umhang vom Leib.

„Lass alles liegen, du elender Mensch", rief ich, „oder ich rufe die Soldaten."

Sechs Paar Stiefel, die den Leichen abgenommen worden waren, fielen geräuschvoll auf den harten Boden. Der Mann bückte sich nach seinem Revolver, den er gleichzeitig mit den gestohlenen Gegenständen aus der Tasche gezogen hatte.

„Wollen Sie das lassen und schnell verschwinden?", fragte ich. „Meine Geduld ist am Ende."

„Aber wenn ich erwischt werde, kann ich mich nicht verteidigen", rief er in einem Anfall verzweifelter Wut.

„Es wird so sein, weil Gott es so gewollt hat", antwortete ich. „Geh sofort, oder ich werde dich rufen." Dann machte sich der Mann davon und beschimpfte mich dabei.

Unser kleiner Fahrer holte dann einen Soldaten ab, dem ich das Abenteuer erzählte und ihm die Gegenstände zeigte.

„Wohin ist der Schlingel gegangen?", fragte ein Sergeant, der den Soldaten begleitet hatte.

„Das kann ich nicht sagen", antwortete ich.

„Na ja, ich habe keine Lust, ihm nachzulaufen", sagte er. „Hier gibt es genug Tote."

Wir setzten unseren Weg fort, bis wir an eine Stelle kamen, wo mehrere Straßen zusammentrafen und es uns nun möglich war, eine für Fahrzeuge etwas besser geeignete Route zu nehmen.

Nachdem wir Busigny und einen Wald durchquert hatten, in dem es Sümpfe gab, in denen wir nur knapp nicht versunken wären, ging unsere qualvolle Reise zu Ende und wir kamen in der Nacht in Cateau an, halb tot vor Müdigkeit, Angst und Verzweiflung.

Ich musste dort einen Tag ausruhen, denn ich war vom Fieber erschöpft. Wir hatten zwei kleine Zimmer, grob weiß getüncht, aber ganz sauber. Der Boden bestand aus roten, glänzenden Ziegeln, und es gab ein poliertes Holzbett und weiße Vorhänge.

Ich ließ einen Arzt für meine bezaubernde kleine Soubise rufen, der es, wie mir schien, schlechter ging als mir. Er meinte jedoch, dass wir beide in einem sehr schlechten Zustand seien. Ein nervöses Fieber hatte meine Glieder völlig außer Funktion gesetzt und meinen Kopf zum Brennen gebracht. Sie konnte nicht still sitzen, sondern sah ständig Gespenster und Feuer, hörte Schreie und drehte sich schnell um, weil sie sich einbildete, jemand hätte sie an der Schulter berührt. Der gute Mann gab uns einen beruhigenden Trank, um unsere Müdigkeit zu überwinden, und am nächsten Tag brachte ein sehr heißes Bad die Geschmeidigkeit in unsere Glieder zurück. Es waren nun sechs Tage vergangen, seit wir Paris verlassen hatten, und es würde noch etwa zwanzig Stunden dauern, bis wir Homburg erreichten, denn damals fuhren die Züge viel langsamer als heute. Ich nahm einen Zug nach Brüssel, wo ich einen Koffer und ein paar notwendige Dinge kaufen wollte.

Von Cateau nach Brüssel gab es für unsere Reise keine Hindernisse und wir konnten noch am gleichen Abend wieder den Zug nehmen.

Ich hatte unsere Garderobe aufgefüllt, die es wirklich nötig hatte, und wir setzten unsere Reise ohne große Schwierigkeiten bis nach Köln fort. Doch als wir in dieser Stadt ankamen, erlebten wir eine grausame Enttäuschung. Der Zug war kaum in den Bahnhof eingefahren, als ein Bahnbeamter, der schnell vor den Waggons vorbeiging, etwas auf Deutsch rief, was ich nicht verstand. Alle schienen in Eile zu sein, und Männer und Frauen schubsten einander ohne jede Rücksicht.

Ich sprach einen anderen Beamten an und zeigte ihm unsere Tickets. Er nahm meine Tasche entgegen, sehr zuvorkommend, und eilte der Menge hinterher. Wir folgten ihm, aber ich verstand die Aufregung erst, als der Mann meine Tasche in ein Abteil warf und mir ein Zeichen gab, so schnell wie möglich einzusteigen.

Soubise stand schon auf der Treppe, als sie von einem Schaffner heftig beiseite gestoßen wurde, der die Tür zuschlug, und bevor ich richtig begriff, was geschehen war, war der Zug verschwunden. Meine Tasche war weg, und unser Koffer auch. Der Koffer war in einen Gepäckwagen gestellt worden, der von dem gerade angekommenen Zug abgekoppelt und sofort an den abfahrenden Schnellzug angehängt worden war. Ich begann vor Wut zu weinen. Ein Beamter hatte Mitleid mit uns und führte uns zum Bahnhofsvorsteher. Er war ein sehr vornehmer Mann, der ziemlich gut Französisch sprach. Ich sank in seinen großen Ledersessel und erzählte ihm mein Missgeschick, wobei ich nervös schluchzte. Er sah freundlich und mitfühlend aus. Er telegrafierte sofort, dass meine Tasche und mein Koffer in die Obhut des Bahnhofsvorstehers am ersten Bahnhof gegeben werden sollten.

„Sie werden sie morgen gegen Mittag wieder haben", sagte er.

„Dann kann ich heute Abend nicht anfangen?", fragte ich.

„O nein, das ist unmöglich", antwortete er. „Es gibt keinen Zug, denn der Express, der Sie nach Homburg bringt, fährt erst morgen früh."

„Oh Gott, Gott!", rief ich aus und wurde von wahrer Verzweiflung erfasst, die bald auch Mlle. Soubise erfasste.

Der arme Bahnhofsvorsteher war ziemlich verlegen und versuchte mich zu beruhigen.

„Kennen Sie hier jemanden?", fragte er.

„Nein, niemanden. Ich kenne niemanden in Köln."

„Gut, dann lasse ich Sie zum Hôtel du Nord fahren. Meine Schwägerin ist seit zwei Tagen dort und wird sich um Sie kümmern."

Eine halbe Stunde später kam sein Wagen an und er brachte uns zum Hôtel du Nord, nachdem er einen weiten Umweg gefahren war, um uns die Stadt zu zeigen. Aber damals bewunderte ich nichts, was den Deutschen gehörte.

Als wir im Hôtel du Nord ankamen, stellte er uns seine Schwägerin vor, eine blonde junge Frau, hübsch, aber zu groß und zu dick für meinen Geschmack. Ich muss allerdings sagen, dass sie sehr nett und umgänglich war. Sie mietete uns zwei Zimmer in der Nähe ihrer eigenen Zimmer. Sie hatte eine Wohnung im Erdgeschoss und lud uns zum Abendessen ein, das in ihrem Salon serviert wurde. Ihr Schwager gesellte sich am Abend zu uns. Die charmante Frau war sehr musikalisch. Sie spielte uns Berlioz, Gounod und sogar Auber vor. Ich schätzte das Feingefühl dieser Frau, uns nur französische Komponisten vorspielen zu lassen, sehr. Ich bat sie, uns etwas von Mozart und Wagner vorzuspielen. Bei diesem Namen wandte sie sich mir zu und rief: „Magst du Wagner?"

„Ich mag seine Musik", antwortete ich, „aber ich verabscheue den Mann."

Mlle. Soubise flüsterte mir zu: „Bitten Sie sie, Liszt zu spielen."

Sie hörte es mit an und kam meiner Bitte mit unendlicher Freundlichkeit nach. Ich muss zugeben, dass ich dort einen wunderbaren Abend verbracht habe.

Um zehn Uhr teilte mir der Bahnhofsvorsteher (dessen Namen ich dummerweise vergessen habe und den ich in meinen Notizen nicht finden kann) mit, dass er uns am nächsten Morgen um acht Uhr abholen würde, und verabschiedete sich dann von uns. Ich schlief ein, eingelullt von Mozart, Gounod usw.

Am nächsten Morgen um acht Uhr kam ein Diener und sagte mir, dass die Kutsche auf uns wartete. Es klopfte leise an meiner Tür und unsere schöne Gastgeberin vom Vorabend sagte süß: „Kommen Sie, Sie müssen los!" Ich war wirklich sehr gerührt von der Zartheit der hübschen Deutschen.

Es war ein so schöner Tag, dass ich sie fragte, ob wir Zeit hätten, dorthin zu gehen, und als sie bejahte, machten wir uns alle drei auf den Weg zum Bahnhof, der nicht weit vom Hotel entfernt ist. Für uns war ein besonderes Abteil reserviert worden, und wir machten es uns so bequem wie möglich darin. Der Bruder und die Schwester schüttelten uns die Hände und wünschten uns eine angenehme Reise.

Als der Zug abfuhr, entdeckte ich in einer Ecke einen Strauß Vergissmeinnicht mit der Karte meiner Schwester und einer Schachtel Pralinen vom Bahnhofsvorsteher.

Ich war endlich fast am Ziel und war in wilder Aufregung bei dem Gedanken, alle meine Lieben wiederzusehen. Ich wäre gern eingeschlafen. Meine vor Angst großen Augen flogen schneller durch den Raum, als der Zug fuhr. Ich kochte jedes Mal, wenn er anhielt, und beneidete die Vögel, die ich vorbeifliegen sah. Ich lachte vor Vergnügen, als ich an die überraschten Gesichter derer dachte, die ich wiedersehen würde, und dann begann ich vor Angst zu zittern. Was war mit ihnen geschehen, und würde ich sie alle finden? Ich würde, wenn – ach, diese „Wenns", diese „Weils" und diese „Abers"! Mein Kopf war voll davon, er strotzte vor Krankheiten und Unfällen, und ich begann zu weinen. Mein armer kleiner Reisegefährte begann ebenfalls zu weinen.

Endlich kamen wir in Sichtweite von Homburg. Noch zwanzig Minuten dieses Drehens und wir sollten den Bahnhof erreichen. Aber gerade als hätten sich alle Kobolde und Teufel aus den Höllenregionen zusammengetan, um meine Geduld zu quälen, hielten wir abrupt an. Alle Köpfe waren aus den Fenstern. „Was ist los?" „Was ist los?" „Warum fahren wir nicht weiter?" Vor uns stand ein Zug mit kaputter Bremse und die Strecke musste geräumt werden. Ich fiel auf meinen Sitz zurück, biss Zähne und Hände zusammen und sah in die Luft, um die bösen Geister zu erkennen, die so darauf aus waren, mich zu quälen, und dann schloss ich entschlossen die Augen. Ich murmelte einige Beschimpfungen gegen die unsichtbaren Kobolde und erklärte, dass ich jetzt schlafen gehen würde, da ich nicht mehr leiden wollte. Dann schlief ich fest ein, denn die Fähigkeit zu schlafen, wenn ich es wünsche, ist ein kostbares Geschenk, das Gott mir verliehen hat. In den schrecklichsten Situationen und den grausamsten

Augenblicken des Lebens, wenn ich fühlte, dass mein Verstand unter zu großen oder zu schmerzhaften Erschütterungen nachgab, hat mein Wille meinen Verstand ergriffen, so wie man einen übellaunigen kleinen Hund hält, der beißen will, und mein Wille hat ihm gesagt: „Genug. Du kannst morgen dein Leiden und deine Pläne, deine Sorgen, deinen Kummer und deine Qualen wieder aufnehmen. Für heute hast du genug gehabt. Du würdest unter der Last so vieler Probleme völlig nachgeben und mich mit dir mitreißen. Das werde ich nicht zulassen! Wir werden für so und so viele Stunden alles vergessen und zusammen schlafen gehen!" Und ich bin schlafen gegangen. Das schwöre ich.

Mlle. Soubise weckte mich, sobald der Zug in den Bahnhof einfuhr. Ich war erfrischt und ruhiger. Eine Minute später saßen wir in einem Waggon und hatten die Adresse angegeben: Oberstraße 7.

Bald waren wir da, und ich fand alle meine Liebsten, große und kleine, und es ging ihnen allen sehr gut. Oh, was für ein Glück! Das Blut pulsierte in allen meinen Adern. Ich hatte so sehr gelitten, dass ich in köstliches Lachen und Schluchzen ausbrach.

Wer kann jemals die unendliche Freude beschreiben, die Freudentränen auslösen! Während der nächsten zwei Tage geschahen die verrücktesten Dinge, die ich hier nicht erzählen werde, so unglaublich würden sie klingen. Unter anderem brach im Haus Feuer aus; wir mussten in unseren Nachtkleidern fliehen und sechs Stunden lang in anderthalb Meter hohem Schnee kampieren usw. usw.

XIX
Meine Rückkehr nach Paris – die Gemeinde – nach Saint-GermAIN-en-Laye

Da alle wohlbehalten waren, machten wir uns auf den Weg nach Paris. Als wir jedoch in Saint-Denis ankamen, stellten wir fest, dass es keine Züge mehr gab. Es war vier Uhr morgens. Die Deutschen hatten alle Vororte von Paris unter Kontrolle, und Züge fuhren nur für sie. Nachdem wir eine Stunde lang umhergelaufen waren, diskutierten und abgewiesen wurden, traf ich einen Offizier von höherem Rang, der gebildeter und angenehmer war. Er hatte eine Lokomotive bereitgelegt, die mich zum Gare du Hâvre (Gare Saint-Lazare) bringen sollte.

Die Fahrt war sehr unterhaltsam. Meine Mutter, meine Tante, meine Schwester Régina, Mlle. Soubise, die beiden Dienstmädchen, die Kinder und ich drängten uns alle in einen kleinen quadratischen Raum, in dem es eine sehr kleine, schmale Bank gab, die damals, glaube ich, der Platz des Signalwärters war. Die Lokomotive fuhr sehr langsam, da die Schienen häufig durch Karren oder Eisenbahnwaggons blockiert waren.

Wir fuhren um fünf Uhr morgens los und kamen um sieben an. An einem Ort, den ich nicht finden kann, wurden unsere deutschen Schaffner gegen französische Schaffner ausgetauscht. Ich befragte sie und erfuhr, dass in Paris revolutionäre Unruhen begannen.

Der Heizer, mit dem ich sprach, war ein sehr intelligenter und sehr fortschrittlicher Mensch.

„Sie täten besser daran, woanders hinzugehen und nicht nach Paris", sagte er, „denn dort wird es bald zu Handgreiflichkeiten kommen."

Wir waren angekommen. Da aber zu dieser Stunde kein Zug erwartet wurde, war es unmöglich, einen Waggon zu finden. Ich stieg mit meiner Truppe aus der Lokomotive, zum großen Erstaunen der Bahnhofsbeamten.

Ich war zwar nicht mehr sehr reich, bot aber einem der Männer zwanzig Francs, wenn er sich um unsere sechs Taschen kümmern würde. Meinen Koffer und die Sachen meiner Familie sollten wir später abholen lassen.

Vor dem Bahnhof stand kein einziger Wagen. Die Kinder waren sehr müde, aber was sollte man tun? Ich wohnte damals in der Rue de Rome Nr. 4, und das war nicht weit entfernt, aber meine Mutter ging kaum zu Fuß, denn sie war zart und hatte ein schwaches Herz. Auch die Kinder waren sehr, sehr müde. Ihre Augen waren geschwollen und konnten kaum geöffnet werden, und ihre kleinen Glieder waren von der Kälte und Unbeweglichkeit taub. Ich begann zu verzweifeln, aber gerade kam ein Milchwagen vorbei, und ich schickte einen Gepäckträger los, um ihn heranzuwinken. Ich bot zwanzig

Francs, wenn der Mann meine Mutter und die beiden Kinder zur Rue de Rome Nr. 4 fahren würde.

„Und Sie auch, wenn Sie möchten, junge Dame", sagte der Milchmann. „Sie sind dünner als eine Heuschrecke und werden sie nicht schwerer machen."

Ich wollte nicht zweimal eingeladen werden, obwohl mich die Rede des Mannes ziemlich ärgerte.

Als meine Mutter trotz ihres Zögerns neben dem Milchmann Platz genommen hatte und die Kinder und ich zwischen den vollen und leeren Milcheimern standen, sagte ich zu unserem Fahrer: „Würde es Ihnen etwas ausmachen, noch einmal zurückzukommen und die anderen zu holen?" Ich deutete auf die verbliebene Gruppe und fügte hinzu: „Sie bekommen zwanzig Francs mehr."

„Da hast du recht!", sagte der ehrenwerte Kerl. „Ein guter Tag! Ermüdet eure Beine nicht, ihr anderen. Ich komme gleich zurück und hole euch ab!"

Dann gab er seinem Pferd den Peitschenhieb und wir rannten mit wildem Tempo los. Die Kinder rollten herum und ich hielt mich fest. Meine Mutter biss die Zähne zusammen und sagte kein Wort, aber unter ihren langen Wimpern warf sie mir einen missmutigen Blick zu.

Als wir vor meiner Tür ankamen, bremste der Milchmann sein Pferd so abrupt, dass ich dachte, meine Mutter wäre auf den Rücken des Tieres gefallen. Aber wir waren angekommen und stiegen aus. Der Wagen fuhr mit voller Geschwindigkeit weiter. Meine Mutter sprach etwa eine Stunde lang kein Wort mit mir. Arme, hübsche Mutter, es war nicht meine Schuld.

Ich war vor elf Tagen von Paris weggegangen und hatte damals eine traurige Stadt verlassen. Die Traurigkeit war schmerzlich gewesen, die Folge eines großen und unerwarteten Unglücks. Niemand hatte gewagt, aufzublicken, aus Angst, vom gleichen Wind erfasst zu werden, der die deutsche Flagge dort drüben in Richtung des Arc de Triomphe wehte.

Ich fand Paris jetzt voller Aufregung und Murren. Die Wände waren mit bunten Plakaten behangen, und alle diese Plakate enthielten die wildesten Ansprachen. Schöne, edle Ideen standen Seite an Seite mit absurden Drohungen. Arbeiter auf dem Weg zu ihrer täglichen Arbeit blieben vor diesen Plakaten stehen. Einer las laut vor, und die versammelte Menge begann, sie noch einmal zu lesen.

Und all diese Menschen, die gerade noch so viel durch diesen abscheulichen Krieg gelitten hatten, wiederholten nun diese Rachegeschrei. Sie waren durchaus zu entschuldigen.

Dieser Krieg hatte leider unter ihren Füßen einen Abgrund des Verderbens und der Trauer ausgehöhlt. Die Armut hatte die Frauen in Lumpen gesteckt, die Entbehrungen der Belagerung hatten die Lebenskraft der Kinder geschwächt und die Schande der Niederlage hatte die Männer entmutigt.

Nun, diese Aufrufe zur Rebellion, diese anarchistischen Rufe, dieses Gebrüll der Menge: „Nieder mit den Thronen! Nieder mit der Republik! Nieder mit den Reichen! Nieder mit den Priestern! Nieder mit den Juden! Nieder mit der Armee! Nieder mit den Herren! Nieder mit denen, die arbeiten! Nieder mit allem!" – all diese Rufe weckten die betäubten Zuhörer. Die Deutschen, die all diese Unruhen anzettelten, erwiesen uns einen echten Dienst, ohne es zu beabsichtigen. Diejenigen, die sich der Resignation hingegeben hatten, wurden aus ihrer Lethargie gerissen. Andere, die Rache forderten, fanden Nahrung für ihre untätigen Kräfte. Keiner von ihnen war einverstanden. Es gab zehn oder zwanzig verschiedene Parteien, die sich gegenseitig verschlangen und bedrohten. Es war schrecklich.

Aber es war das Erwachen. Es war das Leben nach dem Tod. Ich hatte etwa zehn Führer unterschiedlicher Meinung unter meinen Freunden, und alle interessierten mich, die Verrücktesten und die Weisesten unter ihnen.

Ich habe Gambetta oft bei Girardin gesehen und es war mir eine Freude, diesem bewundernswerten Mann zuzuhören. Was er sagte, war so weise, so ausgewogen und so fesselnd.

Dieser Mann mit seinem schweren Bauch, den kurzen Armen und dem riesigen Kopf war von einem Heiligenschein der Schönheit umgeben, wenn er sprach.

Gambetta war nie gewöhnlich, nie gewöhnlich. Er schnupfte, und die Geste seiner Hand, als er die verirrten Körner wegwischte, war voller Anmut. Er rauchte riesige Zigarren, konnte sie aber rauchen, ohne jemandem zur Last zu fallen. Wenn er der Politik überdrüssig war und über Literatur sprach, war das ein wahrer Zauber, denn er wusste alles und zitierte bewundernswert Gedichte. Eines Abends, nach einem Abendessen bei Girardin, spielten wir zusammen mit Dona Sol die ganze Szene des ersten Akts von *Hernani*. Und wenn er auch nicht so gut aussah wie Mounet-Sully, war er darin genauso bewundernswert.

Bei einer anderen Gelegenheit rezitierte er „Ruth und Boas" vollständig, beginnend mit der letzten Strophe.

Aber ich zog seine politischen Diskussionen vor, besonders wenn er die Rede eines Menschen kritisierte, der anderer Meinung war als er selbst. Die herausragenden Eigenschaften des Talents dieses Politikers waren Logik und Gewicht, und seine verführerische Kraft war sein Chauvinismus. Der frühe

Tod eines so großen Denkers ist eine beunruhigende Herausforderung an den menschlichen Stolz.

Ich traf mich manchmal mit Rochefort, dessen Witz mich entzückte. Ich fühlte mich jedoch nicht wohl in seiner Gegenwart, denn er war die Ursache für den Untergang des Kaiserreichs, und obwohl ich ein überzeugter Republikaner bin, mochte ich Kaiser Napoleon III. Er war zu vertrauensselig, aber sehr unglücklich gewesen, und es schien mir, dass Rochefort ihn nach seinem Unglück zu sehr beleidigte.

Ich sah auch häufig Paul de Rémusat, den Liebling von Thiers. Er war sehr kultiviert im Geiste, hatte weitreichende Ideen und faszinierende Manieren. Manche Leute warfen ihm Orleanismus vor. Er war Republikaner und ein viel fortgeschrittenerer Republikaner als Thiers. Man musste ihn sehr wenig kennen, um zu glauben, dass er etwas anderes war als das, was er zu sein behauptete. Paul de Rémusat hatte eine Abneigung gegen die Unwahrheit. Er war sensibel und hatte einen sehr geradlinigen, starken Charakter. Er beteiligte sich nicht aktiv an der Politik, außer in privaten Kreisen, und sein Rat setzte sich immer durch, sogar in der Kammer und im Senat. Er sprach nie, außer wenn er im Ausschuss war. Das Ministerium der Schönen Künste wurde ihm hundertmal angeboten, aber er lehnte es hundertmal ab. Schließlich ließ er sich nach meinen wiederholten Bitten beinahe zum Minister der Schönen Künste ernennen, aber im letzten Moment lehnte er ab und schrieb mir einen entzückenden Brief, aus dem ich einige Passagen zitiere. Da der Brief nicht zur Veröffentlichung geschrieben wurde, bin ich nicht der Ansicht, dass ich das Recht habe, ihn in Gänze wiederzugeben. Es scheint mir jedoch nicht schädlich, diese paar Zeilen zu veröffentlichen:

„Erlauben Sie mir, mein charmanter Freund, im Schatten zu bleiben. Dort kann ich besser sehen als im blendenden Glanz der Ehren. Sie sind mir manchmal dankbar, dass ich auf die Leiden achte, auf die Sie mich aufmerksam machen. Lassen Sie mich meine Unabhängigkeit bewahren. Es ist mir angenehmer, das Recht zu haben, jedem zu helfen, als gezwungen zu sein, egal wem zu helfen ... In Sachen Kunst habe ich mir ein Schönheitsideal geschaffen, das natürlich zu parteiisch erscheinen würde ...“

Es ist sehr schade, dass die Skrupel dieses feinfühligen Mannes ihn nicht dazu veranlasst haben, dieses Amt anzunehmen. Die Reformen, die er mir vor Augen führte, waren und sind noch immer sehr notwendig. Aber daran lässt sich nichts ändern.

Ich kannte und sah auch oft einen verrückten Kerl, der voller Träume und utopischer Torheiten war. Sein Name war Flourens, er war groß und gutaussehend. Er wollte, dass alle glücklich waren und dass alle Geld hatten, und er schoss die Soldaten nieder, ohne zu bedenken, dass er damit begann, einen oder mehrere von ihnen unglücklich zu machen. Mit ihm zu argumentieren war unmöglich, aber er war charmant und mutig. Ich sah ihn zwei Tage vor seinem Tod. Er kam mit einem sehr jungen Mädchen zu mir, das sich der dramatischen Kunst widmen wollte. Ich versprach ihm, ihr zu helfen. Zwei Tage später kam das arme Kind, um mir vom heldenhaften Tod von Flourens zu erzählen. Er hatte sich geweigert, sich zu ergeben, und hatte mit ausgestreckten Armen den zögernden Soldaten zugerufen: „Schießt, schießt! Ich hätte euch nicht verschonen sollen!" Und ihre Kugeln hatten ihn getötet.

Ein anderer, nicht ganz so interessanter Mann, den ich für einen gefährlichen Verrückten hielt, war ein gewisser Raoul Rigault. Für kurze Zeit war er Polizeipräfekt. Er war sehr jung und sehr wagemutig, wild ehrgeizig, entschlossen, alles zu tun, um Erfolg zu haben, und es schien ihm leichter, Schaden anzurichten als Gutes zu tun. Dieser Mann war eine echte Gefahr. Er gehörte zu einer Gruppe von Studenten, die mir jeden Tag Verse schickten. Ich begegnete ihnen überall, enthusiastisch und verrückt. In Paris hatte man sie die *Saradoteurs* (Saradotards) genannt. Eines Tages brachte er mir einen kleinen Einakter. Das Stück war so dumm und die Verse so fade, dass ich es ihm mit ein paar Worten zurückschickte, die er zweifellos als unfreundlich empfand, denn er hegte deswegen Groll gegen mich und versuchte, sich auf folgende Weise zu rächen. Er besuchte mich eines Tages, und Madame Guérard war da, als er hereingeführt wurde.

„Weißt du, dass ich im Moment allmächtig bin?", sagte er.

„Heutzutage ist das nichts Überraschendes", antwortete ich.

„Ich bin gekommen, um Sie zu sehen, entweder um Frieden zu schließen oder den Krieg zu erklären", fuhr er fort.

Diese Art zu reden gefiel mir nicht, und ich sprang auf. „Da ich voraussehe, dass Ihre Friedensbedingungen mir nicht passen werden, *cher Monsieur*, werde ich Ihnen keine Zeit geben, den Krieg zu erklären. Sie sind einer der Männer, die man, egal wie boshaft sie auch sein mögen, lieber als Feinde denn als Freunde betrachten würde." Mit diesen Worten klingelte ich nach meinem Diener, um den Polizeipräfekten zur Tür zu führen. Madame Guérard war verzweifelt. „Dieser Mann wird uns Schaden zufügen, meine liebe Sarah, das versichere ich Ihnen", sagte sie.

Sie hatte sich in ihrer Vorahnung nicht getäuscht, nur dass sie an mich und nicht an sich selbst dachte, denn seine erste Rache war an ihr, indem er einen ihrer Verwandten, einen Polizeikommissar, auf einen niederen und gefährlichen Posten schickte. Dann fing er an, mir hundert Übel zu erfinden. Eines Tages erhielt ich den Befehl, mich sofort in dringenden Angelegenheiten zur Polizeipräfektur zu begeben. Ich schenkte ihm keine Beachtung. Am nächsten Tag brachte mir ein berittener Kurier eine

Nachricht von Sire Raoul Rigault, in der er drohte, einen Gefängniswagen für mich zu schicken. Ich schenkte den Drohungen dieses Schurken überhaupt keine Beachtung, der kurz darauf erschossen wurde und starb, ohne auch nur den geringsten Mut zu zeigen.

Das Leben in Paris war jedoch nicht mehr möglich und ich beschloss, nach St. Germain-en-Laye zu gehen. Ich bat meine Mutter, mich zu begleiten, aber sie ging mit meiner jüngsten Schwester in die Schweiz.

Die Abreise aus Paris war nicht so einfach, wie ich gehofft hatte. Kommunisten mit Gewehren auf der Schulter hielten die Züge an und durchsuchten alle unsere Taschen und sogar die Sitzpolster der Waggons. Sie befürchteten, die Passagiere würden Zeitungen nach Versailles mitnehmen. Das war eine ungeheuerliche Dummheit.

Auch die Installation in St. Germain war keine leichte Sache. Fast ganz Paris hatte sich in diesen kleinen Ort geflüchtet, der so hübsch wie langweilig ist. Von der Terrasse aus, wo sich die Menge morgens und abends aufhielt, konnten wir die beunruhigenden Fortschritte der Kommune beobachten.

Überall in Paris loderten die Flammen, stolz und zerstörerisch. Der Wind brachte uns oft verbrannte Papiere, die wir zum Rathaus brachten. Die Seine brachte große Mengen davon mit, und die Schiffer sammelten sie in Säcken ein. An manchen Tagen – und das waren die schlimmsten von allen – hüllte ein undurchsichtiger Rauchschleier Paris ein. Es wehte kein Lüftchen, durch das die Flammen hätten dringen können.

Anschließend brannte die Stadt heimlich, ohne dass unsere ängstlichen Augen die neuen Gebäude entdecken konnten, die diese wütenden Verrückten in Brand gesteckt hatten.

Ich machte jeden Tag einen Ausritt im Wald. Manchmal kam ich bis nach Versailles, aber das war nicht ungefährlich. Oft begegneten wir im Wald armen, verhungernden Wesen, denen wir gerne halfen, aber oft waren da auch Gefangene, die aus Poissy geflohen waren, oder kommunistische Scharfschützen, die versuchten, einen Soldaten aus Versailles zu erschießen.

Eines Tages, auf dem Rückweg von Triel, wo Captain O'Connor und ich einen Galopp über die Hügel gemacht hatten, betraten wir den Wald ziemlich spät am Abend, da es der kürzere Weg war. Aus einem benachbarten Dickicht wurde ein Schuss abgefeuert, der mein Pferd so plötzlich nach links ausholen ließ, dass ich abgeworfen wurde. Glücklicherweise war mein Pferd ruhig. O'Connor eilte zu mir, aber ich war bereits aufgestanden und bereit, wieder aufzusteigen. „Einen Moment", sagte er, „ich möchte das Dickicht durchsuchen." Ein kurzer Galopp brachte ihn bald an die Stelle, und dann hörte ich einen Schuss, einige Äste brachen unter fliegenden Füßen, dann einen weiteren Schuss, der den beiden vorherigen überhaupt nicht ähnelte, und mein Freund erschien wieder mit einer Pistole in der Hand.

„Sie wurden nicht getroffen?", fragte ich.

„Ja, der erste Schuss hat mein Bein gerade so getroffen, aber der Kerl hat zu tief gezielt. Beim zweiten hat er planlos geschossen. Ich glaube aber, dass er eine Kugel aus meinem Revolver im Körper hat."

„Aber ich habe jemanden weglaufen gehört", sagte ich.

„Oh", antwortete der elegante Kapitän kichernd, „er wird nicht weit kommen."

„Armer Kerl!", murmelte ich.

„Oh nein", rief O'Connor aus, „ich bitte Sie, haben Sie kein Mitleid mit ihnen. Sie töten täglich viele unserer Männer; erst gestern wurden fünf Soldaten aus meinem Regiment auf der Straße nach Versailles gefunden, nicht nur getötet, sondern verstümmelt", und zähneknirschend beendete er seinen Satz mit einem Fluch.

Ich drehte mich ziemlich überrascht zu ihm um, aber er beachtete mich nicht. Wir setzten unseren Weg fort, so schnell es die Hindernisse im Wald zuließen. Plötzlich blieben unsere Pferde abrupt stehen, schnaubten und schnüffelten. O'Connor nahm seinen Revolver in die Hand, stieg ab und führte sein Pferd. Wenige Meter von uns entfernt lag ein Mann auf dem Boden.

„Das muss der Schurke sein, der auf mich geschossen hat", sagte mein Begleiter, beugte sich über den Mann und sprach ihn an. Ein Stöhnen war die einzige Antwort. O'Connor hatte seinen Mann nicht gesehen, also konnte er ihn nicht erkannt haben. Er zündete ein Streichholz an, und wir sahen, dass dieser kein Gewehr hatte. Ich war abgestiegen und versuchte, den Kopf des Unglücklichen hochzuheben, aber ich zog meine blutüberströmte Hand zurück. Er hatte die Augen geöffnet und richtete sie auf O'Connor.

„Ah, du bist es, Versailles-Hund!", sagte er. „Du warst es, der auf mich geschossen hat! Ich habe dich verfehlt, aber –" Er versuchte, den Revolver aus seinem Gürtel zu ziehen, aber die Anstrengung war zu groß und seine Hand fiel schlaff herunter. O'Connor seinerseits hatte seinen Revolver gespannt, aber ich stellte mich vor den Mann und flehte ihn an, den armen Kerl in Ruhe zu lassen. Ich konnte meinen Freund kaum wiedererkennen, denn dieser gutaussehende, blonde Mann, so höflich, ein bisschen ein Snob, aber sehr charmant, schien sich in ein Tier verwandelt zu haben. Er beugte sich zu dem Unglücklichen, streckte den Unterkiefer vor und murmelte zwischen den Zähnen einige unartikulierte Worte; seine geballte Hand schien seinen Zorn festzuhalten, so wie man einen anonymen Brief festhält, bevor man ihn angewidert wegwirft.

„O'Connor, lassen Sie diesen Mann bitte in Ruhe!", sagte ich.

Er war ein ebenso galanter Mann wie ein guter Soldat. Er gab nach und schien sich der Situation wieder bewusst zu werden. „Gut!", sagte er und half mir wieder aufzusteigen. „Wenn ich Sie zu Ihrem Hotel zurückgebracht habe, werde ich mit einigen Männern zurückkommen, um diesen Schurken abzuholen."

Eine halbe Stunde später waren wir wieder zu Hause, ohne während der Fahrt ein weiteres Wort gewechselt zu haben.

Ich hielt meine Freundschaft mit O'Connor aufrecht, aber ich konnte ihn nie wiedersehen, ohne an diese Szene zu denken. Plötzlich, wenn er mit mir sprach, legte sich die brutale Maske, unter der ich ihn eine Sekunde lang gesehen hatte, wieder über sein lachendes Gesicht. Erst kürzlich, im März 1905, besuchte mich General O'Connor, der in Algerien das Kommando hatte, eines Abends in meinem Ankleidezimmer im Theater. Er erzählte mir von seinen Schwierigkeiten mit einigen der großen arabischen Häuptlinge.

„Ich glaube", sagte er lachend, „dass wir uns mal treffen werden."

Wieder sah ich die Maske des Hauptmanns auf dem Gesicht des Generals.

Ich habe ihn nie wieder gesehen, denn er starb sechs Monate später.

Endlich konnten wir nach Paris zurückkehren. Der abscheuliche und beschämende Frieden war unterzeichnet, die elende Kommune zerschlagen. Alles sollte wieder in Ordnung sein. Aber was für ein Blut und welche Asche! Was für trauernde Frauen! Was für Ruinen!

In Paris atmeten wir den bitteren Geruch des Rauchs ein. Alles, was ich zu Hause berührte, hinterließ an meinen Fingern eine etwas fettige und kaum wahrnehmbare Farbe. Eine allgemeine Unruhe machte sich in Frankreich und insbesondere in Paris breit. Die Theater öffneten jedoch wieder ihre Türen, und das war eine allgemeine Erleichterung.

Eines Morgens erhielt ich vom Odéon eine Probenankündigung. Ich schüttelte mein Haar aus, stampfte mit den Füßen und schnüffelte wie ein schnaubendes junges Pferd.

Die Rennbahn sollte wieder für uns geöffnet werden. Wir sollten wieder durch unsere Träume galoppieren können. Die Startlisten waren bereit. Der Wettkampf begann. Das Leben begann von neuem. Es ist wirklich seltsam, dass der menschliche Geist das Leben zu einem ewigen Kampf gemacht hat. Wenn es keinen Krieg mehr gibt, gibt es Schlachten, denn es gibt Hunderttausende von uns, die dasselbe Ziel verfolgen. Gott hat die Erde und den Menschen füreinander geschaffen. Die Erde ist riesig. Wie viel unbebauter Boden liegt dort! Meilen über Meilen, Hektar über Hektar Neuland warten auf Waffen, die ihm die Schätze der unerschöpflichen Natur aus dem Schoß nehmen. Und wir bleiben umeinander versammelt, Scharen ausgehungerter Menschen, die andere Gruppen beobachten, die ebenfalls auf der Lauer liegen.

Das Odéon öffnete seine Türen für das Publikum mit einem Repertoireprogramm. Wir bekamen einige neue Stücke zum Einstudieren. Eines davon war ein Riesenerfolg. Es war André Theuriets *Jean-Marie* und wurde im Oktober 1871 aufgeführt. Dieses Einakterstück ist ein wahres Meisterwerk und brachte seinen Autor direkt an die Akademie. Porel, der die Rolle des Jean-Marie spielte, hatte einen Riesenerfolg. Er war damals schlank, flink und voller jugendlicher Begeisterung. Er brauchte ein wenig mehr Poesie, aber das freudige Lachen seiner zweiunddreißig Zähne machte das, was ihm an dichterischer Lust fehlte, durch Begeisterung wett. Es war jedenfalls sehr gut.

Meine *Rolle* als junges bretonisches Mädchen, das sich ihrem aufgezwungenen älteren Ehemann unterwirft und ewig in der Erinnerung an den abwesenden und vielleicht verstorbenen *Verlobten lebt* , war hübsch, poetisch und aufgrund des letzten Opfers rührend. Der Schlussteil des Stücks hatte sogar eine gewisse Erhabenheit. Es war, das muss ich wiederholen, ein ungeheurer Erfolg und steigerte meinen Ruf.

Ich wartete jedoch auf das Ereignis, das mir einen Stern weihen sollte. Ich wusste nicht genau, was ich erwartete, aber ich wusste, dass mein Messias kommen musste. Und es war der größte Dichter des letzten Jahrhunderts, der mir die Krone der Auserwählten aufs Haupt setzen sollte.

XX
VICTOR HUGO

Ende des Jahres 1871 wurde uns auf ziemlich geheimnisvolle und feierliche Weise mitgeteilt, dass wir ein Stück von Victor Hugo spielen würden. Zu dieser Zeit meines Lebens war mein Geist großen Ideen gegenüber noch verschlossen. Ich lebte in einer eher bürgerlichen *Atmosphäre* , mit meiner etwas kosmopolitischen Familie, ihren eher snobistischen Bekannten und Freunden und den Bekannten und Freunden, die ich mir in meinem unabhängigen Leben als Künstler ausgesucht hatte.

Ich hatte Victor Hugo seit meiner Kindheit als einen Rebellen und Abtrünnigen bezeichnet gehört, und seine Werke, die ich mit Leidenschaft gelesen hatte, hinderten mich nicht daran, ihn mit großer Strenge zu beurteilen. Und heute erröte ich vor Wut und Scham, wenn ich an all meine absurden Vorurteile denke, die von dem schwachsinnigen oder unaufrichtigen kleinen Hofstaat geschürt wurden, der mir schmeichelte. Trotzdem hatte ich ein großes Verlangen, in *Ruy Blas zu spielen* . Die *Rolle* der Königin schien mir so reizvoll.

Ich erwähnte meinen Wunsch gegenüber Duquesnel, der sagte, er habe bereits darüber nachgedacht. Jane Essler, eine damals angesagte, aber etwas vulgäre Künstlerin, hatte jedoch große Chancen gegen mich. Sie stand auf sehr freundschaftlichem Fuß mit Paul Meurice, Victor Hugos engem Freund und Berater. Einer meiner Freunde brachte Auguste Vacquerie zu mir nach Hause. Er war ein weiterer Freund und sogar ein Verwandter des „berühmten Meisters".

Auguste Vacquerie versprach, mit Victor Hugo zu sprechen, und zwei Tage später kam er wieder und versicherte mir, dass ich alle Chancen zu meinen Gunsten hätte. Paul Meurice selbst, ein sehr geradliniger Mann, eine entzückende Seele, hatte mich dem Autor vorgeschlagen. Und Geffroy, der bewundernswerte Künstler, der sich von der Comédie Française zurückgezogen hatte und nun gebeten wurde, *Don Salluste zu spielen* , hatte anscheinend gesagt, er könne nur eine kleine Königin von Spanien sehen, die würdig sei, die Krone zu tragen, und diese sei ich. Ich kannte Geffroy nicht; ich kannte Paul Meurice nicht und war ziemlich erstaunt, dass sie mich kannten.

Das Stück sollte den Künstlern am 6. Dezember 1871 um zwei Uhr bei Victor Hugo vorgelesen werden. Ich wurde sehr verwöhnt und sehr gelobt und geschmeichelt, so dass ich mich über die Unhöflichkeit eines Mannes ärgerte, der sich nicht herabließ, sich selbst zu stören, sondern Frauen bat, zu ihm nach Hause zu kommen, obwohl es neutralen Boden, das Theater, für die Stücke gab. Ich erwähnte diesen unerhörten Vorfall um fünf Uhr vor meinem kleinen Hofstaat, und Männer wie Frauen riefen gleichermaßen aus: „Was! Dieser Mann, der erst vor kurzem ein Geächteter war! Dieser Mann, der gerade erst begnadigt wurde! Dieser Niemand! – wagt es, das kleine Idol, die Herzkönigin, die Fee der Feen, zu bitten, *sich* selbst Unannehmlichkeiten zu bereiten!"

In meinem ganzen kleinen Heiligtum herrschte ein Tumult; weder Männer noch Frauen konnten still sitzen.

„Sie darf nicht gehen", sagten sie. „Schreiben Sie ihm dies" – „Schreiben Sie ihm das." Und sie waren gerade dabei, unverschämte, verächtliche Briefe zu verfassen, als Marschall Canrobert angekündigt wurde. Er gehörte damals zu meinem kleinen Fünf-Uhr-Hof und erfuhr bald, was meine turbulenten Besucher vorhatten. Er war rasend wütend über die Blödsinnigkeiten, die gegen den großen Dichter geäußert wurden.

„Sie dürfen nicht zu Victor Hugo gehen", sagte er zu mir, „denn meiner Meinung nach hat er keinen Grund, von der üblichen Gewohnheit abzuweichen. Aber sagen Sie, dass Sie sich plötzlich unwohl fühlen; befolgen Sie meinen Rat und zeigen Sie ihm den Respekt, den wir einem Genie schulden."

Ich folgte dem Rat meines guten Freundes und schickte dem Dichter folgenden Brief:

„ MONSIEUR , die Königin hat sich erkältet und ihre Camerara Mayor verbietet ihr das Ausgehen. Sie kennen die Etikette des spanischen Hofes besser als jeder andere. Haben Sie Mitleid mit Ihrer Königin, Monsieur."

Ich schickte den Brief ab und die folgende Antwort des Dichters lautete:

„Ich bin Ihr Diener, Madame.

" VICTOR HUGO. "

Am nächsten Tag wurde das Stück den Künstlern auf der Bühne vorgelesen. Ich glaube, dass die Lesung nicht oder zumindest nicht vollständig im Haus des Meisters stattfand.

Dann machte ich die Bekanntschaft des Ungeheuers. Ach, was für einen Groll hegte ich lange Zeit gegen all die dummen Leute, die mir Vorurteile eingebrockt hatten!

Das Monster war bezaubernd – so geistreich und kultiviert und so galant, mit einer Galanterie, die eine Huldigung und keine Beleidigung war. Er war auch so gut zu den Bescheidenen und immer so fröhlich. Er war sicherlich nicht das Ideal der Eleganz, aber seine Gesten waren gemäßigt, seine Art zu sprechen sanft, was an den alten französischen Adligen erinnerte. Er war schlagfertig und seine Bemerkungen waren sanft, aber treffend. Er rezitierte Gedichte schlecht, aber er liebte es, sie gut rezitiert zu hören. Während der Proben machte er oft Skizzen.

Er sprach oft in Versen, wenn er einen Künstler tadeln wollte. Eines Tages versuchte er während einer Probe, den armen Talien von seiner schlechten Redekunst zu überzeugen. Ich war gelangweilt von der Länge des Gesprächs und setzte mich mit baumelnden Beinen auf den Tisch. Er verstand meine Ungeduld, stand aus der Mitte des Orchesterstuhls auf und rief:

„ Eine ehrenwerte und respektable Königin von Spanien

Platzieren Sie den Punkt nicht mehr auf einem Tisch. "

Ich sprang etwas verlegen vom Tisch auf und wollte ihm auf eine pikante oder witzige Art antworten – aber mir fiel nichts ein, was ich sagen konnte, und ich blieb verwirrt und schlecht gelaunt dort sitzen.

Eines Tages, als die Probe über eine Stunde früher begann als gewöhnlich, wartete ich mit der Stirn an die Fensterscheibe gedrückt auf Madame Guérard, die mich abholen kam. Ich blickte gedankenverloren auf den gegenüberliegenden Fußweg, der von dem Luxembourger Geländer begrenzt wird. Victor Hugo hatte soeben die Straße überquert und wollte weitergehen. Eine alte Frau erregte seine Aufmerksamkeit. Sie hatte soeben ein schweres Bündel Wäsche auf die Erde gelegt und wischte sich die Stirn ab, auf der große Schweißperlen standen. Trotz der Kälte stand ihr zahnloser Mund halb offen, sie keuchte, und ihre Augen hatten einen Ausdruck qualvoller Angst, als sie auf die breite Straße blickte, die sie überqueren musste, auf der Kutschen und Omnibusse aneinander vorbeifuhren. Victor Hugo näherte sich ihr, und nach einem kurzen Gespräch zog er ein Geldstück aus der Tasche und reichte es der alten Frau; dann nahm er seinen Hut ab, vertraute es ihr an, nahm mit einer schnellen Bewegung und einem lachenden Gesicht das Bündel auf seine Schulter und überquerte die Straße, gefolgt von der verwirrten Frau. Ich eilte die Treppe hinunter, um ihn dafür zu umarmen, aber als ich den Gang erreichte, stieß ich mit de Chilly zusammen, der mich aufhalten wollte, und als ich die Treppe hinunterstieg, war Victor Hugo verschwunden. Ich konnte nur den Rücken der alten Frau sehen, aber es kam mir vor, als humpelte sie jetzt schneller dahin.

Am nächsten Tag erzählte ich dem Dichter, dass ich Zeuge seiner liebevollen guten Tat gewesen sei.

„Oh", sagte Paul Meurice mit vor Rührung feuchten Augen, „jeder anbrechende Tag ist für ihn ein Tag der Güte."

Ich umarmte Victor Hugo und wir gingen zur Probe.

Oh, diese *Ruy Blas -Proben* ! Ich werde sie nie vergessen, denn alles war so anmutig und reizvoll. Als Victor Hugo kam, hellte sich alles auf. Seine beiden Satelliten, Auguste Vacquerie und Paul Meurice, verließen ihn kaum je, und wenn der Meister abwesend war, hielten sie das göttliche Feuer aufrecht.

Geffroy, streng, traurig und vornehm, gab mir oft Ratschläge. Während der Ruhepausen posierte ich in verschiedenen Stellungen für ihn, denn er war Maler. Im *Foyer* der Comédie Française hängen zwei Bilder von ihm, die zwei Generationen von Sociétaires beiderlei Geschlechts darstellen. Die Bilder sind nicht sehr originell komponiert und auch nicht besonders schön koloriert, aber es scheint, als seien sie getreue Abbilder und recht gelungen zusammengestellt.

Lafontaine, der Ruy Blas spielte, führte oft lange Diskussionen mit dem Meister, in denen Victor Hugo nie nachgab. Und ich muss gestehen, dass er immer Recht hatte.

Lafontaine war überzeugt und selbstsicher, aber seine Redekunst war für die Poesie sehr schlecht. Er hatte seine Zähne verloren und sie durch falsche ersetzt. Dies verlieh seiner Rede eine gewisse Langsamkeit, und zwischen seinem echten Gaumen und seinem künstlichen Gummigaumen war ein kleines, seltsames Klappern zu hören, das das Ohr oft ablenkte, wenn man aufmerksam lauschte, um die Schönheit der Poesie zu erfassen.

Der arme Talien, der Don Guritan spielte, vermasselte es jede Minute. Er hatte die *Rolle* völlig falsch verstanden. Victor Hugo erklärte es ihm klar und verständlich. Talien war ein Komiker mit guten Absichten, ein harter Arbeiter, immer gewissenhaft, aber dumm wie eine Gans. Was er nicht gleich verstand, verstand er nie. Er würde es sein Leben lang nie verstehen. Aber da er aufrichtig und loyal war, begab er sich in die Hände des Autors und gab sich dann in völliger Selbstverleugnung hin. „So habe ich es nicht verstanden", sagte er, „aber ich werde tun, was Sie mir sagen."

Er probte dann Wort für Wort und Geste für Geste die erforderlichen Betonungen und Bewegungen ein. Das ging mir auf die schmerzhafteste Weise auf die Nerven und war ein grausamer Schlag gegen die Solidarität meines künstlerischen Stolzes. Ich nahm diesen armen Talien oft beiseite und versuchte, ihn zum Aufstand anzustacheln, aber es war alles vergebens.

Er war groß, seine Arme waren zu lang und seine Augen müde; seine Nase war müde, weil sie zu lang geworden war, und sie sank in herzzerreißender Niedergeschlagenheit über seine Lippen. Seine Stirn war mit dichtem Haar bedeckt, und sein Kinn schien in Eile von seinem unförmigen Gesicht wegzulaufen. Sein ganzes Wesen war von großer Freundlichkeit erfüllt, und diese Freundlichkeit war sein wahres Ich. Jeder mochte ihn deshalb unendlich gern.

XXI EIN
UNVERGESSLICHES ABENDESSEN

Der 26. Januar 1872 war ein künstlerisches *Fest* für das Odéon. Das *Tout-Paris* der Premieren und die vibrierenden jüngeren Elemente sollten sich in dem großen, feierlichen, staubigen Theater treffen. Ach, was für eine großartige, mitreißende Vorstellung das war! Was für ein Triumph für Geffroy, bleich, unheimlich und streng in seinem schwarzen Kostüm als Don Salluste. Mélingue enttäuschte das Publikum als Don César de Bazan eher, und das Publikum war im Unrecht. Die *Rolle* des Don César de Bazan ist eine tückisch gute *Rolle* , die Künstler immer durch die Brillanz des ersten Akts in Versuchung führt; aber der vierte Akt, der ganz ihm gehört, ist beunruhigend schwerfällig und nutzlos. Man könnte ihn aus dem Stück herausnehmen, gerade wie eine Strandschnecke aus ihrer Schale, und das Stück wäre nichtsdestotrotz klar und vollständig.

Doch dieser 26. Januar zerriss für mich den dünnen Schleier, der meine Zukunft noch immer trübte, und ich spürte, dass ich für die Berühmtheit bestimmt war. Bis zu diesem Tag war ich die kleine Fee der Studenten geblieben. Dann wurde ich zum Auserwählten der Öffentlichkeit.

Atemlos, benommen und doch entzückt von meinem Erfolg, wusste ich nicht, wem ich in dem ständig wechselnden Strom männlicher und weiblicher Bewunderer antworten sollte. Dann plötzlich sah ich, wie sich die Menge teilte und zwei Reihen bildete, und ich erhaschte einen Blick auf Victor Hugo und Girardin, die auf mich zukamen. In einer Sekunde blitzten alle dummen Ideen auf, die ich über dieses enorme Genie gehabt hatte. Ich erinnerte mich an mein erstes Interview, als ich diesem freundlichen, nachsichtigen Mann gegenüber steif und kaum höflich gewesen war. In diesem Moment, als mein ganzes Leben seine Flügel öffnete, hätte ich ihm gerne meine Reue zugerufen und ihm meine innige Dankbarkeit ausgesprochen.

Doch bevor ich etwas sagen konnte, kniete er nieder, legte meine Hände an seine Lippen und murmelte: „Danke! Danke!"

Und so war er es, der „Danke" sagte. Er, der große Victor Hugo, dessen Seele so schön war, dessen universelles Genie die Welt erfüllte! Er, dessen großzügige Hände allen seinen Beleidigern Verzeihung wie Edelsteine zuwarfen. Ach, wie klein fühlte ich mich, wie beschämt und doch wie glücklich! Dann stand er auf, schüttelte die ihm entgegengestreckten Hände und fand für jeden das richtige Wort.

Er war so schön an diesem Abend, mit seiner breiten Stirn, die das Licht zu bewahren schien, seinem dichten, silbrigen Haarkleid und seinen lachenden, leuchtenden Augen.

Ich wagte es nicht, mich in Victor Hugos Arme zu werfen, fiel in die Arme Girardins, des treuen Freundes meiner ersten Schritte, und brach in Tränen aus. Er nahm mich in mein Ankleidezimmer beiseite. „Sie dürfen sich jetzt nicht von diesem großen Erfolg berauschen lassen", sagte er. „Jetzt, wo Sie mit Lorbeeren gekrönt sind, dürfen Sie keine riskanten Sprünge mehr machen. Sie müssen nachgiebiger, gefügiger, umgänglicher sein."

„Ich habe das Gefühl, dass ich nie nachgebend oder gefügig sein werde, mein Freund", antwortete ich und sah ihn an. „Ich werde versuchen, umgänglicher zu sein, aber das ist alles, was ich versprechen kann. Was meine Krone betrifft, versichere ich Ihnen, dass sie trotz meiner riskanten Sprünge – und ich habe das Gefühl, dass ich immer welche machen werde – nicht abrutschen wird."

Paul Meurice, der zu uns gekommen war, hatte dieses Gespräch mitgehört und mich am Abend der Uraufführung von *Angelo* im Sarah Bernhardt Theatre am 7. Februar 1905 daran erinnert.

Als ich nach Hause kam, saß ich noch lange auf und unterhielt mich mit Madame Guérard, und als sie gehen wollte, bat ich sie, noch zu bleiben. Ich hatte so viele Hoffnungen für die Zukunft, dass ich Angst vor Dieben bekam. *Mon petit Dame* blieb bei mir, und wir unterhielten uns bis zum Morgengrauen. Um sieben Uhr nahmen wir eine Droschke, und ich fuhr meine liebe Freundin nach Hause, und dann fuhr ich noch eine Stunde weiter. Ich hatte bereits eine ganze Reihe von Erfolgen erzielt: *Le Passant*, *Le Drame de la Rue de la Paix*, Anna Danby in *Kean* und *Jean-Marie*, aber ich fühlte, dass der Erfolg *mit Ruy Blas* größer war als der aller anderen, und dass ich diesmal jemand geworden war, den man kritisieren, aber nicht übersehen durfte.

Ich ging oft morgens zu Victor Hugo und er war immer sehr charmant und freundlich.

TOTENKOPF IN SARAH BERNHARDTS
BIBLIOTHEK, MIT AUTOGRAMMVERSEN VON VICTOR HUGO

Als ich mich in seiner Gegenwart ganz wohl fühlte, sprach ich mit ihm über meine ersten Eindrücke, über meine ganze dumme, nervöse Auflehnung ihm gegenüber, über alles, was man mir erzählt hatte, und alles, was ich in meiner naiven Unwissenheit in politischen Angelegenheiten geglaubt hatte.

Eines Morgens freute sich der Meister sehr über meine Unterhaltung. Er ließ Madame Drouet kommen, die süße Seele, die Gefährtin seines ruhmreichen und rebellischen Geistes. Lachend, aber melancholisch erzählte er ihr, dass das böse Werk schlechter Menschen darin besteht, in jedem Boden, ob günstig oder nicht, Irrtümer zu säen. Dieser Morgen hat sich für immer in mein Gedächtnis eingegraben, denn der große Mann sprach lange. Oh, es war nicht für mich, sondern für das, was ich in seinen Augen darstellte. Gehörte ich nicht in Wirklichkeit zur jungen Generation, deren Intelligenz durch eine *bürgerliche* und klerikale Erziehung verzerrt worden war, indem sie den Geist für jede großzügige Idee, für jede Flucht ins Neue verschlossen hatte?

Als ich Victor Hugo an diesem Morgen verließ, hatte ich das Gefühl, seiner Freundschaft mehr würdig zu sein.

Ich ging dann zu Girardin, weil ich mit jemandem sprechen wollte, der den Dichter mochte, aber er war nicht da.

Als nächstes ging ich zu Marschall Canrobert und erlebte dort eine große Überraschung. Gerade als ich aus der Kutsche stieg, fiel ich dem Marschall, der aus seinem Haus kam, beinahe in die Arme.

„Was ist denn? Was ist los? Ist es verschoben?", fragte er lachend.

Ich verstand nicht und starrte ihn ziemlich verwirrt an.

„Na, hast du vergessen, dass du mich zum Mittagessen eingeladen hast?", fragte er.

Ich war ganz verwirrt, denn ich hatte es völlig vergessen.

„Na, umso besser!", sagte ich. „Ich wollte unbedingt mit dir reden. Komm, ich nehme dich jetzt mit."

Dann erzählte ich Victor Hugo von meinem Besuch und wiederholte alle seine schönen Gedanken, wobei ich vergaß, dass ich ständig Dinge sagte, die den Ideen des Marschalls widersprachen. Dieser bewundernswerte Mann konnte jedoch bewundern, und wenn er seine Meinung nicht ändern konnte, billigte er die großen Ideen, die große Veränderungen herbeiführen sollten.

Eines Tages, als er und Busnach beide bei mir zu Hause waren, kam es zu einer politischen Diskussion, die ziemlich heftig wurde. Ich hatte einen Moment lang Angst, dass die Dinge eine schlimme Wendung nehmen könnten, da Busnach der geistreichste und zugleich unhöflichste Mensch in Frankreich war. Es ist jedoch nur fair zu sagen, dass Marschall Canrobert zwar ein höflicher und sehr wohlerzogener Mann war, aber in Sachen Witz William Busnach in nichts nachstand. Letzterer wurde durch die ätzenden Reden des Marschalls aufgehetzt.

„Ich fordere Sie heraus, Monsieur", rief er aus, „über die abscheulichen Utopien zu schreiben, die Sie gerade unterstützt haben!"

„Oh, Monsieur Busnach", antwortete Canrobert kalt, „wir verwenden nicht denselben Stahl, um Geschichte zu schreiben! Sie verwenden eine Feder und ich ein Schwert."

Das Mittagessen, das ich so völlig vergessen hatte, war dennoch ein Mittagessen, das mehrere Tage zuvor vereinbart worden war. Als wir nach Hause kamen, trafen wir dort Paul de Rémusat, die bezaubernde Mlle Hocquigny und M. de Monbel, einen jungen *Botschaftsattaché* . Ich erklärte meine Verspätung so gut ich konnte, und dieser Morgen endete in der köstlichsten Harmonie der Ideen.

Noch nie habe ich die unendliche Freude des Zuhörens so stark empfunden wie an diesem Tag.

Während einer Pause wandte sich Mlle Hocquigny an den Marschall und sagte:

„Sind Sie nicht der Meinung, dass unser junger Freund die Comédie Française betreten sollte?"

„Oh nein, nein!", rief ich aus. „Ich bin so glücklich im Odéon. Ich habe an der Comédie angefangen und war in der kurzen Zeit, die ich dort blieb, sehr unglücklich."

„Sie werden gezwungen sein, dorthin zurückzukehren, mein lieber Freund – gezwungen. Glauben Sie mir, es ist besser, es früher als später zu tun."

„Na, dann verderben Sie mir doch nicht die Freude des Tages, denn ich war noch nie glücklicher!"

Kurz darauf brachte mir mein Zimmermädchen eines Morgens einen Brief. Auf der Ecke des Umschlags befand sich die große runde Briefmarke mit den Worten „Comédie Française".

Ich erinnerte mich, dass unsere alte Dienerin Marguerite mir vor zehn Jahren mit Erlaubnis meiner Mutter fast täglich einen Brief in einem ähnlichen Umschlag überreicht hatte.

Damals war mein Gesicht vor Freude gerötet, doch dieses Mal spürte ich, wie sich meine Wangen wie von einer leichten Blässe anstrichen.

Wenn Ereignisse eintreten, die mein Leben durcheinanderbringen, schrecke ich immer zurück. Ich klammere mich eine Sekunde lang an das, was ist, und stürze mich dann kopfüber in das, was sein wird. Es ist wie ein Turner, der sich zuerst an seine Trapezstange klammert, um sich dann mit voller Kraft in den Raum zu schleudern. In einer Sekunde wird das, was jetzt ist, für mich zu dem, was war, und ich liebe es mit zärtlicher Erregung wie etwas Totes. Aber ich bete das an, was sein wird, ohne auch nur danach zu streben, etwas darüber zu erfahren, denn das, was sein wird, ist das Unbekannte, die geheimnisvolle Anziehungskraft. Ich stelle mir immer vor, dass es etwas Unerhörtes sein wird, und ich schaudere von Kopf bis Fuß in köstlichem Unbehagen. Ich bekomme Unmengen von Briefen, und es kommt mir vor, als würde ich nie genug bekommen. Ich sehe zu, wie sie sich anhäufen, so wie ich die Wellen des Meeres beobachte. Was werden sie mir bringen, diese geheimnisvollen Umschläge, groß, klein, rosa, blau, gelb, weiß? Was werden sie auf die Felsen werfen, diese großen wilden Wellen, dunkel von Seetang? Welche Leiche eines Matrosenjungen? Was bleibt von einem Wrack? Was werden diese kleinen, lebhaften Wellen am Strand hinterlassen, diese Spiegelungen eines blauen Himmels, diese kleinen, lachenden Wellen? Welchen rosafarbenen „Seestern"? Welche malvenfarbene Anemone? Welche perlmuttfarbene Muschel?

Deshalb öffne ich meine Briefe nie sofort. Ich schaue mir die Umschläge an, versuche, die Handschrift und das Siegel zu erkennen, und öffne sie erst, wenn ich ganz sicher bin, von wem der Brief kommt. Die anderen überlasse ich meiner Sekretärin oder einer netten Freundin, Suzanne Seylor. Meine Freunde wissen das so gut, dass sie ihre Initialen immer in die Ecke ihrer Umschläge schreiben.

Damals hatte ich keine Sekretärin, aber *mon petit Dame* diente mir als solche.

Ich betrachtete den Umschlag lange und gab ihn schließlich Madame Guérard.

„Es ist ein Brief von M. Perrin, dem Direktor der Comédie Française", sagte sie. „Er fragt, ob Sie einen Termin für ein Treffen am Dienstag- oder Mittwochnachmittag in der Comédie Française oder bei Ihnen zu Hause vereinbaren können."

„Danke. Welcher Tag ist heute?", fragte ich.

„Montag", antwortete sie.

Ich setzte dann Madame Guérard an meinen Schreibtisch und bat sie, mir zu antworten, dass ich am nächsten Tag um drei Uhr dorthin kommen würde.

Ich verdiente damals im Odéon sehr wenig. Ich lebte von dem, was mir mein Vater hinterlassen hatte, das heißt von der Transaktion, die der Notar von Hâvre getätigt hatte, und es blieb nicht viel übrig. Ich ging also zu Duquesnel und zeigte ihm den Brief.

„Also, was wirst du tun?", fragte er.

„Nichts. Ich bin gekommen, um Sie um Rat zu fragen."

„Na gut, ich rate Ihnen, im Odéon zu bleiben. Außerdem läuft Ihre Verlobung erst in einem Jahr aus, und ich werde Sie nicht gehen lassen!"

„Dann erhöhen Sie mein Gehalt", sagte ich. „Die Comédie bietet mir zwölftausend Francs pro Jahr. Geben Sie mir fünfzehntausend hier, und ich bleibe, denn ich will nicht weg."

„Hören Sie mir zu", sagte der charmante Manager freundlich. „Sie wissen, dass ich nicht allein handeln kann. Ich werde mein Bestes tun, das verspreche ich Ihnen." Und Duquesnel hielt sein Wort. „Kommen Sie morgen hierher, bevor Sie in die Comédie gehen, und ich werde Ihnen Chillys Antwort geben. Aber nehmen Sie meinen Rat an, und wenn er sich hartnäckig weigert, Ihr Gehalt zu erhöhen, gehen Sie nicht; wir werden einen Weg finden … Und außerdem – mehr kann ich jedenfalls nicht sagen."

Ich kehrte gemäß Vereinbarung am nächsten Tag zurück.

Ich fand Duquesnel und Chilly im Büro der Geschäftsführung. Chilly begann sofort etwas ruppig:

„Und deshalb willst du gehen, sagt mir Duquesnel. Wo gehst du hin? Das ist höchst dumm, denn dein Platz ist hier. Überlege es dir nur und denke selbst darüber nach. Im Gymnase gibt es nur moderne Stücke, Kostümstücke. Das ist nicht dein Stil. Im Vaudeville ist es dasselbe. Im Gaîté würdest du deine Stimme verderben. Du bist zu vornehm für das Ambigu."

Ich sah ihn an, ohne zu antworten. Ich sah, dass sein Partner nicht mit ihm über die Comédie Française gesprochen hatte. Er fühlte sich verlegen und murmelte:

„Na, dann sind Sie meiner Meinung?"

„Nein", antwortete ich. „Sie haben die Comédie vergessen."

Er saß in seinem großen Sessel und brach in Gelächter aus.

„Oh nein, mein liebes Mädchen", sagte er, „das dürfen Sie mir nicht erzählen. Sie haben genug von Ihrem merkwürdigen Charakter in der Comédie. Ich habe neulich mit Maubant zu Abend gegessen, und als jemand sagte, Sie sollten an der Comédie Française engagiert werden, erstickte er fast vor Wut. Ich kann Ihnen versichern, dass der große Tragödiendichter nicht viel Zuneigung für Sie gezeigt hat."

„Na ja, Sie hätten auf meiner Seite stehen sollen", rief ich irritiert. „Sie wissen ganz genau, dass ich ein sehr ernsthaftes Mitglied Ihrer Gesellschaft bin."

„Aber ich habe Ihre Seite vertreten", sagte er, „und ich fügte sogar hinzu, dass es ein großes Glück für die Comédie wäre, einen Künstler mit Ihrer Willenskraft zu haben, der vielleicht den monotonen Ton im Haus auflockern könnte; und ich sprach nur, was ich dachte, aber der arme Tragödiendichter war außer sich. Er glaubt nicht, dass Sie Talent haben. Erstens behauptet er, dass Sie nicht wissen, wie man Verse rezitiert. Er erklärt, dass Sie alle Ihre A 's zu breit machen. Schließlich, als er keine Argumente mehr hatte, erklärte er, dass Sie, solange er lebt, nie in die Comédie Française aufgenommen werden."

Ich schwieg einen Moment und wog die Vor- und Nachteile des wahrscheinlichen Ergebnisses meines Experiments ab. Als ich schließlich zu einer Entscheidung kam, murmelte ich etwas zögerlich:

„Also, Sie werden mir kein höheres Gehalt zahlen?"

„Nein, tausendmal nein!", schrie Chilly. „Sie werden versuchen, mich zur Zahlung zu bewegen, wenn Ihr Engagement endet, und dann werden wir sehen. Aber bis dahin habe ich Ihre Unterschrift. Sie haben auch meine, und ich halte mich an unser Engagement. Das Théâtre Français ist das einzige, das neben unserem zu Ihnen passt, und ich bin in Bezug auf dieses Theater ganz beruhigt.“

„Vielleicht irren Sie sich“, antwortete ich. Er stand brüsk auf und blieb mir gegenüber stehen, die Hände in den Taschen. Dann sagte er in einem abscheulichen und vertraulichen Ton:

„Ah, das ist es also? Du hältst mich also für einen Idioten?“

Ich stand ebenfalls auf und sagte kalt, während ich ihn sanft zurückstieß: „Ich glaube, Sie sind ein dreifacher Idiot.“ Dann eilte ich zur Treppe, und alles Geschrei von Duquesnel war vergebens. Ich rannte die Stufen hinunter, immer zwei Stufen auf einmal nehmend.

Als ich unter den Arkaden des Odéon ankam, wurde ich von Paul Meurice aufgehalten, der gerade Duquesnel und Chilly im Namen von Victor Hugo zu einem Abendessen anlässlich der hundertsten Aufführung von *Ruy Blas* *einladen wollte* .

„Ich komme gerade von Ihnen“, sagte er. „Ich habe Ihnen ein paar Zeilen von Victor Hugo hinterlassen.“

„Gut, gut, das ist in Ordnung“, antwortete ich und stieg in meine Kutsche. „Dann sehen wir uns morgen, mein Freund.“

„Du meine Güte, wie eilig haben Sie es!“, sagte er.

„Ja!“, antwortete ich und sagte dann, aus dem Fenster lehnend, zu meinem Kutscher: „Fahren Sie zur Comédie Française.“

Ich sah Paul Meurice an, um ihm Lebewohl zu sagen. Er stand wie betäubt auf den Stufen des Arkadengangs.

Als ich in der Comédie ankam, schickte ich Perrin meine Karte und wurde fünf Minuten später zu diesem eisigen Männchen geführt. Dieser Mann hatte zwei sehr unterschiedliche Persönlichkeiten. Die eine war der Mann, der er selbst war, und die andere die, die er für die Anforderungen seines Berufs geschaffen hatte. Perrin selbst war galant, angenehm, witzig und ein wenig schüchtern; das Männchen war kalt und neigte etwas zum Posieren.

Ich wurde zuerst von Perrin, dem Männchen, empfangen. Er stand da, mit gesenktem Kopf, verneigte sich vor einer Frau und zeigte mit ausgestrecktem Arm auf den gastfreundlichen Sessel. Er wartete mit einer gewissen Affektiertheit, bis ich saß, bevor er sich selbst hinsetzte. Dann nahm er ein Brieföffner, um etwas mit seinen Händen zu tun zu haben, und bemerkte mit einer ziemlich schwachen Stimme, der Stimme des Männchens:

„Haben Sie darüber nachgedacht, Mademoiselle?“

„Ja, Monsieur, und hier bin ich, um meine Unterschrift zu geben.“

Bevor er Zeit hatte, mich zu ermutigen, mit den Sachen auf seinem Schreibtisch herumzuspielen, rückte ich meinen Stuhl heran, nahm eine Feder und bereitete mich darauf vor, das Papier zu unterschreiben. Zuerst hatte ich nicht genug Tinte mitgenommen, also streckte ich meinen Arm über die ganze Breite des Schreibtischs aus und tauchte meine Feder diesmal entschlossen bis auf den Boden des Tintenfasses. Diesmal nahm ich jedoch zu viel Tinte mit, und auf dem Rückweg fiel ein riesiger Fleck davon auf das große weiße Blatt Papier vor dem Männchen.

Er neigte den Kopf, denn er war ein wenig kurzsichtig, und sah einen Moment lang aus wie ein Vogel, der einen Hanfsamen in seinem Korn entdeckt. Dann legte er das befleckte Blatt beiseite.

„Moment mal, oh, Moment mal!", rief ich und griff nach dem tintenbefleckten Papier. „Ich möchte sehen, ob ich richtig unterschreibe oder nicht. Wenn das ein Schmetterling ist, habe ich recht, und wenn irgendetwas anderes, egal was passiert, habe ich unrecht." Ich nahm das Blatt, faltete es in der Mitte des riesigen Flecks zusammen und drückte es fest zusammen. Emile Perrin begann daraufhin zu lachen und gab seine Männchenhaltung völlig auf. Er beugte sich vor, um das Papier mit mir zu untersuchen, und wir öffneten es ganz vorsichtig, so wie man seine Hand öffnet, nachdem man eine Fliege gefangen hat. Als das Papier aufgeklappt war, war inmitten seiner Weißheit ein prächtiger schwarzer Schmetterling mit ausgebreiteten Flügeln zu sehen.

„Na dann", sagte Perrin, von dem nichts mehr von der Puppe übrig war, „hatten wir ganz recht, als wir unterschrieben haben."

Danach unterhielten wir uns noch eine Weile, wie zwei Freunde, die sich wiedersehen, denn dieser Mann war trotz seiner Hässlichkeit charmant und sehr faszinierend. Als ich ihn verließ, waren wir Freunde und erfreuten uns aneinander.

Ich spielte an diesem Abend im Odéon *Ruy Blas* . Gegen zehn Uhr kam Duquesnel in meine Garderobe.

„Sie waren ziemlich grob zu dem armen Chilly", sagte er. „Und Sie waren wirklich nicht nett. Sie hätten zurückkommen sollen, als ich Sie rief. Stimmt es, wie Paul Meurice uns erzählt, dass Sie direkt zum Théâtre Français gegangen sind?"

„Hier, lesen Sie selbst", sagte ich und überreichte ihm meine Verlobung bei der Comédie.

Duquesnel nahm das Papier und las es.

„Darf ich es Chilly zeigen?", fragte er.

„Zeigen Sie es ihm unbedingt", antwortete ich.

Er kam näher und sagte in ernstem, verletztem Ton:

„Das hätten Sie nie tun dürfen, ohne es mir vorher zu sagen. Das zeugt von einem Vertrauensverlust, den ich nicht verdiene."

Er hatte recht, aber die Sache war erledigt. Einen Moment später kam Chilly, wütend, gestikulierend, schreiend und stammelnd vor Wut.

„Das ist abscheulich!", sagte er. „Das ist Hochverrat, und Sie hatten nicht einmal das Recht, das zu tun. Ich werde Sie zur Zahlung von Schadensersatz verpflichten."

Da ich mich schlecht gelaunt fühlte, drehte ich ihm den Rücken zu und entschuldigte mich so schwach wie möglich bei Duquesnel. Er war verletzt und ich schämte mich ein wenig, denn dieser Mann hatte mir nichts als Beweise seiner Freundlichkeit gegeben, und er war es, der mir trotz Chillys und vieler anderer widerwilliger Menschen die Tür für meine Zukunft offen gehalten hatte.

Chilly hielt Wort und verklagte mich und die Comédie. Ich verlor und musste den Betreibern des Odéon sechstausend Franc Schadenersatz zahlen.

Einige Wochen später lud Victor Hugo die Künstler, die in *Ruy Blas auftraten* , zu einem großen Abendessen zu Ehren der hundertsten Aufführung ein. Das war für mich eine große Freude, da ich noch nie einem Abendessen dieser Art beigewohnt hatte.

Ich hatte seit unserer letzten Szene kaum mit Chilly gesprochen. Am betreffenden Abend saß er rechts von mir, und wir mussten uns versöhnen. Ich saß rechts von Victor Hugo, und links von ihm saß Madame Lambquin, die die Camerara Mayor spielte, und Duquesnel saß neben Madame Lambquin. Dem berühmten Dichter gegenüber saß ein anderer Dichter, Théophile Gautier, mit seinem Löwenkopf auf dem Körper eines Elefanten. Er hatte einen brillanten Verstand und sagte die erlesensten Dinge mit einem Pferdelachen. Das Fleisch seines fetten, schlaffen, blassen Gesichts wurde von zwei Augen durchbohrt, die von schweren Lidern verhüllt waren. Ihr Ausdruck war bezaubernd, aber weit weg. In diesem Mann steckte eine orientalische Vornehmheit, die von westlichen Moden und Bräuchen erstickt wurde. Ich kannte fast alle seine Gedichte und betrachtete ihn mit Zuneigung – den zärtlichen Liebhaber des Schönen.

Es amüsierte mich, ihn mir in prächtigen orientalischen Kostümen vorzustellen. Ich sah ihn auf riesigen Kissen liegen, seine schönen Hände spielten mit Edelsteinen in allen Farben, und einige seiner Verse kamen mir murmelnd auf die Lippen. Ich war gerade dabei, mit ihm in einen unendlichen Traum aufzubrechen, als ein Wort meines Nachbarn Victor Hugo mich veranlasste, mich ihm zuzuwenden.

Welch ein Unterschied! Er war ganz er selbst, der große Dichter – ein ganz gewöhnliches Wesen, abgesehen von seiner leuchtenden Stirn. Er sah schwerfällig aus, obwohl er sehr aktiv war. Seine Nase war gewöhnlich, seine Augen lüstern und sein Mund ohne jede Schönheit; nur seine Stimme hatte Adel und Charme. Ich hörte ihm gern zu, während ich Théophile Gautier ansah.

Ich war jedoch ein wenig verlegen, als ich über den Tisch blickte, denn neben dem Dichter saß ein widerwärtiger Mensch, Paul de St. Victor. Seine Wangen sahen aus wie zwei Blasen, aus denen das darin enthaltene Öl heraussickerte. Seine Nase war spitz und wie ein Krähenschnabel, seine Augen sahen böse und hart aus; seine Arme waren zu kurz und er war zu stämmig. Er sah aus wie eine Gelbsucht.

Er hatte jede Menge Witz und Talent, aber er setzte beides in Worten und Schriften eher Schaden als Nutzen an. Ich wusste, dass dieser Mann mich hasste, und ich vergeltete ihm prompt Hass mit Hass.

Als Antwort auf den Toast, den Victor Hugo ausbrachte und in dem er allen für ihre eifrige Hilfe bei der Wiederbelebung seines Werkes dankte, hob jeder sein Glas und blickte zum Dichter, aber der berühmte Meister wandte sich mir zu und fuhr fort: „Was Sie betrifft, Madame ...“

Genau in diesem Moment stellte Paul de St. Victor sein Glas so heftig auf den Tisch, dass es zerbrach. Er war einen Moment lang benommen, dann beugte ich mich über den Tisch und hielt Paul de St. Victor mein Glas hin.

SARAH BERNHARDT AUF EINEM KOSTÜMBALL

Von Walter Spindler

„Nehmen Sie meines, Monsieur", sagte ich, „und wenn Sie dann trinken, werden Sie wissen, was ich als Antwort auf die Ihren denke, die Sie gerade so klar zum Ausdruck gebracht haben!"

Der schreckliche Mann nahm mein Glas, aber mit was für einem Blick!

Victor Hugo beendete seine Rede unter Beifall und Jubel. Dann lehnte sich Duquesnel zurück und sprach leise mit mir. Er bat mich, Chilly zu sagen, er solle Victor Hugo antworten. Ich tat, was ich wollte. Doch er sah mich mit glasigem Blick an und antwortete mit weit entfernter Stimme:

„Jemand hält meine Beine." Ich sah ihn aufmerksamer an, während Duquesnel um Ruhe bat, während M. de Chilly sprach. Ich sah, dass seine Finger verzweifelt eine Gabel umklammerten; die Spitzen seiner Finger waren weiß, der Rest der Hand war violett. Ich nahm seine Hand, und sie war eiskalt; die andere hing reglos unter dem Tisch herab. Es herrschte Stille, und alle Augen richteten sich auf Chilly.

„Steh auf", sagte ich, von Angst ergriffen. Er machte eine Bewegung, und plötzlich fiel sein Kopf nach vorn, das Gesicht auf den Teller. Es gab einen gedämpften Aufruhr, und die wenigen anwesenden Frauen umringten den armen Mann. Dumme, banale, gleichgültige Dinge wurden ausgesprochen, so wie man vertraute Gebete murmelt. Man ließ seinen Sohn holen, und dann kamen zwei Kellner und trugen die Leiche fort, lebendig, aber leblos, und legten sie in ein kleines Wohnzimmer.

Duquesnel blieb bei ihm, bat mich jedoch, zu den Gästen des Dichters zurückzukehren. Ich kehrte in den Raum zurück, in dem das Abendessen stattgefunden hatte. Es hatten sich Gruppen gebildet, und als man mich eintreten sah, fragte man mich, ob er noch immer so krank sei.

„Der Arzt ist gerade angekommen und kann es noch nicht sagen", antwortete ich.

„Es ist eine Verdauungsstörung", sagte Lafontaine (Ruy Blas) und kippte ein Glas Likörbrandy hinunter.

„Es ist zerebrale Anämie", erklärte Talien (Don Guritan) unbeholfen, da er ständig sein Gedächtnis verlor.

Victor Hugo trat näher und sagte ganz einfach:

„Es ist eine schöne Art des Todes."

Dann nahm er meinen Arm und führte mich ans andere Ende des Zimmers, wobei er versuchte, meine Gedanken durch galantes und poetisches Flüstern zu vertreiben. Eine Weile verging, während diese Düsternis auf uns lastete, und dann erschien Duquesnel. Er war blass, aber es sah aus, als ob nichts Ernstes vorgefallen wäre. Er war bereit, alle Fragen zu beantworten.

Oh ja, er war gerade nach Hause gebracht worden. Es würde nichts sein, so schien es. Er brauchte nur ein paar Tage Ruhe. Wahrscheinlich waren ihm beim Essen die Füße kalt gewesen.

„Ja", warf einer der Gäste *von Ruy Blas ein* , „es gab sicherlich ein feines Bier unter dem Tisch."

„Ja", antwortete Duquesnel gerade jemandem, der ihn belästigte, „ja; zweifellos war ihm die Hitze im Kopf zu groß."

„Ja", fügte ein anderer Gast hinzu, „unsere Köpfe hätten von diesem ekelhaften Gas fast gebrannt."

Ich sah den Moment kommen, in dem Victor Hugo von all seinen Gästen für die Kälte, die Hitze, das Essen und den Wein seines Banketts getadelt werden würde. All diese schwachsinnigen Bemerkungen gingen Duquesnel auf die Nerven. Er zuckte mit den Schultern, zog mich aus der Menge heraus und sagte:

„Mit ihm ist alles vorbei."

Ich hatte es schon geahnt, aber die Gewissheit, dass es nun so weit war, bereitete mir großen Kummer.

„Ich möchte gehen", sagte ich zu Duquesnel. „Sagen Sie bitte jemandem, er soll nach meinem Wagen fragen."

Ich ging in den kleinen Salon, der als Garderobe für unsere Mäntel diente, und dort stieß die alte Madame Lambquin an mich. Leicht berauscht von der Hitze und dem Wein tanzte sie mit Talien Walzer.

„Ach, entschuldigen Sie, kleine Madonna", sagte sie, „ich hätte Sie fast umgestoßen."

Ich zog sie an mich und flüsterte ihr ohne nachzudenken zu: „Tanz nicht mehr, Mama Lambquin, Chilly liegt im Sterben." Sie war rot angelaufen, aber ihr Gesicht wurde kreidebleich. Ihre Zähne begannen zu klappern, aber sie brachte kein Wort hervor.

„Oh, mein lieber Lambquin", murmelte ich. „Ich wusste nicht, dass ich dich so unglücklich machen würde."

Doch sie hörte mir nicht mehr zu; sie zog ihren Umhang an.

„Gehst du?", fragte sie mich.

„Ja", antwortete ich.

„Willst du mich nach Hause fahren? Dann erzähle ich dir –"

Sie wickelte sich ein schwarzes Fichu um den Kopf, und wir gingen beide in Begleitung von Duquesnel und Paul Meurice die Treppe hinunter, die uns in die Kutsche begleiteten.

Sie wohnte im Viertel St. Germain und ich in der Rue de Rome. Unterwegs erzählte mir die arme Frau folgende Geschichte.

„Wissen Sie, meine Liebe", begann sie, „ich habe eine Schwäche für Schlafwandler und Wahrsager aller Art. Letzten Freitag (ich frage sie nämlich nur freitags um Rat) sagte eine Frau, die mit Karten die Zukunft vorhersagt, zu mir: ‚Sie werden eine Woche nach einem Mann sterben, der dunkelhäutig und nicht mehr jung ist und dessen Leben mit Ihrem verknüpft ist.' Nun, meine Liebe, ich dachte, sie macht sich nur über mich lustig, denn es gibt keinen Mann, dessen Leben mit meinem verknüpft ist, da ich Witwe bin und nie eine *Beziehung hatte* . Deshalb beschimpfte ich sie, da ich ihr sieben Francs zahle. Von anderen Leuten verlangt sie zehn Francs, von Künstlern aber sieben Francs. Sie war wütend, weil ich ihr nicht glaubte, und sie ergriff meine Hände und sagte: ‚Es hat keinen Sinn, mich anzuschreien, denn es ist, wie ich sage. Und wenn Sie möchten, dass ich Ihnen die genaue Wahrheit sage: Es ist ein Mann, der Sie unterstützt; und, um es noch genauer zu sagen, es gibt zwei Männer, die Sie unterstützen, der eine dunkel und der andere hell; das ist eine schöne Sache!' Sie hatte ihre Rede noch nicht beendet, als ich ihr eine solche Ohrfeige verpasste, wie sie sie noch nie in ihrem Leben bekommen hatte, das kann ich Ihnen versichern. Hinterher zerbrach ich mir allerdings den Kopf darüber, was die elende Frau gemeint haben könnte. Und alles, was ich herausfinden konnte, war, dass die beiden Männer, die mich unterstützen, der eine dunkel und der andere hell, unsere beiden Manager sind, Chilly und Duquesnel. Und jetzt erzählen Sie mir, dass Chilly —"

Sie hielt inne, ihre Geschichte war atemlos, und wieder packte sie die Angst. „Ich fühle mich wie erstickt", murmelte sie, und trotz der eisigen Kälte ließen wir beide Fenster herunter. Als ich ankam, half ich ihr die vier Treppen hinauf, und nachdem ich dem *Portier gesagt* hatte, er solle auf sie aufpassen, und der Frau ein Zwanzig-Franc-Stück gegeben hatte, damit sie das auch tat, ging ich selbst nach Hause, sehr bestürzt über all diese ebenso dramatischen wie unerwarteten Vorfälle mitten auf einem *Fest*.

Drei Tage später starb Chilly, ohne jemals das Bewusstsein wiedererlangt zu haben.

Zwölf Tage später starb die arme Lambquin. Dem Priester, der ihr die Absolution erteilte, sagte sie: „Ich sterbe, weil ich auf den Dämon gehört und ihm geglaubt habe."

XXII
WIEDER IN DER COMÉDIE FRANÇAISE – SKULPTUR

Ich verließ das Odéon mit großem Bedauern, denn ich liebte und liebe dieses Theater noch immer. Es kommt mir immer so vor, als wäre es an sich eine kleine Provinzstadt. Seine gastfreundlichen Arkaden, unter denen so viele arme alte *Gelehrte* frische Luft schnappen und sich vor der Sonne schützen; die großen Steinplatten ringsum, zwischen deren Spalten mikroskopisch kleines gelbes Gras wächst; seine hohen Säulen, geschwärzt von der Zeit, von Händen und vom Straßenschmutz; der ununterbrochene Lärm ringsum, die Abfahrt der Omnibusse, wie die Abfahrt der alten Kutschen, die Brüderlichkeit der Leute, die sich dort treffen; alles, sogar das Geländer des Luxembourg, verleiht ihm ein ganz besonderes Aussehen inmitten von Paris. Dann gibt es auch eine Art Geruch der Colleges dort – die Wände selbst sind erfüllt von jugendlichen Hoffnungen. Die Leute reden dort nicht immer von gestern, wie sie es in den anderen Theatern tun. Die jungen Künstler, die dorthin kommen, reden von morgen.

Kurz gesagt, ich denke nie ohne kindliche Regung an jene paar Jahre meines Lebens zurück, ohne an Lachen zu denken und ohne dass sich meine Nase weitet und ich wieder den Duft kleiner, gewöhnlicher, unbeholfen zusammengebundener Blumensträuße einatme, Sträuße, die die ganze Frische von Blumen hatten, die im Freien wachsen, Blumen, die die Opfergaben der Herzen von zwanzig Sommern waren, kleine Sträuße, die aus den Geldbörsen der Studenten bezahlt wurden.

Ich wollte nichts aus dem Odéon mitnehmen. Die Möbel meiner Garderobe hinterließ ich einem jungen Künstler. Ich hinterließ meine Kostüme, all die kleinen Toilettenutensilien – ich teilte sie auf und verschenkte sie. Ich spürte, dass mein Leben voller Hoffnungen und Träume damit enden würde. Ich spürte, dass der Boden nun bereit war für die Erfüllung all meiner Träume, aber dass der Kampf mit dem Leben gerade erst beginnen würde, und ich ahnte richtig.

SARAH BERNHARDT BEI DER ARBEIT
AN IHRER *MÉDÉE*

Meine erste Erfahrung an der Comédie Française war nicht von Erfolg gekrönt. Ich wusste, dass ich mich in die Löwengrube begab. Ich hatte in diesem Haus nur wenige Freunde, außer Laroche, Coquelin und Mounet-Sully – die ersten beiden meine Freunde vom Conservatoire und der letztere vom Odéon. Unter den Frauen waren Marie Lloyd und Sophie Croizette, beide Freundinnen meiner Kindheit; der unangenehme Jouassain, der nur zu mir nett war; und die bezaubernde Marie Brohan, deren Güte die Seele erfreute, deren Witz den Geist bezauberte und deren Gleichgültigkeit Hingabe abwies.

M. Perrin entschied, dass ich gemäß Sarceys Wunsch in „*Mademoiselle de Belle-Isle*" debütieren sollte.

Die Proben begannen im *Foyer* , was mich sehr beunruhigte. Mile. Brohan sollte die Rolle der Marquise de Prie spielen. Zu dieser Zeit war sie so dick, dass sie fast unansehnlich war, während ich so dünn war, dass die Komponisten von volkstümlichen und komischen Versen meine dürftigen Proportionen zum Thema machten und die Cartoonisten als Thema für ihre Alben.

Daher war es unmöglich, dass der Duc de Richelieu bei dem respektlosen nächtlichen Rendezvous, das die Marquise dem Duc gibt, der glaubt, er umarme die keusche Mademoiselle de Belle-Isle, die Marquise de Prie (Madeleine Brohan) mit Mademoiselle de Belle-Isle (Sarah Bernhardt) verwechselt hätte.

Bei jeder Probe unterbrach Bressant, der die Rolle des Herzogs von Richelieu übernahm, die Rolle mit den Worten: „Nein, das ist zu lächerlich. Ich muss den Herzog von Richelieu mit abgeschnittenen Armen spielen!" Und Madeleine verließ die Probe und ging ins Regiezimmer, um zu versuchen, die *Rolle loszuwerden* .

Und genau das wollte Perrin. Er hatte von Anfang an an die Croizette gedacht, aber er wollte aus privaten und hinterhältigen Gründen, die er kannte und die andere errieten, dazu gezwungen werden.

Endlich fand die Veränderung statt und die ernsthaften Proben begannen.

Dann wurde die Uraufführung für den 6. November (1872) angekündigt.

Ich litt schon immer und immer noch furchtbar unter Lampenfieber, besonders wenn ich weiß, dass viel von mir erwartet wird. Ich wusste schon lange im Voraus, dass jeder Sitzplatz im Haus ausgebucht war; ich wusste, dass die Presse einen großen Erfolg erwartete und dass Perrin selbst mit einer langen Reihe großer Einnahmen rechnete.

Leider haben sich all diese Hoffnungen und Vorhersagen als umsonst erwiesen und mein *erneutes Debüt* an der Comédie Française war nur mäßig erfolgreich.

Das Folgende ist ein Auszug aus den *Temps* vom 11. November 1872. Er wurde von Francisque Sarcey geschrieben, den ich damals noch nicht kannte, der aber meine Karriere mit großem Interesse verfolgte. „Es war eine sehr brillante Versammlung, da dieses *Debüt* alle Theaterliebhaber angezogen hatte. Tatsache ist, dass neben den besonderen Verdiensten von Mlle. Sarah Bernhardt eine ganze Menge wahrer oder falscher Geschichten über sie persönlich in Umlauf gekommen waren, und all dies hatte die Neugier des Pariser Publikums erregt. Ihr Aussehen war eine Enttäuschung. Durch ihr Kostüm hatte sie auf äußerst protzige Weise eine Schlankheit übertrieben, die unter den Schleiern und weiten Drapierungen der griechischen und römischen Heldinnen elegant ist, in moderner Kleidung jedoch anstößig ist. Außerdem steht ihr entweder Puder nicht, oder Lampenfieber hatte sie furchtbar blass gemacht. Die Wirkung dieses langen weißen Gesichts, das aus einer langen schwarzen Hülle hervortrat, war sicherlich unangenehm [ich sah aus wie eine Ameise], insbesondere da die Augen ihren Glanz verloren hatten und das Gesicht nur durch die strahlend weißen Zähne aufgelockert wurde. Sie durchlief die ersten drei Akte mit krampfhaftem Zittern, und wir erkannten die Sarah von *Ruy Blas nur* an zwei Versen, die sie mit ihrer bezaubernden Stimme mit wunderbarer Anmut vortrug, aber in allen kraftvolleren Passagen war sie ein Versager. Ich bezweifle, dass Mlle. Sarah Bernhardt mit ihrer köstlichen Stimme jemals in der Lage sein wird, diese tiefen, mitreißenden Töne wiederzugeben, die Anfälle heftiger Leidenschaft ausdrücken, die ein Publikum mitreißen können. Wenn die Natur sie nur mit dieser Gabe ausgestattet hätte, wäre sie eine perfekte Künstlerin, und solche gibt es auf der Bühne nicht. Aufgerüttelt durch die Kälte ihres Publikums war Mlle. Sarah Bernhardt im fünften Akt ganz sie selbst. Dies war sicherlich wieder einmal unsere Sarah, die Sarah von *Ruy Blas* , die wir im Odéon so sehr bewundert hatten ...“

Wie Sarcey sagte, war mein *Debüt ein völliger Reinfall* . Meine Entschuldigung war allerdings nicht das „Lampenfieber“, dem er es zuschrieb, sondern die schreckliche Angst, die ich empfand, als ich sah, wie meine Mutter fünf Minuten nach meinem Auftritt auf der Bühne hastig ihren Platz im ersten Rang verließ.

Ich hatte sie beim Eintreten angeschaut und ihre totenbleiche Gestalt bemerkt. Als sie hinausging, spürte ich, dass sie einen dieser lebensbedrohlichen Anfälle erleiden würde, so dass mir der erste Akt endlos vorkam. Ich sprach ein Wort nach dem anderen aus, stammelte wahllos Sätze, mit nur einem Gedanken im Kopf, dem Verlangen zu erfahren, was geschehen war. Oh, das Publikum kann sich die Qualen nicht vorstellen, die die unglücklichen Komödianten erdulden mussten, die in Fleisch und Blut auf der Bühne vor ihnen stehen, gestikulieren und Sätze aussprechen, während ihr Herz, ganz zerrissen von Angst, bei dem geliebten Abwesenden ist, der leidet. Normalerweise kann man die Sorgen und Ängste des Alltags abschütteln, seine eigene Persönlichkeit für ein paar Stunden ablegen, eine andere annehmen und, alles andere vergessend, sozusagen in ein anderes Leben eintreten. Aber das ist unmöglich, wenn unsere Lieben leiden. Dann ergreift die Angst Besitz von uns, schwächt die Sonnenseiten ab und verstärkt die Schattenseiten, treibt unser Gehirn in den Wahnsinn, das zwei Leben gleichzeitig führt, und quält unser Herz, das schlägt, als würde es jeden Moment platzen.

Dies waren die Empfindungen, die ich während des ersten Aktes erlebte.

„Mama! Was ist mit Mama passiert?", waren meine ersten Worte, als ich die Bühne verließ. Niemand konnte mir etwas sagen.

Croizette kam auf mich zu und sagte: „Was ist los? Ich erkenne Sie kaum wieder, und gerade im Stück waren Sie überhaupt nicht Sie selbst."

In wenigen Worten erzählte ich ihr, was ich gesehen und gefühlt hatte. Frédéric Febvre ließ sofort Neuigkeiten erfragen, und der Arzt kam eilig zu mir.

„Ihre Mutter hatte einen Ohnmachtsanfall, Mademoiselle", sagte er, „aber sie wurde gerade nach Hause gebracht."

„Es war ihr Herz, nicht wahr?", fragte ich und sah ihn an.

„Ja", antwortete er. „Das Herz der Madame ist in großer Aufruhr."

„Oh, ich weiß, wie krank sie ist", sagte ich und brach in Tränen aus, da ich mich nicht mehr beherrschen konnte. Croizette half mir zurück in mein Ankleidezimmer. Sie war sehr freundlich; wir kannten uns seit unserer Kindheit und mochten uns sehr. Nichts hat uns jemals entfremdet, trotz all der boshaften Gerüchte neidischer Leute und all der kleinen Leiden, die der Eitelkeit entsprangen.

Meine liebe Madame Guérard nahm eine Droschke und eilte zu meiner Mutter, um mir Neuigkeiten zu bringen. Ich legte noch ein wenig Puder auf, aber das Publikum, das nicht wusste, was vor sich ging, war verärgert über mich, dachte, ich hätte mir eine neue Laune erlaubt, und empfing mich noch kühler als zuvor. Mir war das egal, denn ich dachte an etwas anderes. Ich wiederholte weiterhin die Worte von Mlle. de Belle-Isle (eine höchst dumme und ermüdende *Rolle*), aber die ganze Zeit wartete ich, Sarah, auf Neuigkeiten über meine Mutter. Ich wartete auf die Rückkehr von *mon petit Dame* . „Öffnen Sie die Tür auf der OP-Seite ein kleines Stückchen", hatte ich zu ihr gesagt, „und machen Sie ein Zeichen wie dieses, wenn es Mama besser geht, und ein Zeichen wie jenes, wenn es ihr schlechter geht." Aber ich hatte vergessen, welches der Zeichen für „besser" stehen sollte, und als ich am Ende des dritten Akts sah, wie Madame Guérard die Tür öffnete und mit dem Kopf nickte, um „ja" zu bedeuten, wurde ich ganz idiotisch.

Es war in der großen Szene des dritten Aktes, als Mlle. de Belle-Isle dem Duc de Richelieu (Bressant) vorwirft, ihr solch irreparablen Schaden zugefügt zu haben. Der Duc antwortet: „Warum haben Sie nicht gesagt, dass jemand zuhört, dass sich jemand versteckt?" Ich rief: „Es ist Guérard, der mir Neuigkeiten bringt!" Das Publikum hatte keine Zeit, es zu verstehen, denn Bressant fuhr schnell fort und rettete so die Situation.

Nach einem lustlosen Anruf hörte ich, dass es meiner Mutter besser ging, sie aber einen sehr schweren Anfall gehabt hatte. Die arme Mama, sie hatte mich bei meinem Auftritt auf der Bühne für so schrecklich gehalten, dass ihre arrogante Gleichgültigkeit einem schmerzlichen Erstaunen gewichen war, das wiederum in Wut ausbrach, als sie eine Dame neben sich höhnisch sagen hörte: „Sie ist ja wie ein vertrockneter Knochen, diese kleine Bernhardt!"

Ich war sehr erleichtert, als ich die Nachricht bekam, und spielte meinen letzten Akt voller Selbstvertrauen. Der große Erfolg des Abends war jedoch Croizettes, die als Marquise de Prie bezaubernd war. Mein Erfolg war jedoch in den folgenden Aufführungen garantiert und wurde so deutlich, dass ich beschuldigt wurde, für Applaus zu bezahlen. Ich lachte herzlich darüber und widersprach dem Bericht nicht einmal, da ich eine Abneigung gegen nutzlose Worte habe.

Als nächstes trat ich als Junie in *Britannicus auf*, mit Mounet-Sully, der Nero bewundernswert spielte. In dieser wunderbaren *Rolle* der Junie hatte ich einen immensen und unglaublichen Erfolg.

Dann spielte ich 1873 den Chérubin in *Le Mariage de Figaro*. Croizette spielte Suzanne, und es war ein wahres Vergnügen für das Publikum, dieses entzückende Geschöpf in einer Rolle voller Fröhlichkeit und Charme zu sehen.

Chérubin war für mich die Chance auf einen neuen Erfolg.

Im März 1873 kam Perrin auf die Idee, *Dalila* von Octave Feuillet auf die Bühne zu bringen. Ich spielte damals die Rolle von jungen Mädchen, jungen Prinzessinnen oder Jungen. Meine zierliche Gestalt, mein blasses Gesicht, mein zartes Aussehen zeichneten mich für die *Rolle* des Opfers aus. Perrin, der glaubte, dass die Opfer Mitleid erweckten und ich deshalb meinem Publikum gefiel, besetzte das Stück auf eine höchst lächerliche Weise: Er gab mir die *Rolle* von Dalila, der dunkelhäutigen, bösen und wilden Prinzessin, und Sophie Croizette gab er die *Rolle* des schönen jungen sterbenden Mädchens.

Das Stück mit dieser seltsamen Besetzung war zum Scheitern verurteilt. Ich zwang meine Rolle dazu, wie eine hochmütige und wollüstige Sirene auszusehen; ich stopfte mein Mieder mit Watte und die Hüften unter meinen Röcken mit Rosshaar aus; aber ich behielt mein kleines, dünnes, trauriges Gesicht. Croizette war gezwungen, die Vorzüge ihrer Brust durch Bänder zu unterdrücken, die sie bedrückten und erstickten, aber sie behielt ihr hübsches, rundliches Gesicht mit seinen Grübchen.

Ich musste eine kräftige Stimme aufsetzen, sie musste ihre sanftere Stimme verwenden. Eigentlich war es absurd. Das Stück war ein *Halberfolg*.

Danach schuf ich *L'Absent*, ein hübsches Stück in Versen von Eugène Manuel; *Chez l'Avocat*, ein sehr amüsantes Stück in Versen von Paul Ferrier, in dem Coquelin und ich uns wunderbar stritten. Dann, am 22. August, spielte ich mit großem Erfolg die *Rolle* der Andromaque. Ich werde nie die erste Vorstellung vergessen, bei der Mounet-Sully einen rauschhaften Triumph errang. Oh, wie großartig war er, Mounet-Sully, in seiner *Rolle* des Orestes! Sein Auftritt, seine Wut, sein Wahnsinn und die plastische Schönheit dieses wunderbaren Künstlers – wie großartig!

Nach *Andromaque* spielte ich Aricie in *Phèdre* , und in dieser Nebenrolle *war* ich es, die den eigentlichen Erfolg des Abends ausmachte.

Ich nahm in sehr kurzer Zeit eine solche Stellung an der Comédie ein, dass sich einige der Künstler unwohl fühlten und die Direktion ihre Besorgnis teilte. M. Perrin, ein äußerst intelligenter Mann, an den ich mich immer mit großer Zuneigung erinnere, war schrecklich autoritär. Ich war es auch, so dass es zwischen uns ständig zu Kämpfen kam. Er wollte mir seinen Willen aufzwingen und ich wollte mich ihm nicht beugen. Er war immer bereit, über meine Ausbrüche zu lachen, wenn sie sich gegen die anderen richteten, aber er wurde wütend, wenn sie sich gegen ihn selbst richteten. Was mich betrifft, muss ich zugeben, dass es eine meiner Freuden war, Perrin in Rage zu bringen. Er, der bei gewöhnlichen Gelegenheiten jedes Wort abwog, stammelte so, wenn er versuchte, schnell zu sprechen; der Ausdruck seiner Augen, der sonst wankte, wurde gereizt und betrügerisch, und sein blasses, vornehm aussehendes Gesicht wurde mit weinroten Flecken gesprenkelt.

Vor Wut nahm er seinen Hut fünfzehnmal in ebenso vielen Minuten ab und setzte ihn wieder auf, und sein extrem glattes Haar stand bei diesem wilden Galopp seiner Kopfbedeckung zu Berge. Obwohl ich zweifellos das Alter der Vernunft erreicht hatte, erfreute ich mich an meiner bösartigen Boshaftigkeit, die ich später immer bereute, aber immer bereit war, sie wieder aufzunehmen; und selbst jetzt, nach all den Tagen, Wochen, Monaten und Jahren, die ich seitdem gelebt habe, bereitet es mir immer noch unendliches Vergnügen, jemandem einen Streich zu spielen.

Trotzdem begann mir das Leben in der Comédie auf die Nerven zu gehen.

Ich wollte Camille in *On ne badine pas avec l'amour spielen* : die *Rolle* wurde Croizette gegeben. Ich wollte Célimène spielen: diese *Rolle* war Croizettes. Perrin war sehr angetan von Croizette. Er bewunderte sie, und da sie sehr ehrgeizig war, war sie sehr rücksichtsvoll und gefügig, was den autoritären alten Mann bezauberte. Sie bekam immer alles, was sie wollte, und da Sophie Croizette offen und direkt war, sagte sie oft zu mir, wenn ich murrte: „Machen Sie es wie ich; seien Sie nachgiebiger. Sie verbringen Ihre Zeit mit Rebellion; ich tue scheinbar alles, was Perrin von mir verlangt, aber in Wirklichkeit bringe ich ihn dazu, alles zu tun, was ich von ihm verlange. Versuchen Sie dasselbe.“ Also nahm ich all meinen Mut zusammen und ging zu Perrin. Er sagte fast immer zu mir, wenn wir uns trafen: „Ah, wie geht es Ihnen, Mademoiselle Revolt? Sind Sie heute ruhig?"

„Ja, ganz ruhig", antwortete ich; „aber seien Sie freundlich und gewähren Sie mir, worum ich Sie bitten werde." Ich versuchte, charmant zu sein und sprach auf meine hübscheste Art. Er schnurrte fast vor Zufriedenheit und war witzig (das war für ihn keine Anstrengung, da er von Natur aus witzig war), und wir kamen eine Viertelstunde lang sehr gut miteinander aus. Dann trug ich meine Bitte vor:

„Lassen Sie mich Camille in , *On ne badine pas avec l'amour* ' spielen ."

„Das ist unmöglich, mein liebes Kind", antwortete er. „Croizette spielt es."

„Gut, dann spielen wir beide, und zwar abwechselnd."

„Aber das würde Mademoiselle Croizette nicht gefallen."

„Ich habe mit ihr darüber gesprochen, und es würde ihr nichts ausmachen."

„Du hättest nicht mit ihr darüber reden sollen."

"Warum nicht?"

„Denn das Casting übernimmt das Management und nicht die Künstler."

Er schnurrte nicht mehr, er knurrte nur noch. Ich war außer mir vor Wut und verließ nach wenigen Minuten das Zimmer, wobei ich die Tür hinter mir zuschlug.

All dies ließ mich nicht mehr los und ich weinte die ganze Nacht. Dann beschloss ich, mir ein Atelier zu nehmen und mich der Bildhauerei zu widmen. Da ich meine Intelligenz und meine Energie nicht wie gewünscht für die Schaffung von Theaterrollen einsetzen konnte, *widmete* ich mich einer anderen Kunst und begann mit rasender Begeisterung Bildhauerei. Ich machte bald große Fortschritte und begann mit einer riesigen Komposition, *Nach dem Sturm* . Das Theater war mir jetzt gleichgültig. Jeden Morgen um acht wurde mein Pferd herbeigeholt und ich ging ausreiten, und um zehn war ich wieder in meinem Atelier, Boulevard de Clichy 11. Ich war sehr empfindlich und meine Gesundheit litt unter der doppelten Anstrengung, die ich mir machte. Ich erbrach auf beängstigende Weise Blut und war stundenlang bewusstlos. Ich ging nie in die Comédie, außer wenn meine Pflichten dort es erforderten. Meine Freunde waren ernsthaft um mich besorgt und Perrin wurde über die Vorgänge informiert. Schließlich beschloss er, auf Anregung der Presse und des Ministeriums für Schöne Künste, mir eine *Rolle* in Octave Feuillets Stück „ *Die Sphinx*" zu geben .

Die Hauptrolle war für Croizette bestimmt, aber als ich das Stück hörte, fand ich die mir zugedachte Rolle bezaubernd und beschloss, dass es auch die

Hauptrolle sein sollte . Es müsste zwei Hauptrollen geben, das war alles. Die Proben verliefen anfangs sehr reibungslos, aber bald wurde klar, dass meine *Rolle* wichtiger war als gedacht, und bald kam es zu Reibereien.

Croizette selbst wurde nervös, Perrin war verärgert, und all diese Nebenbeschäftigungen beruhigten mich. Octave Feuillet, ein kluger, charmanter Mann, äußerst wohlerzogen und leicht ironisch, genoss die Scharmützel, die stattfanden, ungemein. Der Krieg war jedoch zum Ausbruch verurteilt, und die erste Feindseligkeit kam von Sophie Croizette.

Ich trug in meinem Mieder immer drei oder vier Rosen, die sich unter dem Einfluss der Wärme öffneten und einige der Blütenblätter fielen natürlich ab. Eines Tages rutschte Sophie Croizette auf der Bühne der Länge nach herunter, und da sie groß und nicht schlank war, fiel sie ziemlich unansehnlich hin und stand unelegant wieder auf. Das unterdrückte Lachen einiger der anwesenden untergeordneten Personen traf sie bis ins Mark, und sie wandte sich an mich und sagte: „Es ist Ihre Schuld; Ihre Rosen fallen und lassen alle herunterrutschen." Ich begann zu lachen.

„Drei Blütenblätter meiner Rosen sind abgefallen", antwortete ich, „und da sind sie alle drei neben dem Sessel auf der rechten Seite, und Sie sind auf der linken Seite abgefallen. Es ist also nicht meine Schuld; es ist nur Ihre eigene Ungeschicklichkeit." Die Diskussion ging weiter und war auf beiden Seiten ziemlich hitzig. Es bildeten sich zwei Clans, die „Croizettisten" und die „Bernhardtisten". Der Krieg wurde erklärt, nicht zwischen Sophie und mir, sondern zwischen unseren jeweiligen Bewunderern und Kritikern. Das Gerücht über diese kleinen Streitereien verbreitete sich in der Welt außerhalb des Theaters, und auch das Publikum begann, Clans zu bilden. Croizette hatte alle Bankiers und alle Menschen auf ihrer Seite, die unter Übersättigung litten. Ich hatte alle Künstler, die Studenten, Sterbenden und Versager. Als der Krieg erst einmal erklärt war, gab es kein Zurück mehr vor dem Streit. Die erste, heftigste und entscheidende Schlacht wurde über dem Mond geschlagen.

Wir hatten mit den Generalproben begonnen. Im dritten Akt spielte sich die Szene auf einer Waldlichtung ab. In der Mitte der Bühne stand ein riesiger Felsen, auf dem Blanche (Croizette) Savigny (Delaunay) küsste, der mein Ehemann sein sollte. Ich (Berthe de Savigny) musste über eine kleine Brücke über einen Bach kommen. Die Lichtung war in Mondlicht getaucht. Croizette hatte gerade ihre Rolle gespielt und ihr Kuss war mit einem Applaus begrüßt worden. Das war damals für die Comédie Française ziemlich gewagt. (Aber was haben sie dort seitdem nicht alles gegeben?)

Plötzlich war neuer Applaus zu hören. Auf einigen Gesichtern war Erstaunen zu lesen, und Perrin stand erschrocken auf. Ich überquerte die Brücke, mein blasses Gesicht war von Trauer gezeichnet, und die *Sturmhaube*, die eigentlich meine Schultern bedecken sollte, schleppte sich dahin, nur von meinen schlaffen Fingern gehalten; meine Arme hingen herab, als hätte die Verzweiflung sie geschwächt. Ich war in das weiße Licht des Mondes getaucht, und die Wirkung, so schien es, war auffallend und zutiefst beeindruckend. Eine nasale, aggressive Stimme rief: „Ein Mondeffekt ist genug. Schalten Sie ihn für Mademoiselle Bernhardt aus."

GEMÄLDE VON SARAH BERNHARDT
(1878–1879)

Ich sprang nach vorn auf die Bühne. „Entschuldigen Sie, Monsieur Perrin", rief ich aus, „Sie haben kein Recht, mir meinen Mond wegzunehmen. Im Manuskript steht: *Berthe kommt näher, bleich, zuckend vor Erregung, die Strahlen des Mondes fallen auf sie* ... Ich bin bleich und zuckend. Ich muss meinen Mond haben."

„Das ist unmöglich", brüllte Perrin. „Die Worte von Mademoiselle Croizette: ‚Du liebst mich also!' und ihr Kuss müssen dieses Mondlicht haben. Sie spielt die Sphinx; das ist die Hauptrolle im Stück, und wir müssen ihr die Hauptwirkung überlassen."

„Also gut, gib Croizette einen strahlenden Mond und mir einen weniger strahlenden. Das macht mir nichts aus, aber ich muss meinen Mond haben." Alle Künstler und alle Angestellten *des* Theaters steckten ihre Köpfe durch alle Türen und Öffnungen sowohl auf der Bühne als auch im Haus selbst. Die „Croizettisten" und die „Bernhardtisten" begannen, die Diskussion zu kommentieren.

Octave Feuillet wurde angesprochen und stand seinerseits auf.

„Ich gebe zu, dass Mademoiselle Croizette mit ihrem Mondeffekt sehr schön ist. Auch Mademoiselle Sarah Bernhardt ist mit ihrem Mondlichtstrahl ideal. Ich wünsche mir daher den Mond für beide."

Perrin konnte seinen Ärger nicht beherrschen. Es kam zu einer Diskussion zwischen dem Autor und dem Regisseur, gefolgt von weiteren zwischen den Künstlern und zwischen dem Türsteher und den Journalisten, die ihn befragten. Die Probe wurde unterbrochen. Ich erklärte, dass ich die Rolle nicht spielen würde, wenn ich meinen Mond nicht hätte. In den nächsten zwei Tagen erhielt ich keine Benachrichtigung über eine weitere Probe, aber durch Croizette hörte ich, dass sie meine *Rolle* der Berthe privat vorführten. Sie hatten sie einer jungen Frau gegeben, die wir „das Krokodil" nannten, weil sie alle Proben verfolgte, so wie dieses Tier den Booten folgt – sie hoffte immer, eine Rolle zu ergattern , die zufällig über Bord geworfen wurde. Octave Feuillet weigerte sich, den Wechsel der Künstler zu akzeptieren, und holte mich persönlich ab, begleitet von Delaunay, der die Angelegenheit vermittelt hatte.

„Es ist alles geregelt", sagte er und küsste meine Hände. „Es wird einen Mond für euch beide geben."

Die erste Nacht war sowohl für Croizette als auch für mich ein Triumph.

Der Parteistreit zwischen den beiden Clans wurde immer heftiger, was zu unserem Erfolg beitrug und uns beiden große Freude bereitete, denn Croizette war immer eine wunderbare Freundin und treue Kameradin. Sie arbeitete für ihre eigenen Ziele, aber nie gegen andere.

Nach *Le Sphinx* spielte ich ein hübsches Einakterstück von Louis Denayrouse, einem jungen Schüler der Ecole Polytechnique, *La Belle Paule*. Dieser Autor ist inzwischen ein berühmter Wissenschaftler geworden und hat der Poesie abgeschworen.

Ich hatte Perrin gebeten, mir einen Monat Urlaub zu geben, aber er lehnte energisch ab und zwang mich, in den anstrengenden Monaten Juni und Juli an den Proben von *Zaïre teilzunehmen* , und kündigte trotz meines Widerstrebens die Uraufführung für den 6. August an. In diesem Jahr war es furchtbar heiß in Paris. Ich glaube, dass Perrin, der mich bei lebendigem Leib nicht zähmen konnte, ohne wirklich böse Absicht, sondern aus purer Selbstherrlichkeit den Wunsch hatte, mich bei Tod zu zähmen. Doktor Parrot suchte ihn auf und sagte ihm, mein Schwächezustand sei derart, dass es für mich geradezu gefährlich wäre, bei dieser anstrengenden Hitze zu spielen. Perrin wollte nichts davon hören. Dann schwor ich, wütend über die Sturheit dieses intellektuellen *Bourgeois* , ich würde bis zu meinem Tod weiterspielen.

Als Kind wollte ich mich oft umbringen, um andere zu ärgern. Ich erinnere mich, dass ich einmal den Inhalt eines großen Tintenfasses getrunken habe, nachdem Mama mich gezwungen hatte, eine „Panade" [2] zu schlucken , weil sie glaubte, dass Panades gut für die Gesundheit seien. Unsere Amme hatte ihr von meiner Abneigung gegen diese Art von Nahrung erzählt und hinzugefügt, dass ich die Panade jeden Morgen in den Eimer mit der Toilette schüttete. Natürlich hatte ich sehr starke Bauchschmerzen und schrie vor Schmerzen. Ich schrie Mama zu: „Du hast mich umgebracht!" und meine arme Mutter weinte. Sie erfuhr nie die Wahrheit, aber sie zwangen mich nie wieder, etwas gegen meinen Willen zu schlucken.

2. Lange in Wasser geschmortes und mit etwas Butter und Zucker gewürztes Brot, eine Art „Brot zum Naschen", das man in Frankreich Kindern gibt.

Nun, nach so vielen Jahren empfand ich dasselbe bittere und kindische Gefühl. „Das ist mir egal", sagte ich. „Ich werde bestimmt bewusstlos umfallen und Blut spucken und vielleicht sterbe ich! Und das geschieht Perrin recht. Er wird wütend sein!" Ja, das dachte ich. Manchmal bin ich sehr dumm. Warum? Ich weiß nicht, wie ich es erklären soll, aber ich gebe es zu.

Am 6. August spielte ich also bei tropischer Hitze die Rolle des Zaïre. Das gesamte Publikum war schweißgebadet. Ich sah die Zuschauer durch einen Nebel. Das Stück, das kultär schlecht inszeniert, kostümal jedoch sehr gut präsentiert war, wurde besonders gut von Mounet-Sully (Orosmane), Laroche (Néréstan) und mir (Zaïre) gespielt und hatte einen enormen Erfolg.

Ich war entschlossen, in Ohnmacht zu fallen, entschlossen, Blut zu erbrechen, entschlossen zu sterben, um Perrin wütend zu machen. Ich spielte mit äußerster Leidenschaft. Ich hatte geschluchzt, ich hatte geliebt, ich hatte gelitten, und ich war von Orosmanes Dolch getroffen worden, wobei ich einen wahren Schmerzensschrei ausgestoßen hatte, denn ich hatte gespürt, wie der Stahl meine Brust durchbohrte. Dann fiel ich keuchend und sterbend auf den orientalischen Diwan. Ich hatte vorgehabt, in Wirklichkeit zu sterben, und wagte kaum, meine Arme zu bewegen, da ich überzeugt war, in Todesangst zu sein, und ein wenig Angst, das muss ich zugeben, dass es mir gelungen war, Perrin einen so üblen Streich zu spielen. Aber meine Überraschung war groß, als am Ende des Stücks der Vorhang fiel und ich schnell aufstand, um dem Ruf zu folgen und mich vor dem Publikum zu verbeugen, ohne matt zu werden, ohne in Ohnmacht zu fallen, und mich stark genug fühlte, um meine Rolle noch einmal durchzugehen, wenn es nötig gewesen wäre.

Und ich markierte diese Leistung mit einem kleinen weißen Stein – denn an diesem Tag erfuhr ich, dass meine Lebenskraft im Dienste meiner intellektuellen Kraft stand. Ich hatte dem Impuls meines Gehirns folgen wollen, dessen Vorstellungen mir zu stark erschienen, als dass ich sie mit meiner körperlichen Kraft hätte ausführen können. Und nachdem ich alles gegeben hatte, wozu ich fähig war – und noch mehr –, befand ich mich in vollkommenem Gleichgewicht.

Dann sah ich die Möglichkeit der ersehnten Zukunft.

Ich hatte mir eingebildet, und bis zu dieser Aufführung von *Zaïre* hatte ich in den Zeitungen immer gehört und gelesen, dass meine Stimme schön, aber schwach sei; dass meine Gesten anmutig, aber vage seien; dass meinen geschmeidigen Bewegungen Autorität fehle und dass mein in himmelwärts gerichteter Betrachtung verlorener Blick die wilden Tiere (das Publikum) nicht zähmen könne. All das dachte ich damals.

Ich hatte den Beweis erhalten, dass ich mich auf meine körperliche Stärke verlassen konnte, denn ich hatte die Vorstellung von *Zaïre* in einem derart schwachen Zustand begonnen, dass es leicht vorhersehbar war, dass ich den ersten Akt nicht beenden würde, ohne ohnmächtig zu werden.

Andererseits war die *Rolle zwar* leicht, erforderte aber zwei oder drei Schreie, was das Bluterbrechen hätte auslösen können, das mich damals häufig quälte.

Daher erlangte ich an diesem Abend die Gewissheit, dass ich auf die Kraft meiner Stimmbänder zählen konnte, denn ich hatte meine Schreie mit echter Wut und echtem Leiden ausgestoßen, in der Hoffnung, in meinem wilden Verlangen, mich an Perrin zu rächen, etwas kaputt zu machen.

So wendete sich diese kleine Komödie zu meinem Vorteil. Da ich nicht nach Belieben sterben konnte, änderte ich meine Batterien und beschloss, stark, lebhaft und aktiv zu sein, zum großen Ärger einiger meiner Zeitgenossen, die mich nur ertragen hatten, weil sie dachten, ich würde bald sterben, die mich aber zu hassen begannen, sobald sie die Überzeugung erlangten, dass ich vielleicht noch lange leben würde. Ich möchte nur ein Beispiel anführen, das von Alexandre Dumas *fils erzählt wird*, der beim Tod seines engen Freundes Charles Narrey anwesend war und seine letzten Worte hörte: „Ich bin zufrieden mit dem Sterben, denn ich werde nichts mehr von Sarah Bernhardt und dem großen Français hören" (Ferdinand de Lesseps).

Doch diese Offenbarung meiner Stärke machte die Art von *Nichtstun* , zu dem Perrin mich verurteilte, für mich noch schmerzlicher.

Tatsächlich habe ich nach *Zaire* monatelang nichts Wichtiges getan und nur ab und zu gespielt. Entmutigt und angewidert vom Theater wuchs meine Leidenschaft für die Bildhauerei. Nach meinem morgendlichen Ausritt und einer leichten Mahlzeit eilte ich in mein Atelier, wo ich bis zum Abend blieb.

Freunde kamen, um mich zu besuchen, saßen um mich herum, spielten Klavier, sangen; es wurde über Politik diskutiert – denn in diesem bescheidenen Studio empfing ich die berühmtesten Männer aller Parteien. Mehrere Damen kamen zum Tee, der abscheulich und schlecht serviert war, aber das kümmerte mich nicht. Ich war ganz vertieft in diese bewundernswerte Kunst. Ich sah nichts, oder, um es genauer zu sagen, ich *wollte* nichts sehen.

Ich fertigte die Büste eines bezaubernden jungen Mädchens an, Mlle. Emmy de * * *. Ihre langsame und bedächtige Konversation hatte einen unendlichen Charme. Sie war Ausländerin, sprach aber so perfekt Französisch, dass ich sprachlos war. Sie rauchte ständig eine Zigarette und empfand tiefe Verachtung für diejenigen, die sie nicht verstanden.

SARAH BERNHARDT
IN IHREM SARG

Ich ließ die Sitzungen so lange wie möglich dauern, denn ich spürte, dass dieser feine Geist mich mit ihrer Wissenschaft des Blicks ins Jenseits erfüllte, und oft habe ich mir in den ernsten Phasen meines Lebens gesagt: „Was hätte Emmy getan? Was hätte sie gedacht?"

Eines Tages war ich etwas überrascht, als Adolphe de Rothschild mir einen Auftrag für seine Büste gab. Ich begann sofort mit der Arbeit. Aber ich hatte diesen bewundernswerten Mann nicht richtig bedacht – er hatte nichts mit Ästhetik zu tun, im Gegenteil. Ich versuchte es trotzdem und setzte all meine Willenskraft ein, um diesen ersten Auftrag, auf den ich so stolz war, erfolgreich auszuführen. Zweimal schmetterte ich die Büste, mit der ich begonnen hatte, auf den Boden, und nach einem dritten Versuch gab ich endgültig auf und stammelte idiotische Entschuldigungen, die mein Modell anscheinend nicht überzeugten, denn es kam nie wieder zu mir zurück. Als wir uns bei unseren Morgenausritten begegneten, grüßte er mich mit einer kalten und ziemlich strengen Verbeugung.

Nach dieser Niederlage machte ich mich an die Büste eines wunderschönen Kindes, Miss Multon, einer entzückenden kleinen Amerikanerin, die ich später in Dänemark kennenlernte, verheiratet und Mutter einer Familie, aber immer noch so hübsch wie eh und je.

Meine nächste Büste war die von Mlle. Hocquigny, dieser bewundernswerten Person, die während des Krieges Wäschewärterin im Kommissariat war und mir und meinen Verwundeten damals so tatkräftig geholfen hatte.

Dann nahm ich mir die Büste meiner jungen Schwester Regina vor, die leider einen schwachen Brustkorb hatte. Ein vollkommeneres Gesicht hat Gottes Hand nie geschaffen! Zwei Löwenaugen, die von langen, langen braunen Wimpern beschattet wurden, eine schmale Nase mit zarten Nasenlöchern, ein winziger Mund, ein eigenwilliges Kinn und eine perlenartige Haut, die von einem Netz aus Sonnenstrahlen gekrönt war, denn ich hatte noch nie so blondes und so blasses, so glänzendes und so seidiges Haar gesehen. Aber dieses bewundernswerte Gesicht hatte keinen Charme; der Ausdruck war hart und der Mund ohne Lächeln. Ich versuchte mein Bestes, dieses schöne Gesicht in Marmor wiederzugeben, aber es erforderte einen großen Künstler und ich war nur ein bescheidener Amateur.

Als ich die Büste meiner kleinen Schwester ausstellte, waren es fünf Monate nach ihrem Tod, der nach einer sechsmonatigen Krankheit voller falscher Hoffnungen eintrat. Ich hatte sie zu mir nach Hause gebracht, Rue de Rome Nr. 4, in das kleine *Zwischengeschoss* , das ich seit dem schrecklichen Brand bewohnte, der meine Möbel, meine Bücher, meine Bilder und all meine spärlichen Besitztümer zerstört hatte. Diese Wohnung in der Rue de Rome war sehr klein. Mein Schlafzimmer war ganz winzig. Das große Bambusbett nahm den ganzen Raum ein. Vor dem Fenster stand mein Sarg, in den ich mich häufig setzte, um meine Rollen zu studieren. Als ich meine Schwester zu mir nach Hause brachte, fand ich es daher ganz natürlich, jede Nacht in diesem kleinen Bett aus weißem Satin zu schlafen, das meine letzte Couch sein sollte, und meine Schwester in das große Bambusbett unter den Spitzenvorhängen zu legen.

Auch für sie selbst war das ganz natürlich, denn ich ließ sie nachts nicht allein und es war unmöglich, in dem kleinen Zimmer ein weiteres Bett aufzustellen. Außerdem war sie an meinen Sarg gewöhnt.

Eines Tages kam meine Maniküristin ins Zimmer, um meine Hände zu pflegen, und meine Schwester bat sie, leise einzutreten, weil ich noch schlafe. Die Frau drehte den Kopf, weil sie glaubte, ich schlafe im Sessel, aber als sie mich in meinem Sarg liegen sah, rannte sie mit wildem Geschrei davon. Von diesem Moment an wusste ganz Paris, dass ich in meinem Sarg schlief, und Klatsch und Tratsch flogen mit ihren Flügeln aus Distelwolle in alle Richtungen davon.

Ich war so an die Gemeinheiten gewöhnt, die über mich geschrieben wurden, dass ich mich darüber nicht kümmerte. Aber beim Tod meiner armen kleinen Schwester ereignete sich ein tragikomischer Vorfall. Als die Männer des Leichenbestatters in den Raum kamen, um die Leiche abzuholen, standen sie vor zwei Särgen, und der Zeremonienmeister verlor die Fassung und ließ in aller Eile einen zweiten Leichenwagen rufen. Ich war in diesem Moment bei meiner Mutter, die das Bewusstsein verloren hatte, und kam gerade noch rechtzeitig zurück, um zu verhindern, dass die schwarzgekleideten Männer meinen Sarg abholten. Der zweite Leichenwagen wurde zurückgeschickt, aber die Zeitungen bekamen von diesem Vorfall etwas mit. Ich wurde beschuldigt, kritisiert usw.

Es war wirklich nicht meine Schuld.

XXIII
Ein Abstieg in das Enfer du Plogoff – Mein erster Auftritt als Phedre – Die Dekoration meines neuen Hauses

Nach dem Tod meiner Schwester wurde ich schwer krank. Ich hatte sie Tag und Nacht gepflegt, und das machte mich zusätzlich zu dem Kummer, den ich erlitt, anämisch. Ich wurde für zwei Monate in den Süden beordert. Ich versprach, nach Mentone zu gehen, und machte mich sofort auf den Weg nach Bretagne, dem Land meiner Träume.

Ich hatte meinen kleinen Sohn, meinen Verwalter und seine Frau bei mir. Meine arme Guérard, die mir geholfen hatte, meine Schwester zu pflegen, lag krank mit einer Venenentzündung im Bett. Ich hätte sie sehr gern bei mir gehabt.

Oh, was für schöne Ferien wir dort hatten! Vor 35 Jahren war die Bretagne wild, unwirtlich, aber genauso schön – vielleicht sogar noch schöner als heute, denn sie war nicht von Straßen durchfurcht; ihre grünen Hänge waren nicht mit kleinen weißen Villen übersät; ihre Einwohner – die Männer – trugen nicht die abscheulichen modernen Hosen und die Frauen keine elenden kleinen Hüte mit Federn. Nein! Die Bretonen zeigten stolz ihre wohlgeformten Beine in Gamaschen oder groben Strümpfen, ihre Füße in Schnallenschuhen; ihr langes Haar war bis an die Schläfen heruntergeschnitten, verbarg etwaige unförmige Ohren und verlieh dem Gesicht eine Vornehmheit, die der moderne Stil nicht zulässt. Die Frauen mit ihren kurzen Röcken, die ihre schlanken Knöchel in schwarzen Strümpfen zeigten, und mit ihren kleinen Köpfen unter den Flügeln des Kopfschmucks ähnelten Möwen. Ich spreche natürlich nicht von den Einwohnern von Pont l'Abbé oder von Bourg de Batz, die ganz anders aussehen.

Ich besuchte fast die ganze Bretagne, verbrachte aber hauptsächlich im Finistère. Die Pointe du Raz bezauberte mich. Ich blieb zwölf Tage in Audierne im Haus von Pater Batifoulé, der so groß und dick war, dass man ein Stück aus dem Tisch schneiden musste, um Platz für seinen riesigen Bauch zu schaffen. Jeden Morgen brach ich um zehn Uhr auf. Mein Verwalter Claude bereitete persönlich mein Mittagessen zu, das er sehr sorgfältig in drei kleine Körbe packte. Dann stiegen wir in das komische Gefährt von Pater Batifoulé, das mein kleiner Junge steuerte, und machten uns auf den Weg zur Baie des Trépassés. Ach, diese schöne und geheimnisvolle Küste, die von Felsen übersät ist! Der Leuchtturmwärter hielt Ausschau nach mir und kam mir entgegen. Claude gab ihm meine Vorräte und tausend Empfehlungen, wie man die Eier kochte, die Linsen aufwärmte und das Brot röstete. Er trug alles weg, kam dann mit zwei alten Stöcken zurück, in die er Nägel gesteckt hatte, um daraus Spitzhacken zu machen, und wir begannen den furchterregenden Aufstieg zur Pointe du Raz, eine Art Labyrinth voller unangenehmer Überraschungen, mit Gletscherspalten, über die wir über den gähnenden und tosenden Abgrund springen mussten, mit Bögen und Tunneln, durch die wir auf allen Vieren kriechen mussten, über uns – uns sogar berührend – ein Fels, der vor unbekannten Zeiten herabgefallen war und nur durch eine unerklärliche Ursache im Gleichgewicht gehalten wurde. Dann wurde der Pfad auf einmal so schmal, dass es unmöglich war, geradeaus zu gehen; wir mussten uns umdrehen und uns mit dem Rücken an die Felswand lehnen und mit ausgebreiteten Armen und den Fingern, die sich an den wenigen Unebenheiten des Felses festhielten, weitergehen.

Wenn ich daran denke, was ich in diesen Augenblicken getan habe, zittere ich, denn ich war schon immer und bin immer noch schwindelig. Und ich ging diesen Weg entlang eines steilen, steilen Felsens, dreißig Meter hoch, mitten im höllischen Lärm des Meeres, das an diesem Ort ewig wütend war und furchtbar gegen diese unzerstörbare Klippe tobte. Und ich muss ein wahnsinniges Vergnügen daran gehabt haben, denn ich habe diese Reise fünfmal in elf Tagen geschafft.

Nach dieser Herausforderung an die Vernunft stiegen wir hinab und ließen uns in der Baie des Trépassés nieder. Nach einem Bad aßen wir zu Mittag und ich malte bis zum Sonnenuntergang.

Am ersten Tag war niemand da. Am zweiten Tag kam ein Kind, um uns zu sehen. Am dritten Tag standen etwa zehn Kinder herum und baten um Sous. Ich war dumm genug, ihnen welche zu geben, und am nächsten Tag waren zwanzig oder dreißig Jungen da, einige von ihnen zwischen sechzehn und achtzehn Jahren alt. Als ich neben meiner Staffelei etwas nicht besonders Angenehmes sah, bat ich einen von ihnen, es wegzunehmen und ins Meer zu werfen, und dafür gab ich, glaube ich, fünfzig Centimes. Als ich am nächsten Tag zurückkam, um mein Bild zu beenden, hatte die gesamte Bevölkerung des Nachbardorfes diesen Ort gewählt, um ihre körperlichen Bedürfnisse zu befriedigen, und sobald ich ankam, boten dieselben Jungen, nur in größerer Zahl, an, gegen angemessene Bezahlung das, was sie dort hingelegt hatten, wieder mitzunehmen.

Ich ließ die hässliche Bande von Claude und dem Leuchtturmwärter in die Flucht schlagen, und als sie anfingen, Steine nach uns zu werfen, richtete ich mein Gewehr auf die kleine Gruppe. Sie flohen heulend. Nur zwei Jungen, sechs und zehn Jahre alt, blieben dort. Wir nahmen keine Notiz von ihnen, und ich ließ mich etwas weiter weg nieder, geschützt durch einen Felsen, der den Wind abhielt. Die beiden Jungen folgten. Claude und der

Leuchtturmwärter Lucas hielten Ausschau, damit die Bande nicht zurückkam.

Sie bückten sich über die äußerste Spitze des Felsens, der über unseren Köpfen lag. Sie schienen friedlich, als plötzlich meine junge Zofe aufsprang: „Wie schrecklich! Madame! Wie schrecklich! Sie werfen Läuse auf uns herab!" Und tatsächlich hatten die beiden kleinen Taugenichtse die letzte Stunde damit verbracht, alles Ungeziefer, das sie finden konnten, an sich zu suchen und es auf uns zu werfen.

Ich ließ die beiden kleinen Bettler erwischen und sie bekamen eine wohlverdiente Strafe.

Es gab eine Gletscherspalte, die „Enfer du Plogoff" genannt wurde. Ich hatte das wilde Verlangen, in diese Spalte hinabzusteigen, aber der Wächter riet mir davon ab und führte als Einwände ständig die Gefahr des Ausrutschens und seine Angst vor der Verantwortung im Falle eines Unfalls an. Ich beharrte dennoch auf meinem Vorhaben und nach tausend Versprechungen sowie einer Bescheinigung, die bezeugte, dass ich trotz der Bitten des Wächters und der Gewissheit der Gefahr, in die ich geriet, trotzdem durchgehalten hatte usw. und nachdem ich dem guten Kerl ein kleines Geschenk von zehn Louisdor gemacht hatte, erhielt ich Hilfsmittel zum Abstieg aus der Enfer du Plogoff – nämlich einen breiten Gürtel, an dem ein starkes Seil befestigt war. Ich schnallte diesen Gürtel um meine Taille, die damals so dünn war – 43 Zentimeter –, dass es notwendig war, zusätzliche Löcher zu bohren, um ihn zu befestigen.

Dann zog mir der Wächter an jede Hand einen Holzschuh, dessen Sohle mit großen, zwei Zentimeter hervorstehenden Nägeln besetzt war. Ich starrte diese Holzschuhe an und bat um eine Erklärung, bevor ich sie anzog.

„Nun", sagte der Wächter Lucas, „wenn ich dich hinunterlasse, wirst du, da du nicht dicker bist als eine Fischgräte, in der Gletscherspalte durchgeschüttelt und riskierst, dir die Knochen zu brechen, während du dich mit den ‚Sabots' an den Händen gegen die Wände schützen kannst, indem du deine Arme nach rechts und links ausstreckst, je nachdem, wie du dagegen geschüttelt wirst. Ich sage nicht, dass du nicht ein paar Schläge abbekommen wirst, aber das ist deine eigene Schuld; du wirst untergehen. Nun hör zu, meine kleine Dame. Wenn du unten bist, auf dem Felsen in der Mitte, pass auf, dass du nicht ausrutschst, denn das ist das Gefährlichste von allem; wenn du ins Wasser fällst, werde ich natürlich das Seil ziehen, aber ich hafte für nichts. In diesem verfluchten Wasserstrudel könntest du zwischen zwei Steinen gefangen sein, und es hätte keinen Sinn, wenn ich ziehen würde: Ich würde das Seil zerreißen, und das wäre alles."

Da wurde der Mann blass und bekreuzigte sich. Er beugte sich zu mir und murmelte mit verträumter Stimme: „Es sind die Schiffbrüchigen, die dort unten unter den Steinen liegen. Sie sind es, die am ‚Ufer der Toten‘ im Mondlicht tanzen. Sie sind es, die den glitschigen Seetang auf die kleinen Felsen da unten legen, damit die Reisenden ausrutschen, und sie dann auf den Meeresgrund ziehen.“ Dann sah er mir in die Augen und sagte: „Willst du trotzdem hinabgehen?“

„Ja, sicher, Pater Lucas. Ich werde sofort hinuntergehen.“

Mein kleiner Junge baute mit Félicie Festungen und Burgen im Sand. Nur Claude war bei mir. Er sagte kein Wort, da er meine unbändige Lust kannte, der Gefahr zu begegnen. Er schaute nach, ob der Gürtel richtig befestigt war, und bat mich um Erlaubnis, die Lasche des Gürtels am Gürtel selbst festzubinden; dann führte er ein starkes Seil mehrmals herum, um das Leder zu verstärken, und ich wurde herabgelassen, am Seil in der Dunkelheit der Gletscherspalte hängend. Ich streckte meine Arme nach rechts und links aus, wie der Wächter es mir gesagt hatte, und selbst dabei schürfte ich mir die Ellbogen auf. Zuerst dachte ich, das Geräusch, das ich hörte, sei das Echo der Schläge der Holzschuhe gegen die Ränder der Gletscherspalte, aber plötzlich erfüllte ein schrecklicher Lärm meine Ohren: aufeinanderfolgende Kanonenschüsse, schrilles Klingeln, Peitschenknallen, klagendes Geheul und wiederholte monotone Schreie wie von hundert Fischern, die ein Netz voller Fische, Seetang und Kieselsteine einholen. Alle Geräusche vermischten sich mit der wilden Gewalt des Windes. Ich wurde wütend auf mich selbst, denn ich hatte wirklich Angst.

Je tiefer ich ging, desto lauter wurde das Heulen in meinen Ohren und meinem Gehirn, und mein Herz trommelte den Befehl zum Rückzug. Der Wind fegte durch den engen Tunnel und blies in alle Richtungen um meine Beine, meinen Körper, meinen Hals. Eine furchtbare Angst ergriff Besitz von mir.

Ich stieg langsam hinab und bei jedem kleinen Stoß fühlte ich, wie sich die vier Hände, die mich oben hielten, verknoteten. Ich versuchte, mir die Zahl der Knoten einzuprägen, denn es kam mir so vor, als käme ich nicht voran.

Dann öffnete ich den Mund, um zu rufen: „Zieh mich hoch!“, aber der Wind, der in verrückter Torheit um mich herumtanzte, füllte meinen Mund und verdrängte die Worte. Ich wäre beinahe erstickt. Dann schloss ich die Augen und hörte auf zu kämpfen. Ich wollte nicht einmal die Arme ausstrecken. Ein paar Augenblicke später zog ich in unsäglicher Angst meine Beine hoch. Das Meer hatte sie gerade in einer brutalen Umarmung gepackt, die mich bis zum Hals durchnässt hatte. Doch ich fasste wieder Mut, denn jetzt konnte ich klar sehen. Ich streckte die Beine aus und stand aufrecht auf dem kleinen Felsen. Es stimmt, er war sehr glitschig.

Ich ergriff einen großen Ring, der in dem über dem Felsen hängenden Gewölbe befestigt war, und sah mich um. Die lange und schmale Spalte wurde an ihrer Basis plötzlich breiter und endete in einer großen Grotte, die auf das offene Meer hinausging; doch der Eingang dieser Grotte war durch eine Menge großer und kleiner Felsen geschützt, die man schon eine Meile weit auf der Wasseroberfläche sehen konnte – was den schrecklichen Lärm des Meeres erklärt, das in das Labyrinth eindrang, und die Möglichkeit, aufrecht auf einem Stein zu stehen, wie die Bretonen sagen, während man den wilden Tanz der Wellen um sich herum hörte.

Ich sah jedoch sehr deutlich, dass ein falscher Schritt in dem brutalen Wirbel der Wassermassen tödlich sein könnte, die mit schwindelerregender Geschwindigkeit von weitem heranströmten und sich an dem unüberwindlichen Hindernis brachen und beim Zurückweichen gegen andere Wellen prallten, die ihnen folgten. Aus diesem Grund kam es zu dem unaufhörlichen Wassersalven, die in die Gletscherspalte strömten, ohne dass ich Gefahr lief, zu ertränken.

Jetzt begann es dunkel zu werden, und ich empfand eine furchtbare Qual, als ich auf dem Kamm eines kleinen Felsens zwei riesige Augen entdeckte, die mich unverwandt ansahen. Etwas weiter, in der Nähe eines Büschels Seegras, zwei weitere dieser starren Augen. Ich sah keine Körper dieser Wesen – nichts als die Augen. Ich dachte einen Moment lang, ich verliere meine Sinne, und ich biss mir auf die Zunge, bis das Blut kam; dann zog ich heftig am Seil, wie ich es verabredet hatte, um das Signal zum Hochziehen zu geben. Ich spürte die zitternde Freude der vier Hände, die mich zogen, und meine Füße verloren den Halt, als ich von meinen Wächtern hochgezogen wurde. Auch die Augen wurden emporgehoben, unruhig, mich fortgehen zu sehen. Und während ich durch die Luft stieg, sah ich überall nichts als Augen – Augen, die lange Fühler ausstreckten, um mich zu erreichen.

Ich hatte noch nie einen Oktopus gesehen und wusste nicht einmal von der Existenz dieser schrecklichen Tiere.

Während des Aufstiegs, der mir endlos vorkam, bildete ich mir ein, diese Tiere an den Wänden zu sehen, und als es mich auf den grünen Hügel hinauszog, klapperte ich mit den Zähnen.

Ich erklärte dem Wächter sofort den Grund meiner Angst, und er bekreuzigte sich und sagte: „Das sind die Augen der Schiffbrüchigen. Da darf niemand bleiben!"

Ich wusste sehr wohl, dass es nicht die Augen von Schiffbrüchigen waren, aber ich wusste nicht, was sie waren. Denn ich glaubte, seltsame Tiere gesehen zu haben, die noch nie jemand zuvor gesehen hatte.

Erst im Hotel mit Père Batifoulé erfuhr ich vom Oktopus.

Mir blieben nur noch fünf Urlaubstage, und die verbrachte ich an der Pointe du Raz, in einer Felsnische sitzend, die seither „Sarah Bernhardts Sessel" genannt wird. Seitdem haben dort viele Touristen gesessen.

Nach meinem Urlaub kehrte ich nach Paris zurück. Aber ich war noch sehr schwach und konnte meine Arbeit erst gegen November wieder aufnehmen. Ich spielte alle Stücke meines *Repertoires* und ärgerte mich, dass ich keine neuen *Rollen hatte* .

Eines Tages besuchte mich Perrin in meinem Bildhaueratelier. Er sprach zunächst über meine Büsten; er sagte mir, ich solle sein Medaillon machen, und fragte mich nebenbei, ob ich die *Rolle* der Phèdre kenne. Bis dahin hatte ich nur Aricie gespielt, und die Rolle der Phèdre erschien mir furchterregend. Ich hatte sie jedoch zu meinem eigenen Vergnügen studiert.

„Ja, ich kenne die *Rolle* der Phèdre. Aber ich glaube, wenn ich sie jemals spielen müsste, würde ich vor Angst sterben."

EINE ECKE DER BIBLIOTHEK

Er lachte mit seinem albernen kleinen Lachen und sagte zu mir, während er meine Hand drückte (denn er war sehr galant): „Arbeite daran. Ich glaube, du wirst es spielen."

Tatsächlich wurde ich acht Tage später ins Büro des Direktors gerufen und Perrin sagte mir, er habe *Phèdre* für den 21. Dezember angekündigt, das *Fest* von Racine, mit Mlle. Sarah Bernhardt in der Rolle von Phèdre. Ich dachte, ich wäre hingefallen.

„Na, aber was ist mit Mademoiselle Rousseil?", fragte ich.

„Mademoiselle Rousseil verlangt vom Komitee das Versprechen, dass sie im Januar Sociétaire wird, und das Komitee, das sie zweifellos ernennen wird, weigert sich, dieses Versprechen abzugeben und erklärt, ihre Forderung sei wie eine Drohung. Aber vielleicht ändert Mademoiselle Rousseil ihre Pläne, und in diesem Fall spielen Sie Aricie und ich ändere den Gesetzentwurf."

Als ich Perrin verließ, begegnete ich Herrn Régnier. Ich erzählte ihm von meinem Gespräch mit dem Geschäftsführer und von meinen Befürchtungen.

„Nein, nein", sagte der große Künstler zu mir, „Sie dürfen keine Angst haben! Ich sehe sehr wohl, was Sie aus dieser *Rolle machen werden* . Aber Sie müssen nur vorsichtig sein und Ihre Stimme nicht übertreiben. Machen Sie die *Rolle* eher traurig als wütend – das wird für alle besser sein, sogar für Racine."

Dann faltete ich die Hände und sagte: „Lieber Monsieur Régnier, helfen Sie mir, Phèdre aufzuarbeiten, und ich werde nicht mehr so große Angst haben!"

Er sah mich ziemlich überrascht an, denn im Allgemeinen war ich weder fügsam noch geneigt, Ratschläge zu befolgen. Ich gebe zu, dass ich falsch lag, aber ich konnte nichts dagegen tun. Aber die Verantwortung, die mir damit auferlegt wurde, machte mich schüchtern. Régnier nahm das Angebot an und verabredete sich mit mir für den nächsten Morgen um neun Uhr.

Roselia Rousseil beharrte auf ihrer Forderung gegenüber dem Komitee, und *Phèdre wurde für den 21. Dezember aufgeführt, wobei Mlle. Sarah Bernhardt die Rolle der Phèdre* zum ersten Mal übernahm .

Dies erregte in der Welt der Künstler und in Theaterkreisen großes Aufsehen. An diesem Abend wurden über zweihundert Menschen an der Kasse abgewiesen. Als ich davon erfuhr, begann ich sehr zu zittern.

Régnier tröstete mich, so gut er konnte, und sagte: „Nur Mut! Kopf hoch! Bist du nicht der verwöhnte Liebling des Publikums? Man wird deine Unerfahrenheit in wichtigen Hauptrollen berücksichtigen" usw.

Das waren die letzten Worte, die er zu mir hätte sagen sollen. Ich hätte mich stärker gefühlt, wenn ich gewusst hätte, dass die Öffentlichkeit gekommen war, um mich zu bekämpfen und nicht, um mich zu ermutigen.

Ich begann bitterlich zu weinen wie ein Kind. Perrin wurde gerufen und tröstete mich, so gut er konnte. Dann brachte er mich zum Lachen, indem er mir so ungeschickt Puder ins Gesicht streute, dass ich erblindete und erstickte.

Jeder auf der Bühne wusste davon und stand an der Tür meiner Garderobe und wollte mich trösten. Mounet-Sully, der Hippolyte spielte, erzählte mir, er habe geträumt: „Wir spielten *Phèdre* und du wurdest ausgebuht; und meine Träume verlaufen immer ins Gegenteil – also", rief er, „werden wir einen gewaltigen Erfolg haben."

Was mich aber vollkommen in gute Laune versetzte, war die Ankunft des würdigen Martel, der den Théramène spielte und der so schnell gekommen war, weil er glaubte, ich sei krank, dass er keine Zeit gehabt hatte, seine Nase fertig zu machen. Der Anblick dieses grauen Gesichts mit einem breiten Streifen roten Wachses, der zwischen den beiden Augenbrauen begann, bis einen halben Zentimeter unter die Nase reichte und das Nasenende mit zwei großen schwarzen Nasenlöchern hinter sich ließ – dieses Gesicht war unbeschreiblich! Und alle lachten unbändig. Ich wusste, dass Martel seine Nase geschminkt hatte, denn ich hatte diese arme Nase bereits bei der zweiten Aufführung von *Zaïre* unter dem tropischen Tiefdruckgebiet ihre Form verändern sehen, aber ich hatte nie bemerkt, wie sehr er sie verlängerte. Diese komische Erscheinung gab mir meine ganze Fröhlichkeit zurück, und von da an war ich im Vollbesitz meiner geistigen Kräfte.

Der Abend war für mich ein einziger Triumph. Und die Presse lobte mich einstimmig, mit Ausnahme des Artikels von Paul de St. Victor, der mit einer Schwester von Rachel auf sehr gutem Fuß stand und „meine unverschämte Anmaßung, mich mit dem großen verstorbenen Künstler zu messen, nicht verwinden konnte". Dies sind seine eigenen Worte an Girardin, der sie mir sofort mitteilte. Wie sehr irrte er sich, der arme St. Victor! Ich hatte Rachel nie gesehen, aber ich betete ihr Talent an, denn ich hatte mich mit ihren ergebensten Verehrern umgeben, und sie dachten kaum daran, mich mit ihrem Idol zu vergleichen.

Einige Tage nach dieser Vorstellung von *Phèdre* wurde uns Borniers neues Stück vorgelesen: *La Fille de Roland* . Man vertraute mir die Rolle der Berthe an, und wir begannen sofort mit den Proben dieses schönen Stücks, dessen Verse dennoch ein wenig fade waren, obwohl das Stück von Patriotismus klang. In einem Akt gab es ein schreckliches Duell, das das Publikum nicht sah, sondern das Berthe, die Tochter von Roland, erzählte, während die Vorfälle sich unter den Augen des unglücklichen Mädchens abspielten, das von einem Fenster des Schlosses aus voller Angst den Ausgang des Gefechts verfolgte. Diese Szene war die einzige wichtige meiner viel geopferten *Rolle* .

Das Stück war zur Aufführung bereit, als Bornier seinen Freund Emile Augier bat, an der Generalprobe teilzunehmen. Als diese Probe vorbei war, kam Perrin zu mir; er wirkte liebevoll und zurückhaltend. Bornier hingegen kam entschieden und streitlustig direkt auf mich zu. Emile Augier folgte ihm. „Nun …", sagte er zu mir. Ich sah ihn direkt an und fühlte in diesem Moment, dass er mein Feind war. Er blieb stehen und kratzte sich am Kopf, dann wandte er sich Augier zu und sagte:

„Ich bitte Sie, *Herr Oberkellner*, erklären Sie es Mademoiselle selbst."

Emile Augier war ein breitschultriger Mann mit breiten Schultern und gewöhnlichem Aussehen und war zu dieser Zeit ziemlich stämmig. Er genoss einen sehr guten Ruf am Théâtre Français, dessen erfolgreicher Autor er zu dieser Zeit war. Er kam mir sehr nahe.

„Die Rolle am Fenster haben Sie sehr gut gemeistert, Mademoiselle, aber sie ist lächerlich; es ist nicht Ihre Schuld, sondern die des Autors, der eine höchst unwahrscheinliche Szene geschrieben hat. Das Publikum würde maßlos lachen. Diese Szene muss herausgenommen werden."

Ich wandte mich an Perrin, der schweigend zuhörte. „Sind Sie derselben Meinung, Sir?"

„Ich habe es vor kurzem mit diesen Herren besprochen, aber es ist der Autor, der mit seinem Werk machen kann, was er will."

Dann wandte ich mich an Bornier und sagte: „Nun, mein lieber Autor, was haben Sie entschieden?"

Der kleine Bornier sah den großen Emile Augier an. In diesem flehenden und mitleidigen Blick lag ein Ausdruck des Kummers, eine Szene, die ihm so viel bedeutete, streichen zu müssen, und der Furcht, ein Mitglied der Akademie zu verärgern, gerade zu dem Zeitpunkt, als er hoffte, Mitglied der Akademie zu werden.

„Hör auf, hör auf, oder du bist verloren!", antwortete Augier brutal und drehte mir den Rücken zu. Dann kam der arme Bornier, der einem bretonischen Gnom ähnelte, auf mich zu. Er kratzte sich verzweifelt, denn der Unglückliche litt an einer schrecklichen Hautkrankheit. Er sprach nicht. Er sah uns forschend an. Sein Gesicht drückte tiefe Besorgnis aus. Perrin, der auf mich zugekommen war, erriet das kleine Privatdrama, das sich im Herzen des sanften Bornier abspielte.

„Weigern Sie sich energisch", murmelte Perrin mir zu.

Ich verstand und erklärte Bornier entschieden, dass ich die Rolle ablehnen würde, wenn diese Szene gestrichen würde. Dann ergriff Bornier meine beiden Hände, küsste sie leidenschaftlich, lief auf Augier zu und rief mit komischem Nachdruck:

„Aber ich kann es nicht herausschneiden – ich kann es nicht herausschneiden! Sie wird nicht spielen! Und übermorgen soll das Stück aufgeführt werden." Dann machte Emile Augier eine Geste und wollte sprechen: „Nein! Nein! Mein Stück um acht Tage zu verschieben, hieße, es zu töten! Ich kann es nicht herausschneiden! Oh, mon Dieu!" Und er weinte und gestikulierte mit seinen beiden langen Armen und stampfte mit seinen kurzen Beinen. Sein großer haariger Kopf bewegte sich von rechts nach links. Er war gleichzeitig komisch und bemitleidenswert. Emile Augier war verärgert und wandte sich mir zu wie ein gehetzter Eber einem verfolgenden Hund:

„Übernehmen Sie, Mademoiselle, die Verantwortung für die absurde Fensterszene bei der Uraufführung?"

„Gewiss, Monsieur; und ich verspreche sogar, aus dieser Szene, die ich sehr schön finde, einen riesigen Erfolg zu machen!"

Er zuckte grob mit den Schultern und murmelte etwas sehr Unangenehmes zwischen den Zähnen.

Als ich das Theater verließ, fand ich den armen Bornier ganz verwandelt vor. Er dankte mir tausendmal, denn er hielt viel von dieser Szene und wagte es nicht, Emile Augier zu behindern. Sowohl Perrin als auch ich hatten die berechtigten Gefühle dieses armen Dichters erraten, der so sanft und so wohlerzogen, aber ein wenig jesuitisch war.

Das Stück war ein riesiger Erfolg. Aber die Fensterszene am ersten Abend war ein wahrer Triumph.

Es war kurz nach dem schrecklichen Krieg von 1870. Das Stück enthielt zahlreiche Anspielungen darauf und war dank des Patriotismus des Publikums ein noch größerer Erfolg, als es als Stück verdiente. Ich ließ Emile Augier kommen. Er kam mürrisch in mein Ankleidezimmer und sagte von der Tür aus zu mir:

„Umso schlimmer für das Publikum! Es beweist nur, dass das Publikum dumm ist, aus einer solchen Gemeinheit Erfolg zu haben!" Und er verschwand, ohne auch nur meine Garderobe betreten zu haben.

BIBLIOTHEK IM HAUS VON SARAH BERNHARDT, PARIS

Sein Ausbruch brachte mich zum Lachen, und während der triumphierende Bornier mich wiederholt umarmte, kratzte ich mich am ganzen Körper.

Zwei Monate später spielte ich *die Gabrielle* von eben diesem Augier und hatte unaufhörlich Streit mit ihm. Die Verse dieses Stücks fand ich abscheulich. Coquelin, der die Rolle meines Mannes übernahm, hatte großen Erfolg. Ich für meinen Teil war so mittelmäßig wie das Stück selbst, was viel heißen soll.

Ich war im Januar zum Sociétaire ernannt worden, und seitdem kam es mir vor, als säße ich im Gefängnis, denn ich hatte mich verpflichtet, das Haus Molières viele Jahre lang nicht zu verlassen. Dieser Gedanke machte mich traurig. Auf Perrins Betreiben hatte ich darum gebeten, Sociétaire zu werden, und jetzt bereute ich es sehr.

In der zweiten Hälfte des Jahres habe ich nur gelegentlich gespielt.

Meine Zeit war damals damit ausgefüllt, mich um den Bau eines hübschen kleinen Hauses zu kümmern, das ich an der Ecke Avenue de Villiers und Rue Fortuny errichten ließ. Eine Schwester meiner Großmutter hatte mir in ihrem Testament ein schönes Erbe hinterlassen, von dem ich das Grundstück kaufte. Mein größter Wunsch war es, ein Haus zu haben, das ganz mir gehörte, und ich war dabei, ihn mir zu erfüllen. Der Schwiegersohn von M. Régnier, Félix Escalier, ein mondäner Architekt, baute für mich ein reizendes Haus. Nichts amüsierte mich mehr, als morgens mit ihm das unfertige Haus zu besichtigen. Danach bestieg ich die beweglichen Gerüste. Dann ging ich auf die Dächer. Bei dieser neuen Beschäftigung vergaß ich meine Sorgen wegen des Theaters. Mein größter Wunsch im Moment war, Architekt zu werden. Als das Gebäude fertig war, musste an die Inneneinrichtung gedacht werden. Ich verbrachte viel Zeit damit, meinen Malerfreunden zu helfen, die die Decken in meinem Schlafzimmer, in meinem Esszimmer und in meiner Diele dekorierten: Georges Clairin, der Architekt Escalier, der ebenfalls ein begabter Maler war, Duez, Picard, Butin, Jadin und Parrot. Ich war zutiefst interessiert. Und ich erinnere mich an einen Scherz, den ich einem meiner Verwandten spielte.

Meine Tante Betsy war aus ihrem Heimatland Holland gekommen, um ein paar Tage in Paris zu verbringen. Sie wohnte bei meiner Mutter. Ich lud sie zum Mittagessen in meine neue, unfertige Wohnung ein. Fünf meiner Malerfreunde arbeiteten, einige in einem Raum, einige in einem anderen, und überall waren hohe Gerüste errichtet. Um die Leitern leichter erklimmen zu können, trug ich mein Bildhauerkostüm. Als meine Tante mich so gekleidet sah, war sie entsetzlich schockiert und sagte mir das auch. Aber ich hatte noch eine weitere Überraschung für sie vorbereitet. Sie dachte, diese jungen Arbeiter wären gewöhnliche Anstreicher, und meinte, ich sei zu vertraut mit ihnen. Aber sie fiel fast in Ohnmacht, als es Mittag wurde und ich zum Klavier eilte, um „Die Klage der hungrigen Mägen“ zu spielen. Diese wilde Melodie war von der Malergruppe improvisiert, aber von Dichterfreunden überarbeitet und korrigiert worden. Hier ist sie:

Oh! Maler der schönen Dame,

Halten Sie von Ihren Pinzetten die Folie fern!

Er muss die Flucht ergreifen,

Sie reinigen es und es wird sehr schön!

Digue, dingue, Frau!

Es ist soweit: Die Sonne ist da.

Digue, dingue, di …

So ist es Mitte!

Über Mädchen und in Kasinorollen

Das Kalb, die Eier und die Seezungen anbraten.

Der gute rote Wein und Saint-Marceaux

Flitzen Sie mit den Scheren herum!

Digue, dingue, Frau!

Es ist soweit: Die Sonne ist da.

Digue, dingue, di …

So ist es Mitte!

Hier sind deine Maler, verdammt schön

Wer wird Ihnen helfen, ihre Folie zu verlieren?

Sie sind alle entkommen

Sie sind billig, sie sind böse, sie sind anständig und sehr schön!

Digue, dingue, Frau

Es ist soweit: Die Sonne ist da.

Digue, dingue, di …

Das ist Midi.

Als das Lied zu Ende war, ging ich in mein Schlafzimmer und machte es mir zum Mittagessen zur *Belle Dame* .

Meine Tante war mir gefolgt. „Aber, meine Liebe", sagte sie, „Sie sind verrückt, wenn Sie glauben, ich würde mit all diesen Arbeitern essen. In ganz Paris gibt es außer Ihnen niemanden, der so etwas tun würde."

„Nein, nein, Tante, es ist alles in Ordnung."

Und als ich angezogen war, schleppte ich sie ins Esszimmer, das bewohnbarste Zimmer des Hauses. Fünf junge Männer verneigten sich feierlich vor meiner Tante, die sie zunächst nicht erkannte, denn sie hatten ihre Arbeitskleidung gewechselt und sahen aus wie fünf nette junge Damen der Gesellschaft. Madame Guérard aß mit uns zu Mittag. Plötzlich, mitten beim Mittagessen, rief meine Tante: „Aber das sind die Arbeiter!" Die fünf jungen Männer erhoben sich und verneigten sich tief. Da erkannte meine arme Tante ihren Fehler und entschuldigte sich auf jede erdenkliche Weise, so verwirrt war sie.

XXIV
ALEXANDRE DUMAS—L'ETRANGÈRE—MEINE SKULPTUR IM SALON

Eines Tages wurde Alexandre Dumas junior angekündigt. Er kam, um mir die gute Nachricht zu überbringen, dass er sein Stück für die Comédie Française, *L'Etrangère* , fertiggestellt hatte und dass meine *Rolle* , die der Herzogin von Septmonts, sehr gut gelungen war. „Sie können", sagte er zu mir, „einen großen Erfolg daraus machen." Ich sprach ihm meinen Dank aus.

Einen Monat nach diesem Besuch wurden wir gebeten, der Lesung dieses Stücks in der Comédie beizuwohnen.

Die Lesung war ein großer Erfolg und ich war begeistert von meiner *Rolle* , *Catherine de Septmonts. Auch die Rolle* der Croizette, Mrs. Clarkson, gefiel mir .

Got gab jedem von uns eine Kopie unserer Rollen, und da ich dachte, er hätte einen Fehler gemacht, gab ich Croizette die *Rolle* des „Etrangère", die er mir gerade gegeben hatte, und sagte zu ihr: „Hier, Got hat einen Fehler gemacht, hier ist deine *Rolle* ."

„Aber er macht keinen Fehler. Ich bin es, die die Herzogin von Septmonts spielen soll."

Ich brach in unbändiges Gelächter aus, was alle Anwesenden überraschte, und als Perrin mich verärgert fragte, über wen ich so lache, rief ich aus:

„An euch alle – an euch, Dumas, Got, Croizette und an euch alle, die ihr an der Verschwörung beteiligt seid und die ihr alle ein wenig Angst vor den Folgen eurer Feigheit habt. Nun, ihr braucht euch keine Sorgen zu machen. Ich habe mich sehr darüber gefreut, die Herzogin von Septmonts zu spielen, aber ich werde mich noch zehnmal mehr darüber freuen, die Etrangère zu spielen. Und diesmal, meine liebe Sophie, werde ich mit dir quitt sein; ohne Umstände, sage ich dir; denn du hast mir einen kleinen Streich gespielt, der unserer Freundschaft völlig unwürdig war!"

Die Proben waren von allen Seiten angespannt. Perrin, der ein großer Anhänger Croizettes war, beklagte die mangelnde Geschmeidigkeit ihres Talents, so sehr, dass Croizette eines Tages die Geduld verlor und aus ihr herausplatzte:

„Nun, Monsieur, Sie hätten die *Rolle* Sarah überlassen sollen; sie hätte sie mit der Stimme gespielt, die Sie sich für die Liebesszenen gewünscht hätten; ich kann es nicht besser machen. Sie gehen mir zu sehr auf die Nerven: Ich habe genug davon!" Und sie rannte schluchzend in das kleine *Guignol* , wo sie einen hysterischen Anfall bekam.

Ich folgte ihr und tröstete sie, so gut ich konnte. Und inmitten ihrer Tränen küsste sie mich und murmelte: „Es ist wahr. Sie haben mich zu diesem bösen Streich angestiftet, und jetzt ärgern sie mich." Croizette benutzte vulgäre Ausdrücke, sehr vulgäre, und machte manchmal viele gallische Witze.

An diesem Tag haben wir unseren Streit gänzlich beigelegt.

Eine Woche vor der ersten Aufführung erhielt ich einen anonymen Brief, in dem mir mitgeteilt wurde, dass Perrin sein Möglichstes versuchte, Dumas dazu zu bewegen, den Namen des Stücks zu ändern. Er wünschte – das versteht sich von selbst –, dass das Stück *La Duchesse de Septmonts heißen sollte*.

Ich eilte zum Theater, um sofort Perrin zu finden.

An der Eingangstür traf ich Coquelin, der die Rolle des Herzogs von Septmonts spielte, was er hervorragend machte. Ich zeigte ihm den Brief. Er zuckte die Achseln. „Er ist schändlich! Aber warum nehmen Sie von einem anonymen Brief überhaupt Notiz? Er ist Ihrer nicht würdig!"

Wir unterhielten uns am Fuß der Treppe, als der Manager eintraf.

„Hier, zeig Perrin den Brief!" Und er nahm ihn aus meiner Hand, um ihn ihm zu zeigen. Perrin errötete leicht.

„Ich kenne diese Schrift", sagte er. „Jemand vom Theater hat diesen Brief geschrieben."

Ich riss es ihm wieder weg. „Dann ist es jemand, der gut informiert ist, und was er sagt, ist vielleicht wahr. Ist es nicht so? Sag es mir. Ich habe das Recht, es zu wissen."

„Ich verabscheue anonyme Briefe." Und er ging die Treppe hinauf, verbeugte sich leicht, sagte aber nichts weiter.

„Ah, wenn das wahr ist", sagte Coquelin, „dann ist das zu viel. Möchten Sie, dass ich zu Dumas gehe und es sofort erfahre?"

„Nein, danke. Aber Sie haben mir eine Idee in den Kopf gesetzt. Ich werde hingehen." Und nachdem ich ihm die Hand geschüttelt hatte, ging ich los, um den jüngeren Dumas zu besuchen. Er wollte gerade hinausgehen.

„Na, na? Was ist denn los? Deine Augen glühen!"

Ich ging mit ihm in den Salon und stellte ihm sofort meine Frage. Er hatte seinen Hut aufbehalten und nahm ihn ab, um seine Fassung wiederzuerlangen. Und bevor er ein Wort sagen konnte, wurde ich rasend wütend; ich verfiel in einen jener Wutanfälle, die ich manchmal habe und die eher Wahnsinnsanfällen ähneln. Und tatsächlich, all die Bitterkeit, die ich gegenüber diesem Mann, gegenüber Perrin, gegenüber dieser ganzen

Theaterwelt empfand, die mich hätte lieben und unterstützen sollen, die mich aber bei jeder Gelegenheit verriet – all die heiße Wut, die sich während der Proben in mir angesammelt hatte, die Aufschreie der Empörung gegen die ständige Ungerechtigkeit dieser beiden Männer, Perrin und Dumas –, brach in mir aus in einer Lawine beißender Worte, die sowohl wütend als auch aufrichtig waren. Ich erinnerte ihn an sein früheres Versprechen; an seinen Besuch in meinem Hotel in der Avenue de Villiers; an die feige und hinterhältige Art und Weise, in der er mich auf Perrins Wunsch und auf den Wunsch der Freunde von Sophie geopfert hatte. Ich sprach heftig, ohne ihm ein Wort zu erlauben. Und als ich erschöpft innehalten musste, murmelte ich außer Atem vor Müdigkeit: „Was – was – was hast du dazu zu sagen?"

„Mein liebes Kind", antwortete er gerührt, „wenn ich mein Gewissen geprüft hätte, hätte ich mir alles gesagt, was Sie mir so eloquent gesagt haben! Aber ich kann Ihnen, um mich ein wenig zu entschuldigen, wirklich sagen, dass ich wirklich glaubte, Sie kümmerten sich überhaupt nicht um die Bühne; Sie bevorzugten Ihre Skulptur, Ihre Malerei und Ihren Hof. Wir haben selten miteinander gesprochen, und die Leute haben mich alles glauben lassen, was ich vielleicht zu bereitwillig geglaubt habe. Ihr Kummer und Ihre Wut haben mich tief berührt. Ich gebe Ihnen mein Wort, dass das Stück seinen Titel *L'Etrangère behält* . Und umarmen Sie mich jetzt mit Anstand, um zu zeigen, dass Sie nicht länger böse auf mich sind."

Ich umarmte ihn und von diesem Tag an waren wir gute Freunde.

Am Abend erzählte ich Croizette die ganze Geschichte und sah, dass sie nichts von diesem bösen Plan wusste. Das freute mich sehr. Das Stück war ein großer Erfolg. Coquelin, Febvre und ich heimsten die Lorbeeren des Tages ein.

Ich hatte gerade in meinem Atelier in der Avenue de Clichy mit der Arbeit an einer großen Gruppe begonnen. Die Inspiration dafür hatte ich aus der traurigen Geschichte einer alten Frau gewonnen, die ich oft bei Einbruch der Nacht in der Baie des Trépassés sah.

Eines Tages ging ich zu ihr und wollte mit ihr sprechen, aber ihr Anblick des Wahnsinns erschreckte mich so sehr, dass ich sofort davonlief und die Wächterin mir ihre Geschichte erzählte.

Sie war die Mutter von fünf Söhnen, allesamt Seeleute. Zwei von ihnen waren 1870 von den Deutschen getötet worden und drei ertranken. Sie hatte den kleinen Sohn ihres jüngsten Sohnes großgezogen, ihn stets vom Meer ferngehalten und ihm beigebracht, das Wasser zu hassen. Sie hatte den kleinen Jungen nie allein gelassen, aber er wurde so traurig, dass er richtig krank wurde, und er sagte, er liege im Sterben, weil er das Meer sehen wollte.

„Na, dann beeil dich und werde gesund", sagte die Großmutter zärtlich, „und dann werden wir es uns gemeinsam ansehen."

Zwei Tage später ging es dem Kind besser und die Großmutter verließ in Begleitung ihres kleinen Enkels das Tal, um sich das Meer und das Grab ihrer drei Söhne anzusehen.

Es war ein Novembertag. Der Himmel hing tief über dem Meer und verengte den Horizont. Das Kind hüpfte vor Freude. Es rannte, hüpfte und sang vor Glück, als es all dieses lebendige Wasser sah.

Die Großmutter saß auf dem Sand und verbarg ihre tränennassen Augen in ihren beiden zitternden Händen. Dann plötzlich, von der Stille getroffen, blickte sie erschrocken auf. Da vor ihr sah sie ein Boot treiben und darin ihren Jungen, ihren kleinen Jungen von acht Jahren, der ganz fröhlich lachte, so gut er konnte mit einem Ruder ruderte, das er kaum halten konnte, und rief: „Ich gehe nachsehen, was hinter dem Nebel ist, und dann komme ich wieder."

Er kam nie zurück. Und am nächsten Tag fanden sie die arme alte Frau, die leise mit den Wellen sprach, die kamen und ihre Füße wuschen. Sie kam jeden Tag ans Wasser, warf das Brot hinein, das ihr freundliche Leute gaben, und sagte zu den Wellen: „Das musst du dem kleinen Jungen bringen."

Diese rührende Erzählung blieb mir im Gedächtnis. Ich sehe noch immer die große alte Frau mit ihrem braunen Umhang und der Kapuze.

Ich arbeitete fieberhaft an dieser Gruppe. Es kam mir jetzt so vor, als sei ich dazu bestimmt, Bildhauer zu werden, und ich begann die Bühne zu verachten. Ich ging nur noch ins Theater, wenn meine Pflichten es erforderten, und verließ es, sobald es möglich war.

Ich hatte mehrere Entwürfe angefertigt, von denen mir keiner gefiel. Gerade als ich entmutigt den letzten hinschmeißen wollte, bat mich der Maler Georges Clairin, der gerade hereinkam, um mich zu besuchen, dies nicht zu tun. Und auch mein guter Freund Mathieu Meusnier, ein talentierter Mann, erhob seine Stimme gegen die Zerstörung meines Entwurfs.

Von ihrer Ermutigung begeistert, beschloss ich, mit der Arbeit zu beschleunigen und eine große Gruppe zu bilden. Ich fragte Meusnier, ob er eine große, knochige alte Frau kenne, und er schickte mir zwei, von denen keine mir passte. Dann fragte ich alle meine Maler- und Bildhauerfreunde, und acht Tage lang kamen alle möglichen alten und gebrechlichen Frauen zu meiner Besichtigung. Schließlich entschied ich mich für eine Putzfrau, die etwa sechzig Jahre alt war. Sie war sehr groß und hatte sehr scharf geschnittene Gesichtszüge. Als sie hereinkam, überkam mich ein leichtes Gefühl der Angst. Die Vorstellung, stundenlang allein mit dieser Gendarmin zu sein, *beunruhigte* mich. Aber als ich sie sprechen hörte, fühlte ich mich wohler. Ihre schüchterne, sanfte Stimme und ihre ängstlichen Gesten wie die eines schüchternen jungen Mädchens bildeten einen seltsamen Kontrast zum Körperbau der armen Frau. Als ich ihr den Entwurf zeigte, war sie verblüfft. „Soll ich meinen Hals und meine Schultern frei haben? Das kann ich wirklich nicht." Ich sagte ihr, dass nie jemand hereinkäme, wenn ich arbeitete, und bat darum, ihren Hals sofort zu sehen.

Oh, dieser Hals! Ich klatschte vor Freude in die Hände, als ich ihn sah. Er war lang, ausgezehrt, schrecklich. Die Knochen standen buchstäblich fast nackt hervor; der Brustbein-Kleido-Mastoid war bemerkenswert – genau das, was ich wollte. Ich ging zu ihr und entblößte sanft ihre Schulter. Was für einen Schatz ich gefunden hatte! Der Schulterknochen war unter der Haut sichtbar und sie hatte zwei riesige „Salzfässer"! Die Frau war ideal für meine Arbeit. Sie schien dafür bestimmt zu sein. Sie errötete, als ich ihr das sagte. Ich bat darum, ihre Füße zu sehen. Sie zog ihre dicken Stiefel aus und zeigte einen schmutzigen Fuß, der keinen Charakter hatte. „Nein", sagte ich, „danke. Ihre Füße sind zu klein; ich nehme nur Ihren Kopf und Ihre Schultern."

SARAH BERNHARDT ZUHAUSE
Nach dem Gemälde von Walter Spindler

Nachdem wir den Preis festgelegt hatten, stellte ich sie für drei Monate ein. Bei dem Gedanken, drei Monate lang so viel Geld zu verdienen, begann die arme Frau zu weinen, und sie tat mir so leid, dass ich ihr sagte, sie müsse sich in diesem Winter keine Arbeit suchen, denn sie hatte mir bereits erzählt, dass sie normalerweise sechs Monate des Jahres auf dem Lande, in der Sologne, bei ihren Enkelkindern verbrachte.

Nachdem ich die Großmutter gefunden hatte, brauchte ich jetzt das Kind.

Ich ging an einer ganzen Armee professioneller italienischer Modelle vorbei. Es gab einige hübsche Kinder, echte kleine Jupins. Die Mütter zogen ihre Kinder in Sekundenschnelle aus, und die Kinder posierten ganz natürlich und nahmen Haltungen ein, die ihre Muskeln und die Entwicklung des Oberkörpers zur Geltung brachten. Ich wählte einen hübschen kleinen Jungen von sieben Jahren, der aber eher wie neun aussah. Ich hatte bereits die Arbeiter hinzugezogen, die meinen Entwurf befolgt und das notwendige Gerüst aufgestellt hatten, um meiner Arbeit ausreichend Stabilität zu verleihen und das Gewicht zu tragen . Riesige Eisenstützen wurden, wo nötig, mit Bolzen und Säulen aus Holz und Eisen in den Gips eingelassen. Das Skelett einer großen Skulptur sieht aus wie eine riesige Falle, die aufgestellt wurde, um Tausende von Ratten und Mäusen zu fangen.

Ich habe mich dieser enormen Arbeit mit dem Mut der Unwissenheit hingegeben. Nichts hat mich entmutigt.

Oft arbeitete ich bis Mitternacht, manchmal bis vier Uhr morgens. Und da ein bescheidener Gasbrenner zum Arbeiten völlig unzureichend war, ließ ich mir eine Krone oder vielmehr einen silbernen Reif machen, dessen Knospen Kerzenständer waren und in jedem eine Kerze brannte, und die in der hinteren Reihe waren etwas höher als die in der vorderen. Und mit dieser Hilfe konnte ich fast ohne Unterbrechung arbeiten. Ich hatte keine Uhr im Zimmer, da ich die Zeit völlig ignorieren wollte, außer an den Tagen, an denen ich im Theater auftreten musste. Dann kam mein Dienstmädchen und rief mich. Wie oft habe ich ohne Mittag- oder Abendessen auskommen müssen. Dann wurde ich vielleicht ohnmächtig und war gezwungen, etwas zu essen zu holen, um meine Kräfte wiederherzustellen.

Ich war mit meiner Gruppe fast fertig, hatte aber weder die Füße noch die Hände der Großmutter gemacht. Sie hielt ihren kleinen toten Enkel auf den Knien, aber ihre Arme hatten keine Hände und ihre Beine keine Füße. Ich suchte vergeblich nach den Händen und Füßen meines Ideals, groß und knochig. Eines Tages, als mein Freund Martel mich in mein Atelier besuchte und sich diese Gruppe ansah, über die viel geredet wurde, hatte ich eine Eingebung. Martel war groß und so dünn, dass der Tod eifersüchtig gewesen wäre. Ich beobachtete ihn, wie er um mein Werk herumging. Er betrachtete es als *Kenner* . Aber ich betrachtete *ihn* . Plötzlich sagte ich:

„Meine liebe Martel, ich bitte dich – ich flehe dich an –, Modell zu stehen für die Hände und Füße meiner Großmutter!"

Er brach in Gelächter aus, zog mit vollkommener Anmut seine Schuhe aus und nahm den Platz meines Modells ein.

Er kam zehn Tage hintereinander und widmete mir jeden Tag drei Stunden.

Dank ihm konnte ich meine Gruppe fertigstellen. Ich ließ sie modellieren und an den Salon schicken (1876), wo sie großen Erfolg hatte.

Muss ich noch erwähnen, dass ich beschuldigt wurde, jemand anderen dazu gebracht zu haben, diese Gruppe für mich zu erstellen? Ich habe einen Kritiker vorgeladen. Es war niemand anderes als Jules Claretie, der erklärt hatte, dass diese sehr interessante Arbeit nicht von mir stammen könne. Jules Claretie entschuldigte sich sehr höflich, und damit war die Sache erledigt.

Nach einer umfassenden Untersuchung verlieh mir die Jury eine „lobende Erwähnung" und ich war außer mir vor Freude.

Ich wurde sehr kritisiert, aber auch sehr gelobt. Fast alle Kritikpunkte bezogen sich auf den Hals meiner alten Bretonin, jenen Hals, an dem ich mit so viel Eifer gearbeitet hatte.

Das Folgende stammt aus einem Artikel von René Delorme:

„Das Werk von Mlle. Sarah Bernhardt verdient es, im Detail studiert zu werden. Der Kopf der Großmutter, der bis in die tiefen Falten gut ausgearbeitet ist, drückt jene tiefe Trauer aus, bei der alles andere nichts zählt.

„Der einzige Vorwurf, den ich dieser Künstlerin machen muss, ist, dass sie die Nackenmuskeln der alten Großmutter zu sehr in den Vordergrund gestellt hat. Das zeugt von mangelnder Erfahrung. Sie ist stolz darauf, dass sie Anatomie so gut studiert hat, und bedauert die Gelegenheit, dies zu zeigen, nicht. Es ist", usw. usw.

Dieser Herr hatte sicherlich recht. Ich hatte eifrig und auf sehr unterhaltsame Weise Anatomie studiert. Ich hatte Unterricht bei Doktor Parrot, der so gut zu mir war. Ich hatte ständig ein Buch mit anatomischen Zeichnungen bei mir, und wenn ich zu Hause war, stand ich vor dem Spiegel und sagte plötzlich zu mir selbst, während ich meinen Finger auf einen Teil meines Körpers legte: „Also, was ist das?" Ich musste sofort und ohne Zögern antworten, und wenn ich zögerte, zwang ich mich, die Muskeln des Kopfes oder des Arms auswendig zu lernen, und schlief nicht, bis dies erledigt war.

in der Comédie Française eine Lesung von Parodis Stück *Rome Vaincue*. *Ich lehnte die Rolle* der jungen Vestalin Opimia ab, die mir zugeteilt worden war, und verlangte energisch die Rolle der Posthumia, einer alten, blinden Römerin mit einem prächtigen und edlen Gesicht.

Zweifellos bestand in meinem Kopf eine Verbindung zwischen meiner alten Bretonin, die um ihren Enkel weinte, und der erhabenen Patrizierin, die um Vergebung für ihre Enkelin bat.

Perrin war zunächst verblüfft. Später kam er meiner Bitte nach. Aber sein ordnungsliebender Geist und sein Sinn für Symmetrie machten ihm Sorgen wegen Mounet-Sully, der ebenfalls in dem Stück spielte. Er war es gewohnt, Mounet-Sully und mich die beiden Helden, die beiden Liebenden, die beiden Opfer spielen zu sehen. Wie sollte er die Dinge einrichten, damit wir immer noch die beiden – irgendetwas – waren? *Heureka!* In dem Stück gab es einen alten Idioten namens Vestæpor, der für die Handlung des Stücks völlig unnötig war, aber hinzugezogen worden war, um Perrin zufriedenzustellen.

„Heureka!" rief der Direktor der Comédie; „Mounet-Sully soll Vestæpor spielen!" Das Gleichgewicht war wiederhergestellt. Der Gott der *Bourgeoisie* war zufrieden.

Das eigentlich eher mittelmäßige Stück hatte bei der Uraufführung (27. September 1876) großen Erfolg, und ich persönlich hatte im vierten Akt großen Erfolg. Das Publikum war trotz allem und jedem entschieden auf meiner Seite.

XXV
„HERNANI" – EINE REISE IM BALLON

Durch die Auftritte *Hernanis* wurde ich beim Publikum noch beliebter.

Ich hatte schon mit Victor Hugo geprobt, und es war mir eine wahre Freude, den großen Dichter fast jeden Tag zu sehen. Ich hatte meine Besuche nie unterbrochen, aber ich konnte mich nie in seinem eigenen Haus mit ihm unterhalten. Immer waren da Männer mit roten Krawatten, die gestikulierten, oder Frauen, die unter Tränen rezitierten. Er war sehr gut; er hörte mit halb geschlossenen Augen zu, und ich dachte, er schlafe. Dann, durch die Stille aufgeweckt, sagte er ein tröstendes Wort, denn Victor Hugo konnte nichts versprechen, ohne sein Wort zu halten. Er war nicht wie ich: Ich verspreche alles mit der festen Absicht, meine Versprechen zu halten, und zwei Stunden später habe ich alles vergessen. Wenn mich jemand an das erinnert, was ich versprochen habe, raufe ich mir die Haare, und um meine Vergesslichkeit wiedergutzumachen, sage ich alles Mögliche, kaufe Geschenke – eigentlich verkompliziere ich mir das Leben mit nutzlosen Sorgen. Das war schon immer so und wird immer so sein.

Als ich mich eines Tages bei Victor Hugo beschwerte, dass ich nie Gelegenheit haben würde, mit ihm zu sprechen, lud er mich zum Mittagessen ein und sagte, dass wir nach dem Mittagessen allein miteinander reden könnten. Ich war entzückt von diesem Mittagessen, zu dem auch Paul Meurice, der Dichter Léon Cladel, der Kommunarde Dupuis, eine russische Dame, deren Namen ich vergessen habe, und Gustave Doré eingeladen waren. Vor Victor Hugo saß Madame Drouet, die Freundin seiner unglücklichen Tage.

Aber was für ein schreckliches Mittagessen hatten wir! Es war wirklich schlecht und schlecht serviert. Meine Füße waren gefroren von der Zugluft aus den drei Türen, die schlecht schlossen, und man konnte förmlich den Wind unter dem Tisch wehen *hören* . Neben mir saß Herr X., ein deutscher Sozialist, der heute ein sehr erfolgreicher Mann ist. Dieser Mann hatte so schmutzige Hände und aß auf eine Art und Weise, dass mir davon schlecht wurde. Ich traf ihn später in Berlin wieder. Er ist jetzt ganz sauber und anständig und, wie ich glaube, ein Imperialist. Aber das unbehagliche Gefühl, das dieser unsympathische Nachbar in mir auslöste, die kalte Zugluft, die meine Füße umwehte, die tödliche Langeweile – all das versetzte mich in einen Zustand des echten Leidens und ich verlor das Bewusstsein.

Als ich wieder zu mir kam, fand ich mich auf einer Couch wieder. Meine Hand lag in der von Madame Drouet und vor mir stand Gustave Doré, der mich skizzierte.

„Oh, bleib liegen", rief er, „du bist so hübsch!" Diese Worte, so unpassend sie auch waren, gefielen mir dennoch, und ich kam dem Wunsch des großen Künstlers nach, der zu meinen Freunden zählte.

Ich verließ das Haus von Victor Hugo, ohne mich von ihm zu verabschieden, und schämte mich ein wenig.

Am nächsten Tag besuchte er mich. Ich erzählte ihm eine Geschichte, die meine Krankheit erklären sollte, und danach sah ich ihn nur noch bei den Proben von *Hernani* .

Die Uraufführung von *Hernani* fand am 21. November 1877 statt. Es war ein Triumph für den Autor und die Schauspieler gleichermaßen. *Hernani* war bereits zehn Jahre zuvor gespielt worden, aber Delaunay, der damals die Rolle des Hernani übernahm, war das genaue Gegenteil von dem, was diese Rolle hätte sein sollen. Er war weder episch, romantisch noch poetisch. Er hatte nicht den Stil dieser großen epischen Gedichte. Er war charmant, anmutig und trug ein ständiges Lächeln zur Schau; von mittlerer Größe, mit einstudierten Bewegungen, war er ideal in Musset, perfekt in Emile Augier, charmant in Molière, aber abscheulich in Victor Hugo.

Bressant, der die Rolle von Karl dem Fünften spielte, war erschreckend schlecht. Sein liebenswürdiger und schlaffer Stil und seine schwachen und wandernden Augen verhinderten wirksam jede Erhabenheit. Seine beiden riesigen Füße, die normalerweise halb unter seiner Hose verborgen waren, nahmen gewaltige Ausmaße an. Sonst konnte ich nichts sehen. Sie waren sehr groß, flach und an den Zehen leicht nach innen gedreht. Sie waren ein Albtraum! Aber stellen Sie sich vor, ihr Besitzer würde den bewundernswerten Reim von Karl dem Fünften im Schatten Karls des Großen wiederholen! Es war absurd! Das Publikum hustete, zappelte und zeigte, dass es die ganze Sache schmerzhaft und lächerlich fand.

In unserer Vorstellung war es Mounet-Sully, der in der ganzen Pracht seines Talents Hernani spielte. Und es war Worms, dieser bewundernswerte Künstler, der Charles Quint spielte – und wie gut er die Rolle meisterte! Wie er die Zeilen ausspulte! Was für eine großartige Diktion er hatte! Diese Vorstellung vom 21. November 1877 war ein Triumph. Ich hatte einen großen Anteil an dem allgemeinen Erfolg. Ich spielte Dona Sol. Victor Hugo schickte mir folgenden Brief:

„ MADAM , Sie waren großartig und bezaubernd; Sie haben mich bewegt – mich, den alten Kämpfer – und in einem Moment, als das Publikum, das Sie bezaubert hatten, Ihnen zujubelte, weinte ich. Diese Träne, die Sie mich vergießen ließen, ist Ihre, und ich lege mich Ihnen zu Füßen.

" VICTOR HUGO. "

Diesem Brief lag eine kleine Schachtel bei, die ein feines Kettenarmband enthielt, an dem ein Diamanttropfen hing. Ich verlor dieses Armband im Haus des reichen Nabobs Alfred Sassoon. Er wollte mir ein anderes geben, aber ich lehnte ab. Er konnte mir die Träne von Victor Hugo nicht zurückgeben.

Mein Erfolg an der Comédie war gesichert, und das Publikum behandelte mich wie ein verwöhntes Kind. Meine Kameraden waren ein wenig eifersüchtig auf mich.

Perrin machte mir ständig Ärger. Er hatte eine Art Freundschaft mit mir, aber er glaubte nicht, dass ich ohne ihn zurechtkommen könnte, und da er sich immer weigerte, meinen Wünschen nachzukommen, wandte ich mich nie an ihn. Ich schrieb immer einen Brief an das Ministerium und gewann immer meine Sache.

Da ich ständig nach Neuem dürstete, versuchte ich mich nun in der Malerei. Ich konnte ein wenig zeichnen und hatte ein ausgeprägtes Farbgefühl. Ich malte zunächst zwei oder drei kleine Bilder, dann nahm ich das Porträt meines lieben Guérard in Angriff.

Alfred Stevens fand, es sei kraftvoll ausgeführt, und Georges Clairin ermunterte mich, weiter zu malen. Dann stürzte ich mich mutig und kühn in die Arbeit. Ich begann mit einem fast zwei Meter großen Bild, *Das junge Mädchen und der Tod* .

Dann erklang ein Schrei der Empörung gegen mich.

Warum wollte ich etwas anderes machen als Schauspieler zu werden, wenn das doch mein Beruf war?

Warum wollte ich immer vor die Öffentlichkeit treten?

SARAH BERNHARDT ALS DONA SOL
IN *HERNANI*

Perrin besuchte mich eines Tages, als ich sehr krank war. Er begann zu predigen. „Du bringst dich um, mein liebes Kind", sagte er. „Warum gehst du Bildhauerei, Malerei usw. an? Willst du damit beweisen, dass du es kannst?"

„Oh nein, nein", antwortete ich. „Es geht lediglich darum, eine Notwendigkeit zu schaffen, hier zu bleiben."

„Ich verstehe nicht", sagte Perrin und hörte sehr aufmerksam zu.

„So ist es. Ich habe ein wildes Verlangen zu reisen, etwas anderes zu sehen, eine andere Luft zu atmen und Himmel zu sehen, die höher sind als unsere und Bäume, die größer sind – kurz gesagt, etwas anderes. Ich musste mir daher einige Aufgaben schaffen, die mich in meinen Ketten halten. Wenn ich das nicht täte, würde meiner Meinung nach mein Verlangen, andere Dinge auf der Welt zu sehen, die Oberhand gewinnen und ich würde etwas Dummes tun."

Dieses Gespräch sollte sich einige Jahre später gegen mich wenden, als die Comédie Klage gegen mich einreichte.

Die Ausstellung von 1878 setzte dem Zustand der Verzweiflung, den Perrin und einige der Theaterkünstler gegen mich entwickelt hatten, den letzten Schliff. Sie machten mich für alles verantwortlich – für meine Malerei, meine Bildhauerei und meine Gesundheit. Ich hatte eine schreckliche Szene mit Perrin, und es war die letzte, denn von da an sprachen wir nicht mehr miteinander; eine förmliche Verbeugung war das Höchste, was wir danach austauschten.

Der Höhepunkt war mein Ballonflug. Ich liebte Ballons und liebe sie noch immer. Jeden Tag flog ich mit M. Giffards Fesselballon. Diese Beharrlichkeit hatte den *Gelehrten beeindruckt* und er bat einen gemeinsamen Freund, ihn vorzustellen.

„Oh, Monsieur Giffard", sagte ich, „wie gern würde ich in einem Ballon aufsteigen, der nicht gefangen ist!"

„Gut, Mademoiselle, das können Sie tun, wenn Sie möchten", antwortete er sehr freundlich.

„Wann?", fragte ich.

„An jedem beliebigen Tag."

Ich wäre gern sofort aufgebrochen, aber er wies darauf hin, dass er den Ballon ausrüsten müsse, und das sei eine große Verantwortung für ihn. Wir verabredeten uns daher für den folgenden Dienstag, also in genau einer Woche. Ich bat Monsieur Giffard, nichts davon zu sagen, denn wenn diese Neuigkeit in die Zeitungen käme, würde meine verängstigte Familie mir nicht erlauben, mitzukommen. Monsieur Tissandier, der kurze Zeit später, der arme Kerl, bei einem Ballonunfall ums Leben kommen sollte, versprach, mich zu begleiten. Doch etwas passierte, was ihn daran hinderte, mitzukommen, und so war es der junge Godard, der mich in der folgenden Woche in der „Dona Sol" begleitete, einem wunderschönen orangefarbenen Ballon, der speziell für meine Expedition vorbereitet worden war. Prinz Jerome Napoleon (Plon-Plon), der bei mir war, als Giffard vorgestellt wurde, bestand darauf, mitzukommen. Aber er war schwerfällig und ziemlich unbeholfen, und seine Unterhaltung interessierte mich trotz seines erstaunlichen Witzes nicht besonders, denn er war boshaft und erfreute sich ziemlich, wenn er eine Gelegenheit bekam, Kaiser Napoleon III., den ich sehr mochte, anzugreifen.

Wir brachen allein auf, Georges Clairin, Godard und ich. Das Gerücht über unsere Reise hatte sich verbreitet, aber zu spät, als dass die Presse davon hätte erfahren können. Ich war etwa fünf Minuten in der Luft, als einer meiner Freunde, der Comte de M——, Perrin auf der Saints-Pères-Brücke traf.

„Ich sage", begann er, „schau hinauf in den Himmel. Dort schießt dein Stern hervor."

Perrin blickte nach oben, zeigte auf den aufsteigenden Ballon und fragte: „Wer ist da drin?"

„Sarah Bernhardt", antwortete mein Freund. Perrin, so scheint es, wurde rot und murmelte mit zusammengebissenen Zähnen: „Das ist wieder so eine Laune von ihr, aber sie wird dafür bezahlen."

Er eilte davon, ohne sich auch nur von meinem jungen Freund zu verabschieden, der verblüfft über diesen unbegründeten Wutausbruch dastand.

Und wenn er geahnt hätte, welche grenzenlose Freude es mir bereitete, so durch die Lüfte zu reisen, hätte Perrin noch mehr gelitten.

Ah, unser Abflug! Es war halb sechs. Ich schüttelte einigen Freunden die Hand. Meine Familie, die ich in tiefster Unwissenheit gehalten hatte, war nicht da. Ich fühlte, wie sich mein Herz etwas zusammenzog, als ich mich nach den Worten „Lass sie los!" in etwa einer Sekunde etwa fünfzig Meter über der Erde befand. Ich hörte noch einige Schreie: „Warte! Komm zurück! Lass sie nicht getötet werden!" Und dann nichts mehr. Nichts. Da war der Himmel oben und die Erde unter mir. Dann plötzlich war ich in den Wolken. Ich hatte ein nebliges Paris verlassen. Ich atmete jetzt unter einem blauen Himmel und sah eine strahlende Sonne. Um uns herum waren undurchsichtige Wolkenberge mit bestrahlten Rändern. Unser Ballon tauchte in einen milchigen Dunst ein, der von der Sonne ganz warm war. Es war herrlich! Es war betäubend! Kein Geräusch, kein Atemzug! Aber der Ballon bewegte sich kaum. Erst gegen sechs Uhr erfasste uns die Luftströmung und wir flogen nach Osten. Wir befanden uns auf einer Höhe von etwa 1700 Metern. Das Schauspiel wurde märchenhaft. Große Schäfchenwolken breiteten sich wie ein Teppich unter uns aus. Große orangefarbene Vorhänge mit violetten Fransen kamen von der Sonne herab und verloren sich in unserem Wolkenteppich.

Zwanzig Minuten vor sieben befanden wir uns etwa 2500 Meter über der Erde und Kälte und Hunger begannen sich bemerkbar zu machen.

Das Abendessen war üppig – wir hatten *Foie Gras* , frisches Brot und Orangen. Der Korken unserer Champagnerflasche flog mit einem hübschen, leisen Geräusch in die Wolken. Wir erhoben unsere Gläser zu Ehren von M. Giffard.

Wir hatten viel geredet. Die Nacht begann, ihren schweren dunklen Mantel über sich zu legen. Es wurde sehr kalt. Wir waren auf 2600 Metern und ich hatte ein Singen in den Ohren. Meine Nase begann zu bluten. Ich fühlte mich sehr unwohl und wurde schläfrig, ohne es verhindern zu können. Georges Clairin machte sich Sorgen und der junge Godard schrie laut, zweifellos um mich aufzuwecken: „Komm, komm! Wir müssen absteigen. Werfen wir das Führungsseil aus!"

Dieser Schrei weckte mich. Ich wollte wissen, was ein Führungsseil sei. Ich stand ziemlich benommen auf und um mich aufzuwecken, drückte mir Godard das Führungsseil in die Hand. Es war ein starkes Seil von etwa 120 Metern Länge, an dem in bestimmten Abständen kleine Eisenhaken befestigt waren. Clairin und ich ließen lachend das Seil los, während Godard, über die Seite des Wagens gebeugt, durch ein Fernglas spähte.

„Halt!", rief er plötzlich. „Da sind so viele Bäume!"

Wir waren über dem Wald von Ferrières. Doch direkt vor uns befand sich ein kleines offenes Gelände, das sich für unseren Abstieg eignete.

„Daran besteht kein Zweifel", rief Godard. „Wenn wir diese Ebene verfehlen, landen wir mitten in der Nacht im Wald von Ferrières, und das wird sehr gefährlich!" Dann wandte er sich an mich und sagte: „Wollen Sie das Ventil öffnen?"

Ich tat es sofort, und das Gas strömte aus seinem Gefängnis und pfiff eine spöttische Melodie. Das Ventil wurde auf Befehl des Aeronauten geschlossen, und wir sanken rasch hinab. Plötzlich wurde die Stille der Nacht durch den Klang eines Horns unterbrochen. Ich zitterte. Es war Louis Godard, der aus seiner Tasche, die ein wahres Lager war, eine Art Horn gezogen hatte, auf das er heftig blies. Ein lautes Pfeifen antwortete auf unseren Ruf, und 500 Meter unter uns sahen wir einen Mann, der so laut schrie, dass wir ihn hören konnten. Da wir uns ganz in der Nähe eines kleinen Bahnhofs befanden, errieten wir leicht, dass dieser Mann der Bahnhofsvorsteher war.

„Wo sind wir?", rief Louis Godard durch sein Horn.

„At-in-in-ille!", antwortete der Bahnhofsvorsteher. Das war unmöglich zu verstehen.

„Wo sind wir?", donnerte Georges Clairin in seinem furchterregendsten Ton.

„At-in-in-ille!", rief der Bahnhofsvorsteher und legte die Hand um den Mund.

„Wo sind wir?", rief ich mit meiner kristallklarsten Stimme.

„At-in-in-ille!", antworteten der Bahnhofsvorsteher und seine Gepäckträger.

Es war unmöglich, etwas zu erfahren. Wir mussten den Ballon hinunterlassen. Zuerst sanken wir etwas zu schnell, und der Wind blies uns in Richtung Wald. Wir mussten wieder aufsteigen. Aber zehn Minuten später öffneten wir das Ventil wieder und machten einen neuen Sinkflug. Der Ballon befand sich nun rechts vom Bahnhof und weit weg vom liebenswürdigen Bahnhofsvorsteher.

„Wirf den Anker aus!", rief der junge Godard in befehlendem Ton. Und mit der Hilfe von Georges Clairin warf er ein weiteres Seil in den Weltraum, an dessen Ende ein gewaltiger Anker befestigt war. Das Seil war 80 Meter lang.

Unter uns rannte eine Horde Kinder jeden Alters, seit wir oberhalb der Station angehalten hatten. Als wir etwa 300 Meter über dem Boden waren, rief Godard ihnen zu: „Wo sind wir?"

„Bei Vachère!"

Keiner von uns kannte Vachère. Aber wir stiegen trotzdem ab.

„Hallo! Ihr Jungs da unten, haltet das Seil fest, das schleift", rief der Aeronaut, „und achtet darauf, nicht zu stark zu ziehen!" Fünf kräftige Männer packten das Seil. Wir waren 130 Meter über dem Boden, und der Anblick wurde interessant. Die Dunkelheit begann, alles zu verdecken. Ich hob den Kopf, um in den Himmel zu sehen, aber ich blieb mit offenem Mund vor Erstaunen stehen. Ich sah nur das untere Ende unseres Ballons, das lose und ausgeleiert über seine Basis ragte. Es war sehr hässlich.

Wir ankerten sanft, ohne das leichte Ziehen, das ich erhofft hatte, und ohne das kleine Drama, das ich fast erwartet hatte.

Als wir den Ballon verließen, begann es in Strömen zu regnen.

Der junge Besitzer eines benachbarten Schlosses lief wie die Bauern herbei, um zu sehen, was los war. Er bot mir seinen Regenschirm an.

„Oh, ich bin so dünn, dass ich nicht nass werden kann. Ich gehe zwischen den Tropfen hindurch."

Der Spruch wurde wiederholt und hatte großen Erfolg.

„Wann fährt der Zug?", fragte Godard.

„Oh, Sie haben noch viel Zeit", antwortete eine ölige und schwere Stimme. „Vor zehn Uhr können Sie nicht los, denn der Bahnhof ist weit von hier, und bei diesem Wetter wird Madame zwei Stunden Fußmarsch brauchen."

Ich war verwirrt und suchte den jungen Herrn mit dem Regenschirm, den ich als Spazierstock hätte benutzen können, da weder Clairin noch Godard einen hatten. Aber gerade als ich ihm vorwarf, er sei weggegangen und hätte uns verlassen, sprang er leichtfüßig aus einem Wagen, den ich nicht hatte heranfahren hören.

„Da!", sagte er. „Es gibt einen Wagen für Sie und diese Herren und einen weiteren für den Körper des Ballons."

„*Ma foi!* Sie haben uns gerettet", sagte Clairin und faltete seine Hände, „denn es scheint, als seien die Straßen in einem sehr schlechten Zustand."

„Oh", sagte der junge Mann, „für die Füße der Pariser wäre es unmöglich, auch nur die Hälfte dieser Strecke zurückzulegen."

Dann verbeugte er sich und wünschte uns eine gute Reise.

Etwas mehr als eine Stunde später erreichten wir den Bahnhof von Emerainville. Der Bahnhofsvorsteher, der erfuhr, wer wir waren, empfing uns sehr freundlich. Er entschuldigte sich, dass er uns nicht gehört hatte, als wir eine Stunde zuvor von unserem schwimmenden Fahrzeug aus gerufen hatten. Uns wurde eine einfache Mahlzeit aus Brot, Käse und Apfelwein vorgesetzt. Ich habe Käse immer verabscheut und würde ihn nie essen: Er hat nichts Poetisches an sich. Aber ich starb vor Hunger.

„Probieren Sie es, probieren Sie es", sagte Georges Clairin.

Ich habe ein Stückchen abgebissen und fand es ausgezeichnet.

Wir kamen sehr spät zurück, mitten in der Nacht, und ich fand meine Familie in einem Zustand extremer Angst vor. Unsere Freunde, die gekommen waren, um Neuigkeiten von uns zu hören, waren geblieben. Es war ziemlich viel los. Das ärgerte mich ein wenig, denn ich war halb tot vor Müdigkeit.

Ich schickte alle ziemlich schroff fort und ging hinauf in mein Zimmer. Als mir mein Zimmermädchen beim Ausziehen half, erzählte sie mir, dass mehrmals jemand von der Comédie Française gekommen sei, um mich abzuholen.

„Oh, mon Dieu!", rief ich besorgt. „Könnte das Stück verändert worden sein?"

„Nein, das glaube ich nicht", sagte das Dienstmädchen. „Aber es scheint, dass Monsieur Perrin wütend ist und dass alle wütend auf Sie sind. Hier ist die Nachricht, die für Sie hinterlassen wurde."

Ich öffnete den Brief. Ich wurde gebeten, am nächsten Tag um zwei Uhr beim Geschäftsführer vorbeizuschauen.

Als ich zur vereinbarten Zeit bei Perrin ankam, wurde ich mit übertriebener Höflichkeit empfangen, der ein Hauch von Strenge innewohnte.

Dann begann eine Reihe von Beschuldigungen über meine Launen, meine Launen und meine Exzentrizitäten, und er schloss seine Rede mit der Bemerkung, ich hätte eine Geldstrafe von tausend Francs auf mich geladen, weil ich ohne die Zustimmung der Geschäftsleitung gereist sei.

Ich brach in Gelächter aus. „Der Fall eines Ballons ist nicht vorhergesehen", sagte ich. „Und ich schwöre, dass ich keine Strafe zahlen werde. Außerhalb des Theaters tue ich, was ich will, und das geht Sie nichts an, mein lieber Monsieur Perrin, solange ich nichts tue, was meine Theaterarbeit behindert. Und außerdem langweilen Sie mich zu Tode – ich werde kündigen. Seien Sie glücklich."

Ich ließ ihn beschämt und ängstlich zurück.

Am nächsten Tag reichte ich meine schriftliche Kündigung bei Herrn Perrin ein und ein paar Stunden später wurde ich von Herrn Turquet, dem Minister für Schöne Künste, gerufen. Ich weigerte mich, zu kommen, und sie schickten einen gemeinsamen Freund, der erklärte, Herr Perrin sei einen Schritt weiter gegangen, als er es dürfe; die Geldstrafe sei annulliert worden und ich müsse meine Kündigung zurückziehen. Das tat ich.

Aber die Lage war angespannt. Mein Ruhm war für meine Feinde lästig geworden und, das gebe ich zu, auch für meine Freunde ein wenig anstrengend. Aber damals amüsierte mich all dieser Trubel und Lärm ungemein. Ich tat nichts, um Aufmerksamkeit zu erregen. Mein etwas phantastischer Geschmack, meine Blässe und Magerkeit, meine eigentümliche Art mich zu kleiden, meine Verachtung für Mode, meine allgemeine Freiheit in jeder Hinsicht machten mich zu einem Wesen, das sich von allen anderen unterschied. Ich erkannte diese Tatsache nicht.

Ich las keine Zeitungen, ich las sie nie. Ich wusste also nicht, was man über mich sagte, weder positiv noch negativ. Umgeben von einem Hofstaat von Verehrern beiderlei Geschlechts lebte ich in einem sonnigen Traum.

Eine Ecke des Saals mit einem Gemälde
von Chartran von Sarah Bernardtas *Gismonda*

Alle königlichen Persönlichkeiten und Honoratioren, die während der Weltausstellung von 1878 in Frankreich zu Gast waren, kamen, um mich zu besuchen. Das war für mich eine ständige Quelle der Freude.

Die Comédie war das erste Theater, in das all diese berühmten Besucher gingen, und Croizette und ich spielten dort fast jeden Abend. Während ich Amphytrion spielte, wurde ich schwer krank und wurde in den Süden geschickt.

Ich blieb zwei Monate dort. Ich wohnte in Mentone, machte aber Cap Martin zu meinem Hauptquartier. Ich ließ hier ein Zelt aufschlagen, an der Stelle, die Kaiserin Eugénie später für ihre Villa auswählte. Ich wollte niemanden sehen und dachte, dass ich, wenn ich so weit von der Stadt entfernt in einem Zelt lebte, nicht von Besuchern belästigt würde. Das war ein Fehler. Eines Tages, als ich mit meinem kleinen Jungen zu Mittag aß, hörte ich die Glocken von zwei Pferden und einer Kutsche. Die Straße hing über meinem Zelt, das halb von den Büschen verdeckt war. Plötzlich rief eine Stimme, die ich kannte, aber nicht erkennen konnte, im nachdrücklichen Ton eines Herolds: „Wohnt hier Sarah Bernhardt, Sociétaire der Comédie Française?"

Wir rührten uns nicht. Die Frage wurde erneut gestellt. Wieder war die Antwort Schweigen. Doch dann hörten wir das Geräusch brechender Äste, die Büsche wurden auseinandergeschoben, und zwei Meter vom Zelt entfernt begann die unwillkommene Stimme erneut.

Wir wurden entdeckt. Etwas verärgert kam ich heraus. Vor mir sah ich einen Mann mit einem großen *Tussore-* Umhang, einem Feldstecher auf der Schulter, einem grauen Bowlerhut und einem roten, glücklichen Gesicht mit einem kleinen Spitzbart. Ich betrachtete diesen gewöhnlich aussehenden Menschen alles andere als wohlwollend. Er lüftete seinen Hut.

„Madame Sarah Bernhardt ist hier?"

„Was wollen Sie von mir, Sir?"

„Hier ist meine Karte, Madame."

Ich las: „Gambard, Nizza, Villa des Palmiers". Ich sah ihn erstaunt an, und er war noch erstaunter, als er sah, dass sein Name keinen Eindruck auf mich machte. Er hatte einen ausländischen Akzent.

„Sehen Sie, Madame, ich bin gekommen, um Sie zu bitten, mir Ihre Gruppe *After the Tempest zu verkaufen* ."

Ich fing an zu lachen.

„Ma foi, Monsieur, ich verhandle deswegen mit der Firma Susse, und sie bieten mir 6000 Francs. Wenn Sie zehn geben, können Sie es haben."

„In Ordnung", sagte er. „Hier sind 10.000 Francs. Hast du Feder und Tinte?"

"NEIN."

„Ah", sagte er, „erlauben Sie mir!" Und er holte ein kleines Etui hervor, in dem sich Feder und Tinte befanden.

Ich stellte die Quittung aus und gab ihm den Auftrag, die Gruppe aus meinem Atelier in Paris abzuholen. Er ging weg, und ich hörte die Glocken der Pferde läuten und dann in der Ferne verklingen. Danach wurde ich oft in das Haus dieser originellen Person eingeladen.

XXVI

DIE COMÉDIE FRANÇAISE GEHT NACH LONDON

Kurz darauf kam ich nach Paris zurück. Im Theater bereiteten sie eine Benefizvorstellung für Bressant vor, der sich von der Bühne zurückziehen wollte. Man einigte sich darauf, dass Mounet-Sully und ich einen Akt aus *Othello* von Jean Aicard spielen sollten. Das Theater war gut gefüllt und das Publikum gut gelaunt. Nach dem Lied lag ich als Desdemona im Bett, als ich plötzlich das Publikum lachen hörte, zuerst leise und dann unbändig. Othello war gerade im Dunkeln hereingekommen, im Hemd oder kaum mehr, mit einer Laterne in der Hand, und zu einer Tür gegangen, die unter einem Vorhang verborgen war. Das Publikum, diese unpersönliche Einheit, hat keine Hemmungen, an diesen unziemlichen Manifestationen teilzunehmen, aber jedes Mitglied des Publikums, als Individuum betrachtet, würde sich schämen, zuzugeben, dass es daran teilgenommen hat. Aber die Lächerlichkeit dieses Aktes durch die übertriebene Pantomime des Schauspielers verhinderte eine weitere Aufführung des Stücks, und erst zwanzig Jahre später wurde *Othello* als vollständiges Stück am Théâtre Français aufgeführt. Ich war damals nicht mehr dort.

Mithridate gespielt hatte , trat ich erneut in meiner *Rolle* der Königin in *Ruy Blas auf* . Das Stück war im Théâtre Français ebenso erfolgreich wie im Odéon, und das Publikum war mir sogar noch wohlgesinnter. Mounet-Sully spielte Ruy Blas. Er war in der Rolle bewundernswert und Lafontaine, der sie im Odéon gespielt hatte, unendlich überlegen. Frédéric Febvre, sehr gut kostümiert, spielte seine Rolle auf höchst interessante Weise, aber er war nicht so gut wie Geffroy, der der vornehmste und furchterregendste Don Salluste war, den man sich vorstellen konnte.

Mein Verhältnis zu Perrin wurde immer gespannter.

Er freute sich über meinen Erfolg, dem Theater zuliebe; er freute sich über die großartigen Einnahmen von *Ruy Blas* ; aber es wäre ihm viel lieber gewesen, wenn ein anderer als ich den ganzen Applaus bekommen hätte. Meine Unabhängigkeit, meine Abneigung gegen Unterwerfung, selbst wenn sie nur dem Anschein nach so war, ärgerten ihn ungemein.

Eines Tages kam mein Diener zu mir und sagte mir, ein älterer Engländer dränge so sehr darauf, mich zu sehen, dass er es für das Beste halte, zu mir zu kommen und es mir zu sagen, obwohl ich angeordnet hatte, ihn nicht zu stören.

„Schicken Sie ihn weg und lassen Sie mich in Ruhe arbeiten."

Ich war gerade dabei, ein Bild zu malen, das mich sehr interessierte. Es zeigte ein kleines Mädchen am Palmsonntag, das Palmzweige trug. Das kleine

Modell, das für mich posierte, war eine hübsche Italienerin von acht Jahren. Plötzlich sagte sie zu mir:

„Er streitet – dieser Engländer!"

Tatsächlich war im Vorzimmer ein immer lauter werdendes Stimmengewirr zu hören. Verärgert stürzte ich mit meiner Palette in der Hand hinaus, entschlossen, den Eindringling in die Flucht zu schlagen. Doch gerade als ich die Tür meines Ateliers öffnete, kam ein großer Mann so nah an mich heran, dass ich zurückwich, und er betrat den großen Raum. Seine Augen waren klar und durchdringend, sein Haar silbrig weiß und sein Bart sorgfältig gestutzt. Er entschuldigte sich sehr höflich, bewunderte meine Gemälde, meine Skulpturen, meinen „Saal" – und das, während ich seinen Namen überhaupt nicht kannte. Als ich ihn nach zehn Minuten bat, sich zu setzen und mir zu sagen, was ich ihm die Freude seines Besuchs zu verdanken hatte, antwortete er mit gestelzter Stimme und starkem Akzent:

„Ich bin Mr. Jarrett, der *Impresario* . Ich kann Ihnen ein Vermögen machen. Kommen Sie nach Amerika?"

„Niemals!", rief ich fest. „Niemals!"

„Na ja, ärgern Sie sich nicht. Hier ist meine Adresse – verlieren Sie sie nicht." Dann, als er sich verabschiedete, sagte er:

„Ah! Sie fahren mit der Comédie Française nach London. Möchten Sie in London viel Geld verdienen?"

"Ja wie?"

„Indem ich in Salons spiele. Ich kann ein kleines Vermögen für Sie verdienen."

„Oh, das würde mich freuen – das heißt, wenn ich nach London gehe, denn ich habe mich noch nicht entschieden."

„Wollen Sie dann einen kleinen Vertrag unterschreiben, dem wir eine Zusatzklausel hinzufügen?"

Und ich unterzeichnete einen Vertrag mit diesem Mann, der mir auf den ersten Blick Vertrauen einflößte – ein Vertrauen, das er nie enttäuschte.

Das Komitee und M. Perrin hatten eine Vereinbarung mit John Hollingshead, dem Direktor des Gaiety Theatre in London, getroffen. Niemand war konsultiert worden, und ich fand das ein wenig zu locker und ungezwungen. Als sie mir von dieser Vereinbarung erzählten, sagte ich also nichts.

Perrin nahm mich ziemlich besorgt beiseite:

„Was geht Ihnen durch den Kopf?"

„Ich gebe Folgendes bekannt: Ich werde nicht in einer Position nach London gehen, in der ich niemandem unterlegen bin. Während der gesamten Laufzeit meines Vertrags beabsichtige ich, ein Sociétaire mit einem vollständigen Anteil am Gewinn zu sein."

Diese Absicht irritierte das Komitee erheblich. Und am nächsten Tag teilte mir Perrin mit, dass mein Vorschlag abgelehnt wurde.

„Also, ich werde nicht nach London gehen. Das ist alles! Nichts in meinem Vertrag zwingt mich dazu."

Das Komitee traf sich erneut und Got rief: „Dann soll sie doch wegbleiben! Sie ist eine ständige Plage!"

Es wurde daher beschlossen, dass ich nicht nach London gehen sollte. Aber Hollingshead und Mayer, sein Partner, sahen die Dinge anders und erklärten, dass der Vertrag nicht bindend wäre, wenn Croizette, Mounet-Sully oder ich nicht gingen.

Auch die Agenten, die im Voraus Eintrittskarten im Wert von zweihunderttausend Francs gekauft hatten, wollten sich nicht an die Sache binden, wenn wir nicht hingingen. Mayer kam in tiefer Verzweiflung zu mir und erzählte mir alles.

„Wenn Sie nicht kommen, müssen wir unseren Vertrag mit der Comédie kündigen", sagte er, „denn das Geschäft kann nicht zustande kommen."

Voller Angst vor den Folgen meiner schlechten Laune rannte ich zu Perrin und sagte ihm, dass ich nach der Konsultation, die ich gerade mit Mayer gehabt hatte, verstanden hätte, welchen unfreiwilligen Schaden ich dem Théâtre Français und meinen Kameraden zufügen würde, und dass ich unter allen Umständen bereit wäre zu gehen.

Das Komitee hielt eine Sitzung ab. Perrin bat mich zu warten und kam kurz darauf zu mir zurück. Croizette und ich waren zu Sociétaires ernannt worden, mit jeweils einem vollen Gewinnanteil, nicht nur für London, sondern für immer.

Jeder hatte seine Pflicht getan. Perrin, sehr gerührt, nahm meine beiden Hände und zog mich an sich.

„Oh, das gute und unbezähmbare kleine Geschöpf!"

Wir umarmten uns, und zwischen uns herrschte wieder Frieden. Doch dieser konnte nicht lange währen, denn fünf Tage nach dieser Versöhnung, etwa um neun Uhr abends, wurde M. Perrin bei mir zu Hause angekündigt. Ich hatte einige Freunde zum Abendessen eingeladen, also ging ich in die Halle, um ihn zu empfangen. Er hielt mir ein Papier hin.

„Lies das", sagte er.

Und ich las in einer englischen Zeitung, der *Times* , diesen Absatz:

SALONKOMÖDIEN VON MLLE. SARAH BERNHARDT, UNTER DER LEITUNG VON SIR JULIUS BENEDICT. – „Das *Repertoire* von Mlle. Sarah Bernhardt besteht aus Komödien, Sprichwörtern, Einaktern und Monologen, die speziell für sie und ein oder zwei Künstler der Comédie Française geschrieben wurden. Diese Komödien werden ohne Zubehör oder Kulisse aufgeführt und können sowohl in London als auch in Paris für Matineen *und* Soirées *der* besten Gesellschaft adaptiert werden. Für alle Einzelheiten und Bedingungen wenden Sie sich bitte an Mr. Jarrett (Sekretär von Mlle. Sarah Bernhardt) im Her Majesty's Theatre."

Als ich die letzten Zeilen las, dämmerte mir, dass Jarrett, als er erfuhr, dass ich ganz sicher nach London kommen würde, begonnen hatte, für mich zu werben. Ich erklärte das Perrin offen.

„Was spricht dagegen", sagte ich, „dass ich meine Abende nutze, um Geld zu verdienen? Mir wurde dieses Geschäft vorgeschlagen."

„Ich beschwere mich nicht – es ist das Komitee."

„Das ist zu schade!", rief ich und rief nach meiner Sekretärin. „Geben Sie mir Delaunays Brief, den ich Ihnen gestern gegeben habe."

Er holte es aus einer seiner zahlreichen Taschen und gab es Perrin zum Lesen.

„Möchten Sie am Donnerstag, dem 5. Juni, bei Lady Dudley *La Nuit d'Octobre spielen? Uns werden 5000 Francs für uns beide geboten. Mit freundlichen Grüßen* . – DELAUNAY. "

„Geben Sie mir diesen Brief", sagte der Manager sichtlich verärgert.

„Nein, das werde ich nicht. Aber Sie können Delaunay sagen, dass ich mit Ihnen über sein Angebot gesprochen habe."

In den nächsten zwei oder drei Tagen sprach man in Paris über nichts anderes als über die skandalöse Meldung in der *Times* . Die Franzosen waren zu diesem Zeitpunkt fast völlig unwissend über die Sitten und Gebräuche der Engländer. Schließlich ärgerte mich dieses ganze Gerede, und ich bat Perrin, zu versuchen, dem ein Ende zu setzen, und am nächsten Tag erschien im *National* (29. Mai): „ *Viel Lärm um nichts.* – In freundschaftlicher Diskussion wurde entschieden, dass jeder Künstler außerhalb der Proben und Aufführungen der Comédie Française seine Zeit nach eigenem

Ermessen verbringen kann. An dem angeblichen Streit zwischen der Comédie Française und Mlle. Sarah Bernhardt ist daher absolut nichts Wahres. Diese Künstlerin hat nur streng im Rahmen ihrer Rechte gehandelt, die niemand einzuschränken versucht, und alle unsere Künstler beabsichtigen, auf dieselbe Weise davon zu profitieren. Der Manager der Comédie Française bittet lediglich darum, dass die Künstler, die diese Truppe bilden, nicht gemeinsam auftreten."

Dieser Artikel stammte aus der Comédie, und die Mitglieder des Komitees hatten ihn ausgenutzt, um ein wenig Werbung für sich zu machen, indem sie ankündigten, dass sie ebenfalls bereit seien, in Salons zu spielen. Der Artikel wurde nämlich an Mayer geschickt mit der Bitte, dass er in den englischen Zeitungen erscheinen möge. Mayer selbst war es, der mir dies erzählte.

Nachdem alle Streitigkeiten beigelegt waren, begannen wir mit den Vorbereitungen für die Abreise.

Ich war erst einmal auf See, als entschieden wurde, dass die Künstler der Comédie Française nach London gehen sollten. Die entschiedene Unwissenheit der Franzosen gegenüber allem Fremden war damals viel ausgeprägter als heute. Deshalb ließ ich mir einen sehr warmen Mantel machen, denn man hatte mir versichert, dass die Überfahrt selbst mitten im Sommer eiskalt sei, und ich glaubte das. Von allen Seiten belagerte man mich mit Lutschtabletten gegen Seekrankheit, Beruhigungsmitteln gegen Kopfschmerzen, Seidenpapier zum Auflegen auf den Rücken, kleinen Kompressen zum Auflegen auf mein Zwerchfell und wasserdichten Korksohlen für meine Schuhe, denn es schien, als dürfe ich vor allem keine kalten Füße bekommen. Oh, wie drollig und amüsant das alles war! Ich nahm alles mit, beachtete alle Empfehlungen und glaubte alles, was man mir sagte.

Das Unfassbarste von allem war jedoch die Ankunft einer riesigen Holzkiste fünf Minuten vor Abfahrt des Bootes. Sie war sehr leicht und wurde von einem großen jungen Mann getragen, der heute eine höchst bemerkenswerte Persönlichkeit ist, die alle Orden und Ehren besitzt, ein kolossales Vermögen und die ungeheuerlichste Eitelkeit. Damals war er ein schüchterner Erfinder, jung, arm und traurig: Er war immer in Bücher vertieft, die abstrakte Fragen behandelten, während er vom Leben absolut nichts wusste. Er empfand große Bewunderung für mich, gemischt mit einer Prise Ehrfurcht. Mein kleiner Hof hatte ihm den Beinamen „La Quenelle" gegeben. Er war lang, unentschlossen, farblos und ähnelte wirklich der dünnen Rolle aus Farce in einem *Pastetengebäck* .

Er kam auf mich zu, sein Gesicht war noch blasser als sonst. Das Boot bewegte sich ein wenig. Meine Abfahrt erschreckte ihn, und der Wind ließ ihn von rechts nach links kippen. Er gab mir ein geheimnisvolles Zeichen, und ich folgte ihm, begleitet von *mon petit Dame* , und ließ meine Freunde zurück, die zu Ironie neigten. Als ich mich gesetzt hatte, öffnete er den Koffer und nahm einen riesigen Rettungsring heraus, den er selbst erfunden hatte. Ich war völlig verblüfft, denn ich war neu auf Seereisen, und mir war nie auch nur der Gedanke gekommen, dass wir während einer einstündigen Überfahrt Schiffbruch erleiden könnten. La Quenelle war keineswegs beunruhigt, und er legte den Gürtel selbst an, um mir zu zeigen, wie man ihn benutzte.

Nichts hätte dümmer aussehen können als dieser Mann mit seinem traurigen, ernsten Gesicht, der dieses Gerät anzog. Um das Band herum befanden sich ein Dutzend eiergroße Blasen, von denen elf mit Luft gefüllt waren und ein Stück Zucker enthielten. In der zwölften, einer sehr kleinen Blase, befanden sich zehn Tropfen Brandy. In der Mitte des Bandes befand sich ein winziges Kissen mit ein paar Nadeln darauf.

„Du verstehst", sagte er zu mir. „Du fällst ins Wasser – paff! – du bleibst so liegen." Daraufhin tat er so, als säße er da, hob und senkte sich mit der Bewegung der Wellen, seine beiden Hände lagen vor ihm auf dem imaginären Meer, und sein Hals war gestreckt wie der einer Schildkröte, um den Kopf über Wasser zu halten.

„Sehen Sie, Sie sind jetzt schon seit zwei Stunden im Wasser", erklärte er, „und Sie wollen wieder zu Kräften kommen. Sie nehmen eine Nadel und stechen ein Ei an, so wie hier. Sie nehmen Ihren Zuckerwürfel und essen ihn; das ist so gut wie ein Viertelpfund Fleisch." Dann warf er die kaputte Blase über Bord und holte aus der Verpackungskiste eine andere hervor, die er am Rettungsring befestigte. Er hatte offensichtlich an alles gedacht. Ich war vor Staunen wie versteinert. Einige meiner Freunde hatten sich um mich versammelt und auf eine von La Quenelles verrückten Launen gehofft, aber so etwas hatten sie nie erwartet.

M. Mayer, einer unserer *Impresarii* , fürchtete einen allzu absurden Skandal und zerstreute die Menschen, die sich um uns versammelt hatten. Ich wusste nicht, ob ich wütend sein oder lachen sollte, aber die höhnische, ungerechte Rede eines meiner Freunde weckte mein Mitleid mit diesem armen Quenelle. Ich dachte an die Stunden, die er damit verbracht hatte, seine lächerliche Maschine zu planen, zu kombinieren und dann herzustellen. Ich war gerührt von der Sorge und Zuneigung, die zur Erfindung dieses lebensrettenden Apparats geführt hatten, und ich streckte meinem armen Quenelle die Hand entgegen und sagte: „Geh jetzt schnell fort; das Boot legt gleich ab."

Er küsste die ihm entgegengestreckte Hand freundlich und eilte davon. Dann rief ich meinen Steward Claude und sagte: „Sobald wir außer Sichtweite von Land sind, werfen Sie den Koffer mit allem, was er enthält, ins Meer."

Die Abfahrt des Bootes wurde von Rufen wie „Hurra! Au revoir! Erfolg! Viel Glück!" begleitet. Es wurde mit den Händen gewinkt, Taschentücher flogen durch die Luft und jeder wurde mit Küssen überschüttet.

Aber was wirklich schön war und was ich nie vergessen werde, war unsere Landung in Folkestone. Tausende von Menschen waren dort und ich hörte zum ersten Mal den Ruf „Vive Sarah Bernhardt!"

Ich drehte meinen Kopf und sah vor mir einen blassen jungen Mann, das ideale Gesicht von Hamlet. Er schenkte mir eine Gardenie. Ich sollte ihn später als Hamlet, gespielt von Forbes Robertson, bewundern. Wir gingen durch eine Menschenmenge, die uns Blumen anbot und Hände schüttelte, und ich sah bald, dass ich mehr bevorzugt wurde als die anderen. Das brachte mich ein wenig in Verlegenheit, aber ich freute mich trotzdem. Einer meiner Kameraden, der ganz in der Nähe war und bei dem ich nicht beliebt war, sagte in boshaftem Ton zu mir:

„Sie werden dir bald einen Blumenteppich machen."

„Hier ist eine!", rief ein junger Mann und warf einen Arm voll Lilien vor mir auf den Boden.

Ich blieb abrupt stehen, war ziemlich verwirrt und wagte nicht, auf diese weißen Blumen zu treten, aber die Menge, die sich hinter mir drängte, zwang mich weiterzugehen, und ich musste die armen Lilien mit Füßen treten.

„Hip, hip, hurra! Ein Hoch auf Sarah Bernhardt!", rief der turbulente junge Mann.

Sein Kopf überragte alle anderen Köpfe; er hatte leuchtende Augen und langes Haar und sah aus wie ein deutscher Student. Er war jedoch ein englischer Dichter und einer der größten des Jahrhunderts, ein Dichter, der ein Genie war, der aber leider später gefoltert und schließlich vom Wahnsinn besiegt wurde. Es war Oscar Wilde.

Die Menge folgte seinem Aufruf und wir erreichten unseren Zug unter Rufen von „Hip, hip, hurra für Sarah Bernhardt! Hip, hip, hurra für die französischen Schauspieler!"

Als der Zug gegen neun Uhr in Charing Cross ankam, hatten wir fast eine Stunde Verspätung. Ein Gefühl der Traurigkeit überkam mich. Das Wetter war trüb, und außerdem dachte ich, dass wir bei unserer Ankunft in London wieder mit mehr Hurra begrüßt werden sollten. Es waren viele Leute da, Menschenmassen, aber niemand schien uns zu kennen.

Als ich den Bahnhof erreichte, bemerkte ich, dass dort ein schöner Teppich ausgelegt war, und dachte, er sei für uns. Oh, ich war auf alles vorbereitet, denn unser Empfang in Folkestone hatte mir den Kopf verdreht. Der

Teppich war jedoch für Ihre Königlichen Hoheiten, den Prinzen und die Prinzessin von Wales, ausgelegt worden, die gerade nach Paris abgereist waren.

Diese Nachricht enttäuschte mich und ärgerte mich sogar persönlich. Man hatte mir erzählt, dass ganz London vor Aufregung zitterte, nur weil man an den Besuch der Comédie Française dachte, und ich hatte London als äußerst gleichgültig empfunden. Die Menschenmenge war groß und sogar dicht, aber kalt.

„Warum sind der Prinz und die Prinzessin heute weggegangen?", fragte ich M. Mayer.

„Nun, weil sie diesen Besuch in Paris bereits im Voraus geplant hatten", antwortete er.

„Oh, dann werden sie in unserer ersten Nacht nicht hier sein?", fuhr ich fort.

„Nein. Der Prinz hat für die Saison eine Loge gemietet, für die er vierhundert Pfund bezahlt hat, aber sie wird vom Herzog von Connaught genutzt."

Ich war verzweifelt. Ich weiß nicht warum, aber ich war auf jeden Fall verzweifelt, denn ich hatte das Gefühl, dass alles schief lief.

Ein Lakai führte mich zu meinem Wagen, und schweren Herzens fuhr ich durch London. Alles sah dunkel und düster aus, und als ich das Haus Chester Square 77 erreichte, wollte ich nicht aus meinem Wagen aussteigen.

Die Haustür stand jedoch weit offen und in der hell erleuchteten Eingangshalle sah ich, was aussah wie alle Blumen der Welt, arrangiert in Körben, Sträußen und riesigen Bündeln. Ich stieg aus dem Wagen und betrat das Haus, in dem ich die nächsten sechs Wochen leben sollte. Alle Zweige schienen mir ihre Blüten entgegenzustrecken.

„Haben Sie die Karten, die mit all diesen Blumen kamen?", fragte ich meinen Diener.

„Ja", antwortete er. „Ich habe sie auf einem Tablett zusammengestellt. Sie sind alle aus Paris, von Madames Freunden dort. Dieser hier ist der einzige Strauß von hier." Er reichte mir einen riesigen Strauß und auf der Karte, die dazu lag, las ich die Worte: „Willkommen! – Henry Irving."

Ich ging durch das ganze Haus, und es kam mir sehr düster vor. Ich besuchte den Garten, aber die Feuchtigkeit schien mich zu durchdringen, und meine Zähne klapperten, als ich wieder hineinging. Als ich in dieser Nacht schlafen ging, war mein Herz schwer von Vorahnungen, als stünde ich am Vorabend eines Unglücks.

Der folgende Tag war dem Empfang von Journalisten gewidmet. Ich wollte sie alle gleichzeitig sehen, aber Mr. Jarrett hatte etwas dagegen. Dieser Mann war ein wahres Werbegenie. Davon hatte ich damals noch keine Ahnung. Er hatte mir einige sehr gute Angebote für Amerika gemacht, und obwohl ich sie abgelehnt hatte, hatte ich dennoch eine sehr hohe Meinung von ihm, wegen seiner Intelligenz, seines komischen Humors und wegen meines Bedürfnisses, in diesem neuen Land angeleitet zu werden.

„Nein“, sagte er. „Wenn Sie sie alle zusammen erhalten, werden sie alle wütend sein, und Sie werden einige elende Artikel bekommen. Sie müssen sie einen nach dem anderen erhalten.“

An diesem Tag kamen 37 Journalisten, und Jarrett bestand darauf, dass ich jeden von ihnen treffe. Er blieb im Raum und rettete die Situation, wenn ich etwas Dummes sagte. Ich sprach sehr schlecht Englisch und einige der Männer sprachen sehr schlecht Französisch. Jarrett übersetzte ihnen meine Antworten. Ich erinnere mich noch genau, dass sie alle mit „Nun, Mademoiselle, was halten Sie von London?“ begannen.

Ich war am Vorabend um neun Uhr angekommen, und der erste dieser Journalisten stellte mir diese Frage um zehn Uhr morgens. Ich hatte beim Aufstehen den Vorhang zugezogen, und alles, was ich von London kannte, war Chester Square, ein kleiner Platz mit düsterem Grün, in dessen Mitte eine schwarze Statue stand und dessen Horizont von einer hässlichen Kirche begrenzt wurde.

Ich konnte die Frage wirklich nicht beantworten, aber Jarrett war darauf vorbereitet, und am nächsten Morgen erfuhr ich, dass ich von der Schönheit Londons höchst begeistert war, dass ich bereits zahlreiche öffentliche Gebäude gesehen hatte usw. usw.

Gegen fünf Uhr traf Hortense Damain ein. Sie war eine bezaubernde Frau und in der Londoner Gesellschaft sehr beliebt. Sie war gekommen, um mir mitzuteilen, dass die Herzogin von —— und Lady —— mich um halb sechs besuchen würden.

„Oh, dann bleib bei mir“, sagte ich zu ihr. „Du weißt, wie ungesellig ich bin. Ich bin überzeugt, dass ich dumm sein werde.“

Zur vereinbarten Zeit wurden meine Besucher angekündigt. Dies war das erste Mal, dass ich mit Mitgliedern der englischen Aristokratie in Kontakt kam, und ich habe seitdem immer eine sehr angenehme Erinnerung daran.

Lady R—— war überaus schön und die Herzogin war so liebenswürdig, so vornehm und so freundlich, dass ich von ihrem Besuch sehr gerührt war.

Ein paar Minuten später kam Lord Dudley. Ich kannte ihn sehr gut, da er mir von Marshal Canrobert, einem meiner besten Freunde, vorgestellt worden war. Er fragte mich, ob ich am nächsten Morgen Lust hätte, einen Ausritt zu machen, und sagte, er hätte ein sehr schönes Damenpferd, das mir jederzeit zur Verfügung stünde. Ich dankte ihm, wollte aber zuerst in Rotten Row fahren.

Um sieben Uhr holte mich Hortense Damain ab, um mit ihr im Haus der Baronin M——— zu Abend zu essen. Sie hatte ein sehr schönes Haus in Prince's Gate. Es waren etwa zwanzig Gäste da, unter anderem der Maler Millais. Man hatte mir gesagt, dass die *Küche* in England sehr schlecht sei, aber ich fand dieses Abendessen perfekt. Man hatte mir gesagt, dass die Engländer kalt und gesetzt seien: Ich fand sie charmant und voller Humor. Alle sprachen sehr gut Französisch und ich schämte mich meiner Unkenntnis der englischen Sprache. Nach dem Abendessen gab es Rezitationen und Musik. Ich war gerührt von der Anmut und dem Taktgefühl meiner Gastgeber, die mich nicht baten, irgendwelche Gedichte vorzutragen.

Ich beobachtete mit großem Interesse die Gesellschaft, in der ich mich befand. Sie hatte überhaupt keine Ähnlichkeit mit einer französischen Gesellschaft. Die jungen Mädchen schienen sich auf eigene Faust zu amüsieren und sich dabei richtig zu amüsieren. Sie waren nicht hierhergekommen, um einen Ehemann zu finden. Was mich ein wenig überraschte, war das *Dekolleté* der Damen, die in die Jahre gekommen waren und mit denen die Zeit nicht sehr gnädig gewesen war. Ich sprach mit Hortense Damain darüber.

„Es ist furchtbar!“, sagte ich.

„Ja, aber es ist schick.“

Sie war sehr charmant, meine Freundin Hortense, aber sie kümmerte sich um nichts, was nicht *schick war*. Sie schickte mir einige Tage vor meiner Abreise aus Paris die „ *Chic- Gebote*“:

Chester Square, Ihre Bewohner.	In Chester Square sollst du leben
Rotten Row, du bist der Beste	In Rotten Row sollst du reiten
Besucher des Parlaments	Das Parlament sollst du besuchen

Häufige Gartenpartys	Gartenpartys sollst du besuchen,
Jeder Besuch Ihrer Familie	Bei jedem Besuch wirst du zurückkehren
Auf jeden Brief antworten Sie	Jeden Brief sollst du beantworten
Fotografien deiner Unterschrift	Fotos, die du unterschreiben sollst
Hortense, höre dir deine Liebe an	Hortense Damain sollst du zuhören
Und all seine Ratschläge, folgen Sie ihnen.	Und all ihren Ratschlägen sollst du folgen.

Ich lachte über diese „Gebote", aber ich erkannte bald, dass sie sie in dieser scherzhaften Form als sehr ernst und wichtig betrachtete. Ach! Meine arme Freundin hatte sich für ihre Ratschläge an die falsche Person gewandt. Ich hasste es, Besuche zu machen, Briefe zu schreiben, Fotos zu signieren oder den Rat anderer zu befolgen. Ich liebe es, wenn Leute zu mir kommen, und ich hasse es, sie zu besuchen. Ich liebe es, Briefe zu erhalten, sie zu lesen und zu kommentieren, aber ich hasse es, sie zu schreiben. Ich hasse es, in belebten Gegenden zu fahren und zu reiten, und ich liebe einsame Straßen und einsame Orte. Ich liebe es, Ratschläge zu geben, und ich hasse es, sie zu erhalten, und ich folge nie sofort einem weisen Rat, der mir gegeben wird. Es erfordert immer eine Willensanstrengung, die Gerechtigkeit eines Ratschlags zu erkennen, und dann eine Anstrengung meines Verstandes, dafür dankbar zu sein: Zunächst ärgert es mich einfach.

Folglich schenkte ich den Ratschlägen von Hortense Damain und auch denen von Jarrett keine Beachtung. Und damit machte ich einen großen Fehler, denn viele Leute waren verärgert über mich (in jedem anderen Land hätte ich mir Feinde gemacht). Wie viele Einladungsbriefe erhielt ich bei meinem ersten Besuch in London, auf die ich nie antwortete! Wie viele bezaubernde Frauen besuchten mich, und ich erwiderte nie ihren Anruf. Und wie oft nahm ich Einladungen zum Abendessen an, ging aber nie hin, ohne auch nur eine Entschuldigung zu schicken. Ich weiß, es ist absolut abscheulich, und doch nehme ich sie immer gerne an und habe vor, hinzugehen. Aber wenn der Tag kommt, bin ich vielleicht müde oder möchte eine ruhige Zeit haben oder frei von Verpflichtungen sein, und wenn ich mich so oder so entscheiden muss, ist die Zeit vergangen und es ist zu spät, um Bescheid zu geben und zu spät, um hinzugehen. Und so bleibe ich zu Hause, unzufrieden mit mir selbst, mit allen anderen und mit allem.

XXVII

LONDON LIFE – MEINE ERSTE AUFFÜHRUNG IM GAIETY THEATRE

Gastfreundschaft ist eine Eigenschaft, die sich aus primitivem Geschmack und antiker Erhabenheit zusammensetzt. Die Engländer sind meiner Meinung nach das gastfreundlichste Volk der Welt, und sie sind einfach und großzügig gastfreundlich. Wenn ein Engländer Ihnen einmal die Tür geöffnet hat, schließt er sie nie wieder. Er entschuldigt Ihre Fehler und akzeptiert Ihre Eigenheiten. Dieser Weite der Ideen ist es zu verdanken, dass ich seit 25 Jahren der geliebte und verwöhnte Künstler bin.

Ich war entzückt von meiner ersten *Soirée* in London und kehrte sehr heiter und sehr „anglomanisiert" nach Hause zurück. Ich traf dort einige meiner Freunde – Pariser, die gerade angekommen waren – und sie waren wütend. Meine Begeisterung brachte sie zur Verzweiflung und wir saßen bis zwei Uhr morgens auf und stritten.

Am nächsten Tag ging ich nach Rotten Row. Es war herrliches Wetter, und der ganze Hyde Park schien mit riesigen Blumensträußen übersät zu sein. Da waren die Blumenbeete, die von den Gärtnern wunderbar arrangiert worden waren; dann waren da die Sonnenschirme in Blau, Rosa, Rot, Weiß oder Gelb, die die hellen, mit Blumen bedeckten Hüte schützten, unter denen die hübschen Gesichter von Kindern und Frauen glänzten. Entlang des Reitwegs gab es einen aufregenden Galopp von anmutigen Vollblütern, die einige hundert Reiterinnen mit sich trugen, schlank, geschmeidig und mutig; dann waren da Männer und Kinder, letztere auf großen irischen Ponys. Es gab auch andere Kinder, die auf schottischen Ponys mit langen, zottigen Mähnen galoppierten, wobei das Haar der Kinder und die Mähnen der Pferde im Wind ihrer eigenen Geschwindigkeit wehten.

Die Kutschenstraße zwischen der Reitbahn und den Fußgängern war voll mit Dogcarts, offenen Kutschen aller Art, Postkutschen und sehr eleganten Droschken. Es gab gepuderte Lakaien, mit Blumen geschmückte Pferde, Sportler am Steuer und auch Damen, die bewundernswerte Pferde lenkten. All diese Eleganz, dieser Inbegriff von Luxus und diese Lebensfreude riefen mir die Vorstellung unseres Bois de Boulogne in Erinnerung, der vor ein paar Jahren so elegant und belebt war, als Napoleon III. auf seinem *Daumont* lässig und lächelnd durchfuhr. Ach, wie schön war es damals – unser Bois de Boulogne mit den Offizieren, die in der Avenue des Acacias Caracolen ritten, bewundert von unseren schönen Damen der Gesellschaft!

Die Lebensfreude war überall – die Liebe zur Liebe umhüllte das Leben mit einem unendlichen Zauber. Ich schloss die Augen und spürte einen Stich in meinem Herzen, als die schrecklichen Erinnerungen an 1870 in mein Gehirn drangen. Er war tot, unser sanfter Kaiser mit seinem schlauen Lächeln. Tot, vom Schwert besiegt, vom Schicksal verraten, von Trauer zermalmt.

Das Leben in Paris war in all seiner Intensität wieder aufgenommen worden, aber das Leben der Eleganz, des Charmes und des Luxus war noch immer in Trauerflor gehüllt. Es waren kaum acht Jahre vergangen, seit der Krieg unsere Soldaten niedergestreckt, unsere Hoffnungen zerstört und unseren Ruhm befleckt hatte. Drei Präsidenten waren bereits aufeinander gefolgt. Dieser elende kleine Thiers mit seiner perversen *bürgerlichen* Seele hatte sich die Zähne abgenutzt, indem er an jeder Art von Regierung knabberte – dem Königtum unter Louis Philippe, dem Kaiserreich unter Napoleon III. und der Exekutivgewalt der Französischen Republik. Er hatte nie auch nur daran gedacht, unser geliebtes Paris wieder aufzurichten, das unter der Last so vieler Ruinen niedergedrückt war. Ihm war Mac-Mahon nachgefolgt, ein guter, tapferer Mann, aber eine Null. Grévy war Nachfolger des Marschalls geworden, aber er war geizig und hielt alle Ausgaben für sich selbst, für andere Menschen und für das Land für unnötig. Und so blieb Paris traurig und pflegte den Aussatz, den die Kommune ihm durch den Kuss ihrer Feuer übertragen hatte. Und unser entzückender Bois de Boulogne trug noch immer die Spuren der Verletzungen, die ihm die Landesverteidigung zugefügt hatte. Die Avenue des Acacias war verlassen.

Ich öffnete meine Augen wieder. Sie waren mit Tränen gefüllt, und durch ihren Schleier konnte ich noch einmal einen Blick auf die triumphierende Vitalität erhaschen, die mich umgab.

SARAH BERNHARDT
IM REITKOSTÜM

Ich wollte sofort nach Hause, denn ich spielte an diesem Abend zum ersten Mal und fühlte mich ziemlich elend und verzweifelt. In meinem Haus am Chester Square erwarteten mich mehrere Leute, aber ich wollte niemanden sehen. Ich nahm eine Tasse Tee und ging zum Gaiety Theatre, wo wir zum ersten Mal vor dem englischen Publikum auftreten sollten. Ich wusste bereits, dass ich zur Favoritin gewählt worden war, und der Gedanke daran jagte mir einen eisigen Schauer über den Rücken, denn ich bin das, was man eine „ *Traqueuse* " nennt . Ich leide unter Lampenfieber , und zwar sehr stark. Als ich das erste Mal auf der Bühne auftrat, war ich schüchtern, aber ich hatte dieses *Lampenfieber nie* . Ich wurde rot wie eine Mohnblume, wenn mir zufällig ein Zuschauer in die Augen sah. Ich schämte mich, vor so vielen schweigsamen Menschen so laut zu reden. Das war die Auswirkung meines abgeschotteten Lebens, aber Angst empfand ich nicht. Das erste Mal, dass ich richtiges Lampenfieber verspürte, *war* im Januar 1869, bei der siebten oder vielleicht achten Aufführung von *Le Passant* . Dieses kleine Meisterwerk war ein enormer Erfolg gewesen, und meine Interpretation der Rolle des Zanetto hatte das Publikum und besonders die Studenten begeistert. Als ich an diesem Tag die Bühne betrat, applaudierte mir plötzlich das ganze Haus. Ich wandte mich der Kaiserloge zu, weil ich dachte, der Kaiser sei soeben hereingekommen. Aber nein, die Loge war leer, und mir wurde klar, dass alle Bravorufe mir galten. Ich bekam einen nervösen Zitteranfall, und meine Augen brannten von Tränen, die ich zurückhalten musste. Agar und ich hatten fünf Vorhänge, und als wir das Theater verließen, entboten mir die Studenten zu beiden Seiten drei Hochrufe. Als ich nach Hause kam, warf ich mich in die Arme meiner blinden Großmutter, die damals bei mir lebte.

„Was ist los mit dir, meine Liebe?", fragte sie.

„Mit mir ist es vorbei, Großmutter", sagte ich. „Sie wollen einen ‚Star' aus mir machen, und dazu habe ich nicht genug Talent. Du wirst schon sehen, sie werden mich mit all ihren Bravos runterziehen und fertigmachen."

Meine Großmutter nahm meinen Kopf in ihre Hände und ich begegnete dem leeren Blick ihrer großen, hellen Augen, die auf mich gerichtet waren.

„Du hast mir gesagt, mein Kind, dass du der Erste in deinem Beruf sein willst, und als sich dir die Gelegenheit bietet, hast du Angst. Mir scheint, du bist ein sehr schlechter Soldat."

Ich unterdrückte meine Tränen und erklärte, dass ich diesem Erfolg, der meine Ruhe, meine Sorglosigkeit und meine Gleichgültigkeit beeinträchtigte,

tapfer entgegentreten würde. Doch von da an überkam mich die Angst, und
ich wurde zum Märtyrer.

Unter diesen Umständen bereitete ich mich auf den zweiten Akt des *Phèdre*
vor, in dem ich zum ersten Mal vor englischem Publikum auftreten sollte.
Dreimal schminkte ich meine Wangen, schwärzte meine Augen und dreimal
entfernte ich alles wieder mit einem Schwamm. Ich fand, dass ich hässlich
aussah, und mir kam es so dünn vor wie nie zuvor und nicht mehr so groß.
Ich schloss die Augen, um meiner Stimme zu lauschen. Meine besondere
Tonlage ist „ *le bal* ", *das ich tief mit dem offenen a* aussreche , „ *le bâââl* ", oder
hoch bringe, indem ich das *l verweile* – „ *le balll* ". Ach, aber daran bestand
kein Zweifel; mein „ *le bal* " klang weder hoch noch tief, meine Stimme war
in den tiefen Tönen heiser und im Sopran undeutlich. Ich schrie vor Wut
und gerade in diesem Moment erfuhr ich, dass der zweite Akt des *Phèdre*
beginnen würde. Das machte mich wahnsinnig. Ich trug weder meinen
Schleier noch meine Ringe, und mein Kamee-Gürtel war nicht befestigt.

Ich begann zu murmeln:

„ *Das ist meine Stimme! Verse mein Herz, mein ganzes Lied wird sich zurückziehen.*

Ich vertraue dem Seher … "

Das Wort „ *j'oublie* " brachte mich auf eine neue Idee. Was, wenn ich die
Worte vergessen hatte, die ich sagen wollte? Ja, warum. Was hatte ich zu
sagen? Ich wusste es nicht – ich konnte mich nicht erinnern. Was sollte ich
nach „ *en le voyant* " sagen?

Niemand antwortete mir. Alle waren beunruhigt über meinen nervösen
Zustand. Ich hörte Got murmeln: „Sie wird verrückt!"

Mlle. Thénard, die Œnone spielte, mein altes Kindermädchen, sagte zu mir:
„Beruhigen Sie sich. Alle Engländer sind nach Paris gegangen. Im Haus sind
nur Belgier."

Diese albern-komische Rede lenkte meine Gedanken in eine andere
Richtung.

„Wie dumm du bist!", sagte ich. „Du weißt, wie viel Angst ich in Brüssel
hatte!"

„Oh, alles umsonst", antwortete sie ruhig. „An diesem Tag waren nur
Engländer im Theater."

Ich musste sofort auf die Bühne und konnte ihr nicht einmal antworten, aber
sie hatte meine Gedanken auf den Kopf gestellt. Ich hatte immer noch
Lampenfieber, aber nicht das, das lähmt, sondern das, das einen in den

Wahnsinn treibt. Das ist schlimm genug, aber es ist der anderen Art vorzuziehen. Man muss zwar zu viel tun, aber immerhin tut man etwas.

Das ganze Haus applaudierte mir einige Sekunden lang, als ich die Bühne betrat, und als ich anerkennend den Kopf neigte, sagte ich zu mir selbst: „Ja – ja – du wirst es sehen. Ich werde dir mein Blut geben – mein Leben selbst – meine Seele."

Als ich meinen Part begann, hatte ich meine Selbstbeherrschung verloren und begann mit einer etwas zu hohen Note, und als ich einmal in vollem Gange war, konnte ich nicht mehr tiefer gehen – ich konnte einfach nicht aufhören. Ich litt, ich weinte, ich flehte, ich schrie; und es war alles real. Mein Leiden war entsetzlich; meine Tränen flossen, sengend und bitter. Ich flehte Hippolyte um die Liebe an, die mich umbrachte, und meine Arme, die ich nach Mounet-Sully ausstreckte, waren die Arme von Phèdre, die sich in der grausamen Sehnsucht nach seiner Umarmung krümmte. Die Inspiration war gekommen.

Als der Vorhang fiel, hob Mounet-Sully mich leblos hoch und trug mich in meine Garderobe.

Das Publikum, das nichts von dem Geschehen wusste, wollte, dass ich wieder auftauchte und mich verbeugte. Auch ich wollte zurückkommen und dem Publikum für seine Aufmerksamkeit, seine Freundlichkeit und seine Emotionen danken. Ich kam zurück.

Folgendes sagte John Murray im *Gaulois* vom 5. Juni 1879:

„Als Mlle. Bernhardt, mit lautem Geschrei zurückgerufen, erschien, erschöpft von ihren Anstrengungen und gestützt von Mounet-Sully, erhielt sie eine Ovation, die meiner Meinung nach in den Annalen des englischen Theaters einzigartig ist."

Am nächsten Morgen beendete der *Daily Telegraph* seine bewundernswerte Kritik mit diesen Zeilen:

„Mlle. Sarah Bernhardt spannte offensichtlich jeden Nerv und jede Faser an, und ihre Leidenschaft wuchs mit der Aufregung der Zuschauer, denn als sich nach einem unwiderstehlichen Rückruf der Vorhang hob, sah man M. Mounet-Sully den erschöpften Körper der Schauspielerin stützen, die ihren Triumph nur nach enormer körperlicher Anstrengung errungen hatte – und dieser Triumph war es auch, so kurz und plötzlich er auch war."

Der *Standard* beendete seinen Artikel mit den Worten:

„Die unterdrückte Leidenschaft, die eine Zeit lang unterdrückt wurde, bis sie schließlich ihre Fesseln sprengte und die verzweifelte, untröstliche Frau Hippolyte offenbart wurde, wurde mit so lebendiger Realität gezeigt, dass auf den Fall des Vorhangs eine Szene der Begeisterung folgte, wie man sie selten in einem Theater erlebt. Mlle. Sarah Bernhardt schaffte es in den wenigen Minuten, die sie auf der Bühne war (und die, wie man bedenken muss, mitten in eine bewegende Tragödie eintauchte), einen Eindruck zu hinterlassen, der bei den Anwesenden nicht so schnell verschwinden wird."

In der *Morning Post* hieß es:

„Die Worte sind sehr kurz, bevor Phèdre in den Raum stürzt, um zitternd und nervös, mit Kämpfen, die das System zerreißen und zerreißen und erschüttern, das Geheimnis ihrer schändlichen Liebe zu offenbaren. Als ihre Leidenschaft die letzten Reste von Scham oder Zurückhaltung in ihrer Natur besiegte, sprang die Frau mit den Bewegungen eines Panthers vorwärts und wich wieder zurück, scheinbar bemüht, das Herz, das sie mit seinen unheiligen Sehnsüchten erstickte, aus ihrer Brust zu reißen, bis sie schließlich, entsetzt über den Schrecken, den ihr Atem in Hippolyte hervorgerufen hatte, versuchte, sein Schwert aus der Scheide zu ziehen und es sich in die Brust zu stoßen, und dann in völligem und absolutem Zusammenbruch zurückfiel. Diese Darbietung, wunderbar in der Schönheit der Pose, in der fiebrigen Kraft, in der Intensität und in der Reinheit der Darbietung, ist umso bemerkenswerter, als die Leidenschaft sozusagen mit einem Sprung erreicht werden musste, da keine Aufführung des ersten Akts die Schauspielerin zur erforderlichen Hitze geweckt hatte. Es bewies, dass Mlle. Sarah Bernhardt wird ihrem Ruf gerecht und zeigt, was das Publikum, das ihr Kommen mit Spannung erwartet hat, von ihr erwarten kann."

Diese Premiere in London war entscheidend für meine Zukunft.

XXVIII
MEINE AUFTRITTE IN LONDON – MEINE AUSSTELLUNG – MEINE WILDEN TIERE – ÄRGER MIT DER COMÉDIE FRANÇAISE

Mein intensiver Wunsch, das englische Publikum zu gewinnen, hatte dazu geführt, dass ich meine Kräfte überanstrengte. Ich hatte bei der ersten Vorstellung mein Äußerstes getan und mich nicht im Geringsten geschont. Die Folge war, dass ich in der Nacht so beängstigend Blut erbrach, dass ein Bote zur französischen Botschaft geschickt wurde, um einen Arzt zu holen. Dr. Vintras, der Leiter des französischen Krankenhauses in London, fand mich erschöpft auf meinem Bett liegend und mehr tot als lebendig aussehend. Er fürchtete, ich würde nicht wieder gesund werden, und bat darum, meine Familie zu holen. Ich machte mit der Hand eine Geste, die bedeutete, dass dies nicht notwendig sei. Da ich nicht sprechen konnte, schrieb ich mit einem Bleistift auf: „Schicken Sie nach Dr. Parrot.“

Dr. Vintras blieb einen Teil der Nacht bei mir und legte mir alle fünf Minuten zerstoßenes Eis zwischen die Lippen. Endlich gegen fünf Uhr morgens hörte das Bluterbrechen auf und dank eines Trankes, den mir der Arzt gab, schlief ich ein.

Wir sollten an diesem Abend im Gaiety „*L'Etrangère*“ *spielen, und da meine Rolle* nicht sehr ermüdend war, wollte ich sie *einfach so spielen* .

Dr. Parrot kam mit dem Vier-Uhr-Boot und weigerte sich kategorisch, seine Zustimmung zu geben. Er hatte mich seit meiner Kindheit behandelt. Ich fühlte mich wirklich viel besser und das Fieber war verschwunden. Ich wollte aufstehen, aber Dr. Parrot widersprach.

Bald darauf wurden Dr. Vintras und Mr. Mayer, der Impresario der Comédie Française, angekündigt. Mr. Hollingshead, der Direktor des Gaiety Theatre, wartete in einer Kutsche vor der Tür, um zu erfahren, ob ich in *L'Etrangère spielen würde* , dem Stück, das auf den Plakaten angekündigt war. Ich bat Dr. Parrot, sich wieder zu Dr. Vintras ins Wohnzimmer zu gesellen, und gab die Anweisung, Mr. Mayer in mein Zimmer zu führen.

„Mir geht es viel besser“, sagte ich ihm sehr schnell. „Ich bin noch sehr schwach, aber ich werde spielen. Psst! – Sagen Sie hier kein Wort. Sagen Sie es Hollingshead und warten Sie im Raucherzimmer auf mich, aber lassen Sie es niemanden sonst wissen.“

Dann stand ich auf und zog mich sehr schnell an. Meine Zofe half mir dabei und da sie erraten hatte, was ich vorhatte, war sie höchst amüsiert.

In meinen Umhang gehüllt und mit einem Spitzenfichu über dem Kopf begleitete ich Mayer ins Raucherzimmer, und dann stiegen wir beide in seine Kutsche.

„Kommen Sie in einer Stunde zu mir", sagte ich leise zu meiner Zofe.

„Wo gehst du hin?", fragte Mayer völlig verblüfft.

„Zum Theater! Schnell – schnell!" antwortete ich.

Das Taxi fuhr los, und ich erklärte ihm dann, dass weder Dr. Parrot noch Dr. Vintras mir erlaubt hätten, aufzutreten, wenn ich zu Hause geblieben wäre.

„Die Würfel sind gefallen", fügte ich hinzu, „und wir werden sehen, was passiert."

Als ich einmal im Theater war, flüchtete ich in das Privatbüro des Direktors, um Dr. Parrots Ärger zu entgehen. Ich mochte ihn sehr und wusste, wie falsch ich mich ihm gegenüber verhielt, wenn man die Unannehmlichkeiten bedenkt, die er sich auferlegt hatte, als er auf meine Vorladung hin extra für mich angereist war. Ich wusste jedoch, dass es unmöglich gewesen wäre, ihm klarzumachen, dass es mir wirklich besser ging und dass ich, wenn ich mein Leben riskierte, in Wirklichkeit nur das riskierte, was mir gehörte und über das ich nach Belieben verfügen konnte.

Eine halbe Stunde später kam mein Zimmermädchen zu mir. Sie brachte einen Brief von Dr. Parrot mit, voller sanfter Vorwürfe und wütender Ratschläge, der mit einem Rezept für den Fall eines Rückfalls endete. Er reiste eine Stunde später ab und wollte mir nicht einmal die Hand schütteln. Ich war mir jedoch ganz sicher, dass wir bei meiner Rückkehr alles wieder gutmachen würden. Dann begann ich, mich auf meine *Rolle* in *L'Etrangère* *vorzubereiten. Beim Anziehen fiel ich dreimal in Ohnmacht, aber ich war entschlossen , Quand-même zu spielen* .

Das Opium, das ich in meinem Trank zu mir genommen hatte, machte meinen Kopf ziemlich schwer. Ich kam halb bewusstlos auf die Bühne und war entzückt über den Beifall, den ich erhielt. Ich ging wie in einem Traum und konnte meine Umgebung kaum erkennen. Das Haus selbst sah ich nur durch einen leuchtenden Nebel. Meine Füße glitten mühelos über den Teppich und meine Stimme klang für mich weit weg, sehr weit weg. Ich war in diesem köstlichen Rausch, den man nach Chloroform, Morphium, Opium oder Haschisch erlebt.

Der erste Akt verlief sehr gut, aber im dritten Akt, gerade als ich der Herzogin von Septmonts (Croizette) all die Schwierigkeiten erzählen wollte, die ich, Mrs. Clarkson, in meinem Leben durchgemacht hatte, gerade als ich meine endlose Geschichte hätte beginnen sollen, konnte ich mich an nichts erinnern. Croizette murmelte mir meinen ersten Satz vor, aber ich konnte nur sehen, wie sich ihre Lippen bewegten, ohne ein Wort zu hören. Dann sagte ich ganz ruhig:

„Der Grund, warum ich Sie hierher gerufen habe, Madame, ist, dass ich Ihnen die Gründe für mein Vorgehen mitteilen wollte. Ich habe darüber nachgedacht und bin zu dem Entschluss gekommen, sie Ihnen heute nicht mitzuteilen."

Sophie Croizette sah mich mit einem entsetzten Blick an. Dann stand sie auf und verließ die Bühne. Ihre Lippen zitterten und ihre Augen waren die ganze Zeit auf mich gerichtet.

„Was ist los?", fragten alle, als sie fast atemlos in einen Sessel sank.

„Sarah ist verrückt geworden!", rief sie aus. „Ich versichere Ihnen, sie ist völlig verrückt geworden. Sie hat die ganze Szene mit mir herausgeschnitten."

„Aber wie?", fragten alle.

„Sie hat zweihundert Zeilen ausgeschnitten", sagte Croizette.

„Aber wozu?", war die eifrige Frage.

„Ich weiß nicht. Sie sieht ganz ruhig aus."

Dieses ganze Gespräch, das mir später wiederholt wurde, nahm viel weniger Zeit in Anspruch, als es jetzt braucht, um es niederzuschreiben. Coquelin war informiert worden, und er kam jetzt auf die Bühne, um den Akt zu beenden. Der Vorhang fiel. Ich war betäubt und verzweifelt, als ich hörte, was die Leute mir erzählten. Ich hatte nicht bemerkt, dass etwas nicht stimmte, und es kam mir vor, als hätte ich meine ganze Rolle wie üblich gespielt, aber ich stand wirklich unter dem Einfluss des Opiums. Im fünften Akt hatte ich sehr wenig zu sagen, und ich überstand das vollkommen gut. Am nächsten Tag lobten die Zeitungen unsere Truppe, aber das Stück selbst wurde kritisiert. Ich befürchtete zunächst, dass mein unfreiwilliges Auslassen der wichtigen Szene im dritten Akt einer der Gründe für die Strenge der Presse war. Dies war jedoch nicht der Fall, da alle Kritiker das Stück immer wieder gelesen hatten. Sie diskutierten das Stück selbst und erwähnten meinen Gedächtnisfehler nicht.

Der *Figaro* , der zu diesem Zeitpunkt sehr schlechter Laune mir gegenüber war, brachte einen Artikel, aus dem ich den folgenden Auszug zitiere:

„ *L'Etrangère* ist kein Stück nach englischem Geschmack. Mlle. Croizette jedoch erhielt begeisterten Beifall, ebenso wie Coquelin und Febvre. Mlle. Sarah Bernhardt, wie immer nervös, verlor ihr Gedächtnis." (*Figaro* , 3. Juni.)

[3] , wusste ganz genau, dass ich sehr krank war. Er war in meinem Haus gewesen und hatte Dr. Parrot gesehen; daher war er sich bewusst, dass ich im Interesse der Comédie Française handelte, obwohl ich die Fakultät nicht mochte. Das englische Publikum hatte mir solche Anerkennung bewiesen, dass die Comédie ziemlich davon betroffen war, und der *Figaro* , der damals das Organ des Théâtre Français war, bat Johnson, sein Lob für mich abzumildern. Dies tat er während unseres gesamten Aufenthalts in London.

3. T. Johnson, Londoner Korrespondent von *Le Figaro* .

Ich erzähle von meinem Gedächtnisverlust, der an sich ein ziemlich unwichtiger Vorfall war, nur, um Autoren zu beweisen, wie unnötig es ist, sich die Mühe zu machen, die Charaktere ihrer Schöpfungen zu erklären. Alexandre Dumas war sicherlich bestrebt, uns die Gründe zu nennen, die Mrs. Clarkson dazu veranlassten, sich so seltsam zu verhalten. Er hatte eine Person geschaffen, die im Verlauf des Stücks äußerst interessant und voller Handlung ist. Sie offenbart sich dem Publikum im ersten Akt durch die Zeilen, die Mrs. Clarkson zu Madame de Septmonts sagt:

„Ich würde mich sehr freuen, Madame, wenn Sie mich besuchen würden. Wir könnten über einen Ihrer Freunde sprechen, Monsieur Gérard, den ich vielleicht genauso liebe wie Sie, obwohl er sich vielleicht nicht so sehr um mich kümmert wie um Sie."

Das genügte vollkommen, um das Publikum für diese beiden Frauen zu interessieren. Es war der ewige Kampf zwischen Gut und Böse, der Kampf zwischen Laster und Tugend. Aber Dumas schien es offenbar ziemlich alltäglich, ja alte Geschichte, und er wollte das alte Thema wiederbeleben, indem er versuchte, ein Orchester mit Orgel und Banjo zu organisieren. Das Ergebnis war eine furchtbare Kakophonie. Er schrieb ein albernes Stück, das ein schönes hätte sein können. Die Originalität seines Stils, die Treue seiner Ideen und die Brutalität seines Humors genügten, um alte Ideen wiederzubeleben, die in Wirklichkeit die ewige Grundlage von Tragödien, Komödien, Romanen, Bildern, Gedichten und Pamphleten sind. Es war die Liebe zwischen Laster und Tugend. Unter den Zuschauern, die die Uraufführung von *L'Etrangère* in London sahen (und es waren ebenso viele Franzosen wie Engländer anwesend), bemerkte keiner, dass etwas fehlte, und keiner sagte, er habe die Figur nicht verstanden.

Ich habe mit einem sehr gelehrten Franzosen darüber gesprochen.

„Ist Ihnen die Lücke im dritten Akt aufgefallen?", fragte ich ihn.

„Nein", antwortete er.

„In meiner großen Szene mit Croizette?"

"NEIN."

„Gut, dann lesen Sie, was ich ausgelassen habe", beharrte ich.

Als er das gelesen hatte, rief er aus:

„Umso besser. Die ganze Geschichte ist sehr langweilig und völlig nutzlos. Ich verstehe die Figur auch ohne den ganzen Firlefanz und die romantische Geschichte."

Als ich mich später bei Dumas *fils* für die Kürzung seines Stücks entschuldigte, antwortete er: „Oh, mein liebes Kind, wenn ich ein Stück schreibe, finde ich es gut, wenn ich sehe, wie es aufgeführt wird, finde ich es dumm, und wenn es mir jemand erzählt, finde ich es perfekt, weil die Person immer die Hälfte davon vergisst."

Die Aufführungen der Comédie Française zogen jeden Abend eine Menge Leute ins Gaiety Theatre, und ich blieb der Liebling. Ich erwähne dies jetzt mit Stolz, aber ohne Eitelkeit. Ich war sehr glücklich und sehr dankbar für meinen Erfolg, aber meine Kameraden hegten deswegen einen Groll gegen mich, und es begannen Feindseligkeiten auf hinterhältige, verräterische Weise.

Mr. Jarrett, mein Berater und Agent, hatte mir versichert, dass ich einige meiner Werke verkaufen könnte, entweder Skulpturen oder Gemälde. Ich nahm also sechs Skulpturen und zehn Bilder mit und veranstaltete eine Ausstellung davon in Piccadilly. Ich verschickte Einladungen, insgesamt etwa hundert.

Seine Königliche Hoheit, der Prinz von Wales, teilte mir mit, dass er mit der Prinzessin von Wales kommen würde. Die englische Aristokratie und die Berühmtheiten Londons kamen zur Einweihung. Ich hatte nur hundert Einladungen verschickt, aber zwölfhundert Leute kamen und wurden mir vorgestellt. Ich war entzückt und genoss das Ganze ungemein.

Mr. Gladstone erwies mir die große Ehre, etwa zehn Minuten mit mir zu sprechen. Mit seinem freundlichen Gemüt sprach er über alles auf eine außergewöhnlich liebenswürdige Art und Weise. Er fragte mich, welchen Eindruck die Angriffe gewisser Geistlicher auf die Comédie Française und den verdammenswerten Beruf des Dramatikers auf mich gemacht hätten. Ich antwortete, dass ich unsere Kunst moralisch für ebenso nützlich halte wie die Predigten katholischer und protestantischer Prediger.

„Aber wollen Sie mir sagen, Mademoiselle", beharrte er, „welche moralische Lehre Sie aus *Phèdre ziehen können* ?"

„Oh, Mr. Gladstone", antwortete ich, „Sie überraschen mich. *Phèdre* ist eine alte Tragödie; die Moral und die Sitten jener Zeit haben eine ganz andere Perspektive als unsere und auch eine andere als die Moral unserer heutigen Gesellschaft. Und dennoch wird darin die alte Amme Œnone bestraft, die das grausame Verbrechen begeht, einen Unschuldigen anzuklagen. Phèdres Liebe ist entschuldbar aufgrund des Schicksals, das über ihrer Familie schwebt und unbarmherzig über sie hereinbricht. In unserer Zeit würden wir dieses Schicksal Atavismus nennen, denn Phèdre war die Tochter von Minos und Pasiphaë. Was Theseus betrifft, so war sein Urteil, gegen das es keine Berufung gab, eine willkürliche und ungeheuerliche Tat und wurde mit dem Tod seines geliebten Sohnes bestraft, der die einzige und letzte Hoffnung seines Lebens war. Wir sollten nie etwas tun, das irreparabel ist."

„Ah", sagte der Grand Old Man, „Sie sind gegen die Todesstrafe?"

„Ja, Mr. Gladstone."

„Und das ist völlig richtig, Mademoiselle."

Dann gesellte sich Frederic Leighton zu uns und machte mir mit großer Freundlichkeit ein Kompliment zu einem meiner Bilder, das ein junges Mädchen zeigt, das einige Palmen hält. Dieses Bild wurde von Prinz Leopold gekauft.

Meine kleine Ausstellung war ein großer Erfolg, aber ich hätte nie gedacht, dass sie Anlass zu so viel Klatsch und so vielen feigen Seitenhieben sein würde, bis sie schließlich zu meinem Bruch mit der Comédie Française führte.

„OPHELIA", SKULPTUR VON SARAH BERNHARDT

Ich hatte weder als Malerin noch als Bildhauerin Ansprüche und stellte meine Werke aus, um sie zu verkaufen, da ich zwei kleine Löwen kaufen wollte und nicht genug Geld hatte. Ich verkaufte die Bilder für das, was sie wert waren, das heißt, zu sehr bescheidenen Preisen.

Lady H. kaufte meine Gruppe „ *Nach dem Sturm* " . Sie war kleiner als die große Gruppe, die ich zwei Jahre zuvor im Pariser Salon ausgestellt und für die ich einen Preis erhalten hatte. Die kleinere Gruppe war aus Marmor und ich hatte mit größter Sorgfalt daran gearbeitet. Ich wollte sie für 160 Pfund verkaufen, aber Lady H. schickte mir 400 Pfund zusammen mit einer reizenden Notiz, die ich hier zitieren darf. Sie lautete wie folgt:

„Tun Sie mir den Gefallen, Madame, und nehmen Sie die beigefügten 400 £ für Ihre bewundernswerte Gruppe *After the Storm an* . Erweisen Sie mir auch die Ehre, mit mir zu Mittag zu essen, und wählen Sie anschließend selbst den Platz aus, an dem Ihre Skulptur das beste Licht hat. – ETHEL H. "

Es war Dienstag, und an diesem Abend spielte ich in Zaire, aber Mittwoch, Donnerstag und Freitag spielte ich nicht. Ich hatte jetzt genug Geld, um mir Löwen zu kaufen, also machte ich mich, ohne ein Wort im Theater zu sagen, auf den Weg nach Liverpool. Ich wusste, dass es dort eine große Menagerie gab, Cross's Zoo, und dass ich einige Löwen zum Verkauf finden würde.

Die Fahrt war höchst unterhaltsam, denn obwohl ich inkognito reiste, wurde ich auf der gesamten Strecke erkannt und man machte mir viel Freude.

Drei befreundete Herren und Hortense Damain begleiteten mich, und es war ein sehr lebhafter kleiner Ausflug. Ich wusste, dass ich mich meinen Pflichten in der Comédie nicht entziehen würde, da ich erst am Samstag wieder spielen sollte und es erst Mittwoch war.

Wir brachen morgens um 10.30 Uhr auf und kamen gegen 2.30 Uhr in Liverpool an. Wir gingen sofort zu Cross, konnten aber den Eingang zum Haus nicht finden. Wir fragten einen Ladenbesitzer an der Straßenecke und er zeigte auf eine kleine Tür, die wir bereits zweimal geöffnet und geschlossen hatten, da wir nicht glauben konnten, dass dies der Eingang war.

Ich hatte ein großes Eisentor gesehen, hinter dem sich ein breiter Hof befand, und wir standen vor einer kleinen Tür, die in einen ziemlich kleinen, kahl wirkenden Raum führte, in dem wir einen kleinen Mann fanden.

„Mr. Cross?", sagten wir.

„Das ist mein Name", antwortete er.

„Ich möchte ein paar Löwen kaufen", sagte ich dann.

Er begann zu lachen und fragte dann:

„Tatsächlich, Mademoiselle? Sind Sie so tierlieb? Ich war letzte Woche in London, um mir die Comédie Française anzusehen, und habe Sie in *Hernani* gesehen .“

„Hast du nicht dadurch herausgefunden, dass ich Tiere mag?“, sagte ich zu ihm.

„Nein, es war ein Mann, der in der St. Andrew's Street Hunde verkauft und der es mir erzählt hat. Er sagte, Sie hätten zwei Hunde von ihm gekauft und wenn nicht ein Herr bei Ihnen gewesen wäre, hätten Sie fünf gekauft.“

Er erzählte mir das alles in sehr schlechtem Französisch, aber mit viel Humor.

„Also, Mr. Cross“, sagte ich, „ich möchte heute zwei Löwen.“

„Ich zeige Ihnen, was ich habe“, antwortete er und ging voran in den Hof, wo die wilden Tiere waren. Oh, was für prächtige Geschöpfe das waren! Es waren zwei prächtige afrikanische Löwen mit glänzendem Fell und mächtig wirkenden Schwänzen, die in der Luft schlugen. Sie waren gerade erst angekommen und waren bei bester Gesundheit und hatten jede Menge Mut zum Aufbegehren. Sie kannten nichts von der Resignation, die das vorherrschende Stigma zivilisierter Wesen ist.

„Oh, Mr. Cross“, sagte ich, „die sind zu groß. Ich möchte ein paar junge Löwen!“

„Ich habe keine, Mademoiselle.“

„Na dann, zeig mir alle deine Tiere.“

Ich sah die Tiger, die Leoparden, die Schakale, die Geparden, die Pumas und blieb vor den Elefanten stehen. Ich bete sie einfach an und hätte gern einen Zwergelefanten gehabt. Das war schon immer einer meiner Träume und vielleicht kann ich ihn eines Tages verwirklichen.

Cross hatte jedoch keine, also kaufte ich einen Geparden. Er war ganz jung und sehr drollig; er sah aus wie ein Wasserspeier auf einer mittelalterlichen Burg. Ich kaufte auch einen Wolfshund, ganz weiß mit dickem Fell, feurigen Augen und speerartigen Zähnen. Er war furchterregend anzusehen. Mr. Cross schenkte mir sechs Chamäleons, die einer kleinen Rasse angehörten und wie Eidechsen aussahen. Er schenkte mir auch ein bewundernswertes Chamäleon, ein prähistorisches, fabelhaftes Tier. Es war eine wahre chinesische Kuriosität und wechselte die Farbe von blassem Grün zu dunklem Bronze, war in einem Moment schlank und lang wie ein Lilienblatt und dann auf einmal aufgedunsen und stämmig wie eine Kröte. Seine Lorgnon-Augen waren wie die eines Hummers völlig unabhängig voneinander. Mit dem rechten Auge sah er nach vorne und mit dem linken nach hinten. Ich war entzückt und ziemlich begeistert über dieses Geschenk. Ich habe mein Chamäleon zu Ehren von Mr. Cross „Cross-ci Cross-ça" genannt.

Wir kehrten nach London zurück mit dem Geparden im Käfig, dem Wolfshund an der Leine, meinen sechs kleinen Chamäleons in einer Kiste und Cross-ci Cross-ça auf meiner Schulter, befestigt an einer Goldkette, die wir bei einem Juwelier gekauft hatten.

Löwen hatte ich zwar nicht gefunden, aber ich war trotzdem erfreut.

Meine Diener waren nicht so erfreut wie ich. Es gab bereits drei Hunde im Haus: Minniccio, der mich aus Paris begleitet hatte, Bull und Fly, die ich in London gekauft hatte. Dann waren da noch mein Papagei Bizibouzou und mein Affe Darwin.

Madame Guérard schrie, als sie die neuen Gäste ankommen sah. Mein Verwalter zögerte, sich dem Wolfshund zu nähern, und es war vergebens, dass ich ihnen versicherte, mein Gepard sei ungefährlich. Niemand wollte den Käfig öffnen, und er wurde in den Garten getragen. Ich bat um einen Hammer, um die Tür des Käfigs zu öffnen, die zugenagelt war, und hielt so den armen Geparden gefangen. Als meine Diener mich nach dem Hammer fragen hörten, beschlossen sie, sie selbst zu öffnen. Madame Guérard und die Dienstmädchen beobachteten das Geschehen vom Fenster aus. Plötzlich flog die Tür auf, und der Gepard sprang außer sich vor Freude wie ein Tiger aus seinem Käfig, wild vor Freiheit. Er stürzte auf die Bäume zu und ging direkt auf die Hunde zu, die alle vier vor Angst zu heulen begannen. Der Papagei war aufgeregt und stieß schrille Schreie aus; und der Affe schüttelte seinen Käfig hin und her und knirschte vor Verzweiflung mit den Zähnen. Dieses Konzert auf dem stillen Platz machte die erstaunlichste Wirkung. Alle Fenster waren geöffnet, und über zwanzig Gesichter erschienen über meiner Gartenmauer, alle neugierig, erschrocken oder wütend. Ich bekam einen Lachanfall, und meine Freundin Louise Abbema auch. Der Maler Nittis, der mich besuchte, war in derselben Verfassung, und auch Gustave Doré, der seit zwei Uhr auf mich wartete. Georges Deschamp, ein Amateurmusiker mit großem Talent, versuchte, diese Hoffmansche Harmonie aufzuschreiben, während mein Freund Georges Clairin, dessen Rücken vor Lachen bebte, die unvergessliche Szene skizzierte.

Am nächsten Tag war in London das Hauptgesprächsthema das Chaos, das am Chester Square 77 ausgebrochen war. Es wurde so viel darüber geredet, dass unser *Doyen* , M. Got, zu mir kam und mich bat, keinen solchen Skandal zu machen, da er ein schlechtes Licht auf die Comédie Française wirft. Ich hörte ihm schweigend zu und als er fertig war, nahm ich seine Hände.

„Kommen Sie mit, ich zeige Ihnen den Skandal", sagte ich und ging voran in den Garten, gefolgt von meinem Besucher und seinen Freunden.

„Lasst den Geparden raus!", sagte ich und stand auf den Stufen wie ein Kapitän, der seinen Männern befiehlt, ein Riff einzuholen.

Als der Gepard frei war, spielte sich die gleiche verrückte Szene wie am Vortag erneut ab.

„Sehen Sie, Monsieur le Doyen", sagte ich, „das ist mein Irrenhaus."

„Du bist verrückt", sagte er und küsste mich. „Aber es ist wirklich unwiderstehlich komisch", und er lachte, bis ihm die Tränen kamen, als er all die Köpfe über der Gartenmauer erscheinen sah.

Die Feindseligkeiten gingen jedoch weiter, und zwar durch Klatschfetzen, die von einer Person an eine andere und von einer Gruppe an die andere weitergegeben wurden. Die französische Presse griff das auf, und die englische Presse tat dasselbe. Trotz meiner fröhlichen Gemütsart und meiner Verachtung für bösartige Geschichten begann ich mich zu ärgern. Ungerechtigkeit hat mich schon immer zum Aufruhr angestachelt, und Ungerechtigkeit hatte hier ganz sicher ihre Wirkung. Ich konnte nichts tun, ohne beobachtet und getadelt zu werden.

Eines Tages beschwerte ich mich darüber bei Madeleine Brohan, die ich sehr liebte. Diese bezaubernde Künstlerin nahm mein Gesicht in ihre Hände, sah mir in die Augen und sagte:

SARAH BERNHARDT
Aus dem Porträt von Mlle. Louise Abbema

„Mein armer Schatz, du kannst nichts dagegen tun. Du bist originell, ohne es zu wollen. Du hast ein schreckliches Haar, das von Natur aus lockig und rebellisch ist, deine Schlankheit ist übertrieben, du hast eine natürliche Harfe in deiner Kehle, und all das macht dich zu einem besonderen Wesen, was ein Verbrechen des Hochverrats an allem Alltäglichen ist. Das ist es, was mit dir physisch los ist. Nun zu deinen moralischen Mängeln. Du kannst deine Gedanken nicht verbergen, du kannst dich zu nichts herablassen, du akzeptierst niemals Kompromisse, du bietest dich keiner Heuchelei hin – und all das ist ein Verbrechen des Hochverrats an der Gesellschaft. Wie kannst du unter diesen Umständen erwarten, keine Eifersucht zu erregen, die Empfindlichkeit der Leute nicht zu verletzen und sie nicht gehässig zu machen? Wenn du wegen dieser Angriffe entmutigt wirst, ist es mit dir vorbei, da du keine Kraft mehr hast, ihnen zu widerstehen. In diesem Fall rate ich dir, dein Haar zu bürsten, es einzuölen und es so glatt liegen zu lassen wie das des berühmten Korsen; aber selbst das würde nicht funktionieren, denn Napoleon hatte so glattes Haar, dass es ganz originell war. Nun, du könntest versuchen, dein Haar so glatt zu bürsten wie das von Prudhon [4], dann bestünde für dich kein Risiko. Ich würde dir raten", fuhr sie fort, „ein wenig kräftiger zu werden und deine Stimme gelegentlich brechen zu lassen; dann würdest du niemanden belästigen. Aber wenn du du *selbst bleiben willst*, meine Liebe, dann mach dich bereit, auf ein kleines Podest aus Verleumdung, Skandal, Ungerechtigkeit, Bewunderung, Schmeichelei, Lügen und Wahrheiten zu steigen. Wenn du einmal darauf stehst, dann tu das Richtige und zementiere es durch dein Talent, deine Arbeit und deine Freundlichkeit. Alle gehässigen Leute, die unabsichtlich die ersten Materialien für das Gebäude geliefert haben, werden dann dagegen treten, in der Hoffnung, es zu zerstören. Sie werden jedoch machtlos sein, dies zu tun, wenn du dich entscheidest, sie daran zu hindern; und gerade das hoffe ich für dich, meine liebe Sarah, denn du hast einen ehrgeizigen Ruhmesdurst. Ich selbst kann das nicht verstehen, denn ich mag nur Ruhe und Zurückgezogenheit."

4. Prudhon war einer der Künstler des Théâtre Français.

Ich sah sie neidisch an, sie war so schön: mit ihren feuchten Augen, ihrem Gesicht mit den reinen, ruhigen Linien und ihrem müden Lächeln. Ich fragte mich unbehaglich, ob das Glück nicht eher in dieser ruhigen Gelassenheit, in der Verachtung aller Dinge lag. Ich fragte sie sanft, ob das so sei, denn ich wollte es wissen; und sie erzählte mir, dass das Theater sie langweilte, dass sie so viele Enttäuschungen erlebt hatte. Sie schauderte, wenn sie von ihrer Ehe sprach, und was ihre Mutterschaft betraf, die ihr nur Kummer bereitet hatte. Ihre Liebesaffären hatten sie mit zerschlagenen Gefühlen und körperlicher Behinderung zurückgelassen. Das Licht schien dazu verdammt, aus ihren schönen Augen zu verschwinden, ihre Beine waren geschwollen und konnten sie kaum tragen. Sie erzählte mir das alles in demselben ruhigen, halb müden Ton.

Was mich noch vor kurzer Zeit bezaubert hatte, ließ mich jetzt zutiefst erschauern, denn ihre Abneigung gegen Bewegung war auf die Schwäche ihrer Augen und Beine zurückzuführen, und ihre Freude an der Zurückgezogenheit war nur die Liebe zu jener Ruhe, die sie so sehr brauchte, da sie durch das Leben, das sie geführt hatte, verwundet war.

Die Liebe zum Leben ergriff mich jedoch heftiger als je zuvor. Ich dankte meiner lieben Freundin und beherzigte ihren Rat. Ich wappnete mich für den Kampf und zog es vor, mitten in der Schlacht zu sterben, als mein Leben mit dem Bedauern zu beenden, dass es ein Fehlschlag gewesen war. Ich beschloss, nicht über die niederträchtigen Dinge zu weinen, die über mich gesagt wurden, und keine weiteren Ungerechtigkeiten zu ertragen. Ich beschloss auch, mich zu verteidigen, und sehr bald bot sich eine Gelegenheit dazu.

L'Etrangère sollte am 21. Juni 1879 *zum zweiten Mal als Matinee* aufgeführt werden. Am Tag zuvor hatte ich Mayer ausrichten lassen, dass es mir nicht gut ginge und dass ich, da ich abends in *Hernani spielte* , froh wäre, wenn er das für den Nachmittag angekündigte Stück nach Möglichkeit ändern könnte. Der Vorverkaufspreis betrug jedoch über 400 £, und das Komitee wollte nichts davon hören.

„Na ja", sagte Got zu Mr. Mayer, „wir müssen die *Rolle* jemand anderem geben, wenn Sarah Bernhardt nicht spielen kann. Croizette, Madeleine Brohan, Coquelin, Febvre und ich werden in der Besetzung sein, und, *que diable!*, ich glaube, wir alle zusammen werden Mademoiselle Bernhardt ersetzen."

Rolle in der Comédie gespielt hatte, als ich krank war. Lloyd traute sich jedoch nicht und lehnte ab. Man beschloss, das Stück zu ändern, und statt *L'Etrangère wurde Tartufe aufgeführt* . Fast das gesamte Publikum verlangte jedoch sein Geld zurück, und die Einnahmen, die bei etwa 500 Pfund gelegen hätten, beliefen sich nur auf 84 Pfund. Nun brachen all die Gehässigkeit und Eifersucht aus, und das gesamte Ensemble der Comédie, insbesondere die Männer, mit Ausnahme von Herrn Worms, begannen eine Kampagne gegen mich. Francisque Sarcey, als Tambourmajor, schlug mit seiner furchtbaren Feder in der Hand den Takt. Die dümmsten, verleumderischsten und dümmsten Erfindungen und die abscheulichsten Lügen erhoben sich wie eine Wolke wilder Enten und fielen plötzlich über alle Zeitungen her, die gegen mich waren. Es hieß, für einen Schilling könne mich jeder als Mann verkleidet sehen; dass ich auf dem Balkon meines Hauses lehnend riesige Zigarren rauchte; dass ich zu den verschiedenen Empfängen, bei denen ich Einakter gab, meine Zofe mitnahm, damit diese eine kleine Rolle spielte; dass ich in meinem Garten, verkleidet als Pierrot in Weiß, Fechten übte; und dass ich meinem unglücklichen Professor beim Boxunterricht zwei Zähne ausgeschlagen hatte.

Einige meiner Freunde rieten mir, all diese Gemeinheiten zu ignorieren, und versicherten mir, dass die Öffentlichkeit sie unmöglich glauben könne. Sie irrten sich jedoch, denn die Öffentlichkeit glaubt gern Schlechtes über jemanden, da dies immer amüsanter ist als das Gute. Ich hatte bald den Beweis, dass die englische Öffentlichkeit anfing, den französischen Zeitungen Glauben zu schenken. Ich erhielt einen Brief von einem Schneider, der mich fragte, ob ich damit einverstanden wäre, einen Mantel seiner Herstellung zu tragen, wenn ich in männlicher Kleidung auftrat, und er bot mir diesen Mantel nicht nur umsonst an, sondern war auch bereit, mir hundert Pfund zu zahlen, wenn ich ihn tragen würde. Dieser Mann war ein ungezogener Mensch, aber er meinte es aufrichtig. Ich erhielt mehrere Kisten Zigarren, und die Box- und Fechtprofessoren schrieben, um ihre Dienste kostenlos anzubieten. All dies ärgerte mich so sehr, dass ich beschloss, dem ein Ende zu setzen. Ein Artikel von Albert Wolff im Pariser *Figaro* veranlasste mich, Schritte zu unternehmen, um die Sache abzukürzen.

Folgendes schrieb ich als Antwort auf den Artikel im *Figaro* vom 27. Juni 1879:

„ ALBERT WOLFF , *Figaro* , Paris.

„Und Sie, mein lieber Monsieur Wolff, glauben auch an solche Verrücktheiten? Wer kann Ihnen solche falschen Informationen gegeben haben? Ja, Sie sind mein Freund, denn trotz all der Schandtaten, die man Ihnen erzählt hat, haben Sie noch ein wenig Nachsicht übrig. Nun gut, ich gebe Ihnen mein Ehrenwort, dass ich mich hier in London nie als Mann verkleidet habe. Ich habe nicht einmal mein Bildhauerkostüm mitgebracht. Ich bestreite diese Falschdarstellung auf das Entschiedenste. Ich war nur einmal auf der Ausstellung, die ich organisiert habe, und zwar am Eröffnungstag, zu dem ich nur ein paar private Einladungen verschickt hatte, so dass niemand einen Schilling bezahlte, um mich zu sehen. Es stimmt, dass ich einige private Engagements als Schauspieler angenommen habe, aber Sie wissen, dass ich eines der am schlechtesten bezahlten Mitglieder der Comédie Française bin. Ich habe also sicherlich das Recht, zu versuchen, den Unterschied auszugleichen. Ich habe zehn Bilder und acht Skulpturen ausgestellt. Auch das ist ganz richtig, aber da ich sie hierhergebracht habe, um sie zu verkaufen, muss ich es ihnen wirklich zeigen. Was den Respekt betrifft, der dem Hause Molière gebührt, lieber Monsieur Wolff, so beanspruche ich, diesen mehr im Gedächtnis zu behalten als irgendjemand sonst, denn ich bin absolut nicht in der Lage, solche Verleumdungen zu erfinden, um einen seiner Bannerträger zu ermorden. Und nun, wenn die über mich erfundenen Dummheiten die Pariser verärgert haben und sie beschlossen haben, mich bei meiner Rückkehr unfreundlich zu empfangen, möchte ich nicht, dass sich jemand meinetwegen einer solchen Gemeinheit schuldig macht, also werde ich meine Kündigung bei der Comédie Française einreichen. Wenn das Londoner Publikum dieses ganzen Getues müde ist und geneigt sein sollte, mir statt der mir bisher zuteil gewordenen Nachsicht Böses zu tun, werde ich die Comédie bitten, mir die Ausreise aus England zu gestatten, um unserer Gesellschaft den Ärger zu ersparen, eines ihrer Mitglieder ausgebuht und ausgepfiffen zu sehen. Ich sende Ihnen diesen Brief telegrafisch, da mir die Rücksicht auf die öffentliche Meinung das Recht gibt, diese kleine Torheit zu begehen, und ich bitte Sie, lieber Monsieur Wolff, meinem Brief die gleiche Ehre zu erweisen, die Sie den Verleumdungen meiner Feinde erwiesen haben. – Mit sehr freundlichen Grüßen,

"Dein,

„ SARAH BERNHARDT .“

Dieses Telegramm ließ viel Tinte fließen. Obwohl man mich wie ein verwöhntes Kind behandelte, waren sich die Leute im Allgemeinen einig, dass ich ganz recht hatte. Die Comédie war äußerst liebenswürdig. Perrin, der Direktor, schrieb mir einen liebevollen Brief, in dem er mich bat, meinen Plan, die Firma zu verlassen, aufzugeben. Die Frauen waren äußerst freundlich. Croizette kam zu mir, umarmte mich und sagte: „Sag mir, dass du so etwas nicht tun wirst, mein liebes, dummes Kind! Du wirst doch nicht wirklich kündigen? Erstens würde es nicht angenommen werden, dafür stehe ich!“

Mounet-Sully sprach mit mir über Kunst und Redlichkeit. Seine ganze Rede hatte einen protestantischen Beigeschmack. In seiner Familie gibt es mehrere protestantische Pfarrer, und das beeinflusste ihn unbewusst. Delaunay, mit dem Beinamen Pater Candour, kam feierlich, um mir mitzuteilen, welchen schlechten Eindruck mein Telegramm gemacht hatte. Er sagte mir, die Comédie Française sei ein Ministerium; es gebe den Minister, den Sekretär, die Unterchefs und die *Angestellten* , und jeder müsse sich an die Regeln halten und seinen Anteil an Talent oder Arbeit einbringen, und so weiter und so fort. Ich sah Coquelin abends im Theater. Er kam mit ausgestreckten Händen auf mich zu.

„Sie wissen“, sagte er, „ich kann Ihnen kein Kompliment für Ihre voreilige Entscheidung machen, aber mit etwas Glück werden wir Sie umstimmen. Wenn man das Glück und die Ehre hat, der Comédie Française anzugehören, muss man dort bis zum Ende seiner Karriere bleiben.“

Frédéric Febvre machte mich darauf aufmerksam, dass ich bei der Comédie bleiben sollte, weil ich dadurch Geld sparen würde, wozu ich selbst überhaupt nicht in der Lage sei.

„Glauben Sie mir“, sagte er, „wenn wir bei der Comédie sind, dürfen wir sie nicht verlassen; das bedeutet, dass wir später unser Brot bekommen.“

Got, unser *Doyen* , auf mich zu.

„Wissen Sie, was Sie tun, wenn Sie Ihren Rücktritt einreichen?“, fragte er.

„Nein“, antwortete ich.

„Desertieren.“

„Sie irren sich“, antwortete ich. „Ich desertiere nicht, ich wechsle die Kaserne.“

Dann kamen andere zu mir, und sie alle gaben mir Ratschläge, die von ihrer eigenen Persönlichkeit geprägt waren: Mounet als Seher oder Gläubiger;

Delaunay, der von seiner bürokratischen Seele geleitet wurde; Coquelin als Politiker, der die Ideen anderer tadelte, sie aber später lobte und zu seinem eigenen Vorteil in die Praxis umsetzte; Febvre, ein Liebhaber der Ehrbarkeit; Got, als egoistischer alter Knurrer, der nichts anderes verstand als die Befehle der Machthaber und den Aufstieg, der hierarchisch vorgeschrieben ist. Worms sagte in seiner melancholischen Art zu mir:

„Werden sie anderswo besser zu Ihnen sein?"

Worms hatte von allen Mitgliedern unserer illustren Gesellschaft die verträumteste Seele und den offensten, geradlinigsten Charakter. Er gefiel mir außerordentlich.

Wir wollten gerade nach Paris zurückkehren, und ich wollte all diese Dinge für eine Weile vergessen. Ich war in einer zögerlichen Stimmung. Ich schob eine endgültige Entscheidung auf. Der Wirbel, der um mich gemacht worden war, das Gute, das zu meinen Gunsten gesagt worden war, und das Schlechte, das gegen mich geschrieben worden war – all dies zusammen hatte in der Künstlerwelt eine Atmosphäre des Kampfes geschaffen. Als ich im Begriff war, nach Paris abzureisen, machten sich einige meiner Freunde große Sorgen über den Empfang, den ich dort erfahren würde.

Die Öffentlichkeit irrt sich gewaltig, wenn sie glaubt, die Aufregung um berühmte Künstler sei in Wirklichkeit von den betreffenden Personen angestiftet und sie würden es mit Absicht tun. Verärgert darüber, dass bei jeder Gelegenheit immer derselbe Name auftaucht, erklärt die Öffentlichkeit, der Künstler, der verleumdet oder verhätschelt wird, sei ein glühender Liebhaber der Werbung. Ach! Ach, dreimal! Wir sind Opfer der besagten Werbung. Wer die Freuden und Leiden des Berühmtseins kennt, wenn er über vierzig ist, weiß sich zu verteidigen. Er steht am Anfang einer Reihe kleiner Sorgen, Blitze, die unter Blumen versteckt sind, aber er weiß, wie er diese Monsterwerbung in Schach halten kann. Es ist eine Art Krake mit unzähligen Tentakeln. Es streckt seine feuchten Arme nach rechts und links, nach vorn und nach hinten aus und nimmt mit seinen tausend kleinen Einatmungsorganen alle Gerüchte, Verleumdungen und Lobeshymnen auf, um sie dann dem Publikum wieder auszuspucken, wenn es seine schwarze Galle erbricht. Aber wer mit zwanzig Jahren in die Fänge der Berühmtheit gerät, weiß nichts. Ich erinnere mich, dass ich mich beim ersten Mal, als ein Reporter zu mir kam, aufrichtete und rot wie ein Hahnenkamm vor Freude wurde. Ich war gerade siebzehn Jahre alt – ich hatte in einem Privathaus geschauspielert und die Rolle des Richelieu mit großem Erfolg übernommen. Dieser Herr besuchte mich zu Hause und stellte mir erst eine Frage und dann noch eine und noch eine. Ich antwortete und plapperte und war außer mir vor Stolz und Aufregung. Er machte sich Notizen und ich sah ständig meine Mutter an. Es kam mir vor, als würde ich größer. Ich musste meine Mutter küssen, um meine Fassung zu bewahren, und ich verbarg mein Gesicht an ihrer Schulter, um meine Freude zu verbergen. Schließlich stand der Herr auf, schüttelte mir die Hand und verabschiedete sich. Ich hüpfte im Zimmer auf und ab und begann, mich im Kreis zu drehen und „ *Trois petits pâtés, ma chemise brûle*" *zu singen* , als sich plötzlich die Tür öffnete und der Herr zu Mama sagte: „Oh, Madame, ich vergaß, dies ist die Quittung für das Abonnement der Zeitschrift. Es ist ein Nichts, nur sechzehn Francs im Jahr." Mama verstand zuerst nicht. Ich stand ganz still mit offenem Mund und konnte meine *petits pâtés nicht verdauen* . Dann bezahlte Mama die sechzehn Francs und streichelte mir in ihrem Mitleid mit mir, der inzwischen weinte, sanft übers Haar. Seitdem bin ich dem Monster ausgeliefert, an Händen und Füßen gefesselt, und man hat mich immer noch beschuldigt, die Werbung zu vergöttern. Und wenn man bedenkt, dass meine ersten Ansprüche auf Berühmtheit meine außergewöhnliche Magerkeit und mein schwacher Gesundheitszustand waren. Ich hatte kaum mein *Debüt gegeben* , als jeder nach Herzenslust Epigramme, Wortspiele, Witze und Karikaturen über mich dichtete. War ich wirklich nur deshalb so dünn, so klein, so schwach, um mich bekannt zu machen, und lag ich deswegen sechs Monate im Jahr krank im Bett? Mein Name wurde berühmt, bevor ich ich selbst war.

Bei der Premiere von Louis Bouilhets Stück *Mademoiselle Aïssé* im Odéon stellte mir Flaubert, ein enger Freund des Autors, einen *Attaché* der britischen Botschaft vor.

„Oh, ich kenne Sie schon seit einiger Zeit, Mademoiselle", sagte er. „Sie sind der kleine Stock mit dem Schwamm oben drauf."

Diese Karikatur von mir war gerade aufgetaucht und die Freude müßiger Leute gewesen. Ich war damals noch ein ganz junges Mädchen, und nichts dergleichen verletzte oder beunruhigte mich. Zunächst hatten mich alle Ärzte aufgegeben, so dass mir alles gleichgültig war; aber alle Ärzte irrten sich, und zwanzig Jahre später musste ich gegen das Monster kämpfen.

XXIX

DIE COMÉDIE FRANÇAISE KEHRT NACH PARIS ZURÜCK – SARAH BERNHARDTS KOMMENTARE ZU DEN SCHAUSPIELERN UND SCHAUSPIELERINNEN DER ZEIT

Die Rückkehr der Comédie in ihre Heimat war ein Ereignis, das jedoch geheim gehalten wurde. Unsere Abreise aus Paris war sehr lebhaft und fröhlich gewesen und eine recht öffentliche Veranstaltung. Viele Mitglieder, darunter auch ich, kehrten heimlich zurück. Für diejenigen, die nicht geschätzt worden waren, war es eine traurige Rückkehr, während diejenigen, die versagt hatten, wütend waren.

Ich war noch keine Stunde zu Hause, als Perrin angekündigt wurde. Er fing an, mir sanft Vorwürfe zu machen, weil ich mich so wenig um meine Gesundheit kümmerte. Er sagte, ich würde zu viel Aufhebens um mich machen.

„Aber“, rief ich aus, „ist es meine Schuld, wenn ich zu dünn bin? Ist es auch meine Schuld, wenn mein Haar zu lockig ist und wenn ich nicht so denke wie andere Leute? Angenommen, ich würde einen Monat lang so viel Arsen einnehmen, dass ich wie ein Fass anschwelle, und angenommen, ich würde mir den Kopf rasieren wie ein Araber und auf alles, was Sie sagen, nur mit ‚Ja‘ antworten, dann würden die Leute behaupten, ich hätte das nur aus Reklamegründen getan.“

„Aber, mein liebes Kind“, antwortete Perrin, „es gibt Menschen, die weder dick noch dünn sind, weder glattrasiert noch mit Haarbüscheln, und die mit ‚Ja‘ und ‚Nein‘ antworten.“

Ich war einfach versteinert angesichts der Berechtigung und Vernunft dieser Bemerkung, und ich verstand das „Warum“ all der „Warums“, die ich mir seit einigen Jahren gestellt hatte. Es gab keine glückliche Mitte bei mir; ich war „zu viel“ und „zu wenig“, und ich hatte das Gefühl, dass man nichts dagegen tun konnte. Ich gestand es Perrin und sagte ihm, dass er völlig recht hatte. Er nutzte meine Laune aus, um mir eine Standpauke zu halten und mir zu raten, nicht bei der Eröffnungszeremonie zu erscheinen, die bald in der Comédie stattfinden sollte. Er fürchtete eine Verschwörung gegen mich. Einige Leute waren ziemlich aufgeregt, zu Recht oder zu Unrecht – ein bisschen von beidem, fügte er in jener schlauen und höflichen Art hinzu, die ihm eigen war. Ich hörte ihm zu, ohne ihn zu unterbrechen, was ihn ein wenig in Verlegenheit brachte, denn Perrin war ein Argumentierer, aber kein Redner. Als er fertig war, sagte ich:

„Sie haben mir zu viele Dinge erzählt, die mich aufregen, Monsieur Perrin. Ich liebe eine Schlacht, und ich werde bei der Zeremonie erscheinen. Wissen

Sie, ich bin bereits davor gewarnt worden. Hier sind drei anonyme Briefe. Lesen Sie diesen, er ist der netteste."

Er entfaltete den nach Ambra duftenden Brief und las Folgendes:

„ MEIN ARMES SKELETT , du tust gut daran, deine schreckliche jüdische Nase bei der Eröffnungsfeier übermorgen nicht zu zeigen. Ich fürchte, sie würde als Zielscheibe für all die Kartoffeln dienen, die jetzt in deiner lieben Stadt Paris speziell für dich gekocht werden. Lass ein paar Absätze in die Zeitungen bringen, in denen steht, dass du Blut gespuckt hast, und bleib im Bett und denke über die Folgen übermäßiger Werbung nach.

„ EIN ABONNENT ."

Perrin schob den Brief angewidert von sich.

„Hier sind noch zwei", sagte ich, „aber sie sind so grob, dass ich Sie verschonen werde. Ich werde zur Eröffnungszeremonie gehen."

„Gut!", antwortete Perrin. „Morgen ist eine Probe. Kommst du mit?"

„Ich werde kommen", antwortete ich.

Bei der Probe am nächsten Tag schien es keinem der Künstler, ob Mann oder Frau, ein Anliegen zu sein, auf die Bühne zu gehen, um sich mit mir zu verbeugen. Ich muss allerdings sagen, dass sie sich trotzdem alle sehr höflich verhielten. Ich erklärte jedoch, dass ich allein weitermachen würde, obwohl das gegen die Regeln war, denn ich dachte, ich müsste mich der schlechten Laune und der Intrige allein stellen.

Als sich der Vorhang hob, war das Haus überfüllt.

Die Zeremonie begann inmitten von „Bravos!". Das Publikum war entzückt, seine geliebten Künstler wiederzusehen. Sie traten zu zweit vor, einer rechts, der andere links, und hielten den Palmenzweig oder die Krone, die auf den Sockel von Molières Büste gestellt werden sollte. Ich kam an die Reihe und trat allein vor. Ich fühlte, dass ich blass und dann leichenblass wurde, mit einem Willen, der entschlossen war, zu siegen. Ich ging langsam auf die Rampe zu, aber anstatt mich zu verbeugen, wie es meine Kameraden getan hatten, stand ich aufrecht und blickte mit beiden Augen in alle Augen, die sich mir zuwandten. Ich war vor dem Kampf gewarnt worden und wollte ihn nicht provozieren, aber ich wollte auch nicht davor weglaufen. Ich wartete eine Sekunde und spürte die Erregung und die Erregung, die durch das Haus lief; und dann, plötzlich von einem Impuls großzügiger Freundlichkeit bewegt, brach das ganze Haus in wilden Applaus und Geschrei aus. Das so geliebte und liebevolle Publikum war berauscht vor Freude. Dieser Abend war sicherlich einer der größten Triumphe meiner gesamten Karriere.

Einige Künstler waren begeistert, vor allem die Frauen, denn eines muss man in Bezug auf unsere Kunst bemerken: Die Männer sind eifersüchtiger auf die Frauen als die Frauen untereinander. Ich habe viele Feinde unter den männlichen Komikern kennengelernt und nur sehr wenige unter den Schauspielerinnen.

Ich glaube, dass die dramatische Kunst im Wesentlichen weiblich ist.

Das Gesicht zu bemalen, die wahren Gefühle zu verbergen, zu versuchen, zu gefallen und Aufmerksamkeit zu erregen – das sind alles Fehler, die wir den Frauen vorwerfen und für die man große Nachsicht zeigt. Dieselben Mängel scheinen bei einem Mann abscheulich. Und doch muss der Schauspieler versuchen, so attraktiv wie möglich zu sein, selbst wenn er dazu gezwungen ist, auf Farbe und falsche Bärte und Haare zurückzugreifen. Er kann Republikaner sein und muss mit Wärme und Überzeugung royalistische Theorien vertreten. Er kann Konservativer sein und muss anarchistische Prinzipien vertreten, wenn dies dem Autor gefällt.

Am Théâtre Français war der arme Maubant ein äußerst fortgeschrittener Radikaler, und seine Statur und sein hübsches Gesicht verurteilten ihn dazu, die Rollen von Königen, Kaisern und Tyrannen zu spielen. Während der gesamten Probenzeit hörte man Karl den Großen oder Cäsar Tyrannen beschimpfen, Eroberer verfluchen und die härtesten Strafen für sie fordern. Ich habe diesen Kampf zwischen Mann und Schauspieler sehr genossen. Vielleicht verleiht diese ständige Abstraktion von sich selbst dem Komiker eine weiblichere Natur. Wie dem auch sei, sicher ist, dass der Schauspieler auf die Schauspielerin eifersüchtig ist. Die Höflichkeit des gebildeten Mannes verschwindet vor dem Rampenlicht, und der Komiker, der im Privatleben einer Frau in jeder Notlage einen Dienst erweisen würde, sucht auf der Bühne Streit mit ihr. Er würde sein Leben riskieren, um sie aus jeder Gefahr auf der Straße, auf der Eisenbahn oder im Boot zu retten, aber wenn er erst einmal auf der Bühne steht, tut er nichts, um ihr aus der Not zu helfen. Wenn ihr Gedächtnis sie im Stich ließ oder sie einen Fehltritt beging, würde er nicht zögern, sie zu schubsen. Ich gehe vielleicht schon weit, aber nicht so weit, wie die Leute vielleicht denken. Ich bin mit einigen berühmten Komödianten aufgetreten, die mir einige böse Streiche gespielt haben. Andererseits gibt es einige Schauspieler, die bewundernswert sind und die auf der Bühne mehr Menschen als Komödianten sind. Pierre Berton, Worms und Guitry sind und bleiben die vollkommensten Vorbilder freundlicher und beschützender Höflichkeit gegenüber einer Komödiantin. Ich habe mit jedem von ihnen in einer Reihe von Stücken gespielt, und obwohl ich unter Lampenfieber leide, habe ich mich beim Spielen mit diesen drei Künstlern immer vollkommen sicher gefühlt. Ich wusste, dass sie sehr intelligent waren, dass sie Mitleid mit mir wegen meiner Angst hatten und dass sie auf jede dadurch verursachte Nervenschwäche vorbereitet sein würden. Pierre Berton und Worms, beide sehr große Künstler, verließen die Bühne in voller künstlerischer Kraft und Lebenskraft, Pierre Berton, um sich der Literatur zu widmen, und Worms – niemand weiß, warum. Guitry, der bei weitem jüngste der drei, ist jetzt der erste Künstler auf der französischen Bühne, denn er ist ein bewundernswerter Komiker und gleichzeitig ein Künstler, was sehr selten vorkommt. Ich kenne nur sehr wenige Künstler in Frankreich oder anderen Ländern, die diese beiden Eigenschaften in sich vereinen. Henry Irving war ein bewundernswerter Künstler, aber kein Komiker. Coquelin ist ein bewundernswerter Komiker, aber er ist kein Künstler. Mounet-Sully besitzt ein Genie, das er manchmal in den Dienst des Künstlers und manchmal in den Dienst des Komikers stellt; andererseits liefert er uns als Künstler und Komiker manchmal Übertreibungen, die Liebhaber der Schönheit und der Wahrheit mit den Zähnen knirschen lassen. Bartet ist eine perfekte *Komödiantin* mit einem sehr feinen künstlerischen Sinn. Réjane ist die komischste aller Komikerinnen und eine Künstlerin, wenn sie es sein möchte.

Eleonora Duse ist mehr eine Komödiantin als eine Künstlerin. Sie geht auf Wegen, die von anderen vorgezeichnet wurden. Sie ahmt sie nicht nach, ganz bestimmt nicht, denn sie pflanzt Blumen, wo Bäume waren, und Bäume, wo Blumen waren. Aber sie hat durch ihre Kunst nie eine einzige Persönlichkeit hervorstechen lassen, die mit ihrem Namen identifiziert wurde. Sie hat kein Wesen oder eine Vision geschaffen, die einen an sich selbst erinnert. Sie zieht die Handschuhe anderer Leute an, aber sie zieht sie verkehrt herum an. Und all dies hat sie mit unendlicher Anmut und mit sorgloser Unbewusstheit getan. Sie ist eine große Komödiantin, eine sehr große Komödiantin, aber keine große Künstlerin.

Novelli ist ein Komiker der alten Schule, der sich nicht viel um die künstlerische Seite kümmerte. Er ist perfekt im Lachen und Weinen. Beatrice Patrick Campbell ist vor allem eine Künstlerin, und ihr Talent liegt im Charme und im Denken: Sie verabscheut ausgetretene Pfade; sie möchte erschaffen und sie erschafft. Antoine wird oft von seinen eigenen Fähigkeiten verraten, denn seine Stimme ist schwer und sein allgemeines Erscheinungsbild eher gewöhnlich. Als Komiker lässt er daher oft viel zu wünschen übrig, aber er ist immer ein Künstler ohnegleichen, und unsere Kunst verdankt ihm viel in ihrer Entwicklung in Richtung Wahrheit. Auch Antoine ist nicht eifersüchtig auf die Schauspielerin.

XXX
MEIN ABSCHIED AUS DER COMÉDIE FRANAÇISE – VORBEREITUNGEN FÜR MEINE ERSTE AMERIKAN- TOURNEE – EIN WEITERER BESUCH IN LONDON

Die Tage nach der Rückkehr der Comédie in ihr eigenes Heim waren für mich sehr anstrengend. Unser Direktor wollte mich unterwerfen und folterte mich mit tausend kleinen Nadelstichen, die für eine Natur wie die meine viel schmerzhafter waren als so viele Messerstiche. (Zumindest bilde ich mir das ein, denn ich habe nie welche bekommen.) Ich wurde reizbar, bei der geringsten Provokation schlecht gelaunt und war tatsächlich krank. Ich war immer fröhlich gewesen und jetzt war ich traurig. Meine Gesundheit, die immer schwach gewesen war, wurde durch diesen Zustand des Chaos gefährdet.

Perrin gab mir die *Rolle* der *Aventurière* zum Einstudieren. Ich verabscheute das Stück und mochte die Rolle nicht, und ich hielt die Zeilen von *L'Aventurière* für wirklich sehr schlechte Poesie. Da ich nicht gut verbergen kann, sagte ich dies in einem Wutanfall direkt zu Emile Augier, und er rächte sich bei der ersten Gelegenheit, die sich bot, auf höchst unhöfliche Weise. Dies geschah anlässlich meines endgültigen Bruchs mit der Comédie Française, einen Tag nach der Uraufführung von *L'Aventurière* am Samstag, dem 17. April 1880. Ich war nicht bereit, meine Rolle zu spielen, und der Beweis dafür war ein Brief, den ich am 14. April 1880 an M. Perrin schrieb.

„Es tut mir sehr leid, mein lieber Monsieur Perrin", sagte ich, „aber ich habe so starke Halsschmerzen, dass ich nicht sprechen kann und das Bett hüten muss. Würden Sie mich bitte entschuldigen? Ich habe mir am Sonntag an diesem elenden Trocadéro eine Erkältung eingefangen. Ich mache mir große Sorgen, denn ich weiß, dass es Ihnen Unannehmlichkeiten bereiten wird. Jedenfalls werde ich für Samstag bereit sein, was auch immer passiert. Tausend Entschuldigungen und freundliche Grüße.

„ SARAH BERNHARDT ."

Ich konnte spielen, da ich mich von meiner Halsentzündung erholt hatte, aber ich hatte meine Rolle während der drei Tage nicht geübt, da ich nicht sprechen konnte. Ich hatte auch meine Kostüme nicht anprobieren können, da ich die ganze Zeit im Bett gelegen hatte. Am Freitag ging ich zu Perrin, um ihn zu bitten, die Aufführung von *L'Aventurière* auf die nächste Woche zu verschieben. Er antwortete, das sei unmöglich; alle Plätze seien ausgebucht und das Stück müsse am folgenden Dienstag am Abonnementabend gespielt werden. Ich ließ mich überreden, mitzuspielen, da ich Vertrauen in meinen Star hatte.

„Oh", sagte ich mir, „ich werde das schon überstehen."

Ich habe es jedoch nicht geschafft, oder vielmehr, ich habe es sehr schlecht geschafft. Mein Kostüm war ein Reinfall, es passte mir nicht. Sie hatten mich immer wegen meiner Dünnheit verspottet, und in diesem Kleid sah ich aus wie eine englische Teekanne. Meine Stimme war immer noch ziemlich heiser, was mich sehr beunruhigte. Ich spielte den ersten Teil der *Rolle* sehr schlecht und den zweiten Teil etwas besser. In einem bestimmten Moment während der Gewaltszene stand ich aufrecht und stützte meine beiden Hände auf den Tisch, auf dem ein brennender Kandelaber stand. Im ganzen Haus erhob sich ein Aufschrei, denn mein Haar war der Flamme sehr nahe. Am nächsten Tag stand in einer der Zeitungen, ich hätte gespürt, dass alles schief ging, und deshalb mein Haar anzünden wollen, damit das Stück zu Ende wäre, bevor ich völlig versagte. Das war sicherlich der Höhepunkt der Dummheit. Die Presse lobte mich nicht, und die Presse hatte völlig recht. Ich hatte schlecht gespielt, sah hässlich aus und war schlecht gelaunt, aber ich fand, dass es mir gegenüber trotzdem an Höflichkeit und Nachsicht mangelte. Auguste Vitu schloss seinen Artikel im *Figaro* vom 18. April 1880 mit den Worten: „Die neue Clorinde (die Abenteurerin) in den letzten beiden Akten machte einige Gesten mit ihren Armen und Bewegungen ihres Körpers, die man leider von Virginie von *L'Assommoir übernommen* und in der Comédie Française eingeführt sieht." Der einzige Fehler, den ich nie hatte und nie haben werde, ist Vulgarität. Das war eine Ungerechtigkeit und eine Absicht, meine Gefühle zu verletzen. Vitu war kein Freund von mir, aber ich verstand an dieser Art, mich anzugreifen, dass kleinliche Hasser ihre Klapperschlangenköpfe erhoben. Die ganze niederträchtige, kleine Vipernwelt kroch unter meinen Blumen und meinen Lorbeeren herum. Ich wusste schon lange, was vor sich ging, und manchmal hatte ich hinter den Kulissen ein Klappern gehört. Ich wollte in den Genuss kommen, sie alle miteinander klappern zu hören, und so warf ich meine Lorbeeren und Blumen in alle vier Winde. Auf die abrupteste Weise brach ich den Vertrag, der mich an die Comédie Française und damit an Paris band.

Ich schloss mich den ganzen Morgen ein und beschloss nach endlosen Diskussionen mit mir selbst, meine Kündigung bei der Comédie einzureichen. Ich schrieb daher folgenden Brief an M. Perrin:

„ AN DEN DIREKTOR .

„Sie haben mich gezwungen zu spielen, obwohl ich noch nicht bereit war. Sie haben mir nur acht Proben auf der Bühne erlaubt, und das Stück wurde nur dreimal vollständig geprobt. Ich wollte nicht vor Publikum auftreten. Sie bestanden darauf. Was ich voraussah, ist eingetreten. Das Ergebnis der Aufführung hat meine Erwartungen übertroffen. Ein Kritiker gab vor, ich hätte Virginie aus *L'Assommoir* statt Dona Clorinde aus *L'Aventurière gespielt* . Mögen Emile Augier und Zola mir Absolution erteilen! Dies ist meine erste Abfuhr an der Comédie; es wird meine letzte sein. Ich habe Sie am Tag der Generalprobe gewarnt. Sie sind zu weit gegangen. Ich halte mein Wort. Bis Sie diesen Brief erhalten, werde ich Paris verlassen haben. Nehmen Sie bitte meinen sofortigen Rücktritt an und glauben Sie mir

"Dein,

„ SARAH BERNHARDT ."

Damit dieser Rücktritt in der Ausschusssitzung nicht abgelehnt würde, schickte ich Kopien meines Briefes an den „ *Gaulois*" und den „*Figaro*" . Dieser wurde gleichzeitig mit dem Eingang bei M. Perrin veröffentlicht.

Dann machte ich mich entschlossen, mich von niemandem beeinflussen zu lassen, und machte mich mit meiner Zofe sofort auf den Weg nach Hâvre. Ich hatte angeordnet, dass niemand erfahren sollte, wo ich war, und den ersten Abend, den ich dort verbrachte, verbrachte ich streng inkognito. Aber am nächsten Morgen wurde ich erkannt und entsprechende Telegramme nach Paris geschickt. Ich wurde von Reportern belagert.

Ich suchte Zuflucht in La Hêve, wo ich trotz des unaufhörlichen kalten Regens den ganzen Tag am Strand verbrachte.

Ich kehrte durchgefroren ins Hotel Frascati zurück und bekam in der Nacht so viel Fieber, dass Dr. Gibert zu Besuch gebeten wurde. Madame Guérard, die von meinem erschrockenen Zimmermädchen gerufen worden war, kam sofort. Ich hatte zwei Tage lang Fieber. Während dieser Zeit schütteten die Zeitungen weiterhin eine Flut von Tinte aufs Papier. Das wurde bitter und ich wurde der schlimmsten Vergehen beschuldigt. Das Komitee schickte einen *Hausmeister* in mein Hotel in der Avenue de Villiers, und dieser Mann erklärte, er habe, nachdem er dreimal an die Tür geklopft und keine Antwort erhalten hatte, eine Kopie hinterlassen usw. usw.

Dieser Mann log. Im Hotel befanden sich mein Sohn und sein Lehrer, mein Steward, der Mann meiner Zofe, mein Butler, die Köchin, das Küchenmädchen, die zweite Zofe und fünf Hunde; aber es war völlig vergeblich, dass ich gegen diesen Lakaien des Gesetzes protestierte; es war nutzlos.

Die Comédie muss mir laut Satzung drei Ladungen schicken. Dies geschah nicht, und es wurde ein Prozess gegen mich angestrengt. Er war schon im Voraus verloren.

Maître Allou, der Fürsprecher der Comédie Française, erfand böse kleine Geschichten über mich. Es machte ihm Spaß, mich lächerlich zu machen. Er hatte einen großen Ordner mit Briefen von mir an Perrin, Briefe, die ich in sanfteren Momenten oder im Zorn geschrieben hatte. Perrin hatte sie alle aufbewahrt, sogar die kürzesten Notizen. Ich hatte keinen von seinen aufbewahrt. Die wenigen veröffentlichten Briefe von Perrin an mich selbst stammten aus seinem Briefkopienbuch. Natürlich zeigte er nur diejenigen, die der Öffentlichkeit eine Vorstellung von seiner väterlichen Güte mir gegenüber vermitteln konnten, usw. usw.

Das Plädoyer von Maître Allou war überaus erfolgreich: Er forderte dreihunderttausend Franc Schadensersatz und außerdem die Einziehung der dreiundvierzigtausend Franc, die mir das Theater schuldete, zugunsten der Comédie Française.

Maître Barboux war mein Anwalt. Er war ein enger Freund von Perrin. Er verteidigte mich sehr gleichgültig. Ich wurde dazu verurteilt, der Comédie Française hunderttausend Francs zu zahlen und die dreiundvierzigtausend Francs zu verlieren, die ich der Direktion hinterlassen hatte. Ich kann sagen, dass ich mich nicht sehr um diesen Prozess gekümmert habe.

Drei Tage nach meinem Rücktritt besuchte mich Jarrett. Er schlug mir zum dritten Mal vor, einen Vertrag für Amerika abzuschließen. Diesmal hörte ich mir seine Vorschläge an. Wir hatten nie über Bedingungen gesprochen, und das war sein Vorschlag:

SARAH BERNHARDT (1879)

Fünftausend Francs für jede Vorstellung und die Hälfte der Einnahmen über fünfzehntausend Francs; das heißt, an dem Tag, an dem die Einnahmen die Summe von zwanzigtausend Francs erreichten, sollte ich siebentausendfünfhundert Francs erhalten. Außerdem tausend Francs pro Woche für meine Hotelrechnung; außerdem einen speziellen Pullman-Waggon für alle Bahnfahrten, der ein Schlafzimmer, ein Wohnzimmer mit Klavier, vier Betten für mein Personal und zwei Köche enthielt, die unterwegs für mich kochten. Mr. Jarrett sollte zehn Prozent aller von mir erhaltenen Beträge erhalten.

Ich akzeptierte alles. Ich konnte es kaum erwarten, Paris zu verlassen. Jarrett schickte sofort ein Telegramm an Mr. Abbey, den großen amerikanischen *Impresario* , und er landete dreizehn Tage später auf dieser Seite. Ich unterschrieb den von Jarrett ausgearbeiteten Vertrag, der Punkt für Punkt mit dem amerikanischen Manager besprochen worden war.

Bei der Vertragsunterzeichnung erhielt ich 100.000 Francs als Vorschuss für meine Ausgaben vor der Abreise. Ich sollte acht Stücke spielen: *Hernani* , *Phèdre* , *Adrienne Lecouvreur* , *Froufrou* , *Die Kameliendame* , *Die Sphinx* , *Der Fremde* und *Die Prinzessin Georges* .

Ich bestellte fünfundzwanzig moderne Kleider bei Laferrière, bei dem ich damals Kunde war.

Bei Baron bestellte ich sechs Kostüme für *Adrienne Lecouvreur* und vier Kostüme für *Hernani* . Bei einem jungen Kostümbildner *namens* Lepaul bestellte ich mein Kostüm für *Phèdre* . Diese sechsunddreißig Kostüme kosteten mich einundsechzigtausend Francs; davon allein kostete mein Kostüm für *Phèdre* viertausend Francs. Der arme *Kostümbildner* hatte es selbst bestickt. Es war ein Wunder. Es wurde mir zwei Tage vor meiner Abreise gebracht, und ich kann nicht ohne Erregung an diesen Moment denken. Verärgert über das lange Warten, schrieb ich gerade einen wütenden Brief an den *Kostümbildner* , als er angekündigt wurde. Zuerst empfing ich ihn sehr schlecht, aber ich fand ihn so unwohl, den armen Mann, dass ich ihn aufforderte, sich hinzusetzen, und ihn fragte, wie er so krank geworden sei.

„Ja, mir geht es gar nicht gut“, sagte er mit so schwacher Stimme, dass ich ganz aufgeregt war. „Ich wollte dieses Kleid fertigstellen und habe drei Tage und Nächte daran gearbeitet. Aber sehen Sie, wie schön Ihr Kostüm ist!“ Und er breitete es mit liebevoller Ehrfurcht vor mir aus.

„Sehen Sie!“, bemerkte Guérard, „ein kleiner Fleck!“

„Ach, ich habe mich gestochen“, antwortete der arme Künstler schnell.

Aber gerade hatte ich einen Blutstropfen an seinem Mundwinkel entdeckt. Er wischte ihn schnell weg, damit er nicht wie der andere kleine Fleck auf das hübsche Kostüm fiel. Ich gab dem Künstler die viertausend Francs, die er mit zitternden Händen entgegennahm. Er murmelte einige unverständliche Worte und zog sich zurück.

„Nehmt dieses Kostüm weg, nehmt es weg!", rief ich *meiner kleinen Dame* und meiner Zofe zu. Und ich weinte so sehr, dass ich den ganzen Abend Schluckauf hatte. Niemand verstand, warum ich weinte. Aber ich machte mir bittere Vorwürfe, dass ich den armen Mann beunruhigt hatte. Es war klar, dass er im Sterben lag. Und durch die Macht der Umstände hatte ich unabsichtlich das erste Glied in der Kette des Todes geschmiedet, die diesen jungen Mann von 22 Jahren – diesen Künstler mit einer Zukunft vor sich – ins Grab schleifte.

Ich würde dieses Kostüm niemals tragen. Es ist noch in seiner Schachtel, vergilbt vom Alter. Die Goldstickerei ist mit der Zeit angelaufen, und der kleine Blutfleck hat das Material leicht zerfressen. Was den armen Künstler betrifft, so erfuhr ich von seinem Tod während meines Aufenthalts in London im Monat Mai, denn vor meiner Abreise nach Amerika unterzeichnete ich mit Hollingshead und Mayer, den *Impresarii* der Comédie, einen Vertrag, der mich vom 24. Mai bis zum 24. Juni (1880) an sie band.

In dieser Zeit wurde auch über den Prozess entschieden, den die Comédie Française gegen mich angestrengt hatte.

Maître Barboux hat mich zu nichts konsultiert, und mein Erfolg in London, der ohne die Hilfe der Comédie zustande kam, verärgerte das Komitee, die Presse und die Öffentlichkeit.

Maître Allou gab in seinen Plädoyers vor, das Londoner Publikum sei meiner sehr schnell überdrüssig geworden und wolle nicht zu den Aufführungen der Comédie kommen, in denen ich auftrat.

Die folgende Liste widerlegt die Behauptungen von Maître Allou bestmöglich:

AUFFÜHRUNGEN DER COMÉDIE FRANÇAISE IM GAIETY THEATRE		
(Der * kennzeichnet die Stücke, in denen ich mitgewirkt habe.)		
1879.	**Theaterstücke.**	**Einnahmen in Franken.**

Juni	2.	Der Menschenfeind (Prolog); Phèdre (Zweiter Akt); Les Précieuses Ridicules	*13.080
„	3.	L'Etrangère	*12.565
„	4.	Der natürliche Fils	9.300
„	5.	Les Caprices de Marianne; Die Freude der Angst	10.100
„	6.	Der Mentor; Der Arzt hat ihn misshandelt	9.530
„	7.	Der Marquis de Villemer	9.960
„	7.	Tartufe (Matinée); Die Freude der Angst	8.700
„	9.	Hernani	*13.600
„	10.	Die Halbwelt	11.525
„	11.	Fräulein. von Belle-Isle; Es ist so, als ob eine Tür offen oder geschlossen wäre	10.420
„	12.	Das Postskriptum; Le Gendre von M. Poirier	10.445
„	13.	Phèdre	*13.920
„	14.	Der Gitarrenbauer von Crémône; Le Sphinx	*13.350
„	14.	Der Menschenfeind (Matinée); Die Plaideurs	8.800
„	16.	L'Ami Fritz	9.375
„	17.	Zaire; Les Précieuses Ridicules	*13.075
„	18.	Das Spiel der Liebe und des Hasses; Er wird nie den Verstand verlieren	11.550
„	18.	Die Halbwelt	12.160
„	20.	Les Fourchambault	11.200
„	21.	Hernani	*13.375
„	21.	Tartufe (Matinée); Es ist so, als ob eine Tür offen oder geschlossen wäre	2.115

„	23.	Gringoire; Auf keinen Fall mit Liebe baden	11.080
„	24.	Zum Anwalt; Fräulein. de la Seiglière	9.660
„	25.	L'Etrangère (Matinée)	*11.710
„	25.	Der Barbier von Sevilla	9.180
„	26.	Andromak; Die Plaideurs	*13.350
„	27.	L'Avare; La Maison du Château	11.775
„	28.	Die Sphinx; Der verliebte Tod	*12.860
„	28.	Hernani (Matinée)	*13.730
„	30.	Ruy Blas	*13.660
Juli	1.	Mercadet; Der Abend des Heiligen Martin	9.850
„	2.	Ruy Blas	*13.160
„	3.	Die Hochzeit von Victorine; Les Fourberies de Scapin	10.165
„	4.	Die gelehrten Frauen; La Maison du Château	11.960
„	5.	Les Fourchambault	10.700
„	5.	Phèdre (Matinée); Die Freude der Angst	*14.265
„	7.	Der Marquis de Villemer	10.565
„	8.	L'Ami Fritz	11.005
„	9.	Hernani	*14.275
„	10.	Le Sphinx	*13.775
„	11.	Philibert; Le Petit Palais	11.500
„	12.	Ruy Blas	*12.660
„	12.	Gringoire (Matinée); Hernani (Vierter Akt); La Bénédiction; Davenant; L'Etincelle	*13.725
		Gesamteinnahmen 492'150 Franken	

Die durchschnittlichen Einnahmen beliefen sich auf etwa 11.715 Franc. Diese Zahlen zeigen, dass die 18 Aufführungen der Comédie Française, an denen ich teilnahm, im Durchschnitt jeweils 13.350 Franc einbrachten, während die 25 anderen Aufführungen im Durchschnitt 10.000 Franc einbrachten.

Während ich in London war, erfuhr ich, dass ich meinen Prozess verloren hatte. „Das Gericht – mit seinen ‚Insofern‘, ‚dennoch‘ usw. – erklärt hiermit, dass Mlle. Sarah Bernhardt alle Rechte, Privilegien und Vorteile verliert, die ihr aus der Verlobung erwachsen, die sie mit der Gesellschaft per Urkunde vom 24. März 1875 eingegangen ist, und verurteilt sie, dem Kläger in seiner gesetzlichen Eigenschaft die Summe von einhunderttausend Francs Schadenersatz zu zahlen.“

Ich gab meine letzte Vorstellung in London genau an dem Tag, als die Zeitungen dieses ungerechte Urteil veröffentlichten. Ich erhielt Beifall und das Publikum überschüttete mich mit Blumen.

Ich hatte Madame Devoyod, Mary Jullien, Kalb, meine Schwester Jeanne, Pierre Berton, Train, Talbot und Dieudonnée mitgenommen – alles Künstler von großem Ruf.

Ich habe alle Stücke gespielt, die ich in Amerika spielen sollte.

Vitu, Sarcey und Lapommeraye hatten so viel gegen mich gesagt, dass ich verblüfft war, als ich von Mayer erfuhr, dass sie nach London gekommen waren, um meinen Auftritten beizuwohnen.

Ich konnte nicht mehr verstehen, was das alles bedeutete. Ich dachte, die Pariser Journalisten ließen mich endlich in Ruhe, und hier waren meine schlimmsten Feinde, die über das Meer kamen, um mich zu sehen und zu hören. Vielleicht hofften sie – wie der Engländer, der dem Löwenbändiger folgte, um zu sehen, wie er von seinen Löwen gefressen wurde!

Vitu hatte im *Figaro* einen seiner bitteren Artikel mit den folgenden Worten beendet:

„Aber wir haben doch sicher genug von Mlle. Sarah Bernhardt gehört! Lassen wir sie mit ihrer monotonen Stimme und ihren düsteren Fantasien in die Fremde gehen! Hier können wir nichts Neues über ihre Talente oder ihre Launen lernen …“

Sarcey schloss in einem ebenso verbitterten Artikel *über meinen Rücktritt bei der Comédie mit folgenden Worten:*

„Irgendwann müssen unartige Kinder ins Bett.“

Was den liebenswürdigen Lapommeraye betrifft, so hatte er mir alle Gerüchte, die er von allen Seiten aufgeschnappt hatte, aufs Haupt gestreut. Aber da man ihm nachsagte, er sei nicht originell, versuchte er zu zeigen, dass er seine Feder auch in Gift tauchen könne, und rief: „Gute Reise!" Und da kamen sie alle, diese drei und andere mit ihnen. Und am Tag nach meiner ersten Vorstellung von *Adrienne Lecouvreur* telegraphierte Auguste Vitu dem *Figaro* einen langen Artikel, in dem er mich in bestimmten Szenen kritisierte und bedauerte, dass ich nicht dem Beispiel von Rachel gefolgt sei, die ich nie gesehen hatte. Und er schloss seinen Artikel folgendermaßen:

SARAH BERNHARDT ALS „ANDROMAQUE"

VON WALTER SPINDLER

„Die Aufrichtigkeit meiner Bewunderung kann nicht bezweifelt werden, wenn ich bekenne, dass Sarah Bernhardt im fünften Akt zu einem Höhepunkt dramatischer Kraft aufstieg, zu einer Ausdruckskraft, die nicht übertroffen werden konnte. Sie spielte die lange und grausame Szene, in der Adrienne, die von der Herzogin von Bouillon vergiftet wurde, in ihrer furchtbaren Agonie gegen den Tod kämpft, nicht nur mit enormem Talent, sondern auch mit einer Kunstfertigkeit, die sie bis heute nie gezeigt hat. Wenn das Pariser Publikum Mlle Sarah Bernhardt mit dem durchdringenden Akzent, den sie an diesem Abend in ihre Worte legte, ausrufen gehört hätte oder jemals hören würde: ‚Ich werde nicht sterben, ich werde nicht sterben!‘, würde es mit ihr weinen.“

Sarcey beendete eine bewundernswerte Kritik mit diesen Worten:

„Sie ist unglaublich!“

Und Lapommeraye, der wieder liebenswürdig geworden war, bat mich, zur Comédie zurückzukehren, die auf mich wartete und das gemästete Kalb schlachten würde, wenn sein verlorenes Kind käme.

Sarcey widmete mir in seinem Artikel im *Temps fünf Spalten voller Lob und schloss ihn mit den Worten:*

Adrienne Lecouvreur in der Comédie ersetzen . Ach! Sie hätte in der Comédie bleiben sollen. Ja, ich komme auf meine Litanei zurück! Ich kann nicht anders! Wir werden genauso viel verlieren wie sie. Ja, ich weiß, wir können sagen, dass Mlle. Dudlay uns bleibt. Oh, sie wird immer bei uns bleiben! Ich kann nicht anders, als es zu sagen. Wie schade! Wie schade!“

Und acht Tage später, am 7. Juni, schrieb er in seinem Theaterfeuilleton *zur* Uraufführung von *Froufrou* :

„Ich glaube nicht, dass die Emotionen in irgendeinem Theater jemals so tiefgreifend waren. In der dramatischen Kunst gibt es außergewöhnliche Momente, in denen die Künstler außer sich geraten, über sich selbst hinausgetragen werden und gezwungen sind, diesem inneren ‚Dämon‘ (ich hätte ‚Gott‘ sagen sollen) zu gehorchen, der Corneille seine unsterblichen Verse zuflüsterte.

„‚Nun‘“, sagte ich nach dem Stück zu Mlle. Sarah Bernhardt, „dies ist ein Abend, der Ihnen, wenn Sie es wünschen, die Türen der Comédie Française öffnen wird. ‚Sprechen Sie nicht davon‘, sagte sie, ‚mit mir. Wir werden nicht darüber sprechen.‘ Aber wie schade! Wie schade!“

Mein Erfolg in *Froufrou* war so bemerkenswert, dass er die Lücke füllte, die Coquelin hinterlassen hatte, der, nachdem er mit Perrins Zustimmung bei den Herren Mayer und Hollingshead unterschrieben hatte, erklärte, dass er seine Verpflichtungen nicht einhalten könne. Es war ein böser *Coup de Jarnac*

, mit dem Perrin hoffte, meine Londoner Auftritte zu schädigen. Er hatte zuvor Got zu mir geschickt, um mich offiziell zu fragen, ob ich nicht zur Comédie zurückkehren würde. Er sagte, ich dürfte meine Amerika-Tournee machen und dass bei meiner Rückkehr alles arrangiert würde. Aber er hätte Got nicht schicken sollen. Er hätte Worms oder *le petit père Franchise* – Delaunay schicken sollen. Der eine hätte mich durch seine liebevolle Argumentation überzeugen können und der andere durch die Falschheit der Argumente, die er mit einer solchen Anmut vorbrachte, dass es schwer gewesen wäre, abzulehnen.

Gon erklärte, dass ich nur zu gern wieder in die Comédie kommen würde, wenn ich nach Amerika zurückkehre. „Denn du weißt", fügte er hinzu, „du weißt, mein Kleines, dass du in diesem Land sterben wirst. Und wenn du zurückkommmst, wirst du vielleicht nur zu gern wieder in die Comédie Française gehen, denn dein Gesundheitszustand wird schlecht sein und es wird einige Zeit dauern, bis es dir wieder gut geht. Glaub mir, unterschreib, und nicht wir werden davon profitieren, sondern du!"

„Ich danke Ihnen", antwortete ich, „aber ich möchte mir bei meiner Rückkehr lieber selbst ein Krankenhaus aussuchen. Und jetzt können Sie gehen und mich in Ruhe lassen." Ich glaube, ich sagte: „Verschwinden Sie!"

Froufrou anwesend . Er kam in meine Garderobe und sagte:

„Glauben Sie mir, Sie sollten unterschreiben! Und dann zurückkommen, um mit *Froufrou anzufangen* ! Ich verspreche Ihnen eine glückliche Rückkehr!"

Ich lehnte ab und beendete meine Auftritte in London ohne Coquelin.

Die durchschnittlichen Einnahmen betrugen neuntausend Francs, und ich verließ London voller Bedauern, ich, der es beim ersten Mal mit so viel Freude verlassen hatte. Aber London ist eine Stadt für sich; ihr Charme enthüllt sich erst nach und nach. Der erste Eindruck auf einen Franzosen oder eine Französin ist der von tiefem Leid, von tödlicher *Langeweile* . Diese hohen Häuser mit Schiebefenstern ohne Vorhänge; diese hässlichen Denkmäler, ganz in Trauer mit Staub und Ruß und schwarzem, schmierigem Dreck; diese Blumenverkäufer an allen Straßenecken, mit Gesichtern, die traurig sind wie der Regen, und zerzausten Federn an ihren Hüten und ihrer beklagenswerten Kleidung; der schwarze Schlamm der Straßen; der tief hängende Himmel; die Trauerstimmung betrunkener Frauen, die sich an ebenso betrunkene Männer klammern; das wilde Tanzen zerzauster Kinder um die Drehorgeln, die so zahlreich sind wie die Omnibusse – all das hat vor 25 Jahren einem Pariser unbestimmtes Leid zugefügt. Aber nach und nach findet man, dass die Fülle der Plätze erholsam für die Augen ist; dass die Schönheit der aristokratischen Damen das Bild der Blumenverkäuferinnen verdunkelt...

Die ständige Bewegung in Hyde Park und insbesondere in Rotten Row erfüllt das Herz mit Fröhlichkeit. Die breite englische Gastfreundschaft, die sich vom ersten Augenblick der Bekanntschaft an zeigt, der Witz der Männer, der sich mit dem Witz der Franzosen messen kann, und ihre viel respektvollere und daher viel schmeichelhaftere Tapferkeit ließen in mir kein Bedauern gegenüber der französischen Tapferkeit aufkommen.

Aber ich bevorzuge unseren hellen Schlamm gegenüber dem schwarzen Schlamm Londons und unsere Fenster, die sich in der Mitte öffnen, gegenüber den schrecklichen Schiebefenstern. Ich finde auch, dass nichts den Unterschied im Charakter der beiden Nationen deutlicher zeigt als ihre jeweiligen Fenster. Unsere lassen sich weit öffnen; die Sonne dringt in unsere Häuser bis ins Herz der Wohnung ein; die Luft wischt allen Staub und alle Mikroben weg. Sie schließen sich auf die gleiche Weise, einfach wie sie sich öffnen.

Englische Fenster lassen sich nur halb öffnen, entweder die obere Hälfte oder die untere Hälfte. Man kann sogar das Vergnügen haben, sie oben und unten ein wenig zu öffnen, aber in der Mitte überhaupt nicht. Die Sonne kann nicht offen eindringen, ebenso wenig die Luft. Das Fenster behält seinen egoistischen und perfiden Charakter. Ich hasse die englischen Fenster. Aber jetzt liebe ich London und – muss man das noch hinzufügen? – seine Bewohner.

Seit meinem ersten Besuch bin ich einundzwanzig Mal dorthin zurückgekehrt und das Publikum ist mir stets treu und herzlich geblieben.

XXXI
EINE TOUR DÄNEMARK – KÖNIGSFAMILIEN – DIE „ACHTUNDZWANZIG TAGE" VON SARAH BERNHARDT

Nach dieser ersten Probe meiner Freiheit fühlte ich mich des Lebens sicherer als zuvor. Obwohl ich von sehr schwacher Konstitution war, beruhigte die Möglichkeit, ungehindert und ohne Kontrolle zu tun, was ich wollte, mein Nervensystem, und meine Gesundheit, die durch ständige Gereiztheit und übermäßige Arbeit geschwächt war, besserte sich. Ich ruhte mich auf den Lorbeeren aus, die ich selbst gesammelt hatte, und schlief besser. Da ich besser schlief, begann ich auch besser zu essen. Und groß war das Erstaunen meines kleinen Hofes, als sie ihr Idol rund und rosig aus London zurückkehren sahen.

Adrienne Lecouvreur und *Froufrou* spielen sollte .

Das belgische Publikum – und damit meine ich das Brüsseler Publikum – ist unserem am ähnlichsten. In Belgien habe ich nie das Gefühl, in einem fremden Land zu sein. Unsere Sprache ist die Sprache des Landes; die Pferde und Kutschen sind immer geschmackvoll; die eleganten Damen ähneln unseren eigenen eleganten Damen; *Kokotten* gibt es im Überfluss; die Hotels sind so gut wie in Paris; die Droschkenpferde sind so arm; die Zeitungen sind so gehässig. Brüssel ist das tratschende Paris im Kleinen.

Ich spielte zum ersten Mal im Théâtre de la Monnaie und fühlte mich in diesem riesigen und kalten Haus unwohl. Aber die wohlwollende Begeisterung des Publikums erwärmte mich bald, und ich werde die vier Vorstellungen, die ich dort gab, nie vergessen.

Dann machte ich mich auf den Weg nach Kopenhagen, wo ich fünf Vorstellungen im Theatre Royal geben sollte.

SARAH BERNHARDT
IM REISEKOSTÜM (1880)

Unsere Ankunft, die zweifellos mit großer Spannung erwartet wurde, jagte mir wirklich Angst ein. Mehr als zweitausend Menschen, die sich im Bahnhof versammelt hatten, als der Zug einfuhr, stießen ein so schreckliches Hurra aus, dass ich nicht wusste, was vor sich ging. Aber als M. de Fallesen, der Direktor des Theatre Royal, und der Erste Kammerherr des Königs mein Abteil betraten und mich baten, mich am Fenster zu zeigen, um die Neugier des Publikums zu befriedigen, begannen die Hurras erneut, und dann verstand ich. Aber jetzt überkam mich eine schreckliche Angst. Ich war sicher, dass ich den Erwartungen, die man von mir erwartete, nie gerecht werden könnte. Mein schlanker Körper würde bei diesen großartigen Männern und diesen herrlichen und gesunden Frauen Verachtung hervorrufen. Ich stieg im Vergleich so geschwächt aus dem Zug, dass ich das Gefühl hatte, nicht mehr als ein Hauch Luft zu sein; und ich sah, wie sich die Menge, der Polizei unterwürfig, in zwei dichte Reihen teilte und einen breiten Weg für meinen Wagen freigab. Ich ging langsam durch diese doppelte Hecke sympathischer Touristen, die mir Blumen und Küsse zuwarfen und ihre Hüte vor mir lüfteten. Im Laufe meiner langen Karriere habe ich viele Triumphe, Empfänge und Ovationen erlebt, aber mein Empfang durch das dänische Volk bleibt eine meiner liebsten Erinnerungen. Die lebende Hecke hielt bis zum Hôtel d'Angleterre, wo ich hineinging, nachdem ich den sympathischen Freunden, die mich umringten, noch einmal gedankt hatte.

Am Abend waren der König, die Königin und ihre Tochter, die Prinzessin von Wales, bei der Uraufführung von *Adrienne Lecouvreur anwesend* .

Figaro vom 16. August 1880 hieß es dazu :

„Sarah Bernhardt hat *Adrienne Lecouvreur* mit großem Erfolg vor einem großartigen Publikum gespielt. Die königliche Familie, der König und die Königin der Hellenen sowie die Prinzessin von Wales waren bei der Vorstellung anwesend. Die Königinnen warfen der französischen Künstlerin unter Beifall ihre Blumensträuße zu. Es war ein beispielloser Triumph. Das Publikum war außer sich vor Freude. Morgen wird *Froufrou* gespielt."

Die Aufführung von *Froufrou* war ebenso erfolgreich. Da ich aber nur jeden zweiten Tag spielte, wollte ich Helsingör besuchen. Der König stellte mir für diese kleine Reise den königlichen Dampfer zur Verfügung.

Ich hatte meine ganze Firma eingeladen.

M. de Fallesen, der Erste Kammerherr und Direktor des Theatre Royal, hatte ein großartiges Mittagessen für uns bestellt, und in Begleitung der wichtigsten Persönlichkeiten Dänemarks besuchten wir Hamlets Grab, die Quelle der Ophelia und das Schloss Marienlyst. Dann gingen wir über Schloss Kronborg. Ich bedauerte meinen Besuch in Elsinore. Die Wirklichkeit entsprach nicht den Erwartungen. Das sogenannte Grab von Hamlet wird durch eine kleine Säule dargestellt, die hässlich und traurig aussieht; es gibt wenig Grün und die trostlose Traurigkeit der Täuschung ohne Schönheit. Sie gaben mir ein wenig Wasser aus der Quelle der Ophelia zu trinken, und der Baron de Fallesen zerbrach das Glas, ohne jemand anderem zu erlauben, aus der Quelle zu trinken.

Ich kehrte mit einem ziemlich traurigen Gefühl von dieser ganz gewöhnlichen Reise zurück. Ich lehnte mich an die Seite des Schiffes und beobachtete das vorbeigleitende Wasser, als ich ein paar Rosenblätter auf der Oberfläche bemerkte. Von einer unsichtbaren Strömung getragen, wurden sie gegen die Seiten des Bootes getrieben; dann wurden die Blütenblätter zu Tausenden, und im geheimnisvollen Sonnenuntergang erhob sich der melodische Gesang der Söhne des Nordens. Ich blickte auf. Vor uns, von der Abendbrise auf dem Wasser geschaukelt, lag ein hübsches Boot mit ausgebreiteten Segeln; zwanzig junge Männer warfen Handvoll Rosen ins Wasser, die von den kleinen Wellen zu uns getragen wurden, und sangen die wunderbaren Legenden vergangener Jahrhunderte. Und all das war für mich: all diese Rosen, all diese Liebe, all diese musikalische Poesie. Und auch diese untergehende Sonne war für mich. Und in diesem flüchtigen Moment, der mir die ganze Schönheit des Lebens nahe brachte, fühlte ich mich Gott sehr nahe.

Am nächsten Tag, am Ende der Vorstellung, ließ mich der König in die königliche Loge kommen und zeichnete mich mit einem sehr hübschen, mit Diamanten geschmückten Verdienstorden aus. Er behielt mich einige Zeit in seiner Loge und befragte mich über verschiedene Dinge. Ich wurde der Königin vorgestellt und bemerkte sofort, dass sie etwas taub war. Ich war ziemlich verlegen, aber die Königin von Griechenland kam mir zu Hilfe. Sie war schön, aber viel weniger als ihre reizende Schwester, die Prinzessin von Wales. Oh, dieses bezaubernde und verführerische Gesicht – mit den Augen eines Kindes des Nordens und klassischen Zügen jungfräulicher Reinheit, einem langen, geschmeidigen Hals, der wie geschaffen für königliche Verbeugungen schien, einem süßen und fast schüchternen Lächeln. Der undefinierbare Charme dieser Prinzessin ließ sie so strahlen, dass ich nichts als sie sah, und ich verließ die Loge und ließ, fürchte ich, nur eine schlechte Meinung über meine Intelligenz bei den königlichen Paaren von Dänemark und Griechenland zurück.

Am Abend vor meiner Abreise war ich zu einem großen Abendessen eingeladen. Fallesen hielt eine Rede und dankte uns auf sehr charmante Weise für die „französische Woche", die wir in Dänemark gegeben hatten.

Robert Walt hielt im Namen der Presse eine sehr herzliche Rede, sehr kurz, aber sehr sympathisch. Unser Botschafter dankte Robert Walt in einigen höflichen Worten, und dann erhob sich zur allgemeinen Überraschung Baron Magnus, der preußische Minister, und sagte mit lauter Stimme, sich an mich wendend: „Ich trinke auf Frankreich, das uns so großartige Künstler schenkt! Auf Frankreich, la belle France, das wir alle so sehr lieben!"

Es waren kaum zehn Jahre seit dem schrecklichen Krieg vergangen. Die Franzosen und Franzosinnen litten noch immer; ihre Wunden waren nicht verheilt.

Baron Magnus, ein wirklich liebenswürdiger und charmanter Mann, hatte mir seit meiner Ankunft in Kopenhagen Blumen mit seiner Karte geschickt. Ich hatte die Blumen zurückgeschickt und einen *Attaché* der englischen Botschaft, Sir Francis ——, gebeten, den deutschen Baron zu bitten, seine Geschenke nicht zu erneuern. Der Baron lachte gutmütig und wartete auf mich, als ich aus meinem Hotel kam. Er kam mit ausgestreckten Händen auf mich zu und sprach freundliche und vernünftige Worte. Alle sahen uns an und ich war verlegen. Es war offensichtlich, dass er ein freundlicher Mann war. Ich dankte ihm, unwillkürlich gerührt von seiner Offenheit, und ging weg, ganz unschlüssig, was ich wirklich fühlte. Zweimal erneuerte er seinen Besuch, aber ich empfing ihn nicht, sondern verbeugte mich nur, als ich mein Hotel verließ. Ich war etwas verärgert über die Hartnäckigkeit dieses liebenswürdigen Diplomaten. Als ich am Abend des Abendessens sah, wie er die Haltung eines Redners einnahm, fühlte ich, wie ich blass wurde. Er hatte seine kleine Rede kaum beendet, als ich aufsprang und rief: „Trinken wir auf Frankreich, aber auf ganz Frankreich, Monsieur l'Ambassadeur de Prusse!" Ich war nervös, aufsehenerregend und theatralisch, ohne es zu beabsichtigen.

Es war wie ein Blitz.

Das Hoforchester, das in der oberen Galerie untergebracht war, begann die „Marseillaise" zu spielen. Zu dieser Zeit hassten die Dänen die Deutschen. Der Speisesaal war plötzlich wie durch Zauberhand verlassen.

Ich ging in meine Räume, da ich nicht befragt werden wollte. Ich war zu weit gegangen. Der Zorn hatte mich mehr sagen lassen, als ich vorhatte. Baron Magnus hatte diesen Seitenhieb nicht verdient. Und mein Instinkt warnte mich auch vor den Konsequenzen, die folgen würden. Ich ging zu Bett, wütend auf mich selbst, auf den Baron und auf die ganze Welt.

Gegen fünf Uhr morgens begann ich zu dösen, als ich vom Knurren meines Hundes geweckt wurde. Dann hörte ich jemanden an die Tür des *Salons klopfen*. Ich rief mein Zimmermädchen, das ihren Mann weckte, und er ging, um die Tür zu öffnen. Ein *Attaché* der französischen Botschaft wartete auf mich, um in dringenden Angelegenheiten mit mir zu sprechen. Ich zog ein Hermelin-Teekleid an und ging, um den Besucher zu besuchen.

„Ich bitte Sie", sagte er, „sofort eine Notiz zu schreiben, in der Sie erklären, dass Ihre Worte nicht so gemeint waren. Baron Magnus, den wir alle respektieren, befindet sich in einer sehr unangenehmen Lage, und wir sind alle darüber verärgert. Mit Fürst Bismarck ist nicht zu spaßen, und für den Baron könnte es sehr ernst werden."

„Oh, ich versichere Ihnen, Monsieur, ich bin darüber hundertmal unglücklicher als Sie, denn der Baron ist ein guter und charmanter Mann. Ihm fehlte der politische Takt, und in diesem Fall ist das verzeihlich, denn ich bin keine Frau der Politik. Mir fehlte die Gelassenheit. Ich würde meine rechte Hand hergeben, um das Übel wieder gutzumachen."

„Das verlangen wir nicht von Ihnen, denn das würde die Schönheit Ihrer Gesten beeinträchtigen!" (Er war nämlich Franzose.) „Hier ist der Entwurf eines Briefes. Nehmen Sie ihn, schreiben Sie ihn um, unterschreiben Sie ihn, und dann ist alles erledigt?"

Aber das war inakzeptabel. Der Wortlaut dieses Briefes enthielt verdrehte und ziemlich feige Erklärungen. Ich lehnte ihn ab, und nach mehreren Versuchen, ihn umzuschreiben, gab ich verzweifelt auf und unternahm nichts.

Dreihundert Personen waren beim Abendessen anwesend, zusätzlich zum königlichen Orchester und den Dienern. Jeder hatte die liebenswürdige, aber ungeschickte Rede des Barons gehört. Ich hatte sehr aufgeregt geantwortet. Das Publikum und die Presse waren alle Zeugen meiner *Algarade gewesen* ; wir waren die Opfer unserer eigenen Dummheit, der Baron und ich. Wenn so etwas jetzt passieren würde, würde ich mich nicht im Geringsten um die öffentliche Meinung scheren und es würde mir sogar Freude bereiten, mich selbst lächerlich zu machen, um einem tapferen und galanten Mann gerecht zu werden. Aber damals war ich sehr nervös und kompromisslos patriotisch. Und vielleicht dachte ich auch, ich wäre jemand von Bedeutung. Seitdem hat mich das Leben gelehrt, dass man, wenn man berühmt sein will, dies erst nach dem Tod wirklich offenbar werden kann. Heute steige ich den Hügel des Lebens hinab und betrachte freudig all die Sockel, auf die ich gehoben wurde, und es waren so viele, so viele, dass ihre Fragmente, zerbrochen von denselben Händen, die sie erhoben hatten, mich zu einer festen Säule gemacht haben, von der aus ich auf das Leben blicke, glücklich mit dem, was war, und aufmerksam auf das, was sein wird.

In meiner dummen Eitelkeit hatte ich jemanden verletzt, der es nicht böse meinte, und dieser Vorfall hat in mir für immer ein Gefühl der Reue und des Kummers hinterlassen.

Ich verließ Kopenhagen unter Applaus und den wiederholten Rufen „Vive la France!" Aus allen Fenstern wehte die französische Flagge im Wind und ich spürte, dass dies nicht nur *für* mich, sondern *gegen* Deutschland war – da war ich mir sicher.

Seitdem sind die Deutschen und die Dänen eine feste Einheit, und ich bin nicht sicher, ob mir einige Dänen wegen des Vorfalls mit dem Baron Magnus nicht immer noch übel mitspielen.

Ich kam nach Paris zurück, um die letzten Vorbereitungen für meine Reise nach Amerika zu treffen. Am 15. Oktober sollte ich in See stechen.

An einem Tag im August hatte ich einen Empfang mit all meinen Freunden, die in großer Zahl gekommen waren, um mich zu sehen, da ich im Begriff war, eine lange Reise anzutreten.

Unter ihnen waren Girardin, Graf Kapenist, Marschall Canrobert, Georges Clairin, Arthur Meyer, Duquesnel, die schöne Augusta Holmes, Raymond de Montbel, Nordenskjold, O'Connor und andere Freunde. Ich plauderte fröhlich und war glücklich, von so vielen netten und intellektuellen Freunden umgeben zu sein.

Girardin tat sein Möglichstes, um mich von der Reise nach Amerika abzubringen. Er war mit Rachel befreundet gewesen und hatte mir das traurige Ende ihrer Reise erzählt.

Arthur Meyer war der Meinung, ich sollte immer das tun, was ich für das Beste halte. Die anderen Freunde diskutierten das Thema. Dieser bewundernswerte Mann, den Frankreich immer verehren wird, Canrobert, sagte, wie sehr er diese intimen *Unterhaltungen* bei unseren Fünf-Uhr-Tees vermissen und bedauern würde.

„Aber", sagte er, „wir haben nicht das Recht, in unserem liebevollen Egoismus zu versuchen, unsere junge Freundin daran zu hindern, im Kampf alles zu tun, was sie kann. Sie ist von Natur aus kämpferisch."

„Ach ja!", rief ich. „Ja, ich bin für den Streit geboren, das fühle ich. Nichts macht mir mehr Freude, als ein Publikum zu beherrschen, das vielleicht feindselig ist, aber alles gelesen und gehört hat, was die Presse gegen mich gesagt hat. Aber es tut mir leid, dass ich meine beiden großen Erfolge, *Adrienne* und *Froufrou , nicht nur in Paris, sondern in ganz Frankreich nicht spielen kann* ."

„In dieser Hinsicht können Sie auf mich zählen!", rief Felix Duquesnel. „Meine liebe Sarah, mit mir hatten Sie Ihre ersten Erfolge, und mit mir werden Sie auch Ihre letzten haben ..."

Alle protestierten und ich sprang auf.

„Warten Sie einen Moment", sagte er. „Letzte Erfolge, bis Sie aus Amerika zurückkommen! Wenn Sie einverstanden sind, können Sie in allen Belangen auf mich zählen. Ich werde um jeden Preis Theater in allen großen Städten besorgen, und wir werden im September fünfundzwanzig Vorstellungen geben. Was die finanziellen Vereinbarungen betrifft, so werden sie ganz einfach sein: fünfundzwanzig Vorstellungen – fünfzigtausend Francs. Morgen werde ich Ihnen die Hälfte dieser Summe geben und einen Vertrag mit Ihnen unterzeichnen, so dass Sie keine Zeit haben, Ihre Meinung zu ändern."

Ich klatschte freudig in die Hände. Alle anwesenden Freunde baten Duquesnel, ihnen so bald wie möglich einen Reiseplan zu schicken, denn sie alle wollten mich in den beiden Stücken sehen, mit denen ich in England, Belgien und Dänemark Lorbeeren geerntet hatte.

Duquesnel versprach, ihnen Einzelheiten zur Tournee zuzusenden, und es wurde vereinbart, dass die Besichtigungstermine aus einem kleinen Beutel ausgelost und jede Stadt mit dem Datum und dem Namen des Stücks gekennzeichnet werden sollten.

Eine Woche später kam Duquesnel, mit dem ich einen Vertrag unterzeichnet hatte, zurück. Die Tour war geplant und die ganze Truppe war engagiert. Es grenzte an ein Wunder.

Die Aufführungen sollten am Samstag, dem 4. September, beginnen und es sollte fünfundzwanzig davon geben. Die gesamte Aufführung, einschließlich Abreise- und Rückreisetag, sollte achtundzwanzig Tage dauern, weshalb diese Tournee den Namen „Die achtundzwanzig Tage der Sarah Bernhardt" erhielt, nach den achtundzwanzig Tagen eines Bürgers, der seinen Militärdienst ableisten muss.

Die kleine Reise war ein voller Erfolg, und ich habe mich bei diesem künstlerischen Spaziergang nie besser amüsiert. Duquesnel organisierte Ausflüge und *Feste* außerhalb der Städte.

Zunächst hatte er, um mir eine Freude zu machen, einige Besichtigungen der Sehenswürdigkeiten der Städte vorbereitet. Er hatte mir im Voraus aus Paris geschrieben und Termine und Uhrzeiten festgelegt. Die Wächter der verschiedenen Museen, Kunstgalerien usw. hatten angeboten, mir die schönsten Objekte ihrer Sammlungen zu zeigen, und die Bürgermeister hatten Besichtigungen der Kirchen und berühmten Gebäude vorbereitet.

Als er uns am Vorabend unserer Abreise den Stapel Briefe zeigte, von denen jeder eine äußerst liebenswürdige Zustimmung enthielt, kreischte ich.

Ich hasse es, öffentliche Gebäude zu besichtigen und mir erklären zu lassen. Ich kenne die meisten öffentlichen Sehenswürdigkeiten Frankreichs, aber ich habe sie besucht, wenn ich Lust dazu hatte und mit meinen eigenen ausgewählten Freunden. Was die Kirchen und anderen Gebäude betrifft, finde ich sie sehr ermüdend. Ich kann nicht anders – es ermüdet mich wirklich, sie zu sehen.

Ich kann ihre Umrisse im Vorbeigehen bewundern oder wenn ich sie als Silhouetten gegen die untergehende Sonne sehe, das ist in Ordnung, aber weiter werde ich nicht gehen. Die Vorstellung, diese kalten Räume zu betreten, während jemand ihre absurde und endlose Geschichte erklärt, mit gerecktem Hals zu ihren Decken hinaufzuschauen, mir die Füße zu verkrampfen, weil ich unnatürlich über stark gewachste Böden laufe, die Restaurierung des linken Flügels bewundern zu müssen, den man besser zu Ruinen hätte verfallen lassen; zu hören, wie jemand sein Erstaunen über die Tiefe eines Grabens ausdrückt, der einst voller Wasser war, jetzt aber so trocken ist wie der Ostwind – all das ist so ermüdend, dass ich heulen möchte. Seit meiner frühesten Kindheit habe ich Häuser, Burgen, Kirchen, Türme und alle Gebäude, die höher sind als eine Mühle, immer verabscheut. Ich liebe niedrige Gebäude, Bauernhöfe, Hütten und ich verehre Mühlen geradezu, weil diese kleinen Gebäude den Horizont nicht versperren. Ich habe nichts gegen die Pyramiden zu sagen, aber ich würde es hundertmal vorziehen, wenn sie nie gebaut worden wären.

Ich bat Duquesnel, sofort Telegramme an alle Notabeln zu schicken, die mir so entgegengekommen waren. Wir verbrachten zwei Stunden mit dieser Aufgabe, und am 3. September brach ich frei, freudig und zufrieden auf.

Meine Freunde besuchten mich während meiner Tournee gemäß den von ihnen gezogenen Losen und wir machten Picknicks mit dem Bus in die umliegende Gegend von allen Städten aus, in denen ich spielte.

Ich kam am 30. September nach Paris zurück und hatte gerade noch Zeit, mich auf meine Reise nach Amerika vorzubereiten. Ich war erst eine Woche in Paris, als ich Besuch von M. Bertrand bekam, dem damaligen Direktor des Variétés. Sein Bruder war zusammen mit Raymond Deslandes Direktor des Vaudeville.

Ich kannte Eugène Bertrand nicht, empfing ihn aber sofort, da wir gemeinsame Freunde hatten.

„Was wirst du machen, wenn du aus Amerika zurückkommst?“, fragte er mich, nachdem wir uns begrüßt hatten.

„Ich weiß es wirklich nicht. Nichts. Mir ist nichts eingefallen.“

„Nun, ich habe mir etwas für Sie überlegt. Und wenn Sie in Paris in einem Stück von Victorien Sardou wieder auftreten möchten, werde ich sofort mit Ihnen für das Vaudeville unterschreiben.“

„Ah!“, rief ich. „Das Vaudeville! Was denkst du? Raymond Deslandes ist der Manager und er hasst mich wie die Pest, weil ich am Tag nach der Uraufführung seines Stücks *Un mari qui lance sa femme aus dem Gymnase weggelaufen* bin. Sein Stück war lächerlich und ich war in der Rolle einer jungen Russin, die süchtig nach Tanzen und Sandwichessen ist, noch lächerlicher als sein Stück. Dieser Mann wird mich nie engagieren!“

Er lächelte. „Mein Bruder ist der Partner von Raymond Deslandes. Mein Bruder – um es klar auszudrücken – bin ich selbst. Alles Geld, das wir in die Sache gesteckt haben, gehört mir. Ich bin der alleinige Herr. Welches Gehalt möchten Sie?“

„Aber – ich weiß es wirklich nicht.“

„Sind Ihnen fünfzehnhundert Franc pro Vorstellung recht?“

Ich schaute ihn verblüfft an, nicht ganz sicher, ob er bei klarem Verstand war.

„Aber, Monsieur, wenn ich keinen Erfolg habe, werden Sie Geld verlieren, und dem kann ich nicht zustimmen.“

„Haben Sie keine Angst", sagte er. „Ich kann Ihnen versichern, dass es ein Erfolg wird – ein kolossaler Erfolg. Werden Sie unterschreiben? Und ich garantiere Ihnen außerdem fünfzig Aufführungen!"

„Oh nein, niemals! Ich werde gerne unterschreiben, denn ich bewundere das Talent von Victorien Sardou, aber ich will keine Garantie. Der Erfolg wird von Victorien Sardou abhängen, und nach ihm von mir. Also unterschreibe ich und danke Ihnen für Ihr Vertrauen."

Bei meinem Nachmittagstee zeigte ich meinen Freunden den neuen Vertrag und sie waren alle der Meinung, dass ich hinsichtlich meines Rücktritts (von der Comédie Française) das Glück auf meiner Seite hatte.

Ich musste Paris in drei Tagen verlassen. Der Gedanke, Frankreich zu verlassen, tat mir aus vielen traurigen Gründen weh. Aber in diesen Memoiren habe ich alles beiseite gelegt, was den inneren Teil meines Lebens berührt. Es gibt eine Familie, „ich", die ein anderes Leben führt und deren Gefühle, Sorgen, Freuden und Kummer für eine sehr kleine Zahl von Herzen geboren werden und sterben.

Aber ich verspürte das Bedürfnis nach einer anderen Atmosphäre, nach einem größeren Raum, nach einem anderen Himmel.

Ich ließ meinen kleinen Jungen bei meinem Onkel, der selbst fünf Söhne hatte. Seine Frau war eine ziemlich strenge Protestantin, aber freundlich, und meine Cousine Louise, ihre älteste Tochter, war witzig und hochintelligent. Sie versprach mir, auf der Hut zu sein und mich sofort zu informieren, wenn es etwas gäbe, das ich wissen sollte.

Bis zum letzten Moment glaubten die Leute in Paris nicht, dass ich wirklich gehen würde. Mein Gesundheitszustand war so unsicher, dass es töricht schien, eine solche Reise zu unternehmen. Aber als es absolut sicher wurde, dass ich gehen würde, gab es ein allgemeines Konzert gehässiger Vorwürfe. Das Geschrei meiner Feinde war in vollem Gange. Ich habe jetzt diese Beispiele des Wahnsinns, der Verleumdungen, Lügen und Dummheiten vor Augen; burleske Porträts, traurige Scherze; Auf Wiedersehen an den Liebling, das Idol, den Star, den Zimm! Bumm! Bumm! usw. usw. Es war alles so absolut idiotisch, dass ich verwirrt war. Ich habe den größten Teil dieser Artikel nicht gelesen, aber mein Sekretär hatte den Auftrag, sie auszuschneiden und in kleine Notizbücher zu kleben, egal ob sie positiv oder negativ waren. Es war mein Pate, der damit begonnen hatte, als ich ins Konservatorium eintrat, und nach seinem Tod ließ ich es fortsetzen.

Glücklicherweise finde ich in diesen Tausenden von Zeilen schöne und edle Worte – Worte von JJ Weiss, Zola, Emile de Girardin, Jules Vallès, Jules Lemaître usw.; und wunderschöne Verse voller Anmut und Gerechtigkeit, unterzeichnet von Victor Hugo, François Coppée, Richepin, Haraucourt, Henri de Bornier, Catulle Mendès, Parodi und später Edmond Rostand.

Ich konnte und wollte unter den Verleumdungen und Lügen nicht übermäßig leiden, aber ich gestehe, dass mir die freundliche Anerkennung und das Lob, das mir von den höhergestellten Geistern entgegengebracht wurde, unendliche Freude bereitet haben.

XXXII
ERFAHRUNGEN UND ÜBERLEGUNGEN AN BORD DES SCHIFFES VON HÂVRE NACH NEW YORK

Das Schiff, das mich zu anderen Hoffnungen, anderen Empfindungen und anderen Erfolgen führen sollte, hieß *L'Amérique*. Es war das Unglücksschiff, das Schiff, das von dem Gnom heimgesucht wurde. Es hatte alle möglichen Unglücke, Unfälle und Stürme erlebt. Es war monatelang mit seinem Kiel über dem Wasser blockiert gewesen. Sein Heck war von einem Islandboot eingeschlagen worden, und ich glaube, es war an der Küste Neufundlands gesunken und wieder flottgemacht worden. Ein anderes Mal war es mitten auf der Reede von Hâvre in Brand geraten, aber es war kein großer Schaden entstanden. Das arme Schiff hatte ein berühmtes Abenteuer erlebt, das es lächerlich machte.

1876 oder 1877 wurde ein neues Pumpsystem eingeführt, das zwar schon seit langem von den Engländern verwendet wurde, an Bord französischer Schiffe jedoch völlig unbekannt war. Der Kapitän entschied sehr klugerweise, diese Pumpen von seiner Mannschaft bedienen zu lassen, damit die Männer im Gefahrenfall in der Lage waren, sie problemlos zu bedienen.

Das Experiment lief bereits seit einigen Minuten, als einer der Männer kam und den Kapitän informierte, dass sich der Laderaum des Schiffes mit Wasser füllte und niemand die Ursache dafür herausfinden konnte. „Pumpen Sie weiter!", rief der Kapitän. „Beeilen Sie sich! Pumpen Sie weiter!" Die Pumpen wurden wie verrückt bearbeitet, und das Ergebnis war, dass sich der Laderaum vollständig füllte und der Kapitän das Schiff verlassen musste, nachdem er die Passagiere sicher in den Booten gerettet hatte. Zwei Tage später traf ein englischer Walfänger auf das Schiff und probierte die Pumpen aus, die bewundernswert funktionierten, allerdings in die entgegengesetzte Richtung als vom französischen Kapitän angegeben. Dieser kleine Fehler kostete die Compagnie Transatlantique 48.000 Pfund Bergungsgeld, und als sie das Schiff wieder in Betrieb nehmen wollten und die Passagiere sich weigerten, mitzugehen, boten sie meinem *Impresario* , Mr. Abbey, ausgezeichnete Bedingungen an. Er nahm sie an und war sehr intelligent, denn trotz aller Prognosen passierte dem Boot nichts weiter.

Ich war bis dahin sehr wenig gereist und war ganz aus dem Häuschen vor Freude.

Am 15. Oktober 1880 um sechs Uhr morgens betrat ich meine Kabine. Sie war groß und mit hellrotem Ripsstoff behangen, auf den meine Initialen gestickt waren. Was für eine Fülle der Buchstaben SB! Dann gab es da noch ein großes, blank poliertes Messingbettgestell, und überall waren Blumen. An meine Kabine grenzte eine sehr komfortable Kabine für *mon petit Dame* , und von dort aus ging eine für mein Dienstmädchen und ihren Mann hinaus. Alle anderen Personen in meinem Dienst befanden sich am anderen Ende des Schiffes.

Der Himmel war neblig, das Meer grau und ohne Horizont. Ich war auf dem Weg dorthin, jenseits jenes Nebels, der Himmel und Wasser zu einem geheimnisvollen Wall zu vereinen schien.

Das Räumen des Decks zur Abfahrt brachte alles und jeden durcheinander. Das Rumpeln der Maschinen, der Ruf des Bootsmanns, die Glocke, das Schluchzen und Gelächter, das Knarren der Taue, das schrille Gebrüll der Befehle, das Entsetzen derer, die gerade noch rechtzeitig das Boot erreichen konnten, das „Hallo!" „Vorsicht!" der Männer, die die Pakete vom Kai in den Laderaum warfen, das Geräusch der lachenden Wellen, die sich an der Seite des Bootes brachen, all dies zusammen ergab den furchtbarsten Lärm und ermüdete das Gehirn so sehr, dass seine eigenen Empfindungen nur noch vage und verwirrt waren. Ich war einer von denen, die bis zum letzten Moment den Abschied, das Händeschütteln, die Pläne für die Rückkehr und die Abschiedsküsse genossen und sich, als alles vorbei war, schluchzend in ihre Betten warfen.

Die nächsten drei Tage war ich in völliger Verzweiflung und weinte bittere Tränen, die mir die Wangen verbrannten. Dann begann ich mich wieder zu beruhigen; meine Willenskraft siegte über meinen Kummer. Am vierten Tag zog ich mich um sieben Uhr an und ging an Deck, um frische Luft zu schnappen. Es war eisig kalt, und als ich auf und ab ging, begegnete mir eine schwarzgekleidete Dame mit traurigem, resigniertem Gesicht. Das Meer sah düster und farblos aus, und es gab keine Wellen. Plötzlich schlug eine wilde Woge so heftig gegen das Schiff, dass wir beide zu Boden geworfen wurden. Ich hielt mich sofort am Bein einer der Bänke fest, aber die unglückliche Dame wurde nach vorne geschleudert. Ich sprang mit einem Satz auf und konnte gerade noch den Rock ihres Kleides packen und mit Hilfe meiner Zofe und eines Matrosen verhindern, dass die arme Frau kopfüber die Treppe hinunterstürzte. Obwohl sie sehr verletzt und ein wenig verwirrt war, dankte sie mir mit so sanfter, verträumter Stimme, dass mein Herz vor Rührung zu klopfen begann.

„Sie hätten getötet werden können, Madame", sagte ich, „auf dieser schrecklichen Treppe."

„Ja", antwortete sie mit einem Seufzer des Bedauerns, „aber es war nicht Gottes Wille."

„Sind Sie nicht Madame Hessler?", fuhr sie fort und sah mich ernst an.

„Nein, Madame", antwortete ich. „Mein Name ist Sarah Bernhardt."

Sie trat einen Schritt zurück, richtete sich auf und sagte mit bleichem Gesicht und gerunzelter Stirn mit kaum hörbarer, trauriger Stimme: „Ich bin die Witwe von Präsident Lincoln."

Auch ich trat zurück und ein Schauer der Angst durchfuhr mich, denn ich hatte dieser unglücklichen Frau gerade den einzigen Dienst erwiesen, den ich ihr nicht hätte erweisen sollen – ich hatte sie vor dem Tod gerettet. Ihr Mann war von einem Schauspieler namens Booth ermordet worden, und eine Schauspielerin hatte sie nun daran gehindert, ihren geliebten Mann zu treffen.

Ich ging wieder in meine Kabine zurück und blieb dort zwei Tage, denn ich hatte nicht den Mut, die Frau zu treffen, für die ich so viel Sympathie empfand und mit der ich nie wieder zu sprechen wagen würde.

Am 22. wurden wir von einem fürchterlichen Schneesturm überrascht. Kapitän Jouclas rief mich eilig herbei. Ich warf mir einen langen Hermelinmantel über und ging auf die Brücke. Es war absolut betäubend und zugleich märchenhaft. Die schweren Flocken trafen in ihrem wilden Walzer, der vom Wind hervorgerufen wurde, mit einem dumpfen Knall aufeinander. Der Himmel war plötzlich von all dieser Weiße verhüllt, die in Lawinen um uns herum niederfiel und den Horizont völlig verbarg. Ich blickte auf das Meer, und wie Kapitän Jouclas mir erklärte, konnten wir keine hundert Meter weit sehen. Dann drehte ich mich um und sah, dass das Schiff so weiß war wie eine Möwe: die Seile, das Tauwerk, die Netze, die Bullaugen, die Wanten, die Boote, das Deck, die Segel, die Leitern, die Schornsteine, die Ventilatoren, alles war weiß. Das Meer war schwarz und der Himmel schwarz. Nur das Schiff war weiß, wie es in dieser Unermesslichkeit dahintrieb. Es war ein Wettstreit zwischen dem hohen Schornstein, der seinen Rauch nur mühsam durch den Wind ausstieß, der wild in seine große Öffnung strömte, und dem langgezogenen Kreischen der Sirene. Der Kontrast zwischen der unberührten Weiße dieses Schiffes und dem höllischen Lärm, den es machte, war so außergewöhnlich, dass es mir vorkam, als stünde vor mir ein Engel in einem hysterischen Anfall.

Am Abend dieses seltsamen Tages kam der Arzt, um mir von der Geburt eines Kindes unter den Auswanderern zu erzählen, das mich sehr interessierte. Ich ging sofort zur Mutter und tat alles, was ich konnte, für das arme kleine Geschöpf, das gerade auf diese Welt gekommen war. Oh, das düstere Stöhnen in dieser düsteren Nacht inmitten all dieses Elends! Oh, dieser erste schrille Schrei des Kindes, das seinen Lebenswillen inmitten all dieser Leiden, all dieser Härten und all dieser Hoffnungen bekräftigte! Alles war dort in diesem menschlichen Durcheinander vermischt – Männer, Frauen, Kinder, Lumpen und Konserven, Orangen und Schüsseln, Haarköpfe und Glatzköpfe, halb geöffnete Lippen junger Mädchen und fest geschlossene Münder zänkischer Frauen, weiße Mützen und rote

Taschentücher, hoffnungsvoll ausgestreckte Hände und gegen das Unglück geballte Fäuste. Ich sah halb unter den Lumpen verborgene Revolver, Messer in den Gürteln der Männer. Ein plötzliches Schlingern des Bootes zeigte uns den Inhalt eines Pakets, das einem schurkisch aussehenden Kerl mit einem sehr entschlossenen Gesichtsausdruck aus den Händen gefallen war, und ein Beil und ein Tomahawk fielen zu Boden. Einer der Matrosen ergriff sofort die beiden Waffen, um sie dem Zahlmeister zu bringen. Ich werde den prüfenden Blick des Mannes nie vergessen; er hatte sich offensichtlich die Gesichtszüge des Matrosen eingeprägt, und ich betete inbrünstig, dass sich die beiden niemals an einem einsamen Ort begegnen mögen.

Ich erinnere mich jetzt mit Reue an den schrecklichen Ekel, der mich überkam, als der Arzt mir das Kind zum Waschen übergab. Dieses schmutzige kleine rote, sich bewegende, klebrige Ding war ein Mensch. Es hatte eine Seele und würde Gedanken haben! Mir wurde ganz schlecht, und ich konnte dieses Kind, obwohl ich später seine Patin war, nie wieder ansehen, ohne diesen ersten Eindruck noch einmal zu erleben. Als die junge Mutter eingeschlafen war, wollte ich in meine Kabine zurückkehren. Der Arzt half mir, aber die See war so rau, dass wir zwischen den Paketen und Auswanderern kaum gehen konnten. Einige von ihnen, die auf dem Boden kauerten, beobachteten uns schweigend, als wir wie Betrunkene stolperten und stolperten. Es ärgerte mich, von diesen bösartigen, spöttischen Augen beobachtet zu werden. „Ich sage, Doktor“, rief einer der Männer, „das Seewasser steigt einem wie Wein in den Kopf. Sie und Ihre Frau sehen aus, als kämen Sie von einem Saufgelage zurück!“ Eine alte Frau klammerte sich an mich, als wir vorbeifuhren: „Oh, Madame“, sagte sie, „werden wir Schiffbruch erleiden, wenn das Boot so rollt? O Gott! O Gott!“ Ein großer Kerl mit rotem Haar und Bart trat vor und legte die arme alte Frau sanft wieder hin. „Sie können in Frieden schlafen, Mutter“, sagte er. „Wenn wir Schiffbruch erleiden, schwöre ich, dass hier unten mehr gerettet werden als oben.“ Dann kam er näher zu mir und fuhr in trotzigem Ton fort: „Die Reichen – erster Klasse – ins Meer! Die Auswanderer und die zweite Klasse in die Boote!“ Während er diese Worte aussprach, hörte ich von überall her ein schlaues, unterdrücktes Lachen, vor mir, hinter mir, seitlich und sogar unter meinen Füßen. Es schien in der Ferne zu hallen wie das Lachen hinter den Kulissen auf der Bühne. Ich trat näher an den Arzt heran und er sah, dass ich mich unwohl fühlte.

„Unsinn“, sagte er lachend, „wir sollten uns verteidigen.“

„Aber wie viele *könnten* gerettet werden“, fragte ich, „falls wir wirklich in Gefahr wären?“

„Zweihundert – höchstens zweihundertfünfzig, wenn alle Boote draußen sind und alle sicher ankommen.“

„Aber der Zahlmeister hat mir gesagt, es seien siebenhundertsechzig Auswanderer", beharrte ich, „und es sind nur hundertzwanzig Passagiere. Wie viele sind Ihrer Meinung nach die Offiziere, die Mannschaft und die Dienerschaft?"

„Hundertsiebzig", antwortete der Arzt.

„Dann sind also tausendfünfzig an Bord und Sie können nur zweihundertfünfzig retten?"

"Ja."

„Nun, ich kann den Hass dieser Auswanderer verstehen, die Sie wie Vieh an Bord nehmen und wie Neger behandeln. Sie sind absolut sicher, dass sie im Falle einer Gefahr geopfert würden!"

„Aber wir sollten sie retten, wenn sie an der Reihe sind."

Ich blickte entsetzt auf den Mann, der mit mir sprach. Er sah ehrlich und aufrichtig aus und meinte offensichtlich, was er sagte. Und so hätten all diese armen Geschöpfe, die im Leben enttäuscht und von der Gesellschaft schlecht behandelt worden waren, kein Recht auf Leben, bis *wir* gerettet wären – wir, die Begünstigten! Oh, wie ich jetzt den schurkisch aussehenden Kerl mit seiner Axt und seinem Tomahawk verstand! Wie sehr billigte ich in diesem Moment die Revolver und die in den Gürteln versteckten Messer. Ja, er hatte ganz recht, der große, rothaarige Kerl. Wir wollen die ersten Plätze, immer die ersten Plätze. Und deshalb sollten wir auch im Wasser die ersten Plätze haben.

„Na, sind Sie zufrieden?", fragte der Kapitän, der gerade aus seiner Kabine kam. „Ist alles gut gelaufen?"

„Ja, Kapitän", antwortete ich, „aber ich bin entsetzt."

Jouclas trat überrascht zurück.

„Guter Himmel, was hat Sie so entsetzt?", fragte er.

„Die Art und Weise, wie Sie Ihre Passagiere behandeln –"

Er wollte etwas sagen, aber ich fuhr fort:

„Warum? Sie setzen uns dem Risiko eines Schiffbruchs aus?

„Bei uns passiert nie ein Schiffbruch."

„Gut. Im Brandfall dann …"

„Bei uns brennt nie …"

„Gut! Falls es sinkt –"

„Ich gebe nach", sagte er lachend. „Aber was setzen wir Sie aus, Madame?"

„Auf den schlimmsten aller Tode: auf einen Schlag mit der Axt auf den Kopf, auf einen Dolchstoß in den Rücken oder einfach darauf, ins Wasser geworfen zu werden –"

Er versuchte zu sprechen, aber ich fuhr erneut fort:

„Es sind siebenhundertfünfzig Auswanderer unten, und wir sind kaum dreihundert, Passagiere erster Klasse und Mannschaft mitgerechnet. Sie haben Boote, die zweihundert Personen retten könnten, und selbst das ist fraglich –"

"Also?"

„Und was ist mit den Auswanderern?"

„Wir sollten sie vor der Crew retten."

„Aber nach uns?"

„Ja, nach dir."

„Und Sie glauben, dass sie es Ihnen erlauben würden?"

„Wir haben Waffen, mit denen wir sie in Schach halten können."

„Waffen – Waffen für Frauen und Kinder?"

„Nein, die Frauen und Kinder sind zuerst an der Reihe."

„Aber das ist doch idiotisch!", rief ich aus, „das ist doch völlig absurd! Warum Frauen und Kinder retten, wenn man sie zu Witwen und Waisen macht? Und glauben Sie, dass all diese jungen Männer sich wegen Ihrer Waffen ihrem Schicksal ergeben würden? Es gibt mehr von ihnen als von Ihnen, und sie sind bewaffnet. Das Leben schuldet ihnen ihre Rache, und sie haben dasselbe Recht wie wir, sich in solchen Momenten zu verteidigen. Sie haben den Mut derjenigen, die im Kampf nichts zu verlieren und alles zu gewinnen haben. Meiner Meinung nach ist es ungerecht und schändlich, dass Sie uns dem sicheren Tod und sie einem obligatorischen und vollkommen gerechtfertigten Verbrechen aussetzen."

Der Kapitän versuchte zu sprechen, aber ich beharrte erneut darauf:

„Ohne es gleich mit einem Schiffbruch zu versuchen, stellen Sie sich nur vor, wir würden monatelang auf stürmischer See umhergeworfen. Das ist schon passiert und könnte wieder passieren. Sie können unmöglich zwei oder drei Monate lang genug Nahrung für tausend Menschen an Bord haben."

„Nein, sicher nicht", entgegnete der Zahlmeister trocken. Er war ein sehr liebenswürdiger Mensch, aber sehr empfindlich.

„Also, was sollten Sie dann tun?“, fragte ich.

„Was würden *Sie* tun?“, fragte der Kapitän und amüsierte sich köstlich über den verärgerten Gesichtsausdruck des Zahlmeisters.

„Ich – oh, ich sollte ein Schiff für Auswanderer und ein Schiff für Passagiere haben, und ich denke, das wäre nur gerecht.“

„Ja, aber es wäre ruinös.“

„Nein, das für die Reichen wäre ein Dampfer wie dieser und das für die Auswanderer ein Segelschiff.“

„Aber auch das wäre ungerecht, Madame, denn der Dampfer wäre schneller als das Segelboot.“

„Das wäre völlig egal“, argumentierte ich. „Reiche Leute sind immer in Eile, die Armen nie. Und wenn man dann bedenkt, was sie in dem Land erwartet, in das sie reisen –“

„Es ist das Gelobte Land.“

„Oh, die Armen! Die Armen! Mit ihrem Gelobten Land! Dakota oder Colorado... Tagsüber haben sie die Sonne, die ihre Gehirne zum Kochen bringt, den Boden versengt, die Quellen austrocknet und endlose Scharen von Moskitos hervorbringt, die ihre Körper stechen und ihre Geduld auf die Probe stellen. Das Gelobte Land!... Nachts haben sie die schreckliche Kälte, die ihre Augen brennen lässt, ihre Gelenke steif macht und ihre Lungen ruiniert. Das Gelobte Land! Es ist einfach der Tod an einem Ort jenseits der Welt nach vergeblichen Appellen an die Gerechtigkeit ihrer Landsleute. Sie werden ihr Leben in einem Schluchzen oder in einem schrecklichen Fluch des Hasses aushauchen. Gott wird ihnen jedoch gnädig sein, denn es ist erbärmlich, wenn man bedenkt, dass all diese armen Geschöpfe mit gefesselten Füßen und gefesselten Händen den Sklaventreibern ausgeliefert werden, die mit weißen Sklaven handeln. Und wenn ich daran denke, dass das Geld in der Kasse des Zahlmeisters ist, das der Sklaventreiber für den Transport all dieser armen Geschöpfe bezahlt hat! Geld, das mit rauen Händen oder zitternden Fingern gesammelt wurde. Armes Geld, das Kupfer um Kupfer, Träne um Träne gespart wurde. Wenn ich an all das denke, wünsche ich mir, wir könnten Schiffbruch erleiden, *wir* könnten alle getötet und alle gerettet werden.“

Mit diesen Worten eilte ich in meine Kabine, um mich auszuweinen. Denn eine große Liebe zur Menschheit überkam mich, und ein tiefer Kummer darüber, dass ich nichts tun konnte, absolut nichts!

Am nächsten Morgen wachte ich spät auf, da ich erst sehr spät eingeschlafen war. Meine Kabine war voller Besucher, und alle hielten kleine, halb versteckte Päckchen in der Hand. Ich rieb mir die verschlafenen Augen und konnte den Sinn dieser Invasion nicht ganz verstehen.

„Meine liebe Sarah", sagte Madame Guérard, kam auf mich zu und küsste mich, „glauben Sie nicht, dass dieser Tag, Ihr *Festtag* , von denen, die Sie lieben, vergessen werden könnte."

„Oh", rief ich aus, „ist heute der 23.?"

„Ja, und hier ist die erste Erinnerung der Abwesenden."

Meine Augen füllten sich mit Tränen, und durch einen Nebel sah ich das Porträt dieses jungen Wesens, das mir mehr wert war als alles andere auf der Welt, mit ein paar Worten in seiner eigenen Handschrift. Dann gab es einige Geschenke von Freunden – Arbeiten von bescheidenen Verehrern. Mein kleiner Patensohn vom Vorabend wurde mir in einem Korb gebracht, umgeben von Orangen, Äpfeln und Mandarinen. Auf seiner Stirn trug er einen goldenen Stern, einen Stern, der aus Goldpapier ausgeschnitten war, in das Schokolade eingewickelt war. Meine Zofe Félicie und ihr Mann Claude, die mir sehr ergeben waren, hatten einige sehr raffinierte kleine Überraschungen vorbereitet. Bald darauf klopfte es an meiner Tür, und als ich „Herein!" rief, sah ich zu meiner Überraschung drei Matrosen, die einen prächtigen Blumenstrauß trugen, den sie mir im Namen der gesamten Mannschaft überreichten.

Ich war außer mir vor Bewunderung und wollte wissen, wie sie es geschafft hatten, die Blumen in so gutem Zustand zu halten.

Es war ein riesiger Strauß, aber als ich ihn in die Hand nahm, ließ ich ihn in einem unkontrollierbaren Lachanfall zu Boden fallen. Die Blumen waren alle aus Gemüse geschnitten, aber so perfekt gemacht, dass die Illusion aus einiger Entfernung perfekt war. Prächtige Rosen waren aus Karotten geschnitten, Kamelien aus Rüben, kleine Radieschen hatten Zweige von Rosenknospen geliefert, die auf lange, grün gefärbte Lauchstangen gesteckt waren, und all dies wurde durch Karottenblätter aufgelockert, die kunstvoll arrangiert waren, um die Graspflanzen zu imitieren, die für elegante Sträuße verwendet werden. Die Stiele waren mit einer Schleife aus dreifarbigem Band zusammengebunden. Einer der Matrosen hielt eine sehr rührende kleine Rede im Namen seiner Kameraden, die mir für einen geringfügigen Dienst danken wollten. Ich schüttelte ihnen herzlich die Hand und dankte ihnen herzlich, und dies war das Signal für ein kleines Konzert, das in der Kabine von *mon petit Dame veranstaltet worden war* . Es hatte eine Privatprobe mit zwei Geigen und einer Flöte gegeben, und so wurde ich in der nächsten Stunde von herrlicher Musik eingelullt, die mich zu meinen Lieben und in mein Zuhause versetzte, das mir in diesem Moment so weit weg schien.

Dieses kleine *Fest*, das fast ein häusliches Fest war, hatte zusammen mit der Musik die zarte und erholsame Seite meines Lebens in mir wachgerufen, und die Tränen, die all dies hervorrief, fielen ohne Kummer, Bitterkeit oder Bedauern. Ich weinte einfach, weil ich tief bewegt war, und ich war müde, nervös und erschöpft und sehnte mich nach Ruhe und Frieden. Ich schlief inmitten meiner Tränen, Seufzer und Schluchzer ein.

XXXIII
ANKUNFT IN NEW YORK – AMERIKANISCHE REPORTER – DAS ZOLLHAUS – AUFFÜHRUNGEN IN NEW YORK – EIN BESUCH BEI EDISON IM MENLO PARK

Schließlich kam das Schiff am 27. Oktober um halb sieben morgens an. Ich schlief, erschöpft von drei Tagen und Nächten wilder Stürme. Meine Zofe hatte einige Schwierigkeiten, mich zu wecken. Ich konnte nicht glauben, dass wir angekommen waren, und wollte bis zur letzten Minute weiterschlafen. Ich musste mich jedoch der Wahrheit beugen, denn die Schraube hatte angehalten, und ich hörte ein dumpfes Geräusch, das in der Ferne widerhallte. Ich steckte meinen Kopf aus meinem Bullauge und sah einige Männer, die versuchten, uns eine Passage durch den Fluss zu bahnen. Der Hudson war hart zugefroren, und das schwere Schiff konnte nur mit Hilfe von Spitzhacken vorankommen, die die Eisblöcke wegschnitten.

Diese plötzliche Ankunft entzückte mich, und alles schien sich in einer Minute zu verändern. Ich vergaß alle Unannehmlichkeiten und die Strapazen der zwölftägigen Überfahrt. Die Sonne ging auf, blass, aber rosa, zerstreute den Nebel und schien auf das Eis, das dank der Anstrengungen unserer Pioniere in tausend leuchtende Stücke zersplittert war. Ich hatte die Neue Welt inmitten eines Eisfeuerwerks betreten. Es war märchenhaft und etwas verrückt, aber es schien mir, als müsse es ein gutes Omen sein.

Ich bin so abergläubig, dass ich, wenn ich bei einem Tag ohne Sonnenschein angekommen wäre, bis nach meinem ersten Auftritt elend und ängstlich gewesen wäre. Es ist eine Qual, so abergläubisch zu sein, und leider bin ich es heute zehnmal mehr als damals, denn neben dem Aberglauben meines eigenen Landes habe ich dank meiner Reisen auch den Aberglauben aller anderen Länder zu meinem Repertoire hinzugefügt. Ich kenne sie jetzt alle, und in jedem kritischen Moment meines Lebens erheben sie sich in bewaffneten Legionen für oder gegen mich. Ich kann keinen einzigen Schritt gehen, keine Bewegung oder Geste machen, mich hinsetzen, hinausgehen, in den Himmel oder auf die Erde schauen, ohne einen Grund zur Hoffnung oder Verzweiflung zu finden, bis ich schließlich, erzürnt durch die Fesseln, die mein Denken meinen Handlungen auferlegt, all meinen Aberglauben trotze und einfach so handle, wie ich handeln will. Erfreut über das, was mir als gutes Omen erschien, begann ich mich fröhlich anzuziehen.

Mr. Jarrett hatte gerade an meine Tür geklopft.

„Bitte seien Sie so schnell wie möglich bereit, Madame", sagte er, „denn es sind mehrere Boote unter wehender französischer Flagge gekommen, um Sie zu begrüßen."

Ich blickte in die Richtung meines Bullauges und sah einen Dampfer, dessen Deck schwarz von Menschen war, und dann zwei weitere kleine Boote, die nicht weniger beladen waren als das erste.

Die Sonne ließ all diese französischen Flaggen erstrahlen und mein Herz begann schneller zu schlagen.

Zwölf Tage lang hatte ich keine Neuigkeiten erfahren, denn trotz aller Bemühungen unseres guten Kapitäns hatte *die L'Amérique zwölf Tage für die Reise gebraucht.*

Ein Mann war gerade an Deck gekommen, und ich eilte mit ausgestreckten Händen auf ihn zu, unfähig, ein einziges Wort hervorzubringen.

Er gab mir ein Paket mit Telegrammen. Ich sah niemanden da und hörte keinen Laut. Ich wollte etwas wissen. Und unter all den Telegrammen suchte ich zuerst nach einem, nur einem Namen. Endlich hatte ich es, das Telegramm, auf das ich gewartet, das ich gefürchtet und gehofft hatte, unterzeichnet von Maurice. Da war es endlich. Ich schloss für eine Sekunde die Augen und während dieser Zeit sah ich alles, was mir lieb war, und fühlte die unendliche Süße von allem.

Als ich die Augen wieder öffnete, war ich ein wenig verlegen, denn ich war von einer Menge unbekannter Leute umgeben, alle schweigsam und nachsichtig, aber offensichtlich sehr neugierig. Da ich gehen wollte, nahm ich Mr. Jarretts Arm und ging in den Salon. Kaum war ich eingetreten, erklangen die ersten Töne der Marseillaise, und unser Konsul sprach ein paar Willkommensworte und überreichte mir Blumen. Eine Gruppe, die die französische Kolonie vertrat, hielt eine freundliche Ansprache an mich. Dann hielt M. Mercier, der Herausgeber des *Courrier des Etats Unis* , eine ebenso witzige wie freundliche Rede. Es war eine durch und durch französische Rede. Dann kam der fürchterliche Moment der Vorstellung. Oh, wie anstrengend das war! Mein Verstand war angespannt, um die Namen zu merken. Mr. Pemb——, Madame Harth——, mit aspiriertem *h* . Mit großer Mühe verstand ich die erste Silbe, und die zweite endete in einem Wirrwarr von gedämpften Vokalen und zischenden Konsonanten. Als der zwanzigste Name ausgesprochen wurde, hatte ich das Zuhören aufgegeben; ich machte einfach mit meinem kleinen *Risorius de Santorini weiter* , schloss die Augen halb und streckte mechanisch den Arm aus, an dessen Ende die Hand war, die geschüttelt werden musste und geschüttelt werden musste. Ich antwortete die ganze Zeit: „ *Combien je suis charmée, Madame... Oh! Certainement... Oh oui!... Oh non!... Ah!... Oh!... Oh!...* " Ich wurde benommen, blöd – erschöpft vom Stehen. Ich hatte nur noch einen Gedanken, und das war, meine Ringe von den Fingern zu bekommen, die von den ständigen Griffen, die sie ertragen mussten, anschwollen. Meine Augen wurden vor Angst immer größer, als sie auf die Tür starrten, durch die die Menge weiter in meine

Richtung strömte. Es gab noch die Namen all dieser Leute zu hören und all diese Hände zu schütteln. Mein *Risorius de Santorini* musste noch über fünfzig Mal weiterarbeiten. Ich spürte, wie mir die Schweißperlen unter den Haaren hervortraten, und begann, furchtbar nervös zu werden. Meine Zähne klapperten, und ich begann zu stammeln: „ *Oh, Madame! … Oh! … Je suis cha—cha—* " Ich konnte wirklich nicht länger weitermachen. Ich hatte das Gefühl, ich würde wütend werden oder in Tränen ausbrechen – ja, ich war kurz davor, mich lächerlich zu machen. Deshalb beschloss ich, ohnmächtig zu werden. Ich machte eine Bewegung mit meiner Hand, als wolle sie weitermachen, könne aber nicht. Ich öffnete den Mund, schloss die Augen und fiel sanft in Jarretts Arme. „Schnell! Luft! … Ein Arzt! … Das arme Ding … Wie blass sie ist! Nehmen Sie ihr den Hut ab! … Lockern Sie ihr Korsett! … Sie trägt keins. Machen Sie ihr Kleid auf! …" Ich war entsetzt, aber Félicie wurde eilig gerufen, und *mon petit Dame* ließ keine *Deshabillage zu* . Der Arzt kam mit einer Flasche Äther zurück. Félicie ergriff die Flasche.

„Oh nein, Doktor, kein Äther! Wenn es Madame wieder ganz gut geht, wird ihr der Äthergeruch in Ohnmacht fallen."

Das war ganz richtig, und ich dachte, es sei Zeit, wieder zur Besinnung zu kommen. Die Reporter trafen ein, und es waren mehr als zwanzig an der Zahl; aber Jarrett, der sehr betroffen war, bat sie, zum Albemarle Hotel zu gehen, wo ich absteigen sollte. Ich sah, wie jeder der Reporter Jarrett beiseite nahm, und als ich ihn fragte, was das Geheimnis all dieser „Beiseite-Gespräche" sei, antwortete er phlegmatisch: „Ich habe für ein Uhr eine Verabredung mit ihnen vereinbart. Alle zehn Minuten wird es eine neue geben." Ich sah ihn an, versteinert vor Erstaunen. Er begegnete meinem besorgten Blick und sagte:

" *Oh ja; es ist notwendig.* "

Als ich im Albemarle Hotel ankam, war ich müde und nervös und wollte ganz allein sein. Ich eilte sofort zu meinem Zimmer in der Suite, die für mich reserviert war, und verriegelte die Türen. Eine davon hatte weder Schloss noch Riegel, aber ich schob ein Möbelstück dagegen und weigerte mich dann entschieden, sie zu öffnen. Im Salon warteten etwa fünfzig Leute, aber ich hatte dieses Gefühl schrecklicher Müdigkeit, das einen für eine Stunde Ruhe zu den heftigsten Extremen greifen lässt. Ich wollte mich auf den Teppich legen, die Arme verschränken, den Kopf zurückwerfen und die Augen schließen. Ich wollte nicht mehr reden und ich wollte weder lächeln noch jemanden ansehen müssen. Ich warf mich auf den Boden und war taub für das Klopfen an meiner Tür und für Jarretts Flehen. Ich wollte nicht diskutieren, also sagte ich kein Wort. Ich hörte das Gemurmel murrender Stimmen und Jarretts Worte, mit denen er die Besucher taktvoll zum Bleiben überredete. Ich hörte das Rascheln von Papier, das unter der Tür durchgeschoben wurde, und Madame Guérard, die dem wütenden Jarrett etwas zuflüsterte.

„Sie kennen sie nicht, Monsieur Jarrett", hörte ich sie sagen. „Wenn sie glauben würde, Sie würden die Tür aufbrechen, gegen die sie die Möbel geschoben hat, würde sie aus dem Fenster springen!"

Dann hörte ich, wie Félicie mit einer Französin sprach, die darauf bestand, mich zu sehen.

„Das ist völlig unmöglich", sagte sie. „Madame würde völlig hysterisch werden. Sie braucht eine Stunde Ruhe und alle müssen warten!"

Eine Zeit lang konnte ich ein verwirrtes Murmeln hören, das immer weiter weg zu kommen schien, und dann fiel ich in einen köstlichen Schlaf und musste beim Weggehen in mich hinein lachen, denn meine gute Laune kehrte zurück, als ich mir die wütenden, verblüfften Gesichtsausdrücke meiner Besucher vorstellte.

Ich wachte nach einer Stunde auf, denn ich habe die kostbare Gabe, zehn Minuten, eine Viertelstunde oder eine Stunde schlafen zu können, ganz wie ich will, und dann wache ich ganz friedlich und ohne Erschütterung zu der Zeit auf, die ich zum Aufstehen wähle. Nichts tut mir so gut wie diese Ruhe für Körper und Geist, die nur mein Wille bestimmt und regelt.

Sehr oft habe ich mich im Kreise meiner engen Freunde auf die Bärenfell-Kaminmatte vor dem Kamin gelegt und alle aufgefordert, weiterzureden und mich zu ignorieren. Dann habe ich vielleicht eine Stunde geschlafen und beim Aufwachen zwei oder drei Neuankömmlinge im Zimmer gefunden, die, da sie mich nicht stören wollten, an der allgemeinen Unterhaltung teilnahmen, während sie warteten, bis ich aufwachte und sie mir ihre Aufwartung machen konnten. Sogar jetzt lege ich mich auf das riesige, breite Sofa in dem kleinen Empire-Salon, der *in* mein Ankleidezimmer führt, und schlafe, während ich darauf warte, dass die Freunde und Künstler, mit denen ich verabredet bin, hereingeführt werden. Wenn ich die Augen öffne, sehe ich die Gesichter meiner freundlichen Freunde, die mir herzlich die Hand schütteln und erfreut sind, dass ich etwas Ruhe hatte. Mein Geist ist dann ruhig und ich bin bereit, all den schönen Ideen zuzuhören, die mir vorgeschlagen werden, oder die Absurditäten, die mir vorgelegt werden, abzulehnen, ohne unhöflich zu sein.

Eine Stunde später erwachte ich im Albemarle Hotel und fand mich auf dem Teppich liegend wieder. Ich öffnete die Tür meines Zimmers und entdeckte meinen lieben Guérard und meine treue Félicie, die auf einer Truhe saßen.

„Sind da noch Leute?", fragte ich.

„Oh, Madame, es sind jetzt ungefähr hundert", antwortete Félicie.

„Dann hilf mir schnell, meine Sachen auszuziehen", sagte ich, „und such mir ein weißes Kleid."

Nach etwa fünf Minuten war ich fertig und fand, dass ich von Kopf bis Fuß gut aussah. Ich ging in den Salon, wo all diese unbekannten Personen warteten. Jarrett kam mir entgegen, aber als er sah, dass ich gut gekleidet war und ein Lächeln im Gesicht hatte, verschob er die Predigt, die er mir halten wollte.

Ich möchte meinen Lesern Jarrett vorstellen, denn er war ein ganz außergewöhnlicher Mann. Er war damals etwa fünfundsechzig oder siebzig Jahre alt. Er war groß und hatte ein Gesicht wie König Agamemnon, umrahmt von dem schönsten silberweißen Haar, das ich je auf einem Männerkopf gesehen habe. Seine Augen waren von einem so blassen Blau, dass er aussah, als wäre er blind, wenn sie vor Wut aufleuchteten. Wenn er ruhig und gelassen war und die Natur bewunderte, war sein Gesicht wirklich hübsch, aber wenn er fröhlich und lebhaft war, zeigte seine Oberlippe seine Zähne und kräuselte sich zu einem wilden Schnauben, und sein Grinsen schien von den aufgestellten spitzen Ohren herzurühren, die sich immer bewegten, als ob sie auf der Lauer nach Beute lauerten.

Er war ein schrecklicher Mensch, überaus intelligent; aber von Kindheit an muss er mit der Welt gekämpft haben, und er empfand die tiefste Verachtung für die gesamte Menschheit. Obwohl er selbst viel gelitten haben muss, hatte er kein Mitleid mit anderen, die litten. Er sagte immer, dass jeder Mann zu seiner eigenen Verteidigung bewaffnet sei. Er hatte Mitleid mit Frauen; er mochte sie nicht, war aber immer bereit, ihnen zu helfen. Er war sehr reich und sehr sparsam, aber nicht geizig.

„Ich habe meinen Weg im Leben gemacht", sagte er oft zu mir, „mit Hilfe von zwei Waffen: Ehrlichkeit und einem Revolver. Im Geschäftsleben ist Ehrlichkeit die schrecklichste Waffe, die ein Mann gegen Gauner und hinterlistige Leute einsetzen kann. Die ersteren wissen nicht, was Ehrlichkeit ist, und die letzteren glauben nicht daran; während der Revolver eine bewundernswerte Erfindung ist, um Schurken dazu zu zwingen, ihr Wort zu halten."

Er erzählte mir immer von wundervollen und furchterregenden Abenteuern.

Er hatte eine tiefe Narbe unter seinem rechten Auge. Während einer heftigen Diskussion über einen Vertrag, der mit der gefeierten Sängerin Jenny Lind unterzeichnet werden sollte, sagte Jarrett zu seinem Gesprächspartner und zeigte dabei auf sein rechtes Auge: „Sehen Sie sich dieses Auge an, Sir. Es liest jetzt in Ihrem Kopf alles, was Sie nicht sagen."

„Dann kann es nicht lesen, denn das hat es nicht vorausgesehen", sagte der andere und feuerte mit seinem Revolver auf Jarretts rechtes Auge.

„Ein schlechter Schuss, Sir", antwortete Jarrett. „So muss man zielen, um ein Auge effektiv zu verschließen."

Und er schoss dem anderen Mann einen Ball zwischen die Augen, worauf dieser tot umfiel.

Als Jarrett diese Geschichte erzählte, verzog er die Lippen und seine beiden Schneidezähne schienen die Worte vor Vergnügen zu zermalmen, und sein unterdrücktes Lachen klang wie das Schnappen seiner Kiefer. Er war jedoch ein aufrechter, ehrlicher Mann, und ich mochte ihn sehr, und was ich von ihm in Erinnerung habe, gefällt mir.

Mein erster Eindruck war freudig und ich klatschte vor Freude in die Hände, als ich den Salon betrat, den ich noch nicht gesehen hatte. Die Büsten von Racine, Molière und Victor Hugo standen auf Sockeln, umgeben von Blumen. Überall in dem großen Raum standen Sofas mit Kissen, und um mich an mein Zuhause in Paris zu erinnern, streckten hohe Palmen ihre Zweige über die Sofas. Jarrett stellte Knoedler vor, der diese Galanterie vorgeschlagen hatte . Er war ein sehr charmanter Mann. Ich schüttelte ihm die Hand und von da an waren wir Freunde.

Die Besucher gingen bald weg, aber die Reporter blieben. Sie saßen alle, einige auf den Armlehnen der Stühle, andere auf den Kissen. Einer von ihnen hatte sich wie ein Schneider auf ein Bärenfell gehockt und lehnte sich gegen den Dampfofen. Er war blass und dünn und hustete viel. Ich ging auf ihn zu und hatte gerade meine Lippen geöffnet, um mit ihm zu sprechen, obwohl ich ziemlich schockiert war, dass er nicht aufstand, als er mich mit tiefer Stimme ansprach.

„Welche ist Ihre Lieblingsrolle , Madame?", fragte er.

„Das geht Sie nichts an", antwortete ich und drehte ihm den Rücken zu. Dabei stieß ich mit einem anderen Reporter zusammen, der höflicher war.

„Was essen Sie, wenn Sie morgens aufwachen, Madame?", erkundigte er sich.

Ich wollte ihm gerade antworten, wie ich es bei der ersten Frage getan hatte, aber Jarrett, der Schwierigkeiten gehabt hatte, den Zorn des hockenden Mannes zu besänftigen, antwortete schnell für mich: „Haferbrei." Ich wusste nicht, was das für ein Gericht war, aber der grimmige Reporter setzte seine Fragen fort.

„Und was isst du tagsüber?"

"Miesmuscheln."

Er schrieb phlegmatisch auf: „Muscheln tagsüber."

Ich ging zur Tür, und eine Reporterin in einem maßgeschneiderten Rock und mit kurz geschnittenem Haar fragte mich mit klarer, süßer Stimme: „Sind Sie Jüdin, Katholikin, Protestantin, Mohammedanerin, Buddhistin, Atheistin, Zoroastrierin, Theistin oder Deistin?" Ich blieb wie angewurzelt stehen und war völlig verwirrt. Sie hatte das alles in einem Atemzug gesagt, die Silben willkürlich betont und das ganze Wort so unzusammenhängend gemacht, dass ich den Eindruck hatte, ich sei in der Nähe dieser seltsamen, sanften Person nicht sicher. Ich muss unruhig gewirkt haben, und als mein Blick auf eine ältere Dame fiel, die sich fröhlich mit einer kleinen Gruppe von Leuten unterhielt, kam sie mir zu Hilfe und sagte in sehr gutem Französisch: „Diese junge Dame fragt Sie, Madame, ob Sie jüdischer Religion angehören oder ob Sie Katholikin, Protestantin, Mohammedanerin, Buddhistin, Atheistin, Zoroastrierin, Theistin oder Deistin sind."

Ich sank auf eine Couch.

„Oh, Himmel!", rief ich aus, „wird es in allen Städten, die ich besuche, so sein?"

„Oh nein", antwortete Jarrett gelassen. „Ihre Interviews werden in ganz Amerika verkabelt."

„Was ist mit den Muscheln?", dachte ich bei mir und antwortete dann geistesabwesend: „Ich bin Katholikin, Mademoiselle."

„Sind Sie römisch-katholisch oder gehören Sie zur orthodoxen Kirche?", fragte sie.

Ich sprang von meinem Platz auf, denn sie langweilte mich zu Tode, und dann näherte sich ein sehr junger Mann schüchtern.

„Erlauben Sie mir, meine Skizze zu beenden, Madame?", fragte er.

Ich blieb stehen und drehte ihm auf seine Bitte hin mein Profil zu. Als er fertig war, fragte ich ihn, was er gemacht hatte, und er reichte mir völlig ungeniert seine schreckliche Zeichnung eines Skeletts mit einer Lockenperücke. Ich zerriss die Skizze und warf sie nach ihm, aber am nächsten Tag erschien dieser Horror in den Zeitungen, mit einer unangenehmen Inschrift darunter. Glücklicherweise konnte ich mit einigen ehrlichen und intelligenten Journalisten ernsthaft über meine Kunst sprechen, aber vor 25 Jahren wurden in Amerika Reporterabsätze mehr geschätzt als ernsthafte Artikel, und das Publikum, das damals viel weniger literarisch war als heute, schien immer bereit, die Schandtaten nachzuplappern, die von Reportern erfunden wurden, die dringend eine Kopie brauchten. Ich sollte glauben, dass seit der Erfindung der Reportage kein Geschöpf auf der Welt jemals so viel ertragen musste wie ich während dieser ersten Tour. Die gemeinsten Verleumdungen wurden von meinen

Feinden schon lange vor meiner Ankunft in Amerika in Umlauf gebracht, dazu kamen der ganze Verrat der Freunde der Comédie und sogar meiner eigenen Bewunderer, die hofften, dass meine Tournee keinen Erfolg haben würde, damit ich schneller, gedemütigt, beruhigt und geknechtet, in die Herde zurückkehren könnte. Dann waren da noch die übertriebenen Ankündigungen, die mein *Impresario* Abbey und mein Vertreter Jarrett erfunden hatten. Diese Ankündigungen waren oft ungeheuerlich und immer lächerlich; aber ich erfuhr ihre wahre Quelle erst viel später, als es zu spät war – viel zu spät –, um die Öffentlichkeit zu täuschen, die völlig davon überzeugt war, dass ich der Anstifter all dieser Erfindungen war. Ich versuchte daher nicht, sie zu täuschen. Es ist mir sehr egal, ob die Leute das eine oder das andere glauben.

Das Leben ist kurz, selbst für diejenigen, die lange leben, und wir müssen für die wenigen leben, die uns kennen und schätzen, die uns beurteilen und freisprechen und für die wir die gleiche Zuneigung und Nachsicht empfinden. Den Rest betrachte ich als bloße Masse, lebhaft oder traurig, loyal oder korrupt, von der man nichts erwarten kann außer flüchtigen Emotionen, ob angenehm oder unangenehm, die keine Spuren hinterlassen. Wir sollten sehr selten hassen, da es zu ermüdend ist; vieles sollte uns gleichgültig bleiben, oft vergeben und nie vergessen. Vergeben bedeutet nicht vergessen – zumindest nicht bei mir. Ich werde hier keine der ungeheuerlichen und schändlichen Angriffe erwähnen, die gegen mich gerichtet waren, da es den elenden Menschen, die dafür verantwortlich waren und von Anfang bis Ende ihre Feder in die Galle ihrer eigenen Seele tauchten, zu große Ehre erweisen würde. Ich kann nur sagen, dass nichts tötet außer dem Tod, und dass jeder, der sich gegen Verleumdung verteidigen möchte, dies tun kann. Dafür muss man leben. Nicht jedem ist die Fähigkeit dazu gegeben, sondern es hängt vom Willen Gottes ab, der sieht und richtet.

Ich ruhte mich zwei Tage aus, bevor ich ins Theater ging, denn ich konnte die ganze Zeit die Bewegung des Schiffes spüren: mir war schwindlig, und es kam mir vor, als ob sich die Decke auf und ab bewegte. Die zwölf Tage auf See hatten meine Gesundheit ziemlich durcheinandergebracht. Ich schickte dem Bühnenmanager eine Nachricht, in der ich ihm mitteilte, dass wir am Mittwoch proben würden, und an diesem Tag ging ich gleich nach dem Mittagessen ins Booth's Theatre, wo unsere Vorstellungen stattfinden sollten. Am Bühneneingang sah ich eine dichte, wogende Menge, die sehr lebhaft und gestikulierend war. Diese seltsam aussehenden Individuen gehörten nicht zur Welt der Schauspieler. Sie waren auch keine Reporter, denn ich kannte sie leider zu gut, um mich in ihnen zu irren. Sie waren auch nicht aus Neugierde da, diese Leute, denn sie schienen zu beschäftigt, und außerdem waren es nur Männer. Als meine Kutsche ankam, eilte einer von ihnen zur Tür und kehrte dann zu der wogenden Menge zurück. „Hier ist sie! Hier ist sie!" Ich hörte es, und dann drängten sich all diese einfachen Männer mit ihren weißen Krawatten und fragwürdig aussehenden Händen, mit aufgerissenen Mänteln und Hosen, deren Knie abgenutzt und schmutzig aussahen, hinter mir in den schmalen Gang, der zur Treppe führte. Ich fühlte mich nicht sehr wohl und stieg rasch die Treppe hinauf. Oben warteten mehrere Personen auf mich: Mr. Abbey, Jarrett und auch einige Reporter, zwei Herren und eine charmante und äußerst angesehene Frau, deren Freundschaft ich seitdem bewahrt habe, obwohl sie nicht viel aus Franzosen macht. Ich sah, wie Mr. Abbey, der sonst sehr würdevoll und kühl war, auf die liebenswürdigste und höflichste Weise auf einen der Männer zuging, die mir folgten. Sie lüfteten voreinander ihre Hüte und gingen, gefolgt von dem seltsam und brutal aussehenden Regiment, auf die Mitte der Bühne zu.

Dann bot sich mir ein höchst seltsamer Anblick. In der Mitte der Bühne standen meine 42 Koffer. Auf ein Zeichen hin traten zwanzig Männer vor, stellten sich jeweils zwischen zwei Koffer und nahmen mit einer schnellen Bewegung ihrer rechten und linken Hand die Deckel von den Koffern rechts und links von ihnen. Jarrett hielt ihnen mit Stirnrunzeln und einem unangenehmen Grinsen meine Schlüssel hin. Er hatte mich am Morgen nach meinen Schlüsseln für den Zoll gefragt.

„Oh, es ist nichts", sagte er. „Seien Sie unbesorgt." Und die Art und Weise, wie mein Gepäck in anderen Ländern immer respektiert wurde, hatte mir diesbezüglich vollkommenes Vertrauen gegeben.

Der Hauptmann der hässlichen Gruppe kam in Begleitung von Abbey auf mich zu, und Jarrett erklärte mir alles. Der Mann war ein Beamter des amerikanischen Zollamts.

Das Zollamt ist in jedem Land eine abscheuliche Einrichtung, aber in Amerika ist es schlimmer als anderswo. Ich war auf all das vorbereitet und war sehr freundlich zu dem Peiniger der Geduld eines Reisenden. Er hob die Melone, die ihm als Hut diente, und machte, ohne die Zigarre aus dem Mund zu nehmen, eine unverständliche Bemerkung zu mir. Dann wandte er sich an sein Regiment von Männern, machte ein abruptes Zeichen mit der Hand und sprach ein Befehlswort aus, woraufhin die vierzig schmutzigen Hände dieser zwanzig Männer anfingen, in meinen Samt-, Satin- und Spitzenstoffen herumzustöbern. Ich eilte herbei, um meine armen Kleider vor solch einer unerhörten Schändung zu retten, und befahl der Dame unserer Gesellschaft, die für die Kostüme zuständig war, meine Kleider einzeln herauszuheben, was sie dann auch tat, unterstützt von meiner Zofe, die in Tränen ausbrach, weil diese Rüpel all meinen schönen, zerbrechlichen Sachen so wenig Respekt entgegenbrachten. Zwei Damen waren gerade angekommen, sehr laut und geschäftsmäßig. Eine von ihnen war klein und kräftig: Ihre Nase schien an den Haarwurzeln zu beginnen; sie hatte runde, ruhig wirkende

Augen und einen Mund wie eine Schnauze; ihre Arme verbarg sie schüchtern hinter ihrer schweren, schlaffen Brust, und ihre unförmigen Knie schienen geradewegs aus ihrer Leiste zu kommen. Sie sah aus wie eine sitzende Kuh. Ihre Begleiterin war wie eine Sumpfschildkröte, mit ihrem kleinen, schwarzen, böse aussehenden Kopf am Ende eines Halses, der zu lang und sehr sehnig war. Sie schoss ihn immer wieder aus ihrer Boa und zog ihn mit unglaublicher Geschwindigkeit wieder zurück. Der Rest ihres Körpers wölbte sich flach vor. Diese beiden entzückenden Personen waren die Schneiderinnen, die vom Zollamt gerufen worden waren, um meine Kostüme zu schätzen. Sie warfen mir einen verstohlenen Blick zu und verbeugten sich beim Anblick meiner Kleider voller Bitterkeit und eifersüchtiger Wut; und ich war mir durchaus bewusst, dass jetzt zwei weitere Feinde auf der Bildfläche erschienen waren. Diese beiden widerwärtigen Spitzmäuse begannen zu schwatzen und zu streiten, während sie gleichzeitig meine Kleider und Umhänge begrapschten und zerknüllten. Sie riefen immer wieder mit aller Nachdruck: „Oh, wie schön! Welche Pracht! Welcher Luxus! Alle unsere Kunden werden solche Kleider wollen, und wir werden nie in der Lage sein, sie herzustellen! Das wird den Ruin aller amerikanischen Schneiderinnen bedeuten.“ Sie brachten die Richter in einen Zustand der Aufregung wegen dieses Chiffon-Kriegsgerichts. Sie jammerten immer wieder, gerieten dann in Verzückung und verlangten „Gerechtigkeit“ gegen ausländische Invasionen. Die hässliche Männerbande nickte zustimmend und spuckte auf den Boden, um ihre Unabhängigkeit zu bekräftigen. Plötzlich wandte sich die Terrapin einem der Inquisitoren zu:

„Oh, ist es nicht wunderschön? Zeig es! Zeig es!“, rief sie aus und griff nach einem mit Perlen bestickten Kleid, das ich in „ *Die Kameliendame* “ *trug* .

„Dieses Kleid ist mindestens zehntausend Dollar wert“, sagte sie. Und dann kam sie auf mich zu und fragte: „Wie viel haben Sie für das Kleid bezahlt, Madame?“

Ich biss die Zähne zusammen und wollte nicht antworten, denn gerade in diesem Moment hätte ich es genossen, die Sumpfschildkröte in einem der Kochtöpfe in der Küche des Albemarle Hotels zu sehen. Es war fast halb sechs und meine Füße waren gefroren. Ich war auch halb tot vor Müdigkeit und unterdrückter Wut. Der Rest der Untersuchung wurde auf den nächsten Tag verschoben und die hässliche Männerbande bot an, alles wieder in die Truhen zu packen, aber ich lehnte das ab. Ich ließ fünfhundert Meter blauen Tarlatan bestellen, um den Berg aus Kleidern, Hüten, Umhängen, Schuhen, Schnürsenkeln, Wäsche, Strümpfen, Pelzen, Handschuhen usw. usw. zu bedecken. Dann ließen sie mich schwören, nichts wegzuräumen, denn sie hatten so bezauberndes Vertrauen in mich, und ich überließ meinem Verwalter die Aufsicht. Er war der Ehemann von Félicie, meiner Zofe, und auf der Bühne wurde ein Bett für ihn aufgestellt. Ich war so nervös und aufgeregt, dass ich irgendwo weit weg wollte, um etwas frische Luft zu schnappen und lange draußen zu bleiben. Ein Freund bot mir an, mit mir die Brooklyn Bridge zu besichtigen.

„Dieses Meisterwerk amerikanischen Genies wird Sie den kleinlichen Ärger unserer Bürokratie vergessen lassen", sagte er sanft, und so machten wir uns auf den Weg zur Brooklyn Bridge.

Oh, diese Brücke! Sie ist wahnsinnig, bewundernswert, imposant und sie macht einen stolz. Ja, man ist stolz, ein Mensch zu sein, wenn man sich vor Augen führt, dass ein Gehirn dieses furchterregende Ding erschaffen und fünfzig Meter über dem Boden in der Luft schweben lässt, das ein Dutzend Züge voller Passagiere, zehn oder zwölf Straßenbahnwagen, hundert Taxis, Kutschen und Karren und Tausende von Fußgängern trägt; und all das bewegt sich gleichzeitig inmitten des Lärms der Musik der Metalle – klirrend, klirrend, knirschend und stöhnend unter dem enormen Gewicht der Menschen und Dinge. Die Luftbewegung, die durch dieses furchtbar stürmische Kommen und Gehen verursacht wurde, machte mich schwindlig und ließ mir den Atem stocken.

Ich gab dem Wagen ein Zeichen, anzuhalten, und schloss die Augen. Dann überkam mich ein seltsames, undefinierbares Gefühl universellen Chaos. Als mein Gehirn etwas ruhiger geworden war, öffnete ich die Augen wieder und sah New York, das sich am Fluss entlang ausbreitete, in seinem nächtlichen Schmuck, der durch sein Gewand aus Tausenden von elektrischen Lichtern ebenso glitzerte wie das Firmament mit seinem Sternengewand.

Ich kehrte versöhnt mit dieser großartigen Nation ins Hotel zurück.

Ich ging schlafen, körperlich müde, aber geistig ausgeruht, und hatte so schöne Träume, dass ich am nächsten Tag gut gelaunt war. Ich liebe Träume, und meine traurigen, unglücklichen Tage sind diejenigen, die auf traumlose Nächte folgen.

Mein größter Kummer ist, dass ich mir meine Träume nicht aussuchen kann. Wie oft habe ich am Ende eines glücklichen Tages alles in meiner Macht Stehende getan, um mir eine Fortsetzung davon zu träumen. Wie oft habe ich mir kurz vor dem Einschlafen die Gesichter derer, die ich liebe, ins Gedächtnis gerufen; doch meine Gedanken schweifen ab und tragen mich woanders hin, und das ist mir hundertmal lieber als die völlige Verneinung des Denkens.

Wenn ich schlafe, empfinde ich in meinem Körper unendliche Freude, doch für meine Gedanken ist es eine Qual, zu schlummern.

Meine Lebenskräfte sträuben sich gegen eine solche Verneinung des Lebens. Ich bin durchaus bereit, ein für alle Mal zu sterben, aber ich habe etwas gegen leichte Tode, wie sie man in traumlosen Nächten spürt. Als ich aufwachte, sagte mir mein Dienstmädchen, Jarrett warte auf mich, um ins Theater zu gehen, damit die Bewertung meiner Kostüme abgeschlossen werden könne. Ich ließ Jarrett ausrichten, dass ich vom Zollhaus aus genug vom Regiment gesehen hätte, und bat ihn, alles ohne mich zu beenden, da Madame Guérard dort sein würde. Während der nächsten zwei Tage machten die Terrapin, die Seated Cow und die Black Band Notizen für das Zollhaus, machten Skizzen für die Papiere und Schnittmuster meiner Kleider für Kunden. Ich begann ungeduldig zu werden, da wir eigentlich hätten proben sollen. Schließlich wurde mir am Donnerstagmorgen mitgeteilt, dass das Geschäft abgeschlossen sei und ich meine Koffer nicht haben könne, bis ich 28.000 Franc Zoll bezahlt hätte. Ich bekam einen so heftigen Lachanfall, dass sich die arme Abbey, die schreckliche Angst hatte, ansteckte und sogar Jarrett seine grausamen Zähne zeigte.

„Meine liebe Abbey", rief ich aus, „machen Sie es, wie Sie wollen, aber ich muss am Montag, dem 8. November, *debütieren* , und heute ist Donnerstag. Ich werde am Montag im Theater sein, um mich umzuziehen. Sorgen Sie dafür, dass ich meine Koffer habe, denn in meinem Vertrag stand nichts über das Zollhaus. Ich werde jedoch die Hälfte von dem bezahlen, was Sie zu zahlen haben."

Die 28.000 Francs wurden einem Anwalt übergeben, der in meinem Namen eine Forderung beim Zollamt einreichte. Dank dieser Zahlung blieb ich bei meinen Koffern und die Proben in Booth's Theatre begannen.

Am Montag, dem 8. November, hob sich um 20.30 Uhr der Vorhang zur Uraufführung von *Adrienne Lecouvreur*. Das Haus war überfüllt, und die Sitze, die an die Meistbietenden verkauft und dann wieder von ihnen verkauft worden waren, hatten horrende Preise erzielt. Ich wurde mit Ungeduld und Neugier erwartet, aber ohne Sympathie. Es waren keine jungen Mädchen anwesend, da das Stück zu unmoralisch war. Die arme Adrienne Lecouvreur!

Das Publikum war den Künstlern meiner Truppe gegenüber sehr höflich, aber ziemlich ungeduldig, die seltsame Person zu sehen, die ihnen beschrieben worden war.

In dem Stück fällt der Vorhang am Ende des ersten Akts, ohne dass Adrienne erschienen ist. Eine Person im Haus, sehr verärgert, fragte Mr. Henry Abbey. „Ich möchte mein Geld zurück", sagte er, „da la Bernhardt nicht in jedem Akt vorkommt." Abbey weigerte sich, dem außergewöhnlichen Individuum das Geld zurückzugeben, und als der Vorhang aufging, eilte er zurück, um seinen Platz wieder einzunehmen. Mein Erscheinen wurde mit mehreren Applausrunden begrüßt, die, wie ich glaube, im Voraus von Abbey und Jarrett bezahlt worden waren. Ich begann, und die Süße meiner Stimme in der Fabel von den „Zwei Tauben" bewirkte das Wunder. Diesmal brach das ganze Haus in Hurra aus. Zwischen dem Publikum und mir entstand eine Welle der Sympathie. Statt des hysterischen Skeletts, das ihnen angekündigt worden war, hatten sie ein sehr zerbrechlich aussehendes Geschöpf mit einer süßen Stimme vor sich. Der vierte Akt wurde mit Applaus bedacht, und Adriennes Rebellion gegen die Prinzessin von Bouillon brachte das ganze Haus in Aufruhr. Schließlich kam es im fünften Akt, als die unglückliche Künstlerin im Sterben liegt, vergiftet von ihrer Nebenbuhlerin, zu einer großen Kundgebung, und alle waren zutiefst bewegt. Am Ende des dritten Akts schickten die Damen alle jungen Männer los, um alle Musiker zu finden, die sie zusammenbekommen konnten, und zu meiner Überraschung und Freude wurde mir bei meiner Ankunft in meinem Hotel beim Abendessen eine bezaubernde Serenade vorgespielt. Die Menge hatte sich unter meinen Fenstern im Albemarle Hotel versammelt, und ich musste mehrmals auf den Balkon hinausgehen, um mich zu verbeugen und diesem Publikum zu danken, das mir, wie man mir gesagt hatte, kalt und voreingenommen gegenüberstehen würde. Aus tiefstem Herzen dankte ich auch all meinen Kritikern und Verleumdern, denn durch sie hatte ich das Vergnügen gehabt, mit der Gewissheit des Sieges zu kämpfen. Der Sieg war umso erfreulicher, als ich nicht gewagt hatte, darauf zu hoffen.

Ich habe in New York 27 Vorstellungen gegeben. Die Stücke waren *Adrienne Lecouvreur* , *Froufrou* , *Hernani* , *La Dame aux Camélias* , *Le Sphinx* und *L'Etrangère* . Die durchschnittlichen Einnahmen betrugen 20.000 Francs pro Vorstellung, einschließlich *der Matineen* . Die letzte Vorstellung fand am Samstag, dem 4. Dezember, als *Matinee* statt, da meine Truppe an diesem Abend nach Boston aufbrechen musste und ich mir den Abend für einen Besuch bei Mr. Edison in Menlo Park reserviert hatte, wo ich einen märchenhaften Empfang hatte.

Oh, diese *Matinee* am Samstag, dem 4. Dezember! Ich werde sie nie vergessen. Als ich im Theater ankam, um mich umzuziehen, war es Mittag, denn die *Matinee* sollte um halb zwei beginnen. Mein Wagen blieb stehen, ich kam nicht weiter, denn die Straße war voll mit Damen, die auf Stühlen saßen, die sie sich von den benachbarten Geschäften geliehen hatten, oder auf Klappstühlen, die sie selbst mitgebracht hatten. Das Stück war *La Dame aux Camélias* . Ich musste aus meinem Wagen aussteigen und etwa fünfundzwanzig Meter zu Fuß gehen, um zum Bühneneingang zu gelangen. Ich brauchte fünfundzwanzig Minuten dafür. Die Leute schüttelten mir die Hände und baten mich zurückzukommen. Eine Dame nahm ihre Brosche ab und steckte sie in meinen Mantel – eine schlichte Brosche aus Amethysten, umgeben von feinen Perlen, aber für die Schenkende hatte die Brosche sicherlich ihren Wert. Ich wurde bei jedem Schritt angehalten. Eine Dame zog ihr Notizbuch heraus und bat mich, meinen Namen aufzuschreiben. Die Idee kam blitzschnell. Kleine Jungen in der Obhut ihrer

Eltern wollten, dass ich meinen Namen auf ihre Manschetten schreibe. Meine Arme waren voller kleiner Blumensträuße, die man mir in die Hände gedrückt hatte. Ich spürte, wie hinter mir jemand an der Feder meines Hutes zog. Ich drehte mich abrupt um. Eine Frau mit einer Schere in der Hand hatte versucht, eine Locke meines Haares abzuschneiden, aber es gelang ihr nur, die Feder aus meinem Hut zu schneiden. Vergebens gab Jarrett Signale und schrie. Ich konnte nicht weiterkommen. Sie schickten nach der Polizei, die mich befreite, aber ohne jede Zeremonie, weder für meine Verehrer noch für mich. Diese Polizisten waren richtige Bestien und machten mich sehr wütend. Ich spielte *La Dame aux Camélias* und zählte nach dem dritten Akt siebzehn Rufe und nach dem fünften neunundzwanzig. Infolge des Jubels und der Rufe hatte das Stück eine Stunde länger gedauert als gewöhnlich, und ich war halb tot vor Müdigkeit. Ich wollte gerade zu meinem Wagen gehen, um zum Hotel zurückzukehren, als Jarrett zu mir kam und mir sagte, dass draußen mehr als 50.000 Menschen warteten. Ich ließ mich müde und entmutigt auf einen Stuhl zurückfallen.

„Oh, ich werde warten, bis sich die Menge aufgelöst hat. Ich bin völlig erschöpft. Mehr kann ich nicht tun."

Aber Henry Abbey hatte eine geniale Inspiration.

„Komm", sagte er zu meiner Schwester. „Setz Madames Hut und Boa auf und nimm meinen Arm. Und nimm auch diese Blumensträuße – gib mir, was du nicht tragen kannst. Und jetzt gehen wir zum Wagen deiner Schwester und verbeugen uns."

Er sagte das alles auf Englisch, und Jarrett übersetzte es meiner Schwester, die ihre Rolle in dieser kleinen Komödie bereitwillig annahm. Währenddessen stiegen Jarrett und ich in Abbeys Kutsche, die vor dem Theater stand, wo niemand wartete. Und es war ein Glück, dass wir diesen Weg wählten, denn meine Schwester kam erst eine Stunde später sehr müde, aber sehr amüsiert ins Albemarle Hotel zurück. Ihre Ähnlichkeit mit mir, mein Hut, meine Boa und die Dunkelheit der Nacht waren die Komplizen der kleinen Komödie gewesen, die wir meinem begeisterten Publikum geboten hatten.

Um neun Uhr mussten wir nach Menlo Park aufbrechen. Wir mussten Reisekleidung anziehen, denn am nächsten Tag wollten wir nach Boston aufbrechen, und meine Koffer reisten noch am selben Tag mit meiner Kompanie ab, die mir mehrere Stunden voraus war.

Unser Essen war wie üblich sehr schlecht, denn damals war das Essen in Amerika unsagbar scheußlich. Um zehn Uhr fuhren wir mit dem Zug – einem ganz besonderen Zug, ganz geschmückt mit Blumen und Bannern, die man freundlicherweise für mich vorbereitet hatte. Trotzdem war es eine mühselige Fahrt, denn wir mussten ständig anhalten, um einen anderen Zug passieren zu lassen oder eine Lokomotive manövrieren zu lassen, oder warten, bis wir über die Weiche fahren konnten. Es war zwei Uhr morgens, als der Zug endlich den Bahnhof von Menlo Park erreichte, dem Wohnsitz von Thomas Edison.

Es war eine sehr dunkle Nacht, und der Schnee fiel lautlos in schweren Flocken. Ein Wagen wartete, und die einzige Lampe dieses Wagens diente dazu, den ganzen Bahnhof zu erhellen, denn es war befohlen worden, die elektrischen Lichter auszuschalten. Ich fand meinen Weg mit Hilfe von Jarrett und einigen meiner Freunde, die uns aus New York begleitet hatten. Die beißende Kälte ließ den Schnee beim Fallen gefrieren, und wir liefen über wahre Blöcke aus scharfem, gezacktem Eis, das unter unseren Füßen knackte. Hinter dem ersten Wagen stand ein weiterer, schwererer, mit nur einem Pferd und ohne Lampe. Darin konnten sich fünf oder sechs Personen drängen. Wir waren insgesamt zehn. Jarrett, Abbey, meine Schwester und ich nahmen unsere Plätze im ersten Wagen ein und ließen die anderen in den zweiten einsteigen. Wir sahen aus wie eine Bande von Verschwörern. Die dunkle Nacht, die beiden geheimnisvollen Waggons, die Stille, die die eisige Kälte auslöste, die Art, wie wir in unsere Pelze eingehüllt waren, und unser besorgter Gesichtsausdruck, als wir um uns blickten – all das ließ unseren Besuch im berühmten Edison wie eine Szene aus einer Operette erscheinen.

Der Wagen rollte dahin, sank tief in den Schnee ein und rüttelte fürchterlich, und die Stöße ließen uns jeden Augenblick einen tragikomischen Unfall befürchten.

Ich kann nicht sagen, wie lange wir schon dahinrollten, denn ich war, eingelullt von der Bewegung der Kutsche und eingehüllt in meine warmen Pelze, ruhig eingeschlummert, als ein furchterregendes „Hip, hip, hurra!" uns alle aufspringen ließ, meine Reisegefährten, den Kutscher, das Pferd und mich. In rasender Geschwindigkeit wurde die ganze Gegend plötzlich erleuchtet. Unter den Bäumen, auf den Bäumen, zwischen den Büschen, entlang der Gartenwege blitzten triumphierend Lichter auf.

Die Räder der Kutsche drehten sich noch ein paar Mal und hielten dann vor dem Haus des berühmten Thomas Edison. Auf der Veranda erwartete uns eine Gruppe von Menschen – vier Männer, zwei Damen und ein junges Mädchen. Mein Herz begann schnell zu schlagen, als ich mich fragte, welcher dieser Männer Edison war. Ich hatte sein Foto noch nie gesehen und empfand die größte Bewunderung für seinen genialen Verstand. Ich sprang aus der Kutsche und das blendende elektrische Licht ließ es für uns wie Tag erscheinen. Ich nahm den Blumenstrauß, den Mrs. Edison mir anbot, und dankte ihr dafür, aber die ganze Zeit versuchte ich herauszufinden, wer von diesen Männern der große Mann war.

Sie kamen alle vier auf mich zu, aber ich bemerkte, wie einer von ihnen rot wurde, und der Ausdruck seiner blauen Augen ließ so deutlich erkennen, dass er sich sehr langweilte, dass ich vermutete, dass es Edison war. Ich war verwirrt und verlegen, denn ich wusste sehr wohl, dass ich diesem Mann mit meinem Besuch Unannehmlichkeiten bereitete. Er dachte natürlich, dass es die müßige Neugier eines Ausländers war, der es auf Publicity abgesehen hatte. Er dachte zweifellos an das Vorstellungsgespräch, das ihm am nächsten Tag bevorstand, und an die Dummheiten, die er von sich geben würde. Er litt schon im Voraus unter dem Gedanken an die unwissenden Fragen, die ich ihm stellen würde, an all die Erklärungen, die er mir aus Höflichkeit geben müsste, und in diesem Moment empfand Thomas Edison eine Abneigung gegen mich. Seine wunderbaren blauen Augen, die leuchtender waren als seine Glühlampen, ermöglichten es mir, seine Gedanken zu lesen. Ich verstand sofort, dass er gewonnen werden musste, und mein Kampfinstinkt griff auf all meine Faszinationskräfte zurück, um diesen entzückenden, aber schüchternen *Gelehrten zu bezwingen* . Ich gab mir solche Mühe und es gelang mir so gut, dass wir eine halbe Stunde später die besten Freunde waren.

Ich folgte ihm rasch, kletterte Treppen hinauf, die so schmal und steil waren wie Leitern, überquerte Brücken, die über wahren Öfen in der Luft schwebten, und er erklärte mir alles. Ich verstand alles und bewunderte ihn immer mehr, denn er war so einfach und bezaubernd, dieser König des Lichts.

Als wir uns über eine etwas wackelige Brücke über dem schrecklichen Abgrund lehnten, in dem riesige, in breite Riemen gehüllte Räder sich drehten, herumwirbelten und rumpelten, gab er mit klarer Stimme verschiedene Befehle, und dann brach Licht von allen Seiten hervor, manchmal in spritzenden grünlichen Strahlen, manchmal in schnellen Blitzen oder in schlangenförmigen Streifen wie Feuerströme. Ich betrachtete diesen Mann mittlerer Größe mit ziemlich großem Kopf und edel wirkendem Profil und musste an Napoleon I. denken. Es besteht sicherlich eine große körperliche Ähnlichkeit zwischen diesen beiden Männern, und ich bin sicher, dass ein Teil ihres Gehirns identisch sein würde. Natürlich vergleiche ich ihr Genie nicht. Der eine war destruktiv und der andere schöpferisch, aber während ich Schlachten verabscheue, bete ich Siege an, und trotz seiner Fehler habe ich in meinem Herzen diesem Gott des Ruhms, Napoleon, einen Altar errichtet! Ich betrachtete Edison daher nachdenklich, denn er erinnerte mich an den großen Mann, der tot war. Der ohrenbetäubende Lärm der Maschinen, die blendende Schnelligkeit der Lichtwechsel, all das zusammen ließ meinen Kopf schwirren, und ich vergaß, wo ich war, und stützte mich auf die dünne Balustrade, die mich vom Abgrund unter mir trennte. Ich war mir der Gefahr so wenig bewusst, dass Edison mir, noch bevor ich mich von meiner Überraschung erholt hatte, in ein Nebenzimmer half und mich in einen Sessel setzte, ohne dass ich merkte, wie das alles passiert war. Er erzählte mir später, dass mir schwindlig geworden war.

Nachdem er mir die Ehre seiner Entdeckung des Telefons und seines erstaunlichen Phonographen erwiesen hatte, bot mir Edison seinen Arm und führte mich ins Esszimmer, wo ich seine Familie versammelt vorfand. Ich war sehr müde und wurde dem Abendessen gerecht, das so gastfreundlich für uns zubereitet worden war.

Ich verließ Menlo Park um vier Uhr morgens, und dieses Mal waren die Umgebung, die Straßen und der Bahnhof *täglich* von den Tausenden von Lampen meines freundlichen Gastgebers erleuchtet. Welch eine seltsame suggestive Kraft hat die Dunkelheit! Ich dachte, ich wäre in dieser Nacht weit gereist, und die Straßen kamen mir unpassierbar vor. Es war jedoch nur eine recht kurze Strecke, und die Straßen waren reizend, obwohl sie jetzt schneebedeckt waren. Die Vorstellungskraft hatte auf der Fahrt zu Edisons Haus eine große Rolle gespielt, aber auf derselben Fahrt zurück zum Bahnhof spielte die Realität eine noch viel größere. Ich bewunderte die Erfindungen dieses Mannes leidenschaftlich und war entzückt von seiner schüchternen Freundlichkeit und vollkommenen Höflichkeit und von seiner tiefen Liebe zu Shakespeare.

XXXIV
IN BOSTON – DIE GESCHICHTE DES WALS

Am nächsten Tag, oder besser gesagt am selben Tag, denn es war inzwischen vier Uhr morgens, brach ich mit meiner Begleitung nach Boston auf. Mr. Abbey, mein *Impresario* , hatte für mich einen entzückenden „Wagen" organisiert, aber er war nicht mit dem wunderbaren Pullman-Wagen zu vergleichen, den ich ab Philadelphia für die Fortsetzung meiner Tournee bekommen sollte. Trotzdem war ich mit diesem Wagen sehr zufrieden. In der Mitte stand ein richtiges Bett, groß und bequem, auf einem Messingbettgestell. Dann gab es einen Sessel, eine hübsche Frisierkommode, einen mit Bändern zusammengebundenen Korb für meinen Hund und überall Blumen, aber Blumen ohne aufdringlichen Duft. Im Wagen neben meinem saßen meine eigenen Diener, die es ebenfalls sehr bequem hatten. Ich ging vollkommen zufrieden zu Bett und wachte in Boston auf.

Eine große Menschenmenge hatte sich am Bahnhof versammelt. Es waren Reporter und neugierige Männer und Frauen da – ein Publikum, das entschieden mehr interessiert als freundlich war, nicht böse Absichten hegte, aber keineswegs enthusiastisch. Die öffentliche Meinung in New York hatte sich im letzten Monat sehr mit mir beschäftigt. Ich war so viel kritisiert und verherrlicht worden. Verleumdungen aller Art, dumme und widerwärtige, alberne und abscheuliche, waren über mich in Umlauf gekommen. Einige Leute tadelten mich, andere bewunderten die Verachtung, mit der ich diese Schandtaten behandelt hatte, aber jeder wusste, dass ich am Ende gewonnen und über alles und jedes triumphiert hatte. Boston wusste auch, dass Geistliche von ihren Kanzeln gepredigt hatten und sagten, ich sei von der Alten Welt gesandt worden, um die Neue Welt zu verderben, meine Kunst sei eine Inspiration aus der Hölle usw. usw. Jeder wusste das alles, aber das Publikum wollte es selbst sehen. Boston gehört vor allem den Frauen. Die Überlieferung besagt, dass es eine Frau war, die zum ersten Mal ihren Fuß nach Boston setzte. Frauen bilden dort die Mehrheit. Sie sind puritanisch und intelligent und unabhängig und haben eine gewisse Anmut. Ich ging zwischen den beiden Reihen dieser seltsamen, höflichen und kalten Menge hindurch, und gerade als ich in meine Kutsche steigen wollte, kam eine Dame auf mich zu und sagte: „Willkommen in Boston, Madame!"

„Willkommen, Madame!" und sie streckte mir eine weiche kleine Hand entgegen. (Amerikanische Frauen haben im Allgemeinen bezaubernde Hände und Füße.) Andere Leute kamen nun näher und lächelten, und ich musste vielen von ihnen die Hand schütteln.

Diese Stadt gefiel mir sofort, aber trotzdem war ich einen Moment wütend, als ein Reporter auf die Stufen des Wagens sprang, als wir gerade losfuhren.

Er hatte es eiliger und dreister als alle anderen, aber er überschritt eindeutig die Grenzen, und ich stieß den unhöflichen Kerl wütend zurück. Jarrett war darauf vorbereitet und rettete ihn am Kragen seines Mantels; sonst wäre er, wie er es verdient hatte, auf den Bürgersteig gefallen.

„Um wie viel Uhr werden Sie morgen kommen und auf den Wal steigen?", fragte diese außergewöhnliche Person. Ich starrte ihn verwirrt an. Er sprach perfekt Französisch und wiederholte seine Frage.

„Er ist verrückt!", sagte ich leise zu Jarrett.

„Nein, Madame, ich bin nicht verrückt, aber ich möchte gern wissen, wann Sie kommen und auf den Wal steigen. Vielleicht wäre es besser, wenn Sie heute Abend kommen, denn wir haben Angst, dass er in der Nacht sterben könnte, und es wäre schade, wenn Sie ihn nicht besuchen würden, solange er noch atmet."

Er redete weiter und setzte sich dabei halb neben Jarrett, der ihn immer noch am Kragen festhielt, damit er nicht aus der Kutsche fiel.

„Aber, Monsieur", rief ich aus, „was meinen Sie damit? Was hat es mit dem Wal auf sich?"

„Ah, Madame", antwortete er, „es ist bewundernswert, riesig. Es liegt im Hafenbecken, und rundherum sind Männer damit beschäftigt, Tag und Nacht das Eis zu brechen."

Er brach plötzlich ab, stand auf dem Trittbrett der Kutsche und umklammerte den Kutscher.

„Halt! Halt!", rief er. „Hallo! Hallo! Henry, komm her! Hier ist Madame, hier ist sie!"

Die Kutsche hielt, und ohne weiteres Umschweife sprang er herunter und schob einen kleinen, rundum stämmigen Mann in meinen Landauer, der eine Pelzmütze tief über die Augen gezogen hatte und in seiner Krawatte einen riesigen Diamanten trug. Er war der seltsamste Typus eines altmodischen Yankees. Er sprach kein Wort Französisch, aber er nahm ruhig neben Jarrett Platz, während der Reporter halb sitzend und halb am Wagen hängend blieb. Wir waren zu dritt, als wir vom Bahnhof losfuhren, und als wir das Hotel Vendome erreichten, waren wir zu fünft. Es warteten sehr viele Leute auf meine Ankunft, und ich schämte mich ziemlich für meinen neuen Begleiter. Er sprach mit lauter Stimme, lachte, hustete, spuckte, sprach jeden an und lud jeden ein. Alle Leute schienen entzückt zu sein. Ein kleines Mädchen schlang die Arme um den Hals ihres Vaters und rief: „Oh ja, Papa, bitte lass uns gehen!"

„Gut, aber wir müssen Madame fragen", antwortete er und kam auf die höflichste und zuvorkommendste Art auf mich zu. „Wären Sie so freundlich, uns Ihrer Gruppe anzuschließen, wenn Sie morgen den Wal anschauen gehen?", fragte er.

„Aber, Monsieur", antwortete ich, erfreut, es wieder einmal mit einem Gentleman zu tun zu haben, „ich habe keine Ahnung, was das alles bedeutet. Seit einer Viertelstunde reden dieser Reporter und dieser außergewöhnliche Mann über einen Wal. Sie erklären mit Autorität, dass ich hingehen und ihm einen Besuch abstatten müsse, und ich weiß absolut nichts darüber. Diese beiden Herren haben meinen Wagen im Sturm erobert, sich ohne meine Erlaubnis darin niedergelassen und, wie Sie sehen, laden sie in meinem Namen Leute ein, die ich nicht kenne, und bitten sie, mit mir an einen Ort zu fahren, über den ich nichts weiß, um einen Wal zu besuchen, der mir vorgestellt werden soll und der ungeduldig darauf wartet, in Frieden zu sterben."

Der freundlich gesinnte Herr winkte seiner Tochter, mitzukommen, und in Begleitung der beiden, Jarrett und Madame Guérard fuhr ich mit dem Aufzug zur Tür meiner Zimmerflucht. Ich fand meine Gemächer mit wertvollen Gemälden behangen und voller prachtvoller Statuen. Ich war ziemlich beunruhigt, denn unter diesen Kunstgegenständen befanden sich zwei oder drei sehr seltene und schöne Dinge, von denen ich wusste, dass sie einen exorbitanten Preis gekostet haben mussten. Ich hatte Angst, dass eines davon gestohlen werden könnte, und sprach mit dem Hotelbesitzer über meine Angst.

„Mr. X., dem die Nippes gehören", antwortete er, „wollte, dass Sie sie sich ansehen können, solange Sie hier sind, Mademoiselle; und als ich ihm gegenüber meine Besorgnis darüber äußerte, genau wie Sie es bei mir getan haben, bemerkte er nur, dass es ihm egal sei. Die Bilder gehören zwei reichen Bostonern." Darunter war ein prächtiger Millet, den ich sehr gern besessen hätte.

Nachdem ich meine Dankbarkeit ausgedrückt und diese Schätze bewundert hatte, bat ich um eine Erklärung der Geschichte des Wals, und Mr. Max Gordon, der Vater des kleinen Mädchens, übersetzte mir, was der kleine Mann mit der Pelzmütze erzählt hatte. Es stellte sich heraus, dass er mehrere Fischerboote besaß, die er für seinen eigenen Nutzen zum Kabeljaufang ausschickte. Eines dieser Boote hatte einen riesigen Wal gefangen, der noch zwei Harpunen an Bord hatte. Das arme Geschöpf war von seinen Kämpfen völlig erschöpft und befand sich nur wenige Meilen die Küste entlang, so dass es ein Leichtes gewesen war, es zu fangen und es im Triumph zu Henry Smith, dem Besitzer der Boote, zu bringen. Es war schwer zu sagen, durch welche Laune der Einbildungskraft und durch welche Anwandlung der

Vorstellungskraft dieser Mann in seinem Kopf dazu gekommen war, die Idee des Wals und meinen Namen als Quelle des Reichtums zu verknüpfen. Ich konnte es nicht verstehen, aber Tatsache blieb, dass er auf so drollige Art und Weise, so autoritär und energisch darauf beharrte, dass sich am nächsten Morgen um sieben Uhr trotz des eiskalten Regens fünfzig von uns am Kai versammelten.

Mr. Gordon hatte angeordnet, dass seine Postkutsche mit vier schönen Pferden bereitstehen sollte. Er fuhr selbst, und seine Tochter Jarrett, meine Schwester, Madame Guérard und eine weitere ältere Dame, deren Namen ich vergessen habe, waren bei uns. Sieben weitere Kutschen folgten. Es war wirklich alles sehr unterhaltsam.

Bei unserer Ankunft am Kai wurden wir von diesem komischen Henry empfangen, der diesmal von Kopf bis Fuß zottelig aussah und seine Hände in fingerlosen Wollhandschuhen steckte. Nur seine Augen und sein riesiger Diamant strahlten aus seinem Pelz hervor. Ich ging sehr amüsiert und interessiert den Kai entlang. Es gab auch ein paar Müßiggänger, die zuschauten, und leider! – leider dreimal! – gab es Reporter.

Dann ergriff Henrys zottige Pfote meine Hand und er zog mich schnell mit sich zu den Stufen.

Ich habe mir nur knapp mindestens ein Dutzend Mal das Genick gebrochen. Er stieß mich vorwärts, ließ mich die zehn Stufen des Beckens hinunterstolpern, und dann fand ich mich auf dem Rücken des Wals wieder. Man versicherte mir, dass er noch atmete, aber ich möchte nicht behaupten, dass er das wirklich tat; aber das Spritzen des Wassers, das seinen Wirbel gegen das arme Geschöpf brach, ließ es leicht hin und her schwanken. Außerdem war es mit Eis überzogen, und zweimal fiel ich der Länge nach auf seinen Rücken. Heute lache ich darüber, aber damals war ich wütend.

Alle um mich herum bestanden jedoch darauf, dass ich ein Stück Fischbein aus der Klinge des armen gefangenen Tieres zog, einen jener kleinen Knochen, die für Damenkorsetts verwendet werden. Ich wollte das nicht tun, da ich befürchtete, ihm Leid zuzufügen, und es tat mir leid für das arme Ding, da wir drei – Henry, das kleine Gordon-Mädchen und ich – die letzten zehn Minuten auf seinem Rücken herumgerutscht waren. Schließlich beschloss ich, es zu tun. Ich zog das kleine Fischbein heraus und ging wieder die Stufen hinauf, meine arme Trophäe in der Hand haltend. Ich war nervös und aufgeregt, und alle umringten mich.

Ich war verärgert über diesen Henry Smith. Ich wollte nicht zur Kutsche zurückkehren, da ich dachte, ich könnte meine schlechte Laune in einem der riesigen, düster aussehenden Landaus, die folgten, besser verbergen, aber die bezaubernde Miss Gordon fragte mich so süß, warum ich nicht mit ihnen fahren wollte, dass ich spürte, wie mein Ärger vor dem lächelnden Gesicht des Kindes dahinschmolz.

„Möchtest du fahren?", fragte mich ihr Vater und ich nahm die Anfrage gerne an.

Jarrett machte sich sofort daran, so schnell aus dem Bus zu steigen, wie es sein Alter und seine Fettleibigkeit erlaubten.

„Wenn Sie fahren wollen, steige ich lieber aus", sagte er und nahm in einem anderen Wagen Platz. Ich tauschte mutig mit Mr. Gordon den Platz, um zu fahren, und wir waren noch keine hundert Meter gefahren, als ich die Pferde zu einer Apotheke am Kai lenken ließ und die Kutsche selbst auf den Bürgersteig brachte, so dass wir alle umgekommen wären, wenn Mr. Gordon nicht so schnell und energisch gewesen wäre. Als ich im Hotel ankam, ging ich zu Bett und blieb dort, bis es abends Zeit fürs Theater war. An diesem Abend spielten wir *Hernani* vor ausverkauftem Haus.

Die Plätze waren an die Meistbietenden verkauft worden und es wurden beträchtliche Preise dafür erzielt. Wir gaben fünfzehn Vorstellungen in Boston, zu einem durchschnittlichen Preis von neunzehntausend Francs pro Vorstellung. Es tat mir leid, diese Stadt zu verlassen, da ich dort zwei bezaubernde Wochen verbracht hatte, und meine Gedanken die ganze Zeit über in Alarmbereitschaft waren, wenn ich mich mit den Bostoner Frauen unterhielt. Sie sind Puritanerinnen vom Scheitel bis zur Fußsohle, aber sie sind nachsichtig, und ihr Puritanismus ist nicht bitter. Was mich an den Frauen von Boston am meisten beeindruckte, war die Harmonie ihrer Gesten und die Sanftheit ihrer Stimmen. Die Bostoner Rasse, die unter den strengsten und härtesten Traditionen aufgewachsen ist, scheint mir die kultivierteste und geheimnisvollste aller amerikanischen Rassen zu sein.

Da die Frauen in Boston in der Überzahl sind, bleiben viele der jungen Mädchen unverheiratet. Alle ihre Lebenskräfte, die sie nicht in Liebe und Mutterschaft aufwenden können, verwenden sie durch Bewegung und Sport darauf, die Schönheit ihres Körpers zu stärken und geschmeidig zu machen, ohne dabei an Anmut einzubüßen. Alle Reserven ihres Herzens werden in Intellektualität aufgebraucht. Sie lieben Musik, die Bühne, Literatur, Malerei und Poesie. Sie wissen alles und verstehen alles, sind keusch und zurückhaltend und lachen und sprechen weder sehr laut.

Sie sind von der lateinamerikanischen Rasse so weit entfernt wie der Nordpol vom Südpol, aber sie sind interessant, entzückend und fesselnd.

Deshalb verließ ich Boston schweren Herzens in Richtung New Haven und war überrascht, als ich im dortigen Hotel ankam, dort Henry Smith, den berühmten Walfänger, anzutreffen.

„Oh, Himmel!", rief ich und ließ mich in einen Sessel fallen, „was will dieser Mann jetzt von mir?"

Ich blieb nicht lange im Ungewissen, denn der höllische Lärm von Blechblasinstrumenten, Trommeln, Trompeten und, wie ich glaube, Kochtöpfen zog mich ans Fenster. Ich sah einen riesigen Wagen, umgeben von einer Eskorte aus als Minnesänger verkleideten Negern. Auf diesem Wagen war eine abscheuliche, monströse bunte Reklame angebracht, die mich zeigte, wie ich auf dem Wal stehe und ihm die Klinge abreiße, während er sich zu verteidigen versucht.

Es folgten einige Sandwich-Männer mit Plakaten, auf denen folgende Worte standen:

„ KOMM UND SIEH

DER RIESIGE WAL

WELCHE

SARAH BERNHARDT

GETÖTET

INDEM SIE IHM FÜR IHRE KORSETTS DAS FISCHBEIN HERAUSRISS.

DIESE WERDEN VON MADAME LILY NOE HERGESTELLT,

WER LEBT" USW. USW.

Einige der anderen Sandwich-Männer trugen Plakate mit diesen Worten:

„ Der WAL ist EBENSO florierend *wie*

ALS ES NOCH LEBTE!

Er hat Salz im Wert von fünfhundert Dollar im Magen,

und jeden Tag wird das Eis, auf dem es ruht,

erneuert zu einem Preis von einhundert Dollar!"

Mein Gesicht wurde bleierner als das einer Leiche und als ich das sah, klapperten meine Zähne vor Wut.

Henry Smith ging auf mich zu, und ich schlug ihn in meinem Zorn und eilte dann in mein Zimmer, wo ich vor Ärger, Ekel und äußerster Müdigkeit schluchzte.

Ich wollte sofort nach Europa zurückkehren, aber Jarrett zeigte mir meinen Vertrag. Ich wollte daraufhin Schritte unternehmen, um diese abscheuliche

Vorführung zu stoppen, und um mich zu beruhigen, versprach man mir, dies zu tun. Tatsächlich wurde jedoch überhaupt nichts unternommen.

Zwei Tage später war ich in Hartford und derselbe Wal war dort. Er setzte seine Tour fort, während ich meine fortsetzte.

Sie salzten es weiter und erneuerten sein Eis, und es zog weiter, so dass ich es überall wiedertraf. Ich leitete ein Verfahren dagegen ein, aber in jedem Staat musste ich wieder von vorne beginnen, da die Gesetze in den verschiedenen Staaten unterschiedlich waren. Und jedes Mal, wenn ich in einem neuen Hotel ankam, erwartete mich dort ein riesiger Blumenstrauß mit der schrecklichen Karte des Walschaustellers. Ich warf seine Blumen auf den Boden und trampelte darauf herum, und so sehr ich Blumen auch liebe, diese hier waren mir ein Graus. Jarrett ging zu dem Mann und bat ihn, mir keine weiteren Blumensträuße zu schicken, aber das war alles nutzlos, denn auf diese Weise rächte der Mann die Ohrfeige, die ich ihm verpasst hatte. Außerdem konnte er meinen Ärger nicht verstehen. Er verdiente jede Menge Geld und hatte mir sogar vorgeschlagen, einen Prozentsatz der Einnahmen zu akzeptieren. Ach, ich hätte diesen abscheulichen Smith gern umgebracht, denn er vergiftete mein Leben. In all den verschiedenen Städten, die ich besuchte, konnte ich nichts anderes sehen, und ich schloss immer meine Augen, wenn ich vom Hotel ins Theater ging. Wenn ich die Minnesänger hörte, geriet ich in Rage und wurde grün vor Zorn. Glücklicherweise konnte ich mich ausruhen, als ich Montreal erreichte, wo ich von dieser Show nicht verfolgt wurde. Ich wäre sicherlich krank geworden, wenn es weitergegangen wäre, denn ich sah nichts anderes, ich konnte an nichts anderes denken und selbst meine Träume drehten sich darum. Es verfolgte mich; es war eine Besessenheit und ein ständiger Albtraum. Als ich Hartford verließ, schwor mir Jarrett, dass Smith nicht in Montreal sein würde, da er plötzlich krank geworden war. Ich vermutete stark, dass Jarrett einen Weg gefunden hatte, ihm eine heftige Medizin zu verabreichen, die seine Reise für den Moment unterbrochen hatte. Ich war mir dessen sicher, da der wilde Herr *unterwegs so herzlich lachte* , aber trotzdem war ich ihm unendlich dankbar, dass er mich für den Augenblick von dem Mann befreit hatte.

XXXV
MONTREALS GROSSER EMPFANG – DER DICHTER FRÉCHETTE – EIN AUSFLUG AUF DEM ST.-LORENZ-FLUSS

Endlich kamen wir in Montreal an.

Seit meiner frühesten Kindheit hatte ich lange von Kanada geträumt. Ich hatte meinen Patenonkel immer mit großer Wut die Übergabe dieses Gebiets durch Frankreich an England bedauern hören.

Ich hatte ihn, ohne es ganz genau zu verstehen, die finanziellen Vorteile Kanadas aufzählen hören, die ungeheuren Reichtümer, die in seinem Land steckten usw., und in meiner Vorstellung war dieses Land wie das ferne gelobte Land erschienen.

Ich war schon vor längerer Zeit durch das schrille Pfeifen der Lokomotive aufgeweckt worden und fragte, wie spät es sei. Es war elf Uhr abends, wurde mir mitgeteilt. Wir waren noch fünfzehn Minuten vom Bahnhof entfernt. Der Himmel war schwarz und glatt wie ein Stahlschild. In großen Abständen aufgestellte Laternen fingen das Weiß des Schnees ein, der sich dort seit wie vielen Tagen aufgetürmt hatte? Der Zug hielt plötzlich an und fuhr dann so langsam und zaghaft weiter, dass ich befürchtete, er könnte entgleisen. Doch ein dumpfes Geräusch, das mit jeder Sekunde lauter wurde, drang an meine aufmerksamen Ohren. Dieses Geräusch verwandelte sich bald in Musik – und inmitten eines furchterregenden „Hurra! Lang lebe Frankreich!“, das aus zehntausend Kehlen gerufen wurde, verstärkt durch ein Orchester, das mit rasender Wut die „Marseillaise“ spielte, erreichten wir Montreal.

Die Stelle, an der der Zug damals hielt, war sehr eng. Eine etwas hohe Böschung diente als Schutzwall für den schmalen Bahnsteig des Bahnhofs.

Als ich auf der kleinen Stufe meines Wagens stand, betrachtete ich bewegt das seltsame Schauspiel, das sich mir bot. Die Bank war voll mit Bären, die Laternen hielten. Es waren Hunderte und Hunderte von ihnen. In dem schmalen Raum zwischen der Bank und dem angehaltenen Zug waren noch mehr Bären, große und kleine, und ich fragte mich voller Angst, wie ich es schaffen sollte, meinen Schlitten zu erreichen.

Jarrett und Abbey ließen die Menge Platz machen, und ich stieg aus. Doch ein Abgeordneter, dessen Namen ich auf meinen Notizen nicht entziffern kann (welch ein Lob für meine Schreibkunst!), kam auf mich zu und überreichte mir eine Adresse, die von den Honoratioren der Stadt unterzeichnet war. Ich bedankte mich so gut ich konnte und nahm den herrlichen Blumenstrauß entgegen, der im Namen der Unterzeichner der Adresse überreicht wurde. Als ich die Blumen an mein Gesicht hob, um daran zu riechen, verletzte ich mich leicht an ihren hübschen Blütenblättern, die von der Kälte gefroren waren.

Ich selbst spürte jedoch, wie meine Arme und Beine taub wurden. Die Kälte kroch durch meinen ganzen Körper. Diese Nacht war wohl eine der kältesten seit vielen Jahren.

Die Frauen, die bei der Ankunft der französischen Kompanie dabei waren, mussten sich ins Innere des Bahnhofs zurückziehen, mit Ausnahme von Frau Jos. Doutre, die mir einen Strauß seltener Blumen überreichte und mir einen Kuss gab. Die Temperatur lag bei minus 22 Grad. Ich flüsterte Jarrett leise zu: „Lass uns unsere Reise fortsetzen; ich verwandle mich in Eis. In zehn Minuten werde ich keinen Schritt mehr gehen können.“

Jarrett wiederholte meine Worte gegenüber Abbey, die sich an den Polizeipräsidenten wandte. Dieser gab die Anweisungen auf Englisch und ein anderer Polizist wiederholte sie auf Französisch. Und wir konnten ein paar Meter weiterfahren. Aber der Hauptbahnhof war noch ein Stück entfernt. Die Menschenmenge wurde größer und auf einmal hatte ich das Gefühl, ohnmächtig zu werden. Ich fasste jedoch Mut und hielt mich an den Armen von Jarrett und Abbey fest. Jede Minute dachte ich, ich würde fallen, denn der Bahnsteig war wie ein Spiegel.

Wir mussten jedoch unseren weiteren Fortschritt aufhalten. Hundert Laternen, die von hundert Schülern hochgehalten wurden, erhellten plötzlich den Ort.

Ein großer junger Mann löste sich von der Gruppe, kam direkt auf mich zu und hielt ein breites, ausgerolltes Stück Papier in der Hand. Mit lauter Stimme deklamierte er:

EINE SARAH BERNHARDT.

Salut, Sarah! Grüße, charmante Dona Sol!

Wenn dein kleiner Fuß unsere Sonne verdirbt,

Unsere Sonne ist überall bedeckt mit Gold,

Ist das ein Schauer der Verführung oder der Liebe? ich habe es nicht gesagt;

Aber wir senden Ihnen unsere Botschaft in französischer Sprache

Quelque chose qui nous enivre!

Die Frau bleibt im Herzen, das von Idealen durchdrungen ist,

Wenn du unseren nördlichen Himmel nicht bewunderst,

Unsere schweren Kälten wurden nicht überwunden.

Danke! Vom Winterschlaf für Langzeitgefangene,

Wir freuen uns, Ihnen die Druckvorlagen zu zeigen

Wer die Frühlingsblumen blühen lässt!

Ja, es ist der süße Druck, den wir je verspürt haben!

Vogel des blauen Landes, wenn du mutiger bist

Der Schrecken unserer verlorenen Jahreszeiten,

Mit hellen Strahlen einer warmen Maisonne,

Wir freuen uns, zu sehen, aus der Feder eines duftenden Baumes,

Besiege die Königin der Sylphiden.

Aber nein: von Blumen nicht von einem blonden Messidor,

Tu n'es pas, O Sarah, das Mädchen hinter den goldenen Flügeln

Wer hat Ambrosie erneuert?

Wir begrüßen den strahlenden Künstler

Wer ist derjenige, der im Garten der Götter angreift?

Alle Blumen der Poesie!

Was ist unter dem Anime-Stoff zu verstehen?

Dass das brillante Paros unter seinem Kamm lebt,

Oder der Ton unter ihrem rosa Finger;

Was auf der Bühne geschah, im Lärm der Bravos,

In allen Arten von immer echten, in allen Arten von immer neuen,

Sein Talent verändert sich.

Das ist es, bewundernswerter Maler oder Meisterbildhauer,

Toi-même oses ravir la muse au front serein,

Und ich werde immer warten, bis ich wieder komme.

Soit qu'aux tausend vivats de la foule à genoux,

Von den großen Meistern der Antike und Moderne, für uns

Deine Stimme wird es interpretieren.

Von den Rändern der Tamise bis zu den Rändern von Saint-Laurent,

Qu'il soit enfant du peuple ou brille au premier rang,

Lass die Kälte verstummen,

Tour à tour par ton œuvre et ta grace enchanté

Jeder kämpft vor der Majestät

Von deinem universellen Genie!

Salut donc, oh Sarah! Salut, oh Dona Sol!

Wenn dein kleiner Fuß unsere Sonne verdirbt,

Beobachten Sie die Gleichgültigkeit

Seien Sie versichert, dass wir Sie beleidigen werden.

Auto der Stern, der an seiner Vorderseite die schönste ist,

Dies ist noch eine Zelle Frankreichs!

LOUIS FRECHETTE.

Er las zwar sehr gut, das stimmt; aber diese Zeilen, die ich bei 22 Grad Kälte einer armen Frau vorlas, die sprachlos war, weil sie einer rasenden Marseillaise lauschte und von den wahnsinnigen Hurrarufen aus zehntausenden von patriotischem Eifer beseelten Kehlen betäubt war, waren mehr, als meine Kräfte ertragen konnten.

Ich machte übermenschliche Anstrengungen, mich zu wehren, aber die Müdigkeit übermannte mich. Alles schien sich in einer verrückten Farandole zu drehen. Ich fühlte, wie ich vom Boden aufstieg, und hörte eine Stimme, die aus weiter Ferne zu kommen schien: „Machen Sie Platz für unsere Französin!" Dann hörte ich nichts mehr und kam erst in meinem Zimmer im Hotel Windsor wieder zu Sinnen.

Meine Schwester Jeanne war durch die Bewegung der Menge von mir getrennt worden. Aber die Dichterin Fréchette, eine Frankokanadierin, fungierte als Eskorte und brachte sie einige Minuten später gesund und munter, aber zitternd meinetwegen, und das ist, was sie mir erzählte. „Stellen Sie sich das vor. Als die Menge sich gegen Sie drängte und Sie vor Schreck erschraken, als Sie sahen, wie Ihr Kopf mit geschlossenen Augen auf Abbeys Schulter fiel", rief ich: „Hilfe! Meine Schwester wird getötet." Ich war verrückt geworden. Ein Mann von enormer Größe, der uns lange gefolgt war, bewegte seine Ellbogen und Hüften, um den begeisterten, aber überreizten Mob zum Nachgeben zu bringen, und stellte sich mit einer schnellen Bewegung gerade rechtzeitig vor Sie, um zu verhindern, dass Sie fielen. Der Mann, dessen Gesicht ich nicht sehen konnte, da es unter einer Pelzmütze verborgen war, deren Ohrenklappen fast sein ganzes Gesicht bedeckten, hob Sie hoch, als wären Sie eine Blume, und hielt der Menge auf Englisch eine Rede. Ich verstand nichts von dem, was er sagte, aber die Kanadier waren überrascht, denn das Gedränge hörte auf und die Menge teilte sich in zwei dichte Reihen, um Sie durchzulassen. Ich kann Ihnen versichern, dass es mich sehr beeindruckt hat, Sie so schlank zu sehen, mit zurückgelehntem Kopf und Ihrem ganzen armseligen Körper, der von diesem Herkules auf Armeslänge getragen wurde. Ich folgte Ihnen, so schnell ich konnte, aber da ich mit dem Fuß im Volant meines Rocks hängen blieb, musste ich für eine Sekunde anhalten, und diese Sekunde genügte, um uns vollständig zu trennen. Die Menge, die sich nach Ihnen zusammengedrängt hatte, bildete eine undurchdringliche Barriere. „Ich kann Ihnen versichern, liebe Schwester, dass ich mich alles andere als wohl fühlte, und es war M. Fréchette, der mich rettete.“

Ich schüttelte diesem ehrenwerten Herrn die Hand und dankte ihm diesmal, so gut ich konnte, für sein schönes Gedicht. Dann erzählte ich ihm von anderen Gedichten von ihm, von denen ich einen Band in New York erhalten hatte, denn leider! Zu meiner Schande muss ich gestehen, dass ich bis zu meiner Abreise aus Frankreich nichts von Fréchette wusste, obwohl man ihn in Paris bereits ein wenig kannte.

Er war sehr gerührt von den einzelnen Zeilen, die ich als die besten seiner Werke bezeichnete. Er dankte mir. Wir blieben Freunde.

Am nächsten Tag hatte es kaum neun Uhr geschlagen, als mir eine Karte zugeschickt wurde, auf der folgende Worte standen: „Derjenige, der die Freude hatte, Sie zu retten, Madame, bittet Sie, ihm aus Freundlichkeit ein kurzes Gespräch zu gewähren.“ Ich wies an, den Mann ins Wohnzimmer zu führen, und nachdem ich Jarrett benachrichtigt hatte, ging ich meine Schwester wecken. „Kommen Sie mit“, sagte ich. Sie schlüpfte in einen chinesischen Morgenmantel, und wir gingen in Richtung des großen, riesigen Wohnzimmers meiner Suite, denn ein Fahrrad wäre notwendig gewesen, um ohne Ermüdung die gesamte Länge meiner Räume, Wohnzimmer, Esszimmer und Schlafzimmer, zu durchqueren. Als ich die Tür öffnete, war ich von der Schönheit des Mannes, der vor mir stand, beeindruckt. Er war sehr groß, mit breiten Schultern, kleinem Kopf, einem harten Blick, dickem und lockigem Haar und gebräunter Haut. Der Mann sah gut aus, schien sich aber unwohl zu fühlen. Er errötete leicht, als er mich sah. Ich bedankte mich und bat um Entschuldigung für meine dumme Schwäche. Ich nahm freudig den Veilchenstrauß entgegen, den er mir reichte. Beim Abschied sagte er leise: „Wenn Sie jemals erfahren, wer ich bin, schwören Sie, dass Sie nur an den kleinen Dienst denken werden, den ich Ihnen erwiesen habe.“ In diesem Moment trat Jarrett ein. Sein Gesicht war blass, als er auf den Fremden zuging und auf Englisch mit ihm sprach. Ich konnte jedoch die Worte verstehen: „Detektiv … Tür … Attentat … Unmöglichkeit … New Orleans." Die sonnenverbrannte Haut des Fremden wurde kreidefarben, seine Nasenflügel zitterten, als er zur Tür blickte. Dann, als eine Flucht unmöglich schien, sah er Jarrett an und sagte in einem gebieterischen Ton, kalt wie Feuerstein: „Nun!", während er zur Tür ging. Meine Hände, die sich unter der Benommenheit geöffnet hatten, ließen seinen Strauß fallen, den er aufhob, während er mich mit flehender und flehender Miene ansah. Ich verstand und sagte mit lauter Stimme zu ihm: „Das schwöre ich, Monsieur." Der Mann verschwand mit seinen Blumen. Ich hörte den Lärm der Menschen hinter der Tür und den Lärm der Menschenmenge auf der Straße. Ich wollte nichts weiter hören.

Als meine Schwester, die eine romantische und alberne Einstellung hatte, mir von der schrecklichen Sache erzählen wollte, verschlossen ich meine Ohren.

Als man mir vier Monate später den Bericht über seinen Tod durch den Strang vorlesen wollte, wollte ich nichts davon hören. Und jetzt, nachdem 26 Jahre vergangen sind und ich es weiß, möchte ich mich nur an die geleisteten Dienste und mein Versprechen erinnern.

Dieser Vorfall machte mich etwas traurig. Der Zorn des Bischofs von Montreal war nötig, damit ich meine gute Laune wiedererlangen konnte. Dieser Prälat, der auf der Kanzel über die Unmoral der französischen Literatur gepredigt hatte, verbot seinen Gläubigen, ins Theater zu gehen. Er sprach sich heftig und gehässig gegen das moderne Frankreich aus. Was Scribes Stück (*Adrienne Lecouvreur*) anging, zerriss er es sozusagen in Stücke und wetterte gegen die unmoralische Liebe der *Komödiantin* und des Helden und gegen die ehebrecherische Liebe der Prinzessin von Bouillon. Aber die Wahrheit zeigte sich trotz allem, und er schrie mit durch Empörung gesteigerter Wut: „In dieser infamen Ergötzung französischer Autoren steckt ein Hofabbe, der dank der grenzenlosen Zügellosigkeit seiner Äußerungen eine direkte Beleidigung der Geistlichkeit darstellt." Schließlich sprach er einen Bannspruch gegen Scribe aus, der bereits verstorben war, gegen Legouvé, gegen mich und gegen meine ganze Gesellschaft. Das Ergebnis war, dass das Publikum von überall her kam und die vier Aufführungen „*Adrienne Lecouvreur*", „*Froufrou*", „*La Dame aux Camélias*" (Matinée) und „*Hernani*" ein Riesenerfolg waren und fabelhafte Einnahmen einbrachten.

Ich wurde von dem Dichter Fréchette und einem Bankier, dessen Namen ich vergessen habe, eingeladen, die Irokesen zu besuchen. Ich nahm die Einladung mit Freude an und reiste mit meiner Schwester, Jarrett und Angelo, der immer zu einem gefährlichen Ausflug bereit war, dorthin. Ich fühlte mich sicher in der Gegenwart dieses Künstlers, der voller Mut und Gelassenheit und mit herkulischer Kraft ausgestattet war. Das einzige, was ihm fehlte, um vollkommen zu sein, war Talent. Er hatte damals keines und hatte nie welches.

Der St. Lawrence River war fast vollständig zugefroren. Wir überquerten ihn mit einer Kutsche auf einer Route, die durch zwei im Eis befestigte Äste markiert war. Wir waren zu viert. Die Entfernung zwischen Caughnanwaga und Montreal betrug fünf Kilometer.

Dieser Besuch bei den Irokesen war herrlich bezaubernd. Ich wurde dem Häuptling, Vater und Bürgermeister der Irokesenstämme vorgestellt. Ach! Dieser ehemalige Häuptling, Sohn des „Großen Weißen Adlers", der in seiner Kindheit den Beinamen „Sonne der Nächte" trug, verkaufte jetzt in armseligen europäischen Lumpen Schnaps, Garn, Nadeln, Flachs, Schweinefett, Schokolade usw. Alles, was von seinen verrückten Streifzügen durch die alten wilden Wälder übrig blieb – als er nackt durch ein Land ohne jegliche Loyalität streifte – war die Betäubung des Stiers, der an den Hörnern gefangen gehalten wurde. Es stimmt, dass er auch Brandy verkaufte und dass er, wie alle anderen, seinen Durst an dieser Quelle des Vergessens löschte.

Sun of the Nights stellte mir seine Tochter vor, ein Mädchen im Alter von achtzehn bis zwanzig Jahren, fad und ohne Schönheit und Anmut.

Sie setzte sich ans Klavier und spielte eine damals beliebte Melodie – ich weiß nicht mehr, welche. Ich hatte es eilig, den Laden zu verlassen, das Zuhause dieser beiden Opfer der Zivilisation.

Ich besuchte Caughnanwaga, fand aber keinen Gefallen daran. Das gleiche Zucken in der Kehle, die gleiche nachträgliche Qual ließen mich gegen die Feigheit der Menschen aufbegehren, die unter dem Namen Zivilisation das ungerechteste und am besten geschützte aller Verbrechen verbarg.

Ich kehrte etwas traurig und müde nach Montreal zurück. Der Erfolg unserer vier Aufführungen war außergewöhnlich, aber was ihnen in meinen Augen einen besonderen Reiz verlieh, war der höllische und fröhliche Lärm der Studenten. Die Türen des Theaters wurden ihnen jeden Tag eine Stunde im Voraus geöffnet. Dann arrangierten sie alles nach ihren Wünschen. Die meisten von ihnen waren mit großartigen Stimmen begabt. Sie teilten sich in Gruppen auf, je nach den Anforderungen der Lieder, die sie singen wollten. Dann bereiteten sie mit Hilfe eines starken, von einer Seilwinde angetriebenen Seils den Luftweg vor, dem die mit Blumen geschmückten Körbe folgen sollten, die aus ihrem Paradies zu mir herabstiegen. Sie banden Bänder um die Hälse von Tauben, die Sonette und gute Wünsche trugen.

Diese Blumen und Vögel wurden während der „Rufe" losgeschickt, und durch eine glückliche Anordnung der Saiten fielen die Blumen vor meine Füße, die Tauben flogen, wohin ihr Erstaunen sie führte, und jeden Abend wiederholten sich diese Botschaften der Anmut und Schönheit. Am ersten

Abend war ich sehr bewegt. Der Marquis von Lorne, Schwiegersohn von Königin Victoria, Gouverneur von Kanada, war von königlicher Pünktlichkeit. Die Studenten wussten das. Das Haus war laut und bebte. Durch eine Öffnung im Vorhang betrachtete ich die Zusammensetzung dieser Versammlung. Plötzlich trat ohne äußeren Grund Stille ein, und die „Marseillaise" wurde von dreihundert warmen jungen Männerstimmen gesungen. Mit einer Höflichkeit voller Erhabenheit stand der Gouverneur bei den ersten Tönen unserer Nationalhymne auf. Das ganze Haus war in einer Sekunde auf den Beinen, und die großartige Hymne hallte in unseren Herzen wie ein Ruf aus dem Mutterland wider. Ich glaube nicht, dass ich die „Marseillaise" jemals mit stärkerer Emotion und Einstimmigkeit gesungen gehört habe. Sobald die Veranstaltung vorbei war, brach der Applaus der Menge dreimal aus, und dann spielte die Band auf eine scharfe Geste des Gouverneurs hin „God save the Queen".

Ich habe nie eine stolzere oder würdevollere Geste gesehen als die des Marquis von Lorne, als er dem Dirigenten des Orchesters ein Zeichen gab. Er war durchaus bereit, diesen Söhnen unterwürfiger Franzosen zu erlauben, ein Bedauern zu empfinden, vielleicht sogar eine flackernde Hoffnung. Als Erster auf den Beinen hörte er sich diese schöne Klage mit Respekt an, doch erstickte ihr letztes Echo unter der englischen Nationalhymne.

Als Engländer hatte er damit zweifellos Recht.

Für die letzte Vorstellung am 25. Dezember, dem Weihnachtstag, gab ich *Hernani* .

Der Bischof von Montreal donnerte erneut gegen mich, gegen Scribe und Legouvé und die armen Künstler, die mit mir gekommen waren und nichts dagegen tun konnten. Ich weiß nicht, ob er nicht sogar drohte, uns alle, die Lebenden und die Toten, zu exkommunizieren. Liebhaber Frankreichs und der französischen Kunst spannten, um auf seinen beleidigenden Angriff zu antworten, meine Pferde aus, und mein Schlitten wurde beinahe von einer riesigen Menschenmenge getragen, unter der sich Abgeordnete und Honoratioren der Stadt befanden.

Man muss nur einen Blick in die Tageszeitungen jener Zeit werfen, um sich vorzustellen, welch niederschmetternde Wirkung diese triumphale Rückkehr in mein Hotel hatte.

Am nächsten Tag, Sonntag, machte ich um sieben Uhr morgens mit Jarrett und meiner Schwester einen Spaziergang am Ufer des St. Lawrence River. Irgendwann ließ ich die Kutsche anhalten, um ein Stück zu Fuß zu gehen.

Meine Schwester sagte lachend: „Was wäre, wenn wir auf das große Stück Eis klettern würden, das kurz vor dem Zerbrechen steht?"

Kaum gedacht, schon getan.

Und siehe, wir beide liefen auf dem Eis und versuchten, es loszureißen! Plötzlich machte uns ein lauter Schrei von Jarrett klar, dass wir es geschafft hatten. Tatsächlich trieb unsere Eisbarke bereits frei in der schmalen Fahrrinne des Flusses, die aufgrund der Kraft der Strömung immer offen blieb. Meine Schwester und ich setzten uns hin, denn das Stück Eis schwankte in alle Richtungen, was uns beide zum Lachen brachte. Jarretts Schreie brachten die Leute dazu, sich zu versammeln. Mit Bootshaken bewaffnete Männer versuchten, uns aufzuhalten, aber es war nicht leicht, denn die Ränder der Fahrrinne waren zu brüchig, um das Gewicht eines Mannes zu tragen. Man warf uns Seile zu. Wir hielten uns mit unseren vier Händen an einem fest, aber der plötzliche Zug der Männer, die uns zu sich zogen, schleuderte unser Floß so plötzlich gegen die Eisränder, dass es in zwei Teile zerbrach, und wir blieben, diesmal voller Angst, auf einem kleinen Teil unseres Bootes zurück. Ich lachte nicht mehr, denn wir begannen, ziemlich schnell zu fahren, und die Fahrrinne wurde breiter. Doch in einer der Kurven wurden wir glücklicherweise zwischen zwei riesige Blöcke eingeklemmt, und diesem Umstand verdanken wir es, mit dem Leben davonkommen zu können.

Die Männer, die unsere rasante Fahrt mit echtem Mut verfolgt hatten, kletterten auf die Blöcke. Mit erstaunlicher Geschicklichkeit wurde eine Harpune auf unser eisiges Wrack geworfen, um uns an Ort und Stelle zu halten, denn die ziemlich starke Strömung unter uns hätte uns in Bewegung bringen können. Eine Leiter wurde herbeigebracht und an einen der großen Blöcke gelehnt; ihre Sprossen boten uns die Möglichkeit, uns zu befreien. Meine Schwester kletterte als Erste hinauf, und ich folgte ihr, etwas beschämt über unser lächerliches Abenteuer.

Während der langen Zeit, die wir brauchten, um zur Bank zurückzukehren, konnte die Kutsche mit Jarrett darin wieder zu uns stoßen. Er war blass, nicht aus Angst vor der Gefahr, der ich ausgesetzt war, sondern bei dem Gedanken, dass die Reise zu Ende sein würde, wenn ich sterbe. Er sagte ganz ernst zu mir: „Wenn Sie Ihr Leben verloren hätten, Madame, wären Sie unehrlich gewesen, denn Sie hätten Ihren Vertrag aus eigenem Willen gebrochen."

Wir hatten gerade genug Zeit, um zum Bahnhof zu gelangen, wo der Zug bereitstand, um mich nach Springfield zu bringen.

Eine riesige Menschenmenge wartete bereits auf uns, und mit demselben Liebesschrei, untermalt von „*Au revoirs*", verabschiedete sich das kanadische Publikum von uns.

XXXVI
SPRINGFIELD—BALTIMORE—PHILADELPHIA—CHICAGO—ABENTEUER ZWISCHEN ST. LOUIS UND CINCINNATI—TODESSTRAFE

Nach unserem riesigen und lautstarken Erfolg in Montreal waren wir vom eisigen Empfang des Publikums in Springfield ziemlich überrascht.

Wir spielten *La Dame aux Camélias* – in Amerika *Camille*, warum, konnte mir nie jemand sagen. Dieses Stück, zu dem das Publikum in Scharen strömte, schockierte den übertriebenen Puritanismus der amerikanischen Kleinstädte. Die Kritiker der Großstädte diskutierten über diese moderne Magdalena. Aber die der Kleinstädter begannen damit, Steine nach ihr zu werfen. Diese gekünstelte Zurückhaltung des Publikums, das gegen die Unreinheit von Marguerite Gautier voreingenommen war, begegneten wir von Zeit zu Zeit in den Kleinstädten. Springfield hatte damals kaum dreißigtausend Einwohner.

Während des Tages, den ich in Springfield verbrachte, besuchte ich einen Büchsenmacher, um ein Gewehr zu kaufen. Der Verkäufer führte mich in einen langen und sehr engen Hof, wo ich mehrere Schüsse probierte. Als ich mich umdrehte, war ich überrascht und verwirrt, als ich zwei Herren sah, die sich für mein Schießen interessierten. Ich wollte mich sofort zurückziehen, aber einer von ihnen kam auf mich zu:

„Möchten Sie, Madame, herkommen und eine Kanone abfeuern?" Ich fiel vor Überraschung fast zu Boden und antwortete eine Sekunde lang nicht. Dann sagte ich: „Ja, das würde ich."

Es wurde ein Termin mit meinem seltsamen Fragesteller vereinbart, der der Direktor der Colt-Waffenfabrik war. Eine Stunde später ging ich zum Treffpunkt.

Mehr als dreißig Leute, die man eilig eingeladen hatte, waren schon da. Das ging mir ein wenig auf die Nerven. Ich feuerte die neu erfundene Schnellfeuerkanone ab. Es amüsierte mich sehr, ohne mich emotional zu erregen, und am Abend, nach der eisigen Vorstellung, fuhren wir in schwindelerregender Eile nach Baltimore, da das Stück später zu Ende war als die für die Abfahrt des Zuges festgelegte Stunde. Es war notwendig, es um jeden Preis einzuholen. Die drei riesigen Waggons, aus denen mein Sonderzug bestand, fuhren mit Volldampf los. Mit zwei Lokomotiven sprangen wir über die Metalle und fielen, dank eines Wunders, wieder herab.

Schließlich gelang es uns, den Express einzuholen, der per Telegramm gewarnt worden war und wusste, dass wir auf seinem Weg waren. Er machte einen kurzen Halt, gerade lang genug, um uns trotzdem an ihn anzukoppeln, und so erreichten wir Baltimore, wo ich vier Tage blieb und fünf Vorstellungen gab.

Zwei Dinge fielen mir in dieser Stadt auf: die tödliche Kälte in den Hotels und im Theater und die Schönheit der Frauen.

Ich war in Baltimore zutiefst traurig, denn ich verbrachte den 1. Januar fernab von allem, was mir lieb war. Ich weinte die ganze Nacht und erlebte jenen Moment der Entmutigung, der einen den Tod wünschen lässt.

Unser Erfolg in dieser bezaubernden Stadt war jedoch enorm, und ich verließ sie nur mit Bedauern, um nach Philadelphia zu gehen, wo wir eine Woche bleiben sollten.

Diese schöne Stadt gefällt mir nicht. Ich wurde dort begeistert empfangen, trotz einer Programmänderung am ersten Abend. Da zwei Künstler den Zug verpasst hatten, konnten wir *Adrienne Lecouvreur nicht spielen*, und ich musste es durch *Phèdre ersetzen*, das einzige Stück, bei dem die Abwesenden ersetzt werden konnten. Die Einnahmen für die sieben Vorstellungen in sechs Tagen betrugen durchschnittlich zwanzigtausend Francs. Mein Aufenthalt wurde durch einen Brief getrübt, der den Tod meines Freundes Gustave Flaubert ankündigte, des Schriftstellers, dem die Schönheit unserer Sprache am Herzen lag.

Von Philadelphia aus ging es weiter nach Chicago.

Am Bahnhof wurde ich von einer Abordnung Chicagoer Damen empfangen und eine entzückende junge Dame, Madame Lily B., überreichte mir einen Strauß seltener Blumen.

Jarrett führte mich dann in einen der Räume des Bahnhofs, wo die französischen Delegierten warteten.

Eine sehr kurze, aber höchst emotionale Rede unseres Konsuls verbreitete bei allen Zuversicht und freundschaftliche Gefühle, und nachdem ich ihm herzlich gedankt hatte, bereitete ich mich gerade darauf vor, den Bahnhof zu verlassen, als ich verblüfft stehen blieb – und es schien, als hätten meine Gesichtszüge einen so intensiven Ausdruck des Leidens angenommen, dass alle auf mich zuliefen, um mir Hilfe anzubieten.

Doch plötzlich packte mich eine elektrisierende Wut, und ich ging geradewegs auf die grauenhafte Erscheinung zu, die mir gerade erschienen war – der Walmensch! Er war lebendig, dieser schreckliche Smith! – in Pelze gehüllt, mit Diamanten an allen Fingern. Er stand da mit einem Blumenstrauß in der Hand, das elende Tier! Ich lehnte die Blumen ab und wies ihn mit all meiner Kraft zurück, die durch meine Wut verzehnfacht wurde, und eine Flut verwirrter Worte entkam meinen bleichen Lippen.

Doch diese Szene bezauberte ihn, denn sie wiederholte sich und verbreitete sich, vergrößert, und der Wal hatte mehr Besucher denn je.

Ich ging zum Palmer House, einem der prächtigsten Hotels jener Zeit, dessen Besitzer, Mr. Potter-Palmer, ein wahrer Gentleman war, höflich, freundlich und großzügig, denn er füllte das riesige Apartment, in dem ich wohnte, mit den seltensten Blumen und stellte seinen Einfallsreichtum auf die Probe, um meine Mahlzeiten nach französischer Art kochen und servieren zu lassen, was in jenen Tagen eine schwierige Angelegenheit war.

Wir sollten vierzehn Tage in Chicago bleiben. Unser Erfolg übertraf alle Erwartungen. Diese zwei Wochen schienen mir die angenehmsten Tage seit meiner Ankunft in Amerika zu sein. Zunächst einmal war da die Vitalität der Stadt, in der die Menschen ohne anzuhalten aneinander vorbeigehen, mit gerunzelter Stirn und nur einem Gedanken im Kopf: „Das zu erreichende Ziel.“ Sie gehen immer weiter, ohne sich jemals nach einem Schrei oder einer klugen Warnung umzudrehen. Was hinter ihnen geschieht, ist unwichtig. Sie wollen nicht wissen, warum ein Schrei erhoben wird, und sie haben keine Zeit, um klug zu sein: „Das zu erreichende Ziel“ erwartet sie.

Frauen arbeiten hier, wie überall sonst in Amerika, nicht, aber sie schlendern nicht durch die Straßen wie in anderen Städten: Sie gehen schnell; sie sind auch in Eile, um Unterhaltung zu finden. Tagsüber ging ich ein Stück weit in die Umgebung, um den Sandwichverkäufern, die den Wal anpriesen, nicht zu begegnen.

Eines Tages ging ich zum Schlachthaus der Schweine. Ach, was für ein schrecklicher und großartiger Anblick! Wir waren zu dritt, meine Schwester, ich und ein Engländer, ein Freund von mir.

Bei unserer Ankunft sahen wir Hunderte von Schweinen, die dicht an dicht, grunzend und schnaubend über eine kleine, schmale, erhöhte Brücke eilten.

SARAH BERNHARDT UND MITGLIEDER IHRER FIRMA BEIM DREHENSPORT

Unser Wagen fuhr unter dieser Brücke hindurch und hielt vor einer Gruppe von Männern, die auf uns warteten. Der Leiter der Viehhöfe empfing uns und führte uns zu den Spezialschlachthäusern. Beim Betreten des riesigen Schuppens, der durch Fenster mit schmierigen und geröteten Scheiben nur schwach beleuchtet ist, steigt einem ein abscheulicher Geruch in die Kehle, ein Geruch, den man erst nach mehreren Tagen wieder verspürt. Überall steigt ein blutiger Nebel auf, wie eine leichte Wolke, die an der Seite eines Berges schwebt und von der untergehenden Sonne beleuchtet wird. Ein höllischer Lärm hämmert sich ins Gehirn: die fast menschlichen Schreie der geschlachteten Schweine, die heftigen Schläge der Äxte, die die Gliedmaßen abhacken, die wiederholten Rufe des „Rippers", der mit einer prachtvollen und ausladenden Geste das schwere Beil hebt und mit einem Schlag das unglückliche, zitternde Tier, das an einem Haken hängt, von oben bis unten aufschlitzt. Während des Schreckens des Augenblicks hört man das ununterbrochene Knirschen des rotierenden Rasiermessers, das im Bruchteil einer Sekunde die Borsten von dem Rüssel entfernt, den ihm die Maschine, die zuvor die vier Beine abgetrennt hatte, vorgeworfen hat. Das Pfeifen des austretenden Dampfes aus dem heißen Wasser, in dem der Kopf des Tieres gebrüht wird. Das Plätschern des Wassers, das ständig erneuert wird. Das Rauschen des Abwassers. Das Rumpeln der kleinen Züge, die unter weiten Bogen Lastwagen voller Schinken, Würstchen usw. transportieren, und das Pfeifen der Lokomotiven, die vor der Gefahr ihrer Annäherung warnen, die an diesem Ort des schrecklichen Massakers wie ein ewiges Totengeläut elender Qualen erscheint.

Nichts war Hoffmanscher als dieses Schweineschlachten in der Zeit, von der ich spreche, denn seither hat sich, wenn auch noch etwas zaghaft, ein Gefühl der Humanität in diesen Tempel der Schweinehekatomben eingeschlichen.

Ich kam ziemlich krank von diesem Besuch zurück. An diesem Abend spielte ich in *Phèdre* . Ich betrat die Bühne völlig entnervt und versuchte alles, um das schreckliche Bild des Schlachthofs loszuwerden. Ich stürzte mich mit Leib und Seele in meine *Rolle* , so sehr, dass ich am Ende des vierten Akts auf der Bühne ohnmächtig wurde.

Am Tag meiner letzten Vorstellung wurde mir im Namen der Damen von Chicago ein prächtiges Kameliencollier mit Diamanten überreicht. Ich verließ die Stadt mit einem Gefühl der Zuneigung zu allem, was sie beherbergt: ihren Menschen, ihrem See, der so groß ist wie ein kleines Binnenmeer, ihrem enthusiastischen Publikum, allem, allem – außer ihren Viehhöfen.

Ich hegte nicht einmal Groll gegen den Bischof, der, wie es auch in anderen Städten geschehen war, meine Kunst und französische Literatur angeprangert hatte. Durch die Heftigkeit seiner Predigten hatte er uns tatsächlich so gut bekannt gemacht, dass Mr. Abbey, der Geschäftsführer, ihm folgenden Brief schrieb:

„Euer Gnaden, wenn ich Ihre Stadt besuche, gebe ich normalerweise vierhundert Dollar für Werbung aus. Aber da Sie die Werbung für mich gemacht haben, schicke ich Ihnen zweihundert Dollar für Ihre Armen.

„ HENRY ABBEY. “

Wir verließen Chicago in Richtung St. Louis, wo wir ankamen, nachdem wir in vierzehn Stunden 283 Meilen zurückgelegt hatten.

Im Salon meines Wagens zeigten mir Abbey und Jarrett die Abrechnung der 62 Aufführungen, die seit unserer Ankunft stattgefunden hatten. Die Bruttoeinnahmen beliefen sich auf 227.459 Dollar, das heißt 1.137.295 Francs, also durchschnittlich 18.343 Francs pro Vorstellung. Das freute mich sehr, Henry Abbey zuliebe, denn er hatte bei seiner vorherigen Tournee mit einer bewundernswerten Truppe von Opernkünstlern alles verloren, was er besaß, und noch mehr freute es mich, da ich einen guten Anteil der Einnahmen erhalten sollte.

Wir blieben die ganze Woche vom 24. bis zum 31. Januar in St. Louis. Ich muss zugeben, dass mir diese Stadt, die besonders französisch war, weniger gefiel als die anderen amerikanischen Städte, da sie schmutzig war und die

Hotels nicht sehr komfortabel waren. Seitdem hat St. Louis große Fortschritte gemacht, aber es waren die Deutschen, die dort die Blume des Fortschritts pflanzten. Zu der Zeit, von der ich spreche, im Jahr 1881, war die Stadt abstoßend schmutzig. Damals waren wir leider nicht gut in der Kolonisierung, und alle Städte, in denen der französische Einfluss überwog, waren arm und rückständig. Ich langweilte mich zu Tode in St. Louis und wollte den Ort sofort verlassen, nachdem ich dem Manager eine Entschädigung gezahlt hatte, aber Jarrett, der aufrechte Mann, der strenge Mann der Pflicht, der wilde Mann, sagte zu mir, als er meinen Vertrag in der Hand hielt:

Langeweile sterben, wenn Sie wollen, aber bleiben müssen Sie."

Um mich zu unterhalten, führte er mich zu einer berühmten Grotte, wo wir einige Millionen Fische ohne Augen sehen sollten. Das Licht war noch nie in diese Grotte eingedrungen, und da die ersten Fische, die dort lebten, keine Verwendung für ihre Augen hatten, hatten ihre Nachkommen überhaupt keine Augen. Wir gingen, um diese Grotte zu sehen. Es war ein weiter Weg. Wir stiegen ab und tasteten uns sehr vorsichtig auf allen Vieren wie Katzen zur Grotte vor. Der Weg schien mir endlos, aber schließlich sagte uns der Führer, dass wir unser Ziel erreicht hätten. Wir konnten wieder aufrecht stehen, da die Grotte selbst höher lag. Ich konnte nichts sehen, aber ich hörte ein Streichholz anzünden, und der Führer zündete dann eine kleine Laterne an. Direkt vor mir, fast zu meinen Füßen, befand sich ein ziemlich tiefes natürliches Becken. „Sehen Sie", bemerkte unser Führer phlegmatisch, „das ist der Teich, aber im Moment ist kein Wasser darin; es sind auch keine Fische da. Sie müssen in drei Monaten wiederkommen."

Jarrett verzog das Gesicht so furchtbar, dass ich einen unkontrollierbaren Lachanfall bekam, ein Lachen, das an Wahnsinn grenzt. Ich erstickte fast daran und lachte, bis mir die Tränen kamen. Dann stieg ich in das Becken des Teichs hinab, um nach einer Art Reliquie zu suchen, einem kleinen Skelett eines toten Fisches oder irgendetwas, egal was. Aber es war nichts zu finden – absolut nichts. Wir mussten auf allen Vieren zurückkehren, so wie wir gekommen waren. Ich ließ Jarrett vorangehen, und der Anblick seines großen Rückens in seinem Pelzmantel und wie er auf Händen und Füßen ging, während er murrte und fluchte, erfreute mich so sehr, dass ich nichts mehr bereute, und ich gab dem Führer zehn Dollar für seine unbeschreibliche Überraschung.

Wir kehrten zum Hotel zurück und ich erfuhr, dass ein Juwelier schon mehr als zwei Stunden auf mich wartete. „Ein Juwelier!", rief ich aus. „Aber ich habe nicht die Absicht, Schmuck zu kaufen. Ich habe schon zu viel." Jarrett jedoch zwinkerte Abbey zu, die da war, als wir eintraten. Ich sah sofort, dass zwischen dem Juwelier und meinen beiden *Impresarii eine Art Einvernehmen* bestand. Man sagte mir, dass mein Schmuck gereinigt werden müsse und dass der Juwelier sich darum kümmern würde, ihn wie neu aussehen zu lassen, ihn bei Bedarf zu reparieren und ihn mit einem Wort auszustellen. Ich lehnte mich auf, aber es nützte nichts. Jarrett versicherte mir, dass die Damen von St. Louis solche Ausstellungen besonders liebten. Er sagte, es wäre eine hervorragende Werbung; mein Schmuck sei sehr angelaufen, mehrere Steine fehlten und dieser Mann würde sie kostenlos ersetzen. „Was für eine Ersparnis!", fügte er hinzu. „Stellen Sie sich das nur vor!"

Ich gab auf, denn Diskussionen dieser Art langweilten mich zu Tode, und zwei Tage später kamen die Damen von St. Louis, um meinen Schmuck in den Schaukästen dieses Juweliers im grellen Licht zu bewundern. Die arme Madame Guérard, die sie ebenfalls besichtigte, kam entsetzt zurück.

„Sie haben Ihren Sachen hinzugefügt", sagte sie, „sechzehn Paar Ohrringe, zwei Halsketten und dreißig Ringe; eine mit Diamanten und Rubinen besetzte Lorgnon, eine goldene Zigarettenspitze mit Türkisen; eine kleine Pfeife, deren Bernsteinmundstück von Diamantsternen umgeben ist; sechzehn Armbänder, einen mit Saphiren besetzten Zahnstocher, eine Brille mit goldenen Fassungen, die in kleinen Perleneicheln enden."

„Sie muss speziell angefertigt worden sein", sagte der arme Guérard, „denn es kann niemanden geben, der eine solche Brille tragen würde, und auf ihr standen die Worte: ‚Brille, die Madame Sarah Bernhardt trägt, wenn sie zu Hause ist.'"

Ich war der Meinung, dass dies alle Grenzen der Werbung überschritt. Mich dazu zu bringen, Pfeife zu rauchen und eine Brille zu tragen, ging zu weit, also stieg ich in meine Kutsche und fuhr sofort zum Juwelier. Ich kam gerade rechtzeitig an, um festzustellen, dass der Laden geschlossen war. Es war Samstagnachmittag fünf Uhr; die Lichter waren aus und alles war dunkel und still. Ich kehrte ins Hotel zurück und sprach mit Jarrett über meinen Ärger. „Was macht das alles schon, Madame?", sagte er ruhig. „So viele Mädchen tragen eine Brille; und was die Pfeife betrifft, so sagt mir der Juwelier, dass er fünf Bestellungen dafür erhalten hat und dass sie ganz in Mode kommen wird. Jedenfalls hat es keinen Sinn, sich darüber Sorgen zu machen, da die Ausstellung nun vorbei ist. Ihr Schmuck wird heute Abend zurückgegeben und wir reisen übermorgen ab."

Am Abend gab mir der Juwelier alle Gegenstände zurück, die ich ihm geliehen hatte. Sie waren poliert und repariert worden, so dass sie wie neu aussahen. Er hatte ihnen eine goldene Zigarettenspitze mit Türkisen beigelegt, genau die, die ausgestellt war. Ich konnte diesem Mann einfach nichts verständlich machen, und mein Zorn kühlte ab, als ich sein angenehmes Wesen und seine Freude sah.

Diese Anzeige hätte mich allerdings beinahe das Leben gekostet. Eine kleine Bande von Betrügern, die von dieser riesigen Menge an Schmuck, von dem der größte Teil mir nicht gehörte, angelockt wurde, plante, mich auszurauben. Sie glaubten, sie würden all diese Wertsachen in der großen Handtasche finden, die mein Verwalter immer bei sich trug.

Am Sonntag, dem 30. Januar, verließen wir St. Louis um acht Uhr morgens in Richtung Cincinnati. Ich befand mich in meinem prächtig ausgestatteten Pullman-Wagen und hatte darum gebeten, dass der Wagen an das Ende unseres Sonderzuges gestellt würde, damit ich vom Bahnsteig aus die Schönheit der Landschaft genießen könne, die wie ein sich ständig veränderndes lebendiges Panorama vor einem vorbeizieht.

Wir waren kaum mehr als zehn Minuten *unterwegs* , als der Schaffner sich plötzlich bückte und über den kleinen Balkon blickte. Dann zog er sich schnell zurück und sein Gesicht wurde blass. Er ergriff meine Hand und sagte in sehr aufgeregtem Ton auf Englisch: „Bitte gehen Sie hinein, Madame!" Ich begriff, dass wir in irgendeiner Art von Gefahr schwebten. Er zog das Alarmsignal, gab einem anderen Schaffner ein Zeichen, und bevor der Zug ganz zum Stehen gekommen war, sprangen die beiden Männer herunter und verschwanden unter dem Zug.

Der Wachmann hatte einen Revolver abgefeuert, um jedermanns Aufmerksamkeit zu erregen, und Jarrett, Abbey und die Künstler eilten in den schmalen Korridor. Ich befand mich mitten unter ihnen, und zu unserem Erstaunen sahen wir, wie die beiden Wachen einen bis an die Zähne bewaffneten Mann unter meinem Abteil hervorzogen. Mit einem Revolver an beiden Seiten seiner Schläfe beschloss er, die Wahrheit zu gestehen.

Die Ausstellung des Juweliers hatte den Neid sämtlicher Diebesbanden erregt, und dieser Mann war von einer organisierten Bande in St. Louis losgeschickt worden, um mich meines Schmucks zu entledigen.

Er sollte meinen Waggon zwischen St. Louis und Cincinnati an einer bestimmten Stelle namens „Little Incline" vom Rest des Zuges abkoppeln.

Da dies während der Nacht geschehen musste und mein Wagen der letzte war, war die Sache verhältnismäßig einfach, da es lediglich darum ging, den riesigen Haken anzuheben und ihn aus der Verbindung zu ziehen.

Der Mann, ein wahrer Riese, wurde an meinen Wagen gebunden. Wir untersuchten seine Ausrüstung und stellten fest, dass sie lediglich aus sehr dicken, breiten Lederriemen von etwa einem halben Meter Breite bestand. Mit diesen war er fest an der Unterseite des Zuges befestigt, wobei er die Hände völlig frei hatte. Der Mut und die *Kaltblütigkeit* dieses Mannes waren bewundernswert. Er erzählte uns, dass sieben bewaffnete Männer an der Little Incline auf uns warteten und dass sie uns bestimmt nicht verletzt hätten, wenn wir nicht versucht hätten, Widerstand zu leisten, denn alles, was sie wollten, war mein Schmuck und das Geld, das der Sekretär bei sich trug (zweitausenddreihundert Dollar). Oh, er wusste alles; er kannte jeden Namen und plapperte in schlechtem Französisch weiter: „Oh, was Sie betrifft, Madame, wir hätten Ihnen trotz Ihres hübschen kleinen Revolvers nichts getan. Wir hätten ihn Ihnen sogar überlassen."

Und so wussten dieser Mann und seine Bande, dass der Sekretär an meinem Ende des Zuges schlief und dass man ihn nicht sehr fürchten musste (armer Chatterton!); dass er zweitausenddreihundert Dollar bei sich hatte und dass ich einen sehr hübsch verzierten Revolver mit Katzenaugen hatte. Der Mann wurde festgebunden und von den beiden Schaffnern in Gewahrsam genommen, und der Zug wurde dann nach St. Louis zurückgefahren; wir waren erst eine Viertelstunde zuvor losgefahren. Die Polizei wurde informiert und schickte uns fünf Detektive. Ein Güterzug, der eine halbe Stunde vor uns hätte abfahren sollen, wurde uns vorausgeschickt. Acht Detektive reisten mit diesem Güterzug und erhielten den Befehl, an der Little Incline auszusteigen. Unser Riese wurde den Polizeibehörden übergeben, aber man versprach mir, dass man aufgrund seines Geständnisses gnädig mit ihm umgehen würde. Später erfuhr ich, dass dieses Versprechen eingehalten worden war, da der Mann in sein Heimatland Irland zurückgeschickt wurde.

Von da an war mein Abteil jede Nacht zwischen zwei anderen untergebracht. Tagsüber durfte ich meinen Wagen am Ende haben, unter der Bedingung, dass ich zustimmte, einen bewaffneten Detektiv auf den Bahnsteig zu schicken, den ich übrigens für seine Dienste bezahlen sollte. Unser Abendessen war sehr lustig und alle waren ziemlich aufgeregt. Was den Schaffner angeht, der den Riesen entdeckt hatte, der sich unter dem Zug versteckt hatte, hatten Abbey und ich ihn so großzügig belohnt, dass er betrunken war und bei jeder Gelegenheit kam, um mir die Hand zu küssen und seine Trunkenheitstränen zu weinen, wobei er die ganze Zeit wiederholte: „Ich habe die Französin gerettet; ich bin ein Gentleman."

Als wir uns schließlich der Little Incline näherten, war es dunkel. Der Lokomotivführer wollte mit voller Geschwindigkeit weiterfahren, aber wir waren noch keine fünf Meilen gefahren, als Knallkörper unter den Rädern explodierten und wir unser Tempo drosseln mussten. Wir fragten uns, welche neue Gefahr uns erwartete, und begannen uns Sorgen zu machen. Die Frauen waren nervös und einige von ihnen weinten. Wir fuhren langsam weiter, spähten in die Dunkelheit und versuchten, im Licht jedes Knallkörpers die Gestalt eines Mannes oder mehrerer Männer zu erkennen. Abbey schlug vor, mit voller Geschwindigkeit weiterzufahren, denn diese Knallkörper waren von den Banditen entlang der Strecke platziert worden, die sich wahrscheinlich eine Möglichkeit ausgedacht hatten, den Zug anzuhalten, falls es ihrem Riesen nicht gelang, den Waggon loszukoppeln.

Der Lokomotivführer weigerte sich, schneller zu fahren, und erklärte, diese Knallkörper seien Signale, die von der Eisenbahngesellschaft dort platziert worden seien, und er könne nicht aufgrund einer bloßen Vermutung das Leben aller riskieren. Der Mann hatte völlig recht und er war sicherlich sehr mutig.

„Wir können sicherlich eine Handvoll Rüpel zur Rechenschaft ziehen", sagte er, „aber ich könnte nicht für das Leben von irgendjemandem einstehen, wenn der Zug entgleist, irgendwo auffährt oder kollidiert oder über eine Klippe stürzt."

Wir fuhren also langsam weiter. Die Lichter im Waggon waren ausgeschaltet, damit wir so viel wie möglich sehen konnten, ohne selbst gesehen zu werden. Wir hatten versucht, den Artisten die Wahrheit vorzuenthalten, mit Ausnahme von drei Männern, die ich zu meinem Waggon gerufen hatte. Die Artisten hatten von den Räubern wirklich nichts zu befürchten, da ich die einzige Person war, auf die sie es abgesehen hatten. Um alle unnötigen Fragen und ausweichenden Antworten zu vermeiden, schickten wir den Sekretär los, um ihnen zu sagen, dass der Zug langsam fahren müsse, da es auf der Strecke eine Behinderung gebe. Man sagte ihnen auch, dass eine der Gasleitungen repariert werden müsse, bevor wir wieder Licht hätten. Dann wurde die Verbindung zwischen meinem Waggon und dem Rest des Zuges unterbrochen. Wir waren vielleicht zehn Minuten so gefahren, als plötzlich alles von einem Feuer erhellt wurde und wir eine Gruppe von Eisenbahnern auf uns zukommen sahen. Es lässt mich jetzt schaudern, wenn ich daran denke, wie knapp diese armen Kerle dem Tod entgangen wären. Unsere Nerven waren seit mehreren Stunden so angespannt, dass wir zunächst dachten, diese Männer seien die elenden Freunde des Riesen. Jemand hatte auf sie geschossen, und wenn unser tapferer Lokomotivführer ihnen nicht zugerufen und dabei einen schrecklichen Fluch ausgestoßen hätte, sie sollten aufhören, wären zwei oder drei dieser armen Männer verwundet worden. Auch ich hatte meinen Revolver ergriffen, aber bevor ich den Ladestock herausziehen konnte, der als Zahnrad dient, um das Losgehen zu verhindern, hätte jeder Zeit gehabt, mich zu packen, zu fesseln und hundertmal zu töten.

Und dennoch nehme ich jedes Mal, wenn ich an einen Ort gehe, an dem ich Gefahr vermute, meine Pistole mit, denn es ist eine Pistole und kein Revolver. Ich nenne sie immer einen Revolver, aber in Wirklichkeit ist es eine Pistole, und zwar eine sehr altmodische Bauart, mit diesem Ladestock und dem Abzug, der so schwer zu ziehen ist, dass ich auch meine andere Hand benutzen muss. Für eine Frau bin ich keine schlechte Schützin, vorausgesetzt, ich kann mir Zeit lassen, aber das ist nicht sehr einfach, wenn man auf einen Räuber schießen will. Und doch habe ich meine Pistole immer dabei; sie liegt hier auf meinem Tisch, und ich kann sie sehen, während ich schreibe. Sie liegt in ihrem Etui, das etwas zu eng ist, so dass es eine gewisse

Kraft und Geduld erfordert, sie herauszuziehen. Wenn in diesem Moment ein Mörder auftauchen sollte, müsste ich zuerst das Etui öffnen, was keine leichte Sache ist, dann, um die Pistole herauszuholen, den etwas zu festen Ladestock herausziehen und mit beiden Händen den Abzug drücken. Und trotz alledem ist das menschliche Tier so merkwürdig, dass mir dieses lächerlich nutzlose kleine Ding hier vor mir als bewundernswerter Schutz erscheint. Und so nervös und schüchtern ich auch bin, leider! Ich fühle mich ganz sicher, wenn ich in der Nähe meines kleinen Freundes bin, der in dem kleinen Koffer, aus dem ich ihn kaum herausziehen kann, vor Lachen brüllen muss.

Nun, jetzt wurde uns alles erklärt. Der Güterzug, der vor uns losgefahren war, geriet zwar von den Gleisen, aber es entstand kein großer Schaden, und niemand wurde getötet. Die Räuberbande von St. Louis hatte alles arrangiert und sich darauf vorbereitet, diesen kleinen Unfall zwei Meilen von der Little Incline entfernt zu haben, für den Fall, dass ihr Kamerad, der unter meinem Wagen kauerte, ihn nicht losmachen konnte. Der Zug war entgleist, aber als die Schurken nach vorn stürmten, weil sie glaubten, es sei meiner, fanden sie sich von der Detektivbande umzingelt. Es scheint, als hätten sie wie die Dämonen gekämpft. Einer von ihnen wurde auf der Stelle getötet, zwei weitere verwundet und die übrigen gefangen genommen. Einige Tage später wurde der Anführer dieser kleinen Bande gehängt. Er war ein Belgier namens Albert Wirbyn, 25 Jahre alt.

Ich tat alles, was in meiner Macht stand, um ihn zu retten, denn es kam mir so vor, als wäre ich unabsichtlich der Anstifter seines bösen Plans gewesen.

Wären Abbey und Jarrett nicht so werbehungrig gewesen und hätten sie nicht Schmuck im Wert von über sechshunderttausend Francs zu meinem dazugelegt, wäre dieser Mann, dieser elende junge Mann, vielleicht nicht auf die dumme Idee gekommen, mich auszurauben. Wer kann sagen, welche Pläne dem armen Kerl durch den Kopf gegangen sind, der vielleicht halb verhungert war oder vielleicht von einem klugen, erfinderischen Gehirn angeregt wurde? Vielleicht sagte er sich, als er stehen blieb und in das Schaufenster des Juweliers schaute: „Dort gibt es Schmuck im Wert von einer Million Francs. Wenn er ganz mir gehörte, würde ich ihn verkaufen und nach Belgien zurückkehren. Was für eine Freude könnte ich meiner armen Mutter machen, die sich mit der Arbeit im Gaslicht blendet, und ich könnte meiner Schwester helfen, zu heiraten." Oder vielleicht war er ein Erfinder und dachte sich: „Ach, wenn ich nur das Geld hätte, das dieser Schmuck darstellt, könnte ich meine Erfindung selbst herausbringen, anstatt mein Patent an einen hochgeschätzten Schurken zu verkaufen, der es mir für ein Stück Brot abkauft. Was würde das dem Künstler bedeuten. Ach, wenn ich nur das Geld hätte!" Ach, wenn ich das Geld hätte! – vielleicht schrie der arme Kerl vor Wut, als er daran dachte, dass all dieser Reichtum einer einzigen Person gehörte. Vielleicht keimte die Idee des Verbrechens auf diese Weise in einem Geist, der bis dahin rein gewesen war. Ach, wer kann sagen, welche Hoffnung in einem jungen Geist geboren werden kann? Zuerst mag es nur ein schöner Traum sein, aber dieser kann in einem verrückten Wunsch enden, den Traum zu verwirklichen. Die Güter einer anderen Person zu stehlen ist sicherlich nicht richtig, aber dies sollte nicht mit dem Tod bestraft werden – das sollte es sicherlich nicht. Einen Mann von fünfundzwanzig Jahren zu töten ist ein viel größeres Verbrechen als Schmuck zu stehlen, selbst mit Gewalt, und eine Gesellschaft, die sich zusammenschließt, um das Schwert der Gerechtigkeit zu schwingen, ist viel feiger, wenn sie tötet, als der Mann, der ganz allein raubt und tötet, auf eigene Gefahr und Gefahr. Oh, welche Tränen habe ich um diesen Mann geweint, den ich überhaupt nicht kannte – der ein Schurke oder vielleicht ein Held war! Er war vielleicht ein Mann mit schwachem Verstand, der zum Dieb geworden war, aber er war erst fünfundzwanzig Jahre alt und hatte ein Recht zu leben.

Wie sehr ich die Todesstrafe hasse! Sie ist ein Relikt feiger Barbarei, und es ist eine Schande für zivilisierte Länder, dass es noch Guillotinen und Schafotte gibt. Jeder Mensch hat einen Moment, in dem sein Herz leicht berührt ist, in dem die Tränen der Trauer fließen; und diese Tränen können einen großzügigen Gedanken befruchten, der zur Reue führen könnte.

Ich möchte um nichts in der Welt zu denen gehören, die einen Mann zum Tode verurteilen. Und doch sind viele von ihnen gute, aufrechte Männer, die, wenn sie zu ihren Familien zurückkehren, ihre Frauen liebevoll behandeln und ihre Kinder dafür tadeln, dass sie einer Puppe den Kopf zerbrochen haben.

Ich habe vier Hinrichtungen gesehen, eine in London, eine in Spanien und zwei in Paris.

In London wird er gehängt, und das hier erscheint mir grauenhafter, widerwärtiger, unheimlicher als jeder andere Todesfall. Das Opfer war ein junger Mann von etwa dreißig Jahren mit einem starken, eigensinnig wirkenden Gesicht. Ich sah ihn nur eine Sekunde, und als er mich ansah, zuckte er mit den Schultern, und seine Augen drückten seine Verachtung für meine Neugier aus. In diesem Moment fühlte ich, dass die Ideen dieses Menschen meinen weit überlegen waren, und der Verurteilte erschien mir größer als alle Anwesenden. Vielleicht lag es daran, dass er dem großen Geheimnis näher war als wir alle. Ich sehe ihn jetzt lächeln, als sie sein Gesicht mit der Kapuze bedeckten, während ich völlig bestürzt davoneilte.

In Madrid sah ich, wie ein Mann erdrosselt wurde, und die Grausamkeit dieser Folter erschreckte mich noch Wochen später. Er wurde beschuldigt, seine Mutter getötet zu haben, aber es schien, als ob gegen den elenden Mann kein wirklicher Beweis vorgebracht worden war. Und er schrie, als sie ihn auf seinem Sitz festhielten, bevor sie ihm die Garrotte anlegten: „Mutter, ich werde gleich bei dir sein, und du wirst ihnen allen in meiner Gegenwart sagen, dass sie gelogen haben."

Diese Worte wurden auf Spanisch gesprochen, mit einer Stimme, die vor Ernsthaftigkeit vibrierte. Sie wurden mir von einem *Attaché* der britischen Botschaft übersetzt, mit dem ich dorthin gereist war, um mir den grauenhaften Anblick anzusehen. Der elende Mann schrie in einem so aufrichtigen, herzzerreißenden Ton, dass es unmöglich war, dass er nicht unschuldig war, und das war die Meinung aller, die bei mir waren.

Die beiden anderen Hinrichtungen, deren Zeuge ich wurde, fanden auf dem Place de la Roquette in Paris statt. Die erste war die eines jungen Medizinstudenten, der mit Hilfe eines seiner Freunde eine alte Frau, die Zeitungen verkaufte, getötet hatte. Es war ein dummes, abscheuliches Verbrechen, aber der Mann war eher verrückt als ein Verbrecher. Er war überdurchschnittlich intelligent und hatte seine Prüfungen in einem früheren Alter als üblich bestanden. Er hatte zu hart gearbeitet, und das hatte sein Gehirn geschädigt. Man hätte ihm Ruhe gönnen sollen, ihn wie einen Invaliden behandeln, ihn an Geist und Körper heilen und ihn dann zu seinen wissenschaftlichen Beschäftigungen zurückkehren lassen sollen. Er war ein junger Mann, der intellektuell weit über dem Durchschnitt lag. Ich sehe ihn noch heute vor mir, blass und abgezehrt, mit einem verträumten, abwesenden Blick in den Augen, einem Ausdruck unendlicher Traurigkeit. Ich weiß natürlich, dass er eine arme, wehrlose alte Frau getötet hatte. Das war sicherlich abscheulich, aber er war erst dreiundzwanzig Jahre alt und sein Geist war durch Studium und Überarbeitung, zu viel Ehrgeiz und die Gewohnheit, Arme und Beine abzuschneiden und die Leichen von Frauen und Kindern zu sezieren, verwirrt. All dies entschuldigt die abscheuliche Tat des Mannes nicht, aber es hatte dazu beigetragen, sein moralisches Empfinden aus den Angeln zu heben, das vielleicht aufgrund von Studium, Armut oder Atavismus bereits in einem schwankenden Zustand war. Ich bin der Ansicht, dass ein Verbrechen des Hochverrats an der Menschlichkeit begangen wurde, als man einem intelligenten Mann das Leben nahm, der, wenn er erst einmal seine Vernunft wiedererlangt hätte, der Wissenschaft und der Menschheit große Dienste hätte leisten können.

Die letzte Hinrichtung, bei der ich dabei war, war die des Anarchisten Vaillant. Er war ein energischer und zugleich sanftmütiger Mann mit sehr fortschrittlichen Ideen, die jedoch nicht viel fortschrittlicher waren als die der Männer, die später an die Macht kamen.

Mein Theater war damals die Renaissance, und er bat mich oft um Freikarten, da er zu arm war, um sich den Luxus der Kunst leisten zu können. Ach,

Armut, was für ein trauriger Ratgeber bist du, und wie nachsichtig sollten wir gegenüber denen sein, die Elend ertragen müssen!

Eines Tages besuchte mich Vaillant in meiner Garderobe im Theater. Ich spielte Lorenzaccio und er sagte zu mir: „Ah, dieser Florentine war ein Anarchist, genau wie ich, aber er hat den Tyrannen getötet und nicht die Tyrannei. So werde ich nicht arbeiten."

Ein paar Tage später warf er eine Bombe in ein öffentliches Gebäude, die Abgeordnetenkammer. Der arme Kerl war nicht so erfolgreich wie der Florentiner, den er zu verachten schien, denn er tötete niemanden und richtete keinen wirklichen Schaden an, außer seiner eigenen Sache.

Ich sagte, ich würde gern wissen, wann er hingerichtet werden sollte, und am Abend zuvor kam ein Freund von mir ins Theater und sagte mir, dass die Hinrichtung am nächsten Tag, Montag, um sieben Uhr morgens stattfinden sollte.

Ich machte mich nach der Vorstellung auf den Weg und ging zur Rue Merlin, Ecke Rue de la Roquette. Die Straßen waren noch sehr belebt, denn an diesem Sonntag war Dimanche Gras (Faschingssonntag). Überall sangen, lachten und tanzten die Leute. Ich wartete die ganze Nacht, und da ich das Gefängnis nicht betreten durfte, saß ich auf dem Balkon einer Wohnung im ersten Stock, die ich gemietet hatte. Die kalte Dunkelheit der Nacht in ihrer Unermesslichkeit schien mich in Traurigkeit zu hüllen. Ich spürte die Kälte nicht, denn mein Blut floss schnell durch meine Adern. Die Stunden vergingen langsam, die Stunden, die in der Ferne klangen: *L'heure est morte. Vive l'heure!* Ich hörte ein vages, gedämpftes Geräusch von Schritten, Flüstern und von Holz, das schwer knarrte, aber ich wusste nicht, was diese seltsamen, mysteriösen Geräusche waren, bis der Tag anbrach. Ich sah, dass das Schafott da war. Ein Mann kam, um die Lampen auf dem Place de la Roquette zu löschen, und ein blutleer wirkender Himmel breitete sein fahles Licht über uns aus. Die Menge begann sich allmählich zu sammeln, blieb aber in dichten Gruppen, und der Verkehr auf den Straßen wurde unterbrochen. Ab und zu schob ein Mann, der ganz gleichgültig aussah, aber offensichtlich in Eile war, die Menge beiseite, überreichte einem Polizisten eine Karte und verschwand dann unter dem Vorbau des Gefängnisses. Ich zählte mehr als zehn dieser Männer: es waren Journalisten. Plötzlich erschien die Militärwache an Ort und Stelle und nahm ihre Position rund um den melancholisch aussehenden Sockel ein. Die übliche Zahl der Wachen war für diesen Anlass verdoppelt worden, da man eine anarchistische Verschwörung befürchtete. Auf ein bestimmtes Signal hin wurden Schwerter gezogen und die Gefängnistür geöffnet.

Vaillant erschien, sehr blass, aber voller Energie und Mut. Er rief mit männlicher Stimme und voller Überzeugung: „ *Es lebe die Anarchie!* " Es gab keinen einzigen Schrei als Antwort auf seinen. Er wurde gepackt und über die Platte zurückgeworfen. Das Messer fiel mit einem gedämpften Geräusch. Der Körper schwankte, und im nächsten Moment wurde das Schafott weggebracht, der Ort gefegt; die Menschenmenge durfte sich bewegen. Sie stürmten zum Hinrichtungsort, starrten auf den Boden, um einen Blutfleck zu finden, der nicht zu sehen war, und schnüffelten in der Luft nach jedem Geruch des Dramas, das gerade stattgefunden hatte.

Es waren Frauen, Kinder, alte Männer, alle machten Witze an genau der Stelle, wo gerade ein Mann unter größten Qualen gestorben war. Und dieser Mann hatte sich zum Apostel dieser Bevölkerung gemacht; dieser Mann hatte für diese wimmelnde Menge alle möglichen Freiheiten, alle möglichen Privilegien und Rechte gefordert.

Ich war dick verschleiert, sodass man mich nicht erkennen konnte und hatte eine Freundin als Eskorte dabei.

Ich mischte mich unter die Menge, und es machte mich krank und verzweifelt. Es gab kein Wort der Dankbarkeit gegenüber diesem Mann, kein Gemurmel der Rache oder des Aufruhrs.

Ich wollte ausrufen: „Ihr seid Bestien! Kniet nieder und küsst die Steine, die das Blut dieses armen Verrückten für euch befleckt hat, für euch, für euch, weil er an euch geglaubt hat."

Doch bevor ich dazu Zeit hatte, rief mir ein Straßenjunge zu: „Kaufen Sie die letzten Vaillant-Stücke! Kaufen, kaufen!"

Oh, der arme Vaillant! Sein kopfloser Körper wurde damals nach Clamart gebracht, und die Menschenmengen, für die er geweint, gearbeitet und gestorben war, gingen jetzt ruhig, gleichgültig und gelangweilt davon. Der arme Vaillant! Seine Ideen waren übertrieben, aber sie waren großzügig.

XXXVII
NEW ORLEANS UND ANDERE AMERIKANISCHE STÄDTE – EIN BESUCH DER NIAGARAFÄLLE

Wir kamen wohlbehalten in Cincinnati an. Dort gaben wir drei Vorstellungen und machten uns dann erneut auf den Weg nach New Orleans.

Jetzt, dachte ich, werden wir etwas Sonnenschein haben und unsere armen Glieder wärmen können, die von drei Monaten tödlicher Kälte steif waren. Wir werden unsere Fenster öffnen und frische Luft atmen können, statt der erstickenden und Anämie verursachenden Dampfwärme. Ich schlief ein und Träume von Wärme und süßen Düften lullten mich in meinen Schlaf. Ein Klopfen weckte mich plötzlich und mein Hund mit aufgestellten Ohren schnüffelte an der Tür, aber da er nicht knurrte, wusste ich, dass es jemand aus unserer Gruppe war. Ich öffnete die Tür und Jarrett, gefolgt von Abbey, gab mir Zeichen, nicht zu sprechen. Jarrett kam auf Zehenspitzen herein und schloss die Tür wieder.

„Na, was ist denn nun?", fragte ich.

„Warum", antwortete Jarrett, „der unaufhörliche Regen der letzten zwölf Tage hat das Wasser so hoch anschwellen lassen, dass die Bootsbrücke hier über der Bucht unter dem schrecklichen Druck des Wassers nachgeben könnte. Hören Sie den schrecklichen Sturm, der jetzt weht? Wenn wir auf der anderen Route zurückfahren, werden wir drei oder vier Tage brauchen."

Ich war wütend. Drei oder vier Tage und schon wieder im Schnee! Ach nein! Ich hatte das Gefühl, ich müsste Sonnenschein haben.

„Warum können wir nicht passieren? O Gott! Was sollen wir tun?" rief ich aus.

„Nun, der Lokomotivführer ist hier. Er glaubt, dass er rüberkommen könnte; aber er hat gerade erst geheiratet und wird die Überfahrt versuchen, unter der Bedingung, dass Sie ihm zweitausendfünfhundert Dollar geben, die er sofort nach Mobile schicken wird, wo sein Vater und seine Frau leben. Wenn wir sicher auf die andere Seite gelangen, wird er Ihnen das Geld zurückgeben, aber wenn nicht, wird es seiner Familie gehören."

Ich muss gestehen, dass ich vor Bewunderung für diesen mutigen Mann sprachlos war. Seine Kühnheit erregte mich, und ich rief:

„Ja, sicher. Gib ihm das Geld und lass uns rüberfahren."

Wie gesagt, reiste ich normalerweise mit einem Sonderzug. Dieser bestand nur aus drei Waggons und der Lokomotive. Ich zweifelte keinen Augenblick am Erfolg dieses törichten und verbrecherischen Unterfangens und erzählte niemandem davon außer meiner Schwester, meinem geliebten Guérard und meiner treuen Félicie und ihrem Mann Claude. Der Komiker Angelo, der auf dieser Reise in Jarretts Koje schlief, wusste davon, aber er war mutig und vertraute auf seinen Stern. Das Geld wurde dem Lokomotivführer übergeben, der es nach Mobile schickte. Erst als wir tatsächlich losfuhren, wurde mir bewusst, welche Verantwortung ich auf mich genommen hatte, denn ich riskierte ohne ihre Zustimmung das Leben von 32 Personen. Es war zu spät, um noch etwas zu tun: Der Zug war losgefahren und berührte mit rasender Geschwindigkeit die Brücke der Schiffe. Ich hatte meinen Platz auf dem Bahnsteig eingenommen, und die Brücke bog und schwankte wie eine Hängematte unter der schwindelerregenden Geschwindigkeit unserer wilden Fahrt. Als wir auf halbem Weg waren, gab es so weit nach, dass meine Schwester meinen Arm packte und flüsterte: „Ach, wir ertrinken!" Sie schloss die Augen und umklammerte mich nervös, war aber ganz tapfer. Ich stellte mir wie sie vor, dass der entscheidende Moment gekommen war; und so abscheulich es auch war, ich dachte keine Sekunde an all die, die voller Vertrauen und Leben waren, die ich opferte, die ich tötete. Mein einziger Gedanke war an ein liebes kleines Gesicht, das bald um mich trauern würde. Und wenn man bedenkt, dass wir unseren schrecklichsten Feind, den Gedanken, in uns tragen und dass er ständig im Widerspruch zu unseren Taten steht. Er erhebt sich manchmal schrecklich, perfide, und wir versuchen, ihn vertreiben, ohne Erfolg. Wir gehorchen ihm, Gott sei Dank, nicht immer; aber er verfolgt uns, quält uns, lässt uns leiden. Wie oft greifen uns die bösesten Gedanken an und welche Kämpfe müssen wir ausfechten, um diese Kinder unseres Gehirns zu vertreiben! Wut, Ehrgeiz und Rache bringen die abscheulichsten Gedanken hervor, die uns vor Scham erröten lassen, wie es bei einem schrecklichen Makel der Fall sein sollte. Und doch sind sie nicht unsere, denn wir haben sie nicht hervorgerufen; aber sie beschmutzen uns dennoch und lassen uns in Verzweiflung zurück, weil wir nicht Herr unseres eigenen Herzens, Geistes und Körpers sind.

Meine letzte Minute war jedoch für diesen Tag nicht im Buch des Schicksals verzeichnet. Der Zug raffte sich auf, und halb hüpfend, halb rollend erreichten wir die andere Seite des Wassers. Hinter uns hörten wir ein schreckliches Geräusch, eine Wassersäule fiel wie eine riesige Garbe zurück. Die Brücke war eingestürzt! Über eine Woche lang konnten die Züge aus dem Osten und dem Norden diese Strecke nicht befahren.

Ich hinterließ das Geld unserem tapferen Lokomotivführer, aber mein Gewissen war keineswegs ruhig, und lange Zeit störten die schrecklichsten Alpträume meinen Schlaf, und wenn mir einer der Künstler von seinem Kind, seiner Mutter oder seinem Mann erzählte, den er so gern wiedersehen wollte, wurde ich ganz blass, eine tiefe Erregung durchfuhr mich, und ich empfand das tiefste Mitleid mit mir selbst.

Als ich aus dem Zug stieg, war ich vor lauter Emotionen mehr tot als lebendig. Ich musste mich damit abfinden, eine äußerst freundliche, wenn auch ermüdende Delegation meiner Landsleute zu empfangen. Dann stieg ich, mit Blumen beladen, in den Wagen, der mich zum Hotel bringen sollte. Die Straßen waren Flüsse, und wir befanden uns auf einer Anhöhe. Der untere Teil der Stadt, erklärte uns der Kutscher auf Französisch mit starkem Marseiller Akzent, war bis zu den Dächern der Häuser überschwemmt. Hunderte von Negern waren ertrunken. „Ach, *Bagasse* !", rief er und trieb seine Pferde an.

Zu dieser Zeit waren die Hotels in New Orleans schäbig – schmutzig, unbequem, schwarz von Kakerlaken, und sobald die Kerzen angezündet wurden, füllten sich die Schlafzimmer mit großen Moskitos, die herumschwirrten und auf die Schultern fielen und in den Haaren kleben blieben. Oh, ich schaudere noch immer, wenn ich daran denke!

Zur gleichen Zeit wie unsere Truppe gab es in New Orleans eine Operngesellschaft, deren „Star" eine bezaubernde Frau war, Emilie Ambre, die einmal beinahe Königin von Holland geworden wäre. Das Land war arm, wie alle anderen amerikanischen Gebiete, in denen die Franzosen in der Überzahl waren.

Die Oper lief sehr schlecht, und auch wir waren nicht besonders erfolgreich. Sechs Vorstellungen wären in dieser Stadt völlig ausreichend gewesen, wir gaben acht.

Trotzdem hat mir der Aufenthalt sehr gefallen.

Ein unendlicher Zauber ging davon aus. Alle diese Menschen, so unterschiedlich, schwarz und weiß, hatten lächelnde Gesichter. Alle Frauen waren anmutig. Die Läden waren durch die Fröhlichkeit ihrer Schaufenster attraktiv. Die Händler unter den Arkaden forderten einander mit freudigen Witzen heraus. Die Sonne ließ sich jedoch kein einziges Mal blicken. Aber diese Menschen hatten die Sonne in sich.

Ich konnte nicht verstehen, warum man keine Boote benutzte. Die Pferde standen bis zu den Schinken im Wasser und es wäre unmöglich gewesen, überhaupt in eine Kutsche zu steigen, wenn die Gehsteige nicht einen Meter oder sogar mehr hoch gewesen wären.

Da es so viele Überschwemmungen gab wie die Jahre, war es sinnlos, daran zu denken, den Fluss oder den Meeresarm aufzustauen. Aber die hohen Gehsteige und kleinen beweglichen Brücken erleichterten den Verkehr. Die dunkelhäutigen Kinder hatten Spaß daran, in den Bächen Flusskrebse zu fangen. (Wo kamen sie her?) Und sie verkauften sie an Passanten.

Ab und zu sahen wir eine ganze Familie Wasserschlangen vorbeihuschen. Sie huschten mit erhobenem Kopf und wogendem Körper dahin wie lange, sternenklare Saphire.

Ich ging in den unteren Teil der Stadt hinunter. Der Anblick war herzzerreißend. Alle Hütten der farbigen Einwohner waren ins schlammige Wasser gefallen. Sie waren zu Hunderten da und hockten auf diesen sich bewegenden Wracks, mit Augen, die vom Fieber brannten. Ihre weißen Zähne klapperten vor Hunger. Rechts und links, überall trieben Leichen mit geschwollenen Mägen herum und stießen gegen die Holzpfähle. Viele Damen verteilten Essen und versuchten, diese unglücklichen Geschöpfe wegzuführen. Nein. Sie blieben, wo sie waren. Mit einem glückseligen Lächeln antworteten sie: „Das Wasser geht weg. Ein Haus findet sich. Wir fangen wieder von vorne an." Und die Frauen nickten langsam mit dem Kopf als Zeichen ihrer Zustimmung. Mehrere Alligatoren hatten sich gezeigt, von der Flut heraufgebracht. Zwei Kinder waren verschwunden.

Ein vierzehnjähriges Kind war gerade ins Krankenhaus gebracht worden, nachdem ihm eines dieser Meeresungeheuer den Fuß bis zum Knöchel abgetrennt hatte. Seine Familie schrie vor Wut. Sie wollten den Jungen bei sich behalten. Der schwarze Quacksalber behauptete, er hätte ihn in zwei Tagen heilen können, und die weißen „Quacksalber" würden ihn einen Monat lang das Bett hüten.

Ich verließ diese Stadt mit Bedauern, denn sie glich keiner anderen Stadt, die ich bis dahin besucht hatte. Wir waren wirklich überrascht, dass niemand aus unserer Gruppe fehlte – sie hatten, so sagte man, verschiedene Gefahren durchgemacht. Nur der Friseur, ein Mann namens Ibé, konnte sein Gleichgewicht nicht wiedererlangen, da er am zweiten Tag unserer Ankunft vor Angst halb verrückt geworden war. Im Theater schlief er gewöhnlich in der Truhe, in der er seine Perücken aufbewahrte. So merkwürdig es auch erscheinen mag, es ist ganz wahr. In der ersten Nacht verlief alles wie üblich, aber in der zweiten Nacht weckte er die ganze Nachbarschaft mit seinem Geschrei. Der unglückliche Kerl war fest eingeschlafen, als er mit dem Gefühl aufwachte, als würde seine Matratze, die über seiner Perückensammlung hing, durch unfassbare Bewegungen angehoben. Er dachte, eine Katze oder ein Hund sei in die Truhe gelangt, und hob den schwachen Schutzwall hoch. Zwei Schlangen stritten sich oder liebten sich – er konnte nicht sagen, was von beidem; zwei Schlangen von einer Größe, die ausreichte, um die Menschen in Angst und Schrecken zu versetzen, die sich aufgrund der Schreie des armen Figaro um sie versammelt hatten.

Er war noch sehr blass, als ich ihn das Boot besteigen sah, das uns zu unserem Zug bringen sollte. Ich rief ihn und bat ihn, mir die Odyssee seiner schrecklichen Nacht zu erzählen. Während er mir die Geschichte erzählte, zeigte er auf sein großes Bein: „So dick waren sie, Madame. Ja, so …" Und er zitterte vor Angst, als er sich an den schrecklichen Umfang der Reptilien erinnerte. Ich dachte, sie seien etwa ein Viertel so dick wie sein Bein, und das hätte ausgereicht, um seine Angst zu rechtfertigen, denn die Schlangen, um die es ging, waren keine harmlosen Wasserschlangen, die aus purer Boshaftigkeit beißen, aber keine Giftzähne haben.

Wir erreichten Mobile ziemlich spät am Tag.

Wir hatten auf dem Weg nach New Orleans in dieser Stadt Halt gemacht, und ich hatte einen regelrechten Nervenzusammenbruch wegen der „Frechheit" der Einwohner, die trotz der späten Stunde eine Abordnung herbeigerufen hatten, um mich zu bedienen. Ich war todmüde und schlief in meinem Bett im Wagen ein. Ich lehnte es daher energisch ab, irgendjemanden zu empfangen. Aber diese Leute klopften an meine Fenster, sangen um meinen Wagen herum und brachten mich schließlich zur Verzweiflung. Ich riss schnell eines der Fenster auf und schüttete ihnen einen Krug Wasser über den Kopf. Frauen und Männer, unter ihnen mehrere Journalisten, wurden überschwemmt. Ihre Wut war groß.

Ich war auf dem Rückweg in diese Stadt, und die obige Geschichte, die von den durchnässten Reportern zu ihren Gunsten ausgeschmückt wurde, ging mir voraus. Aber es gab auch andere, die höflicher waren und sich weigerten, eine Dame zu so einer unchristlichen Nachtzeit zu stören. Diese letzteren waren in der Mehrheit und nahmen meine Verteidigung auf.

In dieser kriegerischen Atmosphäre trat ich also vor die Öffentlichkeit von Mobile. Ich wollte jedoch die gute Meinung meiner Verteidiger rechtfertigen und meine Kritiker widerlegen.

Ja, aber da war ein Elf, der anders entschieden hatte.

den Impresarii im Allgemeinen ziemlich verachtet wurde . Es gab nur ein Theater. Es war an den Tragödienschauspieler Barrett vermietet worden, der sechs Tage nach mir auftreten sollte. Alles, was blieb, war ein jämmerlicher Ort, so klein, dass ich nichts kenne, was damit vergleichbar wäre. Wir spielten *La Dame aux Camélias* . Als Marguerite Gautier das Abendessen servieren ließ, versuchten die Diener, die den fertig gedeckten Tisch hereinbringen sollten, ihn durch die Tür hineinzubekommen. Aber das war unmöglich. Nichts könnte komischer sein, als zu sehen, wie diese unglücklichen Diener jedes Mittel anwenden.

Das Publikum lachte. Unter dem Gelächter der Zuschauer war eines, das ansteckend wirkte. Ein Neger von zwölf oder fünfzehn Jahren, der irgendwie hineingekommen war, stand auf einem Stuhl, hielt sich mit beiden Händen an den Knien fest, beugte den Körper, den Kopf nach vorn, den Mund offen und lachte mit so schriller und durchdringender Stimme und mit so gleichmäßiger Kontinuität, dass ich es auch mitbekam. Ich musste hinausgehen, während ein Teil der Kulisse entfernt wurde, damit der Tisch hereingebracht werden konnte.

Ich kam einigermaßen gefasst zurück, aber immer noch von unterdrücktem Lachen beherrscht. Wir saßen um den Tisch herum, und das Abendessen näherte sich wie gewöhnlich seinem Ende. Aber gerade als die Diener hereinkamen, um den Tisch abzuräumen, ergriff einer von ihnen die Kulisse, die die Kulissenschieber in ihrer Eile falsch zurechtgerückt hatten, und die ganze Hintergrundkulisse fiel uns auf den Kopf. Da die Kulisse damals fast vollständig aus Papier bestand, fiel sie uns nicht auf den Kopf und blieb dort liegen, sondern fiel uns um den Hals, und wir mussten in dieser Position verharren, ohne uns bewegen zu können. Da unsere Köpfe durch das Papier gedrungen waren, sahen wir höchst komisch und lächerlich aus. Das Lachen des jungen Nigger begann erneut, durchdringender denn je, und diesmal endete mein unterdrücktes Lachen in einer Krise, die mich kraftlos machte.

Der für den Eintritt gezahlte Betrag wurde der Öffentlichkeit zurückerstattet. Er überstieg fünfzehntausend Franc.

Diese Stadt war für mich eine Unglücksstadt, und mein dritter Besuch hätte mir beinahe zum Verhängnis gereicht, wie ich im zweiten Band dieser Memoiren berichten werde.

Noch am selben Abend verließen wir Mobile in Richtung Atlanta, von wo aus wir, nachdem wir in *„ La Dame aux Camélias" gespielt hatten* , am selben Abend weiter nach Nashville aufbrachen.

Wir blieben einen ganzen Tag in Memphis und gaben dort zwei Vorstellungen.

Um ein Uhr morgens fuhren wir nach Louisville. Auf der Fahrt von Memphis nach Louisville wurden wir durch den Lärm eines Kampfes, durch Flüche und Schreie geweckt. Ich öffnete die Tür meines Eisenbahnwaggons und erkannte die Stimmen. Jarrett kam gleichzeitig heraus. Wir gingen zu der Stelle, von der der Lärm kam – zu der kleinen Plattform, wo die beiden Kämpfer, Captain Hayné und Marcus Mayer, mit Revolvern in der Hand kämpften. Marcus Mayers Auge war aus der Augenhöhle und das Gesicht von Captain Hayné war blutüberströmt. Ich warf mich ohne einen Moment nachzudenken zwischen die beiden Verrückten, die mit dieser brutalen, aber entzückenden Höflichkeit der Nordamerikaner ihren Kampf beendeten.

Wir begannen die schwindelerregende Runde durch die kleineren Städte, kamen um drei, vier und manchmal sechs Uhr abends an und fuhren gleich nach dem Stück wieder ab. Ich verließ mein Auto nur, um ins Theater zu gehen, und kehrte zurück, sobald das Stück vorbei war, um mich in mein elegantes, aber winziges Schlafzimmer zurückzuziehen. Ich schlafe gut im

Zug. Es war ein großes Vergnügen, so mit hoher Geschwindigkeit zu reisen, draußen auf dem kleinen Bahnsteig zu sitzen oder vielmehr in einem Schaukelstuhl zu liegen und das ständig wechselnde Schauspiel der amerikanischen Ebenen und Wälder zu betrachten, das an mir vorbeizog. Ohne anzuhalten fuhren wir durch Louisville, zum zweiten Mal Cincinnati, Columbus, Dayton, Indianapolis, St. Joseph, wo es das beste Bier der Welt gibt, und wo, als ich wegen der Reparatur eines der Wagenräder in ein Hotel musste, mich eine betrunkene Tänzerin bei einem großen Ball im Hotel im Korridor, der zu meinem Zimmer führte, packte. Dieser brutale Kerl packte mich, als ich gerade aus dem Aufzug stieg, und zerrte mich mit Geschrei fort, wie das eines wilden Tieres, das nach fünf Tagen erzwungenen Hungers seine Beute sucht. Mein Hund, der vor Aufregung außer sich geriet, als er mich schreien hörte, biss ihn heftig in die Beine, was den Betrunkenen bis zur Raserei aufwühlte. Nur mit größter Mühe konnte ich mich aus den Klauen dieses Besessenen befreien. Das Abendessen wurde serviert. Was für ein Abendessen! Glücklicherweise war das Bier hell in Farbe und Konsistenz, und so konnte ich die schrecklichen Dinge, die mir serviert wurden, schlucken.

Der Ball dauerte die ganze Nacht und wurde von Revolverschüssen begleitet.

Wir sind nach Leavenworth, Quincy und Springfield aufgebrochen, aber nicht nach Springfield in Massachusetts, sondern nach Springfield in Illinois.

Auf der Fahrt von Springfield nach Chicago wurden wir mitten in der Nacht vom Schneefall aufgehalten.

Das scharfe, tiefe Ächzen der Lokomotive hatte mich bereits geweckt. Ich rief meinen treuen Claude herbei und erfuhr, dass wir anhalten und auf Hilfe warten sollten.

Mithilfe meiner Félicie zog ich mich hastig an und versuchte, hinunterzusteigen, aber es war unmöglich. Der Schnee war so hoch wie die Plattform des Waggons. Ich blieb in Pelze gehüllt und betrachtete die herrliche Nacht. Der Himmel war hart, unerbittlich, sternenlos, aber dennoch durchsichtig. So weit das Auge reichte, erstreckten sich Lichter entlang der Schienen vor mir, denn ich hatte auf der hinteren Plattform Zuflucht gesucht. Diese Lichter sollten die nachfolgenden Züge warnen. Vier von ihnen kamen heran und hielten an, als die ersten Nebelsignale unter ihren Rädern losgingen, dann krochen sie langsam vorwärts zum ersten Licht, wo ein dort postierter Mann den Vorfall erklärte. Dieselben Lichter wurden sofort für den folgenden Zug angezündet, so weit wie möglich entfernt, und ein Mann, der hinter den Lichtern vorging, legte Zünder auf die Metallteile. Jeder ankommende Zug folgte diesem Kurs.

Der Schnee blockierte uns. Ich kam auf die Idee, das Küchenfeuer anzuzünden, und so bekam ich genügend kochendes Wasser, um die oberste Schneeschicht auf der Seite zu schmelzen, auf der ich landen wollte. Nachdem dies getan war, stiegen Claude und unsere farbigen Diener ab und räumten einen kleinen Teil weg, so gut sie konnten.

Ich konnte schließlich selbst hinabsteigen und versuchte, den Schnee auf eine Seite zu schieben. Meine Schwester und ich beendeten das Ganze, indem wir uns gegenseitig mit Schneebällen bewarfen, und das *Handgemenge* wurde groß. Abbey, Jarrett, der Sekretär und mehrere der Künstler schlossen sich an, und wir wärmten uns bei dieser kleinen Schlacht mit weißen Kanonenkugeln auf.

Bei Tagesanbruch sah man uns mit einem Revolver und einem Colt-Gewehr auf eine Zielscheibe aus einer Champagnerkiste schießen. Ein fernes Geräusch, gedämpft durch die Watte des Schnees, machte uns schließlich klar, dass Hilfe im Anmarsch war. Tatsächlich kamen zwei Lokomotiven mit Männern mit Schaufeln, Haken und Spaten mit voller Geschwindigkeit aus der entgegengesetzten Richtung. Sie mussten auf einen Kilometer an uns herankommen und bremsen, und die Männer begannen, den Weg vor ihnen freizumachen. Schließlich gelang es ihnen, uns zu erreichen, aber wir mussten umkehren und die westliche Route nehmen. Die unglücklichen Künstler, die damit gerechnet hatten, in Chicago zu frühstücken, wo wir um elf Uhr hätten ankommen sollen, klagten, denn mit der neuen Reiseroute, der wir folgen mussten, konnten wir Milwaukee nicht vor halb zwei erreichen. Dort sollten wir um zwei Uhr eine *Matinee geben – La Dame aux Camélias*. Ich ließ mir daher das beste Mittagessen zubereiten, das ich bekommen konnte, und meine Diener brachten es meiner Kompanie, deren Mitglieder sich sehr dankbar zeigten.

Die Vorstellung begann erst um drei und endete um halb sieben; um acht ging es dann wieder mit *Froufrou los*.

Unmittelbar nach dem Stück fuhren wir nach Grand Rapids, Detroit, Cleveland und Pittsburgh, wo ich einen amerikanischen Freund treffen sollte, der mir helfen sollte, einen meiner Träume zu verwirklichen – zumindest bildete ich mir das ein. Mein Freund war zusammen mit seinem Bruder Eigentümer großer Stahlwerke und mehrerer Erdölquellen. Ich hatte ihn in Paris gekannt und ihn in New York wiedergetroffen, wo er mir anbot, mich nach Buffalo zu führen, damit ich die Niagarafälle besuchen oder vielmehr in sie einführen konnte, für die er eine leidenschaftliche Liebe hegte. Oft brach er ganz unerwartet wie ein Verrückter auf und machte an einem Ort in der Nähe der Niagarafälle Rast. Das ohrenbetäubende Geräusch der Katarakte schien wie Musik nach dem harten, hämmernden, schrillen Lärm der Schmieden, die das Eisen bearbeiteten, und die Klarheit der silbrigen

Kaskaden ruhte seine Augen aus und erfrischte seine Lungen, die mit Erdöl und Rauch gesättigt waren.

Die Kutsche meines Freundes, die von zwei prächtigen Pferden gezogen wurde, trug uns in einem verwirrenden Wirbelwind aus Schlamm, der über uns spritzte, und Schnee, der uns blendete. Es hatte eine Woche lang geregnet, und Pittsburgh war 1881 nicht das, was es heute ist, obwohl es eine Stadt war, die einen aufgrund ihres kommerziellen Genies beeindruckte. Der schwarze Schlamm floss die Straßen entlang, und überall stiegen riesige Schwaden dicken, schwarzen, undurchsichtigen Rauchs in den Himmel; aber das Ganze hatte eine gewisse Erhabenheit, denn hier war Arbeit König. Züge fuhren durch die Straßen, beladen mit Fässern Petroleum oder so hoch wie möglich mit Holzkohle und Kohle beladen. Dieser schöne Fluss, der Ohio, trug Dampfer, Lastkähne und Ladungen von Holz mit sich, die zusammengebunden und zu riesigen Flößen geformt waren, die allein den Fluss hinuntertrieben, um unterwegs von dem Besitzer, für den sie bestimmt waren, angehalten zu werden. Das Holz ist gekennzeichnet, und niemand sonst denkt daran, es mitzunehmen. Mir wurde gesagt, dass das Holz heute nicht mehr auf diese Weise transportiert wird, was schade ist.

Die Kutsche fuhr uns durch Straßen und Plätze inmitten von Eisenbahnschienen, unter der nervenaufreibenden Vibration der elektrischen Leitungen, die wie Furchen durch den Himmel liefen. Wir überquerten eine Brücke, die unter dem leichten Gewicht des Buggys bebte. Es war eine Hängebrücke. Schließlich hielten wir beim Haus meines Freundes. Er stellte mir seinen Bruder vor, einen charmanten Mann, aber sehr kühl und korrekt und so ruhig, dass ich erstaunt war.

„Mein armer Bruder ist taub", sagte mein Begleiter, nachdem ich mir fünf Minuten lang Mühe gegeben hatte, mit meiner sanftesten Stimme mit ihm zu sprechen. Ich sah diesen armen Millionär an, der in einem unglaublichen Lärm lebte und nicht einmal das leiseste Echo des ungeheuerlichen Aufruhrs hören konnte. Er konnte überhaupt nichts hören, und ich fragte mich, ob er zu beneiden oder zu bemitleiden war. Dann wurde ich zu seinen glühenden Öfen und seinen kochenden Bottichen geführt. Ich ging in einen Raum, in dem einige Stahlscheiben abkühlten, die wie viele untergehende Sonnen aussahen.

Die Hitze, die von ihnen ausging, schien meine Lunge zu versengen, und ich hatte das Gefühl, als würden meine Haare Feuer fangen.

Dann gingen wir eine lange, schmale Straße entlang, auf der kleine Züge hin und her fuhren. Einige dieser Züge waren mit glühenden Metallen beladen, die die Atmosphäre beim Vorbeifahren schillernd machten. Wir gingen hintereinander den schmalen Gang entlang, der für Fußgänger zwischen den Schienen reserviert war. Ich fühlte mich überhaupt nicht sicher und mein

Herz begann wie wild zu schlagen. Der Wind der beiden Züge, die in entgegengesetzter Richtung aneinander vorbeifuhren, wehte mich mal in die eine, mal in die andere Richtung, und ich zog meine Röcke eng um mich, damit sie nicht hängen blieben. Auf meinen hohen Absätzen sitzend, hatte ich bei jedem Schritt Angst, auf diesem schmalen, schmierigen, mit Kohle übersäten Bürgersteig auszurutschen.

Um es kurz zusammenzufassen: Es war ein sehr unangenehmer Moment, und ich war sehr erfreut, als ich das Ende dieser endlosen Straße erreichte, die zu einem riesigen Feld führte, das sich so weit erstreckte, wie das Auge reichte. Überall lagen Schienen herum, die von Männern poliert und gefeilt wurden usw. Ich hatte jedoch genug und bat darum, zurückgehen und mich ausruhen zu dürfen. Also kehrten wir alle drei ins Haus zurück.

Als wir dort ankamen, öffneten livrierte Diener die Türen, nahmen uns unsere Pelze ab und gingen dabei auf Zehenspitzen umher. Überall herrschte Stille, und ich fragte mich, warum, denn es schien mir unverständlich. Der Bruder meines Freundes sprach kaum, und wenn er es tat, war seine Stimme so leise, dass ich große Schwierigkeiten hatte, ihn zu verstehen. Wenn wir ihm gestikulierend eine Frage stellten, mussten wir sehr aufmerksam zuhören, um seine Antwort zu verstehen, und ich bemerkte, dass für einen Augenblick ein fast unmerkliches Lächeln sein steinernes Gesicht erhellte. Ich verstand sehr bald, dass dieser Mann die Menschheit hasste und dass er sich auf seine Weise für seine Schwäche rächte.

Im Wintergarten, einem Winkel voller herrlicher Grünpflanzen und Blumen, war das Mittagessen für uns vorbereitet. Wir hatten uns gerade an den Tisch gesetzt, als der Gesang tausender Vögel wie eine wahre Fanfare erschallte. Unter großen Blättern waren ganze Familien von Kanarienvögeln in unsichtbaren Netzen gefangen. Sie waren überall, oben in der Luft, unten, unter meinem Stuhl, auf dem Tisch hinter mir, überall. Ich versuchte, diesen schrillen Lärm zu beruhigen, indem ich meine Serviette schüttelte und laut sprach, aber der kleine gefiederte Stamm begann auf eine verrückte Art zu singen. Der taube Mann lehnte sich in einem Schaukelstuhl zurück, und ich bemerkte, dass sein Gesicht aufleuchtete. Er lachte laut und boshaft. Gerade als meine eigene Wut die Oberhand gewann, überkam mich ein Gefühl des Mitleids und der Nachsicht für diesen Mann, dessen Rache mir ebenso erbärmlich wie kindisch erschien. Ich beschloss sofort, die Boshaftigkeit meines Gastgebers zu nutzen, und nahm meinen Tee mit Hilfe seines Bruders in die Halle am anderen Ende des Wintergartens. Ich war fast tot vor Müdigkeit, und als mein Freund vorschlug, dass ich mit ihm seine Erdölquellen ein paar Meilen außerhalb der Stadt besichtigen sollte, blickte ich ihn mit einem so verängstigten, hoffnungslosen Gesichtsausdruck an, dass er mich auf die freundlichste und höflichste Weise bat, ihm zu verzeihen.

Es war fünf Uhr und schon ganz dunkel, und ich wollte zu meinem Hotel zurück. Mein Gastgeber fragte, ob ich ihm erlauben würde, mich über die Berge zurückzubringen. Der Weg war zwar etwas länger, aber ich würde Pittsburgh aus der Vogelperspektive sehen können, und er versicherte mir, dass es sich durchaus lohne. Wir fuhren mit zwei frischen Pferden im Buggy los, und ein paar Minuten später hatte ich den wildesten Traum. Es kam mir vor, als wäre er Pluto, der Gott der Höllenregionen, und ich war Proserpina. Wir reisten in schnellem Trab durch unser Reich, gezogen von unseren geflügelten Pferden. Überall um uns herum konnten wir Feuer und Flammen sehen. Der blutrote Himmel war mit langen schwarzen Streifen übersät, die wie Witwenschleier aussahen. Der Boden war mit langen Eisenarmen bedeckt, die in einer höchsten Verwünschung zum Himmel gestreckt waren. Diese Arme stießen Rauch, Flammen oder Funken aus, die in einem Sternenregen wieder herabfielen. Die Kutsche trug uns die Hügel hinauf, und die Kälte ließ unsere Glieder gefrieren, während das Feuer unsere Gehirne erregte. Da erzählte mir mein Freund von seiner Liebe zu den Niagarafällen. Er sprach mehr wie ein Liebhaber als wie ein Bewunderer von ihnen und sagte mir, dass er gern allein dorthin ginge. Er sagte jedoch, dass er für mich eine Ausnahme machen würde. Er sprach mit so intensiver Leidenschaft von den Stromschnellen, dass ich mich ziemlich unwohl fühlte und mich zu fragen begann, ob der Mann nicht verrückt war. Ich wurde alarmiert, denn er fuhr direkt am Rand des Abgrunds entlang und sprang über die Steinhaufen. Ich warf ihm einen Seitenblick zu: Sein Gesicht war ruhig, aber seine Unterlippe zuckte leicht; und das war mir auch besonders bei seinem tauben Bruder aufgefallen.

Mittlerweile war ich ziemlich nervös. Die Kälte und die Feuer, diese dämonische Fahrt, der Klang des Ambosses, der traurige Glockenschläge ausstieß, die aus der Erde zu kommen schienen, und dann die tiefe Schmiedepfeife, die wie ein verzweifelter Schrei klang und die Stille der Nacht zerriss; auch die Schornsteine mit ihren abgenutzten Lungen, die ihren Rauch mit einem unaufhörlichen Todesröcheln ausspeien, und der Wind, der gerade aufgekommen war und die Rauchschwaden zu Spiralen drehte, die er in den Himmel schickte oder auf einmal auf uns niederprasselte, all dieser wilde Tanz der natürlichen und menschlichen Elemente beeinflusste mein gesamtes Nervensystem, so dass es für mich höchste Zeit war, ins Hotel zurückzukehren. Ich sprang bei meiner Ankunft schnell aus der Kutsche und verabredete mich mit meinem Freund in Buffalo, aber ach! Ich sollte ihn nie wiedersehen. Er erkältete sich noch am selben Tag und konnte mich dort nicht treffen; und im folgenden Jahr hörte ich, dass er gegen die Felsen geschleudert worden war, als er versuchte, ein Boot in den Stromschnellen zu steuern. Er starb an seiner Leidenschaft – für seine Leidenschaft.

Im Hotel erwarteten mich alle Künstler, da ich vergessen hatte, dass wir um halb fünf eine Probe von *La Princesse Georges haben sollten. Unter den Mitgliedern unserer Truppe bemerkte ich ein mir unbekanntes Gesicht, und als ich mich nach dieser Person erkundigte, stellte ich fest, dass es sich um einen Illustrator handelte, der* mit einer Empfehlung von Jarrett gekommen war. Er bat darum, ein paar Skizzen von mir machen zu dürfen, und nachdem ich angeordnet hatte, dass man ihn zu einem Platz führen sollte, kümmerte ich mich nicht weiter um ihn. Wir mussten uns mit der Probe beeilen, um rechtzeitig zur Aufführung von *Froufrou* , die wir an diesem Abend gaben, im Theater zu sein. Die Probe wurde dementsprechend schnell und mit viel Geplapper durchgezogen, so dass sie bald vorbei war, und der Fremde verabschiedete sich, wobei er mir einen Blick auf seine Skizzen verweigerte, mit der Begründung, er wolle sie vor der Präsentation noch überarbeiten. Meine Freude war groß, als Jarrett am nächsten Tag völlig wütend in meinem Hotel ankam und die wichtigste Zeitung von Pittsburgh in der Hand hielt, in der unser Illustrator, der sich als Journalist herausstellte, einen Artikel geschrieben hatte, in dem er ausführlich über die Generalprobe von *Froufrou berichtete* ! „In *Froufrou* ", schrieb dieser entzückende Schwachkopf, „gibt es nur eine Szene von einiger Bedeutung, und zwar die zwischen den beiden Schwestern. Madame Sarah Bernhardt hat mich nicht besonders beeindruckt, und was die Künstler der Comédie Française angeht, fand ich sie mittelmäßig. Die Kostüme waren nicht sehr schön, und in der Ballszene trugen die Männer keine Fracks."

Jarrett war rasend vor Wut und ich rasend vor Freude. Er kannte meinen Hass auf Reporter und hatte diesen hier auf hinterhältige Art eingeleitet, in der Hoffnung, eine gute Werbung daraus zu machen. Der Journalist stellte sich vor, wir hätten eine Generalprobe von *Froufrou* und probten bloß Alexandre Dumas' *Princesse Georges,* um unser Gedächtnis aufzufrischen. Er hatte die Szene zwischen Princesse Georges und der Comtesse de Terremonde mit der Szene aus dem dritten Akt zwischen den beiden Schwestern in *Froufrou verwechselt* . Wir trugen alle unsere Reisekostüme und er war überrascht, die Männer nicht im Frack und die Frauen nicht im Abendkleid zu sehen. Was für ein Spaß das für unsere Gesellschaft und für die ganze Stadt war, und ich möchte hinzufügen, was für ein Stoff es für die Witze aller rivalisierenden Zeitungen lieferte.

Ich musste zwei Tage in Pittsburgh spielen, dann weiter nach Bradford, Erie, Toronto und am Sonntag in Buffalo ankommen. Ich hatte vor, allen Mitgliedern meiner Truppe einen Tagesausflug zu den Niagarafällen zu ermöglichen, aber auch Abbey wollte sie einladen. Wir diskutierten über das Thema, und es war äußerst lebhaft. Er war sehr diktatorisch, und ich auch, und wir zogen es beide vor, die ganze Sache aufzugeben, anstatt einander nachzugeben. Jarrett machte uns jedoch darauf aufmerksam, dass wir den Künstlern dadurch ein kleines Fest vorenthalten würden, von dem sie viel gehört hatten und auf das sie sich freuten. Wir gaben daher schließlich nach und einigten uns, um die Angelegenheit zu regeln, darauf, die Kosten unter uns aufzuteilen. Die Künstler nahmen unsere Einladung mit der bezauberndsten Freundlichkeit an, und wir nahmen den Zug nach Buffalo, wo wir zehn Minuten nach sechs Uhr morgens ankamen. Wir hatten vorher telegraphisch angeordnet, dass Wagen und Kaffee bereitstehen und Essen für uns bereitgestellt werden sollten, denn es ist einfach Wahnsinn, wenn 32 Personen an einem Sonntag in solchen Städten ankommen, ohne ein solches Ereignis anzukündigen. Wir hatten einen Sonderzug, der mit voller Geschwindigkeit über die an Sonntagen völlig freien Gleise fuhr und mit Blumengirlanden geschmückt war. Die jüngeren Künstler waren entzückt wie Kinder; diejenigen, die schon alles gesehen hatten, erzählten davon; dann war da die Beredsamkeit derjenigen, die davon gehört hatten usw. usw.; und all dies, zusammen mit den kleinen Blumensträußen, die unter den Frauen verteilt wurden, und den Zigarren und Zigaretten, die den Männern angeboten wurden, machte alle gut gelaunt, so dass alle glücklich zu sein schienen. Die Wagen trafen unseren Zug und brachten uns zum Hotel d'Angleterre, das für uns geöffnet geblieben war. Überall waren Blumen und jede Menge kleine Tische, auf denen Kaffee, Schokolade oder Tee standen. Jeder Tisch war bald von Gästen umringt. Meine Schwester, Abbey, Jarrett und die Hauptkünstler saßen an meinem Tisch. Das Essen dauerte nicht lange und war sehr fröhlich und lebhaft. Dann gingen wir zu den Wasserfällen, und ich blieb mehr als eine Stunde auf dem in den Felsen gehauenen Balkon. Meine Augen füllten sich mit Tränen, als ich dort stand, denn ich war zutiefst bewegt von der Pracht des Anblicks. Eine strahlende Sonne ließ die Luft um uns herum schillern. Überall waren Regenbögen, die die Atmosphäre mit ihren sanften, silbrigen Farben erhellten. Die Anhänger aus hartem Eis, die an den Felsen zu beiden Seiten herabhingen, sahen aus wie riesige Juwelen. Es tat mir leid, diesen Balkon zu verlassen. Wir fuhren in engen Käfigen hinunter, die sanft in eine Röhre glitten, die in der Spalte des riesigen Felsens angebracht war. Auf diese Weise gelangten wir unter die American Falls. Sie waren dort fast über unseren Köpfen und besprenkelten uns mit ihren blauen, rosa und malvenfarbenen Tropfen. Vor uns, uns vor den Wasserfällen schützend, war ein Haufen Eiszapfen, der einen ziemlich kleinen Berg bildete. Wir kletterten nach besten Kräften darüber. Mein schwerer Pelzmantel ermüdete mich, und etwa auf halber Höhe zog ich ihn aus und ließ ihn über die Seite des Eisbergs gleiten, um ihn wieder zu nehmen, als ich unten ankam. Ich trug ein Kleid aus weißem Stoff mit einer Satinbluse, und alle schrien überrascht auf, als sie mich sahen. Abbey zog seinen Mantel aus und warf ihn mir über die Schultern. Ich schüttelte ihn schnell ab, und Abbeys Mantel wanderte zu meinem Pelzmantel darunter. Das Gesicht des armen *Impresarios* sah sehr ausdruckslos aus. Da er ziemlich viele Cocktails getrunken hatte, taumelte er, fiel auf das Eis, stand auf und fiel sofort wieder hin, zur Belustigung aller. Mir war überhaupt nicht kalt, da ich im Freien nie kalt bin. Ich spüre die Kälte in Häusern nur, wenn ich inaktiv bin.

Schließlich erreichten wir den höchsten Punkt des Eises, und der Wasserfall war wirklich äußerst bedrohlich. Wir waren von dem unmerklichen Nebel bedeckt, der inmitten des stürmischen Lärms aufstieg. Ich starrte auf alles, verwirrt und fasziniert von der schnellen Bewegung des Wassers, das wie ein breiter Vorhang aus Silber aussah, der sich entfaltete, um mit einem Geräusch, das ich noch nie gehört hatte, heftig zu einem zurückprallenden, spritzenden Haufen zusammengeschleudert zu werden. Mir wird sehr leicht schwindelig, und ich weiß sehr gut, dass ich, wenn ich allein gewesen wäre, für immer dort geblieben wäre, mit den Augen auf die mit voller Geschwindigkeit dahinrasende Wasserfläche gerichtet, mein Geist eingelullt von dem faszinierenden Geräusch und meine Glieder taub von der tückischen Kälte, die uns umgab. Ich musste weggezerrt werden, aber ich bin bald wieder ich selbst, wenn ich auf ein Hindernis stoße.

Wir mussten wieder hinunter, und das war nicht so einfach wie der Aufstieg. Ich nahm den Spazierstock eines meiner Freunde und setzte mich auf das Eis. Indem ich den Stock unter meine Beine schob, konnte ich nach unten rutschen. Alle anderen machten es mir nach, und es war ein komischer Anblick, 32 Leute auf diese Weise den Eisberg hinabsteigen zu sehen. Es gab mehrere Purzelbäume und Zusammenstöße und viel Gelächter. Eine Viertelstunde später waren wir alle im Hotel, wo wir das Mittagessen bestellt hatten.

Wir waren alle kalt und hungrig; im Hotel war es warm und das Essen duftete gut. Nach dem Mittagessen bat mich der Wirt des Hotels in einen kleinen Salon, wo mich eine Überraschung erwartete. Als ich eintrat, sah ich auf einem Tisch, geschützt unter einer langen Glasbox, die Niagarafälle im Miniaturformat, deren Felsen wie Kieselsteine aussahen. Ein großes Glas stellte die Wasserfläche dar, und Glasfäden repräsentierten die Fälle. Hier und da war Laub in einem harten, rohen Grün. Auf einem kleinen Hügel aus Eis stand eine Figur, die für mich bestimmt war. Es war genug, um jeden vor Entsetzen aufheulen zu lassen, denn es war alles so scheußlich. Ich schaffte es, dem Hotelbesitzer ein breites Lächeln zu schenken, um ihm zu seinem guten Geschmack zu gratulieren, aber ich war zu Tode erschrocken, als ich den Diener meiner Freunde, der Gebrüder Th... aus Pittsburgh, erkannte. Sie hatten diese monströse Karikatur der schönsten Sache der Welt geschickt.

Ich las den Brief, den mir ihr Diener überreichte, und all meine Verachtung schmolz dahin. Sie hatten sich so viel Mühe gegeben, mir zu erklären, was sie mir verständlich machen wollten, und sie waren so entzückt von der Vorstellung, mir eine Freude zu machen.

Ich entließ den Diener, nachdem ich ihm einen Brief für seine Herren mitgegeben hatte, und bat den Hotelier, das Kunstwerk sorgfältig verpackt nach Paris zu schicken. Ich hoffte, es würde in Fragmenten ankommen.

Der Gedanke daran verfolgte mich jedoch und ich fragte mich, wie die Leidenschaft meines Freundes für die Wasserfälle mit der Idee eines solchen Geschenks zu vereinbaren war. Obwohl ich zugeben muss, dass sein fantasievoller Verstand gehofft haben könnte, seine Idee verwirklichen zu können, wie konnte er beim Anblick dieser grotesken Nachahmung nicht empört sein? Wie hatte er es gewagt, sie mir zu schicken? Wie konnte mein Freund die Wasserfälle lieben und was hatte er von ihrer wunderbaren Erhabenheit verstanden? Seit seinem Tod habe ich hundertmal meine eigene Erinnerung an ihn in Frage gestellt, aber alles vergebens. Er starb für sie, wurde in ihren Wassern umhergeworfen, getötet von ihren Liebkosungen; und ich kann mir nicht vorstellen, dass er jemals gesehen haben könnte, wie schön sie wirklich waren. Glücklicherweise wurde ich weggerufen, denn die Kutsche war da und alle warteten auf mich. Die Pferde machten sich mit uns auf den Weg und trabten in dieser müden Art, die den Pferden der Touristen eigen ist.

Als wir an der kanadischen Küste ankamen, mussten wir unter die Erde gehen und schwarze oder gelbe Regenmäntel anziehen. Wir sahen aus wie viele schwere, untersetzte Seeleute, die diese Kleidung zum ersten Mal trugen. Es gab zwei große Zellen, die uns Schutz boten, eine für die Frauen und eine für die Männer. Jeder zog sich mehr oder weniger inmitten wilden Durcheinanders aus, packte ein kleines Päckchen aus unseren Kleidern und übergab es der Frau, die die Aufsicht hatte. Mit der Kapuze des Regenmantels, die eng unters Kinn gezogen war und das Haar vollständig verbarg, einer riesigen, viel zu weiten Bluse, die den ganzen Körper bedeckte, Pelzstiefeln mit aufgerauten Sohlen, um gebrochene Beine und Köpfe zu vermeiden, und riesigen Regenmantelhosen im Zuavenstil verwandelte sich die hübscheste und schlankste Frau sofort in einen riesigen, schwerfälligen, ungeschickten Bären. Ein mit Eisenspitze versehener Knüppel zum Tragen in der Hand vervollständigte dieses kleidsame Kostüm. Ich sah noch lächerlicher aus als die anderen, denn ich wollte mein Haar nicht bedecken und hatte auf die prätentiöseste Art und Weise einige Rosen in meine Regenmantelbluse gesteckt. Die Frauen gerieten bei meinem Anblick ins Schwärmen. „Wie hübsch sie so aussieht!“ riefen sie aus. „Sie findet immer eine Möglichkeit, *schick zu sein, quand-même!* “ Die Männer küssten auf die galanteste Art meine Bärentatze, verbeugten sich tief und sagten mit leiser Stimme: „Immer und *quand-même* die Königin, die Fee, die Göttin, die Gottheit“ usw. usf. Und ich ging weiter, schnurrte zufrieden und war ganz zufrieden mit mir, bis ich, als ich an dem Schalter vorbeikam, wo das Mädchen saß, das die Tickets verkaufte, mich selbst im Spiegel erblickte. Ich sah riesig und lächerlich aus mit meinen festgesteckten Rosen und den lockigen Haarsträhnen, die eine Art Spitze meiner plumpen Kapuze bildeten. Ich schien kräftiger zu sein als alle anderen, wegen des silbernen Gürtels, den ich um die Taille trug, da dieser die harten Falten des Regenmantels um meine Hüften hochzog. Mein schmales Gesicht war fast von meinem Haar bedeckt, das durch meine Kapuze flach gedrückt wurde. Meine Augen waren nicht zu sehen, und nur mein Mund zeigte, dass dieses Fass ein Mensch war. Wütend auf mich selbst wegen meiner anmaßenden Koketterie und beschämt über meine eigene Schwäche, mich so mit der erbärmlichen, unaufrichtigen Schmeichelei von Leuten zufrieden gegeben zu haben, die sich über mich lustig machten, beschloss ich, so zu bleiben, wie ich war, als Strafe für meine dumme Eitelkeit. Es waren eine Reihe Fremder unter uns, die sich gegenseitig anstießen, auf mich zeigten und verschmitzt über mein absurdes Outfit lachten, und das war genau das, was ich verdiente.

Wir gingen die in den Eisblock gehauene Treppe hinunter, um unter die Kanadischen Fälle zu gelangen. Der Anblick dort war höchst seltsam und außergewöhnlich. Über mir sah ich eine riesige Kuppel aus Eis, die in den Raum hing und nur auf einer Seite mit dem Felsen verbunden war. Von dieser Kuppel hingen Tausende von Eiszapfen in den verschiedensten Formen. Es gab Drachen, Pfeile, Kreuze, lachende Gesichter, traurige Gesichter, Hände mit sechs Fingern, deformierte Füße, unvollständige menschliche Körper und lange Haarsträhnen von Frauen. Tatsächlich ist die Illusion mit Hilfe der Vorstellungskraft und indem man den Blick beim Betrachten mit halb geschlossenen Augen fixiert, vollständig, und in kürzerer Zeit, als es braucht, um all dies zu beschreiben, kann man alle Bilder der Natur und unserer Träume, alle wilden Vorstellungen eines kranken Geistes oder die Realitäten eines reflektierenden Gehirns heraufbeschwören.

Vor uns standen kleine Eistürme, einige stolz und aufrecht, die sich gegen den Himmel abhoben, andere, vom Wind zerfressen, der am Eis nagt, und sahen aus wie Minarette, die für den Muezzin bereitstehen. Auf der rechten Seite stürzte ein Wasserfall ebenso laut herab wie auf der anderen Seite, aber die Sonne hatte begonnen, nach Westen hinabzusteigen, und alles war in einen rosigen Farbton getaucht. Das Wasser spritzte über uns hinweg, und wir waren plötzlich von kleinen silbrigen Wellen bedeckt, die sich bei leichter Erschütterung gegen unsere Regenmäntel versteiften. Es war ein Schwarm sehr kleiner Fische, die das Unglück gehabt hatten, in die Strömung getrieben zu werden, und die im blendenden Licht der untergehenden Sonne starben. Auf der anderen Seite befand sich ein kleiner Block, der aussah wie ein Nashorn, das ins Wasser eintauchte.

„Da würde ich so gern draufsteigen!", rief ich aus.

„Ja, aber das ist unmöglich", antwortete einer meiner Freunde.

„Oh, was das betrifft, ist nichts unmöglich", sagte ich. „Es besteht nur das Risiko; der Spalt, der abgedeckt werden muss, ist nicht einmal einen Meter lang."

„Nein, aber es ist tief", bemerkte ein Künstler, der bei uns war.

„Also", sagte ich, „mein Hund ist gerade gestorben. Wir wetten um einen Hund – und wenn ich gewinne, darf ich meinen Hund auswählen –, dass ich gehe."

Abbey wurde sofort geholt, kam aber gerade noch rechtzeitig, um mich auf dem Block zu sehen. Ich wäre beinahe in die Spalte gefallen und konnte als ich auf dem Rücken des Nashorns saß, nicht mehr stehen. Es war so glatt und durchsichtig wie Kunsteis. Ich setzte mich auf seinen Rücken, hielt mich an dem kleinen Höcker fest und erklärte, wenn mich niemand abholen käme, würde ich bleiben, wo ich sei, da ich nicht den Mut hätte, auf diesem rutschigen Rücken auch nur einen Schritt zu gehen; außerdem kam es mir so vor, als ob er sich leicht bewegte. Ich begann die Fassung zu verlieren. Mir war schwindlig, aber ich hatte meinen Hund gewonnen. Meine Aufregung war vorbei und ich bekam Angst. Alle starrten mich verwirrt an, und das steigerte meine Angst noch. Meine Schwester geriet in hysterische Wut und mein lieber Guérard stöhnte herzzerreißend: „O Himmel, meine liebe Sarah, o Himmel!" Ein Künstler machte Skizzen; Glücklicherweise waren die Mitglieder unserer Gruppe wieder hinaufgegangen, um sich die Stromschnellen anzusehen. Abbey flehte mich an, umzukehren; der arme Jarrett flehte mich an. Aber mir war schwindlig, und ich konnte und wollte nicht wieder hinüber. Angelo sprang dann über die Spalte, blieb dort und rief nach einem Holzbrett und einer Axt.

„Bravo! Bravo!", rief ich vom Rücken meines Nashorns.

Das Brett wurde gebracht. Es war ein altes, schwarz aussehendes Stück Holz, und ich warf einen misstrauischen Blick darauf. Die Axt schnitt in den Schwanz meines Nashorns, und das Brett wurde von Angelo auf meiner Seite festgezurrt und von Abbey, Jarrett und Claude auf der anderen Seite gehalten. Ich ließ mich über die Kruppe meines Nashorns gleiten und lief dann, nicht ohne Angst, das morsche Holzbrett entlang, das so schmal war, dass ich einen Fuß vor den anderen setzen musste, die Ferse über die Zehe. Ich kehrte in einem sehr fiebrigen Zustand ins Hotel zurück, und der Künstler brachte mir die drolligen Skizzen, die er gemacht hatte.

Nach einem leichten Mittagessen sollte ich mit dem Zug weiterfahren, der zwanzig Minuten auf uns gewartet hatte. Alle anderen hatten schon vor einiger Zeit ihre Plätze eingenommen. Ich fuhr ab, ohne die Stromschnellen gesehen zu haben, in denen mein armer Freund aus Pittsburgh umkam.

XXXVIII
DIE RÜCKKEHR NACH FRANKREICH – DER WILLKOMMEN IN HÂVRE

Unsere große Reise näherte sich ihrem Ende. Ich sage große Reise, denn es war meine erste. Sie hatte sieben Monate gedauert. Die Reisen, die ich seitdem unternommen habe, dauerten alle elf bis sechzehn Monate.

Von Buffalo aus fuhren wir nach Rochester, Utica, Syracuse, Albany, Troy, Worcester, Providence, Newark und machten einen kurzen Aufenthalt in Washington, einer bewundernswerten Stadt, die damals jedoch eine Traurigkeit ausstrahlte, die einem auf die Nerven ging. Es war die letzte große Stadt, die ich besuchte.

Nach zwei bewundernswerten Aufführungen und einem Abendessen in der Botschaft reisten wir nach Baltimore, Philadelphia und New York, wo unsere Tournee zu Ende ging. In dieser Stadt gab ich auf allgemeinen Wunsch der Schauspieler und Schauspielerinnen von New York eine große professionelle *Matinee* . Das ausgewählte Stück war *La Princesse Georges* .

Oh, was für eine großartige und unvergessliche Vorstellung! Die Künstler applaudierten allem. Nichts entging der besonderen Gemütsverfassung dieses Publikums, das aus Schauspielern, Malern und Bildhauern bestand. Am Ende des Stücks wurde mir ein goldener Haarkamm überreicht, auf dem die Namen einer großen Zahl der Anwesenden eingraviert waren. Von Salvini erhielt ich eine hübsche Lapislazuli-Schatulle und von Mary Anderson, die damals mit ihren neunzehn Jahren auffallend schön war, eine kleine Medaille mit einem türkisfarbenen Vergissmeinnicht. In meinem Ankleidezimmer zählte ich einhundertdreißig Blumensträuße.

An diesem Abend gaben wir unsere letzte Vorstellung mit *La Dame aux Camélias* . Ich musste zurückkommen und mich vierzehn Mal vor dem Publikum verbeugen.

Dann war ich einen Moment lang sprachlos, denn in dem Sturm der Schreie und Bravos hörte ich einen schrillen Schrei aus Tausenden von Mündern, den ich überhaupt nicht verstand. Nach jedem „Ruf" fragte ich in den Kulissen, was das Wort zu bedeuten habe, das wie ein fürchterliches Niesen an meine Ohren drang und immer wieder von vorne begann. Jarrett erschien und klärte mich auf. „Sie fordern eine Rede." Ich sah ihn beschämt an. „Ja, sie wollen, dass du eine kleine Rede hältst."

„Oh nein!", rief ich aus, als ich wieder auf die Bühne ging, um mich zu verbeugen. „Nein." Und während ich mich vor dem Publikum verbeugte, murmelte ich: „Ich kann nicht sprechen. Aber ich kann Ihnen sagen: Danke, von ganzem Herzen!"

Unter tosendem Applaus, untermalt mit „Hip, hip, hurra! *Vive la France!* ",
verließ ich das Theater.

Am Mittwoch, dem 4. Mai, bestieg ich wieder denselben
Transatlantikdampfer, die *America* , jenes Phantomschiff, dem meine Reise
Glück gebracht hatte. Aber es hatte nicht mehr denselben Kommandanten.
Der neue hieß Santelli. Er war so klein und hellhäutig wie sein Vorgänger
groß und dunkel war. Aber er war genauso charmant und ein netter
Gesprächspartner.

Commander Jowclas hat sich das Gehirn weggeblasen, nachdem er im Spiel
eine schwere Niederlage erlitten hatte.

Meine Kabine war neu eingerichtet und diesmal war das Holzwerk mit
himmelblauem Stoff verkleidet. Als ich den Dampfer bestieg, wandte ich
mich der freundlichen Menge zu und rief ihnen ein letztes „ *Au revoir!* "
zurück.

Dann ging ich zu meiner Kabine. In einem eleganten eisengrauen Anzug, mit
spitzen Schuhen, einem Hut im neuesten Stil und Handschuhen aus
Hundehaut stand Henry Smith, der Walschausteller, an der Tür. Ich stieß
einen Schrei aus wie ein wildes Tier. Er behielt sein freudiges Lächeln und
hielt mir eine Schmuckschatulle hin, die ich mit der Absicht nahm, sie durch
das offene Bullauge ins Meer zu werfen. Aber Jarrett packte meinen Arm und
nahm die Schatulle in Besitz, die er öffnete. „Sie ist großartig!", rief er aus,
aber ich hatte die Augen geschlossen. Ich hielt mir die Ohren zu und schrie
dem Mann zu: „Geh weg! Du Schurke! Du Tier! Geh weg! Ich hoffe, du wirst
unter grausamen Qualen sterben! Geh weg!"

Ich öffnete halb meine Augen. Er war gegangen. Jarrett wollte mit mir über
das Geschenk sprechen. Ich wollte nichts davon hören.

„Ach, um Gottes Willen, Mr. Jarrett, lassen Sie mich in Ruhe! Da dieses Juwel
so schön ist, geben Sie es Ihrer Tochter und sprechen Sie nicht mehr mit mir
darüber." Und das tat er.

Am Abend vor meiner Abreise aus Amerika hatte ich ein langes Telegramm
erhalten, unterzeichnet von Grosos, dem Präsidenten der
Lebensrettungsgesellschaft in Hâvre, mit der Bitte, bei meiner Ankunft eine
Aufführung zu geben, deren Erlös unter den Familien der
Lebensrettergesellschaft verteilt werden sollte. Ich nahm die Einladung mit
unsagbarer Freude an.

Wenn ich mein Heimatland zurückerhalte, sollte ich beim Trocknen meiner
Tränen helfen.

Nachdem die Decks zur Abfahrt freigegeben waren, legte unser Schiff
langsam ab und wir verließen New York am Donnerstag, den 5. Mai.

Obwohl ich Seereisen normalerweise verabscheue, machte ich mich dieses Mal mit leichtem Herzen und einem Lächeln auf dem Gesicht auf den Weg und verachtete die schrecklichen Unannehmlichkeiten, die die Reise mit sich brachte.

Wir hatten New York noch nicht 48 Stunden verlassen, als das Schiff anhielt. Ich sprang aus meiner Koje und war bald an Deck, da ich befürchtete, unsere *Phantom* , wie wir das Schiff getauft hatten, könnte einem Unfall zustoßen. Vor uns hatte ein französisches Boot seine kleinen Flaggen gehisst, eingeholt und wieder gehisst. Der Kapitän, der auf diese Signale geantwortet hatte, ließ mich rufen und erklärte mir die Funktionsweise und Rechtschreibung der Signale. Zu meiner Schande muss ich gestehen, dass ich mich an nichts von dem erinnern konnte, was er mir sagte. Ein kleines Boot wurde von dem uns gegenüberliegenden Schiff zu Wasser gelassen und zwei Matrosen und ein junger Mann, sehr ärmlich gekleidet und mit blassem Gesicht, gingen an Bord. Unser Kapitän ließ die Treppe herunterlassen, das kleine Boot wurde gerufen und der junge Mann kam, eskortiert von zwei Matrosen, an Deck. Einer von ihnen überreichte dem Offizier, der oben an der Treppe wartete, einen Brief. Er las ihn, und als er den jungen Mann ansah, sagte er ruhig: „Folgen Sie mir!“ Das kleine Boot und die Matrosen kehrten zum Schiff zurück, das Boot wurde gehisst, die Pfeife schrillte, und nach dem üblichen Salut setzten die beiden Schiffe ihre Fahrt fort. Der unglückliche junge Mann wurde vor den Kapitän gebracht. Ich ging weg, nachdem ich den Kapitän gebeten hatte, mir später zu sagen, was das alles zu bedeuten hatte, es sei denn, es handele sich um etwas, das geheim gehalten werden müsse.

Der Kapitän kam selbst und erzählte mir die kleine Geschichte. Der junge Mann war ein armer Künstler, ein Holzstecher, der es geschafft hatte, auf einen Dampfer nach New York zu gelangen. Er hatte nicht einen Sou Geld für die Überfahrt, da er nicht einmal eine Auswandererkarte bezahlen konnte. Er hatte gehofft, unbemerkt durchzukommen, indem er sich unter den verschiedensten Ballen versteckte. Er war jedoch krank geworden, und diese Krankheit hatte ihn verraten. Zitternd vor Kälte und Fieber hatte er im Schlaf laut geredet und die unverständlichsten Worte von sich gegeben. Er wurde in die Krankenstation gebracht und dort hatte er alles gestanden. Der Kapitän verpflichtete sich, ihn dazu zu bringen, das anzunehmen, was ich ihm für seine Reise nach Amerika schickte. Die Geschichte sprach sich schnell herum, und andere Passagiere sammelten, so dass der junge Stecher sehr bald im Besitz eines Vermögens von zwölfhundert Francs war. Drei Tage später brachte er mir eine kleine Holzkiste, die er selbst hergestellt, geschnitzt und graviert hatte. Diese kleine Schachtel ist nun fast voll mit Blütenblättern, denn jedes Jahr am 7. Mai erhielt ich einen kleinen Blumenstrauß mit den immer gleichen Worten „Dankbarkeit und Hingabe“. Ich legte immer die Blütenblätter in die kleine Schachtel, aber in den letzten sieben Jahren habe ich keine mehr erhalten. Ist es Vergesslichkeit oder der Tod, der den Künstler dazu veranlasst hat, dieses anmutige kleine Zeichen der Dankbarkeit nicht mehr zu liefern? Ich habe keine Ahnung, aber der Anblick der Schachtel löst bei mir immer ein unbestimmtes Gefühl der Traurigkeit aus, denn Vergesslichkeit und Tod sind die treuesten Begleiter des Menschen. Vergesslichkeit nimmt ihren Platz in unserem Geist, in unserem Herzen ein, während der Tod immer da ist und uns Fallen stellt, alles beobachtet, was wir tun, und fröhlich spottet, wenn der Schlaf unsere Augen schließt, denn wir geben ihm dann die Illusion dessen, was, wie er weiß, eines Tages Wirklichkeit werden wird.

Abgesehen von dem oben genannten Vorfall geschah während der Reise nichts Besonderes. Ich verbrachte jede Nacht an Deck und starrte auf den Horizont, in der Hoffnung, das Land, auf dem meine Lieben lebten, näher zu mir zu ziehen. Gegen Morgen ging ich schlafen und schlief den ganzen Tag, um die Zeit totzuschlagen.

Die Dampfer jener Zeit legten die Überfahrt nicht mit der gleichen Geschwindigkeit an wie heute. Die Stunden kamen mir sündhaft lang vor. Ich konnte es so kaum erwarten, an Land zu gehen, dass ich den Arzt rief und ihn bat, mich für achtzehn Stunden schlafen zu lassen. Er gab mir zwölf Stunden Schlaf mit einer starken Dosis Chloral, und ich fühlte mich stärker und ruhiger, nachdem ich den Schock des Glücks überstanden hatte.

Santelli hatte versprochen, dass wir am Abend des 14. ankommen würden. Ich war bereit und war eine Stunde lang unkonzentriert auf und ab gegangen, als ein Offizier kam und fragte, ob ich nicht mit dem Kommandanten, der auf mich wartete, auf die Brücke gehen wolle.

Ich machte mich mit meiner Schwester in aller Eile auf den Weg und begriff anhand der verlegenen Umschreibungen des liebenswürdigen Santelli bald, dass wir zu weit weg waren, um noch in dieser Nacht den Hafen erreichen zu können.

Ich begann zu weinen. Ich dachte, wir würden nie ankommen. Ich stellte mir vor, dass der Kobold triumphieren würde, und ich weinte Tränen, die wie ein Bach waren, der ohne Unterlass weiterfließt.

Der Kommandant tat sein Möglichstes, um mich wieder zur Vernunft zu bringen. Ich stieg mit schlaffen Lumpen an Körper und Seele von der Brücke herab.

Ich legte mich auf einen Liegestuhl und war bei Tagesanbruch benommen und schläfrig.

Es war fünf Uhr morgens. Wir waren noch zwanzig Meilen vom Land entfernt. Die Sonne begann jedoch fröhlich die kleinen weißen Wolken zu erhellen, die leicht wie Schneeflocken waren. Die Erinnerung an meinen jungen Geliebten gab mir wieder Mut. Ich rannte zu meiner Kabine. Ich verbrachte eine lange Zeit bei meiner Toilette, um die Zeit totzuschlagen.

Um sieben Uhr erkundigte ich mich beim Kapitän.

„Wir sind zwölf Meilen entfernt", sagte er. „In zwei Stunden werden wir landen."

„Das schwören Sie?"

„Ja, das schwöre ich." Ich kehrte an Deck zurück, lehnte mich an die Reling und blickte in die Ferne. Am Horizont tauchte ein kleiner Dampfer auf. Ich sah ihn, ohne hinzusehen, und erwartete jede Minute einen Schrei von dort drüben, von dort drüben …

Auf einmal bemerkte ich, wie auf dem kleinen Dampfer Massen kleiner weißer Fahnen geschwenkt wurden. Ich nahm meine Brille – und ließ sie dann mit einem Freudenschrei fallen, der mir die Kraft und den Atem raubte. Ich wollte sprechen, aber ich konnte nicht. Mein Gesicht, so scheint es, wurde so blass, dass es die Leute um mich herum erschreckte. Meine Schwester Jeanne weinte und schwenkte ihre Arme in die Ferne.

Sie wollten mich zwingen, mich hinzusetzen. Ich wollte nicht. Ich klammere mich an die Reling und rieche das Salz, das man mir unter die Nase hält. Ich lasse mich von freundlichen Händen über die Schläfen streichen, aber ich blicke dorthin, wo das Schiff herkommt. Dort liegt mein Glück! Meine Freude! Mein Leben! Mein Ein und Alles! Lieber als alles andere!

Der *Diamant* (der Name des Schiffes) kommt näher. Zwischen dem kleinen und dem großen Schiff bildet sich eine Brücke der Liebe, eine Brücke aus den Schlägen unserer Herzen unter der Last der Küsse, die wir so viele Tage lang zurückgehalten haben. Dann kommt die Reaktion, die sich in unseren Tränen abspielt, wenn die kleinen Boote sich dem großen Schiff nähern und den Ungeduldigen erlauben, die Strickleitern hinaufzuklettern und sich in ausgestreckte Arme zu werfen.

Die *America* wird besetzt. Alle sind da, meine lieben und treuen Freunde. Sie haben meinen kleinen Sohn Maurice begleitet. Ach, was für eine herrliche Zeit! Antworten kommen den Fragen zuvor. Lachen vermischt sich mit Tränen. Hände werden gedrückt, Lippen geküsst, nur um wieder von vorne zu beginnen. Man wird nie müde von dieser Wiederholung zärtlicher Zuneigung. Während dieser Zeit bewegt sich unser Schiff. Die *Diamond* ist verschwunden und hat die Postschiffe weggebracht. Je weiter wir vorrücken, desto mehr kleine Boote begegnen uns; sie sind mit Flaggen geschmückt und durchpflügen das Meer. Es sind hundert von ihnen. Und es kommen noch mehr...

„Ist heute ein Feiertag?", fragte ich Georges Boyer, den Korrespondenten des *Figaro*, der mit einigen Freunden gekommen war, um mich abzuholen.

heute ist ein großes *Fest in Hâvre, denn man erwartet die Rückkehr einer Fee, die vor sieben Monaten abgereist ist.*"

„Ist es wirklich zu meiner Ehre, dass all diese hübschen Boote ihre Flügel ausgebreitet und ihre Masten mit Flaggen versehen haben? Ach, wie glücklich bin ich!" Wir liegen jetzt an der Mole. Dort sind vielleicht zwanzigtausend Menschen, die rufen: „ *Vive* Sarah Bernhardt!"

Ich war sprachlos. Ich hatte keine triumphale Rückkehr erwartet. Ich wusste, dass die Vorstellung, die ich für die Life Saving Society geben sollte, die Herzen der Menschen in Hâvre erobert hatte, aber jetzt erfuhr ich, dass Züge aus Paris gekommen waren, vollgepackt mit Menschen, um meine Rückkehr willkommen zu heißen...

Ich fühle meinen Puls. Ich bin es. Ich träume nicht.

Das Boot hält gegenüber einem roten Samtzelt und ein unsichtbares Orchester stimmt eine Melodie aus *Le Châlet an* : „ *Arrêtons-nous ici* ".

Ich muss über diese typisch französische Kindlichkeit lächeln. Ich steige aus und gehe durch eine Hecke aus lächelnden, freundlichen Gesichtern von Matrosen, die mir Blumen anbieten.

Im Zelt warten alle Lebensretter auf mich. Auf ihrer breiten Brust tragen sie die Medaillen, die sie so verdient haben.

Herr Grosos, der Präsident, liest mir die folgende Ansprache vor:

„ MADAM , als Präsident habe ich die Ehre, Ihnen eine Delegation der Life Saving Society of Hâvre vorzustellen, die Sie willkommen heißt und Ihnen ihren Dank für die Anteilnahme ausspricht, die Sie in Ihrem transatlantischen Brief so herzlich zum Ausdruck gebracht haben.

„Wir sind auch gekommen, um Ihnen zu dem immensen Erfolg zu gratulieren, den Sie an jedem Ort hatten, den Sie während Ihrer abenteuerlichen Reise besucht haben. Sie haben nun in zwei Welten eine unbestreitbare Popularität und künstlerische Berühmtheit erlangt; und Ihr wunderbares Talent, zusammen mit Ihrem persönlichen Charme, hat im Ausland bestätigt, dass Frankreich immer das Land der Kunst und der Geburtsort von Eleganz und Schönheit ist.

„Ein entferntes Echo der Worte, die Sie in Dänemark gesprochen haben und die eine tiefe und traurige Erinnerung hervorrufen, klingt noch immer in unseren Ohren. Es wiederholt, dass Ihr Herz ebenso französisch ist wie Ihr Talent, denn inmitten der fieberhaften und brennenden Erfolge auf der

Bühne haben Sie nie vergessen, Ihren Patriotismus mit Ihren künstlerischen Triumphen zu vereinen.

„Unsere Lebensretter haben mich beauftragt, Ihnen ihre Bewunderung für die bezaubernde Wohltäterin auszudrücken, deren großzügige Hand sich spontan ihrer armen, aber edlen Gesellschaft entgegenstreckte. Sie möchten Ihnen diese Blumen anbieten, die aus dem Boden des Mutterlandes gepflückt wurden, auf dem Boden Frankreichs, wo Sie sie überall unter Ihren Füßen finden werden. Sie sind es wert, dass Sie sie mit Wohlwollen annehmen, denn sie werden Ihnen von den tapfersten und loyalsten unserer Lebensretter überreicht."

Man sagt, meine Antwort sei sehr beredt gewesen, aber ich kann nicht behaupten, dass sie wirklich von mir stammte. Ich hatte mehrere Stunden in einem Zustand der Erregung durch aufeinander folgende Emotionen gelebt. Ich hatte nichts gegessen, nicht geschlafen. Mein Herz hatte nicht aufgehört, einen bewegenden und freudigen Refrain zu schlagen. Mein Gehirn war mit tausend Fakten gefüllt, die sich sieben Monate lang angesammelt und in zwei Stunden erzählt worden waren. Dieser triumphale Empfang, den ich nach dem, was kurz vor meiner Abreise geschehen war, nach der schlechten Behandlung durch die Pariser Presse, nach den Vorfällen meiner Reise, die von mehreren französischen Zeitungen immer falsch interpretiert worden waren, keineswegs erwartet hatte – all diese Zufälle waren von so unterschiedlichem Ausmaß, dass sie kaum glaubhaft schienen.

Die Aufführung war für die Lebensretter ein ertragreicher Erfolg. Ich selbst spielte *die Kameliendame* zum ersten Mal in Frankreich.

Ich war wirklich inspiriert. Ich bestätige, dass diejenigen, die bei dieser Aufführung dabei waren, die Quintessenz dessen erlebt haben, was meine persönliche Kunst geben kann.

Ich verbrachte die Nacht bei mir zu Hause in Ste. Adresse. Am nächsten Tag reiste ich nach Paris ab.

Bei meiner Ankunft wurde ich mit höchst schmeichelhaftem Applaus empfangen. Drei Tage später empfing ich Victorien Sardou in meinem kleinen Haus in der Avenue de Villiers, um ihn sein großartiges Werk *Fédora vorlesen zu hören* .

Was für ein großartiger Künstler! Was für ein bewundernswerter Schauspieler! Was für ein wunderbarer Autor!

Er hat mir das Stück direkt vorgelesen, jede *Rolle gespielt* und mir in einer Sekunde eine Vision davon vermittelt, was ich tun sollte.

„Ah!", rief ich aus, nachdem die Lesung zu Ende war. „Ah, lieber Meister! Danke für diesen schönen Teil! Danke für die tolle Lektion, die Sie mir gerade erteilt haben."

In dieser Nacht konnte ich nicht schlafen, denn ich wollte in der Dunkelheit einen Blick auf den kleinen Stern erhaschen, an den ich glaubte.

Ich sah es bei Tagesanbruch und schlief ein, während ich an die neue Ära dachte, die damit anbrechen würde.

Meine künstlerische Reise hatte sieben Monate gedauert. Ich hatte fünfzig Städte besucht und 156 Aufführungen gegeben, und zwar die folgenden:

Die Kameliendame	65	Aufführungen
Adrienne Lecouvreur	17	,,
Froufrou	41	,,
Die Prinzessin Georges	3	,,
Hernani	14	,,
L'Etrangère	3	,,
Phèdre	6	,,
Le Sphinx	7	,,
Gesamteinnahmen	2.667.600	Franken
Durchschnittliche Einnahmen	17.100	,,

BÜSTE VON VICTORIEN SARDOU
VON SARAH BERNHARDT

Hier schließe ich den ersten Band meiner Erinnerungen ab, denn dies ist tatsächlich der erste Haltepunkt meines Lebens, der wahre Ausgangspunkt meines physischen und moralischen Seins.

Ich war vor der Comédie Française, vor Paris, vor Frankreich, vor meiner Familie und vor meinen Freunden weggelaufen.

Ich hatte an eine wilde Fahrt über Berge, Meere und den Weltraum gedacht und kam zurück, verliebt in den weiten Horizont, beruhigte mich jedoch durch das Gefühl der Verantwortung, das sieben Monate lang auf meinen Schultern gelastet hatte.

Der schreckliche Jarrett hatte mit seiner unerbittlichen und grausamen Weisheit meine wilde Natur durch einen ständigen Appell an meine Rechtschaffenheit gezähmt.

In diesen wenigen Monaten ist mein Geist gereift und die Schroffheit meines Willens hat nachgelassen.

Mein Leben, das ich zunächst für sehr kurz gehalten hatte, schien mir nun sehr, sehr lang zu werden, und jedes Mal, wenn ich an den höllischen Unmut meiner Feinde dachte, bereitete mir das eine große, boshafte Freude.

Ich beschloss zu leben. Ich beschloss, der große Künstler zu sein, der ich sein wollte.

Und von dieser Rückkehr an habe ich mich ganz meinem Leben hingegeben.

[*Faksimile der Handschrift von Sarah Bernhardt.*]

www.ingramcontent.com/pod-product-compliance
Lightning Source LLC
LaVergne TN
LVHW041133180726
843490LV00005B/1397